THE STORY OF THE
JEWS
Finding the Words 1000 BC—1492 CE

# 犹太人的故事
## 寻找失落的字符
（公元前1000年—公元1492年）

SIMON SCHAMA
［英］西门·沙马 著
黄福武 黄梦初 译

图书在版编目（CIP）数据

犹太人的故事：寻找失落的字符／[英]沙马（Schama, S.）著；黄福武，黄梦初译．
北京：化学工业出版社，2016.7（2023.6重印）
书名原文：The Story of the Jews
ISBN 978-7-122-26269-1

Ⅰ. ①犹… Ⅱ. ①沙… ②黄… ③黄… Ⅲ. ①犹太人-民族历史-研究
Ⅳ. ①K18

中国版本图书馆CIP数据核字（2016）第026078号

For the Work currently entitled The Story of the Jews Volume 1: Finding the Words 1000 BC-1492 CE
Copyright © Simon Schama 2013
Simplified Chinese edition copyright© 2016 ERC Media (Beijing), Inc.
All rights reserved.

本书中文简体字版由Simon Schama授权化学工业出版社独家出版发行。未经许可，不得以任何方式复制或抄袭本书的任何部分，违者必究。
北京市版权局著作权合同登记号：01-2014-7296

---

责任编辑：王冬军　裴　蕾　　　　装帧设计：水玉银文化
责任校对：程晓彤

出版发行：化学工业出版社（北京市东城区青年湖南街13号　邮政编码100011）
印　　装：盛大（天津）印刷有限公司
710mm×1000mm　1/16　印张33　插页12　字数453千字　2023年6月北京第1版第10次印刷

购书咨询：010-64518888　　售后服务：010-64518899
网　　址：http://www.cip.com.cn
凡购买本书，如有缺损质量问题，本社销售中心负责调换。

定　　价：69.80元　　　　　　　　　　　　　　　　　　版权所有　违者必究

✡
本书获得赞誉
✡

我很荣幸地了解到西门·沙马（Simon Schama）的《犹太人的故事》一书被翻译成了中文。

中国人和犹太人拥有世界上两个最古老的文明；我们互相尊重彼此的历史和传统。我认为我们之间应该相互学习、相互了解。

《犹太人的故事》使中国读者有机会了解犹太民族神奇的历史。

**马腾**

以色列驻华大使

阅读《犹太人的故事》，犹如观看一部电视连续剧。作者用一系列精彩的故事描绘出一幅幅生动而富有深意的历史画卷，把故乡与他乡，史实与忆想，一神与多神崇拜，保守传统和与时俱进、民族性与普遍性之间的冲突与融合交织在一起，呈现出犹太人个体、族群不同时段的生活面貌。谁是犹太人？怎样做犹太人？答案似乎莫衷一是。但可以肯定，斑驳生动的犹太故事也会引发我们思考中国乃至人类的现在和未来。

**傅有德**

教育部人文社会科学重点研究基地山东大学犹太教与跨宗教研究中心创办主任、"长江学者"特聘教授、中国宗教学会副会长

《犹太人的故事》全面、生动、细致且采用不同寻常方式勾勒了犹太人的历史，展示在读者面前的是丰富多彩、迷人的犹太人历史经历，不仅丰富人们对犹太历史的真正、全方位的了解，而且能够启迪思考和深化研究。无疑，是一部里程碑式的著作，是这一研究领域的典范之作，是一部任何对犹太课题，特别是对犹太历史感兴趣人士必读之书籍。

徐新

中国犹太文化研究联盟会长、南京大学格来泽犹太文化研究所所长

《犹太人的故事》一书以不同的"故事"为切入点，依据考古发现及历史记载，尝试还原公元前1000—公元1492年间犹太历史上的一些重要场景。作者以小见大、由近及远，以细腻的笔锋描绘了那些有"故事"的人，并对特定事件给予了全新的诠释；通过对羊皮卷、陶片、烛台、骡队等"物"的历史追溯，透视犹太历史上一些宏大主题，如身份认同建构、流散与驱逐等。西门·沙马既谙熟犹太历史的惯有语境，又关注了流散过程中犹太文化与其他文化的交往互动；不仅研究"失落的字符"对于犹太人的独特含义，而且审视繁华与哀痛背后，犹太历史对人类记忆遗产的塑造，诚如作者所谓："无论犹太历史的关注点是何时何地，如果缺少犹太人的故事，任何历史都是不完整的。"

张倩红

中国中东学会副会长、郑州大学副校长

哥伦比亚大学历史学家、获奖作家西门·沙玛勋爵，为我们带来了一部广博深邃、精雕细琢的史诗。他的《犹太人的故事》历经2500年历史，横跨数个大洲，涉及众多国度，令你在阅读中目不暇而，酣畅淋漓。

《出版人周刊》(*Publishers Weekly*)

# 本书获得赞誉

一部来自最顶尖的历史学家、多角度呈现编织而成的历史著作。

《科克斯书评》（Kirkus Reviews）

沙玛的作品颠覆了传统，是一部关于其民族的伟大、深入的著作。

《书单杂志》（Booklist）

在才华横溢的《犹太人的故事》中，沙玛一扫众多犹太历史研究学者的多愁善感，他试图呈现给读者一部更客观、更全面的犹太人历史——阅读本书你将受益匪浅。

《以色列国土报》（Haaretz）

沙玛先生的史诗纵横捭阖、引人入胜。

《华尔街时报》（Wall Street Journal）

一部充满能量的诗歌，一部满载斑驳历史细节的散文，一部睿智而深沉的史诗……

《芝加哥论坛报》（Chicago Tribune）

沙玛勋爵笔下的历史起源于底层，在中间扩散并以意想不到的视角重现那些被人们遗忘的过去。他通过解构社会、文化，使其笔下的人物和事件复活……他用其特有的才华与优雅将读者抽离。

《纽约时报》（New York Times）

精彩绝伦，引人入胜。

《洛杉矶时报》（Los Angeles Times）

沙玛勋爵是一位伟大而博学的巨星。他可以深入挖掘某一特定主题，也能够从更广阔的角度审视国与国之间、民族与民族之间跨越历史的关系。他的才华与笔力在这部《犹太人的故事中》表现得淋漓尽致。

《旧金山纪事报》（Los Angeles Times）

阅读《犹太人的故事》，仿佛享受这个星球最闪耀的文化历史盛宴。

《西雅图时报》（Seattle Times）

沙玛勋爵是一个很会讲故事的人，他的故事深厚而博远、史料丰沛、幽默而极具其个人魅力……

《纽约书评》（The New York Review of Books）

✡

深情怀念
查亚和亚伯拉罕·奥西雅

江河都往海里流,
海却不满;
江河从何处流,
仍归还何处。

✡

# 《传道书》1:7

目录

译者序 XI
前言 XIX
重大事件年表 XXV

## 第一部
## 莎草　陶片　羊皮纸

第1篇　埃及 003
第2篇　字符 031
第3篇　发掘、发现…… 063
第4篇　古典犹太人？ 101

## 第二部
## 镶嵌画　羊皮纸　纤维纸

第5篇　七烛台与十字架 197
第6篇　在信徒中间 263
第7篇　阿什肯纳兹女人 299
第8篇　审判 339
第9篇　流浪、流浪…… 391

| | |
|---|---|
| 注释 | 447 |
| 参考文献 | 481 |
| 插图说明 | 489 |
| 致谢 | 495 |

## 译者序

犹太人的故事太多,全世界都在讲述。

大部分读者,特别是开放国门、犹太人或犹太教变得不再那么神秘之后,恐怕都或多或少地读过至少听说过一些犹太人的故事,其中有出自《旧约》本身的,也有后世演绎的,或描写他们生命之坚韧、生活之独特,或推崇他们精于生财之道、常怀乐善好施之心。林林总总,面面俱到,其势盛极而不衰。国人大都知道大科学家爱因斯坦是犹太人,后来又出了扎克伯格这个领袖网络、精于经营、善于玩钱但生活简朴的榜样,甚至近日曝出的国际骗局也借用名声显赫的犹太金融世家罗斯柴尔德的名义。然而,从严格意义上讲,也许只有眼下这部《犹太人的故事》才算得上是真正的犹太人的故事。因为作者西门·沙马(一个真正的犹太人)作为一位"冷静而贤明"的智者和学者,用"画面般的字符"讲述的故事直指后圣经时代以来一直困扰着世人尤其是犹太人本身的问题:谁是犹太人,或者说什么人或怎样做才算是一个犹太人。读一读这些古老而鲜活的故事,我们就会明白(尽管理解角度和程度有所不同),《托拉》对于犹太人的真正意义。

作为这部书的读者(当然也作为译者),真该感谢出版社的眼光和魄力,为我们引介这样一位伟大的作者及其动人的《犹太人的故事》!作为译者,虽然没有资格或者说胆识引用《传道书》作者的告诫"著书多,没有穷尽;读书多,身体疲倦",但

"感同身受"还是当得起的，至少对于"'译'书多，身体疲倦"感触颇深。记得上一部译作是另一位宗教研究大家梅尔·斯图尔特主编的《科学与宗教》，那已是几年前的事了。但在亲切而敬业的责任编辑裴蕾的善意和诚意的感召下，凭着自身多年探究犹太教和犹太人的些许收获和对历史、艺术和考古的浅陋知识，以及对作者及其原作的敬佩与理解和对古典犹太人及其"字符"的敬畏与怀念，我似乎只能选择再一次让"身体疲倦"的同时，体验"如履薄冰"的感觉。于是就有了呈现在读者眼前的这些"字符"——《犹太人的故事》，从而有幸把翻译过程中冷静的思考和莫名的激动（有时会会心一笑或忍俊不禁，有时又眼睛湿润或涕泪交加）与大家分享。

西门·迈克尔·沙马是当代最活跃和多产的著名历史学家，并且从媒体钟爱与大众欢迎程度上讲作为学术明星可以说没有"之一"。他曾先后在剑桥大学、牛津大学、哈佛大学任教，后长期在哥伦比亚大学任历史学、艺术史教授，并担任BBC纪录片解说和《纽约客》文化专栏作家。读者可以想象，如此壮观的学术经历和头衔应该或可以写出什么样的文字，何况他还是一个讲故事的高手！

西门·沙马于1945年出生于伦敦，母亲是一位来自立陶宛的阿什肯纳兹犹太人，父亲则来自土耳其的士麦那（今伊兹密尔），具有塞法迪犹太背景。传统的犹太家庭充满了书卷气，但两种不同犹太文化元素的结合是否会孕育出兼具学院派与自由派的学术气质？另外可以发现，他的中间名是一个西文名，作品署名却只用犹太名"西门·沙马"，这是否意味着他仍然看重自己的犹太身份或表明自己是一个古典犹太人？我如果有幸见到他本人，一定当面向他请教这些问题。

西门·沙马学术造诣甚高，著述弘富，且涉猎领域和表达体裁非常广泛。他于20世纪70年代出道时的第一部著作《爱国者与解放者》即获得沃尔夫森历史学奖。80年代到美国后，进入创作鼎盛期，先后出版了《财富的窘境：对黄金时代荷兰文明的解读》和《公民：法国大革命编年史》（均获《纽约时报》年度最佳图书奖），90年代初出版《死亡的确定性》。此后走出象牙塔，开始与影视媒体（主要是BBC和PBS）合作，走上学术明星之路。他的作品往往是图书和电视纪录片同时推出，并且本人亲自制作和解说。他于2001年荣获大英帝国司令勋章，并曾与BBC和HarperCollins签下单笔300万英镑（时价530万美元）的天价合同！在这样的气派面前，国内后起的众多学术新星只能算班门弄斧。这类作品主要包括《风景与记忆》（1996年，5集，获W.H.获史密斯文学奖）、《伦勃朗的眼睛》（1999年）、《英国史》（2000年，3卷15集）、《乱世交汇：英国、奴隶制与美国革命》（2005年）、《艺术的力量》（2006年，8集，获国际最佳艺术设计艾美奖，已出中文版）、《美国的未来》（2009年，4集）、《犹太人的故事》（2013年，2卷5集，获撒母耳·约翰逊图书奖）、《英国的面孔》（2015年，5集）等。虽然沙马有着浓重的犹太情结，但他（至少在本书之前的学术生涯中）关于犹太人的作品并不多，早期只是在1978年出版《两位罗斯柴尔德与以色列地》（他在本书前言中曾提及此事），或许他心气更高、眼光更远，更喜欢自由驰骋，更热衷野外探险，通过实地考古寻找历史的痕迹和永恒的艺术，痛苦并快乐地享受作品完整的创作过程和多彩的片场气氛（如他在后记中提到在乌克兰野外拍摄的艰辛）。但他又认为，"历史学家所追寻的不过是影子，他们痛苦地意识到，根本不可能完整地重建逝去的世界或揭示残片上记录的秘密。他们似乎只能向身边的人和路过的人打招呼。"至于创作《犹太人的故事》的动机，他直言是为了兑现40年前的承诺，完成父亲的遗愿。他在本书前言中记述道：

......但是，无论打破这一局面（二战后犹太叙事苍白）的代价如何，沉默都不应该是一个历史学家的选择。我觉得，如果能为普通读者写一部后中世纪犹太史，一部全面评价犹太人的共同经历而不是一味地讲述迫害和大屠杀的悲惨故事的书，那么我就是作为一个对话者，告诉读者（以及历史大纲的编写者）：无论历史研究的主要关注点是何时何地，如果缺少犹太人的故事，任何历史都是不完整的，并且除了集体屠杀和拉比文献，历史意味着更多的东西，是由古代的殉教者和现代的征服者共同写成的。

随着我长大成人，这个愿望一直萦绕心头。我的父亲对犹太历史和不列颠历史都非常着迷，并且在两者之间找到了契合点。也正是从我的父母那里，我承继了这样的观念：《旧约》是第一部手写的历史，尽管其中有对各种奇迹的诗意夸大，但这是一部书写着奴役与解放、王室的自大与子孙的反叛、一代代哲人与一次次灭绝、制定律法与违犯律法的传奇故事的羊皮纸古卷，其后的每个历史片断都真切地刻在石板上。如果我的父亲能写下一部历史书的话，书名必定是"从摩西到《大宪章》"。然而，他没有写成。

我也没有写成，至少在1973年是如此。我尝试过，试图接着塞西尔·罗斯的叙事思路书写下去，但不论何种原因，这一嫁接工作一直没有完成。然后，我就开始了40年的学术流浪，当然并不完全是在旷野荒漠中，而是进入了远离我的犹太背景的地方，我去了荷兰和南卡罗莱纳，去了斯卡拉布雷和雅各宾的巴黎。但是，在这40年中，我本来应该宣讲的故事的丝丝缕缕一直时隐时现地萦绕于我的思想与记忆的深处，就像亲人在家族的婚礼或葬礼上轻轻地但又固执地拽一下我的衣袖（他们有时的确会这样做）。永远也不要低估犹太长辈特殊关怀的力量，更不用说还有一位沉默而耐心的母亲在时时地责备着我呢。

所谓"浪子回头"，于是他用最深厚的情感、最优美的文字和最动人的情节写下了一篇篇可歌可泣的犹太人的故事。其叙事方式极具画面感和转折性，美艳但又写实的风格使字里行间充满了张力，或雷霆万钧、鸟语花香，或金戈铁马、歌舞升平，旁白式的解说时而让人扼腕长叹，时而让人掩卷沉思，时而又让人窃笑不已。他的文字极具可读性和可感性，这或许是电视纪录片的艺术效果，正如他的艺术纪录片充满了书卷气一样。他喜欢从小人物、小事件、小物器着笔，以映衬宏大的历史背景和深远的人性痕迹。正如一位评论家所言，沙马的作品"充满了细节的描绘，就像一个丰盛的水果蛋糕，上面点缀着各色葡萄干、醋味果、坚果和糖渍樱桃，然后浇上一层白兰地调味

# 译者序

汁"。从"不起眼"的细微处创造出美好与震撼，使人痛苦与快乐，催人冷静思考并奋发前行，这就是西门·沙马！

自古以来，或者说在进入现代以前，犹太人难以见容于世俗政权，甚至屡遭侵犯、迫害和驱逐，原因就在于他们顽固奉行的那种与众不同的生活方式，如本书所言：他们对男丁行割礼，他们每个星期都要休息（守安息日），他们对饮食作了严格的限制，他们宣称他们那个无名无形的、动不动就发怒的神是独一的，并且他们还拒绝像其他所有的人一样。仅仅如此，其实也没有什么，如果当局宽容，你尽管旁若无人地做你的犹太人就是了。说实话，犹太人并不怎么"顽固"，他们对有些规定早就作了世俗化的改变，如安息日可以医治病人，面对侵害可以抗争和自卫，"以牙还牙"也不必像讽刺夏洛克那样割掉心口的一磅肉。但如果情形相反（异邦甚或本族统治者往往十分残暴），你却又不甘逆来顺受，要反抗当局的侵犯、迫害和驱逐，尤其是面对国破家亡的危急关头，那么就有这样的问题：如何在世俗环境下保持自己的犹太人身份？或者说究竟什么人或怎样做才算是一个犹太人呢？在命运多舛的民族史上，这的确是犹太人时常需要面对的一个问题。To be, or not to be, this is a question. 作为本书的译者和仔细研读者，我在译事之余就常常在想：假如我是一个犹太人，我该怎么做？但我毕竟不是一个犹太人，所以至今也没有答案。对一个虔诚的犹太人来说，《托拉》是他全部的精神世界和精神寄托，家里供着，每天读着，门口挂着，头上戴着，如果有人（一般是统治者）宣布《托拉》是非法的，要剥夺甚至焚毁你的《托拉》，而你要保护《托拉》，那么你会面对性命之忧。此时此刻，前面提到的问题就变得尖锐而迫切。

其实，书中提到的所谓古典犹太人在这个问题上并无争议，朴素且近乎义气的宗教信仰会让他们义无反顾地选择死亡。在希腊化特别是罗马军事入侵时期，情况发生了变化，犹太人知道了希腊哲学，开始理性地思考生命过程，知道了（至少感受到了）罗马帝国军事强盛，建筑物装饰精美，罗马人生活富足甚至近乎奢华。所以，问题不再像"二十年后又是一条好汉"（硬汉或义人语）或"留得青山在不怕没柴烧"（叛徒或汉奸语）那般简单，理性思考和恪守信仰之间有了灰色地带。譬如可以选择苟活下来，但心里仍然拥有《托拉》，如后来西班牙宗教审判时期的"马兰诺"即地下犹太人。本书作者指出：

> 这些同胞提出了这样的问题：当一个犹太人在刀剑的胁迫下必须在死亡和皈依（基督教）之间作出选择时，他选择后者是不是可以原谅的？……摩西·迈蒙尼德认为，要选择生命。这并不等于他对殉难的历代犹太人不敬，而是他对《托拉》中明确规定不得为了保住生命而放弃犹太教这种把绝对理想简单化的做法持有一种排斥和不敬的态度。正如他在其伟大的《〈托拉〉重述》一书开篇就明确表示的那样，使他感触最深的是《利未记》（18:5）中要求犹太人"按照诫命生活而不是为诫命而死"的段落。神授《律法书》的内在价值就是自由意志，即自由选择的可能性。对那些坚持认为必然会出现不可能选择的情况的人，他引用了《申命记》（30:15）作为他的哲学大厦的基石，来进一步阐述信仰与理性的关系。"我今日呼天唤地向你作见证，我将生死、祸福陈明在你面前，所以你要拣选生命，使你和你的后裔都得存活。"
>
> ……坐在扶手椅上的《塔木德》学者们又如何知道那些大胆提出他们是否叛教以便保存生命这个问题的人所遭受的痛苦煎熬呢？

另一个典型例证是著名历史学家约瑟福斯，本书作者多次提到他曾是"若干个世纪里真正的犹太历史学家"（没有"之一"），但这个真正的历史学家却是在投降罗马之后造就的，而他作为犹太祭司、指挥官并没有获得成功。关于他在最后生死关头的丑恶表演，他本人在后来在罗马写成的《犹太战争》中曾对自己的理性和机智作过炫耀，本书作者也相对客观地作了分析和评价，但他的背叛行为一直为犹太人所不齿，使他作为一名可耻的民族叛徒载入了犹太史册。这位"'耶路撒冷的叛徒'被自己记录的在约塔帕塔的所作所为所诅咒"，而他的经历因此被称为"有史以来关于怯懦、奸诈和背叛最骇人听闻的故事"。就连他的母亲对他的变节行为也充满了复杂的情感，请看他本人所作的供述:"她对围在她周围的人说……她一直在想,自从约塔帕塔被围以来,她就一直不愿意看到他还活在世上……她还心情沉重地私下向一直陪伴着她的女仆哀叹,说把这样一个不平凡的人带到这个世界上是她最大的功劳,她甚至不能亲手埋葬她的儿子,只希望自己能埋在他的身边。"

在生死关头,服从理性还是恪守信仰,这的确是个很难回答但有时又必须回答的问题。敢问读者朋友,你又会如何抉择呢?

本书的翻译难点甚多,既有宗教、历史、艺术和考古知识方面的,也有资料史实方面的,当然也有写作技巧、行文风格方面的。《犹太人的故事》上部中文版即将付梓,推敲的痛苦与快乐也算告一段落。译事之难在于看似浅易,实则深奥和多变,字词之间往往"旬月踟蹰",时至今日有时还会沉迷或回味其中的某些"好"词和"坏"字、"亮"点或"糟"点。就译者来讲,这算是用心颇深、用力甚著的一部译作,以至于今天写这篇小文仍然感到有点"身体疲倦"。但愿在吐出如此珍贵的心血并对读者有所营养之后,在体质上能收到瘦身之效吧。令人稍感遗憾的是,由于某些原因,原作的部分内容有所删减,希望读者能够理解和体谅。如果这部译作及其页下注(均为译者所加)和这篇小文能有助于大家阅读和理解,也就算译者的分内之幸和意外之喜了。

在拙作即将面世之际,译者感谢原作者沙马教授、出版方以及所有提供善意帮助的人,正是他们积极而严肃的工作态度和成果为译者提供了精心耕耘、奋力劳作的平台和环境,使这部相对完整和紧凑的译作顺利出版成为可能。由于译者知识和学问上的粗陋,真正做到翻译、研究与世俗生活三面精到尚是目标。信笔写出,未尽和欠妥之处,诚望各界方家指教。

黄福武<br>
山东大学犹太教与跨宗教研究中心教授,山东大学出版社编审

✡
前言
✡

不能说没有人提醒过我。"我儿,"那位冷静而贤明的《传道书》作者早就这样告诫我,"著书多,没有穷尽;读书多,身体疲倦。"① 凡敢于探究犹太历史的人就应该清楚,他所要面对的是卷帙浩繁、堆积如山的各种文献经典。然而,40年前,我曾答应完成由于著名犹太学者塞西尔·罗斯②不幸谢世而未竟的一部犹太史书稿。③他是上述经典作者之一,终生致力于犹太史的研究与著述。当时,我正忙于一部关于"罗斯柴尔德家族④与巴勒斯坦"的书稿。同时,我正与剑桥大学的朋友和同事、中古晚期犹太哲学家和阿摩司·奥兹⑤的译者尼古拉·德·朗日(Nicholas de Lange)一起当起了学生,在基督学院我的办公室里举办的一个非正式研讨班上恶补有关后《圣经》历史方面的知识。在那段时间里,每天吃过晚饭,总有那么几个小时,我们这帮人会聚在一起,一边嗑着胡桃、说着笑话,一边品尝红酒,同时也品味着一杯杯的希伯来"字符"——犹太哲人、假救世主、诗人、起义领袖……

---

① 参见《传道书》12:12。(本书脚注均为译者为读者阅读方便所加。)
② 塞西尔·罗斯(Cecil Roth,1899—1970),著名犹太历史学家,生于伦敦,1964年移居以色列。1965年起担任《犹太大百科全书》主编,在他去世前已出版16卷。主要代表作有《简明犹太民族史》(已出中文版)、《死海古卷》、《文艺复兴时期的犹太人》等。
③ 此书应指的是上注中提到的《犹太大百科全书》。
④ 罗斯柴尔德(Rothschild)家族是近代欧洲最著名的犹太金融世家,对欧洲经济和政治产生影响长达200年之久。在犹太人眼中,最重要的是该家族曾为世界各地,尤其是东欧犹太人向巴勒斯坦地区移民提供了大量的资助。该家族中的著名成员莱昂内尔·沃尔特·罗斯柴尔德曾在第一次世界大战期间帮助游说英国政界要人,使英国政府最终正式赞同犹太复国主义,发表了著名的《贝尔福宣言》。
⑤ 阿摩司·奥兹(Amos Oz,1939—),当代以色列著名作家。主要代表作有《我的迈克》《罪恶的士师山》《在以色列土地上》等,其作品大多取材于历史,来源于生活,洋溢着史诗般的激情。

但是，我与尼古拉之所以搞这样的聚会，还有一个重要的原因。对我们来说，除了拉比文献，似乎没有其他东西能引起历史或文学专业学生的兴趣讨论犹太文化这个话题，而这本身就是这个主题已经从学术主流中分离出来的一个标志。到延请我接手罗斯未竟的书稿时，就有更迫切的理由需要在犹太人的历史与其他民族之间建立起某种联系。那是1973年，阿以赎罪日战争[①]刚刚爆发。尽管以色列军队并未示弱，但却一改七年前的六日战争[②]结束后一直持续着的那种乐观气氛，变得十分沉闷。这次最后的冲突就像一场势均力敌的赛跑，在勇猛的埃及人越过苏伊士运河进入西奈半岛之后更是如此。沙丘在不断移动，原来是安全的地方似乎不再是安全的。本来见证犹太历史上一个个太平盛世的战后岁月变成了对胜利情结的强烈的自我反思。《圣经》考古学发生了剧烈的怀疑论转向。痛苦的气氛弥漫开来，与1948年犹太人和巴勒斯坦人之间发生的情形毫无二致。长期占领直至最终不得不面对第一次起义（intifada）[③]的现实粉碎了人们的美梦。犹太历史的话题完全被巴以冲突的现实所淹没，要想和非犹太人谈论这个话题是根本不可能的。最重要并且可以理解的是，焚尸炉高高的烟囱上仍然挂着悲剧的烟幕。不管是犹太人还是非犹太人，记忆中那场惨绝人寰的灾难[④]似乎要求他们在其巨大的阴影面前保持沉默。

但是，无论打破这一局面的代价如何，沉默都不应该是一个历史学家的选择。我觉得，如果能为普通读者写一部后中世纪犹太史，一部全面评价犹太人的共同经历，而不是一味地讲述迫害和大屠杀悲惨故事的书，那么我就是作为一个对话者，告诉读者（以及历史大纲的编写者）：无论历史研究的主要关注点是何时何地，如果缺少犹太人的故事，任何历史都是不完整的；并

---

① 即第四次中东战争，亦称"10月战争"。开始于1973年10月，期间多次停火，至1976年2月以色列从已占领的土地上撤军而结束。

② 即第三次中东战争，亦称"6.5战争"。在短短的六天内，以色列大获全胜，南占西奈半岛，东掠约旦河西岸，北侵戈兰高地，成为现代战争中闪电战的经典战例之一。

③ 1987年12月9日，一辆以色列军车开进巴勒斯坦难民营，撞死四名巴勒斯坦人，由此引发了一系列的抗议活动，暴力对峙长达六年，最终迫使以色列政府重新审视其领土扩张政策，并开始与巴解领导人谈判。

④ 指在第二次世界大战中犹太人所经历的灾难。

且除了集体屠杀和拉比文献，犹太人的故事意味着更多的东西，是由古代的殉教者和现代的征服者共同写成的。

随着我长大成人，这个愿望一直萦绕心头。我的父亲对犹太历史和不列颠历史都非常着迷，并且在两者之间找到了契合点。有时，他会为我们弄一条小船，把草莓、烤饼和果酱放在一个篮子里，然后他坐在船尾，手握舵柄，一家人在泰晤士河上徜徉于达奇村（Datchet）和老温莎堡（Windsor）之间。他会不由自主地说起迪斯雷利①，就好像和他私交甚深（"受了洗礼？""受不受洗有什么不同？"）；然后，他会回忆起17世纪的假救世主沙巴泰·泽维②，或许我的父亲（以及历代沙马家族的先辈）透过他看到了些什么（"这个冒牌货！"）。有时他也会自言自语地发问，谁该得到犹太人的权利？沃尔特·司各特（Walter Scott）还是乔治·艾略特（George Eliot），是写《雾都孤儿》的那个冷嘲热讽的狄更斯，还是写《我们共同的朋友》的那个多愁善感的狄更斯？我们会把船系在河边的柳树下，陷入对夏洛克③的痛苦沉思之中。也正是从我的父母那里，我承继了这样的观念：《旧约》是第一部手写的历史，尽管其中有对各种"奇迹"的诗意夸大，但这是一部书写着奴役与解放、王室的自大与子孙的反叛、一代代哲人与一次次灭绝、制定律法与违犯律法的传奇故事的羊皮纸古卷；而在此之后的每个历史片断都被刻在石板上。如果我的父亲能写下一部历史书的话，书名必定是"从摩西到《大宪章》"。然而，他没有写成。

我也没有写成，至少在1973年是如此。我尝试过，试图接着塞西尔·罗

---

① 便雅悯·迪斯雷利（Benjamin Disraeli，1804—1881），英国犹太人，贝肯菲尔德伯爵一世，英国保守党领袖，著名作家。他出生于伦敦的一个犹太家庭，但在13岁时按照父亲的意愿受洗，接受了基督教。在他的政治生涯中，是三届内阁大臣，并两度出任首相，而他的政治观点则充分反映在他的三部长篇小说《青年一代》《两个民族》和《新十字军远征》中。

② 沙巴泰·泽维（Shabbetai Zevi，1626—1676），17世纪自称为犹太人救世主的人物。他生于土耳其的士麦那，从小学习犹太经典，精通《塔木德》。历史上曾出现过形形色色的假救世主，但泽维的出现引发了犹太历史上最大的一次犹太救世浪潮，即所谓"沙巴泰运动"。他于1666年初被土耳其当局逮捕后，表示愿意皈依伊斯兰教。后失宠于苏丹而被驱逐出境，于1676年死于阿尔巴尼亚的一个无名小镇。

③ 指莎士比亚的著名喜剧《威尼斯商人》中的犹太人夏洛克。他在剧中是一个反面丑角，所以犹太人对这个角色的感情是复杂的。

斯的叙事思路书写下去，但不论何种原因，这一嫁接工作一直没有完成。然后，我就开始了四十年的学术流浪，当然并不完全是在旷野荒漠中，而是进入了远离我的犹太背景的地方，我去了荷兰和南卡罗来，去了斯卡拉布雷（Skara Brae）①和雅各宾（Jacobin）的巴黎②。但是，在这四十年中，我本来应该宣讲的故事的丝丝缕缕一直时隐时现地萦绕于我的思想与记忆的深处，就像亲人在家族的婚礼或葬礼上轻轻地但又固执地拽一下我的衣袖（他们有时的确会这样做）。永远也不要低估犹太长辈那特别的关怀的力量，更不用说还有一位沉默而耐心的母亲在时时地责备着我呢。

因此，直到2009年，当英国广播公司（BBC）的亚当·坎普（Adam Kamp）安排会面，要我谈一谈关于新系列电视纪录片"你心中为何爱恨交织"的想法时，还没等他开口，我就已经有点明白即将发生什么了。我承认，那一刻我就像飞驰的约拿（Jona）。我心中有一个声音说："下到约帕，遇见一只船，要往他施去。"③但是，当时这样做对他有什么好处呢？④就这样，我怀着万般的感恩与忐忑之心重新找回了我在几十年前放弃的使命。然而这一次，这部书稿将得到电视媒体的强力支持，借助纸质和胶片这两种具有有机联系但受众不同的媒介，我希望在犹太人和非犹太人受众之间建立起一座我在四十年前一度放弃的桥梁。

虽然要面对各种难以想象的挑战（把三千年的历史浓缩为五个小时的电视节目和两册书），但这一直是也仍然是一次伟大的爱的劳作。不仅如此，与传统讲故事不同，我对这种讲述的方式感到欣喜，特别是在过去的几十年中，资料（文本以及视频）的传播方式已经发生了变化。考古发现尤其是《圣经》时期的各种铭文文本（这些文本大部分已成为人类的共同遗产）的产生与存在，为人们提供了一种更加直接和本色的印象。从世界各地犹太人定居点出

---

① 位于苏格兰西海岸，是最著名的新石器时代遗迹之一。
② 指作者考察法国大革命时期的遗迹。
③ 参见《约拿书》1:3。
④《圣经》故事：约拿奉上帝指派，历尽艰难（甚至在鱼腹中待了三天）赶去尼尼微城报信，让城里的人"离开所行的恶道"，从而免遭上帝的惩罚。作者借用这个故事，意在说明自己的创作冲动。

土的各种镶嵌画，不仅大大地改变了我们对犹太会堂和祈祷仪式的看法，也使我们对其他宗教和早期基督教分享这一宗教形式的程度感到惊叹。如果不在叙事中融入那种感觉良好的虔诚，如果不能淡化故事中星泪点点的悲伤情怀，那么如此展开的历史只能是一部日常生活中的英雄史，不然就是一部悲剧的史诗。这部书稿和电视片充满了具有文化味的启示和诗意的描述：中世纪开罗的一本儿童希伯来文练习册上画的小丑，西班牙的一部装帧豪华的《圣经》上的猫鼠大战插图，公元前5世纪一个埃及女奴与当地一位犹太圣殿管事结婚时可怜的嫁妆，一名士兵在一个被巴比伦人围困的山顶要塞中束手无策，约西亚（Josiah）王统治时期用古希伯来文雕刻在一件小小的银质护身符上的祭司祝福词。

当然，这都是一些小事，但犹太人的故事本身就是平凡无奇的。犹太人所经历的历史，尤其是能够存活下来向人们讲述的这些故事，这本身就是其他民族也曾经历的巨大不幸的历史中最感人的版本，是一部在连绵不断的驱逐和攻击中用独特的文化顽强地反抗灭绝、重建家园和习俗、书写生命诗行的历史。正是这些，使得犹太人的故事既是独特的，又是普世的，是犹太人和非犹太人共享的遗产，是对人类共同人性的记述。阅尽繁华与哀痛，经历过一次次的灾难与无限的创造之后，下面所讲的这些故事，无论从哪个方面来讲都不失为世界上最伟大的奇迹之一。

# 重大事件年表

## 公元前1500年

| | |
|---|---|
| 约前1200年 | 麦伦普塔赫石碑(Merneptah Stele)完成。这是一片刻有铭文的石板,历史上第一次出现有关以色列人的记载 |

## 公元前1000年

| | |
|---|---|
| 前928年 | 以色列分裂为以色列国和犹大国 |
| 约前870年 | 但丘石碑(Tel Dan Stele)完成。历史上第一次在《圣经》之外提到大卫("大卫家",bytdwd) |
| 前721年 | 北方的以色列国被亚述人摧毁 |
| 前715—687年 | 犹大国王希西家统治时期 |
| 前649—609年 | 犹大国王约西亚统治时期。约西亚实行一系列重大改革 |
| 前597年 | 尼布甲尼撒第一次围困耶路撒冷并驱逐犹大王国精英阶层 |
| 前587年 | 尼布甲尼撒率领巴比伦人最终摧毁耶路撒冷和所罗门圣殿 |
| 前586年 | 西底家试图从巴比伦人手中夺回耶路撒冷 |
| 前588—587年 | 犹地亚独立的最后岁月 |
| 前538年 | 波斯国王居鲁士允许巴比伦的犹太人返回耶路撒冷 |
| 前525年 | 冈比西斯二世占领埃及 |
| 前520—515年 | 第二圣殿建成 |

## 公元前500年

| | |
|---|---|
| 前445年 | 尼希米重建耶路撒冷城墙 |

(续表)

| | |
|---|---|
| 前167—161年 | 马加比家族率领哈斯蒙尼人举行反抗塞硫古帝国的起义 |
| 前165—137年 | 哈斯蒙尼王朝统治犹地亚 |
| 前134—132年 | 安条克七世围困耶路撒冷 |
| 前74年 | 大希律出生 |
| 前63年 | 罗马将军庞培大帝进入耶路撒冷 |
| 前37年 | 大希律推翻安提哥的统治并建立希律王朝 |
| 前4年 | 大希律去世，王国由他的三个儿子分治 |

## 公元元年

| | |
|---|---|
| 66—73年 | 犹地亚犹太人举行反抗罗马人入侵的起义 |
| 70年 | 第二圣殿被摧毁，耶路撒冷被占领 |
| 73年 | 马察达要塞陷落 |
| 115—117年 | 第二次犹太—罗马战争。赛耶尼、塞浦路斯、美索不达米亚和埃及等地的犹太人举行大规模起义 |
| 132—135年 | 犹地亚爆发反抗皇帝哈德良统治下罗马人入侵的第二次犹太起义 |
| 138年 | 皇帝哈德良去世，对犹太人的迫害有所缓和 |
| 220年 | 拉比犹大·哈纳西编写第一部重要的犹太口传律法集《密释纳》 |
| 362—363年 | 皇帝朱利安允许犹太人返回耶路撒冷并重建圣殿 |
| 363年 | 皇帝朱利安被杀，遣返犹太人的计划被搁置 |
| 4世纪末 | 希米亚王国皈依犹太教 |

## 公元500年

| | |
|---|---|
| 525年 | 犹太希米亚王国归顺基督教埃塞俄比亚的阿克苏姆王朝 |
| 570年 | 穆罕默德降生 |
| 610—632年 | 伊斯兰教在阿拉伯半岛兴起 |
| 711年 | 穆斯林军队入侵西班牙并占领大部地区 |

## 公元1000年

| | |
|---|---|
| 1013年 | 科尔多瓦归顺苏莱曼·伊本·哈卡姆 |
| 1066年 | 格拉纳达犹太社区遭到屠杀 |

(续表)

| | |
|---|---|
| 1070年 | 来自摩洛哥的摩拉维部落攻占并统治格拉纳达，并于12世纪初让位于摩哈德部落 |
| 1095年 | 教皇乌尔班二世号召十字军东征，以解放圣地 |
| 1096年 | 莱茵兰地区的犹太社区遭到屠杀 |
| 1099年 | 十字军（暂时）占领耶路撒冷圣殿，并屠杀耶路撒冷的犹太人 |
| 1187年 | 萨拉丁攻陷耶路撒冷 |
| 1190年 | 约克郡的犹太人遭到屠杀 |
| 1278—1279年 | 由于英格兰犹太人被指控"伪造硬币"而引发了一系列大规模的恐怖和暴力活动。共有269位犹太人在伦敦被处以绞刑 |
| 1290年 | 爱德华一世颁布法令驱逐英格兰所有的犹太人 |
| 1298年 | 由"国王"伦特弗里希发动的大屠杀使德国南部弗兰科尼亚的146个犹太社区惨遭灭绝 |
| 1306年 | 大驱逐。"美男子"腓力驱逐法国的犹太人 |
| 1336—1338年 | "臂带党"屠杀犹太人 |
| 1338年 | 新一轮针对犹太人的暴力活动波及整个莱茵兰地区 |
| 1391年 | 针对犹太人的骚乱和屠杀席卷阿拉贡和卡斯提尔 |
| 1394年 | 法国国王路易十世于1351年召回犹太人之后，查理六世颁布法令再次驱逐法国的犹太人 |
| 1467年 | 对托莱多的"马兰诺"（皈依基督教的犹太人）发动攻击 |
| 1478年 | 西班牙建立"异端裁判制度"，以确保从犹太教皈依基督教的犹太人的正统性 |
| 1492年 | 费迪南颁布法令驱逐西班牙的犹太人 |
| 1497年 | 葡萄牙的犹太人遭到驱逐 |

# 公元1500年

说明：关于某些时间点和相关事件尚存争议。
　　作者提供的上述时间点旨在方便读者阅读，在其他著述中可能有所不同。

第一部
**莎草　陶片　羊皮纸**

# PART ONE
*papyrus, potsherd,
parchment*

# 第1篇　埃及

## In Egypt

　　起初——并不是先祖和先知们想象中的起初,当然也不是整个宇宙的起初,只不过是文字记载中普通犹太人的"起初"——在这个起初的时刻,一位父亲与一位母亲正为他们的儿子忧心不已。

　　这个儿子是一个士兵,名叫示罗玛(Shelomam),是笔者的希伯来名字示罗姆(Shelomo)的阿拉米语读法。他父亲的名字叫奥西雅(Osea),正是我的父亲(Aba)[1]的中间名。那是2500年前,即公元前475年,也就是波斯帝国阿契美尼德王朝薛西斯(Xerxes)国王统治下的第十个年头。尽管他更多的时间是在希腊征战,但他当时仍然是埃及的统治者。他在王位上又坐了十年后,被他最宠信的官员、赫卡尼亚人(Hycanian)阿达巴奴(Artabanus)和一个宦官合谋杀害。也就是说,拿撒勒的耶稣(Jesus)是在此之后500年才出生的。如果希伯来《圣经》的几位作者是可信的话,那应该是摩西(Moses)率领受奴役的以色列人走出埃及进入旷野荒漠之后大约800年。正是在旷野中,他们获得了耶和华直接授予的律法(据称的确是他亲自用手写在石板上的),尽管他们也曾不止一次地恢复过偶像崇拜并求助于许多其他的神，但他们已经变得有点像犹太人了。

《圣经》作者认为，从尼罗河谷出埃及意味着结束了外邦的奴役，当时的环境已经完全以色列化。他们把在旷野中流浪的过程看成既是地理上的抬高，也是道德上的升华。那乱石嶙峋的高处正是通向天国的驿站，也正是在那里，雅赫维（YHWH）——写作耶和华（Yahweh）①——真身显现（至少是他的背影），使摩西的脸又热又亮地闪着辉光。起初（无论是《圣经》还是考古学意义上），犹太人聚集在山区活动。用希伯来语来说，向以色列迁徙仍然是阿利亚式（aliyah）②的，即向高处走。很难想象，耶路撒冷会建在河积平原上。那里的河流充满了黑暗的诱惑，而大海则更为可怕，到处是长满鳞片的怪物。那里依岸而居或驾舟弄潮的人（像腓尼基人或希腊人）是令人憎恶的，因为他们狡诈、肮脏，且奉行偶像崇拜。而在那些把出埃及视为全新犹太生活真正开始的人心目中，返回埃及则是一种堕落，意味着滑向偶像崇拜的深渊。先知以西结（Ezekial）和耶利米（Jeremiah）——后者甚至亲自去过埃及——曾经指责这种走回头路的做法绝非犹太人所为。耶利米告诫说，那些如此一意孤行的人将"成为凌辱、笑谈、讥刺和咒诅"③。

以色列人执意不听劝告，这已经不是第一次，也不是最后一次，他们又成群结队地跑回了埃及。当时，北方的以色列王国已经于公元前721年被亚述人占领，而南方犹大王国于一个世纪后也同样遭到了巴比伦人蹂躏。在这样的情况下，为什么不跑回埃及呢？所有这些不幸可能并且的确被《圣经》作

---

① 在古希伯来文《托拉》中，上帝的名字是以四个辅音字符代表的，这四个字符相当于英文字母"YHWH"，正确的发音应为"雅赫维"或"亚卫"。由于犹太人不敢妄称上帝的名字，所以当遇到"YHWH"这四个代表上帝名字的字母时，他们不读"雅赫维"而改读"阿东乃"（Adonai），意为"吾主"（My Lord）。公元6世纪—7世纪时，为便于阅读，本无元音符号的《旧约》一律加注了元音，为表明"YHWH"应读作"阿东乃"，所以就把"阿东乃"三个元音符号标注在"YHWH"四个辅音之间。到基督教继承犹太教的《旧约》时，可能误将代表上帝的四个辅音字母"YHWH"和"阿东乃"的三个元音字母拼在一起，于是出现了"耶和华"（Jehovah）这个名字。总而言之，"雅赫维"是上帝名字的最原始用法。

② 希伯来语中意为"上升""向上"，指散居世界各地的犹太人回归以色列故土居住、生活的行动。在犹太礼仪中，被召唤上前面对会众诵读某一段《托拉》经文被认为是一种荣誉，而在远古时期，到圣地耶路撒冷被认为是一种精神"升华"。

③ 参见《耶利米书》23:11。

者描述为耶和华对以色列人自甘堕落行为的一种惩罚。而那些接受不幸结局的人，则可以通过这样想而得到宽恕：他对我们行了多少善事啊！国王约西亚（Josiah）为了过逾越节在圣殿中用3万只羔羊和母羊献祭，一群群的人们因为曾向那些假神表示忠心而感到忏悔不已。而所有这些，在来自美索不达米亚的凶恶征服者面前，面对那狮子般的卷发和豹皮的彩衣，面对一排排的弓箭手和标枪手，都显得苍白无力。

因此，以色列人又从他们深褐色的犹地亚山区来到了埃及的河谷平原，来到了尼罗河三角洲上的答比匿（Tahpanhes）、中游的孟菲斯（Memphis），甚至深入到最南端的巴瓝罗（Pathros）。波斯人于公元前525年进入埃及后，他们并不把以色列人视为奴隶，而更多地当作奴隶主，尤其是当作像阿拉米人、里海人或来自安纳托里亚沿海地区的卡里亚希腊人一样可以依赖的作风顽强的职业军人，用他们来镇压埃及人针对波斯人的暴乱活动。当努比亚人（Nubian）①有所异动时，他们有时也负责监视南部边境的动静。

奥西雅的儿子示罗玛正是这样一个年轻人。他是一名雇佣兵——这是当时的一种生活方式，被派往南部恰好位于尼罗河第一瀑布下游的象岛（Elephantine）上犹太军团驻扎的要塞。或许，他也曾受命保护商队，护送过象牙、黑檀木以及努比亚儿童之类的贡品（这些贡品一度是送给法老的，当时则是送给波斯总督的）。

此刻，他的父亲奥西雅正在密夺（Migdol）写信。密夺可能位于尼罗河三角洲的西部，示罗玛也曾一度在那里驻扎过。他的这封信用当地的日常用语也是帝国的官方用语阿拉米语写在莎草纸的表面上，要送到南方500河里②外的某个地方，等他在象岛上驻守的儿子来取。用独特的方式压制成纸片后，莎草的降解非常缓慢。如果避光保存，墨迹会一直保持清晰的黑色。这些手写的方块字（正如从第二圣殿时期到当代我们一直使用的希伯来文一样字形

---

① 努比亚王国的领地基本上相当于现在的埃塞俄比亚。努比亚王国大约建立于公元前8世纪，历经若干个朝代的兴衰之后，于19世纪末才形成现有的版图。
② 用英里从河口度量河流长度称"河里"。

优雅）至今依然清晰可辨。在犹太人的记忆中，就好像这封信是奥西亚昨天才写的。一位忧心的父亲就是一位忧心的父亲，他忍不住要让儿子知道自己的感受，并且希望他马上知道。信的开头是这样的："我送给你幸福和力量，但从你离家远赴边关那天起，我心里就一直很难受。"谁都知道，接下来写的肯定这样一句话："你母亲也是如此。"即使奥西亚不写出来，示罗玛也知道那是什么，因为这是每一个犹太孩子都曾听过的一句话，是打开犹太历史的一句话。

这是一个经典的先发制人的信件开头。当我自己的父亲亚瑟·奥西亚为后面将提到的消息可能会使他的儿子感到很不高兴而忧心忡忡、惴惴不安时，他也曾厚着老脸借用过埃及那位奥西亚的笔法。"不必担心……你母亲对这件事有点儿心烦意乱，但是……"然后，他开始写到令他自豪和欢喜的儿子，他的示罗玛，是不是很生气？津贴和行装有麻烦吗？"你上次信中提到的罩衫和套装都已经做好了，这样行吗？不要生我的气，我没法把这些东西给你及时送过去（你到南方出行时要穿）。但我会尽快给你送过去，这样你回来的时候就能穿上了。"还有津贴的事？是啊，这件事有点儿麻烦，我的孩子。"你离开密夺时，他们并没有把你那份钱给我们。"更糟糕的是，当奥西亚询问这笔钱的去向时，他竟然遭到了那帮王室奴才的断然拒绝——十分抱歉，我真的不擅长做这种事！你知道，但你可以通过各种渠道向相关的官员投诉。"当你返回埃及时，就把这件事告诉他们，他们会把钱给你的。"听着，我的儿子，奥西亚继续写着，不再提那些他没有为儿子办成的事，又回到了行装这件更急迫的事情上："别为这事哭鼻子，要像个男人……你母亲，还有孩子们，大家都挺好的。"

关于示罗玛在象岛上作为犹太士兵的边境生活，我们当然希望能了解更多的细节。但是，那封信似乎并没有寄出，或许根本就没有送到象岛，儿子也不曾拿到他的罩衫或他的津贴。也或许他拿到了，并把这件事记了下来，对此我们不得而知。无论如何，这封信被保留了下来，在沉睡了2500年后，有一位美国业余埃及学家、前《纽约先驱论坛报》记者查尔斯·韦尔伯[①]于1893年把象岛上一群掏泥肥的妇女挖到的一个塞满莎草纸的陶罐买了下来。"所有这些来自科姆（Kom）[②]的纸片是由三个不同的女人在不同的时间送给我看的。"韦尔伯在日记中写道。但是，当他看到莎草纸上写的是阿拉米语，并且属于第二十七王朝时，他顿时失去了兴趣。那些器型更大、更古老的法老时期的古物才是他的兴趣所在。

二十年前，他的好友、曼哈顿城的统治者特韦德老大（Boss Tweed）因贪赃枉法被赶下了台。因为他和特韦德曾签订过贩运纸张生意的违法合同，他不得不匆匆忙忙地离开了曼哈顿。在巴黎，古埃及学给韦尔伯带来了一种全新的生活，他师从著名学者加斯顿·马斯佩罗（Gaston Maspero），掌握了关于埃及恢弘历史的知识。他扎制了一条简易的小船，使他和妻子夏洛特·比比（Charlotte Beebee）（她是一名激进的女权主义者）能够非常方便地在尼罗河上游荡，并不时泊船上岸，在卡纳克（Karnak）、卢克索（Luxor）、底比斯（Thebes）等遗址参与发掘。那些高额头的德国人以及法国、英国的埃及学家发现这个满腔热情的扬基佬十分有趣，有时甚至非常有用。有时，韦尔伯会到弗林德斯·佩特里（Flinders Petrie）所住的原始帐篷里探望，心想这位英国考古学家按照阿拉伯人的习惯宿营是不是简朴得有点儿太招摇了。

韦尔伯留起了先知式的大胡子，在近二十年的时间里，尼罗河就是他的家。而此时这一切就要结束了，他站在象岛的一个土堆上思索着，在他周围有一群不停挖掘泥肥的女人：她们为了收成而挖出的这些泥肥就是古代泥砖的残骸，在泥土中掺入足够的干草和草茬会产生出氮的效力。但是，当时他肯定不知道，就在他脚下的某个地方，是一座已经完全瓦解了的犹太城市，我们一下子就会想到这样一幅纷乱嘈杂的市井画面：有关于小房大宅、出口

---

[①] 查尔斯·韦尔伯（Charles Edwin Wilbour, 1833—1896），著名美国记者、埃及学家，象岛莎草纸发现者之一。他曾首次将法国作家雨果的《悲惨世界》译为英文。

[②] 应为金安堡（Kom Obom），位于阿斯旺以北30英里的尼罗河畔。当地的神庙建于约公元前1800年，以"一庙两神"著称。

入口的地界纷争，有结婚和离婚，有遗嘱和婚前协议，有食物和衣服，有盟誓和祝福。但韦尔伯好像对这一切并不在意，只是把那些精心折叠、装订并带有护封的莎草纸，按照公元前15世纪—前14世纪形成时的原样，带回了他在巴黎的简陋寓所，保存直至他1896年去世。

十年后，一支德国探险队在这片土地上发掘出了更多的文物，他们挑选出一部分，带到柏林和巴黎，并且发表了他们的成果。至于英国人，由于当时埃及已经成为他们的重要领地，更是不甘落后。大量的莎草纸和刻字的陶片——刻有流放者名字的陶片，被集中送到它们通常会被送到的地方——牛津和大英博物馆。在这件事情上，驻在开罗的一任任热衷考古的总督偶尔也会表现得宽宏大量，允许一部分文物被送往开罗。在20世纪初一些莎草纸文字曾被发表，但直到囤积的大量莎草纸转到布鲁克林博物馆后，覆盖在犹太人象岛奇迹上的面纱才被真正地揭开。

用古代线形希伯来文写下的信件片断和刻在陶片上的铭文（早于象岛莎草纸两三个世纪）得以保留下来——犹太人的哭喊声几乎被淹没在时间的狂风骤雨之中：一位农夫的新制服被厚颜无耻的债主抢走了；一位被困的军需官面对越来越多的巴比伦人，为油和粮食愁得心急火燎；一位年轻的军官在一座堡垒中徒劳地等待着邻近山头上示警的烽火被点燃。

那么，我们的希伯来《圣经》又是什么呢？除了我们认为（激进的正统派犹太人和基督徒也这么认为）它把上帝的话直接指示给摩西和先知们之外，大部分经文的惊人的、诗意的叙事不过像另一位考古学家所说的那样，只是历史真相的一种"回声"罢了。而有些情节，像根据文字记载的关于出埃及的故事写于人们认为的真实事件发生之后近500年，就很可能不是真的。在犹太史诗中，故事情节与真实历史之间的确有一个交汇点，但希伯来《圣经》是犹太人心灵的印记，是想象中犹太人起源和先祖的图画，是耶和华与以色列人立约的史诗。它令唯一的、无形的上帝成为犹太人精神想象力的原始宝藏，在历史长河中穿行。

象岛那黄褐色的莎草纸及其抄写的文士们①清晰的黑色手迹,则能够告诉我们一些完全不同的东西,一些属于更朴素的人性与平凡的东西:关于犹大人和以色列人流亡生活的日常记录。我们能够与他们自然而真实地交流,宛若就住在他们的附近:淘气的孩子,焦急的母亲,女奴新娘,乱开玩笑者和吹毛求疵者,婚前协议起草人,文士,圣殿管事,对地界讨价还价的中间人在不停地争吵,出卖色相的姑娘因自甘堕落而愤恨不已,各色人等,既有大人物也有小角色。我们知道他们的名字,他们的犹太名字清一色地以带点神味儿的"yah"结尾,这是为了用耶和华的称谓体现他们的身份,因为他曾经宣称会保护他们的生命:阿拿尼雅(Ananiah)、示玛雅(Shemaiah)、乌利亚(Uriah)、撒迦利亚(Zachariah)……②

就是这样一些人,拥挤在尼罗河上一个棒槌形的小岛上。或许,这并不是一个安逸的家园,但无论如何也算不上是一个坏地方:酷热气候下有树荫乘凉;远近闻名的无花果四季常青;只有在尼罗河南部乡间才会生长的海岛棕榈那独特的树冠上不断生出新叶;河岸在激流冲刷下形成了蜿蜒而优美的曲线;金合欢、肉桂树和桑树丛则靠里一些,在河的西岸形成了一大片绿色,肥沃的河积平原在金色的沙丘下形成了一条狭窄的绿带。河的东岸则更荒凉一些,高处是赛伊尼(Syene)的采石场,下面就是阿拉米人的营地,里面住着士兵和采石工。当地开采的花岗岩板材是灰色的,上面点缀着粉红和血红色斑纹。这些板材被搬运工费时劳力地装上驳船,运往下游供给那些大建筑商建造圣殿和陵墓。似乎当时的埃及仍然在法老的统治之下,即使在公元前16世纪末期被冈比西斯(Cambyses)征服之后,埃及也仍然不愿做臣服

---

① 犹太教对犹太学者的泛称。"文士"一词在希伯来语中的含义是"计数",因为被称为文士的学者一直用心计数《圣经》中字符的数目,对每个词的拼写和发音都很小心谨慎,以确保把《圣经》的内容准确无误地传诵下一代。就其专称而言,一是指第二圣殿初期用律法重新整顿和规范犹太生活的学者,他们大多是精通《圣经》和口传律法的专家,尤其在后"巴比伦囚房"时代曾一度作为犹太民族的精神领袖;二是希伯来文抄写人,其职责主要是抄写《托拉》经卷以及门柱经卷、经匣、律法书卷、诉讼案卷、婚约等重要文书。所以,文士在生活中必须能严格遵守犹太律法,态度认真,并能熟练使用鹅毛笔。千百年来,犹太文士一直受到人们的尊重,文士工作也因此被犹太人视为一项极为高尚的职业。

② 作者此处列举了一长串名字,此处仅保留了几个中译文有代表性的名字。

于波斯的顺民。有一块石材是如此巨大，以至于可以用一块石头凿出整个王陵——希罗多德①也有过类似的描写（他的过分夸张也是一种罪过）。他坚持认为，这块石板是如此壮观，以至于动用2000个人花了三年时间才把它运到下游位于尼罗河三角洲西部的赛伊斯（Sais）。

象岛——当地人称为伊布（Yeb），源于埃及语"Iebw"，意思是"大象的乐园"。尽管没有人甚至连希罗多德也不知道为什么叫这个名字，但河水中那些光秃秃、灰白色的圆形巨石肯定可以雕刻出以形态生动的大象造型的穹顶。象岛以历史上真实埃及的最后一隅闻名于世，是埃及文明在努比亚沙漠和岩石中蒸发之前最后的边界。正是在这里，那条夹带着肥沃的河泥懒洋洋地流动的河流突然剧烈地改变了温顺的性格，疯狂地冲刷着怪石嶙峋的花岗岩，向大瀑布冲去。只有那些"湍流中弄潮的船家"，即犹太人的"邻居"（他们的粗鲁就像翻腾的河水一样臭名昭著）才能驾驭这狂暴的激流，借助悬挂在两岸突出岩石上的绳索在白色的浪尖上溯流而上。地理学家斯特雷波②以及每一个访问过象岛的真正的希腊旅行家都会让当地船家玩这种水上特技来取悦观光者。那白浪翻涌的急流暗示的秘密就是：埃及快节奏的生活。在两岸对峙的克罗菲（Crophi）和莫菲（Mophi）两座姊妹峰之间，或者像希罗多德声称的一位埃及祭司告诉他的那样，就是尼罗河的源头，它深不可测，没有人能够探到河底。法老普撒美提克一世（Psamtik Ⅰ）曾试图用一条1000英寻③长的绳索测量河水的深度，然而除了旋转的水流什么也没有碰到。水面下的动力来自使河水分流的"河流阀"（fluvial valve），把一半河水送往南方酷热的努比亚，另一半送到北方形成了河谷。在象岛，羊头人身的库努姆神（Khnum）④受到崇拜，因为他能确保每年发洪水，如果没有洪水，当地的农人

---

① 希罗多德（Herodotus，约公元前484—前425），古希腊历史学家、作家，西方文学的奠基人，人文主义的杰出代表。著有《希腊波斯战争史》《历史》（未完稿），早在罗马时代就被誉为"历史之父"。
② 斯特雷波（Strabo，约公元前63—前21年），古希腊地理学家、历史学家。
③ 1英寻等于1.829米。
④ 埃及南部象岛的主神，常以公羊或羊头人身的形象出现，象征着强大的繁殖能力，同时也是尼罗河泛滥之神。

就必然面临饥荒。神圣的库努姆神在岛上有自己特殊的陵墓,有自己的木乃伊安息地,而那时的雕刻工匠则陶醉于用石灰岩制作那些胖乎乎、毛茸茸的动物雕像。人们在通向岸边的台阶上安装了一个水位计,用以测量库努姆神仁慈之心的恒定性。

像神话和礼俗一样,人群、金钱和兵器也随着河水涌向象岛要塞。与赛伊尼一起,象岛曾经是南国的哨兵,是古老埃及的"河流阀"。它需要维持、看护和巡查。但什么样的工作适合犹太人呢?他们又在那里干些什么?难道他们一直对耶利米的警告充耳不闻?但是,先知书中几乎没有记载,只有个别的地方提到,在公元前7世纪末期,这些来自巴勒斯坦地区北方的以色列人和南方的犹大人或许在某个时间再次进入了下游的尼罗河谷。

犹太人的个性最终会在尼罗河和幼发拉底河这两个文化磁极之间的某个地方形成,但磁针却在吸引和排斥之间不平衡地摇摆。《圣经》产生于犹地亚和巴比伦,而不是埃及。在希伯来哲人、文士和先知(在公元前7世纪至前5世纪,这些人一直在对记忆、口传传统、民俗和文字进行搜集和整理,最终编成作为正典的《圣经》)的心目中和作品中,有一次迁徙是有益的(美索不达米亚),而另一次则是有害的(埃及)。两次迁徙最终同样令犹太人成为水乡泽国专制政权的奴隶,都因河水灌溉的平原耕地而扩大人口规模,都在冲积河床上生产粮食和种植果蔬。两个城邦都使用象形文字和字母,都有律法和史诗、金字塔和金字塔形神庙。虽然两个王朝都是残忍的毁灭者,都奉行牲祭仪式,都崇拜贪婪的偶像[马杜克神和拉神]①,但是在原始犹太人的心目中,底格里斯河与幼发拉底河之间的那片土地从来也没有像尼罗河谷那样如恶魔一般。如果说有一件事情是埃及传记作家和希伯来《圣经》作者意见一致的话,那就是生活在埃及的犹太人是十分艰难的。

犹太人在埃及的生活是一种"不洁"的生活——或者说是一种被奴役的生活——《创世记》和《出埃及记》中就是这样描绘的。与其他各卷相比,《申

---

① 马杜克神(Marduk)是当时巴比伦的主神,拉神(Ra)则是埃及的太阳神。

命记》更多地规定了犹太人记忆的义务，而上帝则被定义为在出埃及时是作为"将你从埃及地为奴之家领出来的耶和华"①。这段经文很可能写于公元前7世纪至前6世纪的某个时间，准确地说应该是犹太人回归这里的时候。尽管《申命记》的作者对口述历史重新进行了加工，并写进了《士师记》和《列王纪》叙事中，但任何这样的回归都是对最初誓约的无耻违犯。

另一方面，公元前6世纪耶路撒冷陷落之后，以色列人流亡到巴比伦却带有某种神秘的、惩罚的意味。据称这是出于上帝的命令，是一种向其根源即誓约动力之源的回归。《创世记》的作者在描述亚伯拉罕在旅途中与耶和华在梦中交谈的情景，以及在他的特别指引和保护下的独特民族这一观念如何产生时，把亚伯拉罕的出生地确定为美索不达米亚的迦勒底（Chaldea）。所以，一神教的发源地是在亚伯拉罕的故乡、迦勒底的吾珥城（Ur）。这就赋予了尼布甲尼撒（Nebuchadnezzar）率领巴比伦人于公元前587年摧毁被玷污的耶路撒冷圣殿这一事件以特别的含义。历史上以色列人第一次出走而脱离的那个民族，当时成了耶和华使之再次与最初的誓约产生联系的工具。巴比伦人焚毁了圣殿。在巴比伦（或者后继的波斯帝国），这个民族将迎来洁净的复兴。果然，经过半个世纪的流亡之后，波斯王居鲁士（Syrus）下令允许他们返回耶路撒冷。

在《圣经》作者的心目中，巴比伦—波斯一直被指定为上帝意志的工具，而埃及却是耶和华宏大历史计划的顽固敌人。对二者来说，这种长期对立的感觉或许一直是相互的。在历史上，第一次出现"以色列"字样的人工制品是公元前13世纪法老梅尼普塔（Merneptah）的胜利纪念碑文。他的父亲就是拉美西斯二世（Rameses Ⅱ），在出埃及时代的法老中素以"傲慢"著称。碑文上写道："以色列已经被废弃了，它的种子再也没有了。"这段象形文字无疑告诉人们，其中提到的以色列是一个民族，而不是一个地方。祭司兼语法学家马内

---

① 参见《申命记》6:12等处。

松①笔下的埃及历史文字［写于公元前3世纪或前2世纪，并通过罗马犹太历史学家弗拉维斯·约瑟福斯（Flavius Josephus）②公元1世纪的著作为我们所知］提到过以色列人离开埃及这件事，但当时他们是作为不洁的贱民更可能是作为匪徒遭到驱逐，而不是作为耶和华保护的子民的一次胜利大逃亡。

从这个意义上说，托拉（《圣经》前五章，即摩西五经）③中的解放史诗，应是一次屈辱的经历——以色列的身份的形成，并不是因为脱离了埃及人的奴役，而是作为埃及的胜利者叙事的一个反衬。巴比伦人虽然摧毁了耶路撒冷和圣殿，但却无法消灭以色列人的信仰。在神的安排下，他们的信仰甚至在流亡中得到了进一步加强。埃及则完全是另一回事——正如耶利米赶往埃及时发出的警告：回去无异于自寻死路，意味着精神和肉体上的双重毁灭。永远也不要返回尼罗河。

然而，犹太人却不听劝告，一次又一次地回到埃及，如此经常而又如此固执，以至于人们很难想象犹太历史在任何情况下能够与埃及分开。埃及是那个对立的"他们"，但经过一代又一代人之后，埃及最终也毫无疑问地成了"我们"。救星摩西的名字是最典型的犹太名字，他的传奇经历第一次确立了一个民族的地位，但他的名字很可能也是一个埃及名字。更不用说所罗门王有一个妻子是法老的女儿。"不要下埃及去买马。"以赛亚曾这样告诫犹大国王希西家（Hezekiah），因为他很清楚，几个世纪以来，以色列人和犹大人一直就是这样做的，他们从埃及把买回的种马送到巴勒斯坦北部那些

---

① 马内松（Manetho，生卒年不详），埃及祭司兼历史学家，约生活于公元前3世纪托勒密王朝统治时期。尽管马内松本人是一个埃及人，但他却一直用希腊语写作。其代表作《埃及史》已成为历史学家研究古埃及历史以及年代考订的重要参考，他在该书中第一次使用"王朝"（dynasty）一词，将整个古埃及历史划分为多个阶段，每个阶段包含若干紧密联系的王朝和法老。其他著作包括《驳希罗多德》《圣书》《论节日》《物理学摘要》等。根据当地出土的莎草纸记载，马内松曾是赫利奥波利斯地区的太阳神拉神的祭司。

② 关于约瑟福斯这个人物，后文的故事中有全面的介绍。

③ "托拉"是希伯来文"Torah"的音译，原意为"引导"或"指路"，表示律法是上帝指引人的行动与处世之道，必须严格遵行。"托拉"一词在希伯来《圣经》中出现了两百多次，原来并不专指律法，而是表示"法则""法度"的意思，因为在亚伯拉罕时代还没有摩西律法。到公元6世纪，"托拉"逐渐成为专门词语，指希伯来《圣经》的第一部分，即律法书，亦称"摩西五经"。《圣经》正典约于公元前400年成书之后，就以"托拉"代表整个希伯来《圣经》。时至今日，在犹太人心目中，"托拉"代表着所有犹太经典中最重要的部分，不仅包括成文律法与口传律法的评注与解释，甚至用其代指所有的犹太律法、习俗与礼仪。

宽敞的马厩里。

无论存在什么风险，当亚述人于公元前8世纪末期走出美索不达米亚开始残暴的征服行动时，对以色列和犹大的王室及其子民的生存而言，与埃及的联系变得至关重要。当时，最后的几代以色列国王（其首都位于撒玛利亚）曾与埃及结成了战略同盟。尽管这对以色列王国最后的灭亡没起到任何阻碍作用，或许还起到了促进作用。公元前8世纪末，耶路撒冷受到西拿基立（Sennacherib）率领的亚述人的围困，于是希西家建造了庞大的地下水道系统，以便在投降和逃亡之间作出选择，但有时仍然需要埃及人的帮助。

西拿基立的大军于公元前715年对耶路撒冷再次实施围困。当时到底发生了什么，这始终还是一个谜。《圣经》的作者和希罗多德告诉我们，亚述军队由于传染了某种奇怪的瘟疫而撤退了。希罗多德甚至栩栩如生地描绘说，一群老鼠咬断了他们弓箭手的弓弦。西拿基立刻下的胜利纪念碑文则吹嘘说，犹地亚所有的城镇都被摧毁，并被他的军队洗劫一空，希西家"像笼子里的鸟一样"被关进了他的城堡里，但也承认没有能让他们屈服。最令人惊异的是——在历史上可能确实真实发生——来自埃及的消息声称，第二十五王朝的努比亚法老率领一支部队粉碎了亚述人的围困，从而挽救了犹大国王及其首都耶路撒冷。埃及人俨然成了犹大王国的大救星。

在随后的两个世纪里（正是《圣经》开始形成的年代），犹大王国一直挑动美索不达米亚人和埃及人互相争斗。犹太人在埃及重新立足的转折点出现在尼布甲尼撒二世于公元前597年第一次围困耶路撒冷之后。当时，犹大王国的许多精英——祭司、贵族、文士——被流放到幼发拉底河一带。而那些平民——农民、牧羊人、工匠——则留下来自谋生路。十年后，巴比伦人发出了致命的一击，彻底摧毁了耶路撒冷和所罗门圣殿，并对犹地亚的乡间实施了恐怖的洗劫。于是，许多不愿在灰烬和瓦砾中苟活的犹太人向南方迁徙，去了埃及那些已经自给自足的犹太聚落，像答比匿和孟菲斯以及最南端的行省巴忒罗，而其首府就在象岛。

耶利米了解到犹太人为了躲避犹地亚频繁遭受的艰难、饥荒和恐怖而返回了埃及后,便亲自下埃及警告他们不要为那里所谓圣所①的虚无希望所迷惑:"你们若定意要进入埃及,在那里寄居,你们所惧怕的刀剑,在埃及地必追上你们!你们所惧怕的饥荒,在埃及要紧紧地跟随你们!你们必死在那里!"②以性情暴躁、仗义执言著称的先知以西结甚至从巴比伦的迦巴鲁河(Chebar)河畔做苦工的营地写信,发出了更为强烈的警告。他借耶和华之口,直接向法老发出了愤怒的吼声:

……埃及王法老啊!我与你这卧在自己河中的大鱼为敌。你曾说,这河是我的,是我为自己造的。我耶和华必用钩子钩住你的腮颊,又使江河中的鱼贴住你的鳞甲;我必将你和所有贴住你鳞甲的鱼,从江河中拉上来。把你并江河中的鱼都抛在旷野;你必倒在田间,不被收殓,不被掩埋。我已将你给地上野兽空中飞鸟作食物……所以我必与你并你的江河为敌,使埃及地,从密夺到赛伊尼,直到努比亚③,全然荒废凄凉。人的脚,兽的蹄,都不经过;四十年之久并无人居住。④

以西结甚至比耶利米做得更多,他不仅从巴比伦写信,并且似乎知道犹太人在耶路撒冷陷落后在埃及定居的准确位置,尤其是这位先知借耶和华之口发出的警告:"巴忒罗地"将成为"列国中最低微的"⑤。然而,南方乡间的犹太人不仅没有荒废那片注定要荒废"四十年"的土地,反而使它兴盛起来。因此,到公元前515年波斯人在居鲁士的儿子冈比西斯率领下征服象岛时,那里的犹太军人所做的事情有点出人意表:他们竟然建造了一座圣殿,即耶和华[他们用阿拉米语将天国的上帝称为"雅护"(Jahu)]的居所。他们这种做法显然违

---

① 犹太人的圣所指圣殿,而圣殿内部安放《托拉》经卷的约柜则称为至圣所。
② 参见《耶利米书》42:16。
③ 此处地名与《圣经》汉译本有所不同,今按作者原文译出,以便于前后文一致。
④ 参见《以西结书》29:3-5, 10-11。
⑤ 参见《以西结书》29:15。

犯了"耶路撒冷之外不得建造圣殿"这一明确而严格的禁令。根据《列王纪》和《历代志》的记载，对此不止一次而是两次作出规定，第一次是在国王希西家统治时期，然后是在公元前7世纪末国王约西亚治下的改革时期。

不仅如此，象岛圣殿是为犹太军人及其家庭成员和周边纷乱的犹太社区而建造的，这可不是那种发生在边远地区的偷偷摸摸的事件。他们在建造时参照了《圣经》中有关古老圣所的描述，尽量模仿第一圣殿的原样，五个石门开向一个广阔的院子，正中间的神圣处所用于放置约柜和《托拉》。最里面的至圣所的门扇上安装了黄铜铰链，顶部为雪松形，里面是各种金银器。[2]更糟糕的是，这个圣殿公然违犯《圣经》的禁令，常年用动物献祭，还掺杂着粮食和香料祭品。这是因为当地犹太人认为，这毕竟是耶和华（就仿佛这里的神是另一个当地的神）的居所，而他需要的东西必须要经过精心的准备。[3]这样一来，里面就被这些"烧烤祭品"（通常是绵羊和羔羊）弄得血迹斑斑、烟雾缭绕。这类祭品正是"国王大街"另一边埃及神庙中羊头神库努姆献祭仪式祭品的突出特点，用于供奉耶和华就显得极不得体。对于耶路撒冷业已恢复的最高权威（包括祭司、文士和《先知书》的作者）来说，这简直是骇人听闻的事。但是，象岛犹太人却至死不渝地为他们的圣殿感到非常自豪，他们认为，这座圣殿是如此重要，以至于冈比西斯在摧毁了埃及人的所有神庙后，反而决定保护耶和华的这个居所。

对于我们理解犹太人在早期集体生活的这次运动中到底是什么样子来说，埃及耶和华圣殿的存在可能意味着两件事：或者是象岛犹太人属于前《圣经》时代，仅仅知道《托拉》中的某些律法典章和少量已有的史诗传说片断，但尚未将120岁的摩西在垂死之年向以色列人讲的传奇故事，即《利未记》中那些十分松散且时常矛盾的禁令编成法典；或者是他们的确知道摩西在《申命记》中的指责，或许还知道国王希西家的所有改革措施，以及他伟大的孙子约西亚将耶路撒冷圣殿定为举行献祭仪式和朝拜的唯一地点，但却不愿意屈服于其独有的权威。象岛的"雅护"（Yahudim）子民也是耶和华崇拜者

（Yahwist），但他们又不想继续遵守耶路撒冷人确定的惯例，至少不愿像绝大多数自认为遵守惯例的犹太人那样，接受激进的正统派有关是否具备犹太性（或者说得更简单一些，他是否是一个犹太人）的标准。

更有可能的是，那些管理象岛圣殿的祭司、长老和管事都是岛上的精英，他们或许认为，他们建造的圣所要比耶路撒冷精心建造的圣殿（公元前515年才建成）更忠于所罗门的原作。他们中的某些人之所以于公元前7世纪来到埃及，或许是因为他们对国王米拿现（Menasseh）恢复多神崇拜，并按《圣经》中描述的帐幕圣所的样式和比例建造祈祷场所的举动怀有敌意。⁴像巴勒斯坦地区一样，对于对作为集体祈祷场所的会堂我们并没有找到任何记述。圣殿是社区唯一的核心纪念地，是象岛犹太人独特宗教的建筑表现形式。圣殿的中央似乎立着一根独立的祭柱，即柱像（Massebah）①，与巴勒斯坦地区南部内格夫北端的阿拉德（Arad）要塞的另一处圣所中的柱子非常相像。圣殿中很可能还有一个长方形的石头祭台，这也是耶路撒冷之外的圣殿所独有的。

即使如此，几年前，一位犹太母亲向他的儿子、布鲁克林博物馆（当时正在举办韦尔伯莎草纸展览）馆长提出如下问题是完全可以理解的。她问道：这些身在埃及、常年流浪的前《圣经》时代的犹太人到底还是不是"真正的犹太人"？他们的名字大多以"yah"结尾，无疑标志着他们是"雅护"的子民，而起名在古代可不是一件小事。他们使用老辈传下来的阴历，每个月都有一个美丽的名字［基斯流（Kislev）、提斯利（Tishri）、尼散（Nissan）……］，每年仍然按2500年前确定的方式划分月份。他们似乎也为男孩子实行割礼。后来埃及的每一个犹太人都是如此，但不一定都在婴儿期做，更谈不上出生后第八天做了。⁵他们会祝福，有时也会诅咒，他们会立下庄重的誓言，会签订律法合同，他们写信时会用"天国和大地的上帝"作为开头和结尾："我以耶和华的名义祝福你""愿耶和华赐福予你""愿耶和华保佑你每天听到好消息""愿耶和华保佑你今天成为美好的一天"。尽管他们偶

---

① 一般为石柱，或为方尖塔形，多用于偶像崇拜，可参见《申命记》16:22及《列王纪上》14:2等。

尔也乞灵于阿拉米、腓尼基甚至埃及的神祇，这在当地或许只是一个形式问题，但毫无疑问，长期以来犹地亚本身在崇拜耶和华的同时也在崇拜通常被认为陪伴着他的配偶亚示拉（Asherah）。那些极端排他派的先知，如所谓的"第二以赛亚"，他或许在原典形成两个世纪后又添加了20章离奇古怪的内容，并且要求崇拜"独一的耶和华"，他们也不曾注意到象岛犹太人有什么独特之处，因为象岛犹太人的移民先辈来到埃及后，仍然沉湎于最初的以色列宗教传统和魔力之中。

尽管《申命记》中并没有提到安息日（同样也没有提到赎罪日），但我们知道象岛犹太人是守安息日的（正如今天大多数犹太人一样）。聚落中有大量守安息日的人，尽管他们有些人可能说阿拉米语，在休息日面对商业活动和生活便利时可能会表现出复杂的情感，但这与耶路撒冷人允许非犹太的推罗商人在安息日在城墙内和城墙外出售货物时的表现是一样的。如果说今天的特拉维夫和耶路撒冷对待在安息日允许或不允许干什么这个问题上采取完全不同的态度，那么象岛的态度肯定更像特拉维夫。① 但是，一封写给一位名叫伊斯拉（Islah）的城里人的信（写在陶片上）的确表明，他们对在安息日停止工作前必须做一些事情感到非常愤怒："你看，明天我还要给你送蔬菜。出于安息日[阿拉米语为'bsbh']的原因，我明天得在船靠岸前把菜送到那里[码头]，以免蔬菜烂掉。如果你不来，我以耶和华的生命起誓，我会杀了你！不要指望米舒拉麦（Meshullemeth）或示玛雅（Shemaiah）[又是两个沾点神气儿的名字]会做这件事。别忘了，到时卖些大麦给我。"写信的人生怕伊斯拉没有弄明白，又发出了以下威胁："现在，我要以耶和华的生命起誓，如果你不按我说的去做，你就等着后悔吧。"

与守安息日相比，当时更明显的是（现在仍然是），象岛犹太人会聚在一起过逾越节，而逾越节正是使犹太人之所以成为犹太人的节日。象岛犹太人守安息日必定有些独特之处，因为他们的耶和华被认为是带他们出埃及的救

---

① 意指特拉维夫是一个开放的现代化城市，而耶路撒冷则充斥着浓厚的宗教气氛。

星，而出埃及这一事件被认为是"分离"，即宗教和民族再生的重要时刻——使犹太人分离出去从而接受律法的必要条件。但是很显然，象岛的犹太人并没有完全分离，他们不会离开象岛，起码不会主动离开。最早的关于标志着逾越节开始的逾越节家宴上宣讲"哈嘎嗒"（Haggadah）①故事的规则，是公元9世纪才出现的，所以我们对住在埃及（答比匿、孟菲斯以及更重要的象岛）的犹太人在逾越节之夜诵读或不诵读什么几乎一无所知。（正规的逾越节家宴的"规则"本身也像其他规则一样是无法追忆的，它们不过是出于不早于公元3世纪的拉比的传统惯例，或许只是对基督教复活节圣餐的简单模仿，而不是一种标准的模式。）

公元前5世纪，耶路撒冷的长老们对于来自"外邦"的污染大为震怒，决定要给国外犹太人出格的习俗烙上他们的权威印记。以斯拉（Ezra）这位"天国上帝的文士"被亚达薛西斯王派往西方，去纠正那些在耶路撒冷圣殿被焚毁后留在巴勒斯坦地区的犹太人和那些被巴比伦流亡者怀疑有不洁行为或恢复了异教习惯，以及与"外邦人"通婚的犹太人的不良习俗。公元前419年，有一个叫哈拿尼雅（Hananiah）的人［很可能是返乡的犹地亚总督尼希米（Nehemiah）的兄弟或近亲］给象岛犹太社区的首领耶达尼亚·巴·革马利雅（Jedaniah bar Gemariah）写了一封信，规定了标准的逾越节仪式的律法。[6]他甚至有可能亲自把这封信送到了埃及。哈拿尼雅的确在象岛的某些地方出现过，但这也给他带来了麻烦。

在犹太历史上，像这样的情况并不少见：一个犹太人会告诉另一个犹太人某件事情应该怎么做。哈拿尼雅决定不再用以西结和耶利米那种威胁的口气，要求犹太人离开那个受诅咒的国家——这又有什么意义呢？但是哈拿

---

① 希伯来文的意思是"宣讲""叙事"。"哈嘎嗒"的内容是逐步积累形成的，其中部分可以追溯到远古礼仪，部分源于《圣经》，部分来自《塔木德》《密释纳》等犹太经典。尽管这类内容本身不具有律法效力，但以故事讲解的形式制约着犹太人的生活规范。这类故事内容纷杂，包括历史事件、神学故事、民间传说、寓言童话等，属于太教拉比文学的范畴。此处指的是一个名为"哈嘎嗒"的传统文化读本（约成形于公元2世纪），核心内容是犹太人出埃及的故事，专门在一年一度的逾越节家宴上宣讲，因此也是一个对犹太儿童进行犹太史教育的启蒙读物。

尼雅采取纠正措施的细节表明，他对象岛犹太人庆祝逾越节的放任方式采取的也是一种放任的态度。在出土的早期陶片上，曾记载有一个人问另一个人"请告诉我，你什么时候庆祝逾越节？"这意味着这是一个在方便时遵守的不固定的节期。所以，哈拿尼雅才指示耶达尼亚，节期必须精确地在尼散月的某一天（第十五天）开始，要持续多长时间，以及必须要做的事就是要吃特定的无酵面饼，即玛索（matzo）。由于当时埃及人的主食是面包，这样的规定必然会完全打破他们的家庭饮食习惯。至于他们的另一种主要食品——啤酒，则要求他们在逾越节期间戒除"发酵饮品"。时至今日，关于禁酒的规定是在逾越节家宴上喝不多于四杯红酒。"不得在尼散月的第十五天和第二十一天做工"，并且"须保持洁净"。在犹太传统中，房事并不是不洁的（除非在行经期间行房），因此最后一条规定既是命令要仿照耶路撒冷的洁净仪式献牲祭，也是为了绝对避免与死物有任何接触，而这在很看重防腐的埃及可不是一件小事。那么，又如何对待发酵物（chametz）呢？难道任何面包皮、面包和面包屑，或任何与其接触过的东西，都应像今天的正统派犹太人那样，在逾越节临近时从家里彻底清除掉吗？让现代的律法卫道士感到震惊的是，哈拿尼雅竟然命令要把发酵物收集到家里，藏在瓶瓶罐罐中，并在整个逾越节期间密封起来！这样的规定只能让那些遵守《塔木德》（Talmud）①的现代犹太人感到惊愕，因为对他们来说，能不能看见并不重要——尽管《密释纳》（Mishnah）②（口传《托拉》最早的文字版本）和《塔木德》（包括《密释纳》在内的各种评注的总汇）允许临时把发酵食物和物品"卖给"非犹太邻居。

对于耶达尼亚是否听从了这些指示，并领导象岛犹太人开始以更洁净的方式庆祝逾越节，我们无法确定，但哈拿尼雅这种强制实施统一规定的使命

---

① 犹太教口传律法总集，是仅次于《托拉》的主要经典，故又称为"口传《托拉》"。《塔木德》的内容包括《密释纳》和《革马拉》（Gemara）两部分，前者为口传律法集，共6大卷63篇；后者则是对各律法条文的诠释与补充。巴勒斯坦《塔木德》成书于公元4世纪中叶，而巴比伦《塔木德》则完成于5世纪末。后者因成书较晚，所以更注重生活实际，也较为完备，因而有更高的权威性。

② 希伯来文的意思是"重新阐述"（其中第1部《种子》已出中文版）。参见上注。

表明，耶路撒冷人对埃及犹太人自行其是的做法表现出深深的忧虑。他们的担忧并非是完全错误的，这一点毋庸置疑。因为从另一个更重要方面来看，这个问题直指"怎样做才是一个犹太人"这个核心问题——在犹太人可以与外邦人通婚的环境下——军队及其附属人员显然对此持有一种宽容态度。但在当时，他们积累家业是受到他们波斯主人的鼓励的。不要把当时的情景想象成：枯燥的兵营里，一群单身汉睡在一起，在世界的尽头苦熬时日，终日以肮脏、醉酒和无聊为伴。事实上，象岛〔像哈德良（Hadrian）城墙上的要塞一样〕是一个家庭式城镇，其中的犹太士兵生下儿子，他们长大后仍然在军队里服役，在边境要塞里生活。在要塞之外，犹太人（包括圣殿管事、文士、商人、工匠）就居住在灰色的泥砖房子里，房子通常为两层，底层是炉灶和马厩，而上层则是十分宽敞的生活起居区。大门开向虽然狭窄但名字却极为夸张的街道（如"国王大街"）。20世纪90年代，考古学家在这里发掘出了一个真正的城镇：石板路一级级地拾阶而上，还有高大的围墙、狭长的胡同和弯曲的小道。根本不需要任何想象，就可以看到象岛的街道，听到聊天声，闻到做饭味儿。这里并不是一个封闭的犹太人居住区，他们的邻居有波斯人、里海人，当然也有埃及人。有时，正如莎草纸上的文字告诉我们的，他们就和这些邻居结婚。如果这个外来人能够走进这个"耶和华"的社区，通婚会顺利得多，但尽管如此，《出埃及记》和《申命记》也像后期的《圣经》章节和《塔木德》一样，对与异邦通婚采取一种不赞同的态度（如《申命记》7:3称"不可与他们结亲"）。

然而，当犹地亚正面临入侵和灭绝的威胁，那里的大部分人去了巴比伦或埃及，而巴勒斯坦本身变成了雇佣兵四处横行的天堂时，那些自认为肩负着保护和恢复"天地间"独一的上帝的宗教使命的犹太人采取守势是完全可以理解的。文士和先知们认为，那些留在巴勒斯坦山地和河谷间的犹大人和以色列人，特别容易受到异教徒的反攻倒算。如果他们和"以东人"（Edomites）或其他可疑的异教徒通婚，那么他们遵守律法禁令的决心就可能会因他们的丈夫或妻子热衷于那些"令人憎恶的事物"而削弱。总之，他们会与异教民族没有什么两样。《以斯拉记》的大部分内容写于公元前5世纪中叶的象岛繁荣时期，基本上与其描写的事件同时发生书中曾专门命令那些在圣殿被焚毁后留下来并和当地人结婚的耶路撒冷人和犹地亚人，要他们必须"休掉"其外邦妻子。

那些采取完全不同的生活方式的象岛犹太人，虽然也是耶和华的忠实崇拜者，但却不会按这些要求去做。他们的官员之一、"雅护"圣殿的一位管事阿拿尼亚·巴·亚撒利雅（Ananiah bar Azariah）根本没考虑（他很可能知道）加在耶路撒冷人身上的严格禁令，娶了一个十几岁的埃及女奴，叫塔比梅（Tapemet），人们都叫她塔梅（Tamet）。[7]可是，塔梅并不是她丈夫自己的奴隶。她的左前臂上文着她的主人米书兰姆（Meshullam）的徽记，而这位主人是拥挤的象岛社会中的另一位著名人物。米书兰姆最早得到塔梅，有可能是因为作为他借给一个叫耶胡恩（Jehohen）的犹太女人一批银锭而将塔梅给他作为抵押品。当时，这种用人作抵押的方式是很普遍的，而米书兰姆这次出借要收5分利，并且在借据中特别约定，如果欠账拖到第二个年头，他可随意取走并占有这个女人的任何财物。

每个人都可以想象这位阿拿尼亚是如何遇见他未来的妻子的，我在这里也斗胆猜上一猜。或许有一天他到米书兰姆家里串门，因为两个人本来就很熟。考虑到奴隶主人的身份，娶不娶这个埃及女孩作小妾是阿拿尼亚自己的事，尤其是（事实的确如此）她还为他生下了一个儿子叫彼蒂（Pilti）。对阿拿尼亚来说，他最好的选择就是：做一个偶尔看望儿子的父亲。但他没有这样做，而是在公元前449年娶了这个埃及女人塔梅。合法的"妻子身份文件"中这样写道："她是我的妻子，而我是她的丈夫，从现在起直到永远。"不管是什么样的情感使得自由人阿拿尼亚娶了这个女奴，但肯定不是什么复杂的利益驱动。塔梅结婚时的所有嫁妆只有"一套毛衣"、一面廉价的镜子（这毕竟是在埃及①）、一双拖鞋、少量的香精油（这在当时十分贵重）和蓖麻油（尽管只有一点儿，平常也不一定闻），整体价值也不过微不足道的7个舍克勒。这很可能是女孩母亲的全部家当，是她能够祝福这场爱情婚姻的最后财产。米书兰姆作为新娘的原主人，显然对此无动于衷。从律法上讲，塔梅作为一个新妻子的身份对于自身的解放毫无帮助，即使她与自己的丈夫一起生活。但是，米书兰姆提出了更苛刻的要求（因为他是一个很实际的人）：如果他们夫妻两人离婚，他将保留孩子彼蒂的拥有权。如果夫妻两人有一人去世，他将获得两人所有共同财产的一半。新婚夫妇不同意，于是诉诸律法并重新更改了协议。根据新协议，如果米书兰姆再次主张对彼蒂的权利，他将支付巨额罚金，并且即使夫妻两人有一人去世他也得不到两人财产的一半。对塔梅和哈拿尼亚来说，这是一个满意的结果。

至于他们到哪里去了，或者他们是否从一开始就住在一起，我们一无所知。我们找到的这些只是律法文书，而不是婚姻日志。但是，在他们结婚十二年之后，阿拿尼亚从两个里海人巴迦祖施塔（Bagazushta）和韦尔（Whyl）名下买了一所破旧的房子。他是以最低价格买下的，只花了14个舍克勒。当时，那个地方不值得一看，只不过是离圣殿不远的一处破败房产。有一个泥泞的院落，有窗棂但没有房梁，然而这就是（虽然买得有点晚）这对夫妻的所有家产。过了三年，当阿拿尼亚把它收拾得适于居住后，他正式地把这套"房产"（实际上只有一间）作为塔梅的个人财产送给了她。对一个女奴即使是纯洁的女奴来说，这是从未有过的事。几乎可以肯定，又一个孩子出生了，那是他们的女儿耶雅示玛（Jehoishima）。

从某种意义上说，在高墙耸立、小道纵横的边境要塞世界里，奴隶主、临时的女奴、圣殿管事和他们的孩子，共同组成了一个大家庭。公元前427年，耶雅示玛已经7岁了，她的合法主人、精明难缠的米书兰姆或许是受了某种刺激，为这个小女孩和她的母亲签发了解放书，给予她们一种有条件

---

① 镜子在埃及文明中是人们必不可少的日常梳妆用品。——编者注

的部分人身自由——"释放",按体面的埃及式手续使她们"从阴影下走向阳光"。当然,这其中还有隐情。这个小女孩将成为米书兰姆家庭的一分子,如果他家愿意,他家的儿子仍然需要她来侍候。所有的线索都表明,至少米书兰姆的一个孩子,即他的儿子撒库尔(Zaccur)成了这个被收养的小女孩的真正兄弟。又过了七年,在她14岁时,她嫁给了一个名字和她的父亲阿拿尼亚完全一样的男人,那就是撒库尔。他保证这个小女孩比她母亲结婚时的场面要豪华得多。第一笔是每一个小女孩做新娘时必需的:全套的日常服饰,包括一身全新的带条纹的羊毛衣服、一条长披肩、亚麻长袍、一套"镶边的正装",还有一个盛放所有衣物的"棕榈叶箱子",另一个是莎草芦苇编成的箱子,第三个箱子则用来放她的珠宝、铜杯铜壶及其他器具、花哨的波斯拖鞋,再就是日用油膏,其中有一种据称是香水。由于她有这样一个大哥,这个小新娘在出嫁时打扮一新。她也有地方住,因为在她出嫁前,她父亲已经允许她拥有在她亲哥哥彼蒂不用时占用一半房子的合法权利。

又过了十六年,到公元前404年,女奴和圣殿管事结婚已经45年了。阿拿尼亚在去世前把房产(那里已经非常像一个家)转让给了他的女儿,这主要是考虑到她在父亲的晚年曾给予的"支持"。多好的女孩!耶雅示玛。在仔细对财产进行了斟酌描述后,在干巴巴的转让文书结尾处写着:"这是房产的四至,现送给我可爱的女儿耶雅示玛。"但是又约定,她不一定非要等到他去世之后才能获得财产。又过了一年半,阿拿尼亚改变了生效文件的称呼:"你,耶雅示玛,我的女儿,对它(房产)拥有产权,从今天起直到永远,并且你的孩子在你之后拥有产权。"[8]或许,这时的老米书兰姆恐怕早就去了岛上的墓地,而那位曾经为奴的女人和她的女儿至少真正地"从阴影下走向了阳光"。

象岛或许曾是一个男性军人的城镇,但那里的女人无论从律法意义上还从社会意义上讲都要比那些返回耶路撒冷和犹地亚的女人强势得多。米塔希雅(Mibtahiah)"夫人"——马西雅·巴·耶撒尼雅(Mahseiah bar Jezaniah)

的女儿，与处于社会底层的塔梅完全不同，她的社会地位非常显赫。9 她的族人一直是社区的领袖和圣殿中的重要人物。然而，这对她的婚姻并没有太大影响。她所嫁的三个丈夫中有两个是当地的埃及人，并且这两位都是建筑大师。其中一个是以示俄（Eshor，后改名拿单），他被誉为"王室御用建筑师"。在她漫长的生命历程中，米塔希雅（她的自信和妩媚与塔梅的自卑与朴素形成了鲜明的对照）曾三度离开丈夫，并且三度把房产留给对方。一开始，她嫁给了一个邻居，叫耶达尼亚（Jedaniah）①。她的嫁妆十分奢华，除了各种珠宝和箱子，还有一张莎草和芦苇编成的大床。她是作为房主结婚的，房子就是她富有的父亲作为她的财产送给我的结婚礼物。正如房产的转让文书上所写："送给你爱的人，你可以送给别人，以后你的孩子们也可以这样做。"但另一方面，她的丈夫却感到不知所措，因为他只拥有在婚姻存续期间对房产的使用权。但事实证明并不需要如此长的时间，因为耶达尼亚早早地就去世了。

她的第二任丈夫是一个叫皮乌（Peu）的埃及人，他很不争气，而有关他们离婚的文书表明，在埃及的犹太人中间，并不是凡事都要遵守《托拉》的规定（过去和现在均是如此），而是女人有权首先提出离婚。《申命记》（24:1—4）中赋予了丈夫单方离婚的权利，他只需发一个声明说他"发现了某种不洁"即可。如果一个男人觉得他"恨"自己的妻子，同样可以用一纸休书终止婚姻，并"送她出户"。但是，象岛的情形却并非如此，至少对米塔希雅夫人来说并非如此，她那丰厚的嫁妆必须退回。她和皮乌诉诸法庭对财产进行分割，最终米塔希雅打赢了官司——她只需以当地的埃及女神撒蒂（Sati）的名义起誓即可。这对于耶路撒冷的《托拉》卫道士来说无异于离经叛道，而对于尼罗河上的犹太人而言却只是一个形式问题。

所以，在我们十分了解的第一个犹太社会中，那里的军人家庭是一些具有独特风格的犹太人——吸纳了埃及人的习俗，但又没有放弃自己的信仰，

---

① 这个耶达尼亚与象岛犹太社区首领同名，但并不是一个人。——编者注

他们在名字或身份问题上更是如此。由于哈拿尼雅不能，也不可能说服他们像先知们要求的那样全部离开埃及，他强制实施统一性的使命遭到了历代形成的当地习俗的抵触。象岛莎草纸上的文字就证明了这一点，他们对这样的指示非常反感。他们的社区毕竟是在《托拉》律法成熟之前形成的，而他们自己的习俗和律法离成为一种共同的遗产还有很长的距离。

换句话说，尽管对于犹太历史的后续展开而言，上埃及尼罗河边境上这样一个要塞城镇似乎不宜作为一个典型案例，但实际上它却非常典型。像生存于异邦人中间的许多其他犹太社会一样，象岛上的犹太性也是世界性的。他们说当地方言（阿拉米语）而不是希伯来语，沉迷于律法和财产，有强烈的金钱和时尚意识，十分看重结婚和离婚，注重培养后代，有着精细的社会等级，享受着各种犹太仪式的快乐与责任。目前能够找到的唯一文献就是《智慧书》，即阿希喀尔语录。① 在整个象岛犹太人社区的中心，在他们与阿拉米人、里海人和埃及人比邻而居、熙熙攘攘的街道上面，高耸着他们的圣殿，远远望去显得有点儿出格，但却完全是属于他们自己的。

正是这些市井间的日常琐事似乎使得生活充满了美好的情趣，这是一段没有殉难、没有哲人也没有哲学折磨的犹太历史，这是一个幸福、平静的地方。这里有的更多是财产纷争，人们打扮入时，出席婚礼和庆祝节日；这家的孩子很淘气，邻居家的孩子更淘气，整天弄舟戏浪。这是一个穿胡同走小巷的世界，顽童向河里扔石头，情侣在棕榈树下漫步。这段时间，这个世界，完全与苦难的故事隔绝开来。但是麻烦还是来了，如期而至。

像后来成百上千年间在巴勒斯坦地区之外扎根的许多犹太社区一样，象岛人对他们悠闲自在的生活有点得意。他们憧憬着，只要温和的波斯人在那里保护他们免受当地人粗俗的妒忌，他们与邻居们的关系即使不比期望的要好，但至少可以不受打扰地生活。但准确地说，这正是问题所在。当波斯帝

---

① 阿希喀尔（Ahiqar），生卒年不详，传为在中东地区游历的亚述哲人，以智慧著称。象岛遗址出土的《智慧书》用阿拉米语写在公元前500年的莎草纸上。

国的势力分崩离析时,那些被认为是其信任的受益者的种族群体突然变成了外来人而不再是土生土长的本地人,无论他们定居了多长时间都是徒劳的。公元前5世纪末期的情形正是如此。公元前486年和前464—前454年,埃及陷入了全面起义的战乱之中,并一直持续到这个世纪末,这再一次让不断扩张的波斯霸主感到埃及人不甘臣服、难以驾驭。突然间(正如2500年后的20世纪末埃及发生的情况一样[①]),象岛犹太人被指责为殖民者、波斯占领者的工具,他们的社会习俗是反常的,他们的宗教是一种亵渎的侵略。如果说波斯人的宽容曾经允许他们作为帝国的"走狗"繁荣一时,那么当地埃及人起义的目的就是把他们也视为占领者,从而排斥和恐吓他们,把他们从当地文化的"躯体"上撕裂下来然后扔掉。

莎草纸记录了当时的骚乱和抢劫场面——大屠杀的原始形式。6位正在底比斯大门前等待丈夫的女人突然被捕,而没有任何解释。她们都嫁给了犹太人,但其中有人用的是像伊西拉什韦特(Isireshwet)这样的埃及名字,这在象岛上是常有的事情。墨西雅(Mauziah)写信给社区首领耶达尼亚说,他被诬陷藏匿从商人的身上偷盗了一块钻石,并因此被投入监狱,直到针对这种不公待遇的骚乱变得非常严重后,他最终才被释放。不过即使被释放,他的语气仍是尖锐而紧张的。他对那些救助他出狱的人十分感激,他告诉耶达尼亚要好好地报答他的救星——"他们想要什么就给他们什么!"

在公元前5世纪的最后十年里,原来的平静突然被打破了。埃及的"雅护"信徒指责那些来自犹地亚的外来干涉者不理解他们的生活方式。墨西雅谴责哈拿尼雅这位来自耶路撒冷的逾越节特使,认为他的出现激起了库努姆神庙祭司的不满,甚至要与犹太要塞为敌。堡垒中动员部队和集合军人时一直供应的饮用水突然中断了。不久,要塞里忽然出现了一堵神秘的高墙,把整个院子一分为二。然而,这些只不过是挑衅行为,真正的灾难随后接踵而至。

---

① 指埃及发生的政局动荡和社会骚乱,本书读者对此应该记忆犹新。

灾难过去三年之后，社区领导人耶达尼亚才与"象岛上的祭司"联名向犹地亚的波斯总督巴迦瓦雅（Bagavahya）报告了耶和华的圣殿于公元前410年被毁的悲惨历史，使用的完全是经文的口气：一种充满愤怒与哀痛的控诉。整个社区仍然处于惊恐之中，他们仍然身披麻布衣服表示哀悼。"我们开始斋戒，妻子们都成了寡妇（也就是说他们完全停止了夫妻性生活）。我们既不抹油膏，也不再喝酒。"

导致"雅护"圣殿被毁的麻烦或许是不可避免的。圣殿中毕竟曾使用动物牲祭，其中绝大多数肯定用的是羊，而这种动物恰恰是与之相邻的库努姆神庙中的崇拜对象，漂亮的羊头图案就刻在神庙的大门上。举行犹太仪式时，这些要想不被人发现似乎不那么容易。圣殿围墙后的院子里经常举行宗教仪式，外面的人会不时看到浓烟，闻到血腥，听到咏唱。这样似乎侵害了那些无礼的邻居，而库努姆神庙的祭司正在扩展自己的院落，侵占了把两个院子隔开的共用地界。在有些地方，两座神庙甚至共用一面墙。有时，库努姆神庙中的祭司会煽动对作为波斯人"走狗"的犹太军官的怨恨，即使不能赶走他们的士兵和家庭，也要迫使他们离开自己的圣殿。他们劝说驻岛首领"邪恶的韦德兰迦（Vidranga）"（犹太人表达冤情和哀痛的请愿书中就是这样称呼他的）采取行动，还给韦德兰迦的儿子、驻赛伊尼的埃及—阿拉米要塞的指挥官纳法伊纳（Naphaina）写了一封信，挑动那里的士兵进行攻击并摧毁耶和华的圣殿。

"他们疯狂地冲进圣殿，将其夷为平地，石柱被推倒……五个石门轰然倒地；其他物器则全部被烧掉，包括至圣所的门廊和黄铜铰链及其雪松形的尖顶。他们将其中的金银器具以及所能找到的任何物品抢劫一空。"

耶达尼亚抓住波斯人的敏感，动情地说起这个古老的圣殿：它建于埃及王朝时期，国王冈比西斯征服这个国家后还曾表达过崇敬之意。他提醒波斯总督，自己曾经向耶路撒冷方面发出了一封信呈给那里的总督巴迦瓦雅、大祭司约哈南（Johahanan）以及城里的"犹大国贵族们"。但他们却不屑于答复!(情况很可能是,由于耶路撒冷人越来越坚持耶路撒圣殿崇拜的独有权威,所以对非正规、非正统的象岛圣殿建筑被毁根本就没当回事儿。)象岛的长老们还曾给撒玛利亚总督参巴拉(Sanballat)的儿子们写过信,但也没有得到任何满意的答复。

象岛犹太人的祈祷也并非完全没有收获。"走狗韦德兰迦"及其下属所犯的罪孽的确受到了惩罚,他的战利品被没收,"而凡对圣殿有冒犯的人均被杀死,这一切就发生在我们面前"。然而,当时唯一的、真正的任务不是复仇,而是重建上帝耶和华的圣殿。如果圣殿得到重建,"那么素祭、香祭和燔祭将以你们的名义供上上帝耶和华的祭坛,我们将一直为你们祈祷,为我们,为我们的妻子和孩子们祈祷"。

还好,他们最终收到了答复。他们的要求总算在某种程度上得到了批准。他们被授权"在原址上按原样"重建圣殿。很明显,这项授权附加了严格的条件,即从此之后献祭时只允许用素祭和香祭,而不得用牲祭。可能耶路撒冷有人去找过总督,也可能象岛犹太人为了共同的事业想与耶路撒冷人修好。但不管怎样,他们原则上同意,只在耶路撒冷圣殿的核心区域范围内献燔祭。接受他们的第二身份或许表明,他们可以直接建一个圣殿,尽管这样做仍然破坏了圣殿崇拜的权威性。来自"长老会议"[包括莫兹(Mauzi)、示玛雅、两个何西阿(Hosea)以及耶达尼亚本人]的一封信严肃地指出,不得再用"绵羊、公牛和山羊"献祭。为了表示他们的诚意,装在银器里的甜味剂和大麦被一起献上。

他们后来的确建造了象岛第二圣殿,但仅仅维持到波斯人对埃及的统治结束。公元前400年圣殿被又一次全埃及起义几乎彻底摧毁,并且在亚历山大大帝及其将军们于公元前4世纪中叶实施统治之前就彻底坍塌了。随着波斯人在埃及的失势,犹太军队及其整个由士兵和女奴、油膏和香料、财产争议和婚姻联盟组成的世界一去不复返了,那些小商小贩、圣殿贵族和船员工匠突然消失,有关他们的文字记载变成一片黑暗,深埋在尼罗河上那个小岛的碎石和泥沙之下。

在学者的圈子之外，这个丰富而动人的犹太故事实际上并没有进入犹太大众的传统记忆。这一点也许并不令人感到惊奇。如果这个故事在"起初"是作为一个清晰的"分离"而写成的，那只是因为象岛上那个犹太、埃及、波斯、阿拉米诸元素构成的大熔炉似乎是一个异数、一个边缘化的奇点，与纯粹而独特的犹太文化的形成毫无关系。人们认为，在象岛社会相对繁荣的那段时间，正是希伯来《圣经》中的两卷，即《以斯拉记》和《尼希米记》在耶路撒冷成书的时间，其明确的目标之一就是要把犹太社会中的"外邦"元素清除出去：彻底驱逐外邦女人、外邦神祇和外邦习俗，即使这些异邦元素已经长期地渗透到犹地亚社会的日常生活中。这两卷书的作者及其继任者或许以惊恐的眼光回顾了埃及的这些片断：近乎异端控制的圣殿，采取牲祭形式的大胆尝试，或许还自称为纯净的"雅护"社会。而经文的作者们还努力说服自己，这些不良习俗最终被清除完全是出于上帝的意志，是对那些偏离"狭窄"道路的人的又一次惩罚。

但是，假设有另一个完全不同的犹太故事，其中异邦人与纯粹犹太人之间的分界并不是那样不可更改；做一个犹太人并不意味着要求排斥邻邦的文化，而是至少在某种程度上与其和谐共存。这样的情形可能发生在犹太人与埃及人之间，正如后来发生在犹太人与荷兰人或犹太人与美国人之间的情形一样，双方完全有可能（但不一定容易或简单）在平衡的状态下生存，犹太人仍然是犹太人，但同时也是埃及人、荷兰人、英国人、美国人……

这并不是说我们要用这第二个故事取代前面所讲的第一个故事。历史上凡是有犹太人的地方，两种方式（排他的和包容的，就像耶路撒冷和象岛）共存的情况并不少见。如果双方都能以合理的方式思考犹太人的历史，讲述犹太人的故事，那么就不应将象岛视为主流社会中一个异数，而应将其看成一个先驱者。当然，我们所讲的这个故事并不是埃及真实的犹太历史的终结，而是另一个开端。

# 第2篇　字符

## The Words

正如《尼希米记》中所说，尼希米在月光下骑马走着。¹他百感交集，一直无法入睡。他来到耶路撒冷城边，看见到处是断壁残垣，他的心都碎了。

这是公元前445年，自从尼布甲尼撒制造耶路撒冷灾难并将耶路撒冷人掳往巴比伦之后，已经过去了近一个半世纪。尽管巴比伦人早就离开了耶路撒冷，但他们留下的灰烬已经变成了城墙上那些破碎的蜜色石灰石的记忆。在城墙之外，波斯人统治下的犹太（Yahud）省依然荒无人迹；一个个村庄被废弃，或沦入原始生活状态。²城里则一片肮脏和破败，人口也许只有犹太独立王国统治末期的二十分之一。残留下来的流民只能拥挤在尚未坍塌的墙根下艰难度日。

又过了几十年，波斯对流亡者实行遣返并恢复崇拜当地神祇的政策（他们试图用这种崇拜的热情拴住他们的忠心）。根据《以斯拉记》的记载，波斯王居鲁士"在执政的第一年"发布了一项法令，允许以色列人返回犹太省。³由于年幼的犹太王子所罗巴伯（Zerubbabel）声称与古代大卫王室家系有近亲关系，所以被居鲁士指定与大祭司约书亚（Joshua）一起率领几千名犹太人返回耶路撒冷。在所罗门的耶和华圣殿的废墟上，第二圣殿的建造工程开始了。"匠人立耶和华殿根基的时候，祭司皆穿礼服吹号，利未人敲钹……他们彼此唱和……众人大声呼喊，声音听到远处。"[4]圣殿于公元前515年完工，被认为是一次不事张扬的重建，但已足以按《利未记》中的"神圣法典"（Holiness Code）的要求用洒血和烧烤献祭，足以在庆祝丰收的节期接受朝圣者的朝拜。

然而，居鲁士的法令仍然是一纸宝贵的授权书，以至于《以斯拉记》竟有些夸张地查找并引用其原本。在几代人后的大流士（Darius）统治期间，这些文本对那些深怀敌意的反对者进行了回击。[5]可以确定的是，在巴比伦曾发现了一个副本，其中对这座重建圣殿的规模和高度作了详细的描述。圣殿的建造资金均由王室财政支付，而被尼布甲尼撒抢劫的金银物物则全部归还给犹太人。尤为令人可喜的是，这一法令还严厉警告那些试图对其有所改变的人：不得对那些使用从自家房屋拆下的木头、废墟上残留的绞架上的绳索以及把殿房"建成一个粪堆"的行为说三道四。刻有居鲁士圆柱陶器原本的另一块楔形文字石板残片（于1881年出土）证实，很有可能以斯拉及其同代人拥有一个副本，从而使他们获得了法令授权的细节。[6]

对于那些返乡者的子子孙孙来说，居鲁士法令所作的承诺和保证无异于他们的"尚方宝剑"，因为他们毕竟一直生活在杂草丛生的断壁残垣之间，并且他们的人数少得可怜，可能都不到两千人。当尼希米骑着马从耶路撒冷废墟上经过时，他的心中充满了悲伤。从他身后不远处的一片朦胧的瓦砾间，传来了杂乱的脚步声，看样子他们刚刚起床。耶路撒冷的其余部分似乎一如往常，祭司、文士、当地的贵族以及以东人之流仍然是那些衣衫褴褛的犹太人的主人，由于他们自认为被波斯王室授予了更多的权力，因而更加趾高气扬——俨然已是高枕无忧了。在苏萨（Susa）的宫廷里，尼希米曾是波斯王亚达薛西（Artaxerxes）的斟酒官，是他信赖的人和代理总督。虽然曾被巴比伦人废黜并流放的犹地亚国王约雅斤（Jehoiachin）的后人仍然以大卫王室的后裔自居，但实际上犹地亚已经根本没有什么国王，这个流亡中的傀儡王室所用的油料完全依赖于巴比伦官方的定额供应。[7]所以，尼希米无疑是另一个最佳人选，他成为怀揣着盖有波斯皇帝印玺的法令的钦差。

当他的马小心翼翼地在断壁残垣间穿过时，他只能尽量在马鞍上坐得稳当一些。尼希米穿过粪厂门（Dung Gate），他的头顶上星辉闪烁，犹地亚的夏夜凉风习习，十分惬意；他走过一口深井，人们传说里面蛰伏着一条赤龙，只有当它的翅膀收拢、爪子缩回鳞身下面而入睡时，井水才会涌出来；然后他经过水门，面前是西罗亚（Siloam）池和汲沦（Kidron）溪，溪水绕过一堆堆废墟向前方蜿蜒流去；他继续前行，直到他的马在瓦砾堆间再无落蹄之处。于是，尼希米牵着马穿过废墟，折回城里的小巷中。他终于可以休息一下了，但他知道接下来会发生什么。

而此时的象岛，那里的犹地亚犹太人正十分满意地与埃及人生活在一起。他们的邻居依然是阿拉米人、卡里安人（Carians）、里海人和希腊人。他们拥有自己的圣殿，走着自己的生活之路。对此，尼希米心里非常清楚。但正如他在"自传"（《圣经》中最为动人的情节之一）所说，这却不是他的路，他也不相信这是耶和华的路。

翌日晨，尼希米召集祭司、重要人物和文士们开了一个会。他说："我们所遭的难，耶路撒冷怎样荒凉，城门被火焚毁，你们都看见了。来吧！我们重建耶路撒冷的城墙，免得再受凌辱。"人们内心十分感动，愿意追随这个似乎以国王的权威发话的人："我们起来建造吧！"①当当地的官员霍伦人参巴拉（Sanballat the Horonite）和阿拉伯人基善（Geshem the Arabian）嘲笑他们的鲁莽时，尼希米强硬地反击道："天上的神必使我们亨通。我们作他仆人的，要起来建造；你们却在耶路撒冷无分、无权、无记念。"②

《尼希米记》虽然篇幅简短但却异常生动，就连最严肃的学者也尊称其为"自传"。与希伯来《圣经》的其他各卷不同（尽管与《以斯拉记》非常相似，

---

① 参见《尼希米记》2:17—18。
② 参见《尼希米记》2:17—20。

也正因为如此,这两卷总是并列出现,人们有时甚至将二者作为单独的叙事进行阅读),几乎可以肯定的是,该卷的写作时间十分接近于其描述的事件发生的时间。⁸《以斯拉记》中长篇引用的波斯皇帝的法令和特许状,可以说与公元前5世纪中叶波斯宫廷的律法文件的行文风格完全一致。给人印象最为深刻的是文字记录的即时性,一本书的物质载体(铁器、石板或木材)似乎在形质上与其年代完全吻合。

公元前5世纪中叶由于具有转折意义而显得十分重要。在这一时期,一些建筑得以完成,并且不仅仅是砖石建筑。《尼希米记》中记载了当时的建筑活动:房梁是取直的,石板是整齐的,门框装上了厚重而坚实的铰链,而锁匠们则忙得团团转。《尼希米记》还列出了城市各个毁坏区建造小组分工及其工头和头面人物:"管理伯哈基琳(Beth-haccerem),利甲(Rechab)的儿子玛基雅(Malchiah),修造粪厂门;立门,安门扇和闩锁。管理米斯巴(Mizipah),各荷西(Col-hozeh)的儿子沙伦(Shallun),修造泉门;立门,盖门顶,安门扇和闩锁,又修造靠近王园西罗亚池的墙垣,直到那从大卫城下来的台阶。……其次是提哥亚人(Tekoites)又修一段,对着那凸出来的大楼,直到俄斐勒的墙。"①这段文字令我们宛如正与尼希米一起骑马巡视施工现场:敲击声不绝于耳,头面人物要确保自家的文士仔细记录所有的施工细节,凡是参与建造和装饰的人都不会漏掉,就像现代的捐助人一样,期望自己的名字能刻在感恩墙上。

建造工作进展迅速,面对当地越来越强烈的反对和讥笑声,各建造小组不得不随身携带着武器,以防不测。尼希米为劳工们提供了全套的配备,他们一只手握着瓦刀铲子,一只手提着刀剑或将其倚放在石头上。他还要时刻盯着那些农民和商人,防止他们利用突然增加的需求而哄抬食物价格,尤其是防止当地的犹太达官贵人对那些通过抵押橄榄树林和牧场参与建造工作的人进行敲诈勒索。城墙的修复工作只用了52天就完成了。

① 参见《尼希米记》3:14—27。

修好城墙之后，他们就有了内外的界限和进出的分别。即使尼希米对霍伦人参巴拉和阿拉伯人基善说话的口气仍然充满敌意——他们在耶路撒冷是"无分""无记念"的，尽管他修建的城墙肯定意味着赋予了破败而裸露的旧城某种形状和边界（我们现在也在这么做），并且对于城内的人甚至对于那些宿在城外以及住在乡下山区、树林和河谷的人来说也有了一种共享社区的感觉，但我们仍然不能称他为"公元前5世纪的安全卫士"。然而，这种感觉并不仅仅通过那些冷冰冰的石头、木料、砖块、铁器和砂浆就能表达出来。从根本上讲，这座代表共同命运的圣所——正像它几千年的命运一样——是由"字符"构成的。因而，在城墙修复工作完成一个月后，第二项正式的纪念活动开始了。

根据尼希米不可思议的精确统计，提斯利月初一，全耶路撒冷有42360位犹太人及其男仆和女仆（另外的7337人），以及245位男女歌手（因为如果没有音乐，不仅过去不会而且现在也不会有以色列人的宗教），聚集在刚刚修复的水门前的大街上。尽管这些数字无疑有点儿夸张（当时，生活在整个犹地亚和萨玛利亚地区的犹太人大概还不到4万人），但场面肯定显得有些拥挤。

这是精心安排的犹太身份自我认定活动的第二项内容，以斯拉站在人群的中央。与众不同的是，他既是祭司，又是文士，这样的双重职位非常重要，因为文字记录人即将作为圣职得到认可。以斯拉手里捧着"主耶和华授予以色列人的《摩西五经》"。全体会众（尼希米甚至说，其中既包括男人，也包括女人，并且像所有的早期文献记载的一样，他们之间是不分开的）都知道，一个庄严的时刻马上就要到来了。以斯拉站在修复的防护墙上的一个高高的木台上，这个木台或许是专为当天的纪念活动而临时搭建的。在他的左右两边，是一群祭司和利未文士，他们站在上面俯视着静静等待的人群。当以斯拉打开那卷羊皮纸时，现场的每个人都默然肃立。在开始诵读之前，"以斯拉称颂耶和华至大的神，众民都举手应声说：'阿门！阿门！'"就低头，面伏于地,敬拜耶和华"①。然后,以斯拉开始诵读。对于那些站得太远听不清的人,身边随时有利未人予以复述。尼希米详细地列出了复述者的名字,就好像他们亲身参与了"话语"的创制,而事实上也的确如此。由于许多听众的第一语言是阿拉米语而不是希伯来语,所以需要由利未人"让听众理解",即负责翻译和解释工作。

如果诵读不准确或没有产生共鸣,就体现不出听众强烈的参与意识。对于上帝的"话语",听众并不只是被动地听讲就行了。尼希米(公认的官方组织者)说,是会众自动地"像一个人一样聚集起来",他只是作为发起者,延请文士以斯拉将耶和华借摩西之手传给以色列人的《律法书》带来。这种诵读者与听众之间积极的互动关系在古代中东地区还是比较新鲜的,因为那里的民众更习惯于麻木地听从国王发布的庄严而神圣的"话语"的召唤,他们必须出席他举行的判决仪式,必须对他的形象顶礼膜拜。但是,犹太教仪式的崇拜核心却是一卷文字写成的羊皮纸,他们用所有的虔诚对其膜拜,并亲吻上面覆盖的一条祈祷披巾的边穗(这样的披巾本来是披在偶像身上的)。不仅如此,这还是一个没有国王的时刻,听众的热情和诵读者的激情紧密地融合在一起,成为一个静穆诵读与虔诚倾听的统一群体。在所有对中和以色列人的宗教元素与其邻人的传统、习俗和偶像之间的差异的学术关注中,很容易忽视的是,这些"子民"与其独一的上帝(他的临在是通过神圣的"话语"体现出来的)直接立下受保护的"誓约",而这点极其重要。无论不忠还是顺从,悔过还是无心,他们都是自己的历史舞台上的主角,而不是任由祭司、王子和文士呼来喝去的没有个性的无知大众。犹太教从一开始就是独特的,被认为是一个民族的宗教。

在水门前公开诵读是对口头背诵这一古老习俗的一次重演。用希伯来语高声诵读,意味着在听众面前高声吟唱:"qra"一词的字面意思是"高喊",而以该词为词根的"miqra"则是"听众与诵读人聚集在一起"的名词形式。⁹

---

① 参见《尼希米记》8:6。

于是，遵守同样的诵读义务成为圣殿之外犹太人独有的习俗。圣殿献祭是由祭司阶层召集的等级分明的有组织的活动，而诵读从本质上讲却是一种共享的、共同的经历，高声诵读所产生的震撼甚至远远超出了其字符内容本身。正是这样一次次的诵读才形成了如今的书面文献，而这些书面文献又因一个个珍贵的诵读时刻得到凝练和升华，而这样的时刻可以追溯到摩西本人直接从全能的上帝那里领受指示。《申命记》曾指出，摩西当时受命"要在以色列众人面前，将这律法念给他们听。要召集他们男、女、孩子，并城里寄居的，使他们听，使他们学习……"[10]以斯拉高高地立于全神贯注的听众之上，并不只是为了简单地转述摩西的原话，也是对其场景的一种具有自我意识的再现。尼希米将其描述为，这就似乎是面对一群重新觉醒的人，他们迷失了自己，不再知道这些"字符"的本原意义。通过这种公开诵读的形式，律法和历史宛若新授，历历眼前，公众的生活热情被重新燃起。羊皮卷本身也同样具有重要意义：精巧的卷轴意味着可携带的记忆，就好像是灾难的灰烬中留存下来的某个传家之物。

作为这项活动的总指挥，尼希米当然知道他在做什么。尽管美索不达米亚的律法文书在建立王室作为主权国家方面具有重要意义，但巴比伦和波斯的宫廷仪式（通常在某个纪念雕像前举行）主要是做给人们看的。在这次活动中，以斯拉的任务是负责"说"和"听"，即赋予"字符"以生命力。诵读犹太哲学并不是静静地默读，这是很早就形成的惯例。在这个民族的自我意识开始觉醒的时刻，犹太人用希伯来《圣经》的风格进行诵读时，并不是采取独自默读的形式（这是基督教修道院的发明），也不是为了加强自我反思意识（尽管这一点并不能完全排除）。犹太人的诵读是一字一句地高声朗读：社会性的、聊天式的、生动活泼的、慷慨激昂的，是一次旨在使听众从接受转化为行动的展示性的公开活动，是一次具有重要的、直接的人性意义的诵读活动，是一次寻求争论、评说、疑问、打断与阐释的诵读活动，也是一次知无不言、言无不尽的诵读活动。犹太人的诵读从不禁谈任何事。

以斯拉的角色是把律法文本（即《托拉》）的严格规定呈现于集体公共领域：展示其神圣性。这是重新献祭和重新觉醒"三幕剧"的高潮：首先是重新修建耶路撒冷的城墙；然后是在原址上（in situ）建造第二圣殿；最后是公开展示"摩西律法"。如果缺少最后一幕，前两幕将毫无意义。这其中的每一项活动都不仅仅是纪念性的。各项活动串联起来，意味着宣称一种无可争辩的犹太独一性：耶和华的子民是与众不同的。重建的城墙就是一个建筑宣言：耶路撒冷依然是大卫的城堡，即使犹地亚已经不再有国王，但耶和华的王室崇拜核心已经重新树立起来。重建的耶和华居所将作为犹太人唯一的、真正的圣殿矗立在那里，礼仪习俗是否恰当的裁判者和颁布的"圣地法"就是犹太人的宪法。《托拉》的"字符"赋予犹太民族的独一性以纲领性的内涵，所以不再需要一位世俗的国王，更不需要一位上天的国王来保证其权威性。在这些"字符"的背后，是对独一的、无形的耶和华的坚定信仰。晚近的《塔木德》学者甚至将耶和华描述为：在创造宇宙之前，他也曾求教于一部先存的《托拉》！[11]

早在17世纪，巴鲁赫·斯宾诺莎（Baruch Spinoza）就坚持认为，《摩西五经》是其描述的事件发生后经过几代人之后的凡人作者写成的历史文件，从而开创了《圣经》批评的先河，并且他认定，以斯拉最有可能是其主要作者。[12]

所有这些都是必不可少的，因为以斯拉和尼希米敏锐地意识到了他们面对的困难——如何重新认定谁是、谁不是这个耶和华群体的真正成员。文士和管理层都属于被尼布甲尼撒驱逐的精英阶层，另外就是王室氏族及其士师和治安官吏，或许还有大多数文人，他们于公元前597年被一起掳往巴比伦。很有可能，某些留下来的犹地亚人（在以色列王国于公元前721年被亚述人毁灭之后，大量以色列人的后代从北方来到耶路撒冷，造成那里的人数激增）步了精英阶层的后尘。毕竟，对犹太人的大规模的驱逐行动至少有三次——一次是公元前597年，一次是公元前587年，还有一次是公元前582年。考古发现无可争辩地表明，在公元前6世纪，犹地亚高地的村庄数量出现了急剧减少的情况。那里的葡萄园、橄榄林和牧场都荒废了。随着犹地亚山头上的要塞一个接一个地陷落，残留的士兵只能自谋出路，并且正如《耶利米书》所言，他们于是远下埃及，去了尼罗河畔的城镇，去了南部第一瀑布附近的巴忒罗。

尽管那里的人口急剧地减少，但犹地亚和撒玛利亚并不是空无一人。完全可以肯定，有数千人一直坚守在他们的梯田和村落中，希望能在战争的火焰变为冰冷的灰烬之后生存下来。在巴比伦人大屠杀留下的一片满目疮痍的环境下，我们完全有理由认为，那些寻求安慰、满怀希望而留下来的人并不仅仅是为了耶和华，而是为了他们的家产和他们自己古老传统中的当地神祇和偶像。除了耶和华，属于其他神祇的各种偶像石柱、护身符［尤其是耶和华的妻子亚舍拉（Asherah）①］经世代相传而留存下来，甚至直到各种雕刻文本开始全力推行坚定的一神教信仰时依然如此。特别是在撒玛利亚，那里的幸存者愿意接纳任何神祇（那些因巴比伦人入侵而深受伤害的人肯定早就逃走了），而不是那位在帮助他们抵御尼布甲尼撒入侵时显然毫无作为的神。

以斯拉和尼希米公开颁布《托拉》典章律例的对象正是当地那些幸存者，因为他们有染上"外邦"崇拜习俗以及娶上"外邦"妻子的嫌疑。但真实的情况是，在这里激进的"耶和华唯一"这种文字钦定的一神教是一个新生事物，而人们对于在狭窄的房间里或宽大的殿堂里放一尊小小的、裸胸的女神雕像甚或立一块小小的、未经雕刻的石头这类先祖流传下来的习俗已经习以为常。然而，当时以斯拉—尼希米的这种排他主义，无形中就为多重信仰的人设立了一个更高、更严格的标准，并且前者认为自己的耶和华崇拜模式一直就是这样要求的，尽管历史上并非如此。随着以斯拉提出对那些有被"外邦"崇拜污染嫌疑的人进行全面而无情的甄别，我们第一次（但并不是最后一次）听到了有关"什么样的人才是犹太人"的争论。这件事发生于公元前5世纪中叶，也正是在这个时段，象岛的犹太人却对犹地亚的清洁运动一无所

---

① 一些学者泛泛地认为亚舍拉是上帝的配偶，其实她是古撒玛利亚一带象征丰饶与生育能力的当地女神，《旧约》中也曾提到过她（参见《列王纪上》16）。

知,他们与埃及人通婚,在庄重的誓约中乐于使用他们阿拉米邻居的异邦神灵的名字,有时在同样的场合也用耶和华的名字起誓。关于从狭义上还是从广义上看待"什么样的人才是犹太人"这个问题,争论从此开始了。

以斯拉非常强硬,他为"被囚者的后人""娶外邦妻子"这类行为带来的屈辱举行斋戒,因为他们"增添了以色列的罪恶"。他认为,那些与外邦人通婚的人必须为自己的罪过感到羞愧,因而在《以斯拉记》中用了整整25节的篇幅罗列出这些罪人的名单,其中包括许多祭司和利未人(当然,其中不会出现他们不幸的妻子的名字)。于是,这些罪人"便应许休他们的妻;他们因有罪,就献羊群中的一只公绵羊赎罪"①。实际上,这样的罪人多达几千人。以斯拉的动机是彻底清除异端因素,使耶路撒冷成为纪念朝圣节日和举行献祭仪式的唯一圣殿,把对于"谁能否被这个再生并重新立约的民族所接纳"的裁定权交到圣殿祭司手中。

羊皮书卷本身作为正统忠诚的对象,其地位是至高无上的,如今被以斯拉提升到律法和历史的高度。正是当时创制的这种经卷崇拜和共同高声诵读的义务超越了对唯一神的崇拜,从而使这种以色列人的耶和华宗教在当时当地从根本上与众不同。埃及第十八王朝法老阿肯那吞(Akhenaten)也曾宣布崇拜唯一的太阳神,并清除了他除太阳圆盘之外的所有形象。埃及人、巴比伦人和琐罗亚斯德(Zoroastrian)崇拜②都是通过圆雕和浮雕的形式来表现的,通常安放在特定的神龛和神殿中,而最伟大的史诗性碑文,即宣布神的旨意和国王的智慧的文字,同样也是(用楔形文字)刻在不可移动的纪念石碑上。每当亚述和巴比伦军队出征时,他们对各种神灵和神化的国王的形象也是这样做的,目的无非是为了鼓舞斗志。然而,以色列人却完全不同,他们受命要随身携带着神圣的羊皮书卷。[13]

以色列和犹大王国的祭司和文士阶层的天才们(以及他们的自由人侍从、

---

① 参见《以斯拉记》10:19。
② 中国史称祆教、火祆教、拜火教,是基督教形成之前中东地区影响最大的宗教,曾是波斯帝国的国教,也是中亚等地流行的宗教。

巡回的先知及其保护人国王,当然,他们与这些人时有争执)要用标准化的希伯来"字符"将可移动的文献神圣化,从而作为耶和华的律法和他的子民的历史精华的独特载体。[14]以这种方式记录并确定之后,口传(并记忆下来)的羊皮书卷,就能并且将会比纪念碑和帝国的军事力量更具有生命力。这样一来,它就成为精英阶层和普通大众共同拥有的东西,并且不再受政治兴衰和领土变迁的影响。荒漠中的帐幕圣所据称是最初存放《托拉》的地方,并因此被认为是耶和华与其子民共处的地方,但也不过是一顶普通的帐篷,只是略加装饰而已;而里面存放的约柜的尺寸甚至比你家厨房的碗橱还要小。然而,这正是以色列书卷宗教(book-religion)的创造者独具匠心之处,他们就是要使《托拉》无处不在、无可逃避;他们不是将其安放在某个神圣的地方,而是以微缩的形式,随时随地可以取用。他们不是将一个神化的动物或人物挂在门柱上驱逐恶魔,门柱经卷(mezuzah)①中的《托拉》"字符"足以保护犹太人的安全。他们还制作了小小的经匣(teffilin)②,甚至在会众祈祷时可以把《托拉》的"字符"直接戴在额头或前臂上。标志着幸运和健康的护身符通常系在脖子上或挂在胸前,当时的内容同样也换成了《托拉》中的"字符",而其他宗教很可能是挂一个神像。总之,生活的每一个方面、每一个住处乃至每一个人,都离不开羊皮书卷。

因此,《托拉》就是易携带、可移动的历史、律法、智慧、诗歌、预言、

---

① 犹太人在门框上悬挂的抄有两段经文的特制的小幅羊皮书卷。两段经文分别为《申命记》6:4—9和11:13—21。第一段的开篇就是犹太人最重要的祷文"示玛"(相当于"摩西十诫"中的第一诫):"以色列啊!你要听,耶和华我们的神是唯一的主。你要尽心、尽性、尽力爱耶和华你的神。"表达了以色列人虔诚地爱上帝的愿望。第二段经文表达爱上帝的人必得善报、背离上帝的人必受惩罚的观念。两段经文必须用希伯来文、以特定的书写方法抄录,抄好的羊皮书卷经过祝福或叠成块或卷成束,置于金属、木质或玻璃匣中,然后将其斜挂在门框的右侧。在以色列,所有国家机关以及所有房间和住宅的门上都挂有门柱经卷。

② 犹太教礼仪用品,由两只约2英寸见方的黑色皮盒和两根与皮盒相连的黑色皮带组成。两只方盒中,一只不分格,一只隔成四小格,每格放一条写有一段经文的特制羊皮书卷。经文内容来自《出埃及记》和《申命记》,必须用希伯来文、以特定书写方法抄录。根据《圣经》中的规定,犹太男子在行过成年礼后均应佩戴经匣,以表示对上帝的虔诚和对诫命的遵守。不分格的方盒置于左臂肘的内侧,盒面朝着心脏方向,并用与之相连的皮带固定,皮带先在左小臂上绕七圈,然后在手掌上绕三圈,组成一个代表上帝的希伯来字符,最后绕在中指上;分格的方盒置于前额中央,一般在发际之上,由与之相连的皮带在脑后打结固定,皮带的剩余部分经两肩垂在胸前。根据规定,除安息日和节日外,每天晨祷时必须佩戴经匣。

安慰和自我勉励的向导。正像圣所可以在安全的地方建造起来、在危机中拆除一样，口传的羊皮书卷甚至在烈火中也能够保存下来，因为那些记录、编写经文的文士已经将其口传传统和文本作为基础教育的一部分令大众牢记在心中。围绕着"mazkr"〔在詹姆斯国王钦定本中，将其不恰当地译为"使者"（herald）〕这一角色的准确性质，曾经发生了一些争论，但以色列人没有使者。这个词的词根是"zkr"，即拉比希伯来文的"zakhor"，意为"记忆"，所以这样一个角色，无论他是俗人还是祭司，只能是一个"记忆者"或"记录者"。通过同时使用书面文字和大脑记忆，耶和华的子民虽然可以被击垮和屠杀，但他们的书卷却能够永远流传下去。

所以，书卷本身作为有形物，在希伯来《圣经》中某些最震撼人心的场景下一再出现，我们对此不应感到惊奇。当然，这里指的并不是现代意义上的书：有连续的书页，有故事情节，其早期形式是一种零散的和折叠书页的抄本，是罗马时期才出现的。羊皮书卷是希伯来《圣经》采用的一种适于保存的神奇形式。性情古怪的祭司兼先知以西结（《以西结书》很可能是在流亡中写成，因而写在羊皮纸上的内容特别多）曾经梦见有一只手举着一卷羊皮纸，上面写满了警语和哀歌，却有一个长着四张脸、四个翅膀的"活物"（梦中描述这个活物说不是要读，而是要吃，并且他真的咯吱咯吱地吞了下去）命令他："'人子啊！要吃我所赐给你的这卷书，充满你的肚腹。'我就吃了，口中觉得其甜如蜜。"① 只有当食经者在物质上用书卷塞满了他的嘴并在文字上消化了其内容之后，他的这张嘴才能成为先知雄辩的器官。

这的确使人感到兴奋，但更精彩的是，这同一卷羊皮纸在年少的国王约西亚统治期间甚至引起过更戏剧性的轰动。在希伯来《圣经》中，有两处讲过他的故事：一处是《列王纪下》（22—23）；另一处是描写更为细致的《历代志下》（34—35）。② 这两段经文都是在漫长的危机时期写成的。《列王纪》中

---

① 参见《以西结书》3:3。
② 此二处应为《列王纪下》2:22—23和《历代志下》2:34—35。

的原始记述最有可能写于公元前8世纪末前7世纪初,那时对亚述人于公元前721年对北方的以色列王国的残酷入侵依然记忆犹新。很晚之后成书的《历代志》可能写于公元前5世纪中叶,与以斯拉和尼希米是同一时代,所以可以说是发生在水门前公开诵读《托拉》这一事件的自我意识的序曲。

约西亚的故事可以说是一个回归纯真的童话。在犹大王国经历了历史上最黑暗的时期之后,约西亚在8岁时成为新的国王。根据《圣经》作者的叙述,在他的祖父玛拿西(Manasseh)漫长的统治期内,这位国王史无前例地急于用外邦的"可憎事物"亵渎圣殿,而约西亚的父亲亚蒙(Amon)就是以埃及太阳神的名字命名的,这本身就说明了一切。几代国王在虔敬与不敬之间变化着。在玛拿西之前,他的父亲希西家王是一位清洁犹太教的改革者,被《列王纪》的作者缅怀为"打碎偶像的人",并且他还听从以赛亚的警告,全力支持那些为《圣经》积累素材的文士。后续的作者——当时文士职业已经家庭化——将耶路撒冷几乎逃过亚述入侵者的魔爪(他们当时由于流行一种传染病而丧失了战斗力)归功于希西家对耶和华崇拜的热情。

玛拿西却选择了一条相反的道路。在埃及和亚述之间生存是非常危险的,他不仅不关心耶和华信徒的纯洁性,而且根据那些祭司阶层的文士表达的反感来看,他还热衷于多神崇拜,四处为腓尼基人的神巴力(Baal)①设立祭坛,为"所有天上的主人"(星辰之神)建起了一个个祭坛,还建造了一个异邦果园,"使用邪术",延请"精灵和巫师",最臭名昭著的是用儿童献祭,甚至连自己的儿子也不放过,根据那些惊恐不已的《圣经》作者的描述,他迫使自己的儿子"穿过火海"献给摩洛克神(Moloch)②。对这一系列邪恶做法(当

---

① 古代近东地区许多民族崇拜的象征丰产、生殖的神祇。"巴力"一词的含义是"主人",巴力神并不是某个固定的神祇名称,当地的许多部落都把自己崇拜的神称作"巴力"。《圣经》多处提及的巴力指的是迦南地区的丰产神,因为丰产与生殖观念紧密联系在一起,所以对巴力的崇拜具有纵欲的特征,并且巴力祭祀是以人作祭祭(参见《创世记》第23章有关上帝制止亚伯拉罕以子献祭的故事)。巴力崇拜具有典型的偶像崇拜特征,因而与以色列人的耶和华独一神观念是根本对立的。

② 古代亚扪人崇拜的神祇,又称"米勒公",希伯来文的意思是"王"。亚扪人通常用焚烧儿童的方式向摩洛克献祭。犹太教的律法严禁崇拜摩洛克神,更不允许以色列人仿效亚扪人用火焚烧子女,并将此定为大罪。

然，其中大多数在整个巴勒斯坦地区都是非常流行的）的回应就是，耶和华发誓要"像一个人洗盘子那样清洗耶路撒冷"。

至于上天如何进行"清洗"，我们可以把这个问题暂时放一放。几乎可以肯定的是，作为历史学家的《申命记》作者们写过（或重写了）两位国王，在公元前6世纪和前5世纪之间，祭司和文士并不仅仅将耶和华作为一个至高无上的神祇来崇拜，并且将他作为唯一独特身份的上帝。《申命记》附在《托拉》前四卷书之后，主要内容是摩西本人在弥留之际发出临终劝告，重新阐述（和整理）西奈山上传授律法（包括"十诫"）的细节，提出有关对外政策的建议["勿插手以东（Edom），勿伤及摩押（Moab）"①]，规范祝福和诅咒语言——这在近东地区十分流行（"与岳母行淫的，必受咒诅"②），以及隆重庆祝重新立约，但还须配上相应的诫命，牢记并大声复述出埃及的故事。在《申命记》和后来的《列王纪》中，都贯穿着一条不信任的红线：一方面是对国民安分守己地遵守摩西（律法）能力的质疑，另一方面是对大卫王室的历代国王倡导正义的意愿的质疑，玛拿西的外邦情结和违法行为就是一个典型的例子。当时争论的热点是，无论是希西家还是玛拿西，是否能代表大卫家系作为犹地亚国王的形象。约西亚的故事给出了决定性的答案。

随着年轻的约西亚在他的父亲、邪恶的亚蒙被谋杀后继任王位，这场戏剧的大幕徐徐拉开。对于约西亚的顿悟，《列王纪》中写到约西亚18岁时发生了这一重要事件，而《历代志》的作者由于考虑到在从他继位到对王位的自我发现之间的十年时间中，可能发生的问题，于是把他顿悟的时间又向后推了两年（即长达十二年）。但二者中故事的核心内容是一样的。由于玛拿西的失职和滥权，圣殿年久失修、污染严重，已经摇摇欲坠。约西亚为了根除他祖父为制约天父而引入的"可憎事物"，年少的国王命令在犹大国民中征收税银，用于恢复圣殿的洁净和美观。（可以肯定，残存的陶片上有对这一事件的

---

① 参见《申命记》23:7，以东、摩押均为中东古老民族。
② 参见《申命记》27:23。

文字记录。)在正统耶和华信徒的化身、大祭司希勒家(Hilkiah)的监督下,"木匠、瓦工和建筑师"都来到现场,修复工程按时动工了。

当修建工作正在进行时,让人意想不到的事情发生了:建筑工地上露出半截的一部"上帝之书",将希勒家绊了个趔趄。他把书拿给文士兼顾问沙番(Shaphan)看。沙番随即面对年少的国王高声读了起来。约西亚听到后不由得大吃一惊,同时也产生了某种不祥的预感,因为这部书竟然是(太令人吃惊了!)《申命记》,上面记载着被诅咒事物的详细清单。如果不遵守摩西诫命,"你在城里必受咒诅,在田间也必受咒诅。你的筐子和你的抟面盆,都必受咒诅……耶和华必用埃及人的疮,并痔疮、牛皮癣与疥攻击你,使你不能医治"。毫无疑问,约西亚当时就感到"因为我们的列祖没有听从这书上的言语,没有遵着书上所吩咐我们的去行,耶和华就向我们大发烈怒"。①

这位国王并没有到此为止。约西亚希望以斯拉能在耶路撒冷城门前的高台上诵读《申命记》,于是他召集祭司、利未人,"和所有的百姓,无论大小","把耶和华殿里所得的约书念给他们听"。他"站在柱旁,在耶和华面前立约,要尽心尽性地顺从耶和华,遵守他的诫命、法度、律例,成就这书上所记的约言"。②后来,大约在公元前620年,他发起了一场大规模的清洁运动,从圣殿开始,将形形色色的逾越节习俗统一为在圣殿过正统的逾越节。他们赶来了3万只绵羊羔和山羊羔、2006只"小牛"和300只小母牛,这样每一个人都能按照古老的仪式过逾越节。屠户夜以继日地忙活着,血溅得满地都是,然后把烤肉分给众人。"自从撒母耳以来,"《历代志》作者略显啰唆地说,"在以色列中没有守过这样的逾越节,以色列诸王也没有守过,像约西亚、祭司、利未人在那里的犹大人和以色列人,以及耶路撒冷居民所守的逾越节。"③这位年少的国王(当然还有他的祭司和顾问),从玛拿西的亵渎行为下挽救了圣殿,他规定圣殿是举行献祭仪式和节日朝圣的唯一场所,从而形成了宗教节

---

① 分别参见《申命记》28:16—27和《列王纪下》22:13。
② 参见《列王纪下》23:1—3。
③ 参见《历代志下》35:18。

期的日历。

《申命记》作者按照独特的耶和华信徒的形象，改造"犹太人/以色列人"的身份。而其中约西亚意外地重新发现《律法书》的故事，无疑是最具有艺术色彩的。这些神圣传奇的重要意义在于，文士阶层否定了他们自己作为《圣经》作者的身份。这种文学形式意味着，它并非出自任何人之手，也无从追忆，甚至摩西也只不过是接受指示罢了。因此，所谓话语、文字和书卷，可以完全脱离历代国王。因为他们虽然是临时选定的守护人，但他们大多数被证明是刚愎自用的和不值得信任的。他们很容易为外邦习俗所腐化，或成为外邦女人的俘虏。在这方面，所罗门就是一个很好的例证，他有上千个妻子，其中有一位还是埃及公主。[在《申命记》作者的眼里，女人都是像耶洗别（Jezebel）①那样的偏执狂，所以一再被描述为诱惑人的魔鬼。]通过清除他邪恶祖父的影响，年少的约西亚努力再现了大卫和所罗门的传奇（同时也改正了他们的许多错误做法），从而恢复了大卫王室作为《律法书》守护者的尊严。

这部具有生命力的书卷本身正是改革的中介，它静静地躺在地下，等待被希勒家"发现"，等待约西亚真正长大，等待他的王室成年礼（bar mitzvah）②，等待他成为摩西律法及其启示故事的自觉传人。于是，摩西通过约西亚再一次发话了，正如上帝当年通过摩西发话一样。所以，这部遗失的书卷闪动着神秘的微光，它的文字等待着人们用眼睛去读，它的话语等待着人们用口去说，它静静地躺在废弃的瓦砾中，盼望着再次复活，它才是叙事的中心。在这个故事中，神秘感是它的智慧，其力量不是通过胜利的纪念碑、贵重的金属或人数众多的军队，而只是用一卷写有"字符"的羊皮纸展示出

---

① 公元前9世纪以色列亚哈王的妻子，出自《列王记》。她大建异教神庙，杀害众先知，迫害著名先知以利亚。——编者注

② 犹太人习俗之一，又称"坚信礼"或"受诫礼"。成年礼通常在犹太男丁年满13周岁时举行，此后便被当作成人看待，并按照教规严格遵守犹太教的613条诫命，故亦称"受诫礼"。成年礼是犹太家庭生活中的一件大事，一般安排在男丁年满13周岁后的某个安息日在犹太会堂内举行。根据传统，父亲要在庆祝仪式上赠送成人的儿子一条祈祷披巾。

来：这也正是人们认为希腊文"Deuteronomy"（意为"第二律法书"）比希伯来文"dvarim"（意为"字符"）更准确地表达了其原义的原因。从对自己的文化产生自我意识的那一刻起，做一个犹太人就意味着要有一些书卷气。

尽管耶和华一再承诺要把"大能"（the mighty low）放在立约人的脚下，但这部书卷却从来也没有保证（甚至没有向其发现者约西亚保证），立约人从此会不受伤害。这部书卷或许对哪种飞禽可以食用哪种不能（如不可食鱼鹰、髯鹫、鸢或鹰；也别想吃鹭鸶、蝙蝠和猫头鹰）作出了极为详细的规定，但却无法为公元前7世纪末期遭到围攻的犹大国王们提供多少军事战略上的帮助。逃过亚述人的迫害之后，又经过了两代人，这个狭小的山地国家只能在尼罗河和幼发拉底河两个疯狂扩张的强国的缝隙中生存。在美索不达米亚，巴比伦人即将吞并亚述，此时的埃及法老尼哥二世（Necho Ⅱ）意识到了来自北方的威胁，于是于公元前609年决定支援被围的亚述人（他很可能也动用了驻扎在象岛的犹太雇佣兵），与巴比伦人开战，希望尽早在巴比伦扩张为一个无法对抗的霸权国家之前将其消灭。在不得不作出选择的情况下，约西亚把宝押给了巴比伦。他率军亲征，把军队横向展开，布置在埃及人北进的必经之路上。

这次灾难在之后被写入的《历代志》中，作者把这个情节作了戏剧化的描绘，说尼哥二世派出使者，恳求约西亚让开一条路："犹大王啊！人与你何干？我今日来不是要攻击你，乃是要攻击与我争战之家。并且神吩咐我速行，你不要干预神的事，免得他毁灭你……"但当时的情形很可能是，约西亚并不相信上帝借法老之口说出的话，于是在北方的米吉多（Meggido）与埃及人开战。埃及弓箭手射中了约西亚。他伤势严重，被送回耶路撒冷，然后"他就死了，葬在他列祖的坟墓里。犹大人和耶路撒冷人，都为他悲哀"。①

所谓"约西亚中兴"，不过是神权与政权合一的一个虚假的黎明；不仅如此，它更像是大灾难的一个序曲。米吉多战役之后，约西亚的儿子约哈斯

---

① 参见《历代志下》35:21—24。

（Jehoiahaz）继任王位。三个月后，他就被尼哥二世无端地废掉，并作为囚虏被押往埃及。他的哥哥约雅敬（Jehoiakim）被立为王，成为完全依赖埃及人的傀儡。四年之后，公元前605年，尼哥二世的军队在与巴比伦人的战争中两次惨败——分别在迦基米施（Carchemish）和哈马（Hamath），约雅敬不得不重新考虑生存策略。此后十年的大部分时间里，他周旋于两个大国之间，使双方互相对立，但却吃不准哪一方会在军事上占上风，所以也一直未能下定决心表明立场（这或许是可以理解的）。他或者被人暗杀，或者在公元前597年保卫耶路撒冷的战斗中战死，无论如何，他已经为自己过早地断定"来自巴比伦的最大威胁已经消除"付出了代价。

耶路撒冷彻底沦陷之后，《耶利米书》[其作者极有可能是耶利米的私人秘书兼文士巴录（Baruch）]对约雅敬的死因给出了一种生动的文士式解释：不再用耳朵听，即固执地拒绝听从时刻在发声的《律法书》。在《耶利米书》最生动的描述中（第36章），这位一直不理会先知警告的国王"坐在过冬的房屋里"，面前放着火盆，他极不情愿地让他的顾问犹底（Jehudi）朗读书卷上最新记下的一些悲伤内容。"犹底念了三四篇，王就用文士的刀将书卷割破，扔在火盆中，直到全卷在火盆中烧尽了。"① 不用说，耶利米是奉耶和华之命让巴录重写烧掉的部分——并添加了某些内容——目的是记上更多的坏消息：约雅敬的"尸首必被抛弃，白日受火热，黑夜受寒霜"。你可以不再用耳朵听，你可以烧毁书卷，你可以不理会它，你可以把它化为纸浆。但它最终仍然能透出信息，声音高昂而清晰。

如果没有一位新的希西家或约西亚（他们都是在书卷发声时认真聆听的国王），就不可能有所谓的"亚述奇迹"。约雅敬的儿子叫约雅斤（Jehoiachin），这样的叫法实在令人感到困惑。他在位仅三个月，就被尼布甲尼撒废掉，并作为囚虏连同"众王子"和"犹大的男丁"一起被掳往巴比伦。于是，他年轻的叔叔，即约西亚最小的儿子西底家（Zedekiah）被立为王。事

---

① 参见《耶利米书》36:23。

实表明，他是犹大王国的最后一位国王。

然而，故事并没有到此结束。犹大王国虽然已经沦为巴比伦的傀儡城邦，但无论是西底家还是犹大的民众，都没有屈服于亡国的命运。似乎某些东西激怒了包括耶利米在内的先知。他声称，巴比伦人把耶和华的惩罚一起带走了。先知们或许辱骂过西底家，但人们并不一定都赞同他们的意见。我们有文字记录可以证明，在此后的十年中，西底家以及耶路撒冷南面和西面山区的居民时常发动起义，不停地为巴比伦人制造麻烦。到这十年接近尾声时，那些曾经被大卫以后的历代国王废弃的山顶要塞，此时得到了丰饶的示菲拉（Shephalah）①一带乡村的充足供应。甚至当耶路撒冷于公元前588年被围时，这些要塞依然在坚持战斗。这些据点的指挥官肯定希望的是，如果西底家能够坚持到底，"希西家水道"保持通畅，那么新法老阿普瑞斯（Apries）（或许带着大量尼罗河畔的犹太雇佣兵）就会出兵。犹大人的命运寄希望于埃及，这在历史上还是头一次。

然而，法老阿普瑞斯更看重南部边境的安全。他要首先对付南方的努比亚人和埃塞俄比亚人，于是他把巴勒斯坦和叙利亚留给了巴比伦人。他赶在巴比伦庞大的铁甲军开进犹大王国之前撤退了。也正是在公元前588年至前587年这段时间——犹地亚独立的最后岁月，我们通过几封用希伯来文写在泥板上的残缺不全的信，了解了一位在前线的犹太人。信的作者是一个叫霍沙亚胡（Hoshayahu）的军官。他当时驻扎在吉（Lachish）的一个厚墙高垒的据点里，专门负责从海边的亚实基伦（Ashkelon）到山区的希布伦（Hebron）的道路安全。

在公元前587年那个气氛紧张的夏天，像所有犹地亚人一样，霍沙亚胡正在焦急地等待着。他的声音极其粗哑，用词粗暴，令他的文士难以忍受，这在他所处的环境下是完全可以理解的，因为他正竭尽全力试图把信息传送给

---

① 即"犹地亚低地"，指以色列中南部的希布伦山与海岸之间的狭长地带，适于农耕，《圣经》犹大支派的领地，现多农场。

另一个据点的军官。他很少用委婉的口气说话,并且习惯于用耶和华的名字,如果他不是在亵渎神灵,就是因为他已经习惯这么说了。这封信可能是回复一位上级军官"约什大人"(Lord Jaush),希望得到有关部队或供应信息的请求,霍沙亚胡回复说:"为什么您会想到我?我(毕竟)什么也不是,只是一条狗。愿耶和华帮您得到您所需要的消息。"当时,最关键的是耶路撒冷的道路仍然是开放的,但随着夜幕徐徐降临,霍沙亚胡的信可能因遭到扣留、没收或无故的延迟,没有及时送达。在霍沙亚胡最后的信中提到,他从拉吉山看不到耶路撒冷近郊另一个山顶要塞亚西加(Azekah)的烽火。关于这件事,有一种离奇的解释,说巴比伦人占领这个要塞后把火扑灭了,但这恰恰说明,霍沙亚胡对信号传递链上发自亚西加的信号,保持着高度的警惕性。[15]

在这个动荡不安的时期,我们还有两个几乎是同时流传的犹太人的故事。一个是出自考古发现的文字记录,另一个是源于经过无数次编写、整理、加工和校订并,最后收入希伯来《圣经》的片断。一个充满了诗情画意,另一个则是平淡无奇,但即使如此,也丝毫不能掩盖犹太人栩栩如生的生活气息。一个是赞美耶和华的名字,另一个则在讲述时用方言随意地使用耶和华的名字(尽管不像象岛犹太人那样使用另外的当地神的名字)。一个表达的是坚强和现实;而另一个则像先知说的话,诗意而高调。一个说的是油和酒,以及军事部署和防御工事的信号塔;而另一个则谈到了心醉神迷地歌颂耶和华,和在献祭时足量地宰杀动物,从而将遵守摩西临终诫命的义务铭刻在上帝的话语中。一个是将声音努力传递给另一个山顶上的犹太同胞;而另一个则试图将声音穿越永恒传达给全部犹太人。一个无法想象这场灾难后的未来;而另一个则为这场灾难的日益迫近而深深担忧。

在希伯来《圣经》中,到底有多少卷(以及哪些卷)写于公元前597年的集体流亡和十年后耶路撒冷的最终陷落之前,又有多少卷写于这一事件之后,我们对此恐怕永远难以找到绝对肯定的答案。但是,某些学者认为,其中最古老的部分,像《出埃及记》第15章中表达法老和他的军队被淹死后的狂喜的"红海之歌",这类庆祝胜利的颂歌,应该写于公元前11世纪前后,换句话说,写于大卫王统治期之前!¹⁶例如:"我要向耶和华歌唱,因他大大战胜,将马和骑马的投在海中。"这篇颂歌的风格与迦南的神话诗歌——描述喜欢迎接挑战的巴力神,在一场暴风雨中征服了大海,十分相近。因此,当最初的作者和文士将他们的叙事连缀成篇(时间可能在公元前10世纪晚期),希望将耶和华作为他们独特的至高无上的当地神祇时,他们便借用了邻邦的诗化传统中某些最独特的篇章。当他们描写自身历史中那些刚刚发生的事件时,他们肯定吸收了这类歌咏的古老形式,并进行了自身叙事的再创造,从而赋予这些具有个性的书面文字一种从远古继承的口传记忆的感觉。在其史诗的文体表达中,他们借用了几乎同时代的《伊利亚特》①中的战歌节奏,这绝不是偶然的。与之不同的是,在希伯来—以色列的情形下,这种战歌形式却是作为与听众分享的共同遗产表现出来的。无论是在《士师记》第5章,欢庆胜利的"底波拉之歌"(Song of Deborah)中"骑白驴的、坐绣花毯子的、行路的,你们都当传扬。在远离弓箭响声打水之处……底波拉啊,兴起,兴起!你当兴起,兴起,唱歌!";还是在《撒母耳记下》第1章,哀悼扫罗(Saul)和约拿单(Jonathan)之死的悲情的"大卫哀歌"(Lament of David)中"不要在迦特报告,不要在亚实基伦的街上传扬。免得非利士人的女子欢乐……我兄约拿单啊!我为你悲伤!我甚喜悦你!你向我发的爱情奇妙非常,过于妇女的爱情。英雄何竟仆倒!战具何竟灭没!",都是一种本真的古老颂歌和挽歌的强烈回响。¹⁷

这些史诗和圣歌,为文士们的《圣经》叙事编纂增添了浓重的古风色彩。正因如此,他们能够在《撒母耳记》中记录一个半世纪之前有关大卫的历史;能够通过士师们和约书亚的征战事迹,上溯至《出埃及记》中那些伟大的、保留火种的传奇;甚至上溯至族长制前期,在埃及边界上漫无目的地迁回流

---

① 《荷马史诗》之一部(另一部为《奥德赛》),是希腊最早的史诗,西方文学中的重要经典,相传为盲诗人荷马所作。其中对战争场面的描绘充满了生动而紧张的气氛。

浪，在对磨炼和誓约的顿悟中坚定不移地前行：撒拉（Sarah）[①]九十多岁怀孕、用以撒（Issac）献祭、雅各（Jacob）残酷地对待饥饿中的以扫（Esau）、约瑟（Joseph）穿五色彩衣为法老解梦。所有这些原始的传奇故事，经过一代又一代人不断地润色、丰富、改写和重复，从而赋予以色列人一种强烈的神授历史感，而文士和祭司们认为，有必要将想象中的集体祖先作为一种共同的身份，在痛苦的历史现实的威胁中保持下来。

在19世纪末，一些德国《圣经》学者认为，《圣经》叙事有4个独立的来源。其中，最著名的当属儒略·维尔豪森（Julius Wellhausen）最早提出的"底本假说"，他坚持认为，《圣经》的前五卷来源于完全不同的文化，每一卷都用不同的风格描述了至高无上的神。对于同一事件（甚至包括"创世"），每一卷都有不同的版本，并且重写过两次以上，以不同风格的方言证实他们各自的崇拜对象。

最早的所谓耶和华本，即"J"本中，称以色列的上帝为"耶和华"，由于这一名字形式出现在迦南南部与荒漠地区，所以其中的叙事被认为是由南方的文士所写。埃洛希姆本，即"E"本中，把上帝称为"埃洛希姆"（El，复数为Elohim），这一名称是腓尼基—迦南人至高无上的神的名字，标志着该版本来源于偏北方的文化。在公元前8世纪，或许是在倡行改革的希西家统治期内，这两个版本被融为一体。很可能编写"E"本的文士或他们的后人（既是职业上的也是家族中的），在公元前721年以色列王国被亚述人毁灭之后来到南方的耶路撒冷，并在那里把他们的叙事编入了犹大地区的"E"本。在公元前7世纪的某个时段，或许是为了对抗玛拿西臭名昭著的多神教，于是形成了所谓祭司本（Priestly），即"P"本，其中以强制性、强迫式的规定讲述了仪式的细节、圣殿的结构以及部落和民众的神圣等级制度。到这个世纪末，当约西亚再次推行他伟大的祖父希西家的改革措施时，《申命记》的号角以熟悉的高亢音调吹响了。于是，随着对《约书亚记》《撒母耳记》《士师记》《列

---

[①] 撒拉是亚伯拉罕的妻子，以撒的母亲。——编者注

王纪》所述历史进行改写和增补的强烈要求,《申命记》作者(Deuteronomist)版本,即"D"本出现了。

对后来的先知而言,尽管已经到了先知谱系的第五代,但他们的作为要比过去的任何一代都更有诗情、更高调,也有更多的内在美,也许偶尔还会展示一下以西结那种耽于幻想与狂热的气质。谁是"第二以赛亚",即《以赛亚书》最后26章的作者?这个问题的提出将争论推向了高潮。从引用波斯国王居鲁士的法令来看,这附加的26章应该写于公元前6世纪甚至可能是公元前5世纪,并且其中大部分内容显然是对在充满异邦神像和偶像崇拜的环境下生存状况的一种回应。

第二以赛亚书不仅明确地坚持耶和华的至高无上,并且确认了他的实存的独一性,这在希伯来《圣经》中还是第一次。其中借用神自己的口气宣称:"我是耶和华,在我以外并没有别神。""我是首先的,我是末后的,除我以外再没有真神。"[①]在这些篇章中,并不只是简单地重复一个无味的声明,或针对偶像崇拜发出警告,其中第44章就描绘了偶像的荒谬。我们看到,有一个木匠"拉线,用笔画出样子,用刨子刨成形状,用圆尺画了模样,仿照人的体态,作成人形"。然后,作者又描绘了另一个场面:这同一个木匠砍伐了香柏树、柞树和橡树,用这些木头烤饼和肉,"他把一分烧在火中,把一分烤肉吃饱。自己烤火说:'啊哈,我暖和了,我见火了。'他用剩下的作了一神,就是雕刻的偶像。他向这偶像俯伏叩拜,祷告它说:'求你拯救我,因你是我的神。'"与此相反,耶和华则"实在是自隐的神",一个不具有人的形状或其他形状的神,一个会说话和写字的神。"吾主耶和华赐给我舌头。"[②]

第二以赛亚意识到,他正在用"字符"做一些新鲜的事,不仅仅是唤回远古的记忆,而且教给我们安慰("怜恤你,怜恤你我的子民")、等待和耐心希望的新歌。在经文的字里行间,充满了对世俗帝国势力的蔑视,而对埃

---

① 参见《以赛亚书》44—45。

② 参见《以赛亚书》45:15。

及、亚述和巴比伦胜利纪念碑文的蔑视尤为强烈："看哪！万民都像水桶的一滴，又算如天平上的微尘……万民在他面前好像虚无，被他看为不及虚无，乃为虚空。"①而这恰恰迎合了那些无权无势、"被囚异乡"而无家可归者的需要。其中唱颂的"新歌"，似乎是专门为那些命中注定"被替代"的人、为那些不屈不挠地终日奔波和居无定所的人而写的。美索不达米亚的水与火在一段段经文中流动、闪烁："你从水中经过，我必与你同在；你趟过江河，水必不漫过你；你从火中行过，必不被烧，火焰也不着在你身上。"②

一个最重要的事实，或许也是《圣经》的关键，希伯来《圣经》并非成书于一个辉煌的时刻，而是经历了三个世纪（公元前8世纪至前5世纪）的漫长战乱时期。这正是这部书之所以能够保持着日积月累的清醒和小心翼翼的诗意，并在各种帝国文化的夹缝中，将这些寻求自我安慰的粗糙文字保留下来的原因。甚至在宣称与耶和华订立了其他任何民族都不能分享的约之后，任何以例外论自夸的诱惑，都被其字里行间描述的分裂、背叛、骚乱、欺骗、暴行、灾难、过犯和失败，这些杂乱的史诗斩断了。大卫最宠爱的儿子押沙龙（Absalom），在针对自己的父亲的叛乱中以极度令人恐惧的方式被杀死。以威严自傲著称的所罗门王室，在他死后延续了还不到一代人。国王玛拿西发明了儿童火祭这种恐怖的献祭形式。埃及人始终在南方虎视眈眈，而美索不达米亚历代王朝都在北方蠢蠢欲动。

然而，这并不是说，《圣经》最初只是作为一篇安慰性的文字而写成的，因为书卷从一开始就沾满了泪水。要阅读这部书，就要回溯过去的历史，就会加深对旧时代错误的印象，即犹太人的故事从一开始就充满了悲剧性的预感，而其中的文字都是凭着对一次次日益逼近的灭绝的预感写下的：巴比伦人、罗马人、中世纪、法西斯主义。这些都可以证明"哭泣的希伯来"（撕头发、掐乳头、火刑柱上的文士）的"浪漫"传统。这并不是说，在随后的漫

---

① 参见《以赛亚书》40:15—17。
② 参见《以赛亚书》43:2。

长故事中，没有值得伤心的情节——希伯来《圣经》及其大部分后续历史的确曾经历过死亡谷的阴影。但其"字符"及其犹太守护者数千年的历史，毕竟已经从尸骨堆中走了出来，走向了更好的地方。而犹太人的声音也从低沉的挽歌变成了远远超出你想象的更经常的纵情高歌。

一代又一代的《圣经》作者让书卷上的文字不再记述最黑暗的时刻，而是时刻准备面对最黑暗时刻的来临。正如每一位犹太人都会告诉你的一样，这其间有重大的区别，这种区别实际上就是生命和死亡。这部充满生命力的书卷的大部分内容不是一味地描述悲伤，而是要与悲伤的必然性作斗争，这又是一个重大的区别。他们是宿命论的反抗者，而不是推动者。

在希伯来《圣经》形成的漫长岁月里，在那些从事写作的文士的"囚牢"之外也并非一片静默。整整一个世纪，考古人员终于从沉默的废墟中听到了一种令人惊异的希伯来语聊天声，那是一串《圣经》式语调的响亮声音。当然，其中的句子断断续续，就像刻有它们的那些陶片一样破碎。有时，这些陶片上的内容还赶不上一条希伯来语"微博"，只能让人辨认出这个酒罐或油罐是属于某某人，或（更多的是）一个"lmlk"印记①，表明某件罐器是属于国王的财产。而有时，这样的"微博"却变成了真正的文本（像我们这样只是纯粹的历史学者，则要将这样的演变归功于碑铭研究人员的保护）：关于悲伤、忧虑、预言和自豪的各种故事。这些刺耳的声音和杂乱的信息却明确地告诉我们，在犹大和撒玛利亚（尽管也是属于古联合王国的领土，但其故事却未融入《圣经》的叙事主题，也非绝对重要）存在着生命。这就是羊皮纸和陶片的区别：一种是在动物的皮肤上绘制，涂上底漆，然后再精心刻画，显然是为了用于礼仪性的记忆和公开背诵；另一种则是用墨水写在随手捡到的各种破罐的碎片上，这样的材料简易、低劣、粗陋，随处可见，谁想用就可以用。你可以想象，这样的陶片一堆堆地放在房间或院子的角落里。这些

---

① 指国王希西家统治时期前后刻在大型储物罐罐耳上的印记，已发现有多达二十余种图案。此类罐片大多发现于耶路撒冷及其周边地区的故城遗址，以拉吉为最多。"lmlk"在希伯来语中读作"lamelekh"，一般可译为"国王所有"或"国王专用"。

密密麻麻的文字，字符大约只有一毫米高①，就写在陶片的表面上，笔迹随着通常是弯曲的表面变化，由于左右手书写习惯不同，往往使字迹东歪西斜，仅仅是这些形质上的事实本身就足以证明：这是在用刻画的形式聊天——独特的希伯来和犹太文化中不安分的因子本来就是无法抑制的。在有些陶片上，一段段文字是如此拥挤和散乱，以至于使人感到（我们都知道）真的有两个犹太人在聊天，都不想让对方插上话（即不给对方在边缘处留下位置）。这些碎片上的边边角角也是他们争先占用的地方。

无论是用嘴说还是用手写，这种热闹的聊天形式并没有完全从古希伯来语中分离出来。聊天文字使用同样的标准化字母，字符的样式、语法和句法也基本相同，但却既可以从右向左书写，也可以从左向右书写。然而，犹太人在日常生活中使用的希伯来语则是由迦南—腓尼基语演化而来的，并未经过校订，所以不成体系，但却充满了古拙的、喊叫的力量。《圣经》中的修辞是诗化的；而陶片和莎草纸上的文字却是社会化的。然而，正是这种平凡的诉说，穿越了经文沉思默想的壁垒，从而使犹太人的故事在一神教的书卷中发出了独特的声音。《圣经》或许再造了希伯来语，但并没有创造它；正如塞特·桑德斯（Seth Sanders）富有启发性的描述：希伯来语经历了早期富有生命力的发展阶段后，到公元前8世纪末，已经可以在经过校订后，用于写作历史和律法文书，记录家谱和先祖的事迹——这正是"我们是谁？""为什么这些事会发生在我们身上？"这些古老问题的全部答案。[18]神化语言和社会语言之间、口语和书面语之间、独特的希伯来—耶和华语言和非常接近邻邦文化（摩押、腓尼基甚至埃及）的语言之间的不断交叉使用，源源不断地为经文和社会语言补充营养。如果说《圣经》的无限生命力，和在所有幻想与神秘（雅各的不诚、摩西的易怒、大卫的色欲、约拿的懦弱，还有竖琴和羊角号、无花果和蜂蜜、鸽子和驴子）中显示出的世俗生命的坚韧，在于其借用希伯来口语和书面语这些充满活力的母体再造的凡人形象，那么《圣经》中以祈

---

① 此处似应为"厘米"。

祷和预言、律法和判例的形式记录的犹大王国的日常生活同样是真实的。

《圣经》文本感官上的生机勃勃主要应当归因于其篇章在重写时并没有完全替代与其同时流传的口传故事，从而保留了原有的精神张力和呐喊声音。虽然这些不断被"发现的书卷"中的主要故事，都有一个诵读者和一群听众，但这并不意味着听众只是坐在那里被动地听讲（就像如今诵读逾越节"哈嘎嗒"故事的情形一样）。他们有时会不遵守"必须竖起耳朵，只听不说"的推定。在巴比伦人入侵的前一天夜里，我们的年轻军官霍沙亚胡躲在被围的拉吉要塞里，就曾利用空闲时间对他的上级军官约什不识字表示愤怒。在通常那种礼貌的开场白（"愿耶和华给您带来好消息"）之后，霍沙亚胡接下来给他的"约什大人"写的是："现在，请给我解释一下您昨天夜里送给我的信是什么意思好吗？我一直在琢磨，并且感到从未有过的震惊。您说'你不知道怎么读信'吗？以上帝的名义起誓，从来也没有人为我读过信！每当我收到一封信……我都能一字一句地倒背如流！"[19]这封信是20世纪30年代发掘拉吉遗迹时，在要塞入口旁的一间警卫室里发现的16封信之一，信的内容表明，不仅识字运动在犹大王国的文士、祭司和宫廷精英阶层之外已经相当普及，并且就连霍沙亚胡这样通常习惯于"我他妈是条看门狗的儿子"之类军营行话的普通士兵，也把阅读能力看成是一件大事。这封信在一定程度上回答了如下问题：什么样的人才有诵读《圣经》书卷的资格？什么样的人才能成为诵读者的听众？

犹太人读书写字的入门教育制度，至少可以追溯到这位也许上过识字班的霍沙亚胡之前三个世纪。最近，在亚实基伦港内名为特拉扎依（Tel Zayit）①的一小块陆地上（存在于公元前10世纪，大卫—所罗门统治时期）和西奈北部的坎底勒阿柱（Kuntillet Ajrud）哨口（存在于公元前8世纪），都发现了从迦南楔形文字演化而成的由线形字母和西闪米特文字组成的可辨认的希伯来

---

① 或译"赛义德山丘"。考古发现认为，该遗址应是《圣经》中提到的立拿城（Libnah），曾于公元前1200年和公元前9世纪两度被焚毁。

文"字母表"。这两处发现的字母表都包括全部22个希伯来字母，但在排列顺序上有几处明显不同，这表明希伯来文字当时已经从其强大邻邦——亚述与波斯的楔形文字和埃及早期的象形文字——这些主流文字体系中分离出来。[20]

这些用于实践和训练的字母很可能是文士教育的一个重要特征，并且有证据表明（从而更进一步证明），到公元前8世纪，文士学堂已经在全国各地建立起来。令人惊奇并具有原创性的是，这类字母表的日益大众化以及用于练字和作笔记的石板的强烈质感——当然，行文的书写方向尚未定型（有时从左到右，有时则像现在的希伯来文一样从右到左）——并不是任何的官方指导形式。

特拉扎依（犹太人的信镌刻在一块巨大的石灰岩上）和坎底勒阿柱之所以名声卓著，是因为这两处都位于文化边远地区，而不是商业、军事和崇拜活动的中心。所以，比楔形文字更为简单易写的线形文字的广泛使用，完全有可能意味着当时的文字写作技能已经在精英阶层之外的民众中间普及开来，甚至经常用于日常的信息传递。在坎底勒阿柱，祝福词、诅咒语和颂歌以及最著名的时尚绘画风格（如女子歌唱、母牛喂小牛的画作）的大量运用充分表明，有一种充满生命力的不安正在神圣领域和日常生活领域之间涌动着。同样，在耶路撒冷以西大约20英里的示菲拉低地地区的基色（Gezer），发现的一本著名的公元前9世纪按农耕季节分月的农用月历（如晒干草月、收大麦月、剪葡萄月、收夏果月，等等）也表明，其写作风格已经完全脱离了该地区其他地方的管理层中间通行的文士专用的正规格式。桑德斯将这一现象形容为"土生土长的手工艺书体"，而不是什么"所罗门启蒙运动"的产物。

在公元前8世纪至前5世纪，也就是《圣经》编写成书这个时段，在文士和圣殿祭司周围的平行世界中，发生了一件意义深远的重大事件。希伯来文作为一种写作媒介，由腓尼基—迦南文字演化为一种在整个巴勒斯坦地区（甚至覆盖至约旦河以东）基本一致的标准形式：统一的文字和音调（尽管以色列和犹大依然是两个分立的王国，并且当时以色列王国已经灭亡）。这是一种超越了耶和华王国的语言，公元前9世纪摩押国王米沙（Mesha）庆祝其人民从以色列统治下获得解放的纪念碑文①，就是用他的敌人的文字——生动的古希伯来文——刻写的。

尽管犹大和撒玛利亚是分治的，但希伯来文却将不同阶层的民众联系在了一起。那些书写诉状的人和娱乐大众的人并没有因为行业语言不同而隔绝开来。这种连续性可以部分归因于文士代表上诉者书写诉状本身就是一种自我表达的方式，但不可否认的是，在许多社会生活和地理位置都完全不同的地区，通行的都是同一种希伯来语。在内格夫（Negev）地区北部的另一个军事要塞阿拉德的"秘库"中发现，当时的军需官伊什亚胡（Elyashib ben Eshyahu）在抗击来自巴比伦的威胁时，曾收到过一封又一封征调油料、红酒、小麦和面粉的信件。[21]而在二十多年前，在靠近亚实突（Ashdod）沿海边境的一个抗击埃及人进攻约西亚军队的犹地亚要塞里，一位农夫曾向要塞中某个主事的头头上诉，要求归还一件作为债务抵押品而强行取走的衬衣或外套，因为这种没收行为在《圣经》中是禁止的。[22]"在我几天前收割完毕之后，他强行把您的仆人（上诉者自称的方式）的衣服取走……所有在烈日下与我一起收割的同伴都可以证明，我所说的一切都是真的。我并不想冒犯谁……如果大人您不觉得归还您的仆人的衣服是他的义务的话，那就太遗憾了。您不应保持沉默。"这是一个悲伤的故事，但它告诉我们的远远不止是这位农夫对于找回强行剥走（他就是这么认为的）的衣服的绝望心情。它同时也意味着，这位上诉者懂一些《圣经》律法，尤其是《利未记》和《申命记》中禁止粗暴地对待穷人的律条。就好像浓缩在《托拉》中的"社会"诫命元素已经完全内化，不仅是作为半官方的或律法的规定，而且在某种程度上作为民众期望的一部分，受到耶和华的保护。

字符的书写在上帝与凡人之间是共同享有的。至少在公元前6世纪之前，

---

① 即"摩押石碑"，为公元前9世纪中叶摩押王国（位于今约旦境内）国王米沙所立，碑文主要讲述了自己的丰功伟绩，其中最大的成就是征服了北方的以色列王国。

耶和华一直被认为是唯一的、真正的上帝，他虽然是无名的和无形的，但他有时也会化为某个可见的事物显现出来，如写字的手。在关于他向摩西显现的一段记述中，他的手就曾直接把诫命写在石板上；在《但以理书》中，他的手也曾把对耽于享乐的国王伯沙撒（Belshazzar）的警告写在城墙上。上帝就是这只手；上帝就是这些文字；而最重要的是，上帝就是"字符"。但他并不是仅仅把"字符"放在自己心里。圣殿祭司试图将宗教权威作为拥有"字符"的条件，但由于字符形式的自由和多变因而注定要失败。"精灵"已经从魔瓶中逃了出来。事实上，在《圣经》当初将其装入魔瓶之前，这些"字符"已经广泛地传播开来。所以，这些希伯来"字符"就像随之而来的犹太生活一样，主动地而不是奴隶般地与宗教权威联系在一起。这些"字符"拥有属于自己的辉煌、散漫、善讲而好辩的生活。

就独有的活力而言，最戏剧性的例证莫过于雕刻在一条水道靠南的墙上的一段希伯来文，那是由国王希西家的军事工程人员挖掘的。挖掘这条水道本来是为了把西罗亚池边的基训（Gihon）泉水引出来，将其导入内城防护区内的一个巨大的蓄水池。建造水道是希西家战略防御计划的一部分，是用来应付公元前8世纪末西拿基立的亚述军队的围困。因为他一旦决定信仰耶和华（他当时已经把耶和华圣殿里的外邦仪式和偶像全部清除），并公然拒绝亚述国王索取贡金的无理要求，耶路撒冷将难逃被围的厄运。但是，尽管这是一个不同寻常的创举——整个水道长643米，贯穿坚硬的石灰岩体，并且没用任何竖井通气和透光，这样的水利系统在当时的上古世界里可以说是闻所未闻——但这条新水道在《列王纪下》第29章中只是简单地一带而过（"他挖池、挖沟，引水入城"），而在更晚的《历代志下》第32章中也不过是多提了几句而已（"这希西家也塞住基训的上源，引水直下，流在大卫城的西边"）。但是，关于水道工程建设进入高潮时到底发生了什么，我们还有另一种版本或更戏剧化的描述。这个版本宣称这是一个真实的生活故事，一段微缩的历史，我们从中第一次知道有一群犹太人独自完成了一项工程：

这就是关于水道的故事……人们肩并肩挥舞着镐头,当只剩下三肘尺①时,就听到有个人在喊他的工友,因为在岩石的右边和［左边］出现了一条裂缝。水道打通的当天,石匠们奋力击打着［岩石］,每个人都走到他的工友身边,互相碰击镐头以示庆祝。他们看到,水从泉边流向1200肘尺外的蓄水池。水道上方的岩石离石匠们的头顶足有100肘尺高。

全文共180个希伯来文单词,是目前我们所知的字数最多的、连续的古希伯来文字石刻;而其主题,也并不像巴比伦、亚述、埃及甚至小小的摩押的石碑那样,记录的只是统治者的壮举和威名,或他们的神祇的英勇无敌。与此相反,这篇文字石刻记录的,是普通犹太人的胜利,即工匠——"挥镐者"成功后的喜悦。它并不是吸引公共眼球的纪念碑,而只是为了那些在某一天偶然经过这里,然后蹚过泥泞的古老水道的人们,而镌刻的一墙发思古之幽情的石刻。它是留给子孙后代的宝贵遗产,又像是某个人随意、自发的率性涂鸦,然而又不像涂鸦,而是深深刻进岩层的完美的巨型(足有四分之三英尺大)希伯来字符。难道这些还不足够讲述一个犹太人的故事吗?

---

① 古代的一种长度测量单位,等于从中指指尖到肘的长度,约等于17至22英寸(43至56厘米)。

# 第3篇　发掘、发现……

## Delving, Diving

他们怎么会遗漏了2500年前，关于水道建造者的故事呢？一代又一代粉红面孔的英裔美国人——《圣经》学者、传教士、军事工程专家、绘图员和勘测人员，全副武装地带上他们的量尺、蜡烛、笔记本、速写纸和铅笔，在他们的士官和农夫向导的陪伴下，跋山涉水，然后手脚并用地爬进洞穴般水深过膝的水道——怎么会没注意到这六行深深刻进岩层的希伯来字符呢？难道因为他们在蜿蜒曲折的水道中开辟一条通道，在水淹到下巴的暗道中艰难呼吸，还要伸出手去防止烛火的晃动，所以根本顾不上注意那些难以分辨的铭文——这时你只想赶紧跑出去，跑到露天的阳光下，而再也不想待在地下幽暗的微光中，这一切对你来说是不是太困难？

然而，所有这些困难都难不住一个学童。[1]1880年，雅各·伊利亚胡（Jacob Eliyahu）只有16岁。他出生于拉马拉（Ramallah），他的母亲是为了逃避耶路撒冷的霍乱才来到这里的。他的父母都是塞法迪（Sephardi）犹太人[①]，

---

[①] 指在西班牙和葡萄牙形成的犹太文化综合体。在犹太历史上多与阿什肯纳兹（Ashkenaz）犹太人，即发源于日耳曼地区的犹太文化体并称，从而作为两种不同传统和不同经历的欧洲犹太文化主流。在伊比利亚半岛遭到驱逐后，塞法迪犹太人后来主要移居北非、意大利、中东和亚洲国家。

后经土耳其移民到巴勒斯坦，但却已经通过伦敦传教团皈依了基督教。在多种语言背景和天生的好奇心驱使下，小雅各早就对耶路撒冷水道的故事产生了浓厚的兴趣。他听人们说，这条水道在圣殿山岩石之下200英尺处穿过，从处女泉一直延伸到西罗亚池。人们传说，有一个妖怪或一条赤龙（这条龙正是尼希米骑马经过的"龙之井"中的那条）就蛰伏在那里，这就更激发了他的好奇心。还有人说，这条水道是分别从两头挖最后在中间会合而挖通的。于是，他约上他的朋友萨姆森（Samson），让他从处女泉进入水道，而他自己则从高约5英尺的西罗亚池入口下水。

小雅各知道自己将要进入黑暗而逼仄的水道，所以他做了充分的准备。他把蜡烛固定在漂浮的木板上，并且把火柴拴在脖子上以备不测。但是，水越走越深，火柴被水浸湿了，而漂浮的蜡烛也成了累赘，所以小雅各只能用手摸着石壁探路，缓慢向前移动，布满浮渣的水面很快没过了他的腿。谁也不知道当时的石匠们为什么把水道设计得如此曲折，尽管有人猜测，他们这样做很可能是怕惊动了深埋在圣殿之下某处的历代犹地亚国王的陵墓。

在进入西罗亚入口大约30米的地方，小雅各感到石壁表面突然发生了变化，光滑的石壁上好像有一块凹进去一英尺左右的石板。这块石板上有一些字符，并且分成了很多行。这些字符一行行地向下延伸，直达越来越高的水面，甚至淹没在水中。他还能摸到一些用锤子敲打出来的小斑点，把一组组的字符分隔开来。

16岁，这个年龄的孩子往往对神秘的事物非常敏感。是谁的神秘之手刻下了这些文字，又是什么时候刻下的？是一个间谍，一个犯人，还是一个士兵？小雅各对自己的发现感到震惊，他兴奋地涉水向另一端的处女泉跑去，他要尽快把这个好消息告诉他的朋友萨姆森。然而，萨姆森是一个有些胆小的孩子，他早就从入口处爬了出来。小雅各不等自己眼睛适应外面的光线，就兴奋地一下子扑向一个矮小的身影，他以为那是他的朋友萨姆森。直到这个阿拉伯女人对从水道中钻出来的湿淋淋的"水怪"高声尖叫时，小雅各才意识到他弄错了,但已经来不及抵挡一群正在处女泉边洗衣服的女人的攻击。等到从她们的尖叫和撕扯中脱身之后,小雅各就赶紧把自己的好消息告诉了他在儿童传教团工业学校的老师康拉德·希克①先生。

尽管希克对这一发现的重要性有一种强烈的预感,但他却不能立即破译这些上古希伯来字符。他们不得不等待牛津大学资深教授、著名的亚述考古学专家阿奇巴尔德·塞伊斯(Archibald Sayce)从塞浦路斯赶到耶路撒冷进行现场察看。他蹲在污水中从上到下仔细分辨石壁上的字符,而他的助手约翰·斯拉特(John Slater)则在一旁举着蜡烛,并不时被蚊子咬一口。尽管由于水流的冲刷,那些雕刻的字符之上积累了一层硅酸盐,因而辨读起来十分困难,但塞伊斯根据公元前9至前6世纪希伯来文独有的转换词"vav"——字母"v"由三画组成,中央另有一条短短的竖线——以及在"bet"下面有一条长长的横线等特点,认定这是犹大王国陷落之前使用的文字。而希克也毫不怀疑地认为,这是希西家统治时期石匠们的杰作。于是,两人联名发表了这一重大发现。他们找到了公元前8世纪犹大王国失落的字符!

像每一个对耶路撒冷历史感兴趣的人一样,希克曾经熟读"现代《圣经》探险队"队长爱德华·罗宾逊②博士的《巴勒斯坦地区〈圣经〉文本探秘》(*Biblical Research*)一书,这位康涅狄格扬基佬曾于1838年与经验丰富的同伴艾利·史密斯(Eli Smith)牧师一起测量过水道的深度。正是这位罗宾逊,第一次认定需要两伙人分别从两头挖,才打通了这条长1700英尺的石质水道。后来,这两位探险者又两次进入水道。"我们脱掉鞋袜,把裤腿挽到膝盖以上",前行了800英尺,头顶上的岩石越来越低,而水面却越来越高,甚至只

---

① 康拉德·希克(Conrad Schick, 1822—1901),德国建筑师、考古学家和传教士,出生于德国的沃尔腾堡,在巴塞尔完成学业后,于24岁时作为"传教团"成员移居耶路撒冷。他一生在巴勒斯坦地区修复和建造了许多不同宗教风格的建筑,因而受到犹太人、穆斯林和基督徒的敬仰。他的住处就位于耶路撒冷的先知大街,根据《诗篇》中的描绘称为"会幕",外表饰以棕榈叶和希腊字母阿尔法和奥米加,意为起始和结束。他是极少数被允许进入圣殿山进行研究的学者之一,曾建造了著名的圣殿山模型。

② 爱德华·罗宾逊(Dr Edward Robinson, 1794—1863),美国圣经学者,以圣经地理和圣经考古研究闻名于世,被誉为"圣经地理学之父"和"圣经考古学的奠基人"。《巴勒斯坦地区〈圣经〉文本探秘》一书出版于1841年,他因此获得皇家地理学会金奖。他在耶路撒冷的主要发现是希西家水道和老城中以他的名字命名的"罗宾逊拱门"。

能手脚并用地爬行。如果准备工作没有做好的话，是根本无法前进的。所以，罗宾逊和史密斯"用烛火互相招呼着"，退回去，再进来，来来回回，直到第三天才走完了整条水道。尽管罗宾逊非常细心，他却错过了那片石刻，但他所看到的一切足以让人们相信，希西家水道证明了《圣经》或至少是提到这条水道的《列王纪》和《历代志》，并不仅仅是神圣的经文，而是真实的、可信的历史。根据这些发现，罗宾逊写道："因此，我们完全能够将另一段远古的历史事实，从漫长的遗忘或者说怀疑中抢救出来，而这一事实曾经失落了如此长的岁月。"[2]

证明《圣经》的史实及其信仰，同样也是康拉德·希克的梦想。作为一个年轻人，他在1846年的耶路撒冷"传教团"中多少有点儿孤独。于是他独自一人沿着城墙在小路上漫步。这条小路，尼希米在公元前5世纪中叶的某天夜里也恰好骑马走过。希克对那里的每一寸城墙和每一道城门都非常熟悉，任何一个人，甚至那些在1867—1870年间绘制《圣城堪舆全图》的英国军事工程人员，也没有希克那样一双鼹鼠似的眼睛，能够在圣殿山的圆顶清真寺（Haram al-Shrif）①之下黑暗的水道和通道中，找到属于自己的哪怕是最不易发现的猎物。在1873—1875年间，只要他能脱开工业学校指定的木工任务，就会一段一段地研究那些水道和通道，研究那些蓄水箱、蓄水槽和可蓄数千加仑的水池，而这些水利工程都深埋在圆顶清真寺之下。

希克一直对这个地方，对这里神圣的和世俗的、地上的和地下的建筑充满了梦想。这个梦从他还是巴塞尔"传教团"的年轻成员时就开始了。这个组织是由福音派银行家C. F. 斯皮特勒（C. F. Spittler）创立的，他设想让这些年轻人沿着非洲东北部的大裂谷，从死海边的耶路撒冷直到埃塞俄比亚建造一系列的传教修道院。作为第一步，斯皮特勒把康拉德派到了耶路撒冷。一开始他与另一位郁郁寡欢的传教团成员，年轻的约翰尼斯·费迪南·帕尔

---

① 意为"高贵的圣所"，英译为"Dome of the Rock"，位于耶路撒冷圣殿山原址（哭墙之上），是伊斯兰教除麦加和麦地那之外的重要宗教圣地。

默（Johannes Ferdinand Palmer）艰苦地住在一起。他们从街上收养阿拉伯流浪儿童，使他们不再过乞讨的生活。但一有空闲，康拉德就找出他的锯和刨子，用橄榄木制作一些小雕像。他希望能把这些雕像连同偶尔雕刻的布谷鸟钟一起卖给修道院。

他真正的爱好还是《圣经》中描述的木匠活儿。上帝不是也更愿意让救世主（指耶稣）在木匠铺中升天吗？所以，康拉德·希克找到了属于他的真正职业——制作《圣经》模型。他的第一件作品（令人惊奇的是，这件作品竟然保留到了今天）就是圆顶清真寺。这出自他在巴塞尔作为一名年轻的进修生时的构想。后来他又做了很多其他模型。这些按比例做成的模型是如此精致和复杂，以至于很快就受到了耶路撒冷身穿亚麻布长袍阶层的追捧。这也让希克足以被称为是一个真正的建造师——实际上是耶路撒冷的一位建筑师。一家瑞士—德意志银行通过犹太和非犹太企业合伙人，为他提供了大量的资助，让他在没有任何附加条件的情况下，为那些贫穷的犹太人建造样板房（这是另一种意义上的模型），尽管出资的福音派一方当然希望这些犹太人在享受自然之光的同时也能接受福音之光。这个住满了犹太正统派的街区一下子变成了极端正统派犹太人专属居民区，被称为梅阿谢里姆区（Mea Shearim），如果今天这里的居民知道这一杰作是出自基督徒之手，他们很可能会吓一跳。

希克的模型制作工艺受到英国、德国和奥地利领事们的一致称赞，而土耳其总督伊泽特帕夏（Izzet Pasha）①更是赞赏有加。他提出了一个自认为不错的想法：让希克制作另一个圆顶清真寺模型，以便在即将举行的"1873年维也纳国际博览会"上进行展示，用这种优雅、间接的方式表明自己对圣地的细心呵护，因为奥斯曼政府称自己在保护世界三大宗教的共同圣地方面投入了大量的金钱。希克按时完工之后，他除了拿到工钱之外，还被破例允许

---

① 帕夏指奥斯曼帝国行政系统里的高级官员，通常是总督、将军及高官。帕夏是敬语，相当于英国的"勋爵"，但不世袭。

进入圆顶清真寺的内院以及19世纪70年代对圆顶清真寺基础部分进行修护期间的发掘现场。在建设工地的正下方，一只目光闪烁的"鼹鼠"在黑暗中来回爬动，然后他一下子蹦了出来，手拿一本详细的笔记。他希望能够按照自己的笔记建造一个最好的模型，这个模型不仅具有建筑物的外表，而且还包括——他用不地道的英语称之为——地下"附属建筑"。

许许多多的英裔美国人，特别是那些受"巴勒斯坦探险基金会"派遣到耶路撒冷进行地上和地下勘测的工程技术人员，在希克之前早就来过这里。在"地下附属建筑"中，他们虽然不乏军人的坚韧和工程师的精确，但却缺少希克那种对其中一砖一瓦刻骨铭心的熟悉。例如，探险队队长查尔斯·沃伦（Charles Worren）曾用一扇木门板当船沿着水道漂流而下。当水面越来越高而头顶的岩石越来越低时，他不得不放弃了这种污水漂流的把戏，而改为涉水行进，任由肮脏的臭水溅得满脸都是。污水似乎有一种不可思议的力量，竟然硬生生地让沃伦把咬在嘴里的铅笔吞了下去，从而引起严重窒息，差一点儿送了命。多亏了他的朋友萨金特·伯特利斯（Sergeant Birtles）及时求助，他才幸免于难。这就正如沃伦在《地下耶路撒冷》中所说："像污水里的一只老鼠一样脸朝下死在这里，还有什么荣誉？"

所有这些敢于在地下污水中冒险的、勇敢的维多利亚时代的人都认为，完全有可能把地下耶路撒冷的污水与美好的事物区分开来。为了证明这一点，罗宾逊博士以扬基佬的执著，对污水质量进行了采样分析，并宣布其水质并非完全不可用的。毕竟，这里的水发源于汲沦山谷中基训泉（Gihon）的自然泉水。尽管地面之上供耶路撒冷民众饮用的水流会受到动物内脏和垃圾的严重污染，霍乱病菌每隔几年就会造成一场灾难，但用中东地区的降水标准来看，耶路撒冷冬春两季的雨水还是相当丰沛的，这些雨水冲刷着地面上裸露的岩石，直接通过水道系统流入蓄水池。对于那些对老城地上、地下构造有所了解的人来说，这无疑是犹地亚地区从古老的繁荣日渐衰落的又一个触目惊心的例证。

在那个时代，对于欧洲人，尤其是北部的白人而言，公共道德是用卫生程度来衡量的。在维多利亚时代的英国，著名的耶路撒冷旅行家、圣地小说作家、保守党领袖迪斯雷利（Benjamin Disraeli）曾经说过，卫生状况的改善是"人类文明程度的最重要的标志"，并且他自认为他的名言"水源卫生，健康之本"曾经挽救了无数的生命。如果在大英帝国统治的耶路撒冷，有可能实施这种改善工程，那为什么不去做呢？19世纪中叶的卫生改善运动，使得圣地旅行一度流行起来。针对显然供不应求的市场需求，每年都有大量有关尼罗河与约旦河的旅行指南得以出版。这其中的原因非常明显。托马斯·卡莱尔（Thomas Carlyle）①"机器时代将摧毁一切精神遗产"的不祥预言并没有变为现实——事实与之恰恰相反。欧洲社会，尤其是作为先驱的大英帝国的工业化程度越高，其宗教与精神热情就越强烈，机器或许没有灵魂，但正如高尚的观点所认为的那样，那些购买和使用机器的人却有灵魂。

甚至，机器也能比以前更有效地传播《圣经》中的真理。到19世纪50年代，第一批大幅的圣地照片洗印成功，从而替代或大大改进了平版印刷、绘画和钢雕这些传统的制图媒介技术。直到19世纪80年代颜色灰度（half-tones）被发明，这些照片才得以被印刷在书中，同时，这些照片也已经广泛用于商业展览和图册中。巴勒斯坦的样貌，那里的废墟和风光，那里三大宗教信徒的举止，已经深深地印在维多利亚时代人们的心中。[3]1862年，威尔士亲王被派往圣地，在西敏寺教长亚瑟·斯坦利（Arthur Stanley）的陪同下进行基督教忏悔和责罚性访问［因他的母亲谴责贝蒂（Bertie）勾引他的父亲阿尔伯特（Albert）而致其过早离世，母亲与他都感到非常痛苦］之后，英国人都知道了这个地方，有些人还看到了随行的弗朗西斯·贝福德（Francis Bedford）一路上拍下的照片。

所以，将古老的《圣经》经文与现代的改进措施联系起来，将精神复兴与卫生甚至政治改革联系起来，还衰败的巴勒斯坦一方健康的净土，这样的

---

① 苏格兰评论家、讽刺作家、历史学家。他的作品在维多利亚时代甚具影响力。——编者注

诱惑对于一贯以慈善和伟大自居的维多利亚时代的大英帝国来说是不可抗拒的。不仅如此，那些最狂热的人恰恰是最原生态的人，他们是立志于为现代化的未来"复原"（这是他们常用的一个词）《圣经》的原教旨主义者。正如当时某些德国学者（也的确是犹太人）为对抗最有文化的信众，断言《圣经》完全是神的指示一样，具有创新意识的英国工程师们则对那些原生态的奇迹描述大加嘲讽，宣称要坚持希伯来《圣经》以及《新约》核心内容的基本历史真实性。显然，后者需要前者作为其必要的前提条件。耶稣——就其本质而言——是一个犹太人，而《旧约》和《新约》是有机地联系在一起的。犹太历史是基督教历史之母。

无论从科学还是神学的意义上讲，他们都需要知道希伯来《圣经》中那些可以被证实的真理。他们认为，知识（而不是盲目的迷信）是信仰的助产士。他们还认为，有关《圣经》时代真实发生在犹太人身上的事件，最真实，最不可争辩的版本，只有通过与圣地的直接联系才能获得。这也正是爱德华·罗宾逊为自己的畅销书题名为《巴勒斯坦地区〈圣经〉文本探秘》的原因。据他本人讲，他在长大成人的过程中使用过撒玛利亚、耶路撒冷、伯利恒等多个名字，并对其中的每一个名字都产生了"最神圣的情感"，但是"就我本人而言，这些名字后来都与某种科学动机发生了联系。长期以来，我一直思考着要在《圣经》地理方面有所建树。"

有两部神圣的书卷指引着那些最狂热的圣经地理学家：《旧约》和《工程师和机械师手册》（*The Engineers and Machinists' Assistant*）。后者为大卫·司各特（David Scott）所作，出版于1853年，正是《圣经》探险和学术旅行风潮刚刚兴起的年代。在传教士和学者之后，他们成为来到圣地的另一代人（如罗宾逊），而他们在成为考古学家之前大多是工程师。这些人对现代人根据历史事实来理解《圣经》起到了巨大的推动作用。

在这批人中，最有活力而且最为投入的当属乔治·格罗夫（George Grove）。他之所以至今还留在人们的记忆中，是因为他写下《音乐和音乐家词典》(*Dictionary of Music and Musicians*)这一惊人之作。尽管他的音乐生活经历是不同寻常的——他是音乐才能一直被低估的舒伯特的忠实信徒,他曾任家乡西顿海姆市水晶宫音乐厅的首席指挥,并且曾出任皇家音乐学院的首席指挥——但他作为《圣经》学者还有另一番生活经历,并且为自己这番经历没有得到广泛认可而一直耿耿于怀。"人们一直坚持认为我是一个音乐家,其实我根本就不是什么音乐家,"他抱怨道。"我对巴勒斯坦的自然风貌和城镇村庄更感兴趣,我用这些素材帮史密斯完成了《〈圣经〉词典》,帮亚瑟·斯坦利创作了《西奈与巴勒斯坦》……或许还有更多。"

这里提到的威廉·史密斯(William Smith)是一位非凡的词典编纂家,他的确曾聘用不知疲倦的格罗夫,让他帮助自己完成了将《圣经》中提到的希伯来地名统一的工作,而这正是格罗夫与妻子早就完成的一项重要内容,是在他负责水晶宫音乐博览会演出任务期间在闲暇之余整理而成的。无论是《圣经》方面的事,还是机械方面的活儿,他都喜欢一气呵成。作为一名"市政工程师"(在维多利亚时代,这可以说是唯一能与牧师相提并论的叫法),格罗夫受过正规训练,他曾在西印度公司专门负责安装铸铁灯塔。他与罗伯特·斯蒂芬森(Robert Stephenson)一起建造横跨麦奈海峡的不列颠管桁铁路桥时,与整个富有创造性的工程技术团队〔包括布鲁内尔(Brunnel)和查尔斯·巴里爵士(Sir Charles Barry),当然还有斯蒂芬森〕成了同事和朋友,并且有幸认识了一些维多利亚时代大英帝国的王公显贵:德比伯爵、德文郡公爵、学识渊博的威廉·汤普森(William Tompson)、约克大主教、出版商约翰·穆雷(John Murray)以及最重要的人物——伟大的犹太慈善家、"发起人"和"唤醒者",摩西·蒙特菲奥里①爵士。蒙特菲奥里决心帮助巴勒斯坦地区

---

① 摩西·蒙特菲奥里(Moses Montefiore,1784—1885),英国著名犹太慈善家,是第一个被封为爵士的犹太人。他生于意大利里窝那,在伦敦长大。他的家庭属于犹太商人世家,从小受到精于理财家风的影响,后由于与罗斯柴尔德家族联姻,并在证券买卖上获得成功,成为一代巨富。他早在1824年就已退休,在随后的60年里主要从事犹太公共服务和慈善事业,在欧洲、中东、北非等地奔波,为犹太人争取与其他民族同等的权利,被誉为犹太慈善事业的"发起人"和犹太传统精神的"唤醒者"。他一生先后七次前往圣地,并捐出了大量财产在巴勒斯坦兴办犹太事业,如在加利利和雅法附近建立了许多犹太农垦定居点,在耶路撒冷老城外建立了第一个犹太居住区等。

的犹太人,让他们为现代世界祈福,就像他用自身经历所展示的那样,与时代前进的步伐一致。蒙特菲奥里的公司用煤气灯照亮了世界上那些曾经一片黑暗的地区。他不仅思考技术上的光明,同时也想到了文化上的光明。所以,他与格罗夫一拍即合也就不足为怪了。这两个人都多次访问过巴勒斯坦,格罗夫最后两次圣地旅行分别是在1859年和1861年。

还有一位实践《圣经》的旅行家也访问过这片圣地,不过他的目的是为了起草有关巴勒斯坦地区现代化(包括重建雅法港)的建议。他就是市政工程师约翰·艾尔文·怀蒂(John Irwine Whitty)。在大英帝国领事詹姆斯·奎因(James Quinn)及其儿子亚历山大(Alexander)的积极帮助下,他被允许进入水道,亲眼看到了被他自己称为"一个巨大的地下湖"、塔西佗①所说的"一泓长年不断的泉水"。1862年,他在王室访问圣地期间,曾与教长斯坦利进行了一番长谈。怀蒂认为,耶路撒冷内城的卫生和致命因素令人恐惧(每个人都抱怨四处散发着恶臭),但这一切都会成为过去,因为古老的犹地亚水利系统马上就要迎来一个新时代。回到伦敦后,怀蒂俨然成了"古老又崭新"耶路撒冷水源的一位不知疲倦的保护人,先是在1864年初在"叙利亚—埃及学会"发表演讲,然后又在《神圣文学与〈圣经〉记事学刊》1864年春季号上以《耶路撒冷的供水系统:古代与现代》为题阐述了他的伟大构想。[4]时至今日,对于每一个对公共健康的历史和命运——一个随着时间的流逝而从未过时,这个话题感兴趣的人来说,怀蒂的文章仍然值得一读。在伟大的罗马水利工程专家弗朗蒂诺②的心目中,这是一项构想宏大且迫在眉睫的建设工程,而怀蒂踏过前人的脚印,似乎已经听到了自己前进的脚步声。

怀蒂认为,解决耶路撒冷2万人的供水需求,无疑是人口拥挤的伦敦和纽约的供水系统的延伸。他把耶路撒冷描绘为"基督徒和希伯来民族的大都

---

① 塔西佗(Tacitus,约55—120),古罗马最伟大的历史学家,代表作有《演说家对话录》《日耳曼志》《罗马史》等。他在西方史学史上第一次明确提出了"抽离自我,超然物外"的客观主义治史原则,从而标志着西方史学在对史学本体的认识上达到了一个新的高度。

② 弗朗蒂诺(Frontinus,约40—103),公元1世纪晚期罗马元老院成员,著名水利专家和军事学家,代表作有《马罗水利系统》《谋略》等。

市",完全忽略了穆斯林对这个圣城(al-Quds)可能有同样的感觉,他这种措辞虽然令人吃惊,但却非常具有代表性。为了使读者产生震撼,他写道,耶路撒冷每年12月到次年3月间的降水量(足有65英寸)比伦敦全年的降水量还要大。但是,雨水流过肮脏的街道(大量的下水道是开放式的)后便立即受到污染,而正是这些受到严重污染的水,流入了城内唯一受保护的各个饮用水蓄水池。据《耶路撒冷军备勘测报告》报道,这些水"只有在经过过滤并清除了其中滋生的虫蝇后,才能安全地饮用"。每到初夏时节,这些蓄水池大多几乎干涸。那些住房下面没有建造家用蓄水箱的耶路撒冷居民,只能购买商贩从西罗亚池(池边仍然有一群群的女人在洗衣服)中取来的溪水,然后用山羊皮水袋运到家中或街市上,或者自己到西罗亚池取水。

要使这种状况有所改善,应该怎么做呢?怀蒂认为,答案就在《圣经》中,尤其是在圣殿山之下的希西家水道中。在公元前1世纪的哈斯蒙尼王朝和大希律①统治时期,曾经对这条水道进行过疏浚和扩建。如果能把这些水道和通道中阻塞的垃圾和沉渣清除干净,使其免遭动物内脏和污水的污染,那么这里的水就能很容易地解决城市的干渴,这样一来,一个自罗马人入侵以来,从未看到的繁荣的耶路,就会出现在人们面前。"很显然,"怀蒂写道,"耶路撒冷本身拥有发展与繁荣的必要条件,并且不需要任何奇迹,仅仅靠自己的人民就可以完成这项使命——使耶路撒冷变成一个强大的城市,一个比以往任何时候都荣耀的城市。"

维多利亚时代的王公显贵对这个计划表示深切的关注。教长斯坦利所写的关于圣地的作品已经畅销20万册。他把怀蒂的计划描绘为"抛出了一个神圣的光环"。只需要投入8000英镑即可启动这个计划,这样一个蓝图赢得了从雅典娜神庙②到《犹太年鉴》的一致好评。该计划大部出自怀蒂的构想,是

---

① 大希律(Herod the Great,前47—前4),又名希律、希律王、大希律王、黑落德王,阿里斯托布鲁斯二世的孙子。由于他曾救过恺撒大帝一命,因此得以统治以色列,曾扩建圣殿。是一位生性残酷的国王。——编者注
② 此处似指雅典娜神庙酒店。该酒店位于伦敦市中心,最初由纽卡斯尔公爵六世于1850年建成。由于"青年雅典娜神庙俱乐部"于1864年买下了该酒店,故更名为"雅典娜神庙"并一直自用至今。该酒店是世界上著名的酒店之一,以古老和豪华著称。

一项犹太人与基督徒联合实施的工程。在蒙特菲奥里、罗斯柴尔德以及众多英国牧师和贵族的资助下，一个名为"耶路撒冷水资源救助协会"的组织于1864年正式成立。

一年后的1865年5月12日，许多热心于古老《圣经》与现代科学联姻这一主张的人们在西敏寺（在这里，篡位国王亨利四世在对十字军东征的行为进行忏悔时去世）单独隔出来的耶路撒冷厅——为什么不是别的地方？——举行集会。其中除了西敏寺教长斯坦利，还有学养丰厚、热心有加的约克大主教以及威廉·汤普森（像斯坦利一样，他也曾两度造访巴勒斯坦，并且是另一部圣地作品的作者），再就是乔治·格罗夫。参加集会的还有一个人，那就是英格兰第二富婆（仅次于维多利亚女王）安吉拉·伯迪-库茨（Angela Burdett-Coutts）。她是一位议会激进派成员的女儿，一位银行家的孙女，是建造伦敦东区贫民窟样板房的发起人，因而自然被认为是一个热心社会公益的人。她是狄更斯的朋友，也是失足妇女的朋友，是伦敦穷人夜校的首倡者。她还是英国山羊协会的出资人，英国养蜂人协会主席以及当时刚刚成立的钟表协会的主席。对《圣经》和科学这两方面的激情，促使这些人在这里举行这个不同寻常的集会，在维多利亚时代的英格兰，这个圈子里的人不仅有可能，而且也期望人们在这两方面都能表现出热心。

像爱德华·罗宾逊（其他人都是在他最初的地形图基础上开展研究）一样，后来的巴勒斯坦地区探险基金会的发起者也都认为，尽管对《旧约》中提到的那些几乎不可能的奇迹［如为了便于约书亚采取军事行动，使艾城（Ai）上空的太阳停止运行；约拿在鲸鱼的肚子里过周末等］在某种程度上保持一种健康的怀疑态度是明智的，但现代科学，尤其是精确测量和学术考古的科学将会证明：《圣经》，从根本上讲，有关以色列人及其救世主的祖先的历史记述是正确、真实的。

该基金会一经设立（上天保佑，将以维多利亚女王的名义设立），便将其权力交给唯一能发挥作用的帝国——知识的帝国。对圣地的勘测就像给罗宾逊遛腿（pace）（他们喜欢这样形容），但这仅是第一步，仍然有大量无人烟的山谷和无特征的荒野需要标注。这项工作的主要目的是为威廉·史密斯的《〈圣经〉词典》收集《圣经》地名方面的信息。这部词典意义重大，但一个个的地名却不是坐在扶手椅里就能想出来的。作为助理编辑，格罗夫第一个感受到了这一点。他们所需要的是第一手资料和绝对精确的观测。基金会将成为这项伟大事业的教父，绘图、测量、标注、出版，必须面面俱到。希伯来人的一段真实历史即将浮出水面，其神圣誓约将重生于现代世界之中。

就这样，在伯迪—库茨夫人的慷慨资助下，巴勒斯坦地区探险基金会成立了。乔治·格罗夫是主要发起人，并且如果他没有音乐方面的合同约束，将出任秘书一职。[5]他们将派出军事工程人员对圣地进行勘测，先从耶路撒冷开始，然后再扩大测量范围，包括他们所称的"西巴勒斯坦"，即从赫尔蒙山到内格夫沙漠北端，从约旦河到地中海之间的广大地区。

然后，对西奈半岛，这片神曾显现的沙漠、上帝在摩西面前现出真身并授予其律法书的地方——在当时的地图上完全是一片空白区——也将进行这种激动人心的勘测。然而，对于测量的路线，谁也没有多少信心。亚伯拉罕带领族长们，从迦勒底到迦南和埃及的流浪路线，除了伯特利（Bethel）和幔利（Mamre）的橡树，《创世记》中关于路线和地名的记载是模糊不清的，因此并《圣经》没有多少帮助——但对于西奈山中出埃及的路线，多少还有所描述。对于犹太人来说，这里是各种犹太事物成形的地方，同时，这里也是其后裔基督教真正的发源地。勘测数据能够把事实从想象中分离出来，从而精确地确定以色列人的古老历史到底是什么样子。除了地形测量，同时还要进行植物学、动物学和水利学调查以及考古发掘。由于这是一项寻根溯源的伟大事业，必须用照相机把每一步详细记录下来。但是，最最重要的还是绘制地图。[6]

乔治·格罗夫作为荣誉秘书［执行秘书是沃尔特·贝森特（Walter Besant）］很快就接手了基金会的工作，并且将工作重心转向科学实践——勘测和工程——与《圣经》历史的联系方面。当时迫切需要的是有野外工作经验的军人，如特种部队的作战英雄和热心公益的年轻人，他们不在乎自己的健康或财富，而是自愿为基金会参加测绘、钻地道和挖掘工作。在乌尔维奇皇家军事学院的毕业生中，有些本来已经被安排参与《大英帝国军备概览》的制图任务，当时也被充实到探险队中。巴勒斯坦地区探险基金会要求他们必须是年轻人，他们不仅需要身体上的果敢和坚韧，还要具备相应的智力和诚实，并且还要得到知识帝国前沿人士的认可。而这些年轻人们，有些死于疾病，尤其是黄热病，有些则是在荒漠中被杀，或者像克劳德·康德尔（Claude Conder）——他是一位才华横溢的年轻军备测绘员，曾与基奇纳（Kitchener）于19世纪70年代共同完成了《西巴勒斯坦勘测报告》一书——那样，受到残忍的袭击而受伤后，再也未能站起来。

然而，这些乌尔维奇（Woolwich）①工兵一直在前进。其中年龄最大的，是来自利物浦的查尔斯·威尔逊（Charles Wilson），他甚至在巴勒斯坦地区探险基金会正式资助之前就被派往耶路撒冷，对地下水道、水槽和供水系统进行授权勘测。他在经验丰富的康拉德·希克的帮助下，出色地完成了勘测工作。由于他的出色表现，希克又被指派进行一项现场"可行性"调查，以便随后对"西巴勒斯坦"进行一次全面勘测。

1866年冬至翌年春，威尔逊率领一小股特种兵，带着他们的经纬仪和量尺，从黎巴嫩和叙利亚西部一路南下，穿过加利利，他在那里惊喜地辨认出基督时期或稍晚年代留下的犹太会堂。这番经历使威尔逊在家乡找到了一份称心如意的工作——苏格兰军备勘测工程师，而他的队员查尔斯·沃伦、克劳德·康德尔以及年轻的希尔伯特·基奇纳，则仍然继续他们在巴勒斯坦的勘测工作。这是后话。

---

① 即上文提到的皇家军事学院所在地。

但是，威尔逊渐渐丧失了活力，并且对仅仅是巴勒斯坦地区探险基金会委员会的一个成员而多有怨言。1868年，当有人提出对巴勒斯坦以南的西奈沙漠地区进行勘测时，他又立即活跃起来。对于那些希望找到最大的问题——出埃及的路线在哪里？——的答案的人来说，这无疑是最重要的一次探险。或许他们能发现西奈山上会幕的遗迹，古代以色列人当年宿营地的废墟，谁知道呢？在荒山野岭中的某个地方，肯定能找到如下问题的答案：以色列人如何在世界历史上刻下不同的标记，摩西（在巴勒斯坦地区探险基金会的队伍里，没有人会怀疑他的历史真实性）又如何直接上从帝的手中接过《律法书》，从而创立了历史上第一个一神教母教，并使以色列人变成了犹太人。

教长斯坦利提出的问题一直指引着威尔逊探险队1868—1869年的探险旅程："是否能在那里的风景、地貌……西奈和巴勒斯坦的山山水水、沟沟坎坎中找到以色列人历史的线索呢？"[7]这支探险队的人员构成，也充分反映了《圣经》信徒与现代技术人员的融合：爱德华·帕尔默（Edward Palmer）是一位精通多种语言的语言学家和阿拉伯学者（他的第一外语是吉普赛语，是在他的老家剑桥附近的吉普赛营地学来的）；F. W. 霍兰（F. W. Holland）牧师是一位《圣经》学者；怀亚特（Wyatt）是一位博物学家，非常熟悉山区瞪羚和野山羊的活动习性；H. S. 帕尔默（H. S. Palmer）则是一位工程官员（与此次探险无关）；还有就是不可或缺的上士詹姆斯·麦克唐纳（James MacDonald），他是一位摄影师，用自己精心制作的湿火棉胶片，把探险队穿越西奈沙漠的身影永久地记录了下来。

当威尔逊探险队于1868年底到达埃及后，他们在当地设立了一家规模不大但生意十分兴隆的商行，为这些摩西足迹的追踪者提供后勤服务。这些追踪者需要购买骆驼、雇用向导，周到的后勤保障才能确保他们在炎炎烈日和狂风暴雨（qhamsin）中生存下来。卡罗·佩尼（Carlo Peni）在开罗城内大英帝国领事馆附近开了一家商号，人们可以从那里买到咖啡、油料、烟草、扁豆、椰枣、杏干、蜡烛、马灯，以及不可或缺的山羊皮水袋（山羊皮经过精心处理后闻不到膻味）和熟悉的白兰地（比当地的啤酒或红酒要好喝得多）。那些能说会道的向导争相提供相关的一手独家资料：哪里有地图上未标记的干涸河床和绿洲，哪里有荒凉的寺庙和修道院可以投宿；最搞笑的是，他们竟然吹嘘说对当地的阿拉伯地名、典故和传说非常熟悉，甚至知道这里是摩西找水时击打过的岩石，那里是曾存放吗哪（manna）①的山谷。

当然，探险队员们并没那么容易上当受骗。爱德华·罗宾逊早在19世纪30年代来埃及时，就不只是带着两杆老式火枪，而且还带着对这些所谓的口头"传统"深深的怀疑，和一个满载一代代学术探险者智慧的小型图书馆：伯克哈特（Burckhardt）的《叙利亚和圣地游记》，17世纪荷兰教授亚德里安·瑞兰（Adriaan Reland）的《巴勒斯坦遗迹图录》，以及勒邦德的（Leborde）的《阿拉伯石刻之旅》（配有大量的西奈地图折页）。19世纪40年代的探险者们还青睐："一位神"②派成员撒母耳·夏普（Samuel Sharpe）的著作、德国神学家艾恩斯特·维尔海姆·亨斯腾伯格（Ernst Wilhelm Hengstenberg）的《摩西书卷（埃及遗迹插图本）》。罗宾逊和史密斯带着简易的行装上路了。他们用一头骡子驮着食物。而阿拉伯向导和仆从押送的行李队伍则由八头骆驼组成。当艺术家巴特莱特（R. H. Bartlett）为完成他的《古以色列人沙漠行迹四十天》的创作而加入探险队后，原来的队伍和装备又增加了许多。当时只能骑单峰驼，以便为家乡的读者记下点点滴滴的经历（当然并不怎么惬意）。威尔逊军备勘测队成为一支名副其实的沙漠商队，足有一百头骆驼排成一行蜿蜒在大漠深处。

无论是学者、业余艺术家、"圣经地理学家"还是工程人员，决定他们

---

① 古以色列人出埃及后，经过旷野时上帝赐给的食物。参见《出埃及记》16:13—15。以色列人离开埃及后，在旷野上流浪，饥寒交迫，于是向摩西、亚伦抱怨："你们将我们领出来，到这旷野，是要让全会众都饿死吗。"上帝听到了他们的抱怨，就答应给他们食物。第二天早晨，营地四周的露水上升之后，地上出现了像白霜模样的小圆东西。以色列人很惊奇，不知道是什么，就称之为"吗哪"，意思是"这是什么"。摩西对他们说，这是上帝赐给的食物。现在西方文化中也用来指精神食粮或急需之物。

② "一位论"派（或称一神论派、神体一位论、唯一神论、独神论、一位论、独神主义）是否认三位一体和基督的神性的基督教派别。

行程表的问题总是一样的——哪里是"歌珊地"（Land of Goshen）的精确位置？哪里最有可能是当年以色列人途经的红海时的所在地？那次离奇的出逃，能用东方刮来的飓风解释吗？（所有的版本都试图对十次瘟疫作出现代化的解释：尼罗河淌的血是一次不同寻常的红泥运输，牛瘟只是……一次牛瘟，忽然陷入黑暗是一次日食造成的，等等）在那些有争议的泉和井中，到底是哪一个是艾因穆撒（Ayn Musa）的马拉井（Marah），从中冒出了以色列人在进入旷野之前不得不饮下的"苦水"？（观光者会在这里品尝一下"摩西井"的水，尝一尝水的苦味，然后宣称这肯定是当年的苦水井。）真正的西奈山有两处可能的候选地（由于《申命记》中称其为"何烈山"，而使这一问题更加复杂化）：著名的圣凯瑟琳修道院附近的最高峰穆撒峰（Djebel Musa）、不远处以壮观的山谷与多个尖峰闻名的赛尔巴峰（Djebel Serbal），其中哪一个才是真的呢？这两处的山脚下都有一块平地，哪一处才是那块足以站下200万以色列人（如果你用如下方式计算《圣经》提到的人数：60万个男人加上他们的妻子和孩子）以及他们带出来的家畜和家禽（据说他们都聚集在远离红海的地方，清楚地看见摩西带着写有律法书的石板缓缓降下）的广阔的平地呢？

这些追踪摩西足迹的人虽然把自己看成是现代人，但像教长斯坦利一样，他们也同样热切希望把自己认同为当年的以色列人及其领袖。斯坦利在1852年曾兴奋地写道："我们毫无疑问走在以色列人当年走过的路上。"他认为，点缀在沙漠中的一丛丛多刺的野生金合欢，就是《出埃及记》第30章描写会幕时提到的皂荚木（shittim），也肯定就是所谓的"火烧荆棘"。为了守护那些传说，自然需要一位学识渊博的牧师来说话，然而在穆撒——这里被认为是以色列人一度停下来随后又出发的地方，亚瑟·斯坦利却完全沉迷于一种维多利亚时代独有的圣经式浪漫之中。"今晚，我既看到了星光乍现时的落日，也看到了与一轮满月相伴的落日，看到了脚下向远处延伸的沙漠，看到了深黑色大海的涌动和对岸阿塔卡山顶闪动的银光。"[8]

在威尔逊军备勘测队中，爱德华·帕尔默算得上是一位古怪的抒情诗人，同时又是一位贝都因人种学者，还是一位研究穆斯林流变和摩西史诗的专家。对于那些西奈朝圣者和观光者，向导和修道士每天都翻来覆去地唠叨不停。虽然帕尔默对这种唠叨怀有一种善意的怀疑，但有时在深山中的要塞里，他也会发思古之幽情，陷入出神的思考之中："对于这些传说的真实性，无论我们怎么想，都不能使我们摆脱心中的敬畏之情。"在拉苏撒费（Ras Sufsafeh），面对岩石表面的一道裂缝，帕尔默完全把科学抛到了脑后，陷入了对"神迹"的思索，流露出一种拉斯金①式的山水诗情怀："多么庄严而又多么丑陋的一堆，宛若在地下世界的蔑视下，在地上孕育出一条巨大的眉毛。说到对颁布古老律法的见证，又有什么东西能比这堆灰白的石头更有资格？"⁹突然间灵光乍现，于是他又接着说道："在这个僻静的地方，摩西可能与长老们分开了，因为不需要多少想象力就能明白，'十诫'正是从这道裂缝中颁布的……谁又能说饥饿的以色列人不是在我们面前这片黑土地上受到诱惑而犯罪，吃下了死物祭品呢？"

当《西奈军备堪舆全图》于1870年以大幅开本、蓝色封面出版时，《出埃及记》中的相关章节就标注在地名的上面。所以，拉哈平原的上角标有"《出埃及记》19:12"，表示这里是以色列人在真实的、"冒烟"的西奈（何烈）山前集会的地方。帕尔默乐观地宣称，在沙漠绿洲中发现的一片石头地基，肯定是当年以色列人营地的遗迹，其他人对此并无异议。对西奈进行勘测的另一个重要意义在于，这项工作将使"出埃及"这一事件，通过詹姆斯·麦克唐纳的一幅幅照片，不仅在那些追寻以色列人足迹的人——考古学家、测量员和士兵——心中，而且在欧洲和美洲的广大读者心中，变得"真实"起来。

---

① 约翰·拉斯金（John Ruskin，1819—1900），英国维多利亚时代重要的艺术评论家，同时也是艺术赞助人、制图师、水粉画家和杰出的社会思想家及慈善家。他的写作题材包罗万象，从地质到建筑，从神话到鸟类学，从文学到教育，从园艺学到政治经济学。他的写作风格和体裁也同样多变，写过从随笔到专著，从诗歌到演讲，从旅行指南到说明书，从书信甚至到童话。他的作品中，无一不在强调自然、艺术和社会之间的联系。1843年，他因《现代画家》一书而成名，他在书中高度赞扬约瑟·透纳的绘画创作，共39卷，使他成为维多利亚时代艺术趣味的代言人。他是前拉斐尔派成员，是一位天才而多产的艺术家。

麦克唐纳在照片拍摄过程中，面临着各种极端的实际困难：不仅要在炽热的沙漠中制作湿火棉胶片，拍照时还要有足够长的曝光时间，然后还要在帐篷里把照片洗印出来。但尽管如此，他还是变戏法儿似地把西奈山峦的形象庄严地呈现出来，从而深深地印在那些希望亲眼目睹摩西曾经站立过，并从上帝手中接受"十诫"和律法书的地方的人的脑海中。他完全清楚自己在干什么，他要在脚下深深的河谷和高耸的山峰之外，找到一个个上演过伟大史诗的小型的自然圆形剧场。或许像爱德华·帕尔默一样，这位上士内心升腾着一种绝对的信念。而毫无疑问，那些购买了这本令人震撼的影集（收入照片100张，总共拍了300多张），或者说，进而感受到这些壮观景象的人都会觉得，摆在他们眼前的，就是当年摩西创造一神教时的现场。

因而，正是这些文字、形象、测量与地图的完美融合，再现了这个故事的各个情节，虽然这个故事就形式而言只属于以色列人，但在这些神圣的地理学家心中，其中的重要时刻却是属于全人类的。它们叙述的历史清晰可闻。在遥远的古代，一个受奴役的民族，由于与耶和华立约而从异邦世界中解放出来，从而获得了新生。几乎可以肯定，这一事件发生于公元前13世纪拉美西斯二世①统治时期，是出埃及途中在神的旨意指引下完成的。据《申命记》记载，摩西接受了《律法书》，并将其作为他在尼波（Nebo）山去世之前的遗产传下来，《律法书》赋予了以色列人"有约在身"的独特意义。然后，他们与善于征战的约书亚一起进入了迦南，并最终创立了以耶路撒冷为中心的大卫王朝。在信奉多神的诸帝国中间，只崇拜一个独一的、无形的上帝令他们与众不同。他们将这种独特性用文字形式记录在《圣经》中，以物质形式凝聚在圣殿中，从而经历并超越了所有的尘世劫难。

用现代科学的语言传播这些核心的真理，可以赋予《圣经》叙事更多的历史真实性。那些最不可能发生的奇迹，可以作为诗意的夸张而不予采信，

---

① 拉美西斯二世（公元前1314—前1237），古埃及第十九王朝法老（公元前1304—前1237年在位），其执政时期是埃及新王国最后的强盛年代。

但正如语言学家对某些《圣经》文本写作的线索进行辨识和追溯一样，19世纪晚期的这一代人，对《圣经》真实历史的重新发现是具有开拓精神的。这是《圣经》考古学诞生的重要时刻。教长斯坦利在巴勒斯坦地区探险基金会成立之初所期望的经验证据（empirical vindication），后来成为从世纪之交的查尔斯·弗林德斯·皮雷（Charles Flinders Petrie），到两次世界大战之间传教士的儿子威廉·福克斯维尔·阿尔布莱特（William Foxwell Albright），再到伊格尔·亚丁（Yigol Yadin）等众多以色列"战士"考古学家，这一代又一代考古学家的毕生使命。

然而令人失望的是，尽管经过一个半世纪的不断探索，关于以色列人曾走出埃及，并在从东部征服迦南之前在西奈旷野中流浪了四十天（比四十年要短得多）这段历史，却没有找到任何证据的线索。在第十八王朝以后，埃及人唯一一次提到以色列人，是关于自己击败和驱散以色列人的战事记录。但是后来，《圣经》研究的乐观派指出，埃及人又怎么会把他们自己的军队被消灭的战况记录在案呢？

但是，在出埃及事件作为虚构的史诗被搁置起来之前，有一个值得深思的问题是难以绕开的。学者们对于希伯来《圣经》中最早的古代文体没有任何争议，如"红海之歌"和"摩西之歌"。这种文体与公元前12世纪青铜时代晚期近东地区其他相似的古体"诗歌"文学存在着高度的一致性，他们对此已经达成了高度的共识。如果他们是对的，在文体上，"红海之歌"与腓尼基人的风暴神巴力征服大海的史诗有众多相似之处，那么为什么早期的以色列诗人在上述事件发生仅一个世纪后，却创作出了如此具有自身特点的史诗呢？如果不是有什么故事留存在民间的记忆中，那么为什么其中那些受奴役和被解放的可歌可泣的情节，又完全不同于其他原型呢？有一种极端怀疑论的观点，甚至虚构出一个当地的迦南人分支，他们居住在犹地亚山区，通过一段神秘的分裂、迁徙与征服的历史，使之与其他的迦南部落和城邦完全不同，并且还有特别详细的地形图加以佐证。为什么会生出这样的故事？

所以，这就是我们讲述犹太人的真实故事时所处的背景。除了希伯来《圣经》之外，几乎没有任何现代意义上的证据可以证明出埃及和接受《律法书》的历史真实性。但这并不一定就意味着故事的某些情节——卖身为奴、长途跋涉，甚至后来重占迦南——绝对没有发生过。因为正如我们所看到的，仅仅是希西家水道的发现，就足以证明《圣经》故事的某些篇章，毫无疑问是真实的。

当然，我们不能在没有证据，或只有反面证据的情况下凭空构建历史。1973年，北部另一处要冲——红海边上的苏伊士河支流（维多利亚时代的人认为，法老的军队曾经在这里被淹没），引发了对巴勒斯坦地区探险基金会探险队，及其以后的《圣经》考古学家，他们调查活动的前提条件的新一波学术怀疑浪潮。在赎罪日这一天，埃及军队跨过苏伊士河，对以色列国防军运河岸边的前哨发动了突然袭击。一场艰苦而激烈的战争从此开始了。虽然以色列军队取得了最后胜利，但国家却由于"逆出埃及"路线而行①而受到了严厉的惩罚。¹⁰

二十世纪五六十年代，为了加强现代以色列与其古代遗迹之间的联系而集中进行的考古发掘也由于仅仅局限于寻求《圣经》证据而受到抨击。人们认为，巴勒斯坦地区的考古，不应该仅专注于寻找约书亚征服的证据，或大卫城堡、所罗门圣殿的线索。因为完全有理由认为，这种独立的考古可能永远也找不到那些一厢情愿的人们想要的东西，冰冷的科学事实与书卷中的文字描写毕竟是两回事，遑论某些情节可能从来也没有发生过。

冷静、公正而客观地想一想，这样的考古记录是可靠的吗？一位埃及法老自己记述，他曾于公元前13世纪北方的一次战役中战胜过以色列人，而不是战败于以色列人；大约在同一时间，在古代巴勒斯坦地区有大量富庶的迦南城市［如夏琐（Hazor）］被毁灭，但这样的暴行更有可能是"海上民族"，而不是流浪的以色列山民所为；公元前12世纪—前11世纪，犹地亚山区所谓

---

① 此处指第四次中东战争即"赎罪日战争"。所谓"逆出埃及"路线，是指以色列西侵占领西奈半岛。

的定居点只不过是一些原始的牧民村落；在耶布斯人（Jebusite）建筑遗迹基础上建造的耶路撒冷城，本身只是一块庄重而朴素的飞地；那里从没有过大卫或所罗门王室的建筑痕迹，更没有模仿埃及、腓尼基或美索不达米亚那种利用文化阶层进行行政管理的以色列—犹大"城邦"式管理模式。亚丁将军在米吉多以及其他地方发掘出来的那些具有纪念意义的城门、城墙、石屋和专用马厩，并不是所罗门时期辉煌的证据，而是公元前9世纪末以来的杰作——著名的"浅地年表"批评家以色列·芬克尔斯坦（Israel Finkelstein）就持有这种观点。这应该是北方王国以色列的国王暗利（Omri）的后人所建，最有可能的主要建设者，是《列王纪》中提到的曾遭到以利亚攻击的国王亚哈（Ahab）①。因为他的王后——腓尼基人耶洗别（Jezebel），曾将其故国的多神崇拜引入了以色列王国。根据这种怀疑论的观点，米吉多和夏琐的高大建筑不可能是"联合王国"（领土范围从加利利直至别示巴）的历代国王所建，原因就是历史上从未出现过这样的王国。真实情况是，两个分离的小国——以色列和犹大比邻而居，不断发展壮大。只不过，前者在政治和建筑两方面野心更大，更容易陷入腓尼基的多神崇拜，也更有能力建造这类复杂的山顶要塞城市。

当然，这种并不体面的"负面考古"势必会在学术上同时也会在政治上造成影响。一个"独特的民族"，从"诸国"（《圣经》提法）尤其是埃及人和"海上民族"非利士人（Philistines）分离出来，在出埃及并在西奈山接受《律法书》之后，根据亚伯拉罕的约誓，重新征服迦南——这种关于犹太独一性的叙事如今已经完全变成了非历史的东西。按照这种观点，那些自我发现的史诗，那些分离（seperation）的独特性（且不说独一性），那些在流亡中写成的希伯来《圣经》，根本不是以色列人经历的真实故事。这样一个所谓真实的故事，将把以色列人描写为当地迦南人的一个部落支派，他们的文化在青铜时代末期衰败，然后向东（而不是跨约旦河向西）迁徙，进入更安全却更原

---

① 暗利的儿子。

始的犹地亚山区，并最终接管了古代耶布斯人的耶路撒冷城堡。然而，这样一个"与迦南人略有不同"的版本，无疑会在种族起源神话的传承链上淡化而不是强化以色列人的独特性。犹太人将成为西闪米特人另一个没有独特性的变种，他们在几百年里一直过着一种部落式的田园生活。同样地，按照这种怀疑论的观点，历史上根本没有大卫王这个人，而他的生活和功绩只不过是那些在巴比伦流亡的《圣经》作者的浪漫想象。

后来，历史学家对早期以色列宗教的穿凿附会，更进一步歪曲了这个独特性的神话。巴勒斯坦地区的考古发现表明，在西奈山接受启示这一事件前后，人们不仅没有大批地皈依于唯一的、无形无影的耶和华，而且以色列宗教，特别是在公元前12世纪—前10世纪这一公认的成形期，与周边邻邦的宗教十分相近。[11]"E"本《圣经》中"上帝"的希伯来文是"El"——犹太祈祷文中沿用至今——与腓尼基宗教是相同的，只不过后者采用的是其复数形式"Elohim"。在冒烟的火山云雾中出现在以色列人面前并将海水分开的风暴神，同样与腓尼基人的巴力神非常相像。那些被先知们在《士师记》《列王纪》和《历代志》中谴责为偶像崇拜的物体、形象和习俗——妇女用暴露的硕大乳房支撑木柱、石柱的雕像（这种风格必定与生殖有关）——至少到公元前9世纪，在巴勒斯坦地区仍随处可见，耶路撒冷和犹地亚当然也不例外。[12]

这些雕像往往与对上帝的妻子——阿施塔特（Astarte），即亚舍拉（Asherah）的狂热崇拜有关，这在巴勒斯坦地区十分普遍。[13]在坎底勒阿柱德出土的一块著名的公元前8世纪的碑文中，就有"撒玛利亚的耶和华和他的亚舍拉"这种提法。所以毫无疑问，在当地民族的宗教（而不是圣殿祭司们所说的宗教）中，亚舍拉和耶和华并不被认为是相互排斥的，而是天上的一对伴侣。[14]当然，《圣经》先知时常谴责那些反复无常的以色列人和希伯来人用心不专，他们有时会崇拜假神和偶像。正如极端修正派所称，《圣经》给人的印象就是，波斯和哈斯蒙尼统治时期，在多神崇拜与独一神耶和华崇拜之间摇摆。但是，很可能在一个相当漫长的时期内，耶和华只是被崇拜为最高的神而不是唯一的神。甚至"十诫"中的第一诫也说"除了我之外，你不可有别的神"①，这就意味着还有一些"别的神"，只是"资历"不同，而不是排除了所有其他的神。只是后来到了公元前5世纪时，"第二以赛亚"才第一次明确提到"唯一的耶和华"并将这一称谓绝对化。在此后的几个世纪里，诸多独立发展或相互融合的宗教形式——如家里的灶台上、田野里和城镇中，都立起了象征崇拜对象的柱子，这种被称为"柱像"（massebot）的直立石柱在巴勒斯坦地区可以说随处可见——与来自圣殿祭司的严格律法体系长期共存。在内格夫沙漠北部的要塞城镇阿拉德，曾发现了一个被认为属于公元前10世纪的小型"圣殿"，就建在一个更早的柱像崇拜原址上。这个"圣殿"中，有一个用于动物牲祭的石头祭坛，四个角呈当时流行的牛角状，在一个抬高的壁龛两侧有两根石柱，其中一根涂成了红色。在附近发现的一些陶片上，隐约可见《耶利米书》和《以斯拉记》中提到的耶路撒冷祭司家族的姓氏。阿拉德小型"圣殿"是一个典型的过渡性崇拜场所，其中大量的礼仪用品都是后来希西家和约西亚统治时期发起的清洁运动中需要彻底清除的不洁之物。在对这处遗址进行发掘时，人们发现这个小型的附属祭坛已经被推倒，并且涂上了灰泥，这充分表明当时官方对耶路撒冷以外非法建立的"圣殿"进行了集中清理。15

所有这些都说明了什么呢？极端修正派认为，《圣经》只不过是出于流亡者的想象和虚构，是一种时间上的回放，是为了迎合作为一个独特民族的"产生"这一神话的需要罢了。《圣经》中先祖的史诗与一个民族的历史之间的联系，早在出现"一个上帝"的崇拜者之初就已经完全形成了，他们后来带着这种崇拜方式进入了迦南，并在耶路撒冷圣殿中将其确立下来。这与真实的历史并无矛盾之处。

但是，这种"考古极简论"无疑是一种矫枉过正。并且，由于最新的考古发现和对原有证据（如西罗亚的希西家水道铭文）的重新仔细解读而变得矛盾重重。显而易见，"考古极简派"关于《圣经》完全出于虚构和脱离真实

---

① 原文意为"在我之上，你不可有别的神"。参见《出埃及记》20:3。

历史的观点，就像他们试图取代的《圣经》文本派（biblical liferalism）那样犯了同样的错误。尽管希伯来《圣经》也许是许多个世纪和许多代人的作品，但其内容写作不可能是巴比伦流亡期间开始的，更不可能像"极端修正派"声称的那样，写于更晚的波斯和哈斯蒙尼统治时期。1979年，考古学家加百列·巴凯（Gabrial Barkay）在耶路撒冷西南的欣嫩谷（Ketef Hinnom）墓群一个墓穴中发现了一件珍贵的护身符。① 该护身符由两个小银片卷组成，其中一卷刻有祭司表达祝福的希伯来经文，原文出自《民数记》，并且时至今日仍然用于重大节日的会堂仪式中。在当时，这两卷银片完全有可能是作为祛邪符以卷筒状戴在身上，以乞求上帝的保佑，从而祛除邪恶和不幸。无论谁戴上它，就相当于随身带《托拉》经文，这就类似于其他地方的人身上戴着自己的保护神像一样。但令人惊异却又确信无疑的是，这个护身符被精确地认定为公元前7世纪末期，也就是清洁圣殿的改革者和羊皮书卷的"发现者"约西亚统治时期的制品。

因此，尽管最早的《圣经》文本似乎已经被有把握地确定为公元前4世纪—前3世纪的库姆兰《死海古卷》②，但这个银质护身符的发现，却把《圣经》的写作时间上推到了后犹地亚王国时期。由于到公元前4世纪时，阿拉米语作为口语和书面语已经大量地取代了希伯来语，所以《圣经》的大部分似乎不可能在这段时间写成。即使希伯来语作为祭司和文士阶层的语言被保留下来，但我们从《死海古卷》中相对晚近的《伪经》和《智慧书》中了解到，希腊化时期的"现代"希伯来文，无论在字符还是字体上都已经与写作《圣经》大部分内容所用的"古典"希伯来文完全不同。可以设想，在公元前6世纪—前5世纪，巴比伦人焚毁圣殿后实施大清洗和大流放的同时，要出现

---

① 该墓葬群是在山肩的天然洞穴中劈石为椁，用于存放干尸。据说，为打开这两卷护身符而又不会使之解体，用特别的工艺历时三年方告完成。

② 《死海古卷》一直被认为是最古老的希伯来文《圣经》抄本。该古卷1947年出土于死海附近的库姆兰，被称为20世纪最伟大的考古发现。抄写的文字以希伯来文为主，内容包含（除《以斯帖记》以外的）《旧约》全书以及一些当今被基督教新教认为是外典（《次经》和《伪经》）的经卷。

完成《圣经》全书编订所需的文学繁荣和人力储备，这恐怕是根本不可能的。所以，认为《圣经》发轫于公元前8世纪末，希西家犹大王国时期的古代希伯来语——民间口语、祭司诗歌和文士写作的语言——似乎更能说得通。而那些文士，即一向以严厉和苛刻著称的《申命记》作者——他们奉行的"虚位"（empty throne）宗教清除了所有偶像崇拜，只允许《托拉》和隐去耶和华形象与圣名的荣光（kabod）占有至圣所。在接下来的两个世纪里，这赋予《圣经》以更生硬的形式，特别是在巴比伦人焚毁圣殿前后。

根据新近发现的各种证据，一幅更精细的犹太人早期历史画卷逐渐清晰起来。当然，这幅画与希伯来《圣经》中的叙事并不相同，却也并非毫无联系。1993年，在以色列最北端的"但丘"（Tel Dan）出土了一块公元前9世纪的石碑①，上面刻有阿拉米文，记载阿拉姆国王哈薛（Hazael）战胜以色列国王的情节，并且在第13行提到了"大卫家"（House of Dwt）。那么，据此我们也许可以推定，所谓大卫及其王朝乃是出于后来历代文士的想象。这个有关独特的以色列"现实"和希伯来语言文化的故事，与犹太一神教的故事应该是分离的，而《圣经》作者们将其融合在一起，尽管从一开始，前一个故事的内容已经被后一个故事所确定。然而，事实显然远非如此。独特的犹太历史的两个元素，即"现实"和故事，的确有一个演变的过程，并且以某种相互联系的方式，一个围绕着另一个不断编织着，不仅时常发生纠结，有时甚至会完全撕裂，而这一切是远在他们发现《圣经》文本的紧密编织结构之前发生的。

这个以耶路撒冷为中心的小型城邦——在约西亚和希西家时代，城里的人口可能有4万人左右——远不像"考古极简派"认定的那样，是一个似乎完全不通文墨的"卖牛的集市"，这一点恐怕是毋庸置疑的。周边行省，例如基色和夏琐这样的城镇要塞都是人口众多的定居点，据称这些城镇都有6个厢式城门，当地官员有坚固而独立的办公场所，城内有平整的石板路和广场，有

---

① 该石碑由亚伯拉罕·比兰（Avraham Biran）分别于1993年7月（残片A）和1994年6月（残片$B_1$和$B_2$）发现。关于其年代和作者，曾一度引起广泛争议，甚至被指责为伪造。目前一般认为，该石碑是真的，并且碑文内容涉及大卫王和大马士革的阿拉姆国王。

宽敞的库房和马厩。这些建筑用料并不是碎石破砖，而是平整的方琢石——经过精细加工的砌体，并且大多体量硕大。这样的建筑规模所需要的人力和工程量，只有一个雄心远大的军事城邦才有这样的能力组织实施。耶路撒冷南部的拉马特拉结（Ramat Rahel）曾被Y. 亚哈罗尼（Y. Aharoni）和以法莲·斯特恩（Ephraim Stern）自信地描述为"犹地亚最后的王宫"①。这座王宫由精致而光滑的石灰石垒成，院墙饰以原始的伊欧里斯（Aeolic）②文字和花窗，窗棂两端精细地做成卷轴状，上面刻有"落叶"图案。这样一个地方似乎是专门为亚述人放火准备的。

我们能够根据一些小而零碎的物件，勾勒出一幅巨大的画面。这些小小的物件就是封印，它们是从坚硬且并不名贵的石头上切割下来的，印在黏土或蜡状物上，曾经用于盖在书写的文件上，由国王的官员送到各地。仅仅在大卫城的发掘中，就发现了51枚这样的封印。其中有的封印图案仅是一朵玫瑰（图案简单但十分精美），似乎是犹地亚国王的私人印鉴。除此之外，按照近东地区的风格，封印的图案往往是兽、鸟、各种甲虫、一个带翅膀的太阳圆盘、耶罗波安［很可能是以色列国王耶罗波安二世（Jereboam Ⅱ）］的仆人示玛（Shema）——一只怒吼的雄狮③、一只猴子、一枝百合花、一头驴、象征国王的女儿即公主（Ma'adanah）身份的竖琴。如果在放大镜下观察，就会看到各种栩栩如生的形象：不仅有当时官场上所称的"宫廷里的上人"这类重要人物——如城市总督（sar'ir），而且也有许多被称为"王室里的下人"的封印制作者——如工艺师和工匠。其他一些人也由于图案与文字的组合而突然产生了联系，如那些在泥壶和陶罐提手上雕刻字符（通常为国王的印鉴）

---

① 该宫殿遗址位于耶路撒冷老城与伯利恒之间。在这次发掘中，最著名的是其花园及其完备的灌溉系统，发掘者还发现了当时柳树和杨树的树叶和花粉。现已在原址重建。

② 古希腊方言的一种（一般认为有四种），影响远及中东地区。

③ 指20世纪初在米吉多发现的一枚硕大而精美的国王印鉴，上面绘有一头怒吼的雄狮，并刻有一句古希伯来铭文："属于示玛，耶罗波安的仆人。"狮子图案是典型的公元前8世纪风格，故被认定为耶罗波安二世的印鉴。耶罗波安二世统治时期，北国以色列国势强盛，大兴土木，在米吉多、基色和夏琐等地建造和加固了边境要塞。另外，现在一般认为他是第一个使用官印的以色列国王。

的普通人就与家族财产的代表——所罗巴伯（Zerubbabel）的女儿或国王的仆人阿番亚胡（Avanyahu）因此而联系在一起。

这些小物件虽然不起眼，但却意义不凡。与埃及和美索不达米亚出土的陶器残片上记录的文字不同，这些封印和陶罐提手上的铭文织成了一个巨大的网络，从而把整个以色列和犹大王国的领地，从北方的撒玛利亚，到犹地亚山区，直到南端的内格夫沙漠，把其中的宗教元素、军事力量、律法运作、税收规则、祭台的安放、视觉的感受（请注意那些装饰在院墙上的伊欧里斯字符！）、物主的封印、国王的权威甚至农耕生活的作息，紧密地联系在一起。

对于那些存有疑虑的人来说，这些物件并不一定与希伯来《圣经》所描绘的世界有必然联系。甚至《圣经》中出现的"王室主管基大利（Gebaliah）"——巴比伦人焚毁耶路撒冷之后任命的总督——或《耶利米书》中特别提到的沙番的孙子、基玛利雅（Gemaryah）的儿子①，也并不足以否定《圣经》乃是流放期间的回顾性虚构作品。[16]

然而，基尔伯特·奎亚法（Khirbet Qeiyafa）对此提出了自己的观点。2011年初春，在与耶路撒冷希伯来大学的考古学家约西·加芬克尔（Yossi Garfinkel）在他的一处发掘现场交流时，我第一次听到奎亚法的观点的。[17]发掘现场位于耶路撒冷西南大约30公里的示菲拉一带，这里一直被认为是当时非利士人的平原与犹地亚王国的山地之间的边境地带。4月初，广阔而肥沃的土地上一片郁郁葱葱，怪不得维多利亚时代的旅行者往往将这里与他们家乡的肯特郡和约克郡相媲美。冬季的丰沛雨水注满了溪流和池塘，古老的橡树已经绽出了明亮的新叶，大片的草地上点缀着一簇簇野花。在不远的山脚下，一丛当地特有的羽扇豆花迎风怒放，一片幽蓝，吸引了以色列各地的大批植物爱好者，他们对其浓密的花朵而短暂的花期感到十分惊奇。在那个星期里，每当与耶路撒冷的学者见面，他们除了像往常一样大谈自己的乡村体验外，

---

① 名为米该亚（Michaiah），参见《耶利米书》36:11。

眼下又有了一个新的主题,就是那丛羽扇豆花。

但是,奎亚法此时所在的地方,却是一个无论过去还是现在从没有谈论过花的地方。像《约书亚记》(15:35)中提到的离此不远的梭哥(Socoh)和亚西加(Azekah)一样,脚下这座小山,可以俯瞰山城希布伦和耶路撒冷与非利士沿海平原之间的古老通道。山的西面,就是当年非利士人的大本营迦特[Gath,位于现在的泰尔萨费(Tel Safi)]。根据《撒母耳书》记载,奎亚法脚下的以拉(Elah)山谷就是牧羊童大卫杀死非利士巨人武士歌利亚(Goliath)的地方。所以,追踪《圣经》线索的维多利亚人,往往只是通过山谷,而没有注意到山脊上有一段矮墙,下面是一大片开阔而明亮的牧场,那是(现在仍然是)贝都因人圈羊过夜的营地。在阿拉伯语中,"基尔伯特"意为"遗迹"。那些维多利亚时代的勘测队员毕竟见过太多的遗迹,难怪康德尔淡淡地写道,这个地方"只不过是一堆石头"。

所以,过了很长一段时间,人们才意识到基尔伯特·奎亚法并不只是为了到这里坐一坐。这里显然是一个700米围墙在山顶上圈成的5英亩大小的定居点,肯定是一个非常重要的地方。但是,墙体所用的石块尺寸相对较小,由此可以看出,这应该是公元前4世纪末至前2世纪希腊化时期的建筑风格。直到加芬克尔的一个学生撒尔·加诺尔(Saar Ganor)于2003年对该遗址进行勘测之后,人们才注意到墙体上部与下部的石块在尺寸上有明显差别。掩藏在高高的茅草后面的墙基部分所用的石块要大得多,所以显然很早就有人在这里居住过。将茅草清除掉之后,可以发现墙基石块的尺寸十分惊人,有些长达3米,最大的竟有5吨重。搬运如此巨大的石块无疑需要大量的人力,并非这个孤立的农村所能办到的。还好,在这个考古学家所谓的"蛮石"(cyclopean,意即"巨石")层之下就是坚固的基岩。所以,与其他地方的建筑大多经历过居住和被破坏阶段不同,这个地方在建成后曾有人住过,但不知什么原因突然被废弃了,在希腊文化最兴盛的时期又有人搬了进来。在断代问题上,显然没有人为造假的迹象。

开始于2007年的发掘结果表明,这里曾是一个人口密集的要塞式定居点,可能有五六百人,分为下城和山顶卫城两部分。周边的防护墙上开有观察窗口,内墙和外墙之间是宽大的天井,用作仓库、屯兵甚至简单的住宿。由于在公元前10世纪以后就已基本不采用在墙上开观察窗口的形式,因此,该定居点应该建成于更早年代,最有可能建成于联合王国而不是南北王国时期。紧靠着墙根是一家家住户,大部分住户都有四个房间。在西面墙的正中是一个宽大的门廊(这是不会弄错的),这个建筑中最大的石块当然用在门面上。后续的发掘结果证明了加芬克尔的猜测(并非不存在争议),在对面的墙上开有第二个门廊,这也终于使他相信"基尔伯特·奎亚法要塞"(现在以色列人已改称为"以拉要塞")事实上是《撒母耳记》中提到的独特的(两门)沙拉音(Sha'arayim)①建筑格式。

约西·加芬克尔并不是一个《圣经》研究的浪漫主义者。在坚持《圣经》的核心历史真实性的老派,与相信《圣经》尤其是由大卫统治的以耶路撒冷为中心的王国的描写完全是文学虚构的新派之间发生的《圣经》大战中,约西并不认为自己是一个新兵。"我并不是什么信徒!"在一年后再次见面时,他对我抗议道。《圣经》是真是假和我没有关系。我只关注我面前的东西。"然而,无论他喜欢与否,加芬克尔已经迈进了交叉火力区。因为在以拉要塞发掘之前,他的专长是旧石器和新石器时代史。当面对当年发生在以拉山谷之上的激烈战斗时,他为此而叹息,我甚至怀疑,他有时希望能回到那个更遥远、更安静的年代。但是,他毅然投入了以拉山谷的"战斗"中,因为揭示出当年真相具有爆炸性的意义。

对于以拉要塞存在的年代几乎没有什么争议(尽管一度有过争议)。在发掘现场发现的燃烧后的橄榄树叶堆,被遥远的牛津经过碳定年代法测定,为公元前12世纪末前11世纪初的遗留物,从而毫无争议地证明了这是一个铁器时代的要塞。但是,这又是谁家的要塞呢?这个要塞的战略意义是显而易见

---

① 这个希伯来词义为"两门",参见《撒母耳记上》17:52。这一时期的其他定居点大多为单门,故称"独特"。

的，但这个要塞恰好位于非利士人统治的平原与犹地亚山区定居点之间时常变动的边境地带，一边是迦特，另一边是耶撒路冷。

加芬克尔并没有过多考虑，便直接认定以拉要塞不是非利士人而是以色列人的杰作。他坚持认为，住户后面带有观察窗口的墙体厚度是其前面墙体的两倍，这在迦南地区闻所未闻，并且预言犹地亚地区其他已确定的阿拉德、基色和别示巴（Beersheba）要塞也具有类似的结构。同样不可否认的是，在后迦南时期的文化中，新的定居点和要塞通常直接建在古代居住地废墟之上。然而，铁器时代的以拉要塞却完全是在位于战略要冲的山顶上新建的，这就充分说明，这里是一个新兴的、快速发展的、由宗教崇拜驱动的尚武城邦的前哨。

那么，剩下的问题就是在以拉要塞没有发现的东西，即猪骨头。在发掘现场找到了成千上万件各种已知家畜——山羊、绵羊、驴和牛——的遗骨，但却没有找到任何猪骨头，而这种动物正是《利未记》和《申命记》中禁食的动物。怀疑派立刻指出，禁食这种动物的肉是整个地区当时奉行的习俗，所以没有找到它的遗骨本身并不能作为这里是犹太定居点的证据。对这种动物的肉的厌恶可能是因为它感染蛔虫幼虫后会引起旋毛虫病，但是，一般认为这一习俗是在以拉要塞的橄榄树叶化石确定的年代两个世纪之后才开始形成的。坚持吃这种动物的肉这种孤立的局部文化却正是非利士人在山地建立要塞后形成的习俗。

后来，在一次例行的夏季发掘中，一个学生志愿者在一条水道中发现了一块泥罐碎片，上面刻有墨水描过的字符。像前面提到的特拉扎依（见前）的字母表和西罗亚池的水道一样，这很有可能是又一个重大发现。虽然只有4行文字，但其中的许多词和字符在纹路上难以辨认，这可能是因为墨水褪色，或因为当时还不能确定上面文字的语言。这些字符或许是原始的腓尼基文，"古"希伯来文就是由这种字母文字发展形成的；或许只是希伯来文的早期形式，在年代上也正是犹地亚王国（"考古极简派"认为历史上从未出现过）统治下的示菲拉开展识字运动的时期。[18]考虑到在年代上稍早一些的特拉扎依字母表，这些证据足以证明，识字运动中，在耶路撒冷西部腹地兴起的文士写作风气，几乎肯定要早于现在公认的年代。

当然，这些远不足以证明，以拉要塞并不是大卫城邦的前哨，而是一个已经知晓《圣经》的地方，并且这《圣经》肯定写于公元前8世纪之前。[18]对于泥罐碎片上的文字，海法大学历史学家吉尔森·加利尔（Gershon Galil）提出了一种读法："判定寡妇和孤儿……把穷人交给国王；保护穷人和强者。"听起来就像是在重复《出埃及记》《以赛亚书》和《诗篇》中那些行文怪诞的道德说教。对于"asah"（意为"完成了"）这类独特的希伯来词，在加利尔看来也不是什么难事儿。那些激烈地指责加利尔的读法是出于过分想象的人，并没有亲眼看到这些文字，而那些看到过这些文字的人，则说它们在其他非希伯来文本中也曾出现过。碑铭学家哈该·米斯加夫（Haggai Misgav）受加利尔之托，对这些铭文进行研究，尽管他弄清了其中的一个词确实就是希伯来文的"判定"，但对其他词的辨认却毫无进展。然而，这段文字的其他判读方式，也许可以读出复仇，甚至人名方面的神秘线索。

显而易见，以拉要塞的这段铭文并非不相干词语的随意组合，而是一段语意连续的文字，很可能是某个人与另一个人的交谈。这难道还不够吗？这在某种程度上已经足以说明，沙拉音就像后来的阿拉德一样是一个战略性前哨，是一个可以通信的地方，是一个拥挤而杂乱的居住区——士兵、他们的妻子和孩子、文士、农夫和商人——这在铁器时代算得上是一个标准的小城市。这些遗留下来的文字及其记录的日常生活激发出我无尽的想象力：一个房间，中间直立着石柱（加芬克尔认为是小马厩里拴马的柱子），很可能是用来风干动物的。从这个地方往下一点，我们蹲下来可以看到铁器时代的厨具：一块磨石。在一个发掘点发现了一个非常美丽的烤盘，旁边是各种崭新的红色家用罐器——大水罐和双耳细颈陶罐。我突然感到就像站在自家的厨房里，正在准备晚餐——把油递给我！

约西站起身来，两手叉着腰，把整个发掘现场又巡视了一遍，期待着来年夏天下一个发掘季的到来。他琢磨着，如何把"这堆石头"开辟为供全以色列在校学生参观的考古教育公园。他不是一个狂热分子，也不是像帕尔默那样的考古学家。他来圣地时，一只手拿着铲子另一只手托着《圣经》。他说，他所追求的是真相。一副非笑非愁、又笑又愁的复杂表情挂在他那和善而严肃的脸上。"你看，只有真正的建筑师才能造出这样一个地方，这些台阶、街巷，还有带火炮射击孔的高墙，绝不是一群牧羊人能够做到的。你要有一定的国力，才能使劳工们把如此巨大的石块运到这里。你还要有税单这种书写文化。这绝不是非利士人的做法。"

他看着山下边境地区的那片古战场，开始陷入了沉思。他将在其他考古现场继续"战斗"，在学术期刊的字里行间，在学术会议的讲坛上，在博物馆文物保护的实验室里。在这场战斗中，难免有争吵、交流和抨击，甚至有污辱和谩骂。当时，加芬克尔已经被指责为：仅靠将以拉要塞描述为属于"大卫时代"而复活的"考古求繁派"的帮凶。仿佛只要反驳了他，就能使一个想象中的人物变成真实的。

但是，通过每年发掘季的不断发掘，有关"以拉要塞是第一圣殿时期以色列军事前哨"的证据越来越具有说服力。这里陆续发现了成千上万件武器，包括刀剑、长矛和箭镞。然而，要塞中却没有发现任何农耕用具，对此，加芬克尔坚定地认为，这个要塞是靠对山下农民和牧民征收赋税和贡金维持生存的——以拉要塞拥有领主地位的又一旁证。他驳斥说，确定"第一圣殿"的年代，并不意味着就要相信《圣经》中虚构的大卫和所罗门"王室"。"你看，我并不是说，建造这个要塞的以色列城邦是一个帝国甚或是一个强大的王国。相反，建造这个要塞的耶路撒冷只是一个小城邦——就像摩押和其他邻邦一样——但却是一个真正的城邦。他们拥有自己的文字，能够动员劳工，征收赋税，建造城墙和城门，从而进行有组织的防御。"

当然，以上种种并不能证明，以拉要塞就是属于以色列人的。但最近的发掘结果表明，以拉要塞的归属是不可否认的：两个可以携带的微型圣龛，一个是陶制的，另一个是石灰石雕成的。这两个圣龛是在要塞中的一个祈祷室（共有三个）里发现的，并且在这些祈祷室里，还发现了直立的石柱（massebot）。这些房间一般比通常的起居室稍大，似乎是专用的祈祷场所，并且其中一个房间（即发现圣龛的房间）里有一段阶梯，旁边是一个小喷泉，显然是举行洁净仪式的场所，此外沿着墙边有一条排水道通向墙外。

这些"可食"①的布置，是不是听起来有点熟悉？这两个小小的，可以随身携带的圣龛（陶制的只有20厘米高，石质的也不过35厘米），如果与其他证据放在一起，似乎不可避免地指向一个答案。当然，那些吹毛求疵的怀疑论者肯定会针对这种《圣经》式的联想提出质疑。

首先，祈祷室本身是家庭住房的组成部分，我们甚至可以认为这样的房间是左邻右舍共用的。但是，为了与以色列宗教强调神圣的普世性——圣化当地人——相一致，他们便将这两个微型圣龛作为会幕甚至圣殿的有形象征进，并作为崇拜的核心安放在房间里。在当时，私人和家庭崇拜物在整个闪米特近东地区随处可见。但从异邦盛行多神崇拜的情形来看，这类崇拜物大多是神祇本身或天神的形象，或者是其动物化身。所以，虽然迦南有数不清的微型神龛，但这些神龛中安放的全都是崇拜的神像。然而在以拉要塞，他们的圣龛中除了一小块没有特征的石头，并没有任何其他东西。同样可能的是，这样的圣龛是为了体现神圣的虚无，而这正是后来犹太教的标志，这是一片充满了启示文字书卷的虚无。陶制微型圣龛那种典型的柱廊结构之精细令人赞叹：两边各有一根柱子，柱基下是护卫的雄狮，顶端雕的是鸽子。最奇异的是，圣龛前面有可以卷起的窗帘，它们由陶匠手工装饰，提示后面放的是最珍贵之物。这块布帘在形式上严格模仿《列王纪》中所说的"幔子"（parochet）②，它将圣所的入口遮掩起来，这也是两代耶路撒冷圣殿中约柜所

---

① "可食"（kosher）是指符合犹太教规定的洁净食品。此处意指具有独特的犹太特点。
② 关于这块"幔子"，《出埃及记》第40章中有更详细的描述。

采用的著名形制。一旦这块"幔子"被扯掉，就相当于入侵者亵渎圣殿系列恶行的最后一招。所以人们传说，当提多（Titus）试图用他的长矛挑开这个"幔子"时，有血从布幔中冒了出来。

在那个稍大一些的石质微型圣龛上，当年涂上的红色仍然依稀可辨，这一点同样也很有说服力。因为尽管这个圣龛没有"幔子"和护卫的雄狮，却有多重凹进的门道，就相当于圣殿的入口。并且，更令人惊异的是，"三角形浮雕式"的顶部是由七横三竖的檩条构成。它们看起来端头相接，这是该地区其他圣殿建筑的典型结构。不仅如此，祈祷室里还有一个镂空并雕成喇叭形的黑色玄武岩微型祭坛，这种形制成为后来通行的标准形式。毫无疑问，正是这种可以携带的家庭式、地方性的宗教氛围——没有通常见到的异邦神祇的身影和面孔，而是一种物质上虚无而精神上充实的宗教——似乎可以使我们深深地嗅到未来犹太教的气味。于是突然之间，在以拉要塞，否定其作为以色列前哨的可能性似乎成了荒谬的笑谈。

约西·加芬克尔并不是说仅凭这两个圣龛就能证明当所罗门的圣殿还矗立在耶路撒冷时以拉要塞就已经建成并有人居住，他只是说，似乎不可能将这两个圣龛看成一种与希伯来《圣经》中描述的完全不同的宗教文化表现形式。他曾说，拒绝这种可能性是有悖常理的。有一位抨击加芬克尔的批评家曾近乎绝望地抱怨说，他需要一种"不拘泥于书本的考古学"，他的意思是抛开《圣经》，奉行一种将所有经文从大脑中彻底清除的考古学，而对那些维多利亚时代的人以及威廉·阿尔布莱特（William Foxwell Albright）、伊格尔·亚丁（Yigal Yadin）和便雅悯·马撒尔（Benjamin Mazar）（其后人一直在这个问题上争论不休）的研究成果视而不见，仅仅去观察和研究眼前的东西，就好像《圣经》的书卷根本没有存在过一样。所以，对我来说，认为对这个国家进行的考古工作与《圣经》完全无关，就如同"圣地地理学家"在勘测和发掘时，怀里只揣着《圣经》而没有其他知识一样，完全是自欺欺人。

在这篇故事中，你无法摆脱各种各样的"字符"，即写成或刻成的文字。

一天下午，我发现在欣嫩谷的墓穴里出土的那两卷小银片在一片柔和的灯光下静静躺在以色列博物馆的一个玻璃柜中，那些雕刻的字符及其强有力的直线笔画，恐怕今天的犹太人根本认不出那是希伯来文。微型书写（后来在另一个时代成为犹太人的一种专长）并非直接起源于《圣经》，但却肯定融入了《圣经》那种虔诚的诗意。"愿赐福予那些爱他并遵守他的诫命的人……他是我们的重建者也是基石。"有人这样说，而另一句话，写在编号为$KH_2$的文物之上，唤起了我心灵深处的某种东西："愿赐福予……拒斥邪恶的人……愿他脸上发出的辉光照亮你的脸并保佑你平安。"这是某种记忆引力的作用使然，是古老的"过去"与短暂的"现在"之间的剧烈碰撞，这也正是每一个涉足犹太人的故事的人所要面临的职业风险。

此时，我再一次回忆起我9岁那年的时光。我站在会堂里，祈祷仪式刚刚开始，《托拉》书卷高高地升了起来，然后，在诵读之前，它转过每一位会众的面前。在犹太教出现之前，只有众神的像才能列队接受崇拜，然而在这里，我们崇拜的却是一部书卷，我们头上的祈祷披巾（tallitim）[①]要触碰到从面前转过的羊皮卷。《托拉》书卷及其字符的神圣性是如此纯净，以至于身体任何部位的直接接触都是不允许的。那些写作书卷的文士在每次动笔之前必须洗手；而凡是诵读书卷的人只能用一个银质的指经标（yad）[②]触碰羊皮卷。我们不能直接触碰手写的《托拉》书卷，而只能用我们时常拿到嘴唇上亲吻的祈祷披巾的边穗轻轻拂过书卷。

---

[①] 犹太教礼仪用品。祈祷披巾呈长方形，长为150厘米，宽为115厘米，两边缀有流苏，四角各有一个小孔，用带结的绳绕穿孔而过。披巾通常用白色亚麻布织成，两端横贯若干条蓝色或黑色条纹。披巾的设计具有象征意义：流苏、绳穗和绳结代表犹太教的613条诫命（其中流苏代表600，4条绳穗代表8，结5），蓝色或黑色的条纹则象征犹太人对圣殿被毁表示哀悼。现代以色列国国旗即由此演变而来。犹太教规定犹太男性必须披戴祈祷披巾，一般在祈祷时将披巾披在肩头即可，而正统派犹太人则将其顶在头上，整个覆盖头部、颈部和双肩。祈祷披巾是犹太人重要的礼仪用品，不仅是父亲在儿子举行成年礼时所送的礼物，新娘在婚礼上送给新郎的结婚礼物，而且是犹太人死后入殓的随葬品。

[②] 犹太教礼仪用品，主要用于诵读羊皮书卷指点字句。为了保持《托拉》羊皮书卷的圣洁，拉比们禁止人们在诵读时用手直接触碰书卷，故以指经标代替人的手指指点所读的字句。指经标第一次作为一种特殊的礼仪用品被提及是在1570年。指经标通常为银质或木质，通体为手臂状，顶端如食指指物，长柄上常常刻有切合《托拉》诵读场面的诗句。

《托拉》书卷的上述仪式需要进行两次，分别在诵读之前和之后。但是，如今具有祭司身份的长者们（Cohanim）是先站在那里，然后沿着铺有地毯的台阶走到高于会众的约柜前，他们的祈祷披巾要拉过头顶，然后聚在一起形成一顶华盖。当他们发出祝福时，我们这些普通的犹太会众（hoi polloi）是不允许看他们的，当然我有时会忍不住偷偷瞄上一眼。当华盖下面的人开始吟诵时，那片饰有黑色条纹的褪色的奶油色华盖会上下浮动，有些人还会弯下腰以示虔诚。"愿主保佑你并保有你，"他们开始吟诵，就好像在背诵约西亚时代重新发现的那卷羊皮纸上的文字，"愿他脸上发出的辉光照亮你的脸并保佑你平安。阿门。"这声"阿门"在会堂中回响着，在那场灭绝性的战争[①]结束还不到10年后的当时，我总算有点儿安全感了。

---

① 指第二次世界大战。

象岛上的街道和房屋，建于公元前5世纪，用泥土、黏土掺杂少量花岗岩建成。这里是犹地亚军人及其家庭拥挤而喧闹的世界。

俯瞰着以拉山谷的基尔贝特·奎亚法（以拉）要塞。

刻有古体希伯来字符的银质祝福护身符，出土于欣嫩谷山肩，制作于公元前7世纪晚期。

以拉要塞出土的典型犹太墓穴神龛，制作于公元前11或前10世纪。顶部有残破的鸽子造像，而纤维样的印痕表明前面曾挂有"幔子"。

国王希西家统治时期的西罗亚水道铭文，雕刻于公元前8世纪。其内容是水道建造者讲述的他们完成这项工程的故事，这是普通的犹太工匠第一次自发举行庆祝工程竣工仪式。

亚设拉柱顶胸像，巴勒斯坦和犹地亚各地均有出土，制作于公元前9世纪至前7世纪。亚设拉手捧乳房的姿势象征着丰饶与生殖能力。

1868年巴勒斯坦探险基金会招募的西奈探险队全体成员合影,由詹姆斯·麦克唐纳上尉拍摄。照片后排最右边是查尔斯·威尔逊,坐在他身边的是爱德华·帕尔默。

从西奈山脉的拉斯·苏福萨费山口俯瞰厄尔拉哈平原,由詹姆斯·麦克唐纳上尉拍摄。据推测,这片旷野就是当年摩西接受《律法书》的地点。

具有建筑装饰风格的石灰石遗骨匣，用希腊化房屋的风格装饰，制作于公元前2或前1世纪。

用连续玫瑰图案装饰的大祭司该亚法的遗骨匣，制作于公元前1世纪与1世纪之间。

位于约旦的多比雅宫殿式要塞伊拉克阿米尔（王子洞穴），建于公元前2或前1世纪。大量的石灰石廊柱和黑豹造像以及喷泉和宽阔的廊道表明，这位权贵的豪奢气派与大祭司的身份存在联系。

陶制多枝烛台，制作于公元前2或前1世纪。

哈斯蒙尼犹太独立王国时期铸有石榴状和羊角号图案的"普拉塔"硬币。

伊拉克阿米尔（王子洞穴）殿脊上的狮子和吃奶的幼狮造像。

位于耶路撒冷城边汲沦河谷中的希腊化"撒迦利亚陵墓"。其豪华的气派和典雅的建筑风格表明，哈斯蒙尼王朝统治时期的犹太人曾追随异邦主流文化的潮流。

罗马提多拱门挑檐下的饰带（局部），建于公元1世纪。其中的造像表明，罗马人从耶路撒冷圣殿掠夺了大量的物器。

耶路撒冷第二圣殿西墙上塌落的巨大石块，系由罗马士兵在破城后推下。

# 第4篇 古典犹太人？

## Classical Jews？

## I 没有摩西就没有柏拉图？

裸体还是字符？上帝是一位美男还是一篇篇书写的文字？神性是无形的还是一个看得见的完美肉身？这都是需要回答的问题。对马修·阿诺德（Matthew Arnold）而言，古希腊人和古希伯来人就好像油和水。¹他们以各自的方式"令人敬畏的"，但是两者却不能混合。希腊人追求的是自我实现，而犹太人则为自我征服而奋斗。"要服从"在犹太教中是国王的命令，而"对你的本性要真实"对希腊人是最重要的。但是，阿诺德假装中立的做法却不能令人信服。如果你是一个追求甜蜜和光明的人，又怎会愿意安分地等待新一轮"火与硫黄"的煎熬呢？

如果你是在古典传统熏陶下长大的，你就会认为欧洲是在打败波斯人的入侵后才有了自己的历史，希罗多德就是这样描述的。如果你是作为一个犹太人长大的，你会或多或少地希望波斯人一方获胜，因为他们毕竟曾是重建耶路撒冷的倡导者和支持者。以斯帖（Esther）曾经做过他们的王后，你知道他们有多坏吗？哈曼（Haman）这个"恶人"想彻底消灭犹太人，简直是一个朝秦暮楚的魔鬼，但他最终在波斯王那里得到了报应。①另一方面，希腊塞琉古（Seleucid）王朝的"神选者"安条克四世（Antiochus Ⅳ Epiphanes）曾把那些行割礼的婴儿连同他们的母亲从耶路撒冷城墙上扔下来，根据《马加比一书》②的记载，这已成为他所奉行的一种文化。当时，犹太人的主要敌人是希腊化运动以及任其泛滥的疯狂的统治者。《马加比二书》记录的希腊人的各种暴行则更加骇人听闻，那些秘密守安息日的犹太人甚至被活活烧死在他们的洞穴里。犹太历史学家弗拉维斯·约瑟福斯③对其恶行的描述尤其令人恐怖，他写道，那些坚守节期仪式的人"遭到杖击和鞭打，他们的身体被打得血肉模糊，然后被活活地钉在十字架上"。[2]

希腊人所憎恨的（按照这种观点），是犹太人顽固奉行的那种与众不同的生活方式，主要标志就是：他们对男丁行割礼，他们每个星期都要休息（守安息日），他们对饮食作了严格的限制，他们宣称他们那个无形的、动不动就发怒的神是独一的，并且他们还越来越强烈地拒绝像其他所有的人一样。希腊哲学预先假定存在着可被发现的普适真理，犹太人则认为这种封闭文化中的智慧是私人宝藏。根据宇宙和谐原则建立的希腊神庙，是为了把人吸引过来，而耶路撒冷圣殿则是限制"外邦人"进入的。希腊的雕像和纪念碑，旨在当建造它们的城邦消失后仍能留存于此；而以色列人的《托拉》则意味着要比他们的建筑物流传更久远。对于希腊人来说，对自然尤其是野性自然的

---

① 哈曼在波斯国王哈随鲁宫廷中任主管（相当于宰相），行事专横跋扈，朝臣都要向他跪拜，但唯独犹太人末底改不肯跪拜。于是哈曼迁怒于犹太人，试图将犹太人一举灭绝。他怂恿国王同意，策划了一个屠杀全国犹太人的阴谋，并以抽签的方式选定行动日期，但这一阴谋被王后同样是犹太人的以斯帖发现并挫败。哈曼本人被绞死在他为末底改准备的绞架上，其10个儿子也同时被处死。后来形成的"普珥节"（亚达月十四、十五）（意为"抽签"）就是为纪念犹太人逃过灭族之灾而设立的庆祝节日。哈曼是犹太人恨之入骨的恶人，"吊得像哈曼一样高"已成为一句流行的犹太谚语，意为"搬起石头砸自己的脚"。

② 《马加比书》共八卷，主要记载马加比家族领导犹太起义以及希腊化时期的其他事件。似用不同语言写成，且文风不一，作者不详。由于其权威性受到质疑，一般将其列入《次经》或《伪经》。

③ 弗拉维斯·约瑟福斯（Flavius Josephus，37—100）是犹太历史上第一位重要的历史学家，但在犹太人的心目中，他是犹太教的叛徒（投靠罗马并成为罗马公民）。他著述甚丰（主要在罗马写作），代表作有《犹太古事记》《犹太战争》《驳阿皮翁》《个人简历》等。关于约瑟福斯的主要经历、著述及其评价，可参见本篇下文的内容。

崇拜可以达到忘形的程度；然而对于犹太人来说，即使是一片神圣的小树林，也有可能使你迷失在异邦的邪恶之中。感官上忘形的狂喜是希腊酒神崇拜的核心。而在犹太传统中，只有在坏事发生时才会喝烈酒：挪亚赤身裸体地躺在他的儿子汗（Ham）的面前①，那些不守规矩的以色列人围着"金牛犊"②又蹦又跳。醉倒在植物丛中是最糟糕的事，所以正如《马加比二书》的作者所描述的，当安条克强迫犹太人用"常春藤扎成的花圈"庆祝酒神节时，希腊人对野性自然的崇拜就取代了犹太人作为其主人的义务。

所以，希腊化的犹太人就是一个矛盾体。当时几乎无一例外，来自利比亚昔兰尼加（Cyrenaica）途经大都市亚历山大，进入犹地亚、加利利，甚至远至地中海东部海岛的大量犹太人尤其如此。在公元前4世纪亚历山大大帝开始远征与罗马人实施统治之间的两百多年里，希腊与犹太文化互相排斥的现象即使算不上奇怪，但至少也令人困惑。对两个人口规模如此之大的民族，希腊文化和犹太教之间并非完全不相容。两者的生活方式看起来有些相像：非强迫地趋同和自发地（即使算不上毫无障碍）共存。1947年发现《死海古卷》，1979年在欣嫩谷出土银质护身符，在那之前，最古老的连续希伯来文本（于1898年发现），是出土于尼罗河中游希腊化的法雍（Fayyum）地区的莎草纸残片，现在已经被确定为公元前2世纪中叶的产物。上面写的文字是"十诫"（与犹太人和基督徒现在使用的文本在顺序上略有不同），以及犹太人每天都要用到的规定性祷文"示玛"③。根据《塔木德》记载，在背诵《示玛》之前，按照惯例要先诵读"十诫"，所以，这些莎草纸实际上奇迹地保留了一位虔诚的埃及犹太人的日常生活，他生活于高度希腊化的世界，却一直维持着与其宗教身份相符的规定习俗。

---

① 指挪亚醉酒。挪亚在痛饮了自己种植的葡萄酿制的酒后失态，所谓"酒后无德"。
② 指饮酒后举行的宗教仪式，属于典型的异邦崇拜，所谓"酒后乱性"。
③ 希伯来文的意思是"你要听"，是《申命记》6:4第一个词语的读音。这一节经文是："以色列啊！你要听，耶和华我们的神是独一的主。"这是一节极为重要的经文，后来又扩展为包括《申命记》6:5—9。随着拉比犹太教的发展，后来又附加了第二"示玛"（《申命记》11:13—21）和第三"示玛"（《民数记》15:37—41）。

在法雍地区的一些城镇中，犹太人的生活无疑是一种既追随希腊化的埃及文化又奉行《托拉》规定的律法（通常用希腊文，即《七十子译本》诵读）的双重生活，一种是属于犹太人自己的，而另一种则是为了与当地的邻居一致。在开罗南面的赫拉克利奥波利斯（Harakleopolis）——像其他地方一样，这里的犹太人形成了一个自治社区——出土的大批莎草纸文献表明，尽管他们有权在结婚、离婚或合同借贷方面适用《托拉》律法，但他们只有在对自己有利的情况下才能这么做。大多数情况下，他们还是按照当地的希腊—罗马—埃及律法处理自己的日常事务。根据当地的律法，妇女可以拥有财产，并且可以在婚姻解体时要求收回嫁妆（像象岛犹太人所做的那样）。在整个尼罗河流域，借贷人可以收取高达20%的利息。

但是对于埃及犹太人来说，只要引用《托拉》律法对他们的诉讼有所帮助，他们就可以这样做。例如，有一位犹太人叫费罗克西尼（Phloxenes），他的儿子佩顿（Paton）向当地的治安官投诉，他认为对从王室租来的土地收取双倍的租金是一种敲诈行为。当他在当地宗教权威面前辩论时，他就能准确地引用《托拉》中某一段规定，说明抵押物（如他身上的衣服）必须归还。[3]

这就是犹太人，他们说的是"通用"（koine）希腊语，他们起的名字是迪米特里厄斯（Demetrius）、阿尔西诺伊（Arsinoe）（像托勒密女王的名字）、赫拉克利德（Herakleides）和亚力士多布鲁（Aristobulus）①。雅可夫斯（Yakovs）变成了雅考比斯（Yakoubis），耶霍书亚（Jehoshua）变成了伊阿宋（Jason），还有许多犹太人起名叫阿波罗尼乌斯（Appollonius）。有的犹太人起的希腊名字，甚至借用了独一全能的上帝的名讳，如多罗修斯（Dorotheus）。当时，就连统治历史上领土最大的犹太城邦的哈斯蒙尼国王本人，也叫亚历山大。他们的穿着与希腊帝国的其他公民并无差别，而据说，他们占其居住的城市（如安条克、亚历山大）人口的三分之一（亚历山大城）。

正是这种希腊—犹太文化环境，孕育了"犹太会堂"这一集体祈祷形式，

---

① 这些名字均源于希腊语，如迪米特里厄斯意为"属于丰饶女神得墨忒耳（Demeter）的"。

但尽管如此，会堂几乎一直被称作"祈祷"（proseuche）①。这个词一开始指的是集会或集合（以便诵读《托拉》，而不是用于祈祷），后来逐渐演变为指建筑物，这些建筑物本身就是为了那些远离耶路撒冷的犹太人而建造的。在昔兰尼加，在克罗克达波利斯（Krokodopolis），在埃及的施迪亚（Schedia）和亚历山大，在斯巴达（Sparta），在伟大的吕底亚（Lydian）商城撒迪斯（Sardis），以及在塞浦路斯、科斯（Kos）和罗得这些海岛上，都建有犹太会堂。提洛（Delos）岛犹太会堂是最古老的会堂之一，它的外形很像一幢别墅，以至于很久以来，人们一直认为它就是一幢别墅——实际上也很可能是由私人房产改建而成的。

这些犹太会堂的形制，几乎总会让我们立即想到古希腊神庙的建筑风格：人字形的门廊、雕刻的柱楣、高大的廊道和精心装饰的镶嵌图案地面。在包括《塔木德》在内的犹太文献中，这样的建筑被称为"廊柱式大会堂"（basilicas），而其某些内墙上雕刻的铭文表明，这样的地方属于"theos hypsistos"——希伯来文"El Elyon"的直译——意为"最高的上帝"。4 会堂里有所谓会堂贵族（即会堂主管，他们往往衣着豪华）、执事（即诵经人，而非领唱者）和守护人（警惕行邪恶的人进入有时是一项艰巨的任务）。在亚历山大，会堂接纳世界各地的犹太人并为其提供食宿，而许多会堂被赋予了提供庇护这一神圣而宝贵的权利。有些会堂还增设了"对话间"（exedra）作为另一种集会形式。所有的会堂都需要用活水举行洁净仪式，同时也为那些入住的犹太人提供方便。根据埃及犹太人的丧葬习俗，会堂很可能还在他们举行葬礼时提供帮助。从上述各个方面来看——除了男女不分开，对镶嵌图案地面过分偏好之外——这种最早的犹太—希腊式会堂被认为是我们现在使用的会堂的原型。[有位历史学家认为，根据有关亚历山大犹太大会堂中挤满了各路商人的描述，那里更像是一个市场，而不是一处圣所，这只能说明他对

---

① 这是一个希腊词，意为"祈祷"。该词前半部分"pros"意为"属于"或"拉得很近"；后半部分"seuche"意为"愿望"或"起誓"。"大家一起起誓"正是集体祈祷的原义。

现代犹太会堂（shul）一无所知。]

在这样一种文化氛围中，犹太人可以作诗、编剧［如"以西结"（Ezechiel）①的《出埃及记》②，描述犹太人出埃及的情景，其中还写了一个梦，令人惊异的是，梦中上帝在天国的宝座是空的，是给摩西留着的］或研究哲学。犹太人记述真实的历史，也创作虚构的作品，有些学者称之为第一部希腊"小说"。他们在创作这些文学作品的同时，也保留了那些独特的仪式和律法的忠诚，正是它们定义了犹太人；事实上，这些希腊文化形式成了表达犹太性的工具。最后纳入《圣经》正典的部分书卷本身就反映出某种文化混合的特征。《传道书》是一部"智慧书"，其文风就有点波斯—巴比伦俚语文学的味道，但有时听起来，又像是一种伊壁鸠鲁哲学（"不要行义过分，也不要过于自逞智慧，何必自取败亡呢？"③），像《便西拉智训》（Wisdom of ben Sirach）④这样的《次经》篇章也是如此。这两部书都有一定的希腊色彩，甚至其中蕴含的教义也超越了世俗王国的基本事物。

在托勒密王朝统治下的希腊化的埃及和塞琉古帝国统治下的叙利亚东北部，出现这种杂交文化是完全有可能的，因为这两个王国的统治者都延续了波斯对当地宗教的宽容和资助的政策。事实上，继位者（diadochi）之间两败俱伤的冲突——托勒密与塞琉古王朝争夺亚历山大大帝的王位之战——迫使他们竞相赢取横亘在两个王国之间，具有战略意义的犹地亚地区民众的忠诚。安条克四世伊皮法尼斯⑤，很可能实施过《马加比书》和约瑟福斯在两个世纪后写成的《犹太古事记》（Antiquities of the Jews）中记述的所有暴行，但他或者托勒密王朝的某个国王曾下令，用被灌醉的战象在竞技场里将亚历山大的

---

① 名字拼法不同，这在希伯来名字中十分常见。
② 可能是一位生活在公元前2世纪亚历山大的犹太人所写。该剧用希腊文写成，采用的是希腊悲剧的结构形式，仅有269行存世，但剧情连贯，足以恢复完整剧本，从而确立以西结悲剧作家的历史地位。
③ 参见《传道书》7:16。
④ 意为"西拉儿子的智慧书"或"西拉子箴言"，亦译作《德训篇》。该书是希伯来智慧文学的杰作之一，其内容与希伯来《圣经》相似，全书用诗体写成，大约成书于公元前190—前170年。
⑤ 塞琉古王朝国王，公元前175—前164年在位。——编者注

犹太人踩踏至死，却是一次意外而不是惯例。关于统治巴勒斯坦的第一个塞琉古国王安条克三世的行为没有任何记载，这表明当时对犹太人实行的，是一种虽不宽容但也谈不上迫害的政策。就连安条克四世本人，他虽然被打败并死在小亚细亚的某片荒野中，但据《马加比二书》作者所称，他在临终之际还表示过忏悔，并且命令政府恢复对犹太圣殿的保护和资助。犹太人与希腊人之间的激烈战斗一旦结束，恢复过去的互惠共生局面是完全有可能的。希腊统治者可能再次给予犹太律法和宗教传统以自治权，而犹太领袖哈斯蒙尼家族的约拿单在做出一番表示正式屈服的姿态后，便从塞琉古国王的手中接过了大祭司的职位。

尽管犹太人与古典世界（希腊人和罗马人）之间相安无事的局面，由于陷入长期残酷的、灾难性的冲突，并以罗马人毁灭耶路撒冷为标志而告终结，但就犹太人而言，根本就想不到文化之间的相互对立是如此强烈，以至于世界末日只不过是一个时间问题。随后的时局完全走向了反面。从他们被希腊人统治开始，犹太人便更愿意相信，他们之间有许多共同点。在许多犹太作家和哲学家的心目中，犹太教是古老的根，而希腊文化则是一棵小树。宙斯只不过是全能的耶和华的一个异化形式，而摩西则是一个道德立法者，是所有种族制定律法的根源。帕尼亚（Paneas）的犹太人亚力士多布鲁在公元前2世纪中叶曾经写道，他希望读者们能够相信，柏拉图曾经煞费苦心地研究过《托拉》，而毕达哥拉斯定理就来源于古老的犹太知识。基于这种共同的智慧源流，两个世界之间的相互理解似乎是完全有可能的。

然而遗憾的是，这不过是一厢情愿。在亚历山大征服巴勒斯坦之前，希腊人一直认为，犹地亚人不过是象岛犹太雇佣兵的同胞，或沿海要塞中犹地亚军官属下的士兵（就像公元前7世纪约西亚统治时期驻扎在犹地亚最南端的马察达要塞的士兵一样）。在巴比伦以西的大部分古典世界里，犹太人以被雇佣的长矛手形象而广为人知，这是一个事实，尽管对现代人来说有点惊人。但是，在希腊化早期的古老文献中，偶尔也会看到犹太人作为古老东方智慧的发现者和拥有者的身影。在19世纪，学者雅各·伯内斯（Jacob Bernays）——他是汉堡一位以虔诚著称的首席拉比的儿子，西格蒙·弗洛伊德（Sigmund Freud）的妻子玛莎的叔父——首先注意到，亚里士多德的爱徒和接班人、逍遥学派的第一任领袖泰奥弗拉斯图（Theophrastos）就曾经表达过对犹太人的迷恋，并将其描述为"叙利亚人"的一个分支。在《论虔诚》（On Piety）一书中，泰奥弗拉斯图甚至将犹太人形容为"天生的哲学家"（这样的形容肯定会使雅各·伯内斯感到高兴），他们"相互之间不停地谈论神，在夜间神情专注地仰望着星空，在祈祷中呼唤着上帝"[5]。尽管泰奥弗拉斯图认为犹太人沉湎于用活物作祭品，在烤熟的动物尸体上涂蜂蜜和红酒，只是一种捕风捉影的臆断，但犹太人的确没有完全摆脱他们早年作为宇宙学和占卜学看护人的名声。这就使他们俨然成了一种秘传的东方智慧的维护者（甚至某些希腊人坚持认为他们起源于印度）。尽管古典世界中的犹太作者基本上代表了犹太人的宗教，同时也代表了他们的伦理、历史和预言，但如果他们知道这其中的东西对自己是有益的，那么就肯定会引起那些异邦强国的注意。

在这种多少有些自我陶醉的气氛里，约瑟福斯于公元前332年在巴勒斯坦和埃及的作战间隙中记下了亚历山大大帝的传奇故事。由于对耶路撒冷的祭司及民众的虔诚和谦逊大为感动，亚历山大大帝公开承认了上帝的统一性。[6]尽管我们没有绝对的证据证明，在亚历山大长期围困推罗（Tyre）的那一年并没有到过耶路撒冷，但实际上这确实是不大可能的。但约瑟福斯的描述肯定是根据某个长期流传的故事写成的，并且，正如通常的情况那样，当他对记录的内容生发联想时，其叙事必然非常生动。

且看约瑟福斯对耶路撒冷犹太人的描述：他们对波斯帝国最终会垮台的结局充满信心，但又为可能遭到马其顿人的报复而担忧。但是，他们的大祭司押杜亚（Jaddua）①做了一个梦，他在梦中被告知"要鼓起勇气，装饰市容并打开城门"。民众将身着谦逊的白袍，在希腊征服者面前集合，而他和他的

---

① 他是约拿单的儿子，至于他是不是当时唯一的大祭司，尚无定论。

圣殿祭司们将身穿与其神圣地位相符的华丽服装。这是一种纯洁与高贵的象征：当亚历山大胜利前进的大军在一个被称为撒法（Sapha）（意为"眺望"）的地方停下来时，希腊人怎么就不能被打败呢？所以，从山顶上的塔楼、城墙和圣殿这个角度看，以胜利者自居的将军面对的是一片身穿白袍的人群，而他们的前面就是"身着紫红色法衣，头戴饰有一面金牌的法冠，而金牌上刻着上帝四字母名字①的大祭司"。欢迎的对象似乎发生了转换。此时，亚历山大不可能顺口说他崇拜这个上帝，因为正如他对一个惊诧万分的侍从所解释的那样，他当时也产生了一种幻觉，好像眼前这位仪态庄严的大祭司正在对他征服波斯的胜利发出神圣的祝福。于是，亚历山大"把他的右手伸向大祭司"，然后"在大祭司的指导下"在圣殿中向耶和华献祭。翌日，在他亲眼看到《但以理书》中有关他获胜的预言（这似乎有点滑稽，因为这段预言是公元前332年才写成的）。之后，就像所有大度的希腊统治者那样，亚历山大满怀信心地保证他们可以继续奉行"他们先祖的律法"。亚历山大免除了犹太人安息年的贡金，并承诺（鉴于犹太人作为士兵经验非常丰富）凡是加入他的军队的人，均可按照自己的传统不受打扰地生活。[7]

但是，对于高贵的犹太智慧而言，这番恭维与另一个故事相比根本就不算什么。根据这个故事的描述，有一位希腊统治者对犹太教是如此膜拜，以至于对其守护人广施各种令人难以想象的恩惠。《亚里斯狄亚书信》（*The Letter of Aristeas*）是一部关于《圣经》的故事，写于公元前2世纪，据称是托勒密二世费拉底尤斯（Philadelphus）的卫士长和高级顾问所写，记述的是希伯来《圣经》在亚历山大被翻译为希腊文的过程。约瑟福斯在其《犹太古事记》中对这个传奇故事有一番简略的描述，其原始手稿至少有20本流传至基督教时代早期。当时，这个被称为《七十子译本》的希伯来《圣经》希腊文译本实际上被视为后来所谓《旧约》的最终文本。

那些在数个世纪后编纂《密释纳》和《塔木德》的拉比却对《亚里斯狄

---

① 即YHWH（耶和华）。

亚书信》不屑一顾。他们认为，《七十子译本》是基督教的《圣经》，而他们的《圣经》是用希伯来文写成的。在《亚里斯狄亚书信》里，希腊人与犹太人一起思考《圣经》中的智慧，这与拉比们认为《托拉》为犹太人单独拥有完全不一致。现代学者一度认为，《亚里斯狄亚书信》中两种文化和谐共存的田园诗歌很可能是出于保护犹太教免遭埃及人的诽谤（这种诽谤时常使亚历山大的犹太社区陷入真正的危险之中）的需要而写成的。当时的统治者恳求耶路撒冷的祭司和文士来到亚历山大进行这项翻译工作，肯定是听到了那句未必会应验的敏感预言："如果有人利用暴民的激愤对你的臣民行恶，我当对他们进行补救。"写作《亚里斯狄亚书信》的主要原因，恐怕是希腊人与犹太人之间的相互理解与相互关注的状态，似乎已经成为最自然的。因此，整个翻译工程的发起人、亚历山大图书馆长、法勒伦的底米丢（Demetrius of Phaleron）①告诉托勒密："我十分痛苦地发现，授予他们（犹太人）律法的上帝同时也是保护您王国的上帝……他们崇拜的是上帝、主和宇宙的造物主，我们则用不同的名字（如宙斯）来称呼他……他是'一'，所有的事物都靠他才获得了生命。"尽管某些标志物似乎把犹太人分隔开了——如小小的门柱经卷、戴在额头或手臂上的经匣，其中都包含赞颂唯一上帝的日用祷文和抄自《托拉》律法的段落（这是历史文献中第一次提到这两件礼仪用品），但这样的物件其实不过是为了提醒耶和华的崇拜者永远也不要与上帝及其教义的存在有须臾的分离。8

当然，真正的亚里斯狄亚肯定不是《亚里斯狄亚书信》的作者，但这位犹太作者无疑是希腊朝臣和学者的精明模仿者。他能够更有说服力地向那些说希腊语的亚历山大犹太人表明，在《托拉》和希腊哲学之间的确有一种默契。在亚历山大征服大业完成之后托勒密王朝统治犹地亚和埃及一个多世纪，这本书令当时的统治者向他的领地耶路撒冷派出一个考察团，邀请大祭司带

---

① 弗拉狄奥斯图的学生，逍遥派成员，曾作为雅典城唯一统治者长达十年。后于公元前307年被流放至底比斯和亚历山大，有大量著述。至于是否当过亚历山大图书馆长，尚无定论。

领他庞大的翻译阵容来到亚历山大。

这个使团对犹太人各种奇异事物的考察在他们刚刚到达耶路撒冷就开始了。考虑到这是一次水利工程考察，底米丢和亚里斯狄亚对当地"奇妙而难以形容的地下蓄水池"感到十分惊奇，这些蓄水池在把圣殿中牲祭用过的血水排掉的同时，竟然把居民的饮用水毫无污染地储存起来。关于这些纵横交错的水道，可以写出许多经典的历史故事。①

耶路撒冷的奇装异服同样给希腊人留下了深刻的印象。大祭司以利亚撒（Eleazar）身着和君王一样高贵的长袍，当他走动时，外面系着的金铃发出清脆而有节奏的叮当声。他的长袍上绣着石榴图案（据说其中的613颗石榴籽代表《托拉》诫命的数目），胸前的金片上用宝石装饰着"上帝的神谕"。他的法冠上刻有上帝的四字母名字。700名祭司在圣殿中以最安静、最庄严的礼仪履行着他们的职责。同样地，托勒密赠送的装饰之一，华美的三角形祭台作为圣殿中的甜味剂容器是一个精心设计的具有希腊—犹太风格的重要物器：典型的"用雕刻的索带精心编成的波纹状花环"组成了一条"曲流"（Meander）②（这是希腊带给耶路撒冷的文化精髓）——为什么不是其他形状？——上面镶嵌着各色红宝石、绿宝石、玛瑙、水晶和琥珀，而台脚则雕刻成下垂的百合枝叶形状。

他们怎么能拒绝王室的邀请呢？于是，以利亚撒和72位文士（每个支派选出六人③）带着自己傀儡国王的敬意和礼物向亚历山大出发了。他们住进了法罗斯岛（Pharos）上优雅的房间里，走过一条堤坝，不远处就是亚历山大城。在他们在海风习习的房间里开始翻译工作之前，他们享受了一个星期的宴会招待，尽管也有一些"可食"供应，但基本上是希腊风格的酒席。国王礼貌而恭敬地问了一些如何更好地治理城邦（也可以说是如何更好地生存）

---

① 参见上一篇故事。
② 古河名，位于土耳其伊兹密尔以南，古希腊时期就成为一个通用名词，泛指曲折、蜿蜒的事物或状态，如装饰图案、发言甚至观点，似有中文"曲水流觞"之意。
③ 当时的以色列有所谓十二支派，每个支派选出6人，共72人。

之类的问题，犹太人则明确地作出了回答。

国王：什么是幸福的生活？

以利亚撒：知晓上帝。

国王：如何平静地忍受麻烦？

以利亚撒：坚定地守持这样的思想，即所有的人均受上帝的指派，像分享大善一样分享大恶。(听起来显然像《传道书》和《便西拉智训》的口气)

国王：如何摆脱恐惧？

以利亚撒：只要内心意识到不再怀有邪恶。

国王：什么是最恶劣的怠慢方式？

以利亚撒：如果一个人不关心他的孩子，或不把一切献给下一代的教育。

还有大量的问题引自政治指导教师的授课（例如亚里士多德在授课时向亚历山大的提问），毫无疑问，这位冒名的"亚里斯狄亚"对这种希腊斯多葛—伊壁鸠鲁式的老生常谈，可以说是了如指掌：

国王：什么是王位的本质？

以利亚撒：好好地管住自己，不要让财富和名誉引向欲望无边的邪路。

国王：对于一个统治者来说，拥有什么东西最宝贵？

以利亚撒：爱他的臣民。

然后，他们又转入了柏拉图心理咨询的话题：

国王：如何在不扰乱思想的情况下入睡？

以利亚撒：您问了一个难以回答的问题，因为我们在入睡之后，真正的自我将不再发挥作用，而是被理性无法控制的想象力所牢牢控制着。我们灵魂的感觉使我们在睡眠期间认识到自己意识中的事物。但是，如果我们认为自己真的在海中乘风破浪或在空中振翅翱翔，那我们就错了。

这正是这位冒名的亚里斯狄亚的家乡——亚历山大的读者所需要的答案：那些希腊文化水平很低的犹太人不仅充满信心，而且甚至还有可能利用自己珍贵的智慧宝库去教化那些异教徒。我们从《亚里斯狄亚书信》的字里行间可以强烈地感觉到，希腊化的埃及犹太人所希望得到的不仅仅是神秘地崇拜一位绝对的"最高的上帝"，或将《圣经》作为智慧文献展示其中的理性。所以，他们极力坚持，即使那些令人困惑的细节（例如禁食律法）也不只是随意的禁令或仅仅涉及"黄鼠狼和老鼠"之类控制害虫的庸俗形式。他们之所以禁食像鸢、鹰这样的食肉动物和食腐动物，是为了服从人类"厌恶吃已经吃过其他动物的动物"的天性，而食用"干净的"啄食的鸟类，如"鸽子、斑鸠、鹧鸪、鹅以及……（根据《利未记》）蝗虫"[9]则更有益于健康。"关于是否允许食用这些动物和飞禽的每一项规定都相当于给我们上一次道德课。"但后面的内容则有点令人困惑，"对有爪动物和有蹄动物作出区分的规定则是为了告诉我们如何对个体行为进行区分"。出于维护《托拉》的自然伦理智慧的需要，以利亚撒指出，其他民族的男性甚至可以强暴自己的母亲和女儿，这种令人厌恶的习俗——以及同性交媾——对于犹太人是严格禁止的。[10]（对于希腊人来说，同性恋可能一直没有完全根除。）使《圣经》具有希腊风格的强制性冲动使得"数字命理学家底米丢"（这是一位亚历山大犹太历史学家身边发生的事），将《圣经》中不可思议的家谱学和年代学变成了逻辑上的探究。雅各从77岁开始在七年之中生下了12个孩子是可信的吗？按照底米丢的计算，这是非常肯定的！

先辈的智慧与理性的批评之间的完美结合显示出巨大的魔力。托勒密在每天早上开始工作之前都要对这些译者表示问候，使他们只用了七十二天（十二支派乘以6——与译者的人数相同）就完成了这项工作。国王对此大加赞赏，以至于在译好的经书前跪拜了7次，并宣布任何更改都是不允许的（可能也是非法的）。由于后来的埃及统治者对这次文学创作的功德期望甚高，他们对"聪明的犹太人"道德上的正直、政治上的精明和学术上的权威一直充满了敬意。根据《创世记》中的记载，在摩西之前，约瑟曾一度在法老的宫廷中跃居高位。（在一部名为《〈马太福音〉希腊手稿》的书中，这位犹太作者得意忘形地认为是约瑟主持开发了埃及的运河与灌溉系统，但这很可能是对像祭司兼语法学家马内松这样的埃及历史学家有关以色列人是穷人和麻风病患者的描述作出的回应。）

在《约瑟和亚西纳（Asenath）的故事》（有时被称为"第一部希腊小说"，并且肯定是一个浪漫的故事）中，约瑟这位迅速崛起的以色列年轻人大权在握，马上就要与法老的顾问波蒂法尔（Poti-Phar）即潘特弗拉斯（Pentephres）的女儿、18岁的亚西纳成婚。整天蒙着面纱深居简出的亚西纳一直以厌恶男人而远近闻名，她对这桩婚姻并没有兴趣，但当她见到这个犹太人后，发现他既高大又聪明，于是她很快就坠入了爱河。当然，在这个当口，这位犹太人作了最大的努力，要求她完全皈依（犹太教）作为这桩婚姻的条件。亚西纳陷入了左右为难的境地，但在这个关键时刻，一对天使及时降临，帮助她挫败了法老的儿子试图强暴她，并杀死父亲以篡夺王位的阴谋。这对天使在帮助他们订立了婚约之后，便以一种神授蜂房的形式送给了亚西纳一部《圣经》，于是一群蜜蜂在周围不停地飞来飞去。故事至此并没有结束！这对天使再次降临，将这群蜜蜂变成了没有毒刺的小精灵，时刻陪伴着亚西纳幸福的婚姻生活和对犹太教真谛的顿悟。这真是一个奇迹！法老将自己安然逃过此劫归功于这位犹太人和天使们，于是把女儿嫁给了他，并为这对幸福的犹太小夫妻送上了祝福。在此，让我们举杯，恭喜（mazel tov）[①]他们！

在亚历山大的犹太教与希腊文化，它们的这段蜜月期当然不可能持久，但是在两个半世纪里，这里就像后来各地的犹太散居点一样，是一个充满生

---

[①] 这是一个意第绪短语，已融入现代希伯来语中，意为"恭喜""祝贺"。

命力、富于创造性的繁忙世界。我们应该赋予历史上两位更真实的约瑟以更高的地位。他作为哲学家斐洛①的弟弟曾位居托勒密王朝的王室税务主管,而他的侄子儒略·提别略·亚历山大(Julius Tiberius Alexander)虽然脱离了犹太教,但却于公元1世纪出任过亚历山大城的罗马总督。另一位是德利米洛斯(Drimylos)的儿子多西狄奥斯(Dositheos),尽管他游离于犹太群体的边缘,但却作为王室档案主管在宫廷中身居高位。

恰恰在这些成功者的故事发生之前,大约在公元前3世纪中叶,在亚历山大东南、尼罗河上游的赫拉克利奥波利斯地区克罗克多波利斯(Krokodopolis)古城的施迪亚(Schedia),在克尔基奥西利斯(Kerkeosiris)、赫法斯迪亚斯(Hephaistias)和特利克米亚(Trikomia)地区,在底比斯和利昂托波利斯(Leontopolis)〔祭司昂尼雅(Onias)从耶路撒冷逃到此地后,为了对抗耶路撒冷,曾建立了一座堪比此前的象岛圣殿的犹太圣殿〕,都建立了犹太社区。犹太人选择定居点的名字往往体现出他们的特长(大多是军事和行政方面的),如"底比斯骑兵"、"施迪亚边关巡警"和"利昂托波利斯步兵"〔也包括我们从公元前2世纪中叶的一卷莎草纸上看到的沙巴塔伊奥(Sabbathaios,意为"安息日出生的人")这样的美称〕。当时通行的惯例是,这些犹太人受雇于地主并为其服务,然后他们再把土地租给当地的农民耕种。据说克罗克多波利斯城郊边缘地带一片葱绿,到处是花圃和菜园,犹太人就在他们那些佃户劳作的身影中间,以贵族的派头悠闲地漫步。他们不仅人数众多,而且其富裕程度足以建造一座犹太会堂,并将其献给托勒密三世。

但是,克罗克多波利斯毕竟无法与亚历山大相比。亚历山大是犹太史上

---

① 斐洛(Philo,约公元前20—公元50),著名犹太哲学家,一般称为"亚历山大的斐洛"。他一生主要从事著述活动,许多著作得以保留下来。其《托拉》研究方面的著述主要包括:解释《托拉》的律法,如《论创世》《论十诫》等;对《托拉》进行哲学阐释;揭示《托拉》神学意义,如系列《问答》。他有意识地将希腊哲学引入希伯来传统,致力阐发犹太教神学思想,进而把犹太教的神秘主义成分理论化、体系化。他在哲学上赞成柏拉图和斯多葛派的观点,将希腊哲学中的"逻各斯"概念解释为上帝与人类之间联系的"中介",上帝通过逻各斯的作用使自己的创造过程具体化和合理化。这一思想实际上为后来形成的基督教奠定了基础,因此他被称为"基督教之父"。与犹太教相比,他对基督教的影响反而更大,这或许是本书没有单独讲述他的故事的原因吧。

最伟大的城市之一：拥有近20万犹太人，几乎占当地人口的三分之一（尽管只占埃及总人口的4%）。[11]由于没有官方的限制，他们大多集中在码头区东面独特的犹太人居住区，尤其是在语法学家阿皮翁（Apion）所说的"无码头的海岸边"的尼罗河三角洲地区，但离王宫并不远。在这些地区到处都有犹太会堂，从保留下来的献给各路守护神，甚至历代托勒密国王的碑刻来看，历史上大流散期间的犹太社区一直试图与当地政府保持某种联系。

然而，任何一座犹太会堂都无法与亚历山大"大会堂"相比。根据该犹太社区于公元2世纪被毁之后的传说，尤其是历代《塔木德》圣哲的描述，犹太·本·以拉伊（Judah ben Ilai）甚至认为"没看到这座会堂的人就等于没看到（上帝的）荣光"。他近乎神奇的描述着：规模宏大的亚历山大"大会堂"，内部采用双排柱廊结构，会堂为每一位长老专门设置了一共70把金椅（为了纪念翻译《圣经》的70位文士），上面镶嵌着珍珠。另外，还为城里的每一位犹太工匠和商人留出座位区：金匠、织工、铜匠……会堂的犹太会众如此之多，建筑规模如此之大，以至于难以听到诵经台（bimah）——用于诵读《托拉》的平台——上诵读人的声音，所以要让每一个座位区的人都能听到，领诵人（chazzan）只能站在台上，挥舞着一面巨大的白色丝绸旗子，提示会众齐声吟诵"阿门"。

像在象岛一样，一种犹太社会的感觉——一只脚踏在他们的犹太城邦里，而另一只脚踏在更广阔的世界里——在保留下来的莎草纸上得到了生动的体现："芝诺（Zenon）①档案"中记载，托勒密王朝的一位税收官员曾于公元前3世纪中叶到巴勒斯坦地区旅行；而法雍地区出土的赫拉克利奥波利斯莎草纸，甚至有更丰富的文字记载。有一个典型的案例，一个叫多罗西斯（Dorotheus）的人向当地社区的执政官（archon）报告，他出于发自内心的善意（也是为了遵守《托拉》中的一条诫命），把他生病的内弟塞西斯

---

① 历史上有众多名为"芝诺"的哲学家或其他著名人物，包括君王、主教、将军和医生，但这位芝诺指的是生活于公元前3世纪的卡努斯的芝诺（Zenon of Caunus）。他曾任托勒密王朝的财政大臣，他集中保存的莎草纸书信文书（即所谓"芝诺档案"）于20世纪初被发现。

（Seuthes）带回了自己的家里，并在他生病期间"不惜花费我的大部分财富"悉心照顾他。不仅如此，多罗西斯还把他的侄女菲力帕（Philippa）从债主的监房里救出来，并把她带到家里与她生病的父亲团聚。他算一个真正的好人吧？还算不上——多罗西斯回答，他只不过是在按照《托拉》的要求做事。作为回报，在久病的内弟去世之前，菲利帕被正式接纳为多罗西斯家的一个成员。她在新家里平静地生活了四年。有一天，这种愉快的家庭生活由于她的母亲艾奥娜（Iona）的突然出现而被打断。艾奥娜把这个小女孩带到了她的婶母家，从而剥夺了这位恩人拥有一位新家庭成员的权利。多罗西斯坚持认为，小女孩应该归还他，菲利帕应该作为曾经和正在被扶养的孤儿归还她的监护人，而不是作为一个可以使唤的女仆让她的主人带走（天理难容）。对这位执政官来说，多罗西斯引用的是他忠实遵守的《利未记》（25:35）中"你的兄弟在你那里若渐渐贫穷，手中缺乏，你就要帮补他，使他与你同住"这条诫命，尽管《托拉》中并没有规定归还侄女是一项义务。或许是因为这是犹太人与希腊人在监护原则上产生冲突的一个经典案例，这位执政官最后似乎站在了多罗西斯一边。[12]

如果继续深入到犹太人的社会等级问题，文字记录就更不完整了。我们从一卷莎草纸上了解到：商人亚希比（Ahibi）曾给他的合伙人约拿单写信要求装运大麦和小麦；哈拿尼雅的女儿塔莎（Tasa）（父女俩的名字都没有希腊化）曾控告一个希腊人强暴过她，这也只有只言片语的记载；再就是提到，有一对订婚的情侣分属两个相距遥远的流散社区——一个是"特姆斯（Temnos，位于西安纳托利亚海岸）的小伙子"，一个是"科斯（希腊的一个小岛）的小姑娘"——一纸婚约使他们紧密地结合在一起。有时，必须要把一片片破碎的陶片拼起来，或通过犹太会堂中有关捐助者的碑刻，尤其是犹太墓葬中的铭文，才能感知到当时事件发生的地点和人物。而直到当代，地下墓葬才由普通的藏尸地，变为具有为特定家族装饰的壁龛，以及为某人而特别陈设（如他们的头枕的是石枕还是泥枕）的墓室。现已发现了一些公元前3世纪的这类铭文，可以无可争议地认定为是属于罗马统治下亚历山大的墓葬。

阿尔西诺伊（Arsinnoe）徒步旅行者：肃然伫立并为她哭泣……因她命运艰难而多舛。因为当我还是一个小姑娘，而豆蔻年华使我憧憬着成为新娘时，我就已经失去了母亲。经我父亲同意，当我生下第一孩子后，在太阳神（Phoebus）和命运之神引导下结束生命。

拉契利斯（Rachelis）：为所有人的最纯洁的朋友拉契利斯哭泣。约30岁而殁。但不要徒劳地为我哭泣。

为美丽的霍娜（Horna），掬一把泪。夫君、女儿艾伦娜（Eirene）和我，我们三人来看你了。

这是典型的墓志铭文体，在对墓穴进行装饰时，这些文字就用建筑图案尤其是用竖写的方式雕刻在墓壁上，以便与他们的希腊邻居有所区别。在这些希伯来铭文中，本来在犹太人的墓葬中已经成为固定格式的《圣经》经文却完全消失了。这就是说，即使在死后，犹太人也不会留下流亡者的感觉。他们与耶路撒冷和犹地亚的联系从没中断；将他们塑造为犹太人的准则非常明确，但又与他们在希腊化的埃及家庭生活不相冲突。当然，他们也不会自欺欺人地认为，他们会受到当地主流文化的普遍认同。如果他们知道祭司兼语法学家马内松有关公元前3世纪的历史，他们就应该知道，他们不仅无法摆脱作为被驱逐的麻风病人的身份，而且也无法摆脱与那些天生以残酷剥削当地埃及人而闻名的喜克索斯（Hyksos）[①]国王们联系在一起。对于他们整个定居生活而言，似乎永远存在着这样的可能性，即在他们之前的象岛犹太人所

---

[①] 历史上所谓希克索斯王朝，是指公元前1730—前1580年，外邦联盟民族进占统治埃及的时代，也就是埃及第十五和第十六王朝。希克索斯一词有"旷野中的君王"之意，虽然曾有些历史学家将其称为"牧人王朝"，但他们并非来自同一种族，而是一个由不同文化种族组成的游牧民族的大联盟，主要包括闪族人、亚洲人、乌黎人、印度波斯人。

面对的那种丑陋和不幸将一直陪伴着他们。

下面的警示故事，是从战象蹄下的死亡夹缝中流传下来。这个故事出自《马加比三书》。尽管该书本身虚构成分很多，以至于没有编入尚有可信性的《次经》，而是收入了更偏离正经的《伪经》，但这个故事在埃及犹太人中间几乎尽人皆知，并被认为是亚历山大当地一个庆祝获救的节日起源，其中的意义与"普珥节"成为庆祝成功挫败针对波斯犹太人的大屠杀阴谋或"光明节"①成为庆祝犹太人从塞琉古暴君手中获得解放是完全一样的。与这些情节相同、时代相近的历史故事类似，这个发生于埃及的故事描写了一个仇视犹太人的疯子、一场集体屠杀的威胁、一群天使在危急关头及时赶到，并且比苏萨（Susa）或耶路撒冷发生的事件更令人难以置信。

尽管《马加比三书》与约瑟福斯关于到底哪一位托勒密国王参与其中以及这一事件究竟发生于何时的描述并不完全一致，但历史学家约瑟·莫采耶夫斯基（Joseph Modrzejewski）却提出了一个令人信服的证据，他认为这一事件发生于更早的公元前3世纪，即托勒密四世菲洛佩特（Philopator）统治时期。在巴勒斯坦地区与塞琉古帝国争战，塞琉古取得了短暂的胜利，这位国王决定从正门强行闯入圣殿，对圣物进行亵渎和破坏。结果，就在冒犯行为即将发生的危急时刻，他突然全身瘫痪，四肢无法动弹。对犹太人对他的这次羞辱，菲洛佩特满怀仇恨，于是刚刚返回埃及，这位托勒密国王就命令把所有的犹太人监禁在亚历山大竞技场里。在那里〔这似乎是一次不祥而令人震惊的预演，1942年巴黎的犹太人在被称为"冬季赛场"（Vélodrome d'Hiver）的自行车竞技场发生了同样的一幕②〕，他们被迫在酷热的太阳下做

---

① 亦称"净殿节"或音译为"哈努卡节"，为庆祝公元前165年犹太人反抗异邦统治起义（即马加比起义）胜利，收复耶路撒冷，净化第二圣殿而设立的节日。光明节从基斯流月二十五日开始，延续八天。据收复圣殿后，人们只找到了一小罐专门用于圣殿仪式的灯油，可惜只够燃用一天，但由于上帝眷顾犹太人，这一小罐灯油竟然奇迹般地一直燃烧了八天。节日的主要仪式是点燃九技烛台，故这一节日又被称为"灯节"。

② 俗称"维尔希夫"（Vel'd'Hiv），位于巴黎埃菲尔铁塔附近，始建于1900年。除用于自行车比赛外，还可进行冰球、摔跤、拳击、轮滑、滑冰、马戏等项目，曾首次举办双人自行车六日追逐赛。对犹太人来说，这里是一个值得记忆的不祥之地。第二次世界大战期间，数千名犹太人在送往奥斯维辛灭绝集中营之前曾在"维尔希夫"集合，这一事件因此被称为"维尔希夫大围捕"。

了四十天苦工。

然而，这并不足以平息统治者报复的怒火，所以在一个恶毒的打手［他的名字叫哈蒙（Hamon），竟然与普珥节故事中的恶棍哈曼的名字只差一个字母］的煽动下，国王命令将5000头大象用薰香和烈酒迷醉，然后把它们赶进关着犹太人的竞技场。一场闹剧马上就要上演。这位糊涂的国王把他原来的计划抛在脑后，只想着第二天来观赏自己的杰作。屠杀即将开始！他们赶来了一群群笨拙的厚皮动物！人们纷纷涌入竞技场，观看这场杀人的游戏。那些趾高气扬的庞然大物，高昂着醉醺醺的大脑袋，呼着酒气在大街上缓慢走过，后面跟着一群吵吵闹闹的士兵。在这最后关头，两个天使出现了，她们扇动着翅膀转了几圈，突然就像变戏法似的，那些大象"缓缓向后退去"，而那些又笑又闹的观众的笑容突然僵住，在混乱之中纷纷倒在了脚下的烂泥里。由于及时受到感化，这位虐待狂国王表示忏悔，而犹太人复活，四肢各归其位。

这是一个出人意料的结局，但是《马加比三书》的作者知道，他的故事发出了一个警告。虽然犹太人定居了下来，但他们仍然会面对这样的时刻，被激怒的重要人物遥远的狂叫声，会再次到来，而他们安闲的生活也会随之消失。毕竟，这样的事在耶路撒冷就曾发生过。

## II 祭司们的争吵

如果你从西面进城，那么你在看见耶路撒冷之前就能闻到她的气味：袅袅炊烟从房顶和城墙后面缓缓升起，空气中弥漫着烤肉的香味。无论白天还是黑夜，圣殿祭坛上的炉火必须烧得很旺，因为这是《托拉》中的规定。每天早晨和下午都要按时向耶和华献动物牺祭。[13]这种长年不断的烧烤活动被称为"Tamid"，希伯来语的意思是"天天如此"。但对于这种用火烧烤整体动物的仪式，希腊语中也有一个对应的词，叫作"屠宰"（Holocaust）。这是两个社会的另一个共同点。在从埃及到美索不达米亚和波斯的所有文化中，只有希腊人和犹太人用整体动物献燔祭。因此，才会有成千上万的山羊、绵羊、公牛和牛犊从周边山区的牧场和农场被赶进城里。在出现新月的当天，按照《民数记》（28:11-15）的规定，要将两只公牛犊、一只公绵羊、七只没有残疾的公羊和一只公羊羔（同时还要献谷物、油和酒作素祭），作为燔祭献给耶和华。圣殿中献祭并不都是"燔祭"（olim），有些仍然采用"牲祭"（korban）的形式。动物的尸体根据需要分成不同的部分，熬好的油和收集的血分别作为献给全能上帝的一部分，要在专用的献祭容器中焚烧。但是，大约在公元前2世纪末，烧烤整体动物开始在献祭中占据主导地位。在整个献祭过程中，利未人要唱赞美诗，但当时似乎并不伴有祈祷。

这种"宰杀"仪式十分复杂且非常辛苦。乍一看，放出如此多的动物血似乎与禁食动物血的严格禁令是严重冲突的，但这两种习俗却是相互联系的。动物牲祭之所以如此普遍，正是出于对食用带血的肉的厌恶。[14]正如大卫·比亚尔（David Biale）所说，完全有可能，动物的血献祭与吃不带血的食品相结合，正是为了针对他们周边的民族奉行的更愿意吃带血食品的饮食习惯建立一种反向文化。《圣经》中坚持认为，动物的"nefesh"——生命的本质，有时译为"灵魂"——就存在于动物的血中。所以，不要以为圣殿的院子里总是充满了带血的动物肢体。动物被宰杀之后，通常由一位祭司把动物的血一丝不苟地收集在一个专用的盆里。这样在献祭时就不需要另辟水道把污血排走，同时又能使献祭区保持清洁。然后，将动物的皮剥掉并将尸体投入焚烧炉，这样尸体在完全烧净之前会保持原状，大多数情况下最终只剩下骨头（偶尔会剩下山羊胡子）。最珍贵的动物皮通常归大祭司所有，然后他会将其赠送给其他祭司。但围绕这些动物皮产生了很多争议。

在朝圣节日期间，献祭活动会更加频繁，大量的观光者和参与者聚集到耶路撒冷，感受庄严的气氛，出席节日活动。从体量上讲，耶路撒冷在公元前200年前后，在城市规模及人口方面出现了迅速增长。如果说赫克特斯①给出的"12万人"这个数字完全是一种凭空想象，但人口数以万计、城市规模已经扩大到大约8平方公里是完全有可能的。可以肯定，日益增长的食物需求使周边的乡村繁荣起来，虽然从巴比伦人的劫掠后的废墟上恢复这种繁荣经历了几代人的时间。向西南延伸而地形起伏的"低地"地区由于冬春两季降水丰沛，开始重新生产小麦；而相对干旱的山区则点缀着一片片的橄榄树、葡萄园和牧场。为了满足大量涌入的朝圣者的饮食需求，犹地亚的农场主们在城墙附近的货摊上出售农产品。而从远方赶来的小贩，则带来了各种日用品：来自推罗的渔夫带来了各种鱼类；来自亚实基伦、托勒密②和加沙的商人贩来了爱琴海的瓷器，并且需求量不断增加；而来自北方的商旅则兜售各种腓尼基玻璃制品。

城内和周边已经建立了许多犹太会堂，既可用于诵经和祈祷，同时兼作接待中心。但耶路撒冷毕竟是"圣殿"的所在地，那里有长年不断的献祭动物传送带，有朝圣节期和赎罪圣日的日程安排，有安息日休息仪式（这是古老世界的一项发明），以及以斯拉于两个半世纪前首创的《托拉》书卷日常诵读仪式。虽然那里已经没有国王，但却充满了大卫作为假定的《诗篇》作者、所罗门作为田园诗《雅歌》与虚构的《智慧书》的作者形成的文学记忆。神授权力的魅力集中在大祭司身上。围绕这位威严的人物，整个城市的社会生活机器在平静地运转着。

随着王室的分崩离析，所造成的最大影响（相对来说也更长期一些）就是，大祭司必须是撒督（Zadok）的直系后裔。这是因为撒督曾站在大卫一边，并曾膏所罗门为王。另一个重要影响是，撒督本人是亚伦（Aaron）的大儿子以利亚撒（Eleazar）的后裔。这正是以利亚撒作为大祭司在历史上时常被提及的原因。我们甚至可以将这个家族谱系一直回溯到雅各和利亚（Leah）

---

① 赫克特斯（Hecataeus，约公元前550—前476），古希腊历史学家和旅行家，被历史学家称为"历史之父"。据传他曾在波斯王国的领地内及周边地区广泛旅行，著有《大地环游记》。尽管他的历史著述并没有流传下来，但却影响和鼓舞了他后来的真正继承人希罗多德。

② 现以色列沿海城市阿克的旧称。

的儿子利未（Levi）。所以，就感觉而言，大祭司在圣殿中公开露面、偶尔单独地进入至圣所①的特权无疑是一种王权，具有浓重的象征意义。大祭司身着奇异的法袍露面，表明他是以人形离神的崇高异像最近的犹太人。

然而，尽管有一册家族谱得以保留下来——其中反复提到西缅（Simeon）和敖尼雅（Onias）——但我们对历代大祭司个人的情况几乎一无所知。并且除了《圣经》中的描述（也不是太多），我们对他们履职和出席仪式的细节并不了解。在拉比传统中，西缅一直是一个模糊的人物。他被称为"义人西缅"（Simeon the Just）。但除了某些文献中说他在公元前3世纪曾拥有祭司身份外，其他的描述并不一致。这些描述只不过把他作为个人虔诚、犹太正义和礼仪权威完美结合的例证。（客观地说，在各类百科全书，例如，以详尽著称的《早期犹太教百科全书》中，根本没有关于西缅的词条。）

然而，我们确实知道，大祭司所拥有的并不只是威严、财富和权力。他俨然是王室家族体系和祭司贵族阶层的核心。他们每个人都有庞大的家族和家产，都有大量的官吏和食客。约瑟福斯也曾提到过耶路撒冷的"长老会"（gerousia）。它有点类似于亚历山大的元老院，可能负责就税收之类的重要的长期事务与希腊领主进行交涉，并为圣殿的维护提供资金。这是从波斯统治时期遗留下来的另一个传统。总而言之，这个耶路撒冷—犹地亚精英阶层在市政管理方面，同时也在精神和世俗方面，构成了一个统治体系，成为维护犹太教快速形成的独特的社会文化的中坚力量。

在所有这些猜测中，一个惊人的事实从已有的文献记载中凸显出来（至少约瑟福斯这么认为），使我们得以了解大量有关圣殿贵族的真实情况。在公元前3世纪即将结束间，撒督家族的最后一代传人、"义人西缅"的儿子——大祭司敖尼雅（根据约瑟福斯记述，他的手一碰到钱就痒得难以忍受），把他的女儿嫁给了一个争强好胜的人。当时，这个人正在约旦河一带做生意。他叫多比雅（Tobiah），后来当上了一个强大氏族的教父。关于这个氏族，约瑟

---

① 指圣殿中安放《托拉》的约柜。

福斯曾花了大量的笔墨，而他们的戏剧性故事完全可以与收入在"芝诺档案"中的书信联系起来。写这些信的人也叫"托比雅"（Tubias），当时是约旦河东岸的一个要塞的首领。这些信是写给托勒密王朝的财政大臣的，并且显然出自一位强征苛捐杂税（非常像约瑟福斯提到的"带刀贵族"）且婚姻前景看好的人之手。尽管多比雅本来是亚扪人（Ammonite），因而并不具有犹地亚民族文化血统，但他的财富和权力使他足以够得上是一个犹太人，完全可以通过婚姻进入祭司贵族的最高层。他积累财富的方式就是用军事手段代表托勒密政府征收土地耕种税，用强行收取的大量金钱来支持与塞琉古王朝之间旷日持久的战争。多比雅先把钱交给财政大臣阿波罗尼亚斯（Apollonius），然后再从当地居民的手中重新把钱捞回来（另外还有巨额的红利）。换句话说，他就是那种总能在连绵不断的战争中发大财的人：集地方军阀、强盗式贵族、政府承包商于一身，其富裕程度和犹太人的做派足以使他有资格与大祭司的女儿攀亲。

约瑟福斯用大量的篇幅对多比雅和他的儿子约瑟进行了描写。约瑟用"富二代"的生活方式，洗净了他父亲积聚的不义之财，并且爬上了被称为"不可或缺之人"的高位。然而，正是由于多比雅的孙子胡肯奴（Hyrcanus）将本来是"芝诺书信"中明确认定的一个当地要塞改造为约旦河东岸上的一座豪华的石灰石宫殿，才把公元前2世纪初这个希腊化氏族的生活图景以最壮观的建筑形式作为证据保留了下来。

卡西尔拉巴德［Qasr el-abd，现在被称为伊拉克阿米尔（Iraq al-Amir）］①位于肥沃的约旦河谷，是整个希腊化世界中最引人入胜的历史遗迹之一。两层建筑的正面，是一排优美的石柱；一排排石柱把内部广大的院落分隔开来；正门的墙面上雕刻着张牙舞爪的雄狮和烈豹。也许当时的某位雕匠为了讨主人喜欢，竟然发挥自己的想象力，正确地运用其动物学知识，在宫殿顶上雕

---

① "Qasr el-abd"意为"仆人的宫殿"，是地上建筑；"Iraq al-Amir"意为"王子的洞穴"，是洞穴群落遗迹。但两者相距只有半公里。作为历史遗迹的新旧称呼，可以替代使用。

刻出一只鬃毛怒张的狮子为一窝幼崽喂奶的温馨场景。刚刚建成时，宫殿的四周是一个景观湖，那一排排优美的石柱倒映在平静的湖面上。这个人工湖以及支撑宫殿的高台不仅保留了原始的优雅与美感，而且作为大力士的堡垒这一原始功能也得以保留下来。与其他地方完全类似，这里也是多比雅小朝廷的行政中心，有完整的文士、官员、税吏组成的管理体系。当大祭司伊阿宋（他通过向塞琉古新任国王安条克四世提供重新对托勒密王朝开战所急需的财宝和贡金，从而成功地废黜了他的兄长，即在位的敖尼雅三世）自己也被一位更没有气节的软骨头梅涅拉奥斯（Menelaus）取代之后，他只好逃到了胡肯奴在"亚扪城堡"的王宫里。伊阿宋在那里咬牙切齿地等待时机，动员一支私人军队，一旦时机成熟，便立即向耶路撒冷进发。

当时的情况很可能是，尽管胡肯奴远离犹地亚核心地带的豪华宫廷作为与耶路撒冷对抗的权力中心，在煽动犹地亚后来发生的大动乱时发挥了一定的作用，但这个宫殿除了有一个空架子和多比雅小朝廷的冷酷无情之外，其实根本一无所有。但这个小朝廷至少还保持了一种文化，保留犹太身份（因为历代多比雅国王对这一点肯定是认同的），服从《托拉》与希腊风格和文化是同时并存的，并且二者并不是相互排斥的。同样地，在巴比伦征服之后，第一个重建犹太城邦的哈斯蒙尼人（在他们的希伯来学堂中，每一个学生都认为自己与希腊人是对立的）也是模仿了多比雅小朝廷的做法。

希腊文化与犹太文化是以微妙的物质方式融合在一起的，这一点主要通过城市及其民居的外观体现出来。耶路撒冷内城和周边地区的最新发掘成果表明，当时住宅的宽大和豪华程度令人惊异，里面的房间十分宽敞，墙上装饰着壁画。院子里葡萄藤缠绕，百合花盛开，饱满的石榴露出了石榴籽。考古学家在断壁残垣中，发现了希腊麦加拉城（Megara）中各种血红色陶器，上面饰有生动的鲜花图案；还发现了各种高大的罗得岛水罐和双耳细颈陶罐，以及那种梨形、细颈的腓尼基玻璃制品。在耶路撒冷内城和周边地区，浅色的石灰石被第一次用于制作饮水器皿，可能当时的人们认为石质容器更有助于克服仪式的不洁问题（起码比陶器要好得多）。当地的制陶业也非常繁荣，当时已经发明了各种精妙的装饰形式，最流行的就是在浅盘和平碗上用手绘制各种花的图案。在大些的房间里，枝形吊灯和枝形烛台变得越来越大，以便在深红色的盘形底座上能插更多的蜡烛。

这只是犹太家庭作坊漫长发展历史的第一章。在地中海岸边，对爱琴海一带货物的新需求将像加沙、多尔（Dor）和亚实基伦这样的老城变成了繁忙的港口，并在加利利海岸地区形成了一个大型的新港城：托勒密〔后来称为阿克（Acco）〕。在耶斯列（Jezreel）山谷和加利利低地的交界处离海岸不远的地方，一个古迦南人山顶要塞城镇的山脚下，老城贝特谢安（Beit She'an）变成了希腊城邦斯基托波利斯（Scythopolis）。这个名字是以来自黑海和里海之间的斯基台（Scythian）①雇佣兵命名的，他们一直定居在这个远离波斯的地方。在许多这样的周边城镇中，房屋都是在石头地基上用砖砌成的，有些还涂了一层灰泥。而大街两旁作为希腊市民生活标志的三大建筑的柱廊尤其引人注目：健身馆、被称为"操场"的学园兼律法研究院和剧院。

这些地方仍然处于犹太生活的边缘，所以尽管拿撒勒附近的塞弗利斯（后来成为加利利低地地区最大的混合文化中心）一开始就不仅有希腊人也有犹太人居住，但在当时，犹太人大量地迁移到这些地方似乎是不大可能的。渐渐地，那些居住在犹地亚核心地带的、已经准希腊化、操希腊语的犹太人，感觉到了这些地方的吸引力。

对许多犹太人来说，与希腊文化调情会在健身馆的大门前受到最严峻的考验，因为健身是以裸体的方式进行的，而割过包皮的下体会引起希腊人的嘲笑。希腊人更喜欢那种带包皮并长长的、逐渐变细的形状，这从大量的花瓶和双耳细颈瓶上的装饰图案就可以看出来。尤其令人困惑，更让人发笑的是犹太人的理念，他们仔细地把包皮割掉，只是为了使自己不再享受性交的

---

① 一译"西锡厄"。

乐趣。斯特雷波①甚至认为，犹太人实行的割阴蒂习俗也是因为受了同样的误导。斐洛曾为这一习俗作过激烈的辩护，认为这是一种愿意过道德生活（并未提及洁净问题）的天性，而外部世界对犹太人的自我否定所作所为是不明真相的污蔑。对希腊人而言，在运动精英中间展示你那精致的长包皮完全是礼节上的需要，这些运动员有时甚至会使用"拴狗绳"（kynodesme），即用一条细皮带绕过你的后背，向下绕过，然后拴在一个可以抓的小弓上，以便"牵"着你四处游逛。

对某些犹太人来说，他们或许认为被希腊城邦以完整的公民身份接受要比立约更重要，并且他们知道，要想从学园毕业就必须进行裸体训练，那么这些犹太人做部分包皮复原，即"包皮延长"（epispasm）也是可行的。远古时代的割礼，似乎并不是把整个包皮完全割掉，剩余的部分可以涂上蜂蜜或捣碎的草药汁使之软化，再用牵拉的方式使之伸长。这是异教徒经常使用的复原手术，如果他们觉得自己的包皮割得过短，或由于在健身馆里无意间暴露下体而引发一场令人难堪的哄笑感到苦恼，他们就会通过这种方法加长包皮。[15] 一旦行过包皮延长术的人又感到后悔（这是不可避免的），拉比们（他们往往对这方面的事特别认真，因为这涉及与耶和华立的约）就会对重新进行完全的割礼对回归犹太教是不是强制性的，或这样的手术是不是太危险，这类问题上争论不休。但是，从那时直到现在，由于《塔木德》学者一再坚持认为包皮天生是令人厌恶的，所以《密释纳》中要求在割礼（brit milah）仪式上必须完全而不可恢复地把包皮割掉。任何不彻底的割礼都是不允许的。[16]

然而，正是一位大祭司，提议在耶路撒冷建造一座健身馆，并允许犹太人（在《马加比二书》中有惊人的描述）"戴希腊式帽子"（帽子对犹太人意义极其重大）。也正是这位大祭司，很爽快地在五年一度的推罗运动会上，派出了一个由希腊化犹太人组成的代表团。这个大胆叛教的大祭司就是前面提

---

① 斯特雷波（Strabo，公元前64/63—前23），古罗马地理学家和历史学家。他曾广泛游历意大利、希腊、小亚细亚、埃及和埃塞俄比亚等地，著有《历史学》（43卷）和《地理学》（17卷）。

到篡位者伊阿宋。他于公元前172年，通过贿赂取代了他的兄长、当时执政的敖尼雅三世而登上高位。这个健身馆只是伊阿宋提出的将耶路撒冷变成一个模范希腊城邦这个宏大计划的一部分。只要犹太市民通过了即将实行的学园式训练，他们就具有了公民的资格，而他们的城市就叫"安条克的耶路撒冷"。这位大祭司的准叛教行动由于否定以色列人与众不同的基本行为方式——先是亚伯拉罕与耶和华立约；当受到刺激的西坡拉（Zipporah）将她儿子带血的包皮扔给她的丈夫摩西，并宣布"现在你就是我的新郎"后，又戏剧性地重新立约①——而达到了顶峰。约瑟福斯写道，塞琉古国王当然希望犹太人像其他民族的人一样，但这个愿望却首先由犹太大祭司伊阿宋提出！

　　这种反动的力量尤其惊人，因为没有任何迹象表明，塞琉古王朝比托勒密王朝更热衷于强制推行希腊化。当安条克三世的骑兵（不仅他们的士兵而且士兵的坐骑也全都从头到脚包着铠甲）于公元前200年在黑门山（Mount Hermon）下的巴尼恩（Banion）战役中一举击溃托勒密的军队。这位得胜的国王首先采取的一项措施，就是发布了一系列法令，承诺（如果说有什么不同的话）要做一个亲民的国王，成为犹太人"古老律法和习俗"的保护人，禁止外邦人进入圣殿周围区域，禁止包括野豹和野兔在内的（或许有点多余）违禁肉类和动物进入耶路撒冷。圣殿的献祭仪式将予以保留，战争造成的损坏将予以修复，对祭司永久免税，其余的耶路撒冷人则免税三年。

　　安条克三世的法令可以说满足了古老的耶路撒冷圣殿可能提出的所有要求，最终帝国霸主与犹太人之间的这种关系维持了三个世纪，但他们仍然没有逃脱战争或国王本身命运的阴影。在无边的欲望诱惑下，安条克三世很快意识到，必须通过与埃及开战才能建立起自己的霸主地位，但很快，他就被刚刚进入埃及的强大罗马军队，在马格尼西亚（Magnesia）战役中击败。这是一个转折点。罗马人要求巨额赔偿，并将年轻的安条克（后来的安

---

① 西坡拉面对丈夫摩西将病殁，清楚是由于自己曾阻止丈夫给次子行割礼，于是她亲自执刀。结果摩西得以脱险。——编者注

条克四世）作为人质押往罗马。在罗马，年纪轻轻的他［根据波里比乌斯（Polybius）的记载］博得了一个"行事任性、脾气古怪"的坏名声。然而在北方，塞琉古王朝的军事经费吃紧，他们只能为安条克三世对耶路撒冷采取的宽松政策感到遗憾。

安条克四世继位之后，资金一度十分短缺，于是这位国王忍不住要对圣殿中那些属于公众的金银器下手。虽然不能肯定财政大臣赫利奥多鲁斯（Heliodorus）是否对圣殿实施过抢劫，但这一事件后来却成了另一个传奇故事。据说，由于天使及时赶来救援（这是很自然的），这位抢劫犯并未得手，但这个故事却很快在犹太—希腊世界的幻想文学中传播开来。

然而，正是在这样的特定情况下，一个没有安全感的小朝廷，面临财政和军事上的困境而不是任何宗教文化冲突，引发了一系列哈斯蒙尼大起义的事件。而这次起义必然要演变为一场反抗文化侵略，甚至种族灭绝的战争，而《马加比书》在对这场起义的记述中则将哈斯蒙尼人描绘为《托拉》的守护人。

历史上的真实情况更加肮脏而复杂，因而更具有历史可信性。为了迎合塞琉古政府的需要，圣殿贵族形成的各个派系相互倾轧，在争夺大祭司职位的战争中纷纷用金钱作为回报以便为自己的派系确立优势。在安条克四世伊皮法尼斯介入之后，大祭司职位的两个主要竞争对手——伊阿宋和梅涅拉奥斯——作为希腊化的犹太人竟然互相攀比，唯恐自己送给塞琉古国王的钱财比对手少而失去竞争资格。当了三年的大祭司之后，伊阿宋最终仍然是一个失败者。由于他的继任者梅涅拉奥斯假他人之手将敖尼雅（他是上一任大祭司，也是伊阿宋的兄长）暗杀，伊阿宋忙不迭地越过约旦河，狼狈地逃到胡肯奴的城堡里躲了起来。

为了压倒所有的大祭司（当时的确如此）从而确立自己的大祭司地位，梅涅拉奥斯可算是绞尽了脑汁。他擅自决定为外邦军队建造阿克拉（Akra）城堡，结果把耶路撒冷变成了一座被外族占领的城市（尽管名义上是一个自由城邦)。建造这座城堡,需要在越来越拥挤的市区内拆除大量的房屋。[17]在耶路撒冷,所谓拆迁政治一直是解决麻烦的良方。拆迁大军进入市区后,引发了一系列暴力事件。所以,犹太人与希腊人之间的战争,并不是以在莫迪因(Modi'in)乡间爆发的马加比起义开始的,而是由一场针对城堡建造工程,以及梅涅拉奥斯的弟弟、代理大祭司利斯马库斯(Lysimachus)及其下属官员的市区暴乱(虽然参与者手中只有棍棒、短刀和石头)引发的。根据《马加比一书》记载,骚乱的人群还曾向敌人投掷了祭坛上残留的灰尘。可以想象,即使投出的"尘"或"灰"击中了目标,也不可能使那些镇压者受伤,但这样一个场景却具有重要的象征意义:圣殿献祭的残留物必将落在那些敢于冒犯她的人身上。

然而,终日闲坐在胡肯奴狮子宫中的伊阿宋听到暴乱的消息后,却认为这是一个发动政变的大好时机。此时,他正好可以摆出一副犹太传统保护者的姿态。他相信自己的鼓动能力,并且可以打起"千里勤王"的正义之师的旗号。于是,伊阿宋召集了大量的长矛手。

关于安条克四世已经去世的小道消息使他进一步下定了决心。塞琉古的军队向南进军,像往常一样与托勒密的军队会合混战,虽然被罗马人击败,但并没有全军覆没——他们与获胜的一方达成了某种协议。[18]与此同时,伊阿宋认为时机已经成熟。他率领一支在胡肯奴的帮助下组建起来的小股部队越过了约旦河,对耶路撒冷实施攻击,不仅对为塞琉古国王守城的外邦军队和雇佣兵大肆屠杀,并且对数千名决心与希腊人共同守城的犹太人大开杀戒。

然而,安条克四世实际上还活得好好的。由于与罗马人达成协议,安条克从埃及的困境中摆脱出来,他对伊阿宋的政变行径大为光火。在一个军事舞台上被击败之后,他并不想在另一个军事舞台上让塞琉古王朝再次蒙羞。因此,这位国王变成了一头怪物,这本来是一个笑谈,说他铸在钱币上的像并不是上帝的化身(epiphanes),而是一个疯子(epimanes),现在这个笑话倒像是突然变成了真的。不仅如此,这种疯狂更体现在他所采取的方式。伊阿宋——以及耶路撒冷许多居住区对他的热烈欢迎——（使安条克）将犹地亚排斥在文明化的疆域之外，并将其作为"刀剑下的囚房"对待。安条克四世不再受安条克三世所作承诺的约束，只要他愿意，他就拥有作为征服者的绝对权力处置其臣民、圣所、习俗和财产。

然而，他的意愿就是残忍：根据《马加比书》的记载，他疯狂屠城三日，共杀害包括女人和孩子在内的4万条生命，另有4万人被押往腓尼基的奴隶市场卖为奴隶，这次邪恶的交易足以缓解塞琉古王朝的国库空虚问题。《马加比一书》的作者补充道，在这种邪恶手段的欺骗下，这次创伤直接威胁到犹太人生物学上的生存，因为"处女和年轻人不再有活力，而女人的美丽面容也发生了改变"[19]。

随之而来的文化灭绝由于《马加比书》中的渲染而广为人知。当时禁止任何能使犹地亚人体现出犹太性的仪式：诵读《托拉》、行割礼、洁净仪式、守安息日。不仅禁食习俗被打破，反而强迫犹太人去破戒。安条克将圣殿中所有器物和仪式用品抢劫一空——金祭坛、无酵饼桌台、上面摆放的无酵饼和素祭、烛台和蜡烛（及其"光照千秋"的深刻含义）、遮掩至圣所的幔布——这不仅使任何形式的牲祭、素祭和无酵饼祭不可能进行，而且使整个圣殿作为犹太教的核心也无法存在下去。而取代这些圣物的，则是雕像、酒神像、妓女、献给酒神的一排排象牙，从而为这次全面的灭绝行动作了最好的注脚。当时的情形正如后来罗马军队最终剿灭犹太人起义时一样，圣殿不得不停止一切活动。当安条克随后派出的由阿波罗尼亚斯（Apollonius）将军率领的报复性远征军在耶路撒冷的街道上横冲直撞，杀死所有在安息日挡在路上的犹太人时，这就相当于公开宣布，从此之后，犹太人已经成为一个恐怖城邦中的一群无助的囚房。

直到回到他那宫殿式的要塞后，胡肯奴才有点回过神儿来。最后一位塞琉古国王并没有静等厄运的到来，他在那些石灰石烈豹雕像面前拔剑自刎了。而伊阿宋（根据《马加比二书》作者的描述，他才是这一系列灾难的始作俑者）在失去了最后的避难所之后，已经成为一个无家可归的逃亡者，只能"从一个城市逃到另一个城市，作为抛弃律法的人，如过街老鼠人人喊打"。他先是逃到埃及，后来又逃到拉克代蒙尼亚人（Lacedemonians）[①]的领地，并在那里死去。作为希腊流亡者，他也算死得其所吧。"他暴尸于一片死尸中间，没有人为他哀伤，也没有任何庄严的葬礼，更没有与他的先祖埋在一起。"[20]

## III 马加比家族

当一切都在巴比伦人的大屠杀中毁灭殆尽之后，祭司们却在踏上流亡之路时，从圣殿的牺祭火焰中带走了一点永不熄灭的火苗。这点火苗被放在一个秘密的坑中保护起来，但当它的守护人尼希米来取走它用于重建耶路撒冷时，坑中却灌满了"脏水"，火苗早就熄灭了。当马上就要献燔祭时，尼希米告诉那些一筹莫展的祭司，让他们把水洒在引火的木头上。他们不知所措，但还是照他的话做了。刹那间，一缕阳光闪过，浸透水的木头自燃起来。于是，古老的圣火重新燃烧起来。[21]

《马加比二书》的作者就是这样描述的，或许他的文学想象力本身就是一点跳动的火苗，他希望他的犹太读者相信这一切都是真的。虽然《马加比一书》与《马加比二书》从根本上讲是完全不同的，但两者所描绘的都是犹太人的自由史诗。其中的每一个情节都像摩西的出埃及故事一样令人惊奇、使人感动并充满遐想。[22]在上述两书所记述的奇迹中，并没有出现圣殿中重新点燃的油灯所用燃油不足（只够9个灯头燃烧一天）的传奇故事。这个传说虽然被所有的现代犹太人理解为光明节（Hanukkah）体现的核心意义，但却纯粹是拉比的发明，其出现时间至少要晚三个世纪。然而，这两部《马加比书》（尤其是《马加比二书》）的内容却既有历史也有传奇。真实历史与虚构杜撰

---

[①] 亦称拉科尼亚（Laconia），古希腊南方行省，位于伯罗奔尼撒半岛东南部，首府即斯巴达。

相结合，是十足的希腊味儿，而马加比家族的使命就是驱散这种希腊味儿。

这两部书均写于公元前2世纪末期，是作为哈斯蒙尼—犹太王国宣扬历史的手段而被制作。这个王国是在塞琉古王朝支离破碎的废墟上于此前40年建立的。族长玛塔提雅（Mattathias）（其重要性在于他是祭司的后裔）和他5个领导起义、反抗安条克迫害的儿子的传奇故事，意味着将哈斯蒙尼王朝（既非撒督的后裔，亦无大卫的血统）同时具有国王和大祭司双重身份合法化，而这样的规制本身就是一个令人惊异的、史无前例的创新。重要之处在于，这两部书在任何地方都没有提到这一新的规制违反早在摩西和亚伦时代就已经确立的国王和大祭司角色分离原则的问题。

"Asideans"——希伯来语中有点误导地译为"哈西德"（Hasidim），即虔敬派——是哈斯蒙尼起义联盟中最激进的一个派别，尽管并没有迹象表明，他们将自己视为最最纯洁的《托拉》守护人，更比不上严守律法的犹太教奠基人之一法利赛人。在对有关篡夺祭司职位的指控［当哈斯蒙尼国王亚历山大·詹尼亚斯（Alexander Jannaeus）试图在圣殿主持住棚节①的活动时，曾遭到一伙耶路撒冷暴民投掷香橼果］进行反击时，哈斯蒙尼人需要表明自己的身份，即他们是一系列神迹的制造者，并且无论在军事上还是在宗教上，他们是被指定的反抗希腊化污染的《托拉》犹太教的守护人，尤其在当时各种各样的传言非常混乱的情况下更是如此。同样地，当《托拉》中的诫命对自己不利时，犹太当局第一次提出要对其进行修改。

在犹地亚一个小村庄里，一些手无寸铁的村民在一个安息日被屠杀。于是，"铁锤"犹大·马加比（Judas Maccabeus）决定，如有必要，他们不惜在安息日战斗，这个决定，被时势发展证明是正确的。所有的迹象都表明，正

---

① 亦称"结庐节"，于赎罪日后第五天即提斯利月十五日开始，持续8天。住棚节与犹太人的宗教与历史联系在一起，因为《圣经》中说："以色列家的人都要住在棚里，好叫你们世代世代知道，我领以色列人出埃及地的时候，曾使他们住在棚里。"住棚节最初是农民喜庆丰收的节日，这时粮食都已进仓，葡萄已酿成酒，犹太人便在果园或葡萄园里用葡萄、无花果等七种植物枝条搭起临时棚舍，在棚舍中度过收获季节的最后几天。古代犹太人还要在节期内带上的谷物、水果去耶路撒冷圣殿献祭，并形成一种习俗。

如那些人格轻浮的异族世界的国王一样，哈斯蒙尼人也认为自己是神指派的。他们制定了官方节期"光明节"，并且自奉为被玷污的圣殿中的清洁者和献祭人。

由于在与强敌希腊军队的对抗中取得了意想不到（尽管并非一直如此）的成功，并且务实地利用与罗马人结成的联盟，以及与竞争对手塞琉古人的长期不和，哈斯蒙尼人很快就树立起强大的信心。这个犹太王国比之前任何一个以色列王国在领土上的野心都更大，在令异教徒改宗的道路上走得更远。他们的军队——包括大量由外国雇佣兵组成的分队——从爆发起义的犹地亚山区核心地带出发，途经撒玛利亚进入加利利地区，一直推进至希腊沿海城市托勒密，然后向北进入黑门山一带，直达现在所称的"戈兰高地"，甚至还进入了叙利亚，随后越过约旦河，进入摩押山区和亚扪山谷，而向南则进入了内格夫沙漠，攻占了原来属于非利士人和腓尼基人的古老要塞城镇雅法、加沙和亚实基伦。他们征服的过程也是令异教徒改宗的过程，有时是强制性的，但这个过程中，身体上的痛苦有时并没有想象中的严重，因为当地的一些居民至今一直在实行割礼制度。[23]

这个小朝廷在保护《托拉》的意义上取得了成功，而其至少表面上看起来是一个新生事物。约翰·胡肯奴是历史上第一个发行铸币的犹太统治者，尽管当时的硬币（prutot）面额不大，尺寸也很小。硬币的一面通常是象征丰裕的号角（源于古典世界）和石榴（源于犹太传统），另一面则有意识地刻着原始的希伯来象形文字。这种文字当时大多已被废弃，人们更喜欢使用亚述—阿拉米方块字，希伯来文至今仍在沿用这种形式。胡肯奴称王时使用的不再是熟悉的希腊名字，而是在雕刻铭文时用"约拿单、大祭司和犹太人委员会首领"（Yochanan Cohen Gadol, Rosh Hever Hayehudim）。

《马加比一书》最早用希伯来文写成，但只有希腊文本得以流传下来。它以同样的方式表明，其内容乃是这个再生的犹太王国的真实史诗，并且其叙事风格与希伯来《圣经》对历史的描述非常相近。而《马加比二书》，则有更多夸张的神话和诗意的杜撰，这充分说明其作者来自希腊化的埃及，因为那里需要这类由希腊、犹太文化调和而成的文学作品，约瑟和亚西纳的故事就是一个例证。同样与众不同的是，作者还有意地模仿历史学家的口气，宣称对古奈利（Cyrene）①另一个叫伊阿宋的作者早期写成的五卷巨著进行了删节。

《马加比二书》的开篇是一封写给埃及犹太人的信（以一位耶路撒冷人的口气），其中就包括神奇地保护圣殿牲祭火种的故事，暗示着无论世俗权力如何变化，犹太教的火种总能从一个地方带到另一个地方。从意识上讲，像"安息日莎草纸"的作者在三个世纪前对象岛犹太人诉说的那样，埃及犹太人需要通过遵守节期的仪式聚集在耶路撒冷的权威之下。因此，他们仔细挑选特定的日期——基斯流月第二十五天，即圣殿恢复献祭的日子——哈斯蒙尼官方规定将这一天作为新的自由日庆祝"光明节"。事实上，《马加比书》的作者仿佛得到了新的哈斯蒙尼祭司兼国王的指示，明确地提出他们希望光明节的庆祝活动不仅要像住棚节一样延续八天，并且还赋予这一节日与逾越节、五旬节、住棚节这三大朝圣节日同样的神圣地位。关于这件事是否发生过的问题，拉比教义持否定态度，认为这显然是将《马加比书》凌驾于《圣经》法典之上。拉比们在检讨过去时完全有可能作过认定，认为哈斯蒙尼人的创新行为中掺杂着某些难以捉摸的世俗因素。鉴于《马加比书》的两位作者为了将这次解放与早已成型的出埃及故事相媲美，作了如此大的努力，这样的类比可能真的没有发生过。

但无论《马加比二书》的作者是谁（并且无论其内容与"古奈利的伊阿宋"的著作相近还是无关），这个人肯定知道如何用古典的后荷马风格写作史诗，使其传奇故事中充斥着各种奇迹、诅咒和离奇的不可能事件，从而满足了有文化修养的、希腊化的读者群的阅读需求：用希腊风格表达希腊人的必胜信念。在《马加比一书》中，因疯狂而受惩罚的安条克四世"在一片陌生

---

① 即现在的利比亚城市昔兰尼。

的土地上,经历了巨大的悲伤后"死于小亚细亚,他在弥留之际曾为他对犹太人的迫害行为而痛心忏悔。而在《马加比二书》中,他的临终时刻却被活灵活现地描述为:在上帝加给他的腹泻引发的臭气熏天、不可抑制的阵阵痉挛中慢慢咽了气。"这个人先想了一会儿,觉得他能够着天上的星星,此时谁又能受得了他身上那种令人无法忍受的恶臭呢。"[24]在他垂死挣扎的恶臭中,这位饱受折磨的国王希望能皈依犹太教,而如果他能够活下来,一定会为整个世界都在宣扬《托拉》而感到惊奇。

与之类似,尽管这两部书讲述的都是犹太人拒绝服从安条克王朝律法的殉教史,但《马加比二书》那位激动的作者却编写了一出希腊风格的戏剧,更侧重于描写统治者的残忍行为和家庭的悲剧场面。90岁高龄的以利亚撒"长着一张讨人喜欢的面孔",但他却"宁愿选择光荣地死去,也不愿受可憎的东西玷污而屈辱地活着,他甘愿领受该得的惩罚"。一些对此深表同情的同事建议,他完全可以私带一些"可食"的肉,假装吃下去,但以利亚撒说却说:"到了我们这个年纪……掩饰并非明智之举。"一位7个儿子的母亲,眼看着她的孩子们就要在一口大锅里活活烹煮而死。第一个有话要说的孩子被割掉了舌头,四肢也被砍了下来,然后放在一口平锅里煎炸。他的兄弟们看着这一切不为所动,宁折不屈。他们一个个地遭受残酷的折磨——剥皮甚至更残忍的酷刑——但他们都毫不动摇。安条克感到非常沮丧,但这个狡诈的家伙用矛叉住第七个孩子,逼迫悲痛欲绝的母亲说服这个唯一的幸存者服从他的意志并放弃犹太教,而这个孩子归顺后将得到巨大的财富和王室的宠爱。这位母亲当然没有接受,她请求儿子:"原谅我,你在我的肚子里待了九个月,我奶了你3年,并把你养大……安心去吧,我将伸开慈爱的双手迎接你们弟兄的归来。"儿子回答说,他会拒绝服从国王的命令,而遵守"摩西授予我们先祖的律法诫命"。安条克被激怒了,他命令对这个年轻人施以比其兄长更严厉的刑罚。尽管我们前面已经目睹了各种各样残忍的折磨手段,但实在难以想象什么才是更严厉的刑罚。

由于哈斯蒙尼人王权的正统性与王室的英雄主义紧密联系在一起,所以这两部书都以家族浪漫故事作为其核心内容。对起义发生地的乡村背景所作的粗犷而质朴的描写,与优雅的希腊风格形成了鲜明的对比。在父亲玛塔提雅的村子里,有的犹太人要按照安条克四世规定的方式举行献祭仪式。面对这些,玛塔提雅自然有自己的应对方式,那就是用他的大刀说话。《马加比一书》引用了菲尼亚斯[Phineas,即非尼哈(Pinehas)]这个先例。在《民数记》中,这个人用一把烤肉的叉子刺穿了一个以色列男人和一个米甸(Midian)女人的腹部,因为他俩当时正在以色列人的秘密帐篷里交媾达到高潮。①这段经文暗示,这就是与外族人淫乱的报应,这种变态的结合破坏了犹太家庭正统结合的秩序。25

"愿意忠于律法和坚守誓约的人都跟我来吧!"玛塔提雅发出号召,并带领他的5个儿子进入了深山中的要塞,与他们的敌人展开了游击战。许多家庭包括女人和孩子,从狼烟四起的村庄和城镇逃离,来到了哈斯蒙尼的营地,他们从这个自由的原始城堡发起了一场净化运动,并拆毁了异邦的祭坛。"他们只要在以色列沿海一带发现有未行割礼的儿童(在这个唯一沾染非利士—腓尼基传统的地区,这很有可能是真的),就强行割掉他们的包皮。"所以,这里提到的马加比家族实施的恢复最初亚伯拉罕和摩西的血誓的肉体净化运动只不过是一种表面上的声势。

玛塔提雅弥留之际,把5个儿子召集到面前并留下遗言,像亚伯拉罕对但以理(Daniel)那样,把他的父亲身份与族长和先知的职位集为一体,并特别地授予大儿子犹大·马加比以首领的权力;二儿子西门(Simon)作为"一个共同商量的人",可在犹大之后"做你们的父亲"。于是,犹大同样以这种仁慈的族长制精神,从他的起义军中挑选任命了下一级"队长",并将那些希望安心于家庭生活的人,即"已经订婚的、建造住宅的和种植葡萄园的人"送回了家乡。26他要求自己的家庭用传统方式献祭,所以,一个建立在遵守《托

---

① 参见《民数记》25:6—14。

拉》基础上的真正的犹太国家已经成型。在完成这一历史使命的过程中，兄弟们一个一个地倒下了。犹大战胜了一支又一支派来围剿他们的大军和一个又一个不可一世的将军。其中最难对付的尼卡诺尔（Nicanor）由于胆敢冒犯犹大的权威，他的脑袋和胳膊被砍了下来，并作为战利品游街示众。《马加比一书》声称，他名声远播，"全国上下都在谈论犹大的战功"。实际上，犹大和他的队伍在公元前164—前160年遭受了一系列的挫折和败绩。《马加比一书》说他死于一次秘密的伏击，当时罗马人和斯巴达人都已经意识到，这个开放的联邦实际上是一个军事联盟。

在一次战斗中，犹大的弟弟以利亚撒猛刺战象的腹部，结果被战象倒下来的巨大身躯活活压死。另一个弟弟约拿单则是一位主张精神净化者，他取代撒督家族的最后一位传人阿尔息穆斯（Alcimus）而当上了大祭司。这位阿尔息穆斯由于贸然宣称自己是遵守上帝《托拉》的使者，因而被认为是另一个自私自利的希腊化犹太人。然而，约拿单的祭司身份并没有得到犹太议会的承认，而是得到了竞争对手塞琉古王朝的支持，他们的目的只不过是为了继续维持安条克四世之前的格局。结果，他同样也沦为了希腊人派系斗争的牺牲品。

最后，再来说一说第二个儿子西门。尽管《马加比一书》是在西门的儿子约翰·胡肯奴，甚至可能是在西门的孙子亚历山大·詹尼亚斯统治期间写成的，但该书中最出彩的部分，被写成了歌颂西门的田园诗并不使人感到惊奇。西门其他的弟兄尤其是犹大借用的是从摩西直到大卫形成的那种古代的族长加国父的身份，而西门却是作为祭司、王子、士师和将军成为这些先祖的继承人的。正是他，最终成功地将阿克拉城堡中的外邦军队赶出了耶路撒冷，从而终结了任由外邦占领圣城的局面，将这个犹太国家从一个从属的城邦变成了一个真正的、独立的王国。犹太史诗在这个时刻（公元前142年）达到了喜庆的高潮，当时耶路撒冷人"用一片感恩之心，挥舞着棕榈枝载歌载舞、敲锣打鼓，弹着竖琴和六弦琴，唱着赞美诗和圣歌"举国庆祝：因为一个强敌被赶出了以色列。

在西门的统治下，犹太人迎来了一个和平繁荣的黄金时期。犹太人与希腊人之间的战争——以及犹太人与犹太人之间的战争——终于结束了。原来禁止接纳敌方士兵的希腊化城市斯基托波利斯重新开放，并改回了原来的名字贝特谢安，从而成为犹太人和希腊人的共同家园。王国的边界进一步扩大。雅法建成了一个新港，以便与"大海中的诸岛"互通贸易。罗马人和斯巴达人受到感化，不过并不完全像《马加比一书》的作者描绘的那样。这种摆脱了专制统治的和谐而仁爱的和平景象延续了数代人。《圣经》正典的最后几卷和《次经》的某些内容被认为出于所罗门之手。而在《马加比一书》中，西门是作为所罗门的化身出现的，他在尘世间主宰着一个属于犹太人的天堂：

> 他们安静地耕种自己的土地，大地给他们产粮食，果树给他们果实。老人们坐在街道旁，聚在一起交谈些好人好事，而年轻人则穿着光鲜的戎装。他（西门）为各个城市提供食粮，并为其准备各种武器，所以他的美名传到了世界的各个角落。他为这片土地带来了和平，整个以色列洋溢着欢乐祥和的气氛：人们坐在自己的葡萄树和无花果树下，没有人再来打扰他们，留在这片土地上的（外邦）人也不再与他们为敌：是的，他们自己的国王这些天也已经被打倒了。不仅如此，他还使所有地位低下的臣民变得强大：他找出所有的律法，并把所有蔑视律法的人和邪恶的人赶走。他还对圣所进行美化，并使圣殿中的器物越来越多。[27]

西门及其后人宣布，他们是永久的统治者。但真正具有重要意义的，是所附加的条件——"直到一位先知［意指一位弥赛亚（messiah）或他的使者］出现"（写于这一时期的库姆兰古卷中，且被多次提到）。然而，即使这样一位像神一样的君王（basileus），也会有人背叛他。当哈斯蒙尼人开始像当地的希腊统治者那样实施统治时，就注定了也会像他们一样悲惨地死去。西门很快就陷入了家族纷争之中,而这场纷争最终导致哈斯蒙尼王朝在兄弟阋墙引发的内战中(传说善良的兄弟帮落入了邪恶的兄弟帮的圈套)垮台。在以自己的名义举行的一次宴会上,西门在觥筹交错之间被他的女婿杀害了——这样的事在古代时有发生。但是,像他的父亲玛塔提雅一样,西门在弥留之际已经把他的儿子尤其是最大的两个儿子召到面前,交代祭司和君主的继位大事,宣布自己年事已高,"你们就代替我和我的兄弟,继续为国家战斗,上天会帮助你们的"。[28]

西门被谋杀后,像他的父亲和兄弟犹大与约拿单一样,他的遗体就"安葬在他先祖的墓地里"。此时,远在他们世代居住的老家莫迪因的哈斯蒙尼家族墓地已经不像原来的样子,也就是说,已经不再是一个普通的家族墓地。《马加比一书》还是第一次为我们详细地描写除圣殿之外的一座规模宏大、装饰豪华的建筑。西门的陵墓是一片浮华的建筑群,其中的每一个结构都像希腊作品一样浑厚而壮观,而这正是哈斯蒙尼人曾经一直不能接受的(但却难以使人信服)。整个陵墓包括七座高塔,一座属于西门的父亲,一座属于他的母亲,另外五座则属于他们兄弟五人。塔顶都修成了金字塔形,壁柱的表面贴着经过加工和抛光的石板,而壁柱之间则是盔甲的浮雕(为了向马加比家族的武士表示敬意)和各种船只的雕塑。这样的建筑格局、规制,与古代统治者为自己建造的陵墓并没有什么不同,其最著名的原型就是公元前4世纪的古典世界奇迹、罗得岛上的哈利卡纳苏斯(Halicarnassus)陵墓,这里曾经出现过一个庞大的犹太群落。[29]

这些似乎与犹太性相去甚远,并且与不朽的"字符"相比,犹太人对用壮观的石头制造浮华一向持鄙视态度。然而,哈斯蒙尼家族陵墓却向外邦人传递出这样一个信号:在希腊化的世界里,犹太人已经成为强势的参与者。《马加比一书》告诉我们,哈斯蒙尼人之所以把7座墓塔建造得如此巍峨,只是为了让那些从海上来的旅行者一到岸边就能看到并发出惊叹而已。

这个引人注目的纪念地已经在犹地亚引起了反响。这座石头垒成的陵墓建于公元前2世纪末前1世纪初,并且至今仍然矗立在耶路撒冷城边的汲沦谷中。所谓的"押沙龙陵墓"和"撒迦利亚陵墓"、伊阿宋陵墓,以及建有双柱连廊的奇异的伯内·哈齐尔(Bnei Hazir)家族陵墓都已经不是简单的地下拱顶墓穴或古老的山洞墓穴,里面也不是普通的棺木,而是特意设计成傲视世界的高大建筑,以便为犹太人同时也为异教徒造成一种特定的视觉效果。其中传递的信息代表的是一种古典的高贵:主人属于祭司贵族阶层(上述家族毫无疑问是贵族),大可不必为陵墓装饰着多利安式(Doric)[①]柱顶、巨大的石柱、内部阶梯(如押沙龙陵墓)、浮雕饰带,有时甚至带有温和的东方韵味的金字塔形墓顶而感到羞愧。正如考古学家拉斐尔·哈奇利利(Raphel Hachlili)所言,要说有什么创新,也仅体现在安放同一家族成员的墓龛结构(kokhim),以及在死者下葬一年后举行第二次葬礼使用的盛放"遗骨"(ossilegia)的石匣。到公元前1世纪,这样的石匣已经成为一种奇异的、体现世俗美的器物:它们用石灰石雕刻而成,里面雕饰着各种花卉和植物图案(尤其是造型复杂的玫瑰花图案)。当时有一个造型奇特的石匣,其外观看起来就像一所希腊房子:人字山墙、柱式门廊、拱形窗户(当然是通透的)一应俱全,这无疑是为死者提供的最优雅的城郊安息地。我们现在也在使用的"nefesh"(意为"灵魂"或"非物质的精神存在"),在当时是描写在陵墓中建造的这种纯粹的物质结构,是不是很生动?

如果这些哈斯蒙尼王公贵族对耶路撒冷进行重建并使其向四面扩张的成就是真实的,那么他们的王朝也就是真实的。马加比家族发动起义,反抗疯狂的安条克四世实施的文化和物质灭绝政策。但他们仅仅用了一代人的时间

---

[①] 在古希腊,与朴素的生活风气相适应,无论贵贱、穷富,人们都穿一种宽松的白色长袍,称希顿装(Chiton)。这种希顿装反映在建筑上分为多利克式(Doric)和爱奥尼式(Ionic)。希腊神庙建筑的基座、柱子、檐部之间的关系,至公元前7世纪各部分都有了固定的形制,这种梁柱结构体系叫作柱式。多利克式是一种最基本、最古老的柱式,由多利安人创造于公元前7世纪初,主要在希腊本土、意大利南部和西西里岛流行。多利克式的神庙通常建在三级台阶上,石柱没有柱基,而是直接立在台阶座上,柱身上细下粗,中部略微鼓起,柱子上有20个凹槽,整个石柱显得朴素而粗壮。柱顶也很简单,仅为一个圆盘,盘上是方形顶盘,顶盘依次往上为横梁、浮雕饰带、飞檐和三角楣墙。多利安式很少装饰,给人以朴素、庄严之感。公元前7世纪建于奥林匹亚的赫拉神庙,公元前6世纪建于科林斯的阿波罗神庙等都是多利克柱建筑的典型代表。

就从暴政下的起义者变成了塞琉古世界舞台上的"演员"。尽管他们是强制人们回归正统的卫士,是打碎偶像和摧毁异邦祭坛(并且捣毁了撒玛利亚人在基利心山上的"圣殿")的勇士,但他们从来也没有旗帜鲜明地反对过希腊化,因为他们没有理由认为希腊文化与犹太教之间存在根本的不一致。犹太人的亚历山大这个辉煌的文化中心似乎是一个活生生的例证。为了表征这种一致性,亚历山大·詹尼亚斯不仅在他的铸币上用古希伯来文刻上自己的犹太名字约哈拿坦(Yohanatan),而且用希腊文刻上了他的希腊名字。他没有把自己的头像刻在铸币上,可能是因遵守第二条诫命①,不但这不一定就意味着他完全回避偶像。对哈斯蒙尼人来说,他们的做法恰恰相反,他们选择的头像显然出于一种折中的考虑。在詹尼亚斯那枚小小的铸币上,一面刻的是挂着花环的两支羊角(象征哈斯蒙尼王朝繁荣昌盛)这一经典形象,在两支羊角之间则是更具犹太风格且与圣殿相联系的石榴图案;而另一面刻的是源于马其顿原型的八角星图案(有时称为"八芒星")②。然而,这个八角星也暗指摩押人巴兰(Balaan)的预言,即《民数记》(24:17)中所说的"有星要出于雅各"③——"八角星"就像亚历山大包着护甲的拳头,将"打破"摩押、以东以及周边其他民族。

像住棚节一样,由哈斯蒙尼王朝官方设立的光明节也要庆祝八天,而这八天的节期正相当于异教庆祝光明回归的"冬至节",其庆祝活动在希腊和罗马非常流行。这个希腊风格的"胜利纪念日"——像纪念击败尼卡诺尔将军的"尼卡诺尔日"一样——被记在了犹太历上。

一味追求古典高大雄伟的风格使一向以简朴著称的犹太教精华部分显得

---

① 指"摩西十诫"第二诫:"不可为自己雕刻偶像,也不可作什么形象……"参见《出埃及记》20:4。
② 关于八角星图案的起源,各民族和宗教说法不一,寓意也有所不同。一般认为与中东地区崇拜光明和星辰的原始宗教有关。就用于装饰及其寓意而言,有伊斯兰教的"八芒星",犹太教的"大卫盾"(六角),佛教也有"八辐轮"。但究其根本,星形(不管有几个角)就是"星星",不由得使人想起罗盘、六分仪、船舵等早期航海装备,星空下的航海家对光明是最敏感和最企盼的。
③ "有星要出于雅各,有杖要兴于以色列,必打破摩押的四角,毁坏扰乱之子。他必得以东为业,又得仇敌之地西珥为产业。"——编者注

十分笨拙，这有时会与大希律所谓"假造犹太教"联系在一起的。这种说法除了来源于一个以东王国南部的以土买人（Idumean）、军事冒险家安提帕特（Antipater）的儿子皈依犹太教的故事，你还会指望是什么其他原因呢？但是，希律只不过比哈斯蒙尼人发起的犹太式古典主义更加夸张而已。他们的共同死敌是疯狂的安条克四世，而不是希腊人。模仿他们的优雅风格有什么错？早在希律之前，约翰·胡肯奴就曾在耶利哥（Jericho）为自己建造了一座豪华的宫殿，里面设有游泳池和带柱廊的游乐场。在阿克拉城堡的原址上——因而与人们认定的大卫王宫相距不远——哈斯蒙尼人为自己建造了坚固的豪华住所，以便与其所谓的"祭司加将军兼'族长'"的王室气派相一致。

然而，在他们以及为他们修史的那些人的心目中，尽可能地乞灵于最初的犹太君王（因为他们以大卫王的转世灵童自居）与作为附庸王室依附于后来的塞琉古王朝，二者之间并不存在矛盾。哈斯蒙尼人为了能够存活下来，曾不止一次地试图将犹太王国一直非常脆弱的自主权置于危险之中。公元前134—前132年，安条克七世曾对耶路撒冷实施长期而严密的围困，几乎迫使耶路撒冷人投降，但约翰·胡肯奴通过同意将自己的王国降为一个进贡的城邦就很轻松地解除了围困，这与仁慈的安条克三世当时围城的情况并没有什么不同。通常只有希腊人不经意送上的礼物——国王在战事中突然死亡——才能使犹太小朝廷得以恢复，赢得短暂的、表面上的独立。

这种短暂的独立，甚至还要"感谢"罗马势力的介入。从犹大·马加比在公元前2世纪末期向罗马派出第一个使者欧波勒姆斯（Eupolemus）（曾三次派出使者）以来，哈斯蒙尼人就自认为在结盟的条约中拥有平等的（或许稍处弱势）地位。《马加比一书》和约瑟福斯告诉我们，这些条约曾被雕刻在铜板上在耶路撒冷公开展示。或许有一段时间，哈斯蒙尼人并没有完全被这种膨胀的盲目自大心理所吞噬，因为约翰·胡肯奴和亚历山大·詹尼亚斯的军事扩张行动可能的确使这个准犹太王国在埃及与小亚细亚之间这片具有重要战略意义的土地上一度看起来似乎赢得了统治权。

然而，赢得异邦势力的尊敬意味着必然要失去祭司（而不是身着戎装的君王）作为犹太教真正守护人的地位。正如大家所看到的那样，对大祭司职位的争夺战是令人震惊的，也是使人痛苦的，并且会在祭司职位和王子身份之间再次引起古已有之的争论和猜忌。这样的争论是由《列王纪》《士师记》和《历代志》的作者于一千多年前在记录扫罗、大卫和所罗门及其子孙后代的历史时首先提出来的：政治权力究竟是能够维护虔诚还是会伤害虔诚。当然，这样的争论在两千年之后，仍然没有从犹太生活中完全消失。时至今日，这种争论已经变成了政治与《托拉》之间的冲突。犹太教需要国家的保护，但以色列人的宗教却是在从埃及国王手中逃出来之后形成的，并且是在没有国家的情况下在"应许之地"建立起来的。哈斯蒙尼人自认为继承了大卫家族的血统，而这与其他借口一道，成为千古难题。

在他们的宫廷之外，这些自认为是圣殿与《托拉》的守护人的王室成员在这个重要问题上分裂成了两派（现在依然如此）。政府的贵族阶层被约瑟福斯称为撒都该派（Sadducees），他们实质上是祭司集权论者，对哈斯蒙尼家族采取的祭司和军事权力的集中体制并不感到担忧，想必对将犹太教用刀剑（以及行割礼用的刀具）强加给像以土伦人（Itureas）、以土买人这样的周边民族也感到十分正常。而他们的对手法利赛派（Pharisees）却完全相反，他们认为哈斯蒙尼家族的权力越大，就越有可能玷污犹太律法的纯洁，所以归根结底，以色列唯一的最高统治者就是《托拉》。至于他们为何给自己取了这样一个阿拉米语名字，长期以来关于其确切含义到底是"净化"还是"分离"一直存在争议。但是，对其大量的追随者来说，这两种含义并没有什么不同。

所以，这个统治王朝逐渐地但又确定无疑地远离了他们自封的神圣守护人的角色。《马加比一书》中讲述了强势的胡肯奴的传奇故事，说他起初是法利赛派的一个"门徒"，自认为被赋予了先知的能力。他取乐的方式倒也奇怪：在一次宴会上，他请求与会者作出保证，如果他们发现他偏离了正路，他们可以大胆地纠正他的错误。所有的独裁者都喜欢标榜自己可以忍受虔诚者的责备，但他们很快就会发现，自己根本就不喜欢受到责备。年过七旬的法利赛人以利亚撒天真得可爱，他竟然把酒桌上的醉话当真了，进言胡肯奴理当放弃祭司职位，仅仅满足于世俗权力就可以了。当逼他讲出自己的理由时，他解释说，这是因为胡肯奴的母亲（西门的第二个妻子）曾在安条克实施迫害期间当过囚犯。这无异于委婉地说她曾经被强暴过，从而对胡肯奴出身的合法性提出质疑。盛怒之下，胡肯奴质问法利赛人，讲话如此冒失该当何罪，他们说打几鞭子就行了，这令他颜面扫地。

人们对他的儿子亚历山大·詹尼亚斯身份的不合法性也提出了指控，并且他也有失颜面地被人扔了香橼果①——犹太人在住棚节期间携带的一种表面粗糙、与柠檬形状相同但更大一些的"不可食"的果实［它们还带着弯曲的棕榈叶柄以及桃金娘和柳树枝（lulav）］。引起这波批评声浪的原因是，亚历山大在住棚节期间作为大祭司主持酒祭仪式时漠视规定的程序，专横地把酒洒在自己的脚上而不是祭坛上。尽管这件事似乎有点搞笑，但却告诉我们，哈斯蒙尼国王装出一副《托拉》守护人的姿态只会引起法利赛人的愤怒。总而言之，在犹大时期，那些自封的国王—祭司与那些因丑闻而被罢免的极端希腊化的人没有什么区别。愤怒使人变得冷血，从而拉开了长达6年的互相残杀的犹太内战的序幕（这段内战在关于马加比时期的历史资料中一直没有充分的描述）。在这次内战中，数千名犹太人一怒之下加入了塞琉古王朝迪米特里厄斯（当时敌方的统帅）的军队，希望借此推翻邪恶的哈斯蒙尼王朝的统治。有5000人在血腥的冲突中被屠杀，战事以亚历山大·詹尼亚斯被迪米特里厄斯及其犹太帮凶击败而告结束。但他的王位和国家却由于希腊统治者的军队像通常需要的那样突然向北和向东撤退而得以保留下来，于是詹尼亚斯返回犹地亚，对那些不忠的犹太人实施疯狂的报复。他将罪恶最大的800名犹太人在自己面前集体钉上十字架，报复行动达到了顶峰。他一边"与他的妻

---

① 一如现在某些"不受欢迎的人"被吐痰、扔臭鸡蛋，甚至被扔鞋。

妾们"饕用着盛宴，一边观赏那些犯人的妻子和孩子在他们钉上十字架的丈夫和父亲面前被残忍地割断了喉咙。

詹尼亚斯的残酷镇压为哈斯蒙尼人的统治赢得了一些时间，但王朝与法利赛人之间裂开的创伤却永远无法愈合了。约翰·胡肯奴于公元前104年去世，之后的一段时间里，"犹太教等同于哈斯蒙尼王权"这种想当然的体制开始动摇。在他的儿子亚历山大·詹尼亚斯统治期间，二者激烈而永远地分离了。这次分离内在地提出了一个深刻的问题，而这也正是一直并将继续困扰着犹太教的问题：如何摆正权力与虔诚的关系？靠那一点点政权的力量就能过上一种健康的犹太生活？或者说，政权的力量只会破坏和毁灭犹太生活？大卫和所罗门王国正是得益于这种怀疑，因为他们通过近乎沉默的方式解决了这个问题。尽管我们从前文提到的那些陶片上的文字和"封印"可以推断出一种王室官僚体制，但除了《圣经》中描述的冲突场景之外，我们对于政治体制和祭司职位之间随时可能产生的种种摩擦却几乎没有什么认识。当然，这样的场景——无论是大卫实施个人犯罪和频繁地发动战争，还是所罗门迎娶埃及王后并纳了无数的嫔妃——对我们来说，在《圣经》中是再平常不过了，足以使我们感觉到神圣性和世俗性［如果一个犹太国家想要存活下来（更不要说繁荣起来），有时二者是必不可少的］处于不断的摩擦之中。尽管像耶利米这样的先知会把王国的失败甚至圣殿的被毁——巴比伦人的全部灭绝行动——称为完美地遵守上帝的计划，但这并未能使权力与信仰的一致性问题变得更简单。

《圣经》的主体部分显然是在国家权力最薄弱的时期由一代又一代人写成的。这些可以携带的羊皮卷无疑已经成为一种制衡刀剑杀戮的力量。在这样的情况下，产生了犹太生活就是犹太"字符"的观念，他们能够并且一直忍耐着，将权力的变迁、国土的沦丧、民众的臣服等内容写进历史。由于其他一神教信仰的文本都是文字与刀剑的联合而不是分离的产物，这就证明《圣经》是独特的犹太版本。

当时，无论是东方文明还是西方文明，都认同这样一个常理：如果没有强大的帝国实力作保证，精神王国是很难有什么成就的。所以，犹太教这个反例无疑对人类生存的优先权提出了挑战并作了重新安排。当另一个身份不明的拿撒勒（Narzereth）传教士①对上述观念作了神秘而明确的重新阐述后，关于这种"无权的权力"的教义才开始吸引大量忠诚的追随者。为创立基督教帝国最卖力的保罗是以国家的一个狂热的工具——执行者、收税人、官僚——开始其传教生涯的。他后来在一道不可抗击的明亮闪电中从他象征权力的高头大马上有失尊严地摔了下来——被光刺瞎了眼睛，被他的福音真理打翻在地。尽管这一切并没有什么重要意义，但微不足道的基督教本身，却发展成为一个帝国。最早由产生《圣经》的王国提出的这个难题——后来更宿命地也更戏剧化地困扰着哈斯蒙尼王朝——也遗传给了这个新教会。像这样的帝国可曾神圣？又遑论罗马！

法利赛派之所以重要，并不仅仅是因为他们宣称，自己要比哈斯蒙尼政权及其王室祭司阶层，即撒都该派更纯洁、更坚定地维护《托拉》的尊严。在犹太王国中一些并不安定的地区，需要从其他地方引入有关律法，并鼓励守法的常识。有时，仅靠书面的《托拉》并不足以处理由不稳定的政体与社会造成的日常生活中的各种争端。所以，法利赛派开始对《托拉》进行繁忙的附加解释工作，从而形成了一种"口传律法"。这不仅仅是为了对书面文字进行扩充，更重要的是为了在《托拉》诫命文本与日常生活实践之间建立一种有机的、具有生命力的联系。令人惊异的是，他们坚持认为，他们所作的高深解释与《圣经》启示的律法具有同等的权威性。因此创立了一个可以同时开放和关闭的体系，并且使"口传律法"的判例成为数千年来无休止争论的焦点。然而，正是这个自我授权的重要行动开创了所谓《密释纳》（200年后编纂完成）时代，并最终编纂完成完整的《塔木德》作为权威文献流传下来。

---

① 指耶稣。

反过来讲，正是因为有一个政权，或者说有这样一个战争连绵不断的王国作为不可逾越的障碍，才赋予了法利赛人在权力机构之外寻求精神王国救助的力量。那些由于惩罚性征税、征兵以及残酷的军事行动等常年的天灾人祸（土地被毁、饿殍遍野、疾病流行）而深受痛苦的人自然心生抱怨。他们声称，虽然上帝责令我们遭受痛苦，但这些傲慢自大、自以为是的家伙却加重了我们的痛苦。圣殿设施掌握在与统治阶级亲近的撒都该派手中。并且圣殿几乎成了哈斯蒙尼家族个人炫耀的领地。这些事实，无异于为公众以及对法利赛派不满的人的火焰加了一把柴火。

这一切不过是犹太史上最令人震惊的场景（之一）的一个序曲［这一场景在光明节和殉难日（Tisha b'Ab）①（据传这一天乃由天定，因为巴比伦人和罗马人在同一天先后焚毁了耶路撒冷圣殿）纪念活动中并没有得到充分的体现。］：以犹太正义的名义，哈斯蒙尼家族的国王兼任祭司的体制被废除了。罗马大军势不可当，在罗马将军庞培征服了大马士革（并移师犹地亚）之后，先后有三个犹太代表团拜见了他，以期说服他达成和解。其中的两个代表团，分别由哈斯蒙尼王位的竞争对手胡肯奴二世和亚力士多布鲁（Aristobulus）两兄弟派出。但第三个代表团，约瑟福斯写道，却声称要"代表这个民族发出真正的犹太声音，不赞成另外两个代表团的意见，（并且）我们不愿意隶属于国王的政权，因为他们从前辈那里继承的政权形式本来是属于他们崇拜的上帝的祭司的"。[30]哈斯蒙尼家族改变原来的体制"不过是为了奴役他们"。所以，他们对罗马人提出的要求是，要对哈斯蒙尼家族同时身兼国王和大祭司的胡作非为进行清算，从而恢复世俗与神圣王国分离的古老体制。对于法利赛人来说，两个竞争者——胡肯奴二世（他自己，及其以土买执政官安提帕特早就投降了罗马人）或他的兄弟亚力士多布鲁——哪一个当政并不重要。管他谁想要这个权力或能取得这个权力，就让他当权吧。真正的权力另有所属！

---

① 犹太历阿布月初九。

## IV 金鹰的巢穴

这就是我们前面讲的故事：一场艰苦的争斗。一方是哈斯蒙尼家族，他们宣称自己是其建立的犹太联邦的真正代表；另一方则认为这个犹太联邦已经成为其生存道路上的绊脚石。

公元前1世纪中叶时，胡肯奴及其执政官安提帕特率领一支罗马军队来到了耶路撒冷城门前。他是否曾恬不知耻地宣布他是一个犹太统治者？罗马狼是否会先给你喂奶然后再吃了你呢？具有讽刺意味的是，只要出现最坏的情况，原来的犹太独立王国变成一个罗马的进贡国，被废黜的、软弱的哈斯蒙尼王朝作为火种持有者的腰杆就会实实在在地挺起来。对希律及其继任者来说，让哈斯蒙尼王朝的阴魂不散，其传奇故事又通过光明节流传下来，可不是什么好事。希律对付他们的方法除了多管齐下之外并无新意：一个是联姻，另一个是拉拢，其余的统统杀掉。

然而，法利赛派既没有为这些事件烦恼，也未因王国的自主权被罗马进贡国这样的附属身份所取代而发怒。按照他们的思维方式，独立地位的丧失恰恰为一次真正的犹太复兴创造了条件，至少可以在神圣与世俗王国之间促成一次新的分离。关于当时发生的情况，我们唯一的资料来源于弗拉维斯·约瑟福斯，他又名约瑟·巴·玛塔提雅（Joseph bar Mattathias）。约瑟福斯的出身使他在这个问题上理解双方时处于一种奇特的地位。因为他出生于一个父亲属于祭司而母亲属于哈斯蒙尼家族的家庭。但是，约瑟福斯的历史记述是在圣殿于公元70年被焚毁之后专为罗马读者写的。他当时并不是一个中立的旁观者，而是韦斯帕芗（Vespasion）和提多率领的灭绝大军中的一个活跃的帮凶和向导。因此，他关于庞培对圣殿表示惊叹的场面的记述，只不过是为了让人们相信，罗马人并非天生就是犹太教的毁灭者。

经过漫长的围困之后，庞培终于站在了圣殿的正门前。他绕过高大围墙下的斜坡，捣毁了圣殿山上建造的公羊像。仅在圣殿里及其周围就有1.2万人被杀。然而庞培发现，即使这种疯狂的大屠杀正在进行时，圣殿祭司们依然在继续举行他们的仪式。庞培对那些针对外邦人的禁忌视若无睹，径直穿过圣殿大堂，撕下了那块幔布，进入了只有大祭司才允许进入的至圣所。但是，他被里面的金祭坛、无酵饼桌台和多枝烛台上的油灯（这件传统圣物实际上使他当时就跪倒在地）吓得魂不附体，以至于一反常态地停止了抢掠。翌日，庞培下令对圣殿的院子进行清理，准予继续献祭。

这俨然是亚历山大经历的再现——征服者被壮观而神圣的场面征服了——约瑟福斯成功地（至少按他的想象）在他的祭司家族的犹太教和他的罗马公民之间达成了和解。从某些方面来说，他也许是对的。尽管罗马人用自己的行动表明，他们要比塞琉古人和托勒密人更愿意干预犹太事务并征收更重的赋税，尽管他们用一个傀儡王国取代了一个独立的犹太国家，但他们统治的前七十多年给人的感觉就是，灾难降临的时刻似乎被推迟了。

然而，这显然并不是因为两种文化相处得十分融洽。这样的结果主要应当归功于胡肯奴二世的执政官精于算计的朝廷中的硬汉安提帕特。安提帕特心里非常清楚，庞培早已预见到这次和解的实质。对这个合约，犹太人在想：你是为了让我们知道，你完全有能力占领叙利亚和巴勒斯坦，为我们建立新的秩序；而罗马人也心中有数：我们并不想干涉你们古怪的生活方式——你们对一些事情持憎恶态度，你们在每周末都要恼人地停止工作，你们弄这么多烧煳了的动物尸体，你们要解决朝圣节日期间自己造成的拥挤问题——这都是你们的事，与我们有什么相干，只要你们不犯上作乱就行。好好干吧，混成一个强大的"小国"，如果你们喜欢，我们可以叫他"王国"；保持和平局面，不要试图作任何反抗；清除盗匪，把钱及时交给我们。不要让你们的长官为难，我们是可以互相谅解的。何乐而不为呢？

对安提帕特和他的儿子们，尤其是希律来说，这次和解可以说正中下怀。矛盾的是，他们能够将这种局面维持下去（至少在当时），并不是因为罗马太强大，而恰恰是在那段时间，罗马几乎已经分崩离析。庞培死了；恺撒被暗杀,而凶手却失踪了;马克·安东尼也丧了命;奥古斯都成了最后的赢家。在每一个阶段,只要发生危机,各派中总会有一派需要帮助[卡西乌斯(Cassius)甚至还访问过耶路撒冷],而希律尤其愿意提供这样的帮助。在决定哪一派占上风的天平上,近东地区——从埃及直到麻烦不断的帕提亚(Parthia)边境——与罗马本身一样重要。他们都知道希律的老底儿。由于胡肯奴二世的军队侥幸得手,希律不得不逃到了罗马。他的孩子都在罗马城接受教育,而他的氏族则与罗马一些最有权势的家族过从甚密。希律成了一个罗马犹太人,也就是说,一个非犹地亚犹太人,一个来自死海西南边境地区、曾被胡肯奴征服并强迫皈依犹太教的以土买人。尽管希律对接纳他的犹太教算得上最循规蹈矩,但罗马人肯定觉得,他与众不同的人种背景使他不会甘心受"主子"(superstitio)的束缚,很可能制造麻烦。希律是他们认为可以依赖的那种犹太人。他嗜杀成性的野蛮行径(如有必要,他甚至会对自己的家族下手——在罗马这是很正常的事)是这种依赖性的另一种表现方式。他们认为,让希律展示一下这种野蛮的个人魅力也没有什么不好:食肉动物的脸上,往往挂着得意的笑容。当希律作为被赶下台的安东尼的盟友出现在屋大维①(之后很快就改称为"奥古斯都")面前时,他竟厚颜无耻地向以冷酷无情著称的胜利者表白:"判断我的人品要看我的忠心,而不要看我效忠的人"。当时,奥古斯都对他几乎毫不防范。

于是,征服者们兑现了他们的承诺。元老院正式宣布希律为犹太人的国王,而恺撒帮助他大大扩展了领地。大祭司职位与王权分离,因而不再是王室的特权,而是由国王任命。犹太人给罗马进贡,换来的是献祭仪式得到认可,但要以"罗马元老院"的名义在圣殿献祭。

这种务实的双边和解方案及其带来的相对的和平局面(在冠冕堂皇的反

---

① 屋大维(Gaius Julius Caesar Augustus,公元前63年—公元14年),罗马帝国的开国君主,元首体制创立者。他于公元前44年被恺撒收为养子并指定为继承人。恺撒被刺后登上政治舞台,统治罗马长达43年。在平息了企图分裂罗马共和国的内战后,他被罗马元老院赐封为"奥古斯都"。他去世后,元老院决定将他列入"神"的行列,并将8月改称为"奥古斯都",这也是欧洲语文中"8月"的来源。

动势力统治下）使当地的犹太文化出现了空前的繁荣。当时繁荣的程度与活力在建筑方面得到了最充分的体现。像恺撒利亚这样的繁华城市纷纷建立起来，圣殿扩大的规模也十分惊人。但不应该忘记的是，在法利赛社区中出现了相互竞争的两个学派，即希勒尔学派和沙马伊学派。① 他们之间关于更严格还是更宽松地理解《托拉》中有关社会生活的规定的争论，以及希勒尔将《托拉》的诫命浓缩为警句的创举，为《密释纳》中"争论出真知"的记述风格树立了一个样板，并在此基础上编纂完成了篇幅更大的《塔木德》。当然，没有人能够与希勒尔在回答人们的提问时优雅的道德风范相比肩，他竟然可以在单腿站立的时间内向人们讲述《托拉》的要义。"你所憎恨的，勿施与他人。其余的只不过是评论。快去学习吧。"[31]

这一切是在一个非犹地亚犹太人、一个皈依犹太教的王朝统治期间——更不要说他身上还有心理变态的基因——发生的，这样的观念在犹太历史的叙事中显得有点尴尬。所谓的宗教改革或复兴是对希律政权的一种反动，而希律本人只是一个假犹太人。有人认为，同时代的所罗门《诗篇》中间接提到的"一个与我们的种族无关的（非法占领我们领地）的人"指的就是希律家族，但也很容易被认为指的是庞培本人。

但是，希律事实上并不是一个假犹太人，也不是像有时不正确地称呼他那样是"半个犹太人"（某些正统的历史文献甚至认为他是一个阿拉伯人）；他是一个彻头彻尾的、毫无争议的犹太人，只是他皈依犹太教的整个家族恰好来自以土买罢了。祭司和拉比、撒都该派和法利赛派对犹太人控

---

① 这是犹太历史上第二圣殿时期，由创立者命名的两个重要学派。希勒尔（Hillel，约公元前70—公元10），出生于巴比伦，据称是大卫王的后裔，但家境贫寒。他认为成文经典并没有涵盖犹太教的全部学说，主张积极研究犹太口传律法。在阐释律法条文时，主张采用说理的方法，不拘泥于词义，而应理解经文的真意为准绳，以公共利益和人道的名义放宽律法条文的限制，提出根据人的动机判断其行为的"动机原则"，并将犹太教的思想精髓概括为"己所不欲，勿施于人"。沙马伊（Shammai，约公元前50—公元30），出生于巴勒斯坦，经营过产业，家境殷实。他治学态度严谨，主张严格按照词义解释经典，以威严和不妥协闻名，"勤读经典""少说多做"和"悦待人"是他治学、处世、待人的三句名言。两人都是犹太历史上的著名圣哲，各自开办并主持着自己的犹太学园，并曾同时当选为犹太公会议长，共同主持犹太公会的活动。尽管两人的性格以及学术风格和治学方法完全不同甚至对立，但正是两派在解释经典上的分歧和争执促进了对犹太教口传律法的研究，并为《密释纳》的最后编纂铺平了道路。《密释纳》中列出的双方分歧和争执多达300余处，并且其他许多内容都是由此而展开的。

制区迅速的、世界性的扩张的反应其实从哈斯蒙尼统治时期就开始了，他们的目的并不是在犹太人与非犹太人之间作出更严格、更纯正的区分，而是恰恰相反：为全面接纳他们加入犹太社区并皈依犹太教制定一套正规的程序。希律完全是这个"犹太人身份扩张计划"的代表性人物。他获得成功的重要之处在于，他的王国体现了社区之间的融合——以土伦人、以土买人以及其他社区——他们已经完全按照可接受的宗教仪式皈依了犹太教，融入了一个更大的犹太人的联邦。[32]有人认为，由于这个联邦比原来的犹太独立王国容纳的种族更多、领土更大，所以更缺乏犹太性，但事实上却恰恰相反。之所以这么说，是因为这些分散的社区早就已经犹太化（他们奉行犹太生活已经长达数个世纪）：他们与非犹太人住在一条街上，他们生活在具有古典风格的城市里，那里有剧场、繁荣的街市、集会场所和广场，甚至健身馆，并且都设有犹太会堂（proseuchai）。事实上，正是在这种更混杂、更开放的城市环境下和这样的特殊时期里，犹太会堂才被作为提供食宿、诵读《托拉》、举行洁净仪式的地方和朝圣中心在各地纷纷建立起来。会堂的出现并不是源于严格的分离，而更像是源于相反的情况：对流动性的重新认识，突然涌现的犹太人旅行和迁移浪潮——到任何地方都能保持其犹太生活方式的能力。所以，他们才会出现在耶利哥去死海的路上。我们现在根据在死海岸边盐床上出土的这一时期的锚具可以推断，当时这是一条十分繁忙的通商水路。在撒玛利亚高地边缘的西索波利斯（贝特谢安）和太巴列湖西南新兴的加利利地区的塞弗利斯这类多种族混居的城市里，都可以找到风格独特的犹太会堂。

与此相反，像加利利岸边的托勒密以及亚实基伦和加沙这些基本上没有犹太人活动的地方，当时的犹太移民人口也在不断增长。他们融入了当地的商业和海上贸易社会，与地中海的罗得岛和塞浦路斯以及爱琴海诸岛隔海相望，甚至能够遥望西南方的亚历山大和昔伦尼卡。正是这种社会和经济引力，促使希律决定在领土的地理中心建造一座以他的新主人的名字命名的壮观的沿海城市——恺撒利亚·玛利蒂玛（Caesarea Maritima）①。恺撒利亚有一座巨大的圆形剧场，一个自水下20英寸的旧城墙石基上建造的港口，一座带有浴池的华丽水上宫殿，鳞次栉比的高塔和巨像俯瞰着大海。几乎在一夜之间，巴勒斯坦海岸变成了一个崭新的腓尼基。大量的犹太人涌入城内那些豪华的居住区，其他一些犹太人则选择在南面的雅法和北面的托勒密定居下来。这次扩张是如此迅速和剧烈，最终注定要像罗马和亚历山大一样，在犹太人和非犹太人之间引发种族冲突。但是，只要希律当政，这种冲突就会得到控制，而罗马地方官员的要求则需要受到限制，以免引发危险的排外情绪。

犹太生活的另一端是耶路撒冷。正如犹太世界的意识冲破犹地亚进入沿海地区，向南进入沙漠地带，向北进入加利利地区和戈兰高地完全是希律的功劳一样，圣殿的外观改造同样也是这位以土买—犹太国王和建造大师的杰作。在希律对圣殿进行改造之前，尽管这座建筑内部装饰豪华，但圣殿仍然保持着4个世纪前所罗巴带领犹太人"回乡"时设计的朴素外表。后来在哈斯蒙尼王朝统治下，耶路撒冷的人口越来越多，人们在节日和朝圣期间纷纷涌入圣殿区，拥挤的人群往往使得献祭活动难以正常进行（并且喧哗声扰乱了应有的庄重气氛）。希律对圣殿区进行了大面积的扩展，他采集了大量的石灰石，将其加工成板材运到圣殿山，在圣殿区周围建起了高大的外墙。最近在现代耶路撒冷地下打开的古老通道表明，许多石材尤其是刚刚露出地基的石块尺寸大得惊人，而当时那些赫丘利（Hercules）②般的劳工竟然将其运到山上并且在没有砂浆或水泥的情况下垒得严丝合缝。即使按照罗马人的标准，这些石块也实在惊人，以至于他们在罗马听说后对此表示怀疑，认为犹太人以宗教为借口正在建造的这个庞大建筑实际上是一项战略工程，是为了对抗

---

① 意为"恺撒的巴勒斯坦"（科赫巴起义前的134年曾一度更名为"叙利亚的巴勒斯坦"），建于公元前25—前13年，位于现代以色列的特拉维夫与海法之间的地中海岸边。恺撒利亚城完工后很快成为犹地亚地区的文化中心，并于公元6年成为其"行政中心"。1961年在该城遗址上出土的"彼拉多石碑"，是考古发现中唯一提到罗马总督旁丢斯·彼拉多（曾命令将耶稣处死）的文字记录。

② 或译赫拉克勒斯。他是希腊神话中宙斯与阿尔克墨涅之子，出生后被母亲丢到野地里，赫拉从旁经过，因不知情用自己的乳汁喂了他，因此力大无比。他曾完成了12项英雄伟绩，被升为武仙座，是白羊座的守护神。

未来实施围困的军队而构筑的一道防御工事。对于这位主持建造的、反动的以土买犹太人来说,他又何曾想到现在那些面对残存的"西墙"祈祷的人以及那些渴望亲眼目睹在这段墙上重建圣殿的人的心情呢?

数个世纪以来,耶路撒冷就是圣殿,一个对犹太人来说具有深刻奉献意义的崇拜和献祭的中心。希律希望在不改变这种身份的情况下,将耶路撒冷变成一个可以与古典世界的伟大成就——雅典、亚历山大和罗马——相抗衡的城市。他的计划宏大,成就更大。建成后巨大的圣殿坐落于圣殿山上,方圆几英里外就可以看到,向游人宣示帝国的宏大气魄。离圣殿不远处哈斯蒙尼王朝为自己建造的外表古朴的寝宫也被改建成了一座非常豪华的宫殿,可以兼作城堡要塞和娱乐胜地。当时,城里有花园、水塘、精心铺设的街道和集市,圣殿山和锡安山之间有拱桥相连。希西家时代的水道和蓄水池得到了疏浚和扩展,并且为恺撒利亚另建了一条规模更大的供水渠道。在罗马时代,恺撒利亚和耶路撒冷俨然是犹太生活的中心:用完全不同的方式引领着犹太人的生活(就像今天的特拉维夫和耶路撒冷体现着不同的现代生活方式一样),但又都刻有这种独特文化的印记。仿佛突然之间,犹太人成了东地中海世界中一支不可低估的力量。

无论是俗人还是祭司,整个贵族阶层无不为眼下的浮华所陶醉。撒都该派认为,他们的所倡导的东西与装饰设计的优雅之间并不存在矛盾。我们从最近出土的大祭司该亚法(Caiaphas)(他肯定是一个撒都该人)的儿子约瑟的遗骨匣上也看到了这种优雅。而该亚法正是按照彼拉多(Pilate)的命令主持了对拿撒勒人耶稣的审判。如果耶稣的追随者要将他们的穷人弥赛亚运动与犹太祭司职位的虚荣之间的不同进行戏剧化演绎的话,他们也很难比该亚法陵墓中雕刻精美、环环相扣的玫瑰花环更有说服力。(讽刺!)假如这样的装饰没有违犯第二条诫命中有关"雕像"(一般认为指的是人物形象)的禁令,那么显然与《托拉》产生矛盾实际上也就并不存在。《出埃及记》(15:2)中使用"赞美诫命"(Hiddur mitzvah)的经文,被理解为一种物质的美化。任何人都无法在不熟悉其作者对帐幕装饰的细节描述的情况下读懂《摩西五经》中的某些经文，因为作者在描述帐幕可以随时带走的便携性时是简约的，而在描述其装饰的豪华时是详细的。比撒列（Bezalel）是一位工艺大师，他设计过从帐篷支柱到祭司法袍等一应礼仪用品。他后来成为犹太手工艺界的第一个传奇英雄，对犹太教来说，他的地位几乎与亚伦同样重要。几乎可以肯定，许许多多的工匠——金匠、珠宝匠、编织工、铁匠、泥瓦匠——虽然他们改变了耶路撒冷，在马加比和希律时代为耶路撒冷的繁荣作出了巨大的贡献，但他们仍然把自己视为比撒列的后裔。正是希律王室以及祭司与世俗贵族们（因为他们喜欢炫富，偏爱豪宅）的支持与赞助，才改变了这个城市在古典世界中的名声。

在大多数情况下，希律王朝十分谨慎，尽量不越过偶像崇拜的底线。但是，罗马的自我美化理念本身就具有巨大的诱惑力。有的时候，希律会把他的"金鹰"族徽挂在圣殿院子大门的正上方。这本来作为他自己的一个爱好，这也没有什么不好，况且又不是挂在圣殿里面，但这仍然激怒了一伙年轻的所谓"智者"（sophistai）——严格坚持律法的人，即加利利的犹大的追随者——他们顺着绳子从门楼顶上爬下来，用斧头把金鹰砍了下来。他们或许是一些严格坚持律法的人，但如果不是听信了希律已经完全被蛆虫啃食，只剩下骨头的传言，他们大概也不敢这样做。对于这些手持斧头的人来说，不幸的是，希律虽然遭到蛆虫的啃咬，但却还没有咽气。他们被押到暴怒的国王面前，当被问到为什么马上就要因为犯罪而杀头反而似乎很高兴时，这些严格坚持律法的人回答说，他们"在死后会享受到更大的快乐"。[33]这似乎是最后再挑逗一下希律，以满足他们的临终愿望。

"赞美诫命"或以这样的名义实施的过火行为仍然了激怒了约瑟福斯提到的其他两个宗教派别。法利赛派——尽管没有人统计过，他们的人数可能是最多的——对自己的朴实无华作了一次清教徒式的大展示，以证明他们作为自诩的《托拉》的拥有者（和阐释者）的身份。尽管《圣经》收录典章律例的"大门"并没有正式关闭（不可能声势浩大地宣布），但对于先知时代已经过去这一点已经形成了共识。那么，当时能够做的事就是开始以《米德拉什》（*Midrash*）的形式进行密集的实践检验。"米德拉什"一词在希腊语中的意思是"对历史记载进行探询或质疑"。特别是人们当时认为，以赛亚及以后的众先知在发出预言时并不能充分预见到他们所说的话是否能得到不断变化的情况的验证，所以尤其是法利赛派便开始将实际情况应用于预言学。这种质疑引发了新一轮更根本的变革：他们分配给自己一种权利，即根据《托拉》的文本进行解读。尽管当时并没有人提出"口传律法"这一说法，但在法利赛派的教义中实际上已经体现出这样的想法，即这类解读的律法最终将支配着《托拉》塑造日常生活的方式。这件事的严重性和热烈程度，足以引起撒玛利亚人的激烈反应，因为他们一直坚持认为，只有成文律法才具有唯一的权威性。

　　法利赛派认为自己是未受撒都该派的制度性权力玷污的教师和领路人。但对于其他人来说，在人口众多、爱慕虚荣、拥挤不堪的耶路撒冷这个纷乱的世界里，要达到一种纯净地遵守教规的状态——更不用说集中精力对其意义进行近距离的研究——几乎是不可能的。虽然死海西北岸离耶路撒冷只有35英里，但这个距离对于定居在库姆兰的苦修者社团来说，要想获得哪怕是一点点沙漠地区洁净仪式的体验也已经足够遥远。在很长一段时间内，他们曾被认作是约瑟福斯记述的艾赛尼派（Essene），而一代人之后的老普林尼①对他们的定居点地形的描述似乎与库姆兰的"不毛之海"风光非常相似。尽管最近对这种相似

---

① 老普林尼（Pliny the Elder）全名盖乌斯·普林尼·塞孔都斯（Gaius Plinius Secundus，公元23/24—79），意大利作家、哲学家、历史学家。他早年曾在日耳曼省从军，与后来的罗马皇帝提多（公元79—81年在位）交谊甚笃，以至于晚年时常津津乐道地谈起他与提多的"共同的营帐生活"。他曾亲自访问过日耳曼人居住的海岸，搜集日耳曼各部落的方言和历史资料，恩格斯在《论日耳曼人的古代历史》一文中曾经指出，普林尼不仅从政治上、军事观点上，而且从理论观点上对日耳曼发生兴趣的第一个罗马人，他的报道具有特殊的价值。从日耳曼返回罗马后，他主要从事律师工作，同时潜心读书和著述。公元79年8月24日，维苏威火山爆发，普林尼为了解火山爆发的情况并救援当地的灾民，乘船赶往火山活动地区，因火山喷出的含硫气体而中毒身亡。普林尼终生未娶，按照他的遗嘱，他把自己的外甥收为养子，即著名的小普林尼。他继承了舅父的全部手稿和摘录材料的笔记以及他的名字。普林尼一生共写有7部书，其中6部已经散失，仅存片断，只有37卷《自然史》广为流传。该书于公元77年写成，普林尼死后由小普林尼出版。普林尼在前言中说，这本书是献给提多的。小普林尼称这部书是"像自然本身一样"题材广泛的学术巨著。

性提出了种种质疑,但他们有时使用"社团"(yachad)——意为"在一起"——这种近乎诗意的描绘,与他们毫不在意地提到社团成员禁欲的精确程度相得益彰。该社团的第一代人在"义人的老师"的带领下可能在马加比时期甚至更早(在11个洞穴中发现的850件手稿中,最古老的属于公元前4世纪)来到了库姆兰。他们出走的动机——逃离城市的喧嚣与犹太宫廷权力和统治欲肤浅的诱惑——与后来的出走者是相同的。他们的重要性在于,成为另一种犹太忠诚的典范(这样的典范在今天仍然非常活跃):自给自足,不信任外人,迷恋纯洁。在库姆兰发现的"社团守则"(Serek hayachad)竟然有15份!而他们的守则内容甚至包括:要仔细思考有哪一种皮肤瑕疵的人不具备社团成员的资格;要提防尚未完全被接纳入盟的人在收获季节压榨成熟的橄榄或无花果,以免他不洁的手玷污果汁,从而玷污社团的规定。守则还强制性地规定要多洗手(每天用餐前和用餐后),对那些屡教不改的人要施以严厉的惩罚。[34]祸哉,那些在政务会议上昏昏入睡的家伙!(但有人会感到奇怪:谁又不昏昏然呢?)至于安息日,不仅不得有任何工作的想法,而且"还不得谈论任何与工作或财产有关的话题"(这一条将首先使我的父亲和叔叔们失去社团成员资格,尽管另一件他们心驰神往的事——吃吃喝喝——还是允许的)。[35]

我们采用这种三个教派的划分方式是出于对约瑟福斯的信任,而我们也没有理由认为他的记述是虚构的。他后来为了强调犹太文化与习俗的统一性(这并不是一种普遍的观点),肯定也作了一些夸张——特别是在他为了纠正异教徒的谬见而写的《驳阿皮翁》(*Against Apion*)中。但是他认为,除了大祭司职位这股不良的政治势力之外,三派分立不一定会使犹太社团陷入分裂。他是对的,因为出现了第四股势力。这样一股势力来自法利赛派内部,并且对希律政权及其保护人和支持者即罗马人充满了仇恨。这就是奋锐党(Zealotry)[①]的起源。毫无疑问,奋锐党的某些领袖[令人困惑的是,我

---

[①] 又名狂热派,是第二圣殿时期的一个犹太教派。他们鼓动犹太人反抗罗马帝国的统治,希望将圣地上的外来者驱除出境。他们在马加比起义期间十分狂热且作战勇猛。约瑟福斯认为他们是这一时期除撒都该、法利赛、艾赛尼之外的第四个"教派"。

们从约瑟福斯极其冷淡且有讽刺意味的描述中,只知道这个人叫约翰杰斯哥拉(John of Gischala)]认为人们之所以这样称呼他们,在很大程度上是因为他们充满了犹太部落暴民的那种宗教狂热。另一位领袖则是一个神秘的埃及"先知",魅力十足的他,曾率领3万追随者声势浩大地进军锡安山,但最终还是失败了。但奋锐党人及其日益高涨的愤怒情绪和介乎光明与黑暗之间的信念感召力(与库姆兰社团相似)表明,在希律王朝貌似坚硬的和平表面之下,正在涌动着各种各样的危机和麻烦。

有些麻烦是种族问题造成的。由于推罗人(来自腓尼基的推罗)、希腊人、叙利亚人、犹太人以及散居在他们中间的埃及人和罗马人虽然共同享有那些新建城镇的生活空间,但并不意味着他们之间会十分融洽或者忘记了他们之间的差异,尤其是那些生活在普通的希腊化精英阶层之下的人们。这样的情况在托勒密、西索波利斯、恺撒利亚和雅法可以说是司空见惯,偶然的不满情绪可能演变为周边地区的大规模暴力活动。冲突的各派往往都有政府官员作靠山,而后面也少不了罗马当局和军队的支持,以维护自身的利益并惩治其敌对势力。对于社团之间爆发的某个严重暴力事件,如果罗马人在处理时对犹太人不公正,就很可能引发一场全面的起义。

这种社会分化现象,同样使希律统治下的和平局面难以为继。正如其他类似环境的发展一样,随着沿海地区贸易和市场经济的迅速繁荣,大量的人口涌入了下加利利地区的乡村和漂亮的新建城镇,从而制造出一个庞大的下层阶级。他们中的许多人,本来很可能是来自远离加利利和耶斯列平原的贫瘠的半沙漠地区的游动牧民,但他们由于向新兴的城内市场供应粮食、油和酒,也变得富裕起来,他们成了伟大的希律建设工程的主力军。为完成这些工程付出了大量的苦力,在圣殿改造工程完成后,竟然造成了1.8万名这样的临时劳工失业。当耶稣会传教士告诉他们,是他们而不是富人更容易进天堂时,他们肯定听得十分用心。但同时,他们也是残暴之人的一支预备军,一旦时机成熟,他们就会为了自己的利益揭竿而起,作为起义头目反抗希腊人或撒玛利亚人，如果他们不计后果，甚至会反抗罗马人。巴拉巴（Barabbas）①和拿撒勒人耶稣实际上就代表了这同一个硬币的两面。

任何人都可以加入这场公平竞争的游戏。看来，约瑟福斯对恐怖的"短刀党"（sicarii）（他们将弯刀藏在衣服里，在节日期间聚集在耶路撒冷的拥挤人群中，一旦找到作案对象，就将弯刀刺入其腹部，偷走其钱袋，然后混入人群中大声喊叫）的描述也是真实的。但这并不是说穷人只是简单地分为乞丐和强盗。虽然约瑟福斯用冠冕堂皇的方式将反抗者或持不同政见者一体归入"盗匪"之流，但他也并非完全是错的。这样一来，雅法、托勒密和恺撒利亚的道路、山区和码头变得越来越危险。希律政权也就越来越频繁地向罗马军事当局求助，让他们采取镇压和平息叛乱的行动。不出所料，这种过于直截的行动不仅惊动了犯罪者，而且更使无辜的人感到恐怖，因而使罗马人看起来更像敌人而不是保护人。

然而，只要希律本人还活着，这一切都不足为乱。尽管在充满杀气的宫廷政治斗争中，希律动辄杀人，甚至连自己的妻子和儿子们都不放过。当然，在罗马世界里，这样的事情是司空见惯的。而后来的哈斯蒙尼家族也一直是这方面的一个典范。最让希律臭名远扬的是，他将自己家族中可能对他造成威胁的人全部杀掉。然后，他生了结肠瘤，整个肠道发生了大面积感染，"肠子痒得无法忍受"，下体不停地流脓，下体生了一大片令人毛骨悚然的蛆虫，就连他那些紧张不安的御医都被吓坏了。当他于公元4年②去世时，那些怀疑自己是否已经列入他的下一个谋杀名单的人终于长出了一口气。按照他的遗嘱，他被埋葬在特殊设计的"希律陵"中，那是他在耶路撒冷以东亲自主持建造的家族墓地。据说，送葬的队伍有几英里长，其中包括多国军人分队，这些国家都是他试图聚集在他的金鹰族徽下的国家，有希腊人、叙利亚人、加拉太人（Galatian），最让人意想不到的是竟然还有日耳曼人。

---

① 与耶稣同时被判处死刑的另一个犹太人。他本是一个恶贯满盈的强盗，但在大祭司的怂恿下，彼拉多赦免了此人而将耶稣钉上了十字架。

② 此处有误，大希律死于公元前4年。

二十年后，外表壮观的犹太王宫在紧张的气氛中建成了。罗马正因接任问题而动荡不安，从而造成了新的不确定性，地方官员变得更加自私和野心勃勃。罗马当局给人的感觉是既没有变得软弱也没有变得不公正。那些在新兴城市中，与他们共同生活的各个民族仍然像往常那样相互猜忌、怀有偏见，有时相互辱骂，寻找着折磨甚至攻击对方的借口。在恺撒利亚，希腊人与不断增加的犹太人一直在争论这个城市到底是谁的。希腊人和叙利亚人坚持认为，既然恺撒利亚以神殿、剧场和健身馆著称，所以不可能是一个犹太城市。犹太人则（更自信地）回答说，由于建城的希律是一个犹太人，这本身就说明这是一座犹太城市。这种琐细而频繁的争吵时常会演变为冲突甚至暴力事件。

希律王朝统治下的和平气氛就这样一点点地逐渐消散了。在盖乌斯·加里古拉（Gaius Caligula，即恺撒）虽然短暂却极其残酷的统治下，原有的两根高大廊柱——罗马人承诺保护犹太律法和传统；以及保证希律王朝对帝国权力中心足够亲近以防止对犹太教的完整性造成任何威胁——轰然倒塌。当然，任何人都可以在事后对这位行事古怪的加里古拉说三道四，但却没有人能事先发现他那花样百出、怪诞而疯癫的妄想狂征兆——这肯定不是希律的儿子和孙子们所能想到的，因为他们的青年时代就是在他、提比略（Tiberius）的儿子德鲁苏斯（Drusus），以及在这个疯子被杀之后当政的瘸子克劳狄乌斯（Claudius）的陪伴下度过的。具有贵族气质的祭司、亚历山大的犹太哲学斐洛肯定认为，亲自到这位皇帝面前请求保护自己的犹太同胞使其免遭加诸他们的人格侮辱和人身攻击是完全值得的。[36]

加里古拉坚持把自己的雕像安放在帝国内的每一个神殿中，这个命令其实并不是专门针对犹太人的。尽管没有人会把它看成人像，但为什么又这样敏感呢？也许只有他几个最好的朋友会拿它当回事儿。事实上，其中有一位就是希律的孙子亚基帕（Agrippa），他曾与执政官佩特罗尼乌斯（Petronius）一起承担了监督在耶路撒安放加里古拉的雕像这项费力不讨好的任务。对于佩特罗尼乌斯"你敢对恺撒大不敬吗？"这个问题，耶路撒冷的长老们回答说，尽管他们每天为恺撒和罗马人民献两次祭，但"如果他胆敢把雕像放在他们中间，他就是出卖了整个犹太民族，他们将随时准备和他们的妻小一起献出自己的生命"。在这类消息流传开来之后，同时也是为了回应亚基帕的个人请求，加里古拉一反常态地作了让步。但事实很可能是，他于公元41年被暗杀才最终确保了帝国从此不再改变政策。然而，罗马人保证圣殿不受侵犯的承诺所体现的那种至关重要的信任，却一去不复返了。由恺撒和奥古斯都承诺的约定，即在圣殿中为罗马接受牲祭并献祭这一外部标志开始受到质疑，先是间断性地并最终彻底地——在一次精心策划的煽动性行动中——被废除了。

是克劳狄乌斯的精明而不是他的残忍使他没有走得更远，使他回归了奥古斯都的传统。他发布了一系列法令，明确地恢复并重申了奥古斯都曾作过的承诺，并力求在当时好战的埃及人与亚历山大的犹太社团之间实现和平。但是，后来尼禄来了——并不是说这位新皇帝拒不履行克劳狄乌斯的承诺，也不是说他对罗马内外的犹太人怀有特别的敌意。据说他的第二个妻子波培娅（Poppaea）是一个"敬畏上帝的人"，是一个狂热地追随犹太教但又没有举行正式皈依仪式的信徒。所以，如果她不是性欲特别旺盛的话，这本来也没有什么。正因为如此，尼禄最青睐的演员（这件事对他非常重要）当属犹太悲剧演员亚利托鲁斯（Alytorus），但每当他穿着宽松的戏装站在舞台上时，他那行过割礼的下体便显露无遗。[37]尼禄的主要恶行是任命了一个把职权看成是掠夺机会的人为巴勒斯坦地区的执政官（至少他没有阻止这样的人当政）。在约瑟福斯眼里，格修斯·弗洛鲁斯（Gessius Florus）是最邪恶的，他不仅肆意在当地实施敲诈勒索的勾当，而且还巧立名目收取保护费，把最大的一份揣进自己的腰包。日复一日，犹太人的抱怨换来的却是冷漠和轻蔑。恺撒利亚的犹太人与非犹太人显然因为反抗行为而受到指责，针对各地农民的惩罚措施更加残酷、严厉。在奥古斯都统治下，这个民族曾一度准备作为罗马帝国的附庸王朝，作为忠实犹太人平静地生活，但此时，他们眼中的罗马人却越来越像安条克四世的后裔。

甚至在尼禄之前,就已经有迹象表明,有些罗马士兵——有时是受到他们的上级和政府官员的纵容(至少不是劝阻)——常常以制止暴乱的名义进行挑衅,并且平息暴乱成为后来罗马人实施大规模抢劫和屠杀的借口。在逾越节期间,有大量的人涌入圣殿区,一个本来负责维持秩序的门卫反而成了破坏秩序的闹事者:"他脱下制服,一边做着下流的动作一边蹲了下来。他把自己的屁股对着犹太人。他嘴里说什么,你完全可以从这样的姿势推断出来。"[38]人群被激怒了,随后开始扔石头。当时的执政官古曼努斯(Cumanus)命令军队介入,他们冲进了圣殿的"回廊",对闹事者进行残酷的殴打,于是惊恐的人群一哄而散。但圣殿的门口很窄,慌乱的人群越挤越多。根据约瑟福斯的描述,当时有一万人在拥挤的人群中被踩踏而死。他们不仅没有享受到逾越节的欢乐,而且"这个节日成了举国哀悼的痛苦之日"。

## V 脚踩两只船

要知道,约瑟福斯在当时是第一个也是若干个世纪里唯一的、真正的犹太历史学家。但不幸的是,他虽然良心上遭受着痛苦的折磨,但还是把他的母亲拖入了这一事件中。他加入了罗马军队。作为一个加利利的前任犹太军事长官,这是一种背叛行为。像往常一样,他一直在恳求耶路撒冷人"现在醒过来还不算晚",明智地接受罗马作为强大的世界霸主的现实,并且承认上帝已经把对犹太人一再违犯律法的行为进行最后惩罚的权力交给了罗马人。在那段时间里,作为冷酷而自私的奋锐党领袖们的囚房的代表,约瑟福斯曾一遍又一遍地劝说被困在耶路撒冷城内的犹太人,要尽量避免发生最坏的情况:圣殿、城市和民族整个被毁灭。

当他正在游说时,从城墙上扔下的一块石头击中了他,他随之便失去了知觉。[39]正当他们为击中了自己最痛恨的犹太人而欢呼雀跃时,守城者曾试图"突围",而一直不省人事的约瑟福斯却在这阵躁动中被提多派来的一支罗马机动分队救走了。于是,他已经去世的消息很快传播开来。奋锐党及其追随者非常高兴,而城里的犹太平民(约瑟福斯更愿意把他们看成人质)则闷闷不乐,因为他们再也没有逃到安全地方的机会。但被关在监狱里的约瑟福斯的母亲却不信这一套。"她对围在她周围的人说……她一直在想,自从约塔帕塔(Jotapata)(这个地方是约瑟福斯曾经指挥保卫战的一个犹太要塞,也是他为人不齿地投降后来的皇帝韦斯帕芗的耻辱柱)被围以来,她就一直不愿意看到他还活在世上……她还心情沉重地私下向一直陪伴着她的女仆哀叹,说把这样一个不平凡的人带到这个世界上是她最大的功劳,她甚至不能亲手埋葬她的儿子,而她只希望自己能埋在他的身边。"[40]

这个情节至少听起来像是真的。战争过去了。很可能圣殿被焚毁之后还不到五年,约瑟福斯在罗马写下了他自己的"犹太史"。[41]在写下这段文字时,他既感到无比荣耀,又有些多愁善感,或许还有一缕良心饱受折磨的惆怅萦绕在他的心头。他永远无法摆脱约塔帕塔的阴影。所谓一失足成千古恨,但他还能指望什么呢?当时,他只是一个26岁的年轻人,而如此沉重的指挥权就被放在他纤弱的肩膀上,这或许是因为他曾宣称自己的母亲拥有哈斯蒙尼家族的血统,而父亲是祭司的后裔。当然,人们仍然还记着他的希伯来名字:约瑟·本·玛提雅(Yosef ben Matityahu)。这些事说起来似乎很轻松,但他的传记告诉我们,他作为一个年轻人曾远赴大漠,用禁欲的方式与一个叫巴努斯(Banus)的隐士一起苦修,"不穿衣服,只能用树叶裹体",无论白天或黑夜都用冷水沐浴,以保持身体的贞洁。[42]稍后的公元62年或63年,他在旅途中从沉船事故中侥幸逃生,后被送往罗马接受审判。被释放后,他通过亚利托鲁斯的关系认识了皇帝的妻子帕培娅·萨宾娜(Pappaea Sabina),即上面提到的那个"敬畏上帝的人"。

他在罗马的第一次经历就使这位年轻的哈斯蒙尼家族的祭司感受到了罗马文化与犹太文化的兼容性——总是对外担心外来文化浪潮的冲击,对内担心内部潜在的反叛势力。为了在他所写的有关后来发生的恐怖战事的记述中证明自己的清白，约瑟福斯总是把自己描绘为一个保护犹太财产不受破坏的典范——努力约束那些性格冲动的人，提醒与强大的罗马对抗无异于以卵击石，只会造成更大的灾难。而在加利利指挥作战，才是一直萦绕在他脑海中的唯一清醒的真实情节。他总是聆听来自平民的呼声，后者正深陷罗马军团与令人恐怖的奋锐党之间。而对像塞弗利斯这种最终和平地投降而不是壮烈地反抗的城镇，约瑟福斯表示同情和理解。他在提到自己时，总是用第三人称。这似乎是为了使记述的文字更具可信性。他让"约瑟福斯"跑前跑后地排兵布阵，尽最大努力在加利利把杂乱的犹太力量组织起来。这些也并非全都出于自我吹嘘的虚构。加利利海边的阿贝尔（Arbel）山顶令人眩晕的陡坡上有许多防御掩体。很显然，它们是希律王朝追捕的逃犯挖掘的。他们或者是盗匪团伙，或者是反希律王朝的犹太武装，但实际上很可能两种人都有。在约瑟福斯担任指挥官期间，这些掩体得到了加固——并且几乎可以肯定是出于他的命令——作为反抗罗马人的游击战据点，这里应该是犹太反抗力量最后的营地。

约瑟福斯关于皇帝韦斯帕芗对约塔帕塔围困四十七天的记述表明，自己根本不是一个失败者。他有意地夸大罗马人在人数上的巨大优势，说他们有160种围攻的武器。士兵们随时加高防御工事以防范罗马人的石块和箭弩。而为了保护这些士兵，他发明了特殊的护体皮甲——将从活牛身上剥下来的新皮披在身上，其韧性足以抵挡任何打击，而其湿度则足以对付任何火器。然后，他就开始玩心理游戏。因为罗马人认为（他们并没有错）山寨里肯定缺水，约瑟福斯便命令士兵把衣服浸满水后挂在防御墙上面，于是水就从墙上不停地流下来，以此迷惑敌人。他有时还假装突围，对敌人的突出部进行突然袭击，烧毁罗马人的帐篷，以制造混乱。这位历史学家的故事不外乎夸张地强调敌人的强大。抛石机发射的一块石头击中了一名士兵，力量之大竟然把他的头颅带出了几百米远；另一块石头击中了一名孕妇，他的胎儿竟然从她的肚子里被砸了出来，落在离他的母亲很远的地方。

偶尔借助于夸张的想象不一定就败坏了约瑟福斯的名声。希罗多德正是以在虚构和事实之间率性地转换而名噪一时，甚至以言词犀利著称的希腊历史学家修昔底德①也不能超越"想象"，伯里克利②很可能对雅典人就这样说过，但他也是根据某个声称曾听过修昔底德演讲的人所说的话才作出这一评价的。约瑟福斯即使说谎也不过是为了取悦读者，所以，虽然他的故事里有许多残忍的细节和重复，我们还是应该感到欣慰。然而，故事的高潮部分似乎对作者丝毫不留情面，所以很难想象它们是由约瑟福斯本人完成的。

一天，有47个罗马人突破了防线，他们把女人和孩子以外所有的人都杀光了。据这位历史学家所说共有4万人被杀。韦斯帕芗派出一名军官（约瑟福斯在罗马时与其相熟）劝他投降，但他的战友们的愤怒阻止他这么做："噢，约瑟福斯，你还在吝惜生命吗？你能弃明投暗甘愿去当一个奴隶吗？"[43]这位指挥官突然变成了一个哲学家，他诡辩道：战争结束了，罗马人已经不再能威胁到我们的生命。"他是一个懦夫，因为当他不得不去死的时候，他不愿意去死；他同样是一个懦夫，因为当他不需要去死的时候，他却宁愿去死。"把神圣的"寄托"（depositum）从肉体里驱逐出去是一件应该受到谴责的事。他说，真正的勇气是继续活下去。这只不过是一个道德懦夫的面子问题，但是根据犹太传统，这也没有什么。这样的狡辩根本无法说服他那些共同战斗的战友。于是，约瑟福斯建议抓阄，第二个抓的人杀死第一个，这样一直进行

---

① 修昔底德（约公元前460—约前400），古希腊历史学家。伯罗奔尼撒战争（公元前431—前404）爆发前已投身军旅，并于公元前424年被推选为雅典的"十将军"之一。战争中，他率领一支由7艘战船组成的舰队驰援安菲波里斯，但在他到达之前城池已被攻破。由于被认为贻误战机且有通敌之嫌，他被革职后流放色雷斯凡20年。修昔底德虽然居住在色雷斯，但始终关注着伯罗奔尼撒战争的进展情况，随时记下具体过程。据说他经常到各地战场去进行实地考察，甚至还去过伯罗奔尼撒同盟军队的阵地和西西里岛。战争结束以后获得特赦，得以重返故乡雅典，并写下了《伯罗奔尼撒战争史》一书。"从希罗多德到修昔底德，史学几乎要进步一个世纪。"这是对修昔底德史学成就的高度评价。

② 伯里克利（Pericles，公元前495—前429），古希腊雅典政治家。公元前472年，伯里克利履行"公益捐献"义务，组织了埃斯库罗斯的悲剧《波斯人》的演出。公元前5世纪60年代，他致力于扩大雅典民主机构公民大会和民众法庭的权力，积极反对贵族派首领西门，剥夺了贵族会议的许多特权，成为民主派的领袖。公元前443年起当选为将军，并在雅典内政、外交等方面起了决定性作用。公元前429年因染瘟疫病逝。当政期间，雅典民主政治达到极盛，经济、文化高度繁荣。

下去，直到最后一个人，然后他再自杀。但约瑟福斯并没有拔剑自刎，而是立即把剑献给了韦斯帕芗的儿子提多，他后来成了约瑟福斯的朋友、保护人和帝国的赞助人。而正是提多恳请他的父亲饶过敌方指挥官的性命，并亲自向约瑟福斯作出承诺。在这个时候，这位犹太祭司反倒展示出一派先知的威严风范。他向罗马指挥官宣布，他带来了上帝的旨意，主要精神是：尼禄已经过气了，韦斯帕芗必将黄袍加身。韦斯帕芗说，如果你预先知道这一切，你应当让约塔帕塔所有的人都知道这个秘密，这样就可以让每一个人都分享到你的痛苦了。约瑟福斯回答道，哦，我的确这样做了。这句话的言外之意是"但他们会听吗？"于是，约瑟福斯被释放，并让他穿上光鲜的衣服，尤为重要的是，允许他娶了一个犹太俘虏为妻。两年后，他的预言实现了，韦斯帕芗又想起了这名弃暗投明的年轻的犹太军人。于是，他成了这位新皇帝及其儿子的最依赖的合作者和朋友。当然，赢得这种地位的犹太人远不止他一个。提多军队突破耶路撒冷防线的指挥官不是别人，正是亚历山大最著名的犹太哲学家斐洛的侄子提别略·儒略·亚历山大。如果说还有一个最终衡量变节的尺度的话，那么他们就是最好的榜样！

当然，按照约瑟福斯的观点，如果说一个公正的历史学家需要从双方的角度看待这一切的话，那么谁又能比一个变节者更公正呢？这并不是说，他对一任任的罗马执政官残忍而堕落的恶劣行径视而不见——当然，韦斯帕芗做的坏事可能少一些。但是要知道，当约瑟福斯与罗马军队一起回到罗马后，就一直住在韦斯帕芗在奎里纳勒山（Quirinal）①上的老房子里。根据约瑟福斯的记述，皇位的继任者提多同样也是只做他必须做的事，并且还往往有些不大情愿。在最后突破耶路撒冷城墙之前，提多甚至还召集军官们开了一次会，劝说他们不要破坏圣殿。这既是出于对其辉煌气象的尊敬（不大可能有太高的敬意），也是出于宗教上的尊重（可能有那么一点儿）。后来的罗马历史，尤其是塔西佗和卡西乌斯·狄奥（Cassius Dio）笔下的罗马历史，都认为提

---

① 在著名的"罗马七丘"中，奎里纳勒山最高。后曾作为教皇宫廷所在地，1871年改为意大利皇宫。

多事先就作出了焚毁圣殿的决定,这听起来似乎更合理一些。塔西陀甚至描写得更为生动,说在罗马士兵接到将军的明确命令之前,还一度对引燃圣殿犹豫不决。约瑟福斯的描述则对其主子表达了更多阿谀奉承。因为罗马军队接到的命令是不得对圣殿实施抢劫,于是大火从外面的大门开始烧起(根据命令),一直蔓延到内院,无法控制地引燃了圣殿。一场巨大的灾难降临了。

对于那些犹太俘虏来说,提多的所谓行事严谨——后来有不止一种权威的史料证实了这一点——显然是一厢情愿。并且虽然可以从《犹太战争》中获得某些有关奋锐党起义动机的详细记述,但作者不可能花费笔墨去描述那些地位低下的普通人。例如,约瑟福斯甚至根本没有提到沙马伊的法利赛"学派",尽管这位以激情洋溢和从不妥协著称的导师极力主张他那些年轻的门人投身于反抗基提人(Kittim)——希伯来语对罗马人的贬称——的伟大事业。恰恰相反,约瑟福斯认为,正是犹太祭司贵族阶层的傲慢举止,才使起义领袖们变成了罗马的显贵、帝国的走狗和调色板上的滑稽人物,使他们沦为反社会的盗匪(leistei),成了一群嗜杀成性、争权夺利、烧杀抢掠的暴徒,为了自己邪恶的利益而把那些轻信的民众引上了邪路。约瑟福斯在加利利的政敌、来自吉斯加拉的约翰是"一个动不动就撒谎的人,但在为自己赢得虚名方面却十分精明。他自认为欺骗民众是一种美德……他是一个本性虚伪的家伙,总是想兵不血刃地得到好处。"<sup>44</sup>西门·巴·乔拉(Simon bar Giora)虽然不如约翰精明,但却像他一样做尽了坏事。他更像是一个充满原始力量的魔王,一个喜欢折磨富人的性格卑劣的暴君。这两个家伙率领他们的"强盗"部队返回耶路撒冷,并对城里被俘的民众(如果让他们自己想办法的话,他们恐怕就投降了)进行恐吓,这个城市的命运已经可想而知了。当时,奋锐党人任命了自己的祭司,并且用醉酒这样的弥天大罪玷污了圣殿。正如原来的圣殿祭司代表、忧心如焚的亚那·巴·亚那(Ananus bar Ananus)所说,就连罗马人也不会干出这样的事。耶路撒冷的局势一发不可收拾。这些犯罪团伙四处抢掠财产,奸淫妇女,然后杀死她们的丈夫。更令人震惊的是,约翰的部下竟然改变装束，打扮成女人"强迫与城里的女性进行骇人听闻的同性淫乱活动……他们改变了发型，换上女人的衣服，脸上抹着油膏，不仅模仿抹油膏的动作，而且还模仿女人性高潮时的丑态，享受那种有违伦理的快感。他们就像在妓院里一样，光天化日之下在大街上滚来滚去……而他们的脸就像他们用右手杀死的怀里的女人的脸一个模样。"[45]

虽然这番描写过于色彩化，但这在某种程度上是对当时巴勒斯坦地区的城市和乡村发生的大规模社会动乱场面的真实记述。在韦斯帕芗征服加利利之后，有数万人（很可能有数十万人）随着起义军领袖们涌进了耶路撒冷，以便利用那里坚固的城墙抗击罗马军团。当时，除了犯罪团伙的恐怖行径之外，还发生了一些其他的事情。当有产阶级（约瑟福斯肯定属于这个阶级）面对一场由负担过重和无家可归的贫民举行的起义时，他们往往称其为"强盗"或"土匪"。[46]当时很可能出现了这样的情况，快速发展的经济从沿海贸易区向内地推进，从而促使犹太精英阶层向土地投资，致使那些小农户沦为佃农，他们的土地可能随时被强制收回而导致无家可归。或许正是从这个阶层以及被雇用从事建筑工程的流动人口（在罗马统治下的巴勒斯坦到处都有）中间，约翰和西门才组建起了他们的奋锐党军队。[47]一支更令人惊异但却具有决定性的军事力量加入了起义军，他们是来自以土买的老兵及其家族成员，尽管他们（如果相信约瑟福斯的话）对犹太教非常忠诚，但在以土买君主国统治期间，他们不仅没有富裕起来，反而越来越穷。所以，他们不反对当地的贵族阶层充满了仇恨，对保护他们的罗马人也十分痛恨。[48]

耶路撒冷人把他们关在了城门之外，但当奋锐党人和以土买人破城而入时，按照约瑟福斯的说法，他们采取的第一个行动就是屠杀那些不让他们进城的犹太和罗马卫兵，当天夜里就有约8500人被杀死。[49]然后他们开始实施令人恐怖的镇压，凡有中立嫌疑的人一律清除——投入监狱、集体屠杀，并且像"一群肮脏的动物"一样暴尸街头（公然违犯了犹太诫命）。这次镇压活动的牺牲品还包括制度化妥协的象征——圣殿祭司，尤其是前任大祭司亚那，他一直在试图劝阻奋锐党人和以土买人避免陷入全面战争，而约瑟福斯认为，他的公开被杀事件意味着耶路撒冷即将面临一种恐怖的命运。尽管以土买人坚持认为，他们是尊敬"上帝住所"的人，但根据约瑟福斯的记述，整个城市就像"一个被撕碎了的躯体"。他们的猜疑心理越来越重，凡是提议妥协（更不用说投降）的人一律杀死——这位历史学家声称，城内共有12000名年轻人被杀。[50]

在这样的时刻，约瑟福斯被石头砸昏的大脑终于清醒过来。他眼含热泪，固执地劝说那些守城者明白事理，应当继续忍受悲惨的命运。如果不是那些极其虔诚的犹太人，尤其是法利赛派在积极地力主实现和平的话，恐怕他这种"无私"的恻隐之心也不可能取得人们的信任。他们一致认为，上帝已经选择罗马人作为对犯罪行为实施最后惩罚的工具，罗马在但以理梦幻中罗列的神授帝国的名单中拥有一席之地，所以，继续争斗无异于是一种对抗神的意志的徒劳行为。根据《塔木德》的记述，希勒尔在与好斗的沙马伊辩论时使用的正是这样一番论据。

在《塔木德》传统中，希勒尔最年轻的门徒约哈南·本·撒该（Yohanan ben Zakkai）一直对撒都该当权派心存疑忌，所以他对奋锐党为圣殿带来的最后的厄运十分愤怒。犹太教三种略有差别的传统，使约哈南和他的两个儿子约书亚和以利以谢（Eliezer）认识到，必须把命运掌握在自己手中。大约在公元68年春天之前，也就是韦斯帕芗提议暂时休战而他的儿子即将实施最后的大屠杀之前，他们临时决定逃跑。有一个版本传说，韦斯帕芗混入城内的间谍发现，如果罗马方面承诺尊重犹太教的传统、正典和礼仪习俗，约哈南将劝说耶路撒冷人投降。很显然，传递消息的信号箭已经射过城墙，通知罗马人眼下和解的条件已经成熟。于是，这位拉比被带到踌躇满志的韦斯帕芗面前。他答应了约哈南的要求，然后率领一支部队向南进发，并在雅夫内（Yavne）建立了一个犹太学园，专门研究《托拉》并遵守其诫命。

另外两个版本则更有创意。说这位圣哲的尸体被偷偷运出了奋锐党控制的耶路撒冷。其中一个版本说是藏在一口棺材里，并且绘声绘色地说里面还装着一些发臭的东西以混淆视听；而另一个版本则说，约哈南的一个儿子抬着他僵硬的身子，另一个儿子则抬着他的头。在这两个版本中，虽然韦斯帕芗根本不知道这个爬回来求饶的人是谁，但却为他的勇气、虔诚尤其是喊出"吾皇万岁！"（vive imperator）这样的预言所感动。韦斯帕芗一反常态，他假装谦虚地声明，虽然这样的称呼尚嫌过早，也有点冒失，但如果预言成真，他愿意让他一生无忧。约哈南向他保证这是不容怀疑的，因为以赛亚不是也曾预言，只有一位国王才能拥有耶路撒冷及其圣殿吗？韦斯帕芗被这番话深深感动了（或许他回想起以前在约塔帕塔也曾听到过这样的话），于是他大手一挥："你先下去吧！"[51]

不管这个故事是真实的还是虚构的，其精华所在——即使环境已经糟得不能再糟，其外部的有形标志（指圣殿）也已经被抹掉，但犹太教将继续存在下去，而约哈南作为一个老师而不是大祭司从此将成为犹太教权威的根源——在犹太人的记忆中将留下深深的印记。这是"忍耐"的连祷词发轫的时刻。从根本上讲，犹太时间从此停止了，实际的圣殿崇拜及其献祭和朝圣仪式一去不复返了，节日本身也失去了犹太教的意义。在雅夫内，据说约哈南甚至设立了一个纪念性的哀悼日，或许就是阿布月初九的斋戒。约哈南特别允许可以在任何犹太人举行的宗教集会仪式上继续进行祈祷，这使犹太教对其物质上无家可归状况的适应能力得到了充分的体现。从此之后，祭司举手这个规定动作的重要意义逐渐转化到护身符、随葬品、遗骨匣上，并最终体现在墓碑上，所以，即使犹太人已经死去，无论他死在离家乡多远的地方，祭司都永远陪伴着他。犹太教的幽灵从历史的坟墓中自由地游荡出来。它将是永久常新的，永远存活在犹太人的记忆中。这种带有悲剧色彩的谦卑和隐忍在约哈南的故事里得到了充分的体现——以这样的方式开始预示着必将有一个史诗般的结局——因而在犹太史上投下了长长的阴影。正如约瑟·哈伊姆·耶鲁沙尔米（Yosef Hayim Yerushalmi）在他唯美的《记住！》一书中所说，这实际上是历史被永恒的记忆取代的重要时刻。[52]

所以我觉得，这正是这个故事的原创者约瑟福斯之所以被称为第一个也是数个世纪里唯一的犹太历史学家的原因。这不仅是因为他赞成犹太教获得再生的前提条件（即向《圣经》经文的躯干中输入评论的血液）是用死亡和毁灭换来的，而且从某种尖刻的辛酸意义上讲，他还是第一个将其展现出来的人。在我们以忧郁的心情回忆这段历史时，我认为，从他在罗马的流亡生活开始，约瑟福斯一直坚持认为他并没有背叛上帝，他背叛的只是吉斯加拉的约翰和走上邪路的奋锐党。恰恰相反，当他劝说他的犹太同胞投降时，他只是说上帝显现的意志表明，他已经抛弃了耶路撒冷并且站在了敌人的一边；他还说："只要我活着，我就永远不会做这样的奴隶而放弃我自己的亲人或忘记我们先祖的律法。做一个真正的犹太人，如果不是背叛的话，那么就坚定地抗击奋锐党。"[53]

后来，"致命的一击"（coup de grace）来自饥荒而不是放火或杀人，约瑟福斯以修昔底德记述雅典大瘟疫的方式（或许还模仿了其文学风格），为我们描述了一个又一个恐怖的场面。在提多大军的紧密围困下，耶路撒冷陷入了绝境。人们被饥饿逼疯了，开始吃流浪的食腐动物，他们不仅把凉鞋、腰带和盾牌上的皮革吃光了，而且像约瑟福斯所说，他们还吃一些连狗都不愿意碰的脏东西。孩子们把手伸进大人的嘴里，一直向下从他们的食道里把没有嚼烂的食块抠出来自己吃；劫匪把长长的钉子捅进人们的肛门里，因为他们怀疑可能有未消化的米粒藏在里面。最悲惨的故事发生在一个名叫玛丽的女人的身上。她来自约旦河对岸，被困在了耶路撒冷，她竟然沦落到如此悲惨的境地，以至于杀死了怀里正在吃奶的儿子，并且在烤熟之后分成两半，吃了一半，另一半放起来准备以后再吃。烧烤的臭味引起了人们的怀疑，起义军士兵威胁说，如果她不把私藏的食物交出来，他们将撕开她的喉咙。"她回答说，她正好给他们留了很大的一份儿，并且还把她儿子的半个身子拿给他们看。他们感到前所未有的恐怖，心里顿时直冒凉气，吓得连动也动不了。

她还在一边念叨着：'这就是我的儿子，是我自己把他弄成了这个样子！你们过来吃吧，因为我已经吃过了。不要假装比一个女人更脆弱，或比一个母亲更有同情心，或许你们感到良心不安，也可能不喜欢这样的牲祭，但我已经吃了一半，另一半本来也是留给我自己吃的。'"[54]那些卫兵惊恐万状地走开了，而这个故事却立即传遍了全城，人们"战栗不安，就好像这个闻所未闻的行为是他们自己所为"。那些快要饿死的人盼着赶紧死去，而那些已经死去的人被认为是幸运的，因为他们不用活着亲眼目睹这样的一幕幕惨剧。提多本人甚至在看到第一缕青烟飘过城墙时就在想，现在无论什么样的灾难降临在这样一个民族身上，都比不上这种非人道的暴行让他们更难以承受。

约瑟福斯以教科书式的冷峻披露了这场巨大灾难的后果：数千人在大火中丧生；堆在圣殿仓库里的大量财宝被抢劫一空；男人和女人纷纷从城墙上跳了下来，可以肯定，其中就有一位名叫耶稣（有很多人都叫这个名字）的素以癫狂著称的先知。这位个性鲜明的耶稣是大祭司亚那的儿子，早在离这场战争爆发还有四年时，他就曾令人反感地在朝圣节期的庆祝仪式上以耶利米的方式大声呼喊"祸哉！祸哉耶路撒冷！"他因为自己的冒失行为而遭到鞭打，"甚至连骨头都露了出来"，但他仍然不停地呼喊了七年零五个月，直到最后这场巨大的灾难证明了他的先见之明。正是在这场灾难中，围城的投石机投出的一块石头在阵阵哀歌中击中了他。[55]

对约瑟福斯来说，现在剩下的工作就是计算日子。我们这位历史学家为此可谓用尽了各种计算方法，甚至借用了《圣经》中的数字命理学。他俨然成了一个划分犹太时期的算术大师。"所以，从所罗门王最初为［第一］圣殿垒下第一块石头直到韦斯帕芗入侵的第二年（第二）圣殿被焚毁，所经历的年头总共是一千一百三十年，再加上七个月零十五天的零头；而从哈该（Haggai）在居鲁士王统治的第二年开始建造（第二）圣殿，直到被韦斯帕芗焚毁，共有六百三十九年零四十五天。"[56]

在西面"哭墙"的背面，除了一群群步履蹒跚的虔诚信徒，还有一大堆希律时期的巨大石块，很可能是由某种笨重的投石机械投过来的，或者是被罗马人从圣殿的南墙顶上推下来的。其中有一块石头还保留着壁龛的形状，尺寸之大足以站上一个人，而上面的铭文表明，这是"［专门留给］号手站的地方"，每当安息日和各个圣日开始和结束时，号手就会站在这块石头上吹响羊角号。还有一个地方被称为"烧剩下的房子"，现在已经是犹太居住区的一个旅游热点，在一堆巧妙摆放的盆盆罐罐和巨大的长矛头中间有一根很显眼的房梁，碳化后泛着幽幽的蓝光，就像一只海鸟折断的翅膀上的羽毛。游客会不由自主地来到挂在后墙上一张镶在破旧相框里的照片面前。这张照片虽然已经褪色，但仍然可以清晰地看出，在一个地下室的废墟里，一个少女伸出了骨瘦如柴的手臂，她竭力伸向远处的指尖似乎马上就要抓住某件东西或某件人……这根本不是对犹太人悲剧命运的浪漫夸张，因为谁都猜得出答案：绝望。

## Ⅵ  约瑟·本·玛提雅归来

当700名身戴枷锁的犹太囚房在他的朋友提多凯旋的队伍里缓缓走过时，刚刚获得"新生"的"弗拉维斯·约瑟福斯"①这只皇帝韦斯帕芗豢养的"走狗"会作何感想呢？⁵⁷他是一个胜利者还是一个失败者？他起了这样一个新名字是为了对他的新主子表达感恩之情，但这样一个族名是靠另一个帝国的权威赢得的，尤其是用犹太人屈辱的臣服和耶路撒冷的彻底毁灭换来的。为了表示感恩，他对这次盛大的游行作了特别详细的描述（算得上是所有文献中对罗马人的一次胜利描述得最为详细的杰作），但除了渲染韦斯帕芗和他的儿子身穿紫袍、兵士们衣着华丽、到处是欢呼和赞扬的声浪、游行队伍代表的是血与火之外，并没有多少新意。但归根结底，这样的盛大场面只不过是为了衬托圣殿被焚烧后留下的荒凉罢了。

---

① 指他起了一个新的罗马名字"弗拉维斯"。

在这段描述的结尾处,他提到了"那块紫色的巴比伦幔布"——遮挡在至圣所前面的布帘——以及金祭坛,当然还有那个后来经过装饰复制在"提多拱门"上的七枝烛台。在琳琅满目的战利品中,约瑟福斯写道,"最重要的是拿来了犹太人的《律法书》"[58]。但尽管那个无酵饼桌台就刻在挑檐下面的浮雕饰带上,但却看不见那些羊皮卷。或许他们对这个最高的表征物视而不见,或者又被抢或偷走了?无论是卷着还是打开的,难道仅仅这么几片写着字的羊皮纸会给罗马远征军的崇拜者留下如此深刻的印象?难道还有谁直到现在也没有意识到,不管是用雕像还是靠武力都不可能理解《托拉》中文字的真谛?既然战利品的展示如此重要,怎么会突然出现这种令人目瞪口呆的尴尬场面?西门·巴·乔拉曾经被人用一根绳子套在脖子上牵着走过街道,最后在罗马广场上遭受酷刑后被处死——这是庆祝活动结束的标志。但与西门不同,在今天这样的喜庆场合,没有代表犹太人身份的《托拉》原作是肯定不行的。"字符"的力量战胜了刀剑。就像"灵魂"离开了躯体,这些字符离开了物质的载体而自由地飘荡着。只要某个人记下了这些字符,只要某个地方的某个人抄下了这些字符,这些字符就永远不会灭绝。约哈南·本·撒该是对的。这些战利品被送进了韦斯帕芗为了取乐而命名的"和平圣殿"。据说(自然是那些幸灾乐祸的胜利者说的),犹太人可以到那里凝视和叹息,而其余的罗马人只会发出惊叹——因为这个圣殿是罗马城的第一个公共博物馆。[59]对于这次展示的战利品中是否有《托拉》羊皮卷,我们不得而知。但这样的圣物怎么会在这里呢?那不过是记在羊皮纸上的一些字符,根本就没有展示的价值!

看来约瑟福斯也非常清楚这一点,因为他所写的最雄辩有力的作品《驳阿皮翁》在准确阐释《托拉》与赞扬《托拉》的不朽性和(毋庸置疑的)普世性方面达到了其影响力和感染力的顶峰。在弗拉维斯家族的历史学家和门徒那里,还保留着大量有关约瑟·本·玛提雅这位祭司和哈斯蒙尼家族的后人的记述。甚至在这场战争的悲剧故事结束之前,约瑟福斯的口气就已经发

生了变化。下面这个最后的悲惨故事或许发生在公元73年，也就是说仅仅比他开始写作的时间早两年。⁶⁰

历史的画面从耶路撒冷转向马察达（Masada）。在全面的敌对行动爆发之前，奋锐党人就已经从帝国政权的手中夺取了这个要塞。由于这个地方西接平原，东瞰死海，希律以他一贯的狂妄自大作风建造了一处宫殿式的要塞。其坚固的程度足以抵抗愤怒的犹太人和天生对他怀有仇恨的埃及女王克利奥帕特拉（Cleopatra）。要塞中食物供应充足，并建造了先进的集水和储水系统。当耶路撒冷陷入火海时，起义大军的幸存者中有不到1000人逃到了这个山顶要塞。虽然约瑟福斯说，他们大部分是"短刀党"，即从破坏逾越节的犯罪团伙易帜为起义军的奋锐党中坚分子，但很有可能是一支奋锐党暴徒与家庭成员混在一起的杂牌军。他们在起义军第三号领导人以利亚撒的带领下，在从岩石上开凿的各种浮雕下和用于洁净仪式的水池边，在仓库中和门廊下驻扎了下来。

耶路撒冷陷落之后，他们在那里一直坚持了三年。然而，他们已经无路可逃。对他们穷追不舍的席尔瓦（Silva）将军动用大量的人力平整了山坡，把他的攻城武器和士兵运上山腰，对这支最后的起义军实施了合围。据约瑟福斯说，以利亚撒把剩下的人召集在一起，提议集体自杀。"我的朋友们，既然我们在很早以前就下定决心绝不当罗马人的奴隶，也不当其他人的奴隶，我们只是上帝的仆人，因为只有他才是人类真正的、公正的主。现在，实现我们的诺言的时候到了……我们是最早站出来反抗他们的人，也是与他们战斗到最后的人。"⁶¹上帝已经决定让这个不可征服的要塞被征服。除了自由地死去，一切都掌握在罗马人的手中。"让我们的妻子在被强暴之前死去，让我们的孩子在尝到被奴役的滋味之前死去吧。在我们杀死他们之后，我们互相之间应该共同享受这种光荣的恩泽，使我们自己作为美好的葬礼纪念碑自由地保留下来。"

如果说这样的声音听起来既熟悉又不真实的话，那是因为约瑟福斯对以利亚撒的描写听起来更像是他本人在约塔帕塔所作的那番更壮烈的表演。这正是他曾经想说的话，也正是他人生的"另一面"曾经最想做的事。这个声音将在犹太史上回响，透过中世纪欧洲一阵阵血腥屠杀的迷雾，直到1943年4月华沙"隔都"（集中营）暴动的惨烈。对于他以死相逼的那些人来说，感到恐惧是可以理解的。于是，以利亚撒再次发表演说向他们保证，人的灵魂是不朽的，脱离人的躯壳后就获得了自由。这番话为约瑟福斯提供了另一个表达自己良心不安的机会。以利亚撒说，那些已经死去的人应该受到真正的祝福，"因为他们用自己的死捍卫而不是背叛了他们的自由"。那些被罗马人活捉的人受到残酷的折磨，被鞭打至死。老人们静静地躺在耶路撒冷燃烧后的废墟上。"面对如此强大的敌人，谁又会如此怯懦，不再后悔自己还活着呢？"

难道只有这位历史学家遭到不幸？在这场可怕的悲剧即将结束时，最后的那位行刑者并没有像约瑟福斯那样走向敌人的队伍，而是对着960具血淋淋的尸体低头默哀，然后点燃了这个宫殿要塞，"双手用尽最后的力气把剑整个地插入了自己的身体"。在要塞里所有的犹太人中，只有藏在一个山洞里的一位老妇和五个孩子得以幸存下来，我们从他们的口中才知道了这个故事。

或许有的时候约瑟福斯的确也希望能像以利亚撒那样壮烈地死去，但他却决心（或许需要更大的勇气）用完全不同的方式进行抗争。他的《犹太古事记》和《驳阿皮翁》可能是在《犹太战争》成书二十年之后写成的。此时，人到中年的约瑟福斯已经有充分的时间思考罗马人尤其是他们的作家如何看待生活在他们中间的犹太人这个问题。当时，这样的犹太人人数已经相当可观，大约有3万人，他们都是庞培在战争中最早带回来的俘虏的后裔。而公元前139年颁布的一项驱逐令表明，其实在罗马早就有一个庞大的犹太商人社区，并且在地中海周边地区还有许多分散的犹太定居点。[62]在特拉斯特维尔岛（Trastevere）上，拥挤的古罗马公寓区成为许多贫困的犹太家庭的家乡，并且在1943年10月被占领之前，他们一直在那里住了将近2000年。尽管尤维纳利

（Juvenal）的讽刺漫画和佩特罗尼乌斯（Petronius）的喜剧曾对严守割礼的犹太乞丐大加嘲笑，但在克劳狄乌斯统治时期的港城奥斯提亚（Ostia），似乎已经建起了第一个犹太会堂，这就说明，在远离罗马最拥挤的街道的边远地区已经出现了一个主要由商人组成的犹太定居点。

当然，约瑟福斯并不在其中，而是在罗马过着豪奢的生活，这应当感谢他的新主子、刚刚即位的皇帝提多（他父亲韦斯帕芗已于公元79年去世）。但假如你认为约瑟福斯会（像希律家族一样）舒舒服服、毫无麻烦地融入帝国的社会和文化，那就大错特错了，因为他已经深深感受到他的某些同行——罗马专门从事写作和演说的阶层——对他的极端厌恶和轻蔑。在某些方面，这位"弗拉维斯"家族的历史学家是受保护的，很少有人在背后嘲笑他，因为毫无疑问，皇室对犹太人有点儿爱恨交织，这一点首先表现在提多身上，他竟然认真而痴情地爱上了虽然年长但却极其迷人、结过三次婚的犹太女人——亚基帕二世的妹妹贝勒尼基（Berenice）（据说她也是她哥哥的情人），有些贵族甚至耸人听闻地传言说他还要娶她。[63]

可以想见，从塞内卡（Seneca）到剧作家马提亚（Martial）和讽刺漫画家尤维纳利，他们肯定一直并且仍然在沮丧地克制着自己的创作欲望。尽管犹太教已经被官方正式地宣布为一个"可容忍的宗教"（religio licita），但像塔西佗这样的作家一直坚持认为犹太教更多的是一种低级的、退化的迷信（superstitio）。[64]就其社会性而言，人们认为犹太人是一群厌世者，他们刻意地使自己脱离社会，尽管他们非常喜欢勾引其他民族的女人并和她们上床，但却不愿意和她们一起吃饭（与希腊人恰恰相反）。塔西佗对犹太人的自我分离更是偏执得离谱，竟然认为他们除了互相忠诚外，"对其他人类只有仇恨和敌意"（sed adversus omnis alios hostile odium）[65]。他们用割包皮的方式制造差异，但他们也像野兽一样具有无法满足的强烈性欲。他们崇拜驴——他们的圣殿里就立着一尊金驴——是因为当他们作为携带麻风和疥疮的贱民被逐出埃及后在旷野里流浪期间，在他们快要渴死时，是一头驴领着他们找到了水源。

同样地，他们经常吹嘘的安息日（许多人认为这是懒惰的借口），起源于下身的腹股沟上长着丑陋的瘤子，这些瘤子在他们流浪的前六天一直折磨着以色列人，因为实在走不动了，他们才不得不在第七天休息！

约瑟福斯写道，诸如此类的许多荒诞不经的谬论被亚历山大的语法学家兼图书馆长阿皮翁奉为圭臬而广为流传。"对于一个语法学家来说，不去书写真实的历史是一种莫大的耻辱。"在当时，人们谈论犹太人的驴崇拜，就仿佛在讨论对角蝰（一种毒蛇）和鳄鱼的崇拜一样，这是非常悲哀的。"驴对我们来说就像对其他聪明的民族一样，不过是一种动物罢了，我们在它身上放什么，它就驮着什么。"[66]当阿皮翁在公元1世纪来到加里古拉面前，解释为什么亚历山大的犹太人愿意自取其辱并且的确冒犯了埃及人时，他才在罗马人的记忆里留下了一些印象。第一个奋起反击他的人是犹太哲学家斐洛，他是托勒密王朝的一个收税官兼财政大臣的哥哥，也是后来在犹太战争中成为提多的第二指挥官的提比略·儒略·亚历山大的叔叔。经过艰苦的努力，斐洛试图让加里古拉明白，他把自己的雕像像在其他地方一样作为神立在犹太会堂里的决定是犹太律法和传统所禁止的，如果他拒绝认错，就等于是在寻找借口对埃及的罗马总督弗拉库斯（Flaccus）支持下的无辜的犹太社区使用可怕的暴力。结果，不仅埃及的犹太人被突然剥夺了长期以来拥有的对其社区的自治权，并被重新认定为他们出生的土地上的外邦人，而且暴徒们还把亚历山大5个街区中的4个街区的犹太人赶进了一个单独的、十分拥挤的居住区。然后，他们开始抢劫财物、烧毁房屋、攻击平民，并将那里的犹太会堂夷为平地。

阿皮翁采用的仍然是公元前3世纪的祭司兼语法学家马内松发明的手法，即对犹太历史中讹传的神秘情节进行重复和夸大：他们在瘟疫流行年间，被作为不洁和体弱的人驱逐的经历，乐于助人的驴的故事，等等。约瑟福斯在《驳阿皮翁》中写道，对于这样的胡说八道，不仅要用正义的怒火来反击，而且要用无可辩驳的证据来证明其荒谬，尤其是他们的恶毒说法越耸人听闻，就越有可能抓住公众的想象力。关于犹太人绑架希腊旅行者并将其养肥后屠杀和食用的谎言（一向严苛的历史学家塔西佗曾多次提及）就是一个典型的例证。据说"国王安条克"（不清楚是哪一个安条克，但很可能指的是"开明"的安条克四世）发现有一个希腊人被绑在圣殿最里面的一个院子里，他不停地大声呼救，有一桌子鸡鸭鱼肉和美味珍馐摆在他的面前。根据谣传，等到他被养得膘肥肉嫩之后，就会被带到一片密林里杀死，然后，犹太人就会举行一次秘密的聚餐，吃掉他的内脏。约瑟福斯甚至在一开始就以一种"毫无文学素养"的口气十分尖锐地质问道："一个人的内脏够数千人吃吗？"[67] 约瑟福斯表现出的惊愕和愤怒开创了一门魔鬼学（从各地赶来的犹太人参加秘密的食人肉聚会，争食非犹太人的尸体），并且一直流传了下来。

约瑟福斯似乎认为，罗马人表现出来的这种强烈的恐惧心理，是对"有一个唯一的、无形的，甚至无名的神"这一犹太人的呼吁作出的防御性反应。虽然犹太一神教当时对罗马这些异教徒的吸引力常常被夸大，但罗马的作者和演说家群体显然对其十分关注。在尼禄统治时期，塞内卡在谈到犹太一神教那种自以为是的优越感时甚至说："正是这些被征服的人给胜利者送来了律法。"当皇帝的妻子据说都已经成了一个具有同情心的"敬畏上帝的人"，而代表高贵的帝国与宫廷文化的其他女人同样也受到诱惑时，罗马人怎么可能对赢得了大量皈依者的犹太教不深感忧虑呢？公元19年，一个叫福尔维亚（Fulvia）的罗马女贵族皈依了犹太教，从而招致罗马当局发起了一次对犹太人的驱逐行动。尤为令人震惊的是，据称远在叙利亚阿迪亚波内（Adiabene）的罗马小朝廷集体皈依了犹太教。罗马军团曾在这一地区长期驻扎和作战，而其皇后海伦娜（Helena）曾朝拜过耶路撒冷，并成为耶路撒冷圣殿和居民的资助人。

在社会阶层的另一端，那些本来属于犹太人的奴隶纷纷以皈依犹太教为条件换得了人身自由。学者马库斯·特伦修斯·瓦罗（Marcus Terentius Varro）大胆地（但不是个别地）试图将犹太教与罗马教融为一体。他认为唯一的、无形的犹太上帝实际上与相当于至高无上的神的罗马主神（summun deum）朱庇特没有什么差别，因为朱庇特在最早的、更纯粹的罗马时代同样也是独有的和无形的。

某些最具恐惧症色彩的作品已经背离了这样的认知倾向：对于那些认为"根本的创造力来源于纯粹精神王国"的柏拉图主义者来说，犹太人忠诚于唯一上帝（其本性甚至超越了任何最珍贵的物质材料形成的有形物）的信仰或许的确具有吸引力。塔西佗在对犹太战争进行简要的描述时更是离题万里，他认为犹太人"仅仅在心里……想象出一个神……对他们来说，这个神的至高无上和永恒存在是无法表述的，也是没有止境的。所以，他们从不在他们的城市里（更不用说在他们的圣殿里）树立雕像；他们既不奉承他们的国王，更不尊重我们的恺撒。"[68]因此，尽管塔西佗把犹太人的仪式描写为"低劣的和可恶的"，把他们的献祭方式说成"肮脏的和残忍的"，说他们"最初的教训"就是"鄙视诸神、否定祖国"，并坚持认为犹太人是"凡是我们认为神圣的东西，他们就反对；而凡是我们认为可憎的东西，他们就拥护"，但他对他们的独特崇拜方式并不是采取完全鄙视的态度，听起来倒有些"酸葡萄"的味道。这种忧虑的情绪一直没有散去。在克劳狄乌斯统治时期，尽管犹太人作为公民和自由人表面上拥有不受驱逐的权利，但还是在公元41年和49年，以"维护公共秩序"的名义遭到两次驱逐。

后来，以塔西佗为代表的罗马人，一反常态地承认这种无影无形的一神教具有神秘的力量。这种迟到的来自对立者的恭维，为约瑟福斯用犹太人和犹太教的真理去教化异教徒提供了契机。约瑟福斯指出，他们是人类，而不是怪物（这一点首先要讲清楚）——天哪，他真是太伟大了！——他们的习俗和仪式是仁慈的和高贵的，而不是肮脏的和邪恶的。由于约瑟福斯发现塔西佗有关犹太父母和他们的孩子之间相互不尊重的观点在罗马精英阶层已经根深蒂固，所以他煞费苦心地指出事实恰恰相反：犹太人的最大快乐和主要美德就是"把我们的孩子教育好""遵守从远古传给我们的律法并恪守从先辈传下来的这些虔诚的仪规"[69]。他还进一步为犹太人早期在经济方面不择手段的不良名声辩护，敲竹杠就像靠战争致富一样，对我们来说是陌生的，因为"我们不是从做买卖或贸易领域里得到快乐，我们的家乡远离海洋，是一个富饶的国度，我们从耕作中获得快乐"。

他耐心地阐述道，摩西并不是一群道德败坏的人和麻风病人的领袖，而是"受到永恒上帝的幻象感召的最古老的立法者，并且后来影响到柏拉图和斯多葛学派；上帝"超越了尘世间所有的美的概念，尽管我们只感觉到他的力量而对他的本质一无所知"。他传授的《律法书》是文字文化和生活实践的统一，而雅典人只拥有前者，斯巴达人则只拥有后者。作为一个犹太人的核心意义，就在于从一出生就受到这些律法的反复熏陶。如果向"我们的族人问起我们的律法，任何人都会随时告诉你这些律法，但不一定会告诉你他的名字"。这是当犹太人刚刚对事物产生意识时就开始学习的缘故，所以这些律法"深深地铭刻在我们的灵魂之中"。

更令人惊异的是，对于这位历史学家为什么在犹太人起义期间制造了如此多的不和谐声音（有点难以置信）的问题，约瑟福斯辩解道，《托拉》的永久性决定了"我们所有人心中的想法出奇地一致"。不仅如此，这些律法也没有任何模糊或邪恶之处，更没有取笑或"迷信"之物。律法禁止醉酒和鸡奸等恶行，禁止侵犯处女和通奸；律法要求为所有人类的共同福祉祈祷，要体面而适度地埋葬死者而不要举行过于隆重的葬礼；律法要求尊敬父母，不得放高利贷，禁止负责裁判的士师受贿（受贿者处以死刑）。

尽管这类社会和宗教准则是犹太人首先制定的，并且已经成为他们独特的、不朽的财富，但包括希腊人在内所有开化的民族都在奉行其中的指导原则。因而以周末休息的发明为标志，这些准则已经成为一种普世的财产。"无论一个城市多么野蛮，无论一个民族多么封闭，都在遵守……我们每个星期第七天休息的习俗。"[70]其他民族都继承了犹太人乐善好施和"以和为贵"的美德以及在经济活动中坚持公正的道德准则。但所有这些都是在没有借助传统权力情况下的一种自我表达，仅仅是"依靠本身的力量"的推动而形成的，因而被约瑟福斯认定为"独有的犹太特色"。他还说，犹太律法根本不需要进一步的辩护或阐述，即使在去神秘化过程中各种毫无根据的诽谤倾泻在犹太人的头上时依然如此，因为这些律法"就其真实的本质而言是可感的，并不是教导人们不虔诚，而是教导人们保持世界上最真实的虔诚"。约瑟福斯似乎在回击塔西佗的诅咒："这些律法不是让人们互相仇恨，而是鼓励人们用自己的心里话互相自由地交流；律法是非正义的敌人，律法保护义人，律法排除一切懒散和奢侈，并告诉人们以自己所拥有的为满足……律法禁止人们为了满足更大的欲望而发动战争，但又使人在保护律法时更加勇敢。"71

最后，弗拉维斯·约瑟福斯——他已经失去了自己的同胞，并且如此明显和痛苦地疏远了那些曾经接纳过他的人——向塞内卡、马提亚和塔西佗之流，向那些自以为是地认为不需要向低等的、狡诈的、诡秘的、阴险的、天人共愤的犹太人的野蛮迷信学习的人，自豪地、挑战般地宣告，用一个犹太人认为唯一值得发声的自豪感发出呼声："我们在许许多多的事物上都是其他民族的老师！"

## VII 末日来临？

上帝怎么会允许这样的事情发生在他的子民身上？这是每当燃烧的灰烟刺痛了我们的双眼、呛住了我们的喉咙时我们一直在问的问题。对于我们立下的约，对于我们终将战胜那些试图灭绝我们的人的"应许"，到底发生了什么呢？我们一次又一次地寻找答案，从来也没有停止过。翻开那些精美的印刷品！有一点关于义人的文字吗？这样的情况不是一直在延续吗？犯罪！邪恶！相互仇恨、自我毁灭，这就是现实！是该做一次全面清理的时候了！你没有听过先知的预言吗？不要说没有人警告过你。但是，我们重申，我们是人类；但严格说来，我们在历史上是否真的不曾走上过邪路而一直恪守禁食律法和安息日习俗呢？那就看一看大卫和他那声色犬马的宫廷，看一看所罗门和他那妻妾成群的虚荣吧。他们可没有被踩在尸堆里，不是吗？让我们先喘口气，不好吗？那些在安息日肩负背袋四处流浪的同胞，歇歇脚来点儿不分趾、不反刍的动物肉怎么样？耶路撒冷焚毁了，很多人被烧死了？你说的是实话吗？能不能再说一遍？

这样的问题是问不完的。如果耶和华是一切事物特别是犹太历史的主人，怎么会总是有这么多的麻烦（tsurus）呢？

第二圣殿时期及其被焚毁时的犹太人的确有一个答案。这个答案是非正统的、非权威的，并不是严格意义上的《圣经》经文，但也不是由一些不相关的怪人所创作的。我们从1947—1955年间在库姆兰洞穴中发现的850件奇异的手稿中找到了这个答案。这些手稿包括15件不同的《禧年书》抄本残片、7件《以诺书》［即《创世记》伪典，对犹太人（在创世时）如何与何时接受《律法书》作了完全不同的记述］抄本残片，以及其他许多与《圣经》完全一致或略有不同的经文残片。[72]在这些书卷中，除了《以斯帖记》和《尼希米记》（鉴于《尼希米记》对于《托拉》历史记述的极端重要性，其缺失让人感到更加奇怪），几乎包括了希伯来《圣经》正典中的所有书卷。其中发现的《以赛亚书》堪称完本，同时还发现《以赛亚书》《诗篇》和《申命记》大量的抄本，这或许是为了表明这几部书对当地的"社团"是最重要的。这些书卷大部分用希伯来文写成，有一部《约伯记》附有阿拉米译文（targum），而《哈巴谷书》和《以赛亚书》等书卷还附有评注（pesharim）。在这些希伯来文书卷中，有些与希腊文《七十子译本》和由拉比在几乎1000年后的公元9世纪末发布的《马所拉钦定本》（补加了注音）存在明显的差异。

但事实证明，故事并没有到此结束。在发现的"库姆兰古卷"中，还包括许多所谓《次经》:《托彼特书》(Tobit),《便西拉智训》《犹滴传》(Judith)，以及两篇激动人心的历史记述，即两卷《马加比书》《塞拉赫》，当地社团禁欲苦修生活中的日常遵守的《生活规则》《感恩圣歌》和《赞美诗》的连祷词全文。最引人注目的是还有一些《圣经》经文，大多写于公元前3世纪和前2世纪。在它们在荒漠中的洞穴里被发现之前，只是听说（知道的人并不多）有15世纪—16世纪发现的用犹太—埃塞俄比亚音节语言（Ge'ez）（靠音节本身连接成句是非常令人惊异的）写成的埃塞俄比亚手稿中有这类经文。这些早出1500年的希伯来经文的发现完全改变了我们的故事脉络，因为这样的思路无法与当前有关东非一神教的叙事相吻合，而只能追溯到犹太教形成的本土。正是从这些深奥难解但又引人入胜的书卷中，似乎可以找到"世界上是否存在邪恶"这个问题的答案。

可以肯定，从文学的角度来看，这是一个不可思议的答案：你沉浸在一个犹太故事中，但这个故事似乎更接近于其他古老的异邦宗教，更接近于具有波斯拜火教特色的善良与邪恶、光明与黑暗之间的二元战争，更像是一个诺斯替（Gnostic）文本。如果这样的文本大量地流传下来（没有理由认为只有少量存世），那么就很容易明白为什么拉比们也不得不将其从虚构的"伪经"记忆中删除。因为从表面上来看，要说犹太人曾经同时读过（更不用说曾经相信）以"立约"为主体的《圣经》中具有权威性的故事和《禧年书》《以诺一书》（包括《看守天使书》和《巨人书》）以及《创世记》伪典似乎是不可能的。

在这些被替代了的经文中，唯一的上帝在天空中并不孤独，他身边围绕着一群天使，但他又不能完全控制他们。这些天使中有好天使，他们听从《圣经》中提到的米迦勒（Michael）的指挥；也有敢于违抗上帝命令的坏天使，他们只服从彼列（Belial）的调遣。彼列的名字在这些书卷中比比皆是，例如，在一首文学非常优美的伪经《感恩圣歌》（15）中就提到："至于我，我的嘴不能说话，［我的胳膊］被撕了下来，而我的脚深陷在泥潭之中。我的眼睛被魔鬼的异象弄瞎了，而我的耳朵被血腥的哭喊声震聋了。我的心被这些恶作剧弄乱了，因为彼列露出了他［邪恶的］面孔。"[73]因为这些坏天使公然抗命（尤其是他们不能接受被造的人以上帝的模样出现），他们被逐出天庭，作为"天国之子"——在《以诺一书》中作为更不吉祥的"看守天使"——被发配到凡间。他们在凡间与女性人类结合，生下了许多畸形巨人，即拿非利人（Nephilim）。这群恶魔在大地上横行无忌，上帝却赌气地躲在由一群光明天使簇拥着的豪华天庭里，听任其自生自灭。以诺是第一个会说话的人，他从大地的这一端走到那一端，亲眼目睹了大地上的恐怖和灾难，报告说邪恶正在大地上肆虐。于是上帝用洪水消灭了巨人，但恶魔的灵魂却逃脱了。这些恶灵仍然受到追击，但与上帝对抗的恶魔首领莫斯提马（Mastema）①却成功地说服上帝，只把十分之九的恶灵打入了地狱。被释放的十分之一恶灵足以在大地上制造更多的祸患和痛苦。

对《圣经》经文特意进行替换的地方还有很多，在《创世记》伪典中尤其如此。其中不仅说以色列人是在创世时接受了耶和华的约，而且亚伯拉罕的妻子撒拉——《雅歌》中只是描写她容易兴奋——如此淫荡地勾引一位埃及法老，以至于被他拐跑了，并给他当了两年的情妇。而亚伯拉罕之所以能够逃脱，是因为他声称她是他的姐姐。

不仅如此，这些书卷还演绎出了一些奇异而怪诞的秘闻轶事。玛土撒拉（Methuselah）的儿子拉麦（Lamech）怀疑他的一个儿子实际上不是他的后代。奇怪的是，这并不是因为他在182岁的壮年才有了这个儿子，而是因为他担心他的妻子巴特以诺（Bathenosh）可能是与一个看守天使即邪恶的"天国之子"交媾而受孕。"她非常动情地哭着对我说，'噢，我的主……还记得性交时那飘飘欲仙的感觉和我炽烈的反应吧。'"实际上这是向他保证，他们夫妻之间的性高潮确保了那个长大后叫挪亚的种确实是他本人的。但拉麦仍然不信，甚至还跑到年迈的玛土撒拉那里去求证。

"天国之子"时不时地成为《圣经》叙事的主角实在有点儿不合时宜。他

---

① 又作"Mansemat"，希伯来文意为"恶意"。在《尤倍书》伪典中，他是看守天使首领之一，最初和彼列一同来到凡间，曾因对凡人女子有所留恋而受到惩罚。在挪亚洪水时期，统领留在大地中被洪水灭绝的恶灵。当年上帝要将堕天使丢入地狱时，他向上帝求情，上帝才留下了十分之一的堕天使在凡间，从而为凡间带来了诱惑、告发、刑罚等罪过。传说当时在埃及和摩西抗法的魔术师就是继承了他的魔力。

们的王子和首领莫斯提马策划了用雅各献祭的阴谋，表明得到了上帝认可，而摩西则从一群代表上帝的天使那里（再一次）接受了律法。这就使人产生了这样的印象，不是上帝主动放弃了他的创世权，而是经过一代又一代人之后，善良和邪恶力量一直在争夺他的最高统治权。因此，最后的结果必然是，在预示着"世界末日"（令人惊异的是，此卷在所发现的羊皮卷中篇幅最长，仔细计算的羊皮纸长度竟达28英尺，堪比《荷马史诗》）到来的最后决战中，光明天使必将战胜"黑暗的一群"。"到基提人（即罗马人）败亡的那一天，在以色列人的上帝面前将发生混战和恐怖的屠杀，因为这是在远古时代就已经确定的毁灭'黑暗之子'的日子。"[74]但这场混战竟持续了三十三年！

这些被篡改的有关犹太人及其世界的故事的作者和读者实在是过于离奇古怪。显然，这些羊皮书卷上的文字完全偏离了《圣经》正典，而其发现只不过是一个偶然的奇迹。关于"库姆兰古卷"，学者之间的论战一直在持续着。一方以吉撒·韦尔梅斯（Geza Vermes）为代表，他一直认为，库姆兰社团是地地道道的艾赛尼派；而另一方的代表人物诺曼·科布（Norman Golb）则认为，这批手稿内容的多样性和宏大规模表明，他们在匆忙之中把收藏更丰富的耶路撒冷图书馆从被围的城里搬了过来，以方便自己利用。尽管我一直不同意科布的观点，但他的说法实际上也不是捕风捉影。库姆兰距离西面的耶路撒冷只有35英里，在南面的马察达要塞被占领之后，这一地区基本上在奋锐党控制之下。人们普遍认为，在长达数代人的时间里，库姆兰一直被这个奉行禁欲主义的"社团"所占据。所以，这些"死海古卷"从外部带进来的可能性是存在的。因为这些书卷形式多样、构成复杂（毕竟是不同的作者甚至以不同的文字写成的），其中既有艾赛尼派的日常生活准则和条例，也有《圣经》正典的各种抄本，还有一些属于《次经》《伪经》以及其他神秘的经文。

对于我们有关这些书卷所要求的犹太虔诚的猜测，真正令人激动的判断并不在于这些书卷是艾赛尼派的作品还是从耶路撒冷搬过来的一批更丰富的藏品，而在于如下的事实，即这些犹太人是把关于其祖先故事的两种尖锐对立的版本（既有权威的也有非权威的，既有严格的一神论也有神秘的二元论）放在一起阅读的。有些书卷（如"圣殿卷"）不仅对许多关于献祭的诫命重新进行了改写，而且对《托拉》中制定的关于洁净的详细规则增加了一些最新的规定。例如，无论是壁虎、沙虎还是"大蜥蜴"、变色龙，是一概不能食用的。在这部书卷中甚至还构想了一座规模更宏大、装饰更豪华的圣殿。这些杂交的文化形式，有些来源于《托拉》，有些则不是，从而使犹太人的学问和虔诚比后来的《圣经》正典和《塔木德》所要求的在形式上更多样、组织上更松散、调适上更自由、动机上更神秘、仪式上更自然成为可能。但是，其他的犹太文化元素——神话传说中的荒凉海岸、古代后期的咒语巫术（根据同时出土的数千个巴比伦咒语碗可以推断）——也从少数人的秘传变为犹太宗教习俗和传统的核心内容。

有些书卷啰唆得使人昏昏欲睡，有时也令人抓狂。例如，"战争卷"作为一本反抗罗马人的军事手册，其实并没有多大用处。因为其中只是用过多的篇幅详细而精确地描述了在光明天使的作战阵列中的号角、旗帜，甚至武器上必须刻什么内容。"在他们的长矛尖上，他们要写上'上帝力量的长矛光辉闪耀'……在第二梯队的标枪上，他们要写上'上帝震怒，枪头带血，染红敌人的尸体'。"我们还要为敌人写投降书！敌人不会是向我们的啰唆投降吧！他们对抛光的铜盾牌的尺寸制定了精细的标准，而长矛头"要由一个工艺匠人用铮亮的白铁打成，在正中间，要用纯金做上两枝谷穗指向矛尖"。[75]如果"最后决战"的胜负仅仅是由"文字"武器的豪华程度来决定的话，那么对光明天使来说就太轻松了。

战场上从来不会有这样轻松的事。但"战争卷"中记载的"拿起武器"这种激动人心的召唤及其战无不胜的必胜信念事实上却是一种共同的文化。只不过死海岸边的这个分离主义者社团表现得更为强烈而已。因为在当时，即使像提多那样的全面灭绝行动也被认为不过是"万军之耶和华"及其立约子民的最后胜利的序曲罢了。希望永远不会破灭。自由（这个词就铸在下一代起义军的硬币上）将随着弥赛亚的降临很快到来。圣殿将再次得到重建。"万军之耶和华"将纵马行空，卫护着他的子民。但在一切结束之前，一切都没有结束。一切还在继续。

所以，在短短的六十年里，就发生了不是一次而是两次犹太人揭竿而起反抗罗马人的起义。而这两次起义都使整个帝国惊恐万状，不得不派出大量的军队进行镇压。尤为令人难以忘记的是发生于公元115—117年特洛伊人（Trojan）统治时期的第一次起义。这次起义的战火燃遍了地中海沿岸的犹太人散居点，从昔兰尼加开始，席卷埃及，在亚历山大达到高潮（这个伟大的犹太社区也因此而灭绝），甚至还波及叙利亚城市安条克和大马士革。我们与其站在犹太人一边继续讲述这次起义，还不如相信约瑟福斯当时写下的文字。但似乎这次起义中的某些声音肯定应当归因于跳动在非正统的"库姆兰古卷"上的那种广泛传播的弥赛亚音符。他们炽烈地相信，末日即将来临，光明天使终将战胜黑暗天使，救世主上帝将在广袤的战场上为他的子孙而战斗。当然，我们是从像卡西乌斯·狄奥和狄奥多罗斯·西库鲁斯（Diodorus Siculus）这样的罗马人的记述中才知道了这次暴动的规模、武力的残酷和屠杀的恐怖，以及当时罗马人对这些犹太城市烧杀抢掠的场面，因为提多对耶路撒冷的所作所为就是一个榜样。

你吃惊也好，不吃惊也罢，除了公元70年的战争创伤，当他们的兄弟姐妹正在利比亚、埃及和叙利亚遭到屠杀时，巴勒斯坦地区的犹太人反而一直没有行动。但是在公元132年前后，犹地亚曾爆发了一场大起义。根据卡西乌斯·狄奥的记载，这场起义曾迫使罗马人动用了5万人的军队花了三年时间进行镇压。[76]如果允许夸张的话，可以说这次起义的规模无疑使罗马人大吃一惊。当发觉事态似乎难以控制时，皇帝哈德良（Hadrian）还一度御驾亲征，而演说家弗朗托（Fronto）曾经将这场第二次犹太战争与罗马人和北方潮湿而多雾的不列颠人进行的漫长而艰难的战争相提并论。

就连约瑟福斯也不知道这次起义的大概情况，因为他既没有提到其如何发生，也没有写出其直接原因。尽管几乎可以肯定，哈德良在耶路撒冷破坏最严重的废墟上建造了一座被他称为爱利亚·卡彼托利纳（Aelia Capitolina）①的新城是一次最大的挑衅行动。虽然曾经有人认为，这是结果而不是原因，但公元130—131年发行的铸币上用这个新的罗马名字取代了被焚毁的耶路撒冷这个事实充分表明，这的确是一个主要的原因。这次起义的领袖西门·巴·科西巴（Simon bar Kosiba）自诩为弥赛亚，也就是"库姆兰古卷"中记载的他们强烈渴望降临的救世主（更不用说当时刚刚兴起了一个真正的弥赛亚基督宗教）。且让我们来看一看他是否兑现了自己的诺言，尤其是在面对像拉比阿奇巴（Akiba）这样的法利赛人时是怎样做的，因为阿奇巴虽然积极投身于起义大业，但在这次起义中却成为继西门之后最著名的殉难者。

正是拉比阿奇巴借用了《民数记》（24:17）的预言"有星要出于雅各，有杖要兴于以色列"，并赋予起义军领袖一个更适合弥赛亚的阿拉米名字"西门·巴·科赫巴（Kochba），意为'星之子'"，从而使起义军成为正义之师。但巴·科赫巴也自称"纳西"（nasi），意为王子，以便迎合人们对弥赛亚的预言和渴望——与哈斯蒙尼家族完全不同——一位真正的犹太人救世主必须是大卫家族的后裔（据说拿撒勒人耶稣也是如此）。他是一个恪守安息日习俗的犹太人，并且把自己当作这个神圣民族的新一代大卫家族的领袖。尽管20世纪60年代曾在犹地亚沙漠的洞穴里发现了一批起义军领袖的来往书信[77]，但相对于反抗罗马人的第一次战争，我们对这次起义的进程所知甚少。从这些信件可以看出，他实际上是一个冷酷的游击队首领，拥有完备的指挥系统，他把占领的领土划分为7个指挥区，而每个区又细分为一些小行政区，并逐级收税资助起义军。比纯粹的山寨起义更具有革命性的是，他在实施必要的惩罚时表现得冷酷无情，因为若不如此，他将很难坚持下来。他亲自签署一些

---

① "Aelia"指哈德良治下的非犹太省，源于耶路撒冷的阿拉伯语旧称"Illya'"，而"Capitolina"意为"献给主神朱庇特"。公元130年，罗马皇帝决定在被罗马人于70年焚毁的圣殿原址上开建这座新城，并且朱庇特神殿就建在原犹太圣殿的正前面，这一举动被认为是巴·科赫巴起义的主要诱因。

简短、直接而措辞强硬的信件，用语简洁有力，从而给人一种强烈的神赐魅力感，这一点甚至在两千年后仍然可以感觉到。但是，他在硬币上铸的铭文"为了耶路撒冷的自由"只不过是一个美好的愿望，因为从这批硬币的发行范围来看，他显然从来也没有进入这座城市。然而，与两代人之前发生的那场伟大的战争相比，这次起义更多地显示出一种为"犹太自由"（也铸在硬币上）而战的意识。很显然，这次发行的硬币是对提多曾经铸造的被遗弃在一棵棕榈树下哭泣的"犹地亚卡普塔"（Judaea Capta）①这种著名的罗马硬币的一次挑衅性回应。

眼泪仍然在继续流淌。巴·科赫巴起义的鼎盛期出现在公元133年前后，但也只不过占领了犹地亚和撒玛利亚，而他的首府就设在比塔尔（Betar）要塞。耶路撒冷和加利利似乎仍控制在罗马人手中。最后，罗马人明智地打起了消耗战，成功地将起义军逼回了死海岸边那些荒凉的山洞里，而上面提到的书信正是在这里发现的。在最后的岁月里，起义军食物和物资紧缺，越来越陷入了绝望的境地（那些信件就是在这几年写下的），直至公元135年不知所踪。随着起义军的灭亡，犹地亚本身也重新落入罗马人手中，并且哈德良在去世之前将其命名为"叙利亚巴勒斯坦省"。

但是，即使你不是约哈南·本·撒该的门徒，难道就能完全回避这段历史吗？在犹地亚沙漠地区的一个山洞里发现了30具遗骸，在他们中间，人们找到了一封信。可以想象，在箭如飞蝗的战场上，或许她当时只是想写一封信，或许只不过是为了她的买卖要记点什么。她的名字叫巴巴塔（Babatha），来自约旦河对岸、死海东南角上离纳巴提亚（Nabatea）距玫瑰红色的伟大城市佩特拉（Petra）不远的一个叫莫耶撒（Maorza）的小村庄。从种族上看，巴巴塔是一个以土买人，但这个民族早在两个多世纪前就皈依了犹太教，而当她为她的第一任丈夫生下一个儿子时，这个儿子就在罗马人的律法文书中

---

① "犹地亚卡普塔"是罗马皇帝韦斯帕芗在他的儿子提多在第一次犹太战争中攻陷耶路撒冷并焚毁圣殿后发行的纪念币，分金、银、铜三类，共48种。其中有一枚硬币的反面刻有一个女人坐在一棵棕榈树下哭泣的图案，周围的文字是"IVDEA CAPTA"，意为"征服犹地亚"。故这批出土的硬币在考古史上被称为"犹地亚卡普塔硬币"。

被特别地认定为犹太人。

对她来说，椰枣树就是她的全部世界，也是她的全部财富。正如每一个在这个小王国的这个地方吃过这种果实的人能够告诉你的那样，这种果实根本无法与其他各种新鲜多汁、甘甜如蜜的水果相比。或许，你可以用在死海边摘一颗椰枣来打发时间。巴巴塔从她父亲那里继承了一个小椰枣园，当她和一个叫耶稣（如此多的耶稣！）的男人第一次结婚之后，她的椰枣园便不断扩大。公元124年，她成了一个寡妇；125年，她和另一个叫犹达尼斯（Judanes）的果农再次结婚。但犹达尼斯已经有一个妻子，名叫米利暗（Miriam），并且他们有了一个女儿，还起了一个相当美丽的名字，叫撒罗姆泽恩（Shelamzion）。《托拉》律法禁止一夫多妻，但由于犹达尼斯在死海西岸的艾因盖迪（Ein Gedi）还有一处椰枣园（巴巴塔有时也居住在这个地方），所以犹达尼斯完全有可能在两个地方成家并经营椰枣园。

无论在什么样的情况下，巴巴塔都完全能够自己养活自己。公元128年，她慷慨地借给她的丈夫300个银币（denarii），以便他能为自己的女儿撒罗姆泽恩出嫁置办像样的嫁妆，但条件是只要她愿意，她可以随时要求归还这笔钱。当犹达尼斯去世后，由于巴巴塔担心在要求还钱时可能会有麻烦，于是她赶快占据了艾因盖迪的椰枣园作为抵押品。这让他的第一个妻子米利暗很不高兴。她起诉到罗马法庭要求归还原主，并且她还有一张王牌：她通过一个叫耶赫纳塔（Yehonatan）的亲戚或朋友（时任起义军艾因盖迪要塞指挥官）与巴·科赫巴的新起义军建立了联系。

令人意想不到的是，随着巴巴塔和她拼命积累并且侥幸保留下来的财富惨遭厄运，历史似乎也突然终止了。她毅然离开老家赶往艾因盖迪，准备出庭为自己辩护，但在途中却遭遇了一场猛烈的沙尘暴。为躲避罗马人，巴巴塔跑进了纳哈希弗尔（Nahal Hever）的山洞里（罗马士兵就坐在洞口上面的悬崖上）。她非常清楚，如果命中注定了是一个悲惨的结局，那她抓住这一纸律法文书又有什么用呢。如果上帝是仁慈的，使她侥幸活下来，那么这张文书将使她作为那片宝贵的椰枣园的女主人行使自己的权利。但是，某个"天国之子"捉弄了她的命运，她死在了那里，与那些来自艾因盖迪的富有的犹太人一起倒在了一堆小镜子、小梳子和小小的黑色油膏罐中间。

关于巴·科赫巴起义，关于犹太人反抗情绪的这次最后爆发，实在没有多少可讲的了，只剩下那些硬币。尽管大部分面值不高，但古币研究者仍然在热心收藏并且有些人甚至还趋之若鹜。它们通常带有一种哀婉的美，因为它们代表着某些曾经失落的东西：特别是那带柱廊的圣殿，还有犹太人每逢住棚节带进圣殿的四样植物枝叶。在其中一枚银币上，铸造的图案形象地把圣殿的记忆、弥赛亚的救赎和为追求解放向全世界喊出的第一句革命口号融为一体。在曾经在城墙上吹响的号角的周围，环绕着这样一句有意识地用古希伯来字符写成的、与《圣经》第一次成书相联系的口号："为了耶路撒冷的自由！"

其他硬币的正面都刻着椰枣树（tamar），寓意"多枝烛台"，这是犹太意象中使用最多的标志物之一。椰枣树代表着上帝对与他立约的子民应许的丰饶，这一点已经成为共识。

椰枣树还有另一种象征意义。对于埃及人及其后继文化来说，椰枣树是一种永远不会枯朽而不断发出新芽的树，新叶取代那些已经枯萎的老叶，老叶在飘落之前一直顽强地挂在树干上。如有可能你可以亲自去看一看，这种树在以色列和埃及可以说随处可见。至少从这种意义上说，椰枣树是不朽的，因而成为救赎和复活的象征。这也正是虔诚的"假弥赛亚"西门（当然是在围绕在他身边的祭司们的指引下）选择椰枣树作为硬币图案的另一个原因。

另一群弥赛亚信徒也是这么想的，因为他们对"复活"情有独钟。所以，当基督十字架的形象第一次出现时，他们选用的也是椰枣树的图案。[78]

第二部
镶嵌画　羊皮纸　纤维纸

PART TWO
*mosaic, parchment,
paper*

# 第 5 篇　七烛台与十字架

## The Menorah and Cross

## I　男女混坐①

1933年11月，大多数犹太人的日子并不好过，对柏林的犹太人来说尤其如此。正是在这样的背景下，大洋彼岸的美国人也过得不怎么快活。失业率已经达到了四分之一，而在芝加哥这样令人绝望的城市，失业率似乎还要高些。美国的新总统会成为大萧条的救世主吗？或许不明真相的芸芸美国人经济振兴之梦已经彻底破灭？这种忧郁的情绪甚至波及像耶鲁大学这种十分平静的"象牙塔"。在那里，那些连姓氏都带着罗马味儿②的男人只能借酒浇愁，端着鸡尾酒日日买醉。

但是，这样的颓废生活并不属于克拉克·霍普金斯（Clark Hopkins）。在这种日益蔓延的忧郁情绪中，考古学一直是他重新找回精神寄托的"强心剂"。他一边翻看着自己在叙利亚沙漠进行野外发掘时拍摄的一张张照片，一

---

① 正如下文所见，虽然原标题"Side by Side"或许指的是犹太会堂中"男女混坐"的独特习俗，但从历史意义上讲其更意味着拉比犹太教与基督教在创制初期值得纪念和强调的"和谐共处"岁月。
② 指犹太人的姓氏。

边在想：假如眼下能有像霍华德·卡特（Howard Carter）发现的图坦卡蒙陵墓①那样壮观的建筑遗迹横空出世，也许能带给那些陷入绝望的人一些惊喜，一些来自另一个时代和空间的感觉，从而使他们暂时远离痛苦的现实和忧郁的泥淖。这肯定算是一种正能量吧？

这种认为考古学能够成为"灵丹妙药"的信念，的确天真得令人感动。然而，霍普金斯却是一个天生的乐观主义者。此后不久，他就顺利出任了"杜拉—欧罗普斯"（Dura-Europos）发掘现场的总指挥。这是位于幼发拉底河上游的一个古代边境要塞城镇，它已经在河岸边那高高的沙堤下面沉睡了数百年。到20世纪20年代末期，当漫漫黄沙被吹走之后，这座在历史上一度拥有高墙深巷、街道纵横、会堂林立的伟大城市终于展现在世人面前。出于公众认知的需要，把杜拉城称作"沙漠中的庞贝"的确有些夸张，但它无疑是一个远远超出人们想象的奇迹。这就是那些边防军人当年曾经生活的地方！公元前303年前后，塞琉古王朝的希腊人为了防范来自伊朗人的威胁而建造的这个城堡，正好坐落于巴比伦和巴勒斯坦之间的被称为"欧罗普斯"的贸易路线上，但在公元前2世纪晚期却落入了波斯帕提亚人（Parthian）之手。正如波斯人的一贯做法，这些刚刚当权的波斯帝国主义者对各种各样的异教崇拜都采取了十分宽松的政策。甚至于他们自己的神庙旁边，也树立起了形形色色的叙利亚当地以及代表希腊文化的神像。在波斯人统治期间，罗马人作为这一地区的新兴力量敲开了杜拉城的大门。但在公元165年之前，卢修斯·韦鲁斯（Lucius Verus）和马可·奥勒留（Marcus Aurelius）"二王共治"

---

① 图坦卡蒙是古埃及新王国时期第十八王朝的第十二位法老，公元前1333—前1324年前后在位。他并不是古埃及历史上功绩最大的法老，但却是如今名声最大的法老。主要原因在于：一是其陵墓中出土的独具一格的黄金面具频繁出现在媒体和教科书上，全世界几乎无人不知。二是他9岁君临埃及，19岁暴亡，其生平和死因一直是考古学界争论的焦点，至今没有定论。虽然长期以来一直传说他被谋杀，但本世纪初的最新研究成果表明他可能死于恶疾或重伤。三是他的陵墓中镌刻着一行墓志铭："谁要是干扰了法老的安宁，死亡就会降临到他的头上。"后来经过各种文学作品的渲染，"法老咒语"越传越玄，不仅令盗墓者望而却步，也令众多考古学家和观光客忧心忡忡。四是其陵墓在三千年内未经盗掘，直到1922年才被英国考古学家、埃及学先驱霍华德·卡特率领的考古队发现，并挖出大量珍宝和陪葬品，从而震惊了西方世界。而巧合的是几个最早进入陵墓或与之有牵连的人却遭遇了原因不明的各种不幸，因而所谓"法老的诅咒"使得图坦卡蒙的名字在西方更为家喻户晓。目前，图坦卡蒙的陪葬品多数陈列在埃及开罗博物馆中。

的体制使得整个城市民不聊生、饿殍遍野。然而，罗马人回来后控制杜拉城还不到一个世纪，这座城市便在公元256年被波斯萨珊（Sassan）王朝的新国王沙普尔一世（ShapurⅠ）的大军最终彻底毁灭。

从那时起，除了一些行为古怪的基督教隐修者会被这堆几乎被黄沙掩埋的废墟所吸引，或者骡马或骆驼商队偶然从河边缓缓经过，杜拉—欧普罗斯俨然变成了一座死城，一直无人问津。假如萨珊人当年重新将其改建为一座波斯城市的话，他们也许会从根本上改变杜拉城的面貌，但这座城市一直在泥沙的覆盖下沉睡着，活活地被埋葬在最后围城战斗残留的废墟中。这座城市曾经在罗马人和波斯人之间两度易主。在面向西部沙漠的城墙内外，杜拉的守卫者和攻击者同样热衷于通过斜坡建造土坝，从而填平了那些被平民遗弃的房屋。沙尘暴带来的黄沙最终完全覆盖了整个杜拉—欧普罗斯，后来逐渐变成了一个巨大的土堆，在幼发拉底河和叙利亚之间的天空下静静地矗立在那里。

1920年，一位名叫C. M. 墨菲（C. M. Murphy）的英国军官用他的手杖戳了戳这个土堆，却感到沙层下面似乎很硬。他立刻以国王的名义招募了大批农夫和村民，开始对这个土堆进行发掘。泥灰建筑的残留地基很快就暴露出来，随后就发现了直立墙壁上隐现的原始而模糊的壁画。墨菲当时就觉得，这些壁画似乎非常古老。于是墨菲报告了他的上级军官，而这位上级军官又很快把消息通过电报报告了令人敬畏的英国驻伊拉克总督葛特鲁德·贝尔（Gertrude Bell）。他当时正忙于为英国扶植的伊拉克新傀儡政权炮制一部宪法。发掘计划得到了官方的支持，尽管官方文书的条款像往常一样吝啬和不知所云，但试验性的发掘总算如期开始了。然而，位于美索不达米亚和帕尔米拉（Palmyra）①之间的杜拉—欧普罗斯却正坐落于国际联盟授权法国控制下的叙利亚境内。由于殖民地考古通常需要面对重重阻挠和困难，发掘工作进展十分缓慢。但最终，美国的埃及考古学家詹姆斯·布雷斯特德（James

---

① 叙利亚泰德穆尔的旧称。

Breasted）还是把法国人赶跑了（詹姆斯曾在1921年就急不可耐地从事过发掘工作）。尽管法国人坚持自己的发掘权而一度接手，但从1928年起，他们还是通过各种渠道与美国人合作，在耶鲁大学的主持下进行联合发掘。

发掘工作持续进行了5个发掘季之后，令人惊叹的壮观景象渐次展现在世人面前：共有包括罗马人、希腊人和早期密特拉教（Mithraism）[①]在内的11个异邦神庙和祭坛，有些还带有壁画。清除掉泥沙之后，盔甲、莎草纸、陶器和珠宝不断地被从一个个房间中挖了出来。在这些器物上的铭文中还发现了许多不同的语言文字。这些文字大多为希腊语，但也有阿拉米语（许多当地方言中的一种）、帕提亚和非帕提亚的波斯语、拉丁语，以及属于闪米特语系的阿拉伯语和希伯来语。最令人震惊的是，迄今为止最早的基督教建筑也在挖掘中被发现：一座建于公元前3世纪早期、设有洗礼池的小教堂。这在时间上要远远早于罗马帝国接受基督教为国教的康士坦丁大帝统治时期。这座小教堂也有壁画，尽管粗制滥造，但描绘的却是《新约》记述的场景（如瘫子被治愈、耶稣墓边的三个玛利亚）和《旧约》讲述的故事（如大卫王杀死巨人歌利亚），这被解读为预示着耶稣的降临和福音书的胜利。

后来的杜拉—欧罗普斯的发掘现场总指挥、耶鲁大学教授米切尔·罗斯托采夫（Michael Rostoftzeff）本来以为（肯定也非常期待），这个前拜占庭时期基督造像的发现必将震惊世界。但令他感到沮丧的是，在这片默默无闻的小树林之外的考古学术界似乎对这一发现并没有太当回事儿。当时，古希腊和古罗马依然是研究热点，而被英国人完全统治的埃及考古学成果仍然占据着几乎所有的新闻头条。对于这些狭隘而缺乏想象力的基督徒们，你还能期望什么呢？不过涉及犹太人，却又是一个完全不同的故事……他偷偷地告诉克拉克·霍普金斯，如果有一座犹太会堂在即将到来的第六个发掘季出土，那么这个发掘现场的重大意义将最终受到重视，发掘者们也将赢得迟到

---

[①] 密特拉教是一个古代秘密宗教，盛行于公元前1世纪至公元5世纪的罗马帝国。主要崇拜密特拉神，由于只接受男性入教，所以一度在罗马军队内部十分流行。密特拉神是太阳神，是神灵多元化时期的"主神"。

的喝彩。

1933年的11月这个重要的时刻到来了。

多少有点不吉利的是，霍普金斯把他主持下的这次"神迹显现"比作他在一次列车事故中的经历：

我只记得我从座位上被甩开，最后从翻了的车厢下面爬出来，中间发生的事情我完全不记得了。在杜拉城也是这样，当一幅幅的图画展现在我的面前时，我所能回忆起的只有震惊和不敢相信。当喜洋洋的朝阳缓缓升起，映照在我们身后的西墙上时，奇特的景象出现了。尽管在漫漫黄沙下被埋葬了数千年，壁画依然栩栩如生、光彩照人，这不得不说是奇迹……阿拉丁神灯被擦亮了。干燥、荒凉的棕色沙漠上突然出现了如此多的壁画，不止一幅画或者一面墙，而是整座建筑都是壁画。而画上的一幅幅场景，全都是以从未被人意识到的方式取材于《旧约》。[1]

当时，他们端详着这个犹太会堂。这是目前已知的最早的犹太会堂之一，建于耶路撒冷圣殿被罗马人焚毁之后仅仅一个半世纪。最令人感到不可思议的是这座会堂有着其他古代犹太会堂所没有的东西：壁画。在一个宽敞的大厅——同时也是当时整个城市中最大的公共集会场所——的四面墙上，从一头到另一头，从地面到天花板，密密麻麻地画满了壁画。这怎么可能呢？可以肯定，犹太人从不采用绘画的方式，尤其不会在他们的祈祷的神圣场所绘制图画。《出埃及记》（20:4）中早就规定，不仅"不可为自己雕刻偶像，也不可作什么形象，仿佛天上、地上和地底下、水中的百物"，并在《申命记》（5:8）中重复过这一点。拉比和文学批评家们所接受的非犹太和犹太世界的智慧都反映了这种理念。通常而言，唯一的例外是逾越节家宴上的"哈嘎嗒"故事读本（尽管这是世界上最丰富的手稿装饰传统之一，当然还包括各种日用和节日祈祷书以及《塔木德》），但这类装饰方式在公元10世纪之前并不为人所知，在16世纪之前当然也没有印刷版本。回想起来，令人感到奇怪的是，大部分学者似乎从来没有花工夫去想一想希伯来《圣经》中"摩西十诫"第二诫①的真正含义。

现在我们已经难以准确地认定，《托拉》明确禁止制作形象（尤其是人的形象）的规定从何时起成了犹太人自己甚至外邦人的共识。即使到公元4世纪时，《塔木德》最初的作者和编纂者们仍然把"第二诫"解释为仅仅指的是对物的偶像崇拜，主要是针对三维的立体偶像。他们有充分的理由认为《出埃及记》（20:4）和《申命记》（5:8）中使用了两个希伯来词描述两种禁止崇拜的对象："pesel"和"tamunah"。"pesel"的词根意为"雕刻"，毫无疑问，它并非指的是绘制图画或镶嵌工艺，而是精心加工的人体形象（如雕塑和浮雕）。这恰恰就属于那些在近东地区和古典世界中常见的崇拜对象，而这也正是崇拜无形的神的宗教所禁止的东西。"temunah"的含义则更复杂些，因为这个词源于"min"这个词根，指的是一个物种，或者一类具有相同的规定性属性的东西。那么从广义上讲，这个词也许应该被当作"相似物"或者"复制品"的意思来使用，而不是希腊语意义上的"eikon"（圣像）。禁令是针对"存在于天上和地上"的这类"相似物"而言的，这就再次有力地说明被禁止的是模仿狂热的偶像崇拜而制作出来的雕像。《出埃及记》中紧接着的下一节（20:5）也清楚地表明，他们对邪恶行为的评判标准是看他们奉行虚空崇拜的程度。②

在公元2或3世纪的《密释纳》律法案例中，有一篇著名、趣味盎然的"阿嘎嗒"文本（讲述犹太历史上的经典故事）。其在讲到关于如何面对偶像崇拜的对象时，也与上文不约而同地明确指出了偶尔制作的装饰和狂热制作偶像之间的区别。作为族长的圣哲，拉比迦玛列（Rabban Gamaliel）正在

---

① 即上文提到的《出埃及记》（20:4）："不可为自己雕刻偶像，也不可作什么形象，仿佛天上、地上和地底下、水中的百物。"

② 参见《出埃及记》（20:5）："不可跪拜那些神，也不可侍奉它，因为我耶和华你的神是忌邪的神。恨我的，我必追讨他的罪，自父及子，直到三四代。"

托勒密（即现在以色列的阿克）的"阿佛洛狄忒（Aphrodite）的浴室"中擦洗身体，这时，一个被称作"万事通"的希腊人伯里克利·佩罗普索斯（Peroqlos Pelopsos）叫他赶快出来，说他没有遵守《托拉》中关于回避建造有雕像场所的规定。但这位拉比却说，"在浴室里不回答问题"，仍然继续洗澡。当这两个男人从离开浴室后，他便委婉地告诉这个希腊人："我从来没有进入她（指阿佛洛狄忒）的浴室，而是她闯进了我的浴室！他们并没有说'让我们建造一个浴室来纪念阿佛洛狄忒吧'；他们说的是'让我们制作一个阿佛洛狄忒的雕像来装饰这个浴室吧'。"他当时并没有表达清楚，实际上他的意思是"这个浴室根本算不上是一个神殿，所以没有人能够指责我是在搞偶像崇拜"。他继续说道："即使是有人给了你很多钱，你也不会光着身子的走进一个神殿……然后在［阿佛洛狄忒雕像］面前撒尿……但你也看见了，［雕像］就立在那里……但所有的人都在她的面前撒尿。"[2]亲爱的拉比，这下该明白了吧。在一种雕像几乎无处不在的文化中，一个人在日常生活中是很难避开遇到这类雕像的。

但是杜拉城堡里面的壁画并不是绘制是在一个浴室里，而是绘制在一座犹太会堂里。这些壁画和《圣经》中的"字符"一起生动地展现在墙壁上，成为崇拜的对象。《托拉》本身就被簇拥在这些图画之中。在南面的墙上有一个突出来的拱形圣龛——像现在所有的犹太会堂一样，朝向耶路撒冷的方向——两边各有一根螺旋状的"所罗门式"石柱，几乎可以肯定仿效了古典和东方异邦的装饰风格。克拉克·霍普金斯的妻子还坐在她认为是某个石凳或王座的上面摆姿势拍了一张照片。在早期的犹太会堂中的确曾有一些关于"摩西坐过的地方"的证据，不过眼下这个物件很可能只是一个低矮的石凳而已。在异邦的神殿里，这样的石凳可能会被用作某个他们崇拜的神的雕像的基座。但在杜拉城，这个圣龛被用作安放《托拉》书卷的约柜。圣龛上方两端钻的孔洞表明，其前面曾经挂有布帘，这无疑直接模仿了保护至圣所不受侵犯的那块不可逾越的紫红色"幔子"。在"约柜"的平滑表面上装饰着一些图案,以保留对被焚毁的圣殿的遥远记忆以及重建圣殿的坚定信念(或许还需要那些曾经焚毁圣殿的波斯人的帮助!)。雕刻在嵌壁式柱廊上的画面对这座"圣殿"本身作了描述。当时,一个七枝烛台被从当年罗马人的囚室中找了出来,烛台被漆成黄色,使之看起来像是金子做成的。两边是作为朝圣节日期间带往耶路撒冷庆祝住棚节的象征物——"四样植物"(香桃木枝条、香橼果、枣椰树枝条和柳树枝条)。与其他地方的早期犹太会堂一样,这里同样也有"以撒献祭"(akedah)的画面:亚伯拉罕绑着他的儿子以撒,准备遵从耶和华为了试探他的忠诚而提出的骇人听闻的献活祭要求。拥挤在杜拉犹太会堂的大厅里的120位犹太人(肯定容纳得下这么多人)完全能够理解这次牲祭仪式的复杂含义,因为后来亚伯拉罕的行为被上帝全能的大手制止了,并用一头"在丛林中捕获的"羔羊作为替代的祭品。在圣殿中用动物献祭是对"憎恨用活人献祭"的一种肯定(并且禁止使用动物的血),但亚伯拉罕的盲信行为后来由耶和华与他的子民之间以立约的形式作为报偿,并进而作为包皮上的刀痕而符号化。一个"应许"便由此立下了。假如犹太人一方信守他们的诺言,那么一个实施解放和救赎的弥赛亚以及圣殿的重建将必然实现。所以,在罗马帝国的遥远边境,尽管罗马人彻底摧毁了耶路撒冷,但对这个会堂里的壁画却未曾染指。

这个犹太会堂里的壁画作者所精心选择的《圣经》主题,完全是为了传播"应许"他们最终获得救赎的信息。这番"应许"中隐含的两个关键人物——摩西和大卫——也以最早的先知形象出现在壁画中。大卫被撒母耳膏为王,而他们都穿着宽大的法袍,留着罗马人的发型。

在一幅奇妙的壁画中,法老的女儿抱着还是婴儿的摩西,站在尼罗河的河水中。他们身边的芦苇和水流的曲线在画家的画笔下栩栩如生。画中的情景立刻会使人想到自然的人性和仪式的庄严,从而凝固为一个决定命运的重要时刻。这个年轻的女子显然一直在洗浴,身上也只有一件湿身后近乎透明的希腊长袍,但却与她身后焦急等待的摩西的母亲约基别(Jochabed)和妹妹米利暗这两个衣着朴素的人物形成了鲜明的对比。公主身前是一个上下浮动的摇篮——画得像一个小约柜，这也是当时当地典型的摇篮样式——婴儿被发现时就躺在这个摇篮里。公主和婴儿两人伸出双手的夸张姿势完全不符合现实主义的风格，相互之间的默契好像预示着后来的圣母玛利亚和圣子耶稣——但在画面中，他们拥抱的却是此时此刻在这片水中开启的对最终命运的领悟。这幅画的意境既庄重又随意，既有宗教的肃穆又有流行的元素，既神秘空灵却又使人觉得亲近，既抽象又诙谐。如果你是一个住在杜拉—欧普罗斯要塞的犹太父亲或母亲，当你和你的孩子们一起进入这个会堂里时，面对眼前墙壁上的一幅幅画面，你肯定有很多话想对他们说。

犹太人的故事中两个最重要的人物一次又一次地出现在画面中：摩西在"燃烧的荆棘"中见到上帝，画边的阿拉米语铭文分明写着"分开海水"；大卫作为犹太人的俄耳浦斯[①]登上王位，其创造之手令众生神迷，并击败了非利士人。

杜拉犹太社区主要的赞助人——大流散中第一个梅塞纳斯（Maecenas）[②]——就是撒母耳，因此膏大卫为王的荣耀也就归到了他的名下。所以，像早期经常出现的情形一样，犹太会堂（正如当时的基督教堂）一开始就设在他的家里。这位撒母耳当时肯定非常富有，足以负担得起会堂规模的极度扩建，扩建工程包括整修被破坏的外墙，以及建造一个天花板上饰有彩绘陶瓦的精致屋顶。但就其社会性而言，杜拉的犹太人也像在500年前的象岛一样早就鱼龙混杂。如同他们的埃及祖先一样，他们是雇佣兵、工匠和商人，有的甚至成了地方官吏和账税官员——与象岛犹太人不同的是，他们中的一些人沦为了

---

[①] 根据古希腊神话传说的描述，古希腊色雷斯地方有个著名的诗人与歌手叫俄耳浦斯。他的父亲便是奥阿格罗斯，母亲是司管文艺的缪斯女神卡利俄帕，这样的身世使他生来便具有非凡的艺术才能。在他还很小的时候，阿波罗便把自己的竖琴送给他。这把琴制作精巧，经俄耳浦斯一弹更是魅力神奇，传说他的琴声能使神、人闻而陶醉，就连凶神恶煞、洪水猛兽也会在瞬间变得温和柔顺、俯首帖耳。

[②] 盖乌斯·C. 梅塞纳斯（Gaius Clinus Maecenas，公元前70—前8）是罗马皇帝奥古斯都的谋臣，著名外交家，同时以保护和赞助诗人艺术家而闻名一时，包括维吉尔和贺拉斯在内的众多著名诗人都曾得到他的提携和资助。他的名字在西方被认为是文学艺术赞助人的代名词。著名的梅塞纳斯园就坐落于"罗马七丘"之一的埃斯奎利山上，据说是罗马最早建有热水浴池的建筑，其奢华程度甚至遭到塞内卡的抨击。

奴隶，或者被罗马征服者把曾经的奴隶变成了农奴。然而，这些犹太人并没有忘记他们的《圣经》。他们在面对如此金碧辉煌、色彩鲜艳的壁画时实际上就是一个学习的过程。在杜拉要塞，通过这些画面，他们将犹太会堂与犹太教的学习场所融为了一体。这是一个属于全体会众的"经文研习所"（Beit Hamidrash），一个学术研究的机构，同时也是一个祈祷的场所。这是一个看得见摸得着的所在，他们随时可以去，似乎本性使然。

对于那些已经有一定学识的人来说，每一幅精心选择的《圣经》画面，都能与团结一心和充满希望的特定信息产生共鸣。以西结亲眼目睹的"枯骨复生"，正是对已经沉睡多年的耶路撒冷即将苏醒的预言。仇视犹太人的波斯宰相哈曼所带来的耻辱，迫使末底改（Mordecai）骑的马（尽管与发现摩西的画面完全不同，似乎由另一位画匠用明亮的波斯色彩绘制而成）不得不跟随在一种略有变化的罗马式凯旋队列中前行。而光彩照人、浓眉艳色的王后以斯帖就坐在穿着波斯裤子的国王亚哈随鲁（Ahasuerus）身后的王位上。这也是一幅能够让人立刻感受到希望的画面。尽管这幅画几乎肯定是在罗马军队赶走波斯人后制作的，但显然表现的是波斯人呼吁重建耶路撒冷圣殿的那段历史。风头正劲的萨珊人更喜欢称自己的王朝是居鲁士、大流士和亚达薛西本人的古代阿契美尼德（Achaemenid）王朝的再次来临。所以，当他们掌权，普珥节的灯火将变成预言同时也是历史。过去与现在、哀悼的泪水与欢庆的笑声、流亡与回归，这一切都交织在一起。

这就是公元240年的情形。这就是开始设立（或接近开始正式设立）犹太会堂对于圣殿被毁、居无定所的犹太社区的意义所在。从这一点来看，杜拉要塞恰好介于犹太拉比学术界的两极——巴勒斯坦与美索不达米亚之间，所以这座位于叙利亚的带有壁画的犹太会堂根本不可能是出于某些异教徒实施的不为圣哲所容的亵渎行为。恰恰相反，所有的迹象都表明，这是一座典型的犹太会堂。

这个犹太会堂同时也是对在杜拉要塞盛行的其他宗教的一种反映，因而成为生活在异教徒和基督教徒中间的犹太人严格遵守律法规定的证据。这座犹太会堂就坐落在一个阿多尼斯（Adonis）①神殿的正对面，在几个街区之外还有一座崇拜宙斯的神庙，以及一座崇拜太阳神密特拉的神庙。所有这些都具有晚期罗马绘画的特征，而犹太会堂则完全照搬了这种丰富多彩的绘画形式。同时，会堂也借鉴了帕提亚人把绘画中的人物排成一排一起面向前方凝视的所谓"正面（frontal）"传统。

但是，如果这座犹太会堂的设计者和工匠们想从异邦的宗教借鉴某些元素而"混淆视听"的话，他们也会首先考虑基督教这个更直接的竞争对手。在一个同样由私人房产改建的教堂里，基督徒也曾借用过犹太教的人物（如大卫踩在倒地的歌利亚身上）。他们通过形象宣称希伯来《圣经》中曾经预言基督教的弥赛亚降临，而基督教正是犹太教的最后实现，而不是相反。当时，犹太人和基督徒之间关于神学形象的激烈论争已经开始，尤其体现在"殉道者"游斯丁（Justin the Martyr）和犹太人"塔尔福"（Trypho）（不一定就是《塔木德》中的拉比塔尔封）之间发生的著名论争。因而这座犹太会堂中的壁画在形象描绘上受到了挑战。"基督"一词在希腊语里意为"受膏的主"。因此对"顽固不化"的犹太教而言，没有什么比让大卫被先知撒母耳膏为王更直接的方式来证明其身份的合法性。更令人震撼的是，英雄摩西的正面雕像留着胡子，充满了男性和王子的气派——身着王者的法袍，身上装饰着一条十分显眼的紫色的缎带——对犹太人来说，这似乎是一种反基督的做派：摩西作为《律法书》的授予者、犹太人的锻造者，他为全能上帝的显现而手足无措，却又强调他并非来自天国。意味深长的是，尽管他的身后烈火在熊熊燃烧，但荆棘本身却郁郁葱葱，这是基督教经常采用的一种象征手法，预示着"新的生命"是从第一次受到律法的启示开始的。

---

① 腓尼基人的自然神。阿多尼斯原是古希腊王室美男子，身高9尺（190cm）以上，如花一般俊美精致的五官，令世间所有人与物在他面前都为之失色，就连阿佛洛狄忒都对他倾心不已。他是一个每年死而复生，永远年轻、容颜不老的植物神，因而成为西方女性崇拜的美神，这也是西方文学中"花样美男"的最早出处。现在，"阿多尼斯"这个词常被用来描写一个异常美丽、有吸引力的年轻男子。

对这些壁画上面的铭文的解读表明，杜拉—欧普罗斯犹太会堂建造得如此壮观，是为了吸引远方的崇拜者。这些崇拜者也许来自帕尔米拉，因为那里有一个庞大的犹太社区，他们有些是刚刚皈依犹太教的人，还有些甚至来自东南面美索不达米亚一些城市。这座画满了壁画的犹太会堂很可能是整个地区犹太人朝圣的地方。若果真如此，他们这样的长途旅行则非常轻率，因为这些壁画所"应许"的所有救赎从未兑现。又或许会堂的扩建和壁画的装饰刚刚完成了十几年，杜拉要塞就被萨珊王朝的波斯国王攻克，使其被废弃在漫漫流沙之中。

自从1933年杜拉犹太会堂被发现之后，再未出土类似的建筑。也就是说任何地方的犹太教绘画都未能达到如此精美绝伦的程度。但是，关于古代犹太会堂精美装饰的故事至此并没有结束。尽管丰富而美丽的绘画显然是犹太人对他们集会和祈祷场所充满期待的一部分，但当其转化为另一种表现形式不同但却更加耐久的媒介——镶嵌画之后，则变得更有意义。无论是在流亡的犹太人中间，还是在拉比们重建的犹太教中心即巴勒斯坦，尤其是加利利地区，这种意义得到了充分的体现。在身为议长的犹大一世主持下，"大议会"（Sanhedrin）即犹太公会得以建立起来。

但实际上，这一切并没有立即发生。其间曾有一段不超过一个世纪的空白期，也就是哈德良在犹地亚对犹太文化实施灭绝之后，而新的犹太会堂尚未建立起来的那段时间。但是，这并没有使犹太教由此陷入黑暗时代。很多后来的犹太人（即使不是大部分新生代犹太人）成人之后，对圣殿被焚毁之后两个世纪的历史的心情和看法有些过于悲观：犹太人的土地几乎变成了无人区，大量的犹太人遭到驱逐后沦为奴隶；极少数可怜的幸存者不得不隐藏在巴勒斯坦苟延残喘；流亡中的犹太人只能挤在简陋的地下室里祈祷，研习能够带在身上的仅有的书卷。

其实，这段时间发生的事情远不止这些。哈德良针对犹太人研习《托拉》、实行割礼、守安息日以及其他各种习俗的禁令被他的继任者安东尼·庇护（Antoninus Pius）在位期间全部废除。安东尼·庇护于公元138年继位，这仅仅是巴·科赫巴起义被镇压之后的第三年。这位学识渊博的皇帝和犹太议长们时常会面甚至成了朋友，而这似乎也形成了一种传统，并且关系一直维持到西弗勒斯（Severus）和卡拉卡拉（Caracalla）统治时期。约哈南·本·撒该和维斯帕芗之间达成的约定——犹太人作为罗马帝国的忠诚臣民，以换取他们祖先的宗教不被打扰地受到保护——重新得到了承认。在犹太起义之前，犹太教曾被认可为"合法的宗教"（religio licita），而犹太人被赋予了高度的律法和行政自治权。当时，这些政策都得到了恢复而唯一一条保留下来的禁令就是，除了每年的阿布月初九即圣殿被焚毁的日子举行哀悼活动之外，犹太人不得进入耶路撒冷和在耶路撒冷居住。

犹地亚以外的犹太会堂——尤其是在加利利和耶斯列平原地区以及沿海一带早期建造的会堂——并没有被拆毁。广大地中海地区各个犹太散居点（《新约·使徒行传》实际上就是一部犹太散居点的地名词典，其中提到了从柯林斯和以弗所到小亚细亚的吕底亚和以哥念的所有犹太社区）的会堂则如雨后春笋般建立起来，有些甚至十分雄伟和豪华。许多犹太会堂都有高大的门廊和带中央喷泉的庭院——喷出的水柱和天国之间联系的象征被有意纳入了会堂的整体设计。在萨迪斯（Sardis，位于现在的土耳其境内）建造的带有柱廊的犹太会堂，在公元4世纪时很可能还一度被辟为城市的健身中心。在后续的不断扩建中，它成为整个犹太世界中最为壮丽的一个会堂：全长整整80米，配有宽敞的天井式廊道，镶嵌画地面，后面设有面对《托拉》约柜的阶梯形座位区，还有一个雕刻着狮子和雄鹰的石制诵经台！[3]

当然，犹太人在这一时期建造的最伟大、最持久的东西并不是石头的建筑，而是"字符"的大厦。可以肯定，《密释纳》的编纂时期要早于镶嵌艺术。当年的圣哲们利用圣殿精英阶层彻底解体的契机，重新对犹太教进行了定义，并自诩为其权威的编纂者和裁判者。根据《密释纳》中的《先贤篇》记载——圣哲们［后来被称为"坦拿"（tannaim）］以惊人的勇气在一部篇幅更大、阐述损害赔偿对等原则的书中奇怪地突然转移了论题——就什么是"托拉"重新作出了定义。当写下"摩西在西奈山上接受《律法书》"时，它们不仅仅是指那613条书面诫命，同时，也指那些不确定的和非特指的全部口传智慧。而这些圣哲最终就成了口传律法的守护人和传承者。整个《先贤篇》讲述的就是这个自我权威化集体的传承链。从摩西开始，这个《托拉》原本传给了约书亚，然后又传给了"众长老和众先知"，后来是"大犹太公会的众成员"（无论怎么称呼他们，或许是大议会成员，或许不是），直至整个哈斯蒙尼王朝统治期间的大祭司"义人西门"，此后又传给了一代代的老师，他们的名字可以列一长串：有大名鼎鼎的希勒尔和族长犹大（Judah the Patriarch）的儿子拉比迦玛列以及雅夫内的约哈南·本·撒该，也有连最博学的人都不大熟悉的"阿比利特人尼泰"（Nittai the Arbelite）和"阿卡比雅·本·米哈勒"（Aqabiah ben Mehallel）。

这些籍籍无名的圣哲（即使很有名的圣哲也是如此）通过发布警句式的话语（有时是箴言），形成了所谓《先贤篇》（*Pirkei avot*），从而在承上启下的智慧传承链中留下了各自的印记。"义人西门"开篇就激动人心地写道："他说：'世界建立在三件事情之上：习《托拉》、事圣殿和行仁爱。'"然后，另外一些人开始毫不掩饰地激励自己的同胞："塞伦达的约西·本·约齐尔说：'让你的家成为圣哲集会之地，在他们脚下的尘土中打滚，津津有味地吞下他们的话。'"而希勒尔的话由于把人的自我意识与令人费解、难以回答的哲学暗示有机地统一起来，因而已经成为著名的经典："如果我不为自己着想，那么谁会为我着想呢？当我只为自己着想时，我又是什么呢？如果不是现在，那么是什么时候呢？"而沙马伊（他一直如此）的话就像祈福的无酵饼一样完全是一些老生常谈："要把学习《托拉》作为一项雷打不动的义务。少说多做。向碰到的每一个人热情地打招呼。"雅夫内的拉比列维塔斯（Levitas of Yavne）说："要极度谦卑，因为人的欲望就像蠕虫一样。"等等。

这样的语句与其上下文之间似乎都没有任何联系。除了这些著名的名字以外，关于其具体的历史年代（而不是犹太教的传承），我们基本上没有什么线索。在公元10世纪，凯鲁万（即现在的突尼斯）的雅各·本·尼西姆·伊本·沙伊姆，向巴比伦的"加翁"①领袖、《密释纳》的作者、帕姆贝迪塔（Pumbedita）犹太学院的谢里拉（Sherira）求教，从而弄清了圣哲的传承谱系：最早称"坦拿"，（即《密释纳》作者），然后称"阿莫拉"（amoraim，即《密释纳》教师和阐述者），两三代人之后——大概在公元4世纪和5世纪前后——是《塔木德》编纂者，随后的两个世纪分别称"塞弗拉"（sevoraim）和"斯塔马"（stammaim）。

  但是，《密释纳》圣哲的传承谱系并不完全像一本家谱，当然也不代表真正的犹太历史。就历代继承者而言，犹太人自身的历史——《列王纪》和《历代志》中讲述的历史，以及《以斯帖记》和"次经"《马加比书》中的记述——随着圣殿被焚毁就已经结束了。除了在那些和他们产生过摩擦的帝国边缘地区，可以用《但以理书》和其他文献进行查对的一代代外邦政权，以及罗列的救世主降临的时间表之外，历史已经不再是犹太人的事情。即使圣哲们在编纂《密释纳》时，其内容设计虽然不是非历史的，但至少也是前历史的，总有某些东西似乎不经意地悬浮在战争、帝国和城邦之上。《密释纳》——在这本书的基础本上逐渐形成的《塔木德》，就像一大片由各种评注、《圣经》注释和解释组成的"珊瑚"，日积月累，最后有机地融合为一块巨大的"超文本"礁石——得以从历史的必然中释放出来，在取代了口传和记忆的传统之后，将一直存活下去，直到救世主降临，耶路撒冷回归，圣殿得到重建。或许，这本书存活的时间比这还要长得多。

  那么，取代历史的又是什么呢？只能是律法，但其形式已经改变。从行

---

① "加翁"（gaon）一词的希伯来语含义为"卓越""荣耀"，最初用来称呼巴比伦苏拉和帕姆贝迪塔犹太学院的主持人，7世纪后则广泛用于巴比伦和巴勒斯坦犹太学院才华出众的学者。加翁不仅是犹太律法的权威，而且有一定的行政权力。历史上巴比伦与巴勒斯坦加翁曾长期对立，两派冲突在10世纪达到高潮，巴比伦加翁萨阿底·本·约瑟就犹太教历日期问题与耶路撒冷加翁亚伦·本·梅尔进行辩论，最后萨阿底获胜，从而使巴比伦加翁成为犹太教义方面的最高权威。11世纪后，随着巴比伦犹太中心地位的丧失，加翁时代宣告结束，"加翁"逐渐成为对著名犹太学者的尊称或荣誉头衔。随后列举的是加翁时代之前漫长的《密释纳》和《塔木德》编纂时期对犹太圣哲的不同叫法。

割礼到进坟墓，犹太人终生恪守《托拉》，律法是他们百科全书式的行为指南。《密释纳》中无小事。例如，如果一个寡妇已故丈夫的兄弟不愿履行义务迎娶她，她就必须脱下已故丈夫兄弟的鞋子扔掉。如果你想知道这是一只什么样的鞋子，《密释纳》就能解答你的所有疑问：必须是一只带跟的皮拖鞋，至少能走四肘尺才行。毡袜？绝对不行。如果一条吃了腐肉（包括啃咬过人的尸体）的狗因为吃多了肮脏食物在你家的门槛上快要四脚朝天地死去时，你该怎么办？你应该看一看《密释纳》。《密释纳》坚持认为，在这样的情形下，你家的门槛已经被玷污了，必须赶紧清洗。也许你非常喜欢吃酸黄瓜（有哪个犹太人不喜欢呢？），当你发现家里已经没有存货时一定非常着急，在一个安闲却难熬的安息日下午想想偷尝尝酸黄瓜的味道也没什么大不了的，全能的上帝鼻子不会那么灵吧。然而，祸哉，偷吃酸黄瓜的家伙！因为这也算做工，所以在安息日是被禁止的。而从另一个角度讲，如果家里有一点点盐水，你却恰恰沾在了手上，（你可以想象）然后又鬼使神差地偶然溅到了你刚刚切好的黄瓜上，这样也没什么吧。但是，无论你想做什么或受到了多大的诱惑，千万不要因为垂涎一片无花果脯而在匆忙中弄破一个腌罐上的封条。

对于那些粗心的读者来说，《密释纳》中的文字花絮只能使他们感到惊异。然而，通过其巨大的篇幅——自称（并没有说服力）仅仅是一种针对起初613条诫命的适用问题按照经文索引进行逐条详述，以及对其中隐含意义的仔细解释和各种矛盾的解决办法（因为《申命记》里的特定表述方式与《利未记》之间有很多相互矛盾的地方，如前者规定蝗虫是"可食"的，后者则规定是"不可食"的）——这本书的作者们也对一些非常严肃的道德问题提出了评判标准。正是《密释纳》——在没有上诉人的情况下，并且令人困惑的是从来不提最后的评判结果是如何形成的——颁布了具有自我意识的第一部也是最后一部犹太日常生活准则。关于这些司空见惯的习俗与全能的上帝凭空建立起来的联系，蕴含着某些反直觉的但却非常强大的东西。就连一些细枝末节的小事都被圣化,甚至一只鞋,或一只被踩在脚下的蝗虫。《密释纳》反对任何神圣王国与世俗世界的分离:所有的事物都可以圣化;最微不足道的行为、最渺小的生物、最平常的习惯,都沐浴在神性的正义光辉之中。尽管其中讲述的都是小事,但世上无小事。《密释纳》为这个世界投下了一片光辉,不是通过抽象的"灵丹妙药",而是来自每天、每个星期甚至一生的实际而具体的事物。对犹太人来说,保罗及其思维方式的追随者所犯的错误就在于,他们以为《托拉》只不过是一份个人义务的清单,而且是由一群非法的人随意制定的东西。而当他们展开《密释纳》羊皮纸(这的确是《密释纳》的阅读方式)时,他们就开始沉思。

即使如此,对于《密释纳》的作者们来说也是远远不够的。在刚开始写作时,他们看起来仅仅是在阐述律法,但到最后,他们显然在重写律法。这种自封权威的远大志向,是通过书写律法所使用的希伯来"字符"来实现的,同时也是作为一种响亮的时代古典主义的语言形式来表达的。由于创作者很清楚《密释纳》的读者对象所使用的日常语言是阿拉米语或者希腊语(偶尔也用拉丁语),所以,他们把一些成语从《圣经》经文里提炼出来,用于世俗社会行为的裁判,这也体现了一种强烈的自我意识。希伯来语是用法灵活而多义的:对于裁判结果的表述和律法条文的宣告是明确的,即言简意赅;对于丰富多彩的近乎聊天的争吵和拉比之间的争论(属于"阿嘎嗒"部分)的记述,则是轻松的和非正式的。你可以采纳或者无视这类"阿嘎嗒"中的观点。因为当你翻开这一页时,可能倾向于拉比迦玛列二世,而翻开另一页时,则可能倾向于拉比以利撒。这就好像两个人在进行一场有争议的拳击比赛。但在另一种的情况下,却给出了明确的裁判结论,就好像拉比在回答正式的提问一样——由此形成的"哈拉哈"便具有律法的效力。"凡偷窃木头,并将其做成用具的人,(或者)偷窃羊毛,并将其织成衣服的人,一旦认定偷窃行为成立,应赔偿与木头(或者羊毛)等值的价值。"没有必要再去争论,就是这样,因为《密释纳》就是这样说的。[4]请安静(sheqet)!就此打住。在上述有关损害的等值赔偿和过错性质认定的问题上,《密释纳》中对于数额很小的赔偿也并不是特别认死理儿。又例如,对于一个男人是否有义务娶他守寡的嫂子这个问题,就有大量权利方面的问题需要用律法来裁判;如果一个人客死异乡,那么如何下葬才算恰当,这也需要律法的指导,因为这种情形肯定时有发生。

所以,这部厚重的《密释纳》实际上是一部具有强大的实用性和社会性的生活指南。并且事实上还远不止于此。令人惊奇的是,其中很少引用《圣经》里的章节和经文,并且对某些特定的经文引用《米德拉什》中的注释的情况也很少见。其"阿嘎嗒"式的漫无边际却引人入胜的东拉西扯,往往模仿《圣经》正典和《次经》中"智慧书"的风格。"耶路撒冷的约西·本·约哈南说:'让你家的大门敞开,让穷人坐在你的餐桌边。'"到目前为止还不错,这位拉比的话听起来与另一位以说话简洁著称的拉比——拿撒勒的耶稣——好像也没有什么不一样。但他却以完全不像耶稣的口气加了一句:"但你不要跟女人说太多的话。"⁵其中的有些建议其实与早期的(聪明得有点离奇的)实用心理学知识差不多:"拉比西缅·本·以利亚撒说:'当你的同胞生气时,不要老想着给他赔不是;当他爱人的尸体躺在他的面前时,不要老想着去安慰他……当他正在起誓时,不要老想着为他以后食言寻找借口;当他遭到羞辱时,不要老想着去看望他。'"显而易见,《密释纳》的作者们,早就已经超出了他们自己声称的"只是勾勒《托拉》的轮廓,尽力解释其中的矛盾与晦涩之处"这一宗旨。在《托拉》中,很少有或几乎没有任何特别的文字,对于"在你的男性同胞(偶尔也会是女性)中,考虑到公正和现实情况时,怎么做才是正确的"这个问题提出社交方面的建议。但是,对与之类似的道德戒律,在《密释纳》中却往往以离奇而啰唆的方式纠结在一起,编织成一大张行为规范的伦理道德之网。所以可以说,智慧、安慰与澄明或者来自一场与智者之间的自发对话,即使在对话过程中他们不时地相互打断并产生了矛盾(对犹太人来说,这应该是一个积极的信号),或者来自真正的人民之口，而不是假借天国的、神谕的预言家之口说出来的。从某种程度上讲，与他们相比，传播福音的圣徒保罗或约翰并不总是那么真实。可以这么说，你在听圣哲们说话时，仿佛能想象出他们在喝汤或抠指甲的生动场景。

那么，《密释纳》所占据的犹太人的世界，到底真实到什么的程度呢？《密释纳》占据了犹太生活的方方面面，但也不是全部。这本书的写作者和编纂者毕竟局限于拉比精英阶层。他们是这样一群人，时刻梦想着他们想象中曾经存在过的、以圣殿为中心的完美犹太世界，并且认为这样的世界还会再临，只要他们的人民心中能够拥有一座由"字符"、律法和教义构成的"圣殿"，从而修复倒塌多年的石墙和早已熄灭的祭坛火焰，再现昔日的辉煌是完全有可能的。"燔祭"（tamid）的火焰将会重新燃起，就像这个词的希伯来文含义一样变得"天天如此"①，需要做的不过是重申人们一直记在心中的礼仪习俗而已。因此，关于动物洒血牲祭的严格规范在《密释纳》中也占了相当大的篇幅——对于后圣殿时期的人来说，这完全没有任何的实际意义。其中的逻辑是这样的：一旦弥赛亚突然降临，重建圣殿的奇迹得以完成，所有的事物都会像过去那样进入正常的运行轨道。但几乎可以肯定的是，对这些不再有任何实际目的的步骤和仪式进行如此详细的记述，应该还有另一个重要的因素。这就是记忆，如果说还记着上帝的话，那就是的确还记着这些显然没有目的的仪式细节。《密释纳》对于记忆的过度渲染，其实就是希望人们通过回忆庄重仪式上的礼服或步态这些既琐碎显然又微不足道的细节，在绝望中去召唤一个记忆中已经逝去的挚爱的"有形物"。通过这些细节，在一定程度上可以把自己塑造为一个完整的人。作为其核心主题，上千页的《密释纳》写满了思念的情怀。

然而，为了所有的美好理想，怀着对梦想世界的执着，《密释纳》确实就存在于"当下"，存在于在那些非常实际的、好争论的、多疑的、常常难以忍受且惯于吹毛求疵的犹太人的心中。正是通过这些一直不被外邦认同的生活

---
① 参见本书第二篇Ⅱ。

习俗，《密释纳》间接地为我们提供了一幅生活于公元2世纪罗马帝国末期的犹太人真实生活的最生动的社会画卷。《密释纳》指出，不要把圣殿山当成捷径（这说明很多人肯定这么做过）；不要在神圣的处所睡觉或聊天——这是标准的行为方式。在安息日，女人：出门不要用羊毛或亚麻丝带打扮，更不要缠在头上，也不要戴"金色城堡"样的头饰（镶嵌画里曾出现过）、鼻环或在"没有发网"的情况下戴颈环（别问为什么）；男人：不要穿着镶有钻石的凉鞋去犹太会堂，或者——好像是针对杜拉要塞的犹太人说的，因为他们随时会作为战士而投入战斗——戴头盔、胸甲和护腿甲。尽管违犯这类安息日礼仪还没有严重到必须献"赎罪祭"的程度，但从另一方面来说，如果一个女人带着香料盒、香水瓶或头发上别着蜗牛形状（当然也就是内耳的形状）的簪子，那么拉比梅尔（Meir）至少会认为这是一种应该受到惩罚的过错。身穿一件被经血弄脏的衣服作为安息日礼服（似乎）并不是一个好主意。不要戴踝链和吊袜带，因为这类装饰是"疑似不洁的"。[6]

当然，其中还有一些其他的内容。在这部皇皇巨著中，除了"犹太人的生活守则"以外，还有个东西像一个巨大的幽灵一样飘荡在真实生活之上，而这个似是而非的东西就是圣殿本身的幻象。《密释纳》的作者们不可能直接了解真实的生活，尽管他们的祖父母甚至他们的父母都或许体验过这样的生活。但他们有时所写的内容，却好像他们仍然经历着犹太人的主流生活一样。这本书的大部分内容关注的是动牲祭和谷物素祭这类令人惊愕而又非常深奥的问题，好像这样的圣殿献祭仪式一直按部就班地进行着。什么样的"污点"会使一只动物被从牲祭仪式上排除呢？书中一开始就提到了一头患有隐睾症的公牛。（当然，《密释纳》中也规定了确定牛是否患有隐睾症的方法。）什么样的污点会让一个人失去在圣殿中主持仪式的资格呢？头长得像萝卜的男性，肯定要排除。另外还有塌鼻子的（我本人就是塌鼻子，当然不够格！）、菜花耳的（《密释纳》中说像海绵一样，可能更有画面感），甚至——有点残酷——秃顶的，都得要排除。那么什么是秃子呢？"从一只耳朵到另一只耳朵之间没有一绺头发的人。"所以,《密释纳》想象出一批秃顶的男人焦急地排成一列长队,等待利未人目测,仿佛罗马人焚毁圣殿这场灾难从来也没有发生过!更加温馨的是,作者俨然回忆起了"为'圣殿四祖'完成的十大奇迹":女人永远不会流产;作为祭品的肉永远不会变质;苍蝇永远不会出现在屠宰间里;大祭司在赎罪日之夜永远不会梦遗(我也希望他不会梦遗);大雨永远不会浇灭祭坛上的火;狂风永远不会吹散祭坛上的烟;祭台上的无酵饼永远不会变质;一群人站在圣殿里时显得很拥挤,但当他们膜拜时身边就会出现足够的空间;蛇和蝎子永远不会咬进入或住在耶路撒冷的人;而最大的奇迹就发生在朝圣期间——永远不会没有地方住。"从来没有人会对他的同胞说:'这个地方太挤了,我在耶路撒冷根本找不到地方住。'"[7]

如何凭想象和记忆重建耶路撒冷呢?这才是使命所在。单单靠这一串串"字符"就能做到吗?这似乎一度曾经是正统犹太人的答案。如今,由于发现了杜拉要塞,我们才知道密密麻麻的"字符"配上色彩鲜艳的画面作为补充不仅十分和谐,并且可以进一步发挥出"字符"的力量。这两种记忆和保存《托拉》的方法不仅并不矛盾,实际上还相得益彰。我们已经对尚处于成形期的犹太教已经形成了一种习惯的看法。而我们对这个"字符"与画面紧密联系在一起的遗迹的全部认知只有这个犹太会堂本身,这让我们感到兴奋!杜拉要塞的确是不同寻常的,因为惊人的想象力就体现在墙上。除了墙壁,这个要塞里也有其他的空间,填充了那些犹太人共同认知的标记和符号,而且都是平面式的。杜拉犹太会堂的天花板是彩绘的砖块铺成的,拼出了许多我们熟悉的象征物,如光明节的灯台以及类似的器物。但那些建于公元3世纪—6世纪所谓会堂萌芽期的犹太会堂的外表——无论是在巴勒斯坦地区还是在世界各地的其他散居点——装饰的画面却都是以镶嵌画的形式铺在地面上。

当然,这并不意味着犹太人的艺术创造力发生了倒退。这个时期正是犹太教的"播种期",强大的《密释纳》规定着犹太人的美好生活。然而,无论如何也没有理由认为,那里会出现恪守《密释纳》和光彩照人的镶嵌画天花

板的犹太会堂 。对于这个问题，《密释纳》在谈到形象时却一反常态，只是一带而过。例如，在其中篇幅很大的《损害》①里，只是在一篇短文中提了一下形象问题，但随后就又开始罗列各种"阿嘎嗒"式矛盾。拉比梅尔对此采取了强硬的立场，直截了当地说"所有的形象都在被禁止之列"；但后来有一位佚名的圣哲则说，只有那些画着"棍子、鸟形或球形"的形象才会被禁止。几乎可以肯定，"球形"象征着太阳或月亮及其崇拜，但当时显然没有人意识到。这篇短文的其余部分则全部是在描述各种崇拜亚舍拉的树、流行的偶像以及如何通过故意亵渎的方式才能打碎偶像头上的光环，如"削掉（它们的）耳朵、鼻子或手指"，等等。[8]（这是《密释纳》中属于具有强制性但却不合时代精神的内容，毕竟那些雕刻在树上的亚舍拉形象已经废弃了数百年了。）

对于那些绘制的壁画，拉比们并没有说什么，显然采取了默认的态度。毫无疑问《塔木德》相关内容的写作与犹太会堂的建造几乎是同时开始的。最初在加利利地区塞弗利斯一带曾经建造了18座犹太会堂并且风靡一时。其中唯一留存下来的一座就是在第一次编纂《密释纳》和"王子犹大"的犹太公会的所在城市里建造和装饰完成的，并且这座城市一度成为古典优雅、极度虔诚和美轮美奂的镶嵌画的典范。

在中古晚期的其他各个散居点，犹太会堂中装饰镶嵌画的现象也并不罕见。在巴勒斯坦本土以及其他地方，迄今已经有不下40处这样的镶嵌画地面出土，并且随时可能发现更多的例证。[9]从小亚细亚直到北非马格里布西部各国，在这种建筑形制初创的年代里，装饰丰富而华美的犹太会堂是一种标准格式，而不是个别现象。在现在位于突尼斯的迦太基海岸的哈姆姆利夫（Hammam-Lif，当时腓尼基人称为"纳罗"）有一座建于公元4世纪的犹太会堂，在那里可以看到古代世界最鲜艳而生动的镶嵌画。[10]这些装饰画面大部分是纯几何形的，以镶嵌的形式把失落的圣殿的标志物——灯台或者号角融会在画面中。而会堂的另一个房间，则俨然是一个大型的动物镶嵌画展厅：墙

---

① 《密释纳》第4部。

面上先是一排各种鸟类的形象。另一排的布局则显得有些不可思议，一只海豚和一条大鱼中间竟然出现了两只鸭子。下面则是两只开屏的孔雀并形象地演化为一个不断飞溅的喷泉。这是生命的源泉，表明哈马姆利夫犹太会堂的镶嵌画所表现的不只是一个趣味盎然的动物寓言，而是对上帝创世本身的呼唤。是用描绘精致、脸颊肥大但又尖牙利齿地潜伏在海洋深处的大鱼寓意巨兽利维坦①，还是用（我更喜欢的）喜庆标志来象征一个繁荣的突尼斯港口，这完全取决于你内心觉得哪一种表现方式更具说服力。

通过这种华丽的镶嵌画，犹太会堂的资助人坚信他们将会被后人感谢和铭记，因为他们的名字就用阿拉米语镌刻在这些画面中间。如"由朱莉安娜出资建造"，这样一句铭文无疑是在强调："为了她本人得到救赎，才为这座神圣的纳罗会堂镶上了这些画面。"[11]

一位犹太女性在哈马姆利夫会堂里为自己的慈善行为留下名字应该没有什么令人惊奇的。女性在《密释纳》中扮演的角色受到严格的限制，一直是作为男性针对她们的权利和要求作出裁定的接受者而出现的，但这样的角色对于社会现实来说可能是一种误导。当时的实际情况是，男人和女人在犹太会堂里是肩并肩地混坐在一起的，从来也没有分区而坐。事实上，不管是《托拉》还是《密释纳》都没有讨论过这个话题。而且从这个时期的犹太会堂出土的大量证据来看，并没有发现任何专用的女性座位区或其他形式的分区迹象。像其他许多被认为是远古犹太人的做法一样，这种（按性别分区）强制性制度是在很多个世纪后才建立起来的。也就是说，这在当时是一种创新，并不是一种传统。放弃"五体投地"的膜拜方式也与此类似——很可能是为了与穆斯林的习俗区别开。《密释纳》的《先贤篇》中的相关经文曾认为，"五体投地"应当是一种常规的膜拜形式。

然而，这些建于公元3世纪—6世纪的装饰丰富而华美的犹太会堂动摇了

---

① 利维坦（Levithan）的字面意思为"裂缝"，在《圣经》中是象征邪恶的一种海怪，通常被描述为鲸鱼、海豚或鳄鱼的形状。《约伯记》描述的利维坦实际上就是一条巨鳄，拥有坚硬的鳞甲和锋利的牙齿，口鼻喷火，腹下有尖刺，令人生畏。在基督教中，利维坦成为恶魔的代名词，并被冠以七大罪之一的"嫉妒"。

我们有关犹太人诵读《托拉》和祈祷场所的所有成见。这些会堂的存在清楚地表明，在犹太教重新构建的初始阶段，实际上在某些方面不仅文字而且形象也是其重要的组成部分。正是通过这种不可或缺的形式，犹太教与其周围的文化联系在一起，而不是分离开来。首先，在像哈马姆利夫、太巴列、西索波利斯（贝特谢安）或塞弗利斯这类城市中一些富裕家庭里，当时都可以看到这样的镶嵌画——不仅仅是具有生命的动物和植物，并且还有人类的形象。这些城市里的犹太会堂——像普通的犹太生活一样——可以说是一种文化上的奇妙延伸，而不是一种故意的躲避或退却。这些镶嵌画的风格和题材大多来源于犹太人曾经生活过并且相对来说没有遇到什么麻烦的异邦世界。葡萄藤、椰枣树、海豚、狮子是一神教（当然起源于希伯来《圣经》的一神教）与周围的异邦世界（在某些方面相近）的共同文化遗产。就像在杜拉要塞，大卫或但以理的形象不仅出现在犹太会堂里，也同样出现在基督教堂中。

如果需要更多有关犹太教在其孕育和繁荣的文化中坚持开放性原则的证据，可以再看一看这些建于拉比犹太教形成初期的犹太会堂地板，上面镶嵌画中的所谓"日历少女"正在以不同的表情注视着我们。她们是季节的人格化，每个人物代表一个月份。因此，加利利的塞弗利斯会堂或许是地面镶嵌画最为壮观的犹太会堂。象征提别月（Tevet）的冬季少女脸上挂着泪珠，从她包着头发的长袍［令人惊异的是很像现代伊斯兰教徒的头巾（hijab）］的褶皱后面露出一双惆怅的眼睛，更多地体现出季节的寒冷，而不是对女性着装适度的要求。象征尼散月（Nissan）的春季少女有着一头浓密的金发，并用《密释纳》中不允许在安息日使用的那种鲜艳的发带高高地束在头顶上。与其说更糟糕不如说更搭配的是，她的左耳上显然挂着一个金光闪闪、叮当作响的耳环。象征搭模斯月（Tammuz）的夏季少女则会使人想起当年浮躁的以色列人崇拜金牛犊的岁月，她似乎戴着一顶扎眼的平顶贝雷帽，并且裸露着诱人的香肩。

在塞弗利斯这样的城市里，展示女性美的镶嵌画以及我们认为那些对上帝不敬的异教徒能够想象出来的所有形象——各种各样的动物，尤其是兔子、鸭子和鹿——在街道两边一排排华丽住宅中的地面上可以说随处可见。每一次新的发掘，都会看到更多的这类精美的装饰品，表明当年这座城市曾经沉醉于一种极乐和田园牧歌式的情怀之中。[12]塞弗利斯的市容装饰得如此华丽，展示出如此多的罗马—希腊风格的标志物——在一座巨大的剧场（靠近幸存的犹太会堂）内，甚至建造了高大的放射状回廊——从建筑美学上看，毫无疑问属于异邦古典主义的杰作。但事实上，塞弗利斯并不是一个异邦或非犹太人的城市，而是一个典型的犹太城市，其市政会议（相当于立法会议）的成员大部分都是犹太人。剧场虽然是为犹太人而不是为罗马人建造的，但却像罗马帝国晚期的其他地方一样，上演的是战车比赛和角斗士表演。但没有理由认为这些门楣高大、装饰豪华的建筑——如所谓的"尼罗河神庙"及其内部绘制的欧西里斯节①狂欢场面和整个尼罗河流域的各种动物形象（鳄鱼、河马等）——不是属于犹太人的。整个城市中装饰最为精美的镶嵌画——包括一个令人神魂颠倒的美女，或许就是阿佛洛狄忒，还有大力神赫拉克勒斯和其他经典题材——当属"酒神狄俄尼索斯山庄"，这个建筑物就位于西面的山坡上（距剧场和犹太会堂不远），从这一带发现的彩色烛台等犹太器物来看，这里可能曾经有大量的犹太人居住。那么，这座酒神山庄又是属于谁呢？关于这一点，学者们之间存在很大的分歧，但至少有部分学者接受了这样一种令人吃惊的可能性：这里曾是耶胡达·哈纳西的住处，因为这位族长当年是罗马皇帝的朋友，又是《密释纳》的主要编纂者，还是"大议会"的主持人。[13]

在被重新命名为迪奥恺撒利亚（Diocaesarea）之后，富有、开放同时也非常虔诚的塞弗利斯市区的基本格局采用的是我们现在看到的公元2世纪—3世纪的形制。但在4世纪中叶，这座城市经历了两次大灾难，一次是人祸，一次则是天灾。公元351年，这座城市曾是暴力反抗当时的罗马总督塞斯图

---

① 欧西里斯（Osiris）是埃及神话中的冥王，九柱神之一，是古埃及最重要的神祇之一。欧西里斯最初是大地和植物神，身上的绿色象征反复重生，后来成为阴间的最高统治者，永恒生命的象征。

斯·加卢斯（Cestus Gallus）统治的起义中心，起义主要诱因是赋税过重。这次起义的领袖是一个被称为"迪奥恺撒利亚的以撒"的人，他成功地组织了一支足够强大的军事力量，在阿克附近的一次战斗中被迫投降之前，甚至已经收复了远至吕底亚的许多要塞。在这次最后反抗罗马人的伟大起义中，这座城市由于受到牵连而付出的代价就是其军事力量被彻底摧毁。十二年后的公元363年，一场震中位于加利利的大地震又将城市的残余部分变成了一片废墟。后来，塞弗利斯/迪奥恺撒利亚城得到了重建，宽广的街道恢复了古典主义后期的精致风格。这些新建筑当然也包括犹太会堂，其中一座残留着原有的长方形狭长柱廊并以其镶嵌画名噪一时的会堂似乎顺理成章地从一个私人居所变成了公共的神圣空间。其中的镶嵌画即使比不上"酒神山庄"那样美轮美奂，但依然能给人留下十分深刻的印象。至少可以证明在拉比犹太教形成初期曾专门为绘画艺术留下了一席之地。

当代的犹太人大都是在这样的一种印象中长大的：在祈祷和诵读《托拉》的场所，即使有形象出现，也仅限于偶尔且适度地出现在彩色玻璃窗上。但是在塞弗利斯，犹太会堂以其原始的外表和形式，形象——从这一端到另一端，整个地面上铺满了庄严的巨幅镶嵌画——使其他的一切都黯然失色。在一个实际上像三角房顶谷仓一样的狭小而逼仄的空间内，在视觉上产生了一种广阔的感觉。同时，这些形象也不会被地面上的座位或站立祈祷的会众而挡住人们的视线。尽管塞弗利斯会堂里没有石制的长椅，但我们可以想象，祈祷的人群当时很可能是沿着长方形屋顶下的三个边依次坐在木制的长椅上，所以在任何位置他们都能看到这些画画，从而有助于他们用记忆的力量战胜政治上的现实。

你或许能够想象出犹太人绘制形象的方式：面画中配有大量的"字符"。用希腊、阿拉米和希伯来文字装饰的字体各异的经文、铭文和标记夹杂在镶嵌画面之中，以便标明星座的位置、月份或资助人的姓名。这些画面也强烈地反映出《米德拉什》开篇描绘的《圣经》中的一些场景。这本书对《托拉》和《圣经》的经文作了系统的阐释，后来与《密释纳》记述的内容融合在一起，从而形成了篇幅更大的《塔木德》。与以往接受的犹太人的传统智慧不同的是，"字符"与形象完全融为一体，而不是互相矛盾的。这些画面不再是为文本化犹太教配上的某种"插图"。对于那些来到这个或其他会堂的犹太人而言——他们所受的教育和思想倾向很可能已经与"经文研习所"造就的拉比群体（从他们在起义期间的表现来看，他们完全是一些近乎残暴的犹太人）截然不同——这些画面无疑是他们理解并继承犹太记忆，进而把这种记忆转化为实际社会实践行动的桥梁。由此开创了所谓"视觉记忆法"。"日历少女"形象以及这一时期许多犹太会堂地面中央绘制的大幅"八芒星"图案，与失落的圣殿中的象征物（如多枝烛台、羊角号和无酵饼桌台）和《圣经》中那些富有救赎意义的沉甸甸的故事（如杜拉会堂）一起展现在人们面前。

当然，这些画面形象没有一幅是随随便便选中的。从坐落在耶斯列山谷东坡陡峭山岩上的贝特阿尔法（Beit Alpha）会堂，到离塞弗利斯更近的哈末太巴列（Hammath Tiberias）会堂，这样的画面在不同的犹太会堂中重复出现。这一事实意味着至少从公元4世纪开始，犹太会堂的地面镶嵌画肯定是根据某种标准化的图册绘制的。不管其中的图案复杂还是简单（贝特阿尔法犹太会堂中的画面就像现在的卡通画一样粗糙而简单），都应按标准图例仿制。更令人惊异的是，这样的一本图册肯定得到了权威的拉比们的认可，所以在各地的会堂里才会如此频繁地以几乎相同的形式重复出现。因此，《密释纳》和镶嵌画根本不是相互排斥的，而是相辅相成的：正如在杜拉犹太会堂，"字符"与形象完全融为一体，从而成为犹太人集会和祈祷的场所。

地面空间的条理划分，对于这种艺术表现形式的眼睛和心灵的感受是至关重要的。离大门口最近的是《圣经》故事和相应的经文，几乎无一例外地是描绘"被捆的以撒"以及常见的"亚伦献祭"（似乎更适用于小型圣殿）和

"天使撒拉降临"的画面。当时的镶嵌画制作者（或出资人）可以对故事的细节自由发挥，所以他们创作的画面不仅非常迷人，并且能够小中见大、见微知著。塞弗利斯版的"被捆的以撒"就非常感人，画面上有两双鞋，一双是父亲亚伯拉罕的，小得多的一双是以撒的。（关于这个著名的场面，所有的早期作品都把以撒画成一个小男孩，而不是后来《塔木德》中强调的三十多岁的男人。）并排放在一起的两双鞋，使得耶和华对亚伯拉罕提出的不合人性的要求更加人性化，同时也暗示在摩利亚（Moriah）山这样的神圣场所要恭敬地脱掉鞋子。

还有的细节则暗示犹太人的故事中赤足顿悟的其他重要时刻，如摩西在燃烧荆棘中见到异象，这样的生动记忆（同样出现在杜拉会堂）通过当时在犹太会堂里的赤足祈祷方式而流传下来。大门旁边一排排的脱下的鞋把塞弗利斯犹太人与他们祖先的生活联系在一起。同样，作为神谕的替代物，公羊的形象提醒人们不要忘记圣殿的牲祭仪式，尤其是逾越节以及举行逾越节家宴所蕴含的象征性意义。在这一时期，基督徒和犹太人的崇拜物及其象征意义几乎清一色地为羔羊的形象所占据。

在内堂地面的最里面靠近安放《托拉》的约柜或圣龛的地方，几乎集中了失落的圣殿中所有的象征和标志物，从而使会堂并不完全是一个记忆的场所。正中间绘制的是风格独特的至圣所画面，通常有多重嵌壁式门廊，有时（如杜拉会堂）还有所罗门式螺旋状廊柱。两边则是一对守护的狮子或一对多枝烛台，在犹太人的心灵和记忆中，这些狮子就好像刚刚从罗马人的囚笼中被释放出来。在这些圣物的周围，则是排列整齐的圣殿礼仪用品和器物：在斋戒日、重要节期和安息日开始时召集犹太人的羊角号，香料铲与（偶尔有）夹钳，陈设无酵饼的金桌台。所以，近端描绘的是耶和华与其子民立约的起源，而远端则体现了这个约的实现。

《圣经》中关于立约的故事及其在圣殿中的实现，都是通过水平排列的画面来表现的。在两者之间是一个巨大的"八芒星"，由于这个星轮看起来就像在地面上不停地转动,所以在镶嵌画组成的地面上显得动感十足,尤其引人注目。这个图案或许直接来源于异邦文化。虽然"日历少女"本身就是表现季节的经典形象,但是在"八芒星"正中却有一个完全不属于拉比文化的太阳神赫利俄斯(Helios)的肖像,这是安东尼·庇护以及最后几任罗马皇帝喜欢的神。太阳崇拜作为一种表现本来无形的造物主的形式,在耶和华崇拜者中间有着悠久的历史,远在古典文化之前就已经出现。[14]在塞弗利斯犹太会堂里,他被美化为引导着烈火战车队列的一束光线。但在哈末太巴列和贝特阿尔法,这位天神的整个脸部和形体都被一览无余地表现出来。在"八芒星"图案里面,还醒目地排列着各个星座的符号。它们的名字被用希伯来、希腊或阿拉米文写成,有时是三种文字混用,这与有些人(非历史地)想象中谦卑的犹太经文大相径庭。当这类星座符号需要用人类形象表现时,如双子座或水瓶座,同样也难不住当时那些想象力丰富的镶嵌画作者:塞弗利斯会堂的双子座借用的是可爱的孪生子形象,而哈末太巴列的水瓶座则借用了肌肉隆起的裸体。乍一看,赫利俄斯肖像的中心地位似乎与《塔木德》成书年代的犹太教完全不符。但犹太教历来是一个重视历法的宗教,其重要节期和神圣节日都是严格按照农历设立的。所以,所有的镶嵌画地面都装饰着盛满"初熟果实"的篮子,以及犹太人在秋后过住棚节期间带到耶路撒冷朝圣和随时带着进入犹太会堂的"四样植物"——枣椰树枝条、香桃木枝条、柳树枝条和香橼果。《死海古卷》中的文献表明,犹太人对犹太教的绝对忠诚与对天文学的强烈爱好(即占星学)之间根本不存在矛盾。根据某些书卷的记述,他们曾对星空进行过仔细的观察和推测。当然,这是犹太人对古典世界充满激情的一个例证,但这丝毫不意味着他们这样做就是轻率地对待异邦文化。太阳神赫利俄斯如果没有在某种程度上被理解为具有耶和华的某种属性——光辉来源——的话,他的形象又怎么会能够占据加利利那座精心设计的犹太会堂地面的中心呢?位于宇宙中心的太阳战车或许与恰好在这个时期已经出现的犹太神秘文学和诗歌中描绘的向神圣的居所飞升的战车即所谓"梅尔卡

巴"（merkavah）①有关。¹⁵

也就是说，公元3世纪—6世纪巴勒斯坦地区犹太会堂中的这些丰富而华美的镶嵌画所表现的内容似乎并没有让拉比们感到震惊或愤慨，甚至在此前两个世纪就编纂了《密释纳》的城市里也没有引起多大的反响。但是，形象和文字表现的是犹太人集会的两种不同的方式。从这个时候开始，《密释纳》就不再是专门为会堂里的犹太人量身定制的了，而更多的是用于当时正在建立的其他学习场所，如"经文研习所"，即犹太研究院的前身。在这类研究性机构里，低俗、吵闹、不洁的异端邪说的确被排除在外，以便更加专心致志地精炼《托拉》的文字以及围绕《托拉》的文字形成的大量口传和书面"话语"中的精髓，从而开始编织一张无边无际的阐释、解经和评注之网，并最后完成《塔木德》这一鸿篇巨制。这部书的几乎每一页都有关于正直的犹太人在外部世界里如何行动的规定，但整部书又似乎是一个没有"窗户"的封闭空间，一个心灵内省的所在，集中论述的是神圣"字符"独有的自主力量。

对于中古晚期和中世纪早期犹太会堂，如果你仔细解读其中的织品、形象和铭文，并且清楚地意识到这些艺术表现形式在犹太历史上所处的特殊时刻和地点，你就会发现除了拉比们安静内省的观点之外，还有一些其他的东西。这些东西生动地体现了一个犹太人在自己的会堂里的真实生活究竟是怎么样的，并且与其所在城市中的各种人物、骚动不安和生活方式紧密联系在一起，而不是分离开来。他们平日使用的方言——大多是希腊语，有时也用阿拉米语——都融入了镶嵌画上的铭文之中。《密释纳》中提到的名字都是当时著名拉比和圣哲的名字。犹太会堂的地面和墙壁上刻下的名字都是普通犹太人的名字，并且通常还标明他们的职业：商人、染工、医生等。前一种是传奇故事，后一种则是真实历史，记载着他们将会永垂青史的荣誉（他

---

① 这个词来源于古埃及神秘宗教，原指一种清修时调节呼吸与沉思的方法。所谓梅尔卡巴场（Merkaba）是指在人体内外有一个形如立体"八芒星"的能量场，可以调整人的意识和身心。这能量场通常在人体内外飞速转动，但由于人本身没有意识到这个场的存在，能量场会减速或完全停止。当人们真正认识到能量场的存在并主动应用时，梅尔卡巴场才有可能被激活并发挥出巨大的作用。梅尔卡巴结构的二维图案就是犹太教的"六芒星"即大卫盾图案。

们现在仍然这样做）。习惯上通用的格式是"要铭记他们的善行"。例如塞弗利斯会堂的铭文——许多名门望族似乎在建造那些狭长的犹太会堂时都曾名噪一时——就像在招魂："祭司以撒的儿子犹但（Yudan），女儿帕热格里（Paregri），阿门，阿门"，或"犹但与塞姆卡（Semqah）的儿子坦胡姆（Tanhum），坦胡姆的儿子尼胡拉（Nehorai）"。每当我想到塞弗利斯时，我也许会想到王子犹大，但我肯定一直记着犹但和帕热格里。他们起些这样的名字，谁又会想不起来呢？

所以，早期的犹太会堂肯定不是一个为了恪守律法规定而把外部世界及其观念拒之门外的地方。会堂的大厅必须有充足的光线才能诵读《托拉》，长方形的大厅总是用廊柱分隔开，或把天窗和高大的大门全部打开。我们从西奥多托（Theodotos）"拱顶会堂"中的铭文得知，当第二圣殿还矗立着的时候，一座犹太会堂已经在耶路撒冷建立起来。我们从类似的埃及铭文中还了解到，当时的犹太会堂已经成为社区中心，而不仅仅是祈祷的场所和接待朝圣者和旅行者并为他们提供食物和饮水的旅店。当会堂后来演变为主要用于祈祷和诵读《托拉》的场所时，这些社会化的特点并没有全部消失，并且直到今天依旧如此。

有时，文化的历史往往囿于像记家谱那样罗列事实，一种文化接着另一种文化，后来的主义完全取代了原来的主义，或将其母文化彻底否定和边缘化。然而，这样的情况却断然没有发生在圣殿被焚毁与公元4世纪基督教被确立为罗马帝国国教之间这些年代的犹太教身上。也就是说，当时并没有发生这样的情况：原有的一神教几乎退出了历史舞台，然后被征服一切的基督福音书彻底边缘化。这是一个拉比犹太教和基督教同时被创制并重新塑造的年代；在一段时间内——也许有三个世纪——尽管两种宗教出于各自的需要，似乎都希望上面提到的情况发生，但彼此之间并不是相互排斥的，至少远远没有到你死我活的程度。[16]这两种宗教肯定会为赢得更多的一神论信徒而相互竞争，所以出现摩擦和排挤也是必然的——无论是出于人性还是习俗。对于许多源于《托拉》的礼仪习俗,一直被那些称耶稣为主的人和那些不信他的人共同遵守着。安息日的习俗被保留了下来,尽管保罗固执地坚持认为基督受难所体现的"新约"已经取代了旧的"肉体上"的割礼习俗,但那些自认为是犹太基督徒的人仍然继续在行割礼。这里恰恰就是两个新生的犹太人——彼得和保罗——在安条克被痛苦地分开时所面临的问题,由于对保罗感到恐惧,彼得不愿意和一个未行割礼的人一起用餐。

在公元2世纪和3世纪,由于这两种宗教都被罗马当局认定为邪教,两个相互竞争的宗教共享着相同的城市空间,没有理由去相互仇恨。尤其令人惊异的是,二者彼此之间有时甚至在纪念犹太殉难者这类事情上相互攀比。在安条克,有一处所谓"马加比七圣徒"(包括老父亲以利亚撒和他的妻子共7人)的基督徒殉难地,传闻其中有的就埋葬在距离建有最著名的犹太会堂的城市中心不过几英里的达夫尼(Daphne)。犹太人有关不得在会堂周围下葬的禁令不仅没有降低这个传闻的可信度,反而最终使这个地方变成了一座基督教堂。但马加比家族作为基督徒强烈崇拜对象的概念,无疑可以为当时两种信仰及其故事形成的年代相互纠缠的事实添上浓重的一笔。[17]

没有迹象表明这种回声效应——以往的异邦经典风格在当时的一神论信徒身上一直维持下来,并在两种宗教之间来回跳动着——比罗马犹太人埋葬死者的方式更具有戏剧性。[18]在阿庇亚古城(Via Appia Antica)南面的犹太墓群"维尼亚·兰达尼尼"(Vigna Randanini)以及北面位于托洛尼亚山庄(Villa Torloni)的墓群,都是在17世纪初在田野中开始发掘的,而且当时自然地被认定为是基督徒的墓穴。19世纪中期,尽管有大片的墓穴被发现,而这种观念一直没有改变。也正因为如此,土地的主人才得到罗马教廷当局的允许继续进行发掘工作。走下离入口不远的阶梯,便进入了这片大墓地的巷道,一个红色的七枝烛台确定无疑地映入眼帘。后面还有很多类似的图案,有些还夹杂着用希腊文间或有希伯来文写的铭文〔如有一幅上写的是"安息"(shalom)〕,所以这片墓穴的归属便毫无疑问了。发掘结果表明,这是地地道

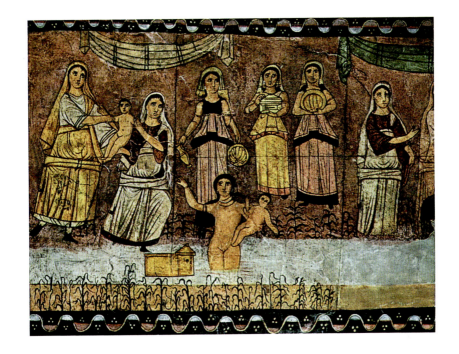

杜拉—欧罗普斯犹太会堂壁画,制作于3世纪。这些壁画打破了犹太教憎恨绘画形象的传统,在最早的犹太会堂里,情形则截然相反。

(上)法老的女儿发现摩西;(下)国王亚哈随鲁和王后以斯帖(局部画面)。

以色列塞弗利斯犹太会堂的地面镶嵌画，制作于公元5世纪。（左上）犹太历提别月代表冬季；（右上）尼散月代表春季。（下）圣殿的象征物：金烛台、住棚节期间盛有"四样植物"枝叶的物器和羊角号。

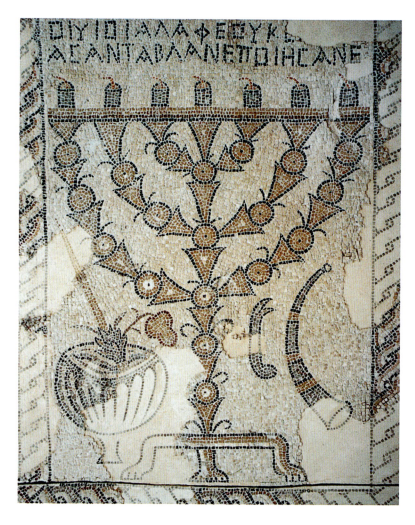

位于罗马附近的维格纳·兰达尼尼犹太墓穴出土的椰枣树彩绘,作于公元4世纪。

突尼斯哈马姆—利夫的一个犹太会堂的地面镶嵌画海豚造像。

犹太学童希伯来文练习本上的骆驼涂鸦,出土于"开罗秘库"(整个中世纪犹太世界的资料库)。大部分是所谓的"犹太—阿拉伯字符"(即用希伯来字符书写阿拉伯文),这本身就是当时文化交流的证据。

用"犹太—阿拉伯字符"制成的"支票",即商业支付票据,出土于"开罗秘库"。

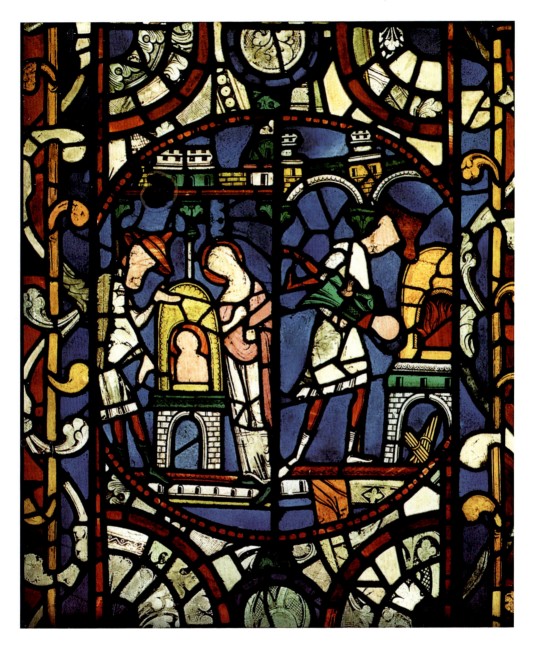

林肯大教堂的彩色玻璃窗画面，作于13世纪。在画面右侧，"布尔日儿童"被他的父亲（戴尖顶红帽者）投进了火炉里；画面左侧，由于那位头顶光环的圣母玛利亚代为求情，他的儿子安然地蹲在火炉里，而圣母则以保护的姿势向孩子俯过身去。

来源于13世纪英格兰国库账本上的讽刺犹太人的漫画,标题是"魔鬼之子亚伦"(Aaron fils diaboli)。

记录在14世纪牛皮纸上"犯罪录":把犹太人赶出英格兰。

迈蒙尼德的《〈托拉〉重述》样张，画面底部的小图描绘的是摩西接过写着《律法书》的两块石板，顶部画的是一只奔跑的鹿，通常象征着以色列（制作于13世纪，法国）。

"鸟首'哈嘎嗒'"样张（制作于约1300年，德国）。

迈蒙尼德的《迷途指津》（Moreh Nevuchim）（制作于1356年，西班牙韦斯卡）。这位伟大的哲学家兼医生在这部书中阐述了如何调和信仰与理性并不断追求完美的问题。

道的犹太地下坟墓。在当时，罗马的犹太人无论地位卑微还是高贵，所有的人都可以采取这种形制下葬。

与基督徒同时或稍晚建造的墓穴相比，犹太人的墓穴都有风格相同的隔间、墓室和壁龛。然而在"维尼亚·兰达尼尼"墓群中，却有一些利用山岩直接凿成的墓穴——墓室几乎垂直于而不是平行于地下巷道。所以至少在某些方面，在第二圣殿被焚毁之前和之后，罗马犹太人的墓穴也经历过犹太墓室形制的演变。尤其是在加利利以西的贝特·谢利姆（Beit Shearim）发现的大片墓群表明，或许这种演变在公元2世纪就开始了。反过来讲，这在很大程度上也是由于受到希腊地下巷道（hypogea）墓葬形式的影响。在罗马，大部分墓葬空间都是狭长的空穴，并且与巷道的方向平行，两边还有一层层的安葬婴儿和儿童尸体的小隔板，中间那间更大的墓室才是为那些生前更富有、更体面的墓主准备的。当然，偶尔也会在墓穴中见到大规模的装饰精美的大理石石棺，但更多的则只是装饰着细长的灯台图案、家训或常用的名言警句。在这一时期，罗马帝国的犹太人绝大部分都是平民甚至穷人：作为囚虏被掳走的奴隶及其后人，当然也有一些工匠和小店主。尽管他们还没有穷到为自己因为某种常见的传染病而夭折的孩子连个小小的墓穴壁龛都挖不起的程度，但有时也只能画上或写上一些令人心碎的告别语，或为这个无辜夭折的孩子送上一点安慰。

在这片拥挤而狭窄的巷道深处，就是为犹太社区中更富有、更体面的一部分人准备的墓室。有一篇铭文曾对一位丈夫表示哀悼，他担任过社区的"语法指导老师"——社区中不可或缺的人物——而这篇铭文甚至对罗马的繁荣及其诗意的风格也产生过影响。墓室壁画特有的画风表明，这个墓穴可以上溯至公元4世纪，当时在罗马及其港城奥斯提亚，曾出现过一个庞大的犹太社区。并且在奥斯提亚还有一个犹太会堂（装饰着线条镶嵌画）。但这一时期也正是罗马帝国宣布基督教为国教的时期。因此，很有可能这些远近闻名、墓室更多的基督教式墓穴是按照犹太人的墓葬形制而不是其他的格式建造的。

因为犹太人把巴勒斯坦地区的丧葬习俗直接带到了世界各地的散居点。

更令人惊奇的是（除非你对像哈马姆利夫和塞弗利斯这类习惯于借鉴异邦元素的地方有所了解），在墓群的最深处建造得最宏伟的家族墓穴竟然像教堂里的隔间一样，内壁和天花板上的装饰完全是一派异邦风格。在"维尼亚·兰达尼尼"墓群中，这样的装饰风格再次推翻了有关犹太人在日常生活中尤其在墓地里排斥华丽装饰的假定，因为其美轮美奂的设计——从四周的墙壁直到上面的拱顶——几乎集中了所有的菜蔬、花朵、动物的图案，甚至还有各种各样的人物形象。包括女神缪斯以及珀加索斯（Pegasus）这样的神话人物和看上去很像狄安娜、维纳斯、阿波罗和墨丘利这样的各路神祇。有一间墓室的拱顶涂成了天蓝色，仿佛永恒的天光照亮了这个黑暗的地穴。这间墓室装饰的画面是如此精细和华丽，以至于考古学家认为最初这很可能是一个异教徒的墓室，后来在某个时间被犹太人占用，但他们显然认为这些华丽的装饰非但没有害处，而且还完全符合犹太人的丧葬习俗。在这些墓室中，最为精美的（尽管不是最大的）是一个近乎完美的方形墓室，四个角上绘制着椰枣树（这是一种古老的犹太象征物），墙壁粉刷成白色并且画满了精美的鲜花、跳跃的羚羊和戏水的海豚。毫无疑问，这是想象中林木葱郁的天堂——伊甸园（gan eden）的美好象征。在犹太人的想象和诗意的幻想中，他们应该把自己最亲爱的逝者托付在这个最美好的地方。一直以来，围绕着这类无从记忆的犹太经历（如在犹太会堂中男女分区）形成了各种偏见，但就像许多广为流传的假设一样。关于"犹太人丧葬传统极尽简朴"的臆断被犹太人在他们文化早期形成阶段的实际做法证明是完全错误的。地下见不到阳光，所以为装饰和美化这片安息之地所做的种种努力——对于平民和穷人来说仅有灯台、几句铭文和家训，而对于富有的人而言则完全是一个地下花园一般的坟墓——无疑是制造一种在天堂中得到救赎的幻象。犹太人的这种"逝者在花园中安息"的观念，甚至在经历了后来数百年中加诸自身的近乎冷酷的严厉规则之后（尽管如下文中所见，只有偶尔的间断和局部的成功），仍然得以流传了下来。"别了，亲爱的，在你的伊甸园中安息吧。"这是我的母亲在汉普斯泰德医院看到我父亲的遗体后亲吻他冰凉的额头时对他说的最后的一句话。作为一个恪守《托拉》的妻子，她感到非常幸福，因为她的亚瑟·奥西雅就仿佛在他那条纹帆布躺椅上熟睡，终于可以在浓荫如盖的天堂里安息了。

## II 分道扬镳

严格说来，犹太人与基督徒的麻烦更像是一种家人之间的争吵。这当然不是说家人之间的争吵一开始就会闹出人命，但或许历史注定了会发生杀戮。当时，有一些追随"拿撒勒的耶稣"的犹太人，他们第一次在基督徒们的心底里植入了这样的念头：他们中间不愿皈依基督教的犹太人都是人性泯灭的恶魔，即"弑神者"。不仅马太说犹太人犯下永恒的罪孽完全是发自内心和出于自愿："让他的血溅在我们和我们的孩子身上"，更为恶劣的是《约翰福音》中记述的那个历史时刻：耶稣自己清楚地意识到，他将死于一群恶人之手，因为他们的本性已经被"魔鬼附体"。

这番话出自《约翰福音》第8章，也就是当耶稣在一群愤怒的法利赛人面前为一个被认定为"行奸淫"的女人进行辩护之后，才说出了这个凶兆。这或许是整部《新约》中最直白也最深刻的一刻，因为从此刻开始，犹太人与基督徒之间的所有不幸、误解以及相互指责便悲惨地拉开了序幕。"你是谁？"法利赛人问道，他们（自认为）是《托拉》律法的守护者。"就是我从起初所告诉你们的。"耶稣十分精辟地回答，并代他的父说下去。耶稣感觉到至少有几个人会把他的话听完，于是便鼓励他们说："你们必晓得真理，真理必叫你们得以自由。"这正是人类的救世主、受膏的耶路撒冷解放者应该说的话。但对于这番话，并不是所有人都被打动了。那些听完之后才回答的人（有点不合逻辑）也同样表示了感谢，但他们认为自己已经是自由的了，因为

"我们是亚伯拉罕的子孙"。"我知道你们是亚伯拉罕的子孙,"耶稣答道,他突然变得有些焦急,"你们却想要杀我,因为你们心里容不下我的道……你们若是亚伯拉罕的儿子,就必行亚伯拉罕所行的事"。然后他又重复道:"我将在神那里所听见的真理告诉了你们,现在你们却想要杀我。"作为辩护的一方,犹太人打断了他的话,他们似乎感觉到有某种邪恶的东西正在迫近,于是抗议道:"我们只有一位父,就是神。"不,耶稣说,正义的怒火正在炽热地升腾,"倘若神是你们的父,你们就必爱我;国为我本是出于神,也是从神而来"。你们反而听不见也不去理解,因为你们真正的忠诚完全给了另一个主,而且正是他让你听不见也看不到光的。那么,这是个什么样的父呢?"你们是出于你们的父魔鬼,你们父的私欲,你们偏要行。他从起初是杀人的,不守真理,因为他心里没有真理。"①不久之后,这些彼此仇视的敌人便真的像魔鬼一样开始相互残杀。惊吓之余,犹太人反过来指责耶稣才是真正的魔鬼。他不仅比不上撒玛利亚人,或许还更邪恶,尤其是他还声称"凡追随他的人将获得永生"。

四百年之后的公元386年,以苦行和雄辩——后来因此而赢得了"屈梭多模"(Chrysostom)即"金口"的雅号——著称而被尊为"长老"的另一位约翰②,站在了坐落于叙利亚的高山与大海之间同样被誉为"金色城堡"的安条克的一座教堂的布道坛上,对他的听众的天真好奇提出了严厉的警告。他声色俱厉地说,犹太人的会堂尤其是位于达夫尼城郊森林中的马特罗纳(Matrona)会堂,是魔鬼栖居之地,甚至比妓院还要烂。"在他们的会堂里,立着一个骗人的无形祭坛,"约翰愤怒地说,活灵活现地描绘这个险恶的魔鬼出没的地方,"在这个祭坛上,他们不仅用羊羔和牛犊献祭,而且还用人的灵魂献祭。"[19]安条克的女人却最易受到魔鬼的诱惑,因为她们经常去那里寻欢作乐和乞求灵感。这些容易上当的基督徒被新年节响亮的羊角号声召唤到会

---

① 以上引文参见《约翰福音》8:31—47。
② 指君士坦丁堡牧首约翰一世,即约翰·屈梭多模。

堂里，由于用来阐释《托拉》的《米德拉什》是用希腊文写成的，不再按原文诵读，所以对他们来说更容易理解。"不要跟着号角号跑，"约翰以命令的口气说，"你们应该待在家中，为他们［犹太人］哭泣和叹息。"[20]然后又继续说道："难道你们不害怕与魔鬼一起跳舞吗？"[21]假如这些女基督徒过于放荡，竟然在外面与犹太人玩上一整天，他就会朝着她们的丈夫大声喊叫（"金口"约翰是婚姻亲密关系的忠实信徒）："你们不害怕你们的妻子从此再也不回来了吗？"远离他们的集会！像害怕房间沾染瘟疫一样远离他们！当时，他把与犹太人调情称为"犹太化"，认为这是一种可怕的疾病，会让幼稚的女人落入魔鬼设计的陷阱。

犹太人难道不是因为奉行魔法巫术才变得声名狼藉吗？圣徒保罗难道不就在帕福斯（Paphos）遇到过邪恶的犹太巫师以吕玛（Elymas）这个名副其实的"魔鬼之子"吗？[22]"攻击那些犹太巫师！"约翰命令道，"把他们从你们的家里赶出去！"[23]根据某些古代希腊文物对犹太人的最初描述，他们被认为是当时的玄学大师，巧妙而富有创造性地模糊了魔法和医学之间的界线。并且他们肯定经常兜售护身符——有的上面刻着"字符"，有的是持久耐用的石头（预防不孕不育或流产），有的用作指环和手镯。[24]凭着这种深厚的智慧功底，犹太人开始经常在自家的农田和葡萄园里朗诵祝福词，祈求丰年。从当时布道者表现出来的愤怒也可明显地看出，许多基督徒耕种者根本就没把这样的祝福当回事儿。尽管屈梭多模面对这类所谓的冒犯行为时暴跳如雷（基督教会的一些神父也对此表示抗议），但我们知道基督徒习惯于去犹太会堂是有很多原因的。他们去那里，是为了聆听著名的雄辩家用希腊语布道；他们去那里，是为了签订合约，因为与他们自己的法庭相比，他们显然更信任犹太人；他们去那里，是为了起誓，因为（尽管屈梭多模对此嗤之以鼻）他们相信在犹太会堂里起的誓出于某些人所共知的原因或许更庄重一些。如果上述所有的或其中一个原因成为基督徒去犹太会堂的正当理由，那么这位"长老"至少要给他们打个预防针："把十字架画在前额上，游荡在犹太会堂里的邪恶力量会立刻逃之夭夭。假如你没有在前额上画十字架的话，那么魔鬼就会控制住你，仿佛你一丝不挂、手无寸铁一般，魔鬼会用一万种可怕的方式折磨你，把你撕碎。"[25]

由于"犹太恐惧症"而发动攻击的时机始终是一致的，一般来说应具备如下条件：一个城市、一个城邦或一个国家陷入了危机；麻烦、冲突、贫困和恐慌已经超出了人们忍受的限度；更多的潜在危险因素随时会爆发。在这样的情况下，他们的第一反应，就是去谴责那个魔鬼民族，把罪责推到犹太人身上。公元386—387年，最让安条克感到头疼的是罗马人可能会对他们进行灾难性的报复。因为他们对罗马皇帝狄奥多西（Theodosius）和他的新皇后加拉（Galla），至少是对他们的形象做出了无礼的侮辱性举动。这个人口众多、崇尚奢华的大都市，作为整个帝国中仅次于罗马和亚历山大排名第三的大城市，同时也是常年对抗萨珊王朝的波斯人（再过一个世纪多一点，他们将彻底摧毁安条克）威胁的前线指挥和控制中心，安条克的城防近乎奢侈。对于过度扩张、幅员辽阔的拜占庭帝国来说更是如此。因此，帝国开始对这座骄奢淫逸的城市征收一种用金币支付的新税。于是，这座城市在经历了漫长的艰难岁月——土地干旱、食品短缺、物价飞涨、瘟疫暴发——之后，民怨沸腾引发了暴乱，进而演变为一场毁坏圣像的运动。

但对基督教来说，这种骚乱是有一个限度的。安条克也许由于其安逸的生活和奢华的纪念碑、剧场、浴室和庄园而名噪一时，但同时也是苦修者的家园，许多隐士和修士都住在周边的深山之中。这座城市的两面——虔诚与世俗——是相互滋养的文化孪生兄弟。[26]安条克那些臭名昭著的享乐主义者我行我素、任意胡为，对城里的穷人和救世主的殉难漠不关心，因而遭到以屈梭多模为代表的以残忍著称的牧师阶层的一致声讨。当然，那些享乐主义者对此并不介意，甚至对这种戏剧化的表演感到非常受用。在安条克城里，以及种植水稻（这在当时是一种累死人不偿命的农作物）的沼泽平原上，有许许多多的穷人。没有什么地方能像这里一样，圣徒和罪人如此靠近地生活在一起。安条克人为他们著名的基督教历史感到骄傲。根据《使徒行传》的记载，正是在这座城市里，"基督徒"这一名称被首次使用。正是在他们这座城市里，保罗住了八九年，把福音的指向从"行割礼"的犹太人转向了非犹太人。一大群早已名声卓著的圣徒和殉难者长眠于此，成为公众崇敬的对象："悔过的淫妇"佩拉吉亚（Pelagia the Penitent Harlot）曾经是全城的花魁，在受洗之后便释放了她身边所有穿金戴银的奴隶，并把全部财产都捐给了穷人，消失在边远的穷山恶水之间隐居起来，过起了一种神圣"阉人"的生活，而她的真实性别直到她死后才被发现；巴比拉斯（Babylas）面对罗马人的迫害威武不屈，并请求绑缚在铁链中被烧死；地位"等同于使徒"的德克拉（Thecla the Equal-to-Apostles）是保罗的追随者，她放弃了原来的婚约，剪掉头发，从而变成了基督的新娘，并且一次次地从试图吃掉她的狮子、公牛和毒蛇的口中侥幸逃生。

与这些近乎完美的人相比，区区一个罗马皇帝又算什么呢？骚乱的人群在安条克城里四处游荡，他们拆毁了皇帝夫妇的雕像和半身像，并把它们像囚犯一样拖着在大街上示众。这些消息让君士坦丁堡的主人如坐针毡，尤其是在狄奥多西的原配去世后刚刚再婚的当口。这些人一定要付出代价。正当这座城市如同俎上鱼肉坐以待毙的时候，一群身着黑袍的大胡子修士和隐士，在一个用旧式称呼的名叫马其顿的人带领下，"像一队天使一样"在安条克从天而降。反正屈梭多模就是这样描述的，他认为这是一个奇迹。修士们和他的一致恳求总算得到了宽恕，因为皇帝仅下令处死了11个领头的犯人。

在这种近乎狂热的气氛下，屈梭多模在《驳犹太人》中发布了他著名的八条论纲：这篇条理清楚、辞藻华丽的檄文通过文字将犹太人彻底妖魔化。他把他们描绘为魔鬼制造的怪物，而他们的会堂就是魔鬼的巢穴。这本书造成的效果立竿见影，且又持久绵长。因为屈梭多模本人，正是作为一位出色的修辞学家而名噪一时。并且他曾一度师从著名的异教徒利巴努斯（Liabanus）。同时，他也被认为是一个无可挑剔的圣徒。当时，一个自我苦修者威胁屈梭多模，如果他继续如此行事就杀死他。于是，他不得不又回到了安条克。当然那里还有一项重要的工作在等着他：最急迫的使命是把基督徒和犹太人分离开来，一劳永逸地分离开来。

他们已经在安条克城里和周边一起生活了很多年。即使不是一直和睦相处，但也没有多大的仇恨。自从公元前300年马其顿的塞琉古王朝建立安条克城以来，犹太人就一直住在这里。他们最初很可能是帝国的雇佣兵（他们最擅长的职业之一），并且像在埃及一样，他们也因此而分得了土地。在反抗"神选者"安条克四世的起义中，哈斯蒙尼人曾卷入了塞琉古王朝的内战之中，并一度派出一支数千人的军队去讨伐安条克四世的竞争对手、"胜利者"德米特里（Demetrius the Nicator）。他们的回报，则是在城里获得了一块属于自己的领地：一个自治的公民团体。他们与耶路撒冷和犹地亚的关系也十分密切。

当这座城市落入大希律之手后，随即被列入他一长串待建工程的名单之中。一条装饰精美、柱廊式、带拱顶的沿着南北主干道的步行街就是希律的杰作。这座城市已经出现了许多异邦神庙和一座圆形露天竞技场。并且罗马人为了举行战车比赛和角斗士竞技建造了一座宏伟的赛马场，在最大的剧场中增加了一个带有柱廊的舞台，同时还建造了一些不可或缺的浴室。种种迹象表明，犹太人和他们的非犹太邻居一样，正在享受着安逸的都市生活。他们的生活方式是如此奢华，以至于吸引了大量富有的外来移民，有的甚至来自巴比伦王国。有一个叫撒玛利亚的人竟然带着500个马夫、100个亲戚和门客、随从涌入城中，然后在城外买下了一处地产，种植当地特产的大米，俨然过上了犹太族长式的安条克人的生活。[27]达夫尼富裕的郊区山庄星罗棋布，镶嵌画琳琅满目，喷泉此起彼落，已经完全变成了一个休闲区，并且罗马人还建起了一座阿波罗神庙。家境殷实的犹太人大多住在那里，他们作为社会精英，平常就在玛特罗纳会堂里举行集会和祈祷仪式。显然，对于屈梭多模的恐怖描述而言，这个建筑物实在过于漂亮，难怪那些女基督徒一听到新年节的羊角号声就会趋之若鹜地赶过来，和犹太人一起为用希腊文的诵读《托拉》的犹太教拉比和用同一种语言布道的基督教牧师热烈鼓掌。如此离经叛道实在令人震惊！

然而，更多的犹太人并没能过上达夫尼那样的生活。他们的生活区是城里东南部的克拉特恩（Kerateion），那里也坐落着一座新建的圆形露天剧场。他们的会堂（在城区周边可能有很多）也被称为"阿斯蒙尼"（Ashmunit），这样的叫法肯定与哈斯蒙尼人有关。同样，这座犹太会堂不仅吸引了大量信奉基督教的游客（这当然会让屈梭多模感到愤怒），同时也吸引着那些家境相对贫寒的犹太人，包括工匠和从事工艺品贸易的商贩。当时他们的经营范围就已经专门化，划分为金银器、皮革制品、编织物以及针织刺绣等。在城外不远处的乡间，一些犹太地主开始种植叙利亚大米，而那些从地主手中租种土地、收获庄稼的人也是犹太人。在与美索不达米亚接壤的乡间，大大小小的犹太会堂星罗棋布——如阿帕米亚（Apamea）和米西斯［Misis，即摩普绥提亚（Mopsuestia）］等地——内墙上同样也有大量常见的镶嵌画和相关捐助者的铭文（包括"挪亚方舟"的故事）。这也证明，无论多么遥远的散居点，这种生动而丰富的装饰方式都是非常流行的。我们从贝特·谢利姆的墓群中发现，许多在安条克城或附近去世的有钱人，包括一个名叫"亚迪西奥斯"（Aedesios）的社区领袖，他们的后人在其忌日重新安葬了他们的遗骨，以便按他们独特的理解让他们的安息地尽可能地靠近耶路撒冷。

当时居住在安条克的犹太人，即使他们不得不在随时遭到驱逐的威胁、不时爆发的仇恨浪潮中苟延残喘，但仍然深深扎根在自己的家乡不愿离开，从而成为其社会和历史的一个有机组成部分。但是，他们已经明显地感受到，在接受了救世主耶稣的人和继续拒绝接受他的人（约翰·屈梭多模对他们充满了仇恨）之间，要想和谐共处是根本不可能的了。顽固盲信的人和获得拯救的人之间需要彼此区分开来，划出一条清楚而确定的界线——否则基督徒的尸体（基督本人的尸体当然是永远不会腐烂的）将找不到安葬的地方。

一直以来，这两种一神教并不都是如此界限分明、相互排斥的。就连耶稣本人在布道时也根本没有或几乎没有提出彻底否定《托拉》的要求。所以，当地人完全有可能当一个所谓"犹太基督徒"。在当时的巴勒斯坦边境内外，他死后的最初几代人中就曾出现过大量的犹太基督徒。根据殉道者游斯丁在公元140年科林斯的记述，在他与一个名叫"特里福"的犹太人的一次激烈对话中，就曾称这些犹太基督徒为"以便尼派"（Ebionites）。这个词正是来源于希伯来语中的"穷人"（evyon）一词，而拉比们则有时称他们为"一文不名者"（minim）。这个称呼也许与他们的社会地位并没有太大关系，因为他们是遵循耶稣"登上宝训"的精神而变成穷人的。根据《马太福音》（他们最愿意读这一篇经文）的说法，以便尼人接受了耶稣为弥赛亚，但他却是以希伯来《圣经》预言的人的形象出现的。他是驾着天国的祥云降临的"人子"，《但以理书》（第7章）"见兽的异象"中描述"他的头发像纯净的羊毛"，从而许诺"他的权柄和荣耀……永不败坏"。这就使以便尼人耶稣变得人性化，有实实在在的人身，是约瑟和玛利亚结合所生，而绝对不是贞女自孕所生。他们拒绝接受所有关于他具有神性的说法。对任何一个犹太人来说，基督和上帝共存（而不是由上帝所造）的说法都是一种彻头彻尾的亵渎，因为这违背了他们在"示玛篇"中每天都在重申的"唯一性"的终极真理。不过，他们接受了"人身弥赛亚"复活的事实，因为这种说法并不比《圣经》里描述的许多奇迹更令人难以置信——尽管关于"耶稣的死难消除了人类的所有罪孽"的说法已经超出了奇迹的范围。

至于与撒拉米的伊皮法尼斯（Epiphanius of Salamis）有关的一些以便尼派习俗，有许多也的确与我们所了解的库姆兰社团当时的情况非常吻合。他们都精心制作天使的雕像；他们都坚决抵制神殿固有的权威性（因为尽管法利赛人在《新约》中被描述为耶稣的敌人，但他的布道对象反而更多的是撒都该贵族阶层）；他们都过分热衷于洗浴和清洁。除了一个重要的例外——以便尼派坚决反对《托拉》中有关动物牺祭的规定，因为他们是严格的素食主义者。但他们都恪守《托拉》中其他所有的要求：斋戒日和重要节期、饮食律法以及安息日。据说"义人"雅各——耶稣的兄弟，"耶路撒冷教会"（指耶稣复活和升天之后，其追随者组织的第一次集会）的创始人——出于招募以便尼派加入教会的迫切需要，曾要求他们立即并且彻底放弃《托拉》律法，并以此作为加入基督教会的条件。彼得的第一项使命针对的就是"行过割礼的人"，他与雅各也持有同样的观点。很可能当时这些新入会的人虽然相信耶稣就是弥赛亚，但却仍然继续奉行犹太人的礼仪，可他们依然被基督教会所接纳。

然而，对于基督教神学的真正创立者和推行者的保罗而言，这还远远不够，他采取了另一种更激烈、更强硬的政策，从而最终使犹太人不可能既去基督教堂又去犹太会堂参加宗教活动。[28]雅各和彼得身上的犹太性使他们更倾向于用一种犹太教的形式来表现对耶稣的崇拜。他们借用希伯来经文中的预言，进一步强化而不是放弃《托拉》。虽然在一些重要方面，保罗也认为基督教并不意味着完全抛弃犹太教，而是其预言的最终实现，但保罗为了迎合他的弥赛亚诺言，对《圣经》进行了"错误"的解读。保罗认为亚伯拉罕与上帝立的约是属于所有人类的。并且如《创世记》中所说，他本人作为族长是"诸民族"的父。他信任上帝甚至把自己的儿子捆起来献燔祭（又一个预兆），如此等等。保罗认为，《圣经》曾宣称其本身或"摩西律法"终将被"新约"，即新的信仰所取代。保罗把摩西律法比作"学校里的老师"，我们当然需要老师，但他们的教义却让人们远离了信仰的启示。这样的律法显然有点过时了。

保罗还借他的犹太血统大做文章，但却与雅各和彼得在完全相反的意义上来看待这个问题。他抓住一点，把古老的和新式的以色列人区分开来。在安条克，保罗和彼得关于遵守《托拉》的残余规定进行了一场激烈的辩论。彼得拒绝与未行割礼的人一起用餐（大概有三次类似的拒绝行为），而保罗则将其看成是一种道德上的懦弱。事实上，保罗认为这是一种在高歌猛进的福音真理面前的退缩行为，因为基督用自己的血立下"新约"，这已经让肉体上的旧刀痕变得多余了。"（在耶稣基督眼里）受不受割礼都无关紧要，要紧的就是做新造的人。"[29]墨守成规就是在耶稣受难换来的拯救面前退缩。现在不仅"摩西律法"已经变得多余，而且遵守其中规定的义务也变成了笼罩着纯洁信仰光辉的乌云。"我们因信基督称义，不因行律法称义，凡有血气的，没有一个因行律法称义……我不废掉神的恩，义若是借着律法得的，基督就是徒然死了。"[30]

当保罗把基督教神学的重心从耶稣的生命转向他的死亡的时候，也就暗示着犹太人杀死耶稣不但是不可避免的，而且这一事件将成为这个新宗教教义的核心思想。由于基督与圣父上帝是一个不可分割的实体，所以他们杀死基督就相当于弑神。这反过来，又进一步加剧了他与犹太人在对圣殿被焚毁的解释上的对立：对坦拿们来说，这只是对不遵守《托拉》的惩罚（正如第一圣殿的情况）；而对保罗来说，则是因为他们对《托拉》违背得还不够，只不过接受了其替代物。既然犹太人一直以古老律法及其弥赛亚预言的守护人自居，那么他们其实根本不清楚自己的经文的含义（至少保罗是这样认为的），而这就更显得不可理喻和不可饶恕。只有用"某个魔鬼附体"这个理由，才能解释这种冥顽不化和恣意妄为的"铁石心肠"（基督徒几乎从一开始就用这个词来形容犹太人）。

尽管保罗对他的犹太同胞一直坚持他们自己宗教的核心理念感到绝望，但他对被赋予向全世界非犹太人传播福音真理的使命仍然心存感激。显而易见，当犹太人坚持《托拉》只属于他们自己时，耶稣基督的受难必然是为了免除所有人类的罪恶。除此之外还会是什么呢？所以，保罗便借用《圣经》中所有的普世性元素——从《创世记》开始比比皆是——来强化福音书普遍适用的特点。他还通过风趣的隐喻，认为非犹太人是嫁接在老树枝上的"野橄榄"。当然，在这个时候，暂时抛开镶嵌画画面中的律法，以及其所蕴含的那些更令人痛苦的或者说更严厉的因素，以便为纯洁的基督信仰让路，也不一定全是坏事。

对于保罗及其追随者而言，当他们发现不仅非犹太人，甚至还有一些自称为基督徒的人，纷纷为犹太人举行的各种仪式所吸引，去犹太会堂参加他们的集会，聆听他们的羊角号和诵读声，与他们一起斋戒和庆祝，甚至出席他们的逾越节家宴而不去吃"圣餐"时，他们会感到何等失落，又是多么愤怒！这种现象不仅在君士坦丁大帝将基督教确定为罗马帝国的国教之前曾经有过，而且在此后一直如此。这至少表明，"旧约"和"新约"一直并驾齐驱，犹太教在整体上并没有直接被福音书所取代。当然，其中的部分原因应当归诸基督教会神职人员本身的行为。作为耶稣基督的见证人，同时也作为为了迎接他的再临而皈依的新人，犹太人必须要保留下来。如果他们发现，基督教的普世主义，实际上是与拉比们：接纳那些希望遵守《托拉》基本规定的非犹太人，这个观念相一致的话，他们肯定会感到不安。作为一种长期坚持的传统，曾经在伊甸园中授予亚当的"挪亚六诫"只是要求非犹太人勿行偶像崇拜，不得亵渎、偷盗、杀人、通奸和食用被勒死因而未放血的动物的肉（一般认为所有的人类都厌恶饮血）。在洪水退去之后，上帝再次向挪亚启示了上述诫命，并加上了第七条诫命，即建立公正的法庭。凡遵守这些核心诫命的人，即使没有进入犹太人的约，但作为"正直的非犹太人"或"敬畏上帝者"，在来世（olam haba）都会得到救赎。如果以便尼人是犹太基督徒的话，有没有接近于基督徒的准犹太人标准呢？至少在位于卡利亚（Caria）（位于现在的安纳托利亚西南部）的一个名为阿芙洛迪西亚（Aphrodisias）的犹太社团，有一些有趣的证据得以保留下来。那里的犹太人和"敬畏上帝者"曾共用一个犹太会堂，长长的捐助者名单中共有68位犹太人，54个"敬畏上帝者"（即以便尼人），甚至还有3个完全皈依犹太教的异邦人。[31]

诺斯替派（Gnostic）版本的福音书坚决主张耶稣具有双重本性，即人性和神性。但这也不过是增加了某种合体的可能性而已，并且显然没有得到两种教义的卫道士们最终承认。毕竟二者尚有许多交叉点需要澄清，如吃圣餐时把圣饼和酒作为救世主的肉身和血显然是由掰碎无酵饼和逾越节家宴上饮酒的习俗演化而来；作为对圣殿"献祭的羔羊"的记忆，逾越节家宴上特有的烤羊腿仪式也反映在救世主的羔羊形象中。仿佛这两个处于发展中的宗教，一直在不时地看一看彼此的背影。然而，由于《托拉》中未曾提到任何有关逾越节家宴的信息（只提到献祭和背诵《出埃及记》），所以有人甚至更大胆地推测，拉比们发明的逾越节家宴或许只是为了回应基督教的复活节仪式，而不是出于其他的原因。[32]在这个成形阶段，两个宗教无疑陷入了"逾越节—复活节"的争论和对话之中。尽管公元325年在君士坦丁亲自出席的尼西亚公会议上这两个节日被作出了区分，并规定如果两个节日恰好在同一天，犹太人就应该改变逾越节的日期。但在此之后争论仍然在持续着。

于是，君士坦丁大帝授权屈梭多模彻底并一劳永逸地解决两个宗教之间的长期纷争。在君士坦丁写给那些无法亲自出席尼西亚公会议的主教的信中，他非常明确地表明自己像保罗一样坚持强硬的立场：

追随犹太人庆祝自己的神圣节日的习俗是很不恰当的，因为他们的双手罪行累累，这些邪恶的人的心灵已经完全为黑暗所蒙蔽……因此，让我们不要再与犹太人（他们是我们的敌人）共享任何东西，并时刻注意避免与他们邪恶的行为方式有任何牵连……因为围绕我们的主受难这件事，他们根本不可能持有任何正确的观点……[不要让]你们纯洁的心灵与一个完全堕落的残酷民族共享任何习俗。

屈梭多模也许会说，他只是按照基督教帝国的第一位皇帝的信件中未曾得到执行的指示来办事的。他们之所以开始采取这种务实的方针，是因为他们意识到同时既当基督徒又当犹太人是根本不可能的。"犹太人和我们之间的区别并不是局限在一些小事上，"屈梭多模说，"为什么你们要把不可能混在一起的人混在一起呢？你们应该清楚，是他们把你们崇拜为上帝的耶稣基督钉上了十字架。"[33]于是，他的追随者就用他的原话挑逗安条克的犹太人，说屈梭多模的意思是要对犹太人实施一种人身隔离。要做到这一点，仅仅把犹太人简单地定性为盲从、愚钝和顽固（就像殉道者游斯丁在与特尔福对话时对他们的定性一样）是远远不够的。他们必须被定性为行为邪恶的低等人类。

屈梭多模在公元4世纪80年代末期提出的"八条论纲"已经大大超越了保罗所持的困惑态度：历史上第一次针对犹太人提出了所谓"社会病理学"。"八条论纲"借用了在远古时代曾经盛行一时的魔鬼学研究——犹太人是包藏祸心的绑架者，出于宗教仪式的需要，竟然争食他们有意养肥的非犹太人——但又在这类古老的传说中添加了一些新的证据。杀死耶稣基督只是他们天生嗜杀倾向的一种表现。他们谋杀了基督，那么他们为什么要这样做呢？因为根据他们自己的供述（其实是屈梭多模说的），他们杀死的是自己的儿子和女儿。"显而易见，"他在第二条论纲中恶狠狠地说，"他们已经陷入了谋杀的泥潭而不能自拔。"[34]屈梭多模引用了《诗篇》（第106章）中的两行诗句（几乎可以肯定其中的情节指的是国王玛拿西骇人听闻的献祭方式），把这种发生在古代的暴行（假定真的发生过这样的暴行）描绘得仿佛就像昨天刚刚发生一般。"他们用自己的儿子和女儿向魔鬼献祭，这无疑是出于他们凶残的本性……他们甚至变得比野兽还凶残，竟然毫无理由地用自己的双手杀死自己的后代，献给复仇的魔鬼这个我们生命中的死敌。"也许这类事情在许多代人之前的确发生过，但屈梭多模却指责当时的犹太人的舌头依然带有血腥味儿。他的第六条论纲开篇就引用了一个恐怖的比喻，说贪婪的野兽一旦尝到了血和肉的味道，就永远不会满足，而这些野兽就是犹太人。

如此等等，不一而足。他们全都胖得令人厌恶，被遗弃在肮脏的泔水中"纵情声色"（当然，像约翰这样的苦行僧最厌恶这样的生活）。[35]众所周知，他们性欲旺盛，古人对此早有记述——他们假装热衷于用镶嵌画表现割礼场面，实际上不过是为了增强和展示自己的性欲。他们都是臭名昭著的"小贩和邪恶的商人"，只要你被他们盯上，你便在劫难逃。"还想要我告诉你们什么呢？难道要我告诉你们，他们擅长劫掠，他们贪婪，他们抛弃穷人［这一指控令人感到惊异，因为犹太人向来以乐善好施闻名于世］，他们偷盗，他们做买卖靠欺骗？要让我把这些全给你们讲一遍，恐怕用一整天都不够。"[36]他们不适合从事真正的工作，约翰就曾说"［不过］他们最擅长杀人"。他还杀气腾腾地说，这就是为什么基督说"至于我那些仇敌，不愿我做他们的王的，把他们拉过来，在我面前把他们杀死吧！"[37]

如果不能把他们全部杀死（至少当时还没有），那么至少所有的"犹太化"行为——包括随随便便地跟他们谈友情交朋友，在犹太人的神圣节日傻乎乎地往犹太会堂跑——必须要停止。教会当局不得不专门向常去那里的基督教神职人员下达禁令，我们仅凭这一点，就可以推断出他们当时已经养成了去犹太会堂的习惯。

我知道，许多人尊重犹太人，并且认为他们的生活方式是可敬的。这种致命想法，正是我急于要揭穿并彻底清除的……任何人都不要尊重他们的会堂，因为圣书中让你们仇视并避开它……难道你们不向他们打招呼或者说句话会死吗？既然他们是全世界共同的耻辱和污染源，你们不离开他们难道不是找死吗？……和有这么多不洁魂灵附体的人去同一个地方，和这些用屠刀和血腥养育的人去同一个地方……他们每一种无法无天的犯罪行为都沾满了鲜血……甚至把自己的女儿献给魔鬼，你们难道不会感到不寒而栗吗？[38]

对于一个举止得当、身份体面的基督徒而言，似乎唯一能做的就是：避免以任何方式与这些"移动的传染源"发生接触，除了时刻提醒他们福音的真理："你们确实杀死了基督，你们确实对伟大的主犯下了暴行，你们确实让他身上溅出了神圣的血。这就是你们根本没有赎罪的机会的原因。"[39]

以上这些观点并非出自基督教王国蛮荒之地的某些精神错乱的离群索居者之口，而是出自道貌岸然的约翰的"金口"：他不仅在自己的家乡安条克，而且在整个东方基督教王国中，都是最受尊敬和最具影响力的布道者。约翰的声音被认为是最真实、最虔诚的，是一种可以穿透大都市中的尘世安逸，提醒那些沾沾自喜的人时刻不要忘记自己的真正职责的声音。这种声音将强烈的苦修意识与狂热的战争叫嚣融为一体，号召基督徒要以永不宽恕的心态去面对自己的敌人，即杀害基督的凶手。对于犹太人来说，他们在后来的基督教时代将不得不一次又一次地面对这种可怕的声音。

这种试图把犹太人变成一个"贱民部落"的声音将能持续多久呢？又会传播多远呢？如果发生人身攻击，帝国的法律会保护他们吗？抑或政权当局会听任愤怒的人群把仇恨发泄到他们身上，反而指责他们无视基督的劝告？屈梭多模的声音并没有被忽视，而是引起了极大的关注。他的演讲被人用文字记录下来，并由那些听过他演讲的人流传开来，这本身就说明当时人们对他的声音是非常重视的。公元398年，就在他的"八条论纲"成书仅仅11年之后，约翰被擢升为君士坦丁堡的宗主教即牧首，从而使他开始觊觎皇帝的宝座。但由于他的疯狂程度至少部分地取决于"叛教的"皇帝朱利安的记忆（他的恐怖声音依然在耳边回响），犹太人肯定为此感到庆幸，因为在公元362—363年，正是这位皇帝曾允许安条克的犹太人返回耶路撒冷并重建他们的圣殿。

朱利安在罗马帝国的领地内，曾发起短暂但却具有戏剧性的恢复异邦圣殿和节日仪式、宽容所有宗教一律平等的"去基督化"运动。这尤其令罗马教廷感到难堪，因为朱利安本人乃是由基督徒父母抚养成人的。他的父亲是第一个基督徒皇帝君士坦丁大帝的同父异母兄弟。而君士坦丁本人，尽管尊重犹太人按照自己的传统进行宗教活动的权利，但仍然认为"他们犯下了不洁的罪行……只不过陷入了一种顽固的盲从"。朱利安也许有所不同，因为他是一个哲学家王子。"《圣经》民族"并不是因为他提倡的享乐主义才特别地拥戴他。而他在看到这部书的内容时也曾表现出某些不满，并且尤其厌恶其中暗示只有以色列人才能得到上帝真正福佑的那个"特别的约"。但他又觉得他们根本没有理由这样做，他们完全可以像其他民族一样，在对他们偶然选中的对某个神的崇拜中得到保护，只要他们——不像基督徒那样——不把这种崇拜强加于其他人。他的仁慈也泽及了当时已经失去圣殿和"金色城堡"①的犹太人。在他们被允许朝圣的那个沉痛的日子即阿布月初九（圣殿被毁的纪念日），希律圣殿那段残留的西墙不仅是一个恸哭和哀悼的公共场所，而且也是一个吸引着怀有复杂情感的基督徒旅行者的胜地。公元333年，一位旅行者就曾提到，他们来到矗立在圣殿旧址上的哈德良雕像前，"痛苦地哀悼，用力撕扯自己的衣服，然后就平静地回家了"。[40]

屈梭多模或许会突然感到一种从未有过的不寒而栗，因为最后一位叛教的皇帝和犹太人之间这次突然而反常的相互理解就发生在他的大本营安条克。公元362年，朱利安本人也来到了"西墙"边，但不过是为了招募准备与波斯人开战的军队。那些一直反对朱利安的士兵从城内甚至整个叙利亚境内召集了一个犹太人组成的代表团，质问他们为什么不依照摩西律法的要求向他们的上帝献祭。他们回答说，摩西律法不允许我们在耶路撒冷以外的地方献祭。"让我们返回耶路撒冷，重建圣殿和祭坛，我们就会像过去那样献祭。"主张用暴力对付犹太人的传教士以法莲·塞鲁斯（Ephrem Syrus）画了一幅反映这个"非神圣同盟"的讽刺画，犹太人在"魔术师和偶像崇拜者朱利安"这个魔鬼的肩头载歌载舞："行过割礼的人吹着羊角号，就像一群疯子。"但当时的情况很可能是，至少某些犹太人对重建计划怀有复杂的情感，因为毕竟弥赛亚的降临被认为是重建的先决条件。

似乎在突然之间，这项重建计划引起了朱利安这位野心勃勃的历史主宰者的兴趣。因为这样做至少会在一定程度上戏剧性地否定基督教所谓"圣殿的废墟将永远作为提醒人们拒绝救世主的后果的标志物保住下来"的老生常谈。但是，一个更为惊人的事实也许是，作为一个罗马皇帝，尤其是一个出生在基督徒家庭的皇帝，他肯定想到过建立一座"让他的统治永垂不朽

---

① 指安条克。

的丰碑"。正如同时代的罗马历史学家阿米亚努斯·马切利努斯（Ammianus Marcellinus）所说，"不惜以巨大的代价重建……那座被他自己的臣民焚毁的一度矗立在耶路撒冷的雄伟圣殿"。[41]

公元363年春天，重建工程似乎进展顺利。为了监督工程进度，朱利安任命他最信任的安条克人、曾担任过大不列颠总督的阿里皮乌斯（Alypius）出任工程总监。在一封写给族长希勒尔二世（Hillel II）的信中，阿里皮乌斯要求对重建的成本作出预算，并任命了一位收税官员专门接受从各个犹太社区募集的专项资金（模仿历史上为维护圣殿而征收"舍客勒"旧银币的情景）。巨大的石灰石和木材被源源不断地运往耶路撒冷，实际上圣殿中一个尚未完全倒塌的门廊还被改建成了一座临时会堂。在与波斯人作战的征途中，朱利安宣布："我正在以全部的热情为至高的上帝建造一座新圣殿。"

然而，正如那些基督教神父所期望的那样，上帝毫不留情地作出了最后的裁决。根据阿米亚努斯·马切利努斯的记述，在5月末的一天，"令人恐怖的火球在刚刚垒下的地基上爆炸，烧死了几个工匠，并且使人无法靠近建筑工地。因而，垒下的基石就仿佛有违天命，于是工程被搁置起来"[42]。几乎可以肯定，这次所谓"爆炸"是由发生在加利利的一次地震引起的。但巴勒斯坦和叙利亚的基督徒自然认为这是一种上天的惩罚而欢欣鼓舞。对于全能的上帝如何看待这次"烂尾"重建的疑问，恐怕也只能留给历史来回答了，因为朱利安本人在一个月后的一次战斗中被一根波斯人的长矛刺死了。

基督徒们终于松了一口气，为他们在紧要关头逃过了异教和犹太教的魔爪而热烈祈祷。虽然一场基督教世界面临颠覆的噩梦终于结束，但却让罗马教会的神父们敏锐地意识到，也许罗马这个基督教帝国的根基比他们想象的还要脆弱。所以在朱利安的"叛教"插曲之后，报复式的镇压更加残酷地落在了异教徒而不是基督徒身上。虽然犹太教仍然作为"合法宗教"被保留下来，但异教崇拜却没有那么幸运。各种异教神庙被摧毁，异教崇拜被取缔，甚至在私人居所里从事异教崇拜活动也变成了犯罪。尽管那些更崇尚武力的教会神父们，试图逼迫帝国行政当局让犹太人生活得更艰难——最好让他们不得不皈依基督教——但他们应该对进一步把两个团体分开的强硬措施感到满意：不得通婚（拉比们当时刚刚制定了更利于通婚的规定），不得为非犹太仆人或奴隶行割礼，不得对非犹太人的庄稼和田地祝福，基督徒不得与犹太人在一张桌子上用餐。

然而，在这场使犹太人和犹太教边缘化，甚至非人化的运动中却出现了两个限制性因素。首先，在应该如何干预犹太人皈依基督教和如何把那些顽固不化的犹太人认定为贱民的问题上，基督教会中那些最能言善辩和博学多才的神父内部产生了分歧。哲罗姆（Jerome）曾在巴勒斯坦生活了许多年，他学会了希伯来文并把最初的《圣经》文本翻译成了拉丁文，即所谓"武加大"（Vulgate）译本。他虽然曾近距离地接触过犹太人，尤其是他那些已经皈依基督教的犹太老师，但他仍然对他们的"刚愎自用、邪恶变态和对十字架犯下的血腥罪行"耿耿于怀。"凡不属于基督的，就是反基督的。"凡与犹太人有关的事情，都必须退回到他们在耶稣受难时所扮演的角色来看待，包括他们不健康的习俗，他们荒谬的割礼制度，以及他们对律法"字符"的粗俗痴迷。奥古斯丁由于更历史地看待犹太人和他们的《托拉》，所以显得十分引人注目和与众不同。既然上帝把他们单独挑选出来接受他的律法，怎么会认为割礼是不值得的呢？按照奥古斯丁对割礼的理解，这种"割掉"血肉的做法实际上是耶稣基督本人自愿舍弃肉身的预演。如果保罗本人没有行过割礼，为什么他对犹太人不愿意看到割礼被取代如此愤怒呢？提摩太（Timothy）[①]行过割礼吗？同样地，奥古斯丁竭力地发挥自己的历史想象力，从而赋予了耶稣及其门徒以完整的犹太身份。而在当时，他曾给哲罗姆写过一系列信件，就许多微妙的争议问题进行讨论。他认为有必要把犹太人保留下来，让他们不受打扰地遵守他们的传统和律法。因为上帝肯定要让他们流散到世界的各个角落，作为《圣经》中关于基督降临的预言的守护人在地球表面流浪——

---

① 保罗的儿子。

无异于一座随时随地可以利用的移动博物馆。确定无疑的是，他们只有皈依基督教才能获得拯救。如果上帝愿意，并且通过劝说而不是强迫，一旦时机成熟，这个愿望必定会实现。[43]

其次，公元4世纪后期的皇室铁腕人物狄奥多西一世在律法问题上奉行保守主义。他不遗余力地清除异教影响，从而先发制人地消除了再一次发生朱利安式革命的可能性，并坚守着原来未曾明言的约定。只要犹太人是忠诚的（波斯巴比伦王国的真实存在，使这个问题变得非常重要），那么当他们面对人身骚扰或更糟的情况时就应该受到律法的保护。屈梭多模通过语言暴力对狄奥多西的坚定信念提出了挑战，当时他的"八条论纲"尚未最后完成。公元388年，四处横行的暴徒攻击了帝国东部地区包括亚历山大在内的所有犹太会堂，而在叙利亚的暴行尤其残酷。在幼发拉底河畔的卡利尼古姆（Callinicum），那里的犹太会堂被一伙暴徒在当地主教的怂恿下夷为平地。起初狄奥多西曾以杀鸡儆猴的方式作出了强硬的反应，命令主教自己出资重建会堂。但他的决定引发了一波巨大的抗议浪潮，各地的神职人员一时惊恐万状：基督徒竟然要出钱为犹太人盖房子！其中的一个主教就是米兰的安布罗斯（Ambrose），他在一年前就曾经被马格努斯·马克西姆（Magnus Maximus）要求在罗马重建一座犹太会堂的命令所激怒。此时，他再次跳了出来，公然指责皇帝本人的裁决是"大不敬"。他把自己装扮成先知拿单，而狄奥多西则成了犯错的大卫王。安布罗斯拥有优秀的表演天赋（并受过经典修辞学方面的贵族教育），他表示自己可以为他们顶罪，甘愿领受惩罚。如果有必要，甚至可以以身殉道。但无论如何，教会也不要给犹太人任何赔偿。"我就站在这里，"他对皇帝吼叫着，"站在你的面前。我宣布，是我本人烧毁了会堂，其他的参与者也是我命令的，因为在基督被拒绝的地方本来就不该有任何建筑物。"既然上帝已经命令焚毁犹太会堂，那么无论安布罗斯选择什么样的方式，当机会来临时，他肯定会亲自完成。至于犹太人，"你不要为他们祈祷，更不要怜悯他们"。[44]在这次当面冲突之后，狄奥多西撤销了他的惩罚令，改为由公民和城邦共同出资重建犹太会堂。但这项命令后来并没有得到执行。这似乎是一个非常糟糕的信号。

也就是说，更糟糕的还在后面。在此后的一个世纪里，基督教罗马帝国的统治者们发生分裂，他们在其领地的边境上陷入了全面战争——在欧洲要抵抗柏柏尔人，在小亚细亚要面对波斯人，宫廷内部充满了阴谋和杀戮，而对犹太人的忠诚则表示极大的怀疑——这使他们更愿意响应教会发起的在帝国的领地上让犹太人变得比罗马人更少的号召。公元435—438年，狄奥多西二世统治期间颁布了一系列法令，使犹太人在拜占庭帝国的生活变得空前的反常和艰难。根据禁令，不仅不再允许建造新的犹太会堂，而且禁止对旧会堂的一应设施进行维修。这样的禁令无异于纵容杀人放火，因为当时已经不允许犹太人提出损害赔偿。基督教牧师们可能会（而且的确是这么做的）出现在一片不成样子的犹太会堂废墟前，然后立即下令将其改为一座基督教堂。如果无法改变原来信徒的信仰，就先改变会堂的内部结构。犹太人不得担任任何公职，只干收税的差事，而犹太收税人要忍受各种各样的侮辱但却没有任何特权。犹太人不得在军队中服役，但他们长期以来早就失去了当兵的资格，所以这个禁令似乎有些多余。但这样一来，犹太人在埃及和希腊—罗马的小亚细亚领地上作为雇佣兵的悠久传统到此就真正结束了。

长期以来编织在希腊—罗马文化生活巨毯上的犹太丝线开始渐渐地被拆散了。从当年王子犹大传奇般地与卡拉卡拉和安东尼·庇护达成相互谅解开始，形成了罗马帝国当局与犹太族长（Ioudaioi）之间相互联系的政治体制。而这种体制随着迦玛列六世（Gamaliel VI）于公元425年去世而宣告结束。拜占庭当局并未任命新的继任者。而四年之后，官方正式取消了犹太族长这一职位。而这使被剥夺了合法保护权利的犹太人的命运越来越令人感到忧虑。从屈梭多模的布道词以及西门·斯泰利特（Simon Stylites）、以法莲·塞鲁斯的偏执教义中透露出一些更骇人听闻的传说，它们开始深深地根植于基督教民间文化之中。犹太人的普珥节变得尤其可疑，这很可能是因为这个故事与波斯人有关，并且犹太王后以斯帖在其中扮演了一个至关重要的角色。传言越来越多，说犹太人为庆祝这个节日，借用杀死哈曼的场面来模仿在十字架上受难的耶稣。更为离奇的是，据说有些基督徒儿童遭到绑架，犹太人先对他们百般折磨，然后钉上十字架。公元414年，在离安条克不远的因梅斯塔（Inmestar），有关犹太人为庆祝普珥节绑架并杀死了一个儿童的传言，引发了一场骚乱。甚至在1500年之后，依然有人对这类故事深信不疑，只不过犹太人的"杀人阴谋"已经改成了逾越节版本，而犯罪的方式也变成了用基督徒的血烤制无酵饼。屈梭多模坚持认为，既然犹太人当过一次杀人犯，那么就永远是杀人犯。至于折磨儿童并用他们献祭的指控，不过是即将到来的一场场"重头戏"的序幕罢了。

犹太人和基督徒之间共享同一种城市生活的历史——即使按照奥古斯丁提出的"容忍但不鼓励"原则，仅仅过一种"宗教宽容"的生活——已经一去不复返了。同时，在整个罗马帝国彻底基督化之前和之后，犹太教一直享受的合法保护也随之消失了。当查士丁尼（Justinian）法典于公元532年颁布的时候，犹太教第一次被排除在"合法宗教"之外。三年之后的535年，查士丁尼发布了一项更为严格的禁令：罗马帝国境内所有的犹太会堂都要改成基督教堂。

## III 另一方净土

然而，对犹太人来说，拜占庭帝国很快就出现了一抹曙光。对于这个帝国，当时的犹太诗人曾将其比喻为但以理在精神迷乱的梦中获得的启示——长着十只角和铁齿、铜爪的第四只野兽。即使如此，这一切总会过去的，因为这十只角最终会转过来攻击这只身上非要长这么多角的野兽。对于一个好战的罗马皇帝、一个始终怀有统一基督教帝国的伟大梦想的皇帝来说，查士丁尼所能做的大概只有这么多了。他关于变犹太会堂为基督教堂的法令从来也没有得到严格的执行。据我们所知，只有一个相对重要的例证，就是约旦东部的耶拉什（Jerash）。那里有一座建于公元4世纪的非常漂亮的犹太会堂于6世纪30年代初被改造成了基督教堂。对于那些鸠占鹊巢的基督徒而言，犹太人的建筑显然过于华而不实。因此，犹太会堂里描绘挪亚洪水的鲜艳而华丽的镶嵌画（幸运的是，其残片得以单独保留了下来）被铲掉，并换成了更庄重的几何造型设计，只剩下一些动物——绵羊、鹿和公牛——依旧平静地在残破的石头上面吃草。

查士丁尼自己当然也明白，集体皈依毕竟不是一夜之间就能完成的。他的计划基本上是按照奥古斯丁的思路设计的，他只是希望顺势让犹太人皈依，而不是用棍棒胁迫他们改信基督。虽然已经禁止他们研读《密释纳》，这在当时算得上是一项极其卑劣的措施，但他却愚蠢地忽视了如下事实：既然这本书记述的是口传律法，那么其中大量的内容早就已经内化于犹太人的社会习俗与律法行为之中。在另一项法令中，查士丁尼竟然规定犹太人在会堂里必须用希腊语诵读《托拉》（每三年通读一遍），其实在许多地方他们早就这么做了。当时使用的版本是亚历山大的"七十子译本"，即由耶路撒冷第二圣殿时期的犹太人翻译的文本。

基督教的罗马帝国以为这样就可以加速希伯来语的消亡，但显然为时已晚。这种《圣经》的语言不仅没有过时，而且正在进入一个充满活力和不断创新的新阶段。《塔木德》的两个新版本——"增写本"（或许为加利利人所写）和"便携本"，就是在巴比伦的帕姆贝迪塔、尼哈迪亚和苏拉犹太研究院中写成的。其中为《密释纳》增补了大量的评注，形成了所谓的《革马拉》。他们正是用这种方式创立了一个庞大的、惊人的、具有漫谈式风格的希伯来文文学体系。其内容不拘一格，从流传已久的神秘传说到时常发生的"顶牛"式律法辩论，可以说应有尽有。这部《塔木德》篇幅宏大，几乎无所不包，不仅可用作律法指南以及平日的自省、启蒙和讨论，同时也是一种激励甚至娱乐的方式。

《塔木德》是那些学术圣哲（当时称"阿莫拉"）的宗教王国。希伯来文学的另一种形式也起源于这一时期。其不仅为学者和士师阶层所采用，而且也体现在犹太会堂普通会众的诵读声中。在当时的巴比伦，犹太会堂大多为拉比的私人财产，通常就设在他们自己的家里。有些拉比［当时称"拉布"（Rab）］现在依然如此。实际上，这是原来的"经文讲习所"的一种延伸形式，前来学习的主要是他们的门徒。而在巴勒斯坦，由于咄咄逼人的基督教会和充满敌意的皇家法令，犹太教日益陷入了重重围困之中，但那里的犹太会堂仍然是公共活动场所。那些被蔑称为"当地人"（am ha'eretz）即无论在世俗社会还是宗教界都算不上贵族阶层的人平时可以与祭司、利未人和当地的显贵——他们的名字往往非常显眼地镌刻在镶嵌画上——一起讨论问题。对他们来说，用激情洋溢的希伯来语创作的"新诗歌"（piyyutim）无疑是一种在逆境中安慰会众的精神力量。在正式祈祷——按惯例要诵读"示玛"和经匣中的内容并用立祷（amidah）的方式背诵"十八祝福词"——的间隙以及诵读《托拉》之前和之后，唱一首圣歌或吟一首新诗也算是情感的调剂和抒发。一些最早创作的诗歌节奏很快，显然是为了在举行庄重的仪式——像新年节期间反复吹响羊角号——之前吟唱。并且在后来的许多不同的版本中，这一阶段所写的新诗仍然延续了这种风格。一些流传最广、最受欢迎的诗作，如《幸福》（*Ashrei*）、《永恒的主》（*Adon Olam*）、《赞美上帝》（*Yigdal*）、《除我们的主外没有别神》（*Ein Keiloheinu*）①，则是后来中世纪的作品，以至于连平时不常参加正式祈祷仪式的犹太人也耳熟能详。当然，要确定创作的具体日期是非常困难的，因为这些诗歌大部分来自中世纪的"福斯塔特（Fustat）②秘库"中保留下来的犹太文书残片。但根据其鲜明的风格，可以确定最早的"新诗"应该写于公元6世纪—7世纪。[45]

　　他们创作的这些感情强烈的诗行是一种情绪的宣泄，是用诗歌的形式对

---

　　① 这些都是后来的犹太人在晨祷、晚祷或安息日祈祷仪式开始之前或结束之后吟诵的诗篇，各个时期和各散居点的犹太人或许选取的"曲目"会有所不同。

　　② 开罗的旧称。

迫使他们痛苦地分离出来的压迫者发动的一次反击。事实上，他们并不掩饰自己内心的仇恨。"度玛（Dumah，即以东，指罗马人）的统治者将被击败，他们将匍匐在地，像虫子一样舔地上的泥土。"雅乃（Yannai）在一首诗中写道，"让以东的土地上发生大屠杀，愿他们的田地里烧起大火。"他的门人以利亚撒·本·吉利尔（Eleazar ben Qillir）甚至写下了一些诅咒他们遭到报应的血腥诗行："打倒以扫的儿子，张狂一时的恶棍，让他们断子绝孙，妻子守寡。"[46]或许这些带着火焰和硫黄的诗行会应在他们自己和同胞的身上，因为据说雅乃对他的门人吉利尔非常妒忌，于是把一只蝎子放在他的鞋子里把他毒死了。但其中最早的一位诗人，即公元6世纪在巴勒斯坦从事创作的约西·本·约西（Yose ben Yose），曾将《圣经》及其阐释者作为在哀痛中希望弥赛亚降临的一种载体。他的声音是属于犹太会堂的，《雅歌》中的新娘被完全人格化，她在不断加深的绝望和悲痛中，等待着上帝化为新郎出现在她的面前。不义之人把上帝赶跑了，她只能在他曾经显现过的老地方即海洋和旷野之间徒劳地寻找着。但希望的种子毕竟留了下来："他会在他的心里为我播下永远的印记，就像他在苹果树下用一个声音把我唤醒一样。"鸟鸣声变成了悲恸，就仿佛鸽子也在痛苦地哀悼。"埃及飞来的麻雀在旷野中哀鸣/亚述的鸽子也想发出声来/去看看那些麻雀，找到那些沉默的鸽子/为他们吹响号角吧。"[47]于是，新郎回到了会堂，通过对罪行的忏悔和对救赎的期待，羊角号暗示的期望中的弥赛亚终于降临，以东人垮台了，耶路撒冷得到了重建。仅仅通过这些诗歌的片断，你完全能够感受到那些时至今日仍然在举行的犹太会堂仪式历历眼前（就像基督教堂中相应的各种仪式一样）：祈祷、诵读和祝福声和谐地融为一体，并不时夹杂着一些虔诚的诗句和赞美的圣歌。

无论犹太人是否流落到世界各地或被驱逐到巴比伦，早期的虔诚诗歌都应该是遥远的犹太社区遭到压榨和迫害的产物。因为他们依然沉浸在对耶路撒冷的强烈思念之中，如此之近但又如此遥远。与创作"新诗"的诗人们强烈的奋发向上情绪不同的是，那些被约西·本·约西形象地誉为"啃着用自己的'细心'制作的无酵饼"的《塔木德》作者则表现出一种极其冷静的风度。虽然《塔木德》的风格，与另一种源于库姆兰神秘主义即所谓"天宫"（hekhalot）文学的诗歌一样是脚踏实地的，但却属于另一个世界。"天宫"这个名字本身就意味着，一个纯洁的信徒升天后，可以看到坐在战车里的上帝的真实面容和形体。

但是，《塔木德》却是另一个世界——萨珊王朝统治下波斯的巴比伦——的产物。那里的犹太人完全摆脱了在基督教领地上遭受的那种极大的恐惧和不断被魔鬼化的折磨。犹太人不会因为先知琐罗亚斯德（Zoroaster）升天而受到指控。实际上，圣典《阿维斯陀经》(the Avesta)[①]中甚至根本没有提到他的死亡。在被波斯征服后的四个世纪里，美索不达米亚平原上位于底格里斯河和幼发拉底河之间的城市，如尼哈迪亚、帕姆贝迪塔、苏拉和玛霍扎（Mahoza），即萨珊王朝首府泰西冯（Ctesiphon）的周边地区，那里的城市生活并未完全免于战乱。公元4世纪中叶，在伊嗣埃二世（Yazdegir Ⅱ）和卑路斯（Peroz）统治下曾发生过两次迫害犹太人的事件。但大多数情况下，那里的犹太人几乎没有受到拜占庭基督教帝国的影响。在波斯人的保护下，犹太人和犹太教一度非常繁荣。在拜占庭帝国的领地内，犹太人不能对非犹太人提出指控，甚至不能作为证人出庭。但在波斯的巴比伦，他们享有与其他所有的人一样的法定权利。因此，犹太人在波斯人的法庭上就像在自己的法庭上一样。一位名叫撒母耳的资深拉比曾明确表示："[民]法就是有效的律法。"犹太族长（resh galuta）的地位略低于波斯贵族，但其权威性得到当局的承认。他们的日常生活时尚而高贵，享有直接进入萨珊宫廷的权利。与拉比和圣哲在《塔木德》研究院里的生活完全不同的是，犹太族长往往摆出大卫王室的最后一位传人约雅敬（在第一圣殿被焚毁之后便流亡巴比伦）后裔的派头。当时流传着大量有关犹太族长与波斯国王之间过从甚密、关系融洽

---

[①] 古代波斯琐罗亚斯德教（亦称袄教或拜火教）的经典。据说，《阿维斯陀经》包含着宇宙中所有的智慧。该书大部分被亚历山大大帝焚毁，残留的部分大约在公元3世纪被重新整理出来，共有21册，但只有1册被完整地保留下来。

的故事。公元5世纪初，犹太族长胡那·本·拿单（Huna ben Nathan）曾与伊嗣埃一世一起参加祭祀仪式。当时他穿着和祆教祭司的法袍（kustig）几乎一样的长袍，当他的腰带滑落下来时，国王甚至体贴地亲手帮他系紧。[48]

所有这些，只是因为犹太教并不是祆教故事传说中的角色，至少没有扮演弑神的角色。所以波斯人觉得没有受到他们的威胁，甚至两种宗教的许多教义还有某些共同之处。他们都非常看重死者的洁净，认为月经和遗精是不洁的。这样看起来，犹太人把修剪下来的指甲屑掩埋掉的特殊要求很可能直接来源于波斯祆教的习俗。当然，如果这里的犹太人兜售护身符和咒符（与其他地方一样，这种生意在巴比伦非常时兴），肯定不会有人怀疑他们是在贩卖邪恶的工艺品。

由于生活在一个世界上最拥挤和最复杂的城市化社会中，那些说阿拉米语的犹太人的居住条件以及其他所有方面都居于富有阶层和贫穷阶层之间。他们是河运的生意人也是码头上的搬运工，是放债人也是赶骡车的人，是医生也是地主。因为《塔木德》是写给各地和各种环境下的犹太人看的，所以这本书的作者记述了大量的区别他们之间差异的人种学信息。《密释纳》甚至把女人在逾越节期间使用的化妆品视为"酵物"，因而将其列为禁品。[49]当然，那些编纂《塔木德》的圣哲不会写下这句话就放下笔，因为他们紧接着又对小女孩使用脱毛剂这个问题作了种种规定。关于这个问题，作为专家的拉弗犹大（Rav Yehudah）说："没钱的女孩用柠檬［哎哟哟］，有钱的女孩用精面粉，而公主［文献中'犹太公主'第一次出场］六个月用一次没药的油。"他们这种漫无边际的开放式联想，自然而然引起了一场关于"没药的油是什么"的大讨论。当时，拉比们为此展开了激烈的争论，但却都没有搞清楚。因为他们似乎认为这种精油来自未成熟的橄榄，而实际上，这是一种从带刺的没药植物的果实中榨取的汁。除非在巴比伦橄榄油是作为脱毛剂出售的，否则拉比们就不得不进一步制定判断化妆品真假的标准了。其实，他们不过是希望有钱的女孩（犹太公主毕竟是少数）在逾越节期间不要在皮肤上沾上面粉。

他们之所以如此，是希望在逾越节家宴上没有任何沾染面粉的嫌疑，因为他们已经规定，肯定不能用以东人（罗马人）的醋，也不能用大麦酿制的"米甸"酒。但这却进而让拉比们（不过没有什么像样的理由）不仅对化妆品，而且对有可能使肠胃停止或放慢蠕动的食物也发表一番高论。不要大惊小怪，普通大众吃的当然是"有利于排便，不利于长个儿，并剥夺他眼睛的五百分之一光明"的食物，这无非指的是黑面包、半生不熟的蔬菜和酿制时间不足的啤酒。要改变这一切，你首先要有精粉面包、特制的葡萄酒和大量的肥肉（最好是未产过崽儿的母山羊肉）才行。[50]圣哲们的营养专业知识像他们关于脱毛化妆品分类的建议一样无聊。

尽管《塔木德》就生活中几乎每一个可以想象到的细节提出了各种琐碎的建议，并且有些的确有待商榷，但《塔木德》仍然不失为一部有血有肉的经验著作，而不是枯燥的律法指南。可以肯定的是，《塔木德》并不是文化隔离的产物，而是产生于一个犹太生活对周围的文化始终开放的世界，当然更谈不上是《托拉》犹太教妥协的结果。从这个意义上讲，《塔木德》详细讨论了所有的问题和困惑，回答了在长期的散居生活中一直困扰着犹太人的有关"开放与封闭程度"的所有问题。有趣的是，正是因为波斯巴比伦的社会习俗与犹太习俗尤其是在洁净问题上竟然如此一致，所以对于应当在多大程度上接受和改进巴比伦人的习俗这个问题上，不仅普通大众，甚至《塔木德》的编纂者们也产生了分歧。谁有资格在法庭的案件审理时作证？对这个问题，波斯律法采取了一种包容的态度。对此，有的拉比予以认可，有的则不予认可。例如，生活在玛霍扎城郊上流社会的拉比纳曼·本·雅可夫（Nahman ben Yaakov）是犹太族长的亲戚。他就认为一个有和已婚妇女调情嫌疑的男人当证人是完全可以接受的。与之类似，勤劳多产的《塔木德》编纂人拉瓦（Rava）也认为，一个以喜好"不可食"食物而名声不佳的犹太人不应该在作证时遇到任何障碍。而来自普姆贝迪塔研究院的相对狭隘的犹太社区的拉比阿巴耶（Abaye），则对以上两种情况都持否定态度。这种分歧主要体现在巴比伦犹太人中富有、悠闲的精英阶层与生活相对简朴和封闭的学术圈子里的犹太人之间。许多属于前一类人的拉比平日过的是一种波斯传统的一夫多妻生活，而在其他地方则只允许在原配之外拥有"临时的妻子"。这是他们自己的事，所以也没有理由要求他们与原配离婚。[51]

当然，《塔木德》编纂者观念上发生分歧并不仅仅是出于社会地理学方面的原因。那些用狭隘的眼光和用更宽广的胸怀阐释《托拉》和《密释纳》的人之间之所以发生分歧，或许只是因为他们的思路有所不同。关于《塔木德》这本书本身，最引人注目的是其灵活性：不时用大量的篇幅记述各种声音、相互插话甚至两代人之间吵架般的对话。《塔木德》是这个世界上第一部"超文本"，它往往在同一页上为各种评注甚至评注的评注、引文的引文留下大量的空白——令人难以置信的是，不同的论点、手迹甚至不同的文字（其中收入了一些阿拉米译文）密密麻麻地写在羊皮纸上，而犹太人直到公元9世纪才使用所谓手抄本（图书复制的早期形式）。所以，这种羊皮卷轴的形式只能使得本来已经很松散的《塔木德》更加松散，随意转动的卷轴意味着源源不断的自由联想，在那些律法、故事、幻觉和争论之间流淌出各种奇思妙想。《塔木德》的权威性是与其口传传统密切联系在一起的，它完成了从直觉到对话的飞跃，就像一道无法阻遏的光芒闪过，不必在意这道光芒与所讨论的问题表面上有什么关联。无论在哪里，当你沉浸在《塔木德》字里行间时，与其说你在读，还不如说你在听。

你当然也是在看。请看：两位拉比，两位当时非常重要的拉比，希亚（Hiyya）和约拿单正走过一片墓地。约拿单长袍上的边穗拖到了地上。"还是提起来吧"，希亚说，"不然这里的死者就会说'他们明天就会来和我们作伴，但今天竟然在嘲笑我们。'"约拿单答道（猜猜他是一边走一边提了提他的长袍，还是停下来指了指对方？）："你说什么呢？死人会知道什么？难道《传道书》中不是说'死者什么也不知道'①吗？"希亚开始激动起来。"拜托啦，

---

① 参见《传道书》9:10。

如果你真的读懂了的话,你就该知道'生者'指的是义人,即使死了也还活着,而无知的'死者'无论生死,永远是'无知的'恶人。"

《塔木德》中有关安息日的经文纯粹是为了方便讲故事来断句的,希勒尔和沙马伊的故事尤其如此。为了弘扬忍耐的美德,其中有个故事说的是一个人打赌他能激怒平日以冷静著称的希勒尔。在一个安息日之夜,这个打赌的人猛敲希勒尔家的门时,"希勒尔正在洗头发"(巴比伦《塔木德》喜欢描述这样的细节)。听到敲门声,希勒尔急忙披上一件长袍,问他需要什么。"我有一个问题。为什么巴比伦人的头是圆的呢?"希勒尔甚至连肩都没有耸一下:因为他们的接生婆太不专业了。哦,是这样。过了一个小时,他又回来了。"那为什么帕尔米拉人的眼睛会疼呢?""我的孩子,问得好。因为他们住的地方沙太多。"就这样,你问我答持续了好久。即使当这个讨厌的陌生人挑衅地说"我有很多问题"时,这个伟大的人也没有一点烦躁的迹象。"你想问什么就问什么。""那好吧,他们说您是一个王子。在以色列,像您这样的人可不多见。""为什么,我的孩子?""因为您刚让我输掉了400苏兹①。"希勒尔知道他已经黔驴技穷,但仍然温和地说:"你输掉400苏兹,总比希勒尔发脾气好吧。"[52]

像《密释纳》满篇都是解释、评注和民间的智慧故事一样,篇幅更为宏大的《塔木德》尽管看上去似乎事无巨细,但实际上论述的却是最深刻的伦理准则。什么时候可以合法地休掉妻子呢?(只有当她对婚姻不忠时才能达成离婚协议,因为"以色列人的主上帝说'我讨厌离婚'"。)[53]什么时候生死大事比守安息日还重要呢?(通常的做法是,如果需要,你必须先把水烧热②)最感人而直白的是(并且耶鲁沙米的犹太人肯定对巴勒斯坦感到悲伤,或许在公元5世纪萨珊人才突然变得对犹太人不怎么友好了。)圣哲们竟然自言自语地问自己,面对非犹太人急于皈依犹太教应该如何表态?"我们对他说:你

---

① 古代犹太银币单位,《塔木德》中常与第纳尔交替使用。一苏兹为四分之一舍客勒,重14—17克不等。
② 此处作者意为由于生死大事通常需要先烧水,因此违反了安息日规定。——编者注

为什么要皈依呢？难道你不知道现在的以色列人正忧心忡忡、精神紧张、受人轻慢、遭到骚扰和迫害吗？如果他回答说'我知道，我觉得这些不值一提［我愿意分享他们的痛苦和麻烦］'，我们就立即接受他。"然后，他们会告诉他哪些诫命很难坚持，哪些诫命容易遵守。并告诉他违犯诫命会受到惩罚，而遵守诫命则会得到奖赏。[54]

在流亡中的巴比伦散居点，为《塔木德》式的犹太教所接受。这些散居点或许意味着一种安闲的生活（但并非一直如此）。但同时也意味着不仅要分享那些失落的痛苦回忆，而且还要去感觉、去看、去听，就好像那些痛苦仍然在发生着一样。其中有一篇问道：当巴比伦的军队最后在阿布月初九那一天摧毁了进入圣殿的通道时，利未人站在高台上在唱什么呢？当贝塔尔（Betar）村落入哈德良军队之手并且"圣殿山被犁平"时，圣殿是什么样呢？当然，他们也可以分享那个期待中的弥赛亚世界，当某些事情终于发生的时候——"以东人"（罗马人）垮台，上帝像新郎一样回到耶路撒冷圣殿里，来到等待着他的新娘面前，回到那些一边看着他们，一边祈祷、诵读《托拉》、高声吟唱着"新诗"的犹太人面前——安着金色大门的圣殿及其内厅正中间挂着"幔子"的至圣所必将得到重建。

有的时候，《塔木德》中的拉比、犹太族长及其犹太法庭以及广大的普通大众都认为，最黑暗的时刻意味着曙光即将来临。公元7世纪初，拜占庭皇帝赫拉克利乌斯（Heraclius）似乎完全陷入了传播基督教福音的狂热之中。他在法令中宣称，犹太人除了皈依基督之外没有其他的路可走，必要时可以采取强迫的手段。因为他们只有信奉基督才能获得拯救，而只要他们还在盲信，他们就是危险的，因为他们是魔鬼的造物。与此同时，赫拉克利乌斯还禁止在工作日举行祈祷仪式，试图从根本上灭除犹太教，并规定在任何时候都不得背诵"示玛"。（据说，当时的领诵人在祈祷仪式上会通过随意插入"示玛"的方式规避这一规定。）就我们所知，在拜占庭—罗马帝国的各犹太散居点中，只有一个社区被迫集体皈依了基督教，这个社区就是马格里布地区的鲍里姆（Borium）。[55]

但在赫拉克利乌斯的宏大计划得以实施之前，却突然发生了一个充满弥赛亚色彩的重大事件。公元7世纪初，萨珊国王霍斯劳二世（Khosraw Ⅱ）决定鼓动他的领地内的犹太人，希望他们支持由他的将军沙巴赫拉兹（Shabahraz）指挥的一次针对拜占庭帝国的军事行动。据说，当时的犹太族长的儿子尼希米，动员了一支2万人的犹太后备军与波斯人联合作战。他们一路进军，突破了拜占庭人的防线。安条克这座代表着基督教帝国荣耀的中心城市被攻陷，从加利利的犹太核心地带——塞弗利斯、拿撒勒以及太巴列当地——招募的犹太后备军，由太巴列的便雅悯率领，也加入了波斯的远征军。他们势如破竹，直抵犹地亚。经过三个星期的围困之后，犹太人终于夺回了原本属于他们的城市（从哈德良发布禁令以来还是第一次），随即在波斯帝国的领地内建立了一个犹太自治城邦。

"殉教圣徒名录"记述了基督教会和基督徒在这次战争中所遭受的毁灭性创伤。几乎没有基督教堂的遗迹在历代的考古中被发现，但至少在玛米拉（Mamilla）池塘边的一个耶路撒冷遗迹发掘现场发现过一些遗骸。而现在那里已经变成了一个大型购物中心和高档住宅区。无论犹太人是不是曾经向迫害他们的占领者复仇，当时期望中的弥赛亚并没有降临。几乎在清理和重建工作开始之前，波斯人就已经奔向前方新的战场，看来他们是要让耶路撒冷和犹太人自生自灭。公元628年，在赫拉克利乌斯的军队被击败仅仅十四年后，他们便卷土重来，并变本加厉地实施报复。基督徒们肯定在想，犹太人的再次失败，仍然是他们盲目轻信造成的。因为除了耶稣基督再临，根本就没有其他的救世主。犹太人应该丢掉幻想，接受基督教的旗帜将永远飘扬在耶路撒冷上空这一事实。

或许基督徒们才更应该丢掉他们这种不切实际的幻想吧！因为在公元638年，在他们重新占领这座城市仅仅十年之后，穆斯林便在第二哈里发欧麦尔（Umar）的率领下征服了耶路撒冷。根据后来犹太人和穆斯林文献的记载，犹太人作为欧麦尔军队的向导，陪着哈里发来到了圣殿山的原址。据说穆罕默德就是在那里升天的，并且在来的路上还向犹太先知打听过那里的情况。当欧麦尔看到基督徒10年前为了污染圣殿而故意堆起来的那堆垃圾时，他感到非常悲伤和震惊。据说他立即下令清理现场，犹太人当然巴不得做这项累人的工作。作为回报，他允许来自加利利的70个犹太家庭住在耶路撒冷，他们后来在圣殿原址附近建起了一座犹太会堂。于是，一种犹太人和穆斯林和谐共存的文化由此诞生了。

你会怎么看？但这就是我们的故事。[56]

# 第6篇　在信徒中间

Among the Believers

## I　阿拉伯犹太祭司

约塔布（Yotabe）港内停泊着许多船只。船舱的笼子里装着猎豹、狮子和样貌奇特的河马，箱子里则装满了没药和松香。[1]港口西面是西奈半岛南端的尖岬，东面则是阿拉伯半岛海岸的北端。对于那些想从红海北上或从艾拉湾（Gulf of Aila，现在叫亚喀巴湾）南下的船只来说，这座鲨鱼状的岛屿［现在名叫蒂朗（Tiran）］就正好位于海峡的中央，在狭窄的航道上显得有点碍事。正因为如此，约塔布成为收取关税和过路费的理想地点。恺撒利亚的历史学家普罗科皮厄斯（Procopius）告诉我们，住在那里的犹太人已经有好多代人都是靠收税为生。除了少量的基督徒之外，约塔布是一个名副其实的犹太岛屿。一般认为岛上的犹太人是在耶路撒冷被罗马人焚毁之后迁过来的。但由于犹太人早在公元1世纪之前就习惯于跨岛作战，所以他们在约塔布岛上的战略性商业活动也许在更早的时候就已经开始了。金钱永远是第一位的，对于幅员过于辽阔的帝国来说尤其如此。所以约塔布的犹太人有了一个很好的营生，即向当权者提供现金以换取收税的权利，并通过收取预付款而获利。这样的金融体制并无不妥，因为到头来受益最大的永远是当权者的国库。所以拜占庭帝国完全有理由赋予约塔布岛以自治城邦的地位：一个80平方公里的微型犹太商业共和国。

直到公元6世纪中叶，唯我独尊的皇帝查士丁尼（Justinian）梦想着重新统一基督教罗马帝国，于是决定终止这个岛屿的自由港地位。不幸的发生往往是有预兆的。查士丁尼并不打算把蒂朗海峡的战略控制权交给犹太人，因为后者并没有全力投入旷日持久的对抗波斯人的战争中。而在前线作战的犹太人则因为时常两面讨好而搞得名声狼藉。但是，即使他们的地位被贬为纯粹的平民，约塔布的犹太人依然不为所动。他们照样收税，照样检查来往船只上的货物，尤其是装载着运往罗马残酷的斗兽赛场（官方认为是非法的）的非洲野生动物的船只。斗兽表演是由罗马和拜占庭那些懒惰的贵族发起的一种时尚的娱乐活动，因为他们已经厌倦了观看熊和野猪在他们的私人马戏场上被撕成碎片的场面。除了狮子和大象，许多阿拉伯半岛的富人也会出现在约塔布犹太海关官员的面前，他们所带的当然都是有利可图的货物：麝香、基督徒用的乳香、犹太人和异邦人都喜欢用的熏香、芳香油和松脂、宝石，以及从红海中礁石上采集（现在仍然在开采）的珊瑚。这种稀有而鲜亮的海底"宝石"可以作为护身符直接戴在身上，或坠在金银项链上。从最古老的希腊文字把他们描述成与星星交谈的人以来，犹太人一直被认为天生拥有强大的神秘力量，能够从植物、矿物和动物身上提取出诡秘的混合物并制成了古老的配方。这类货物自然也成了重要的课税对象。除此之外，从更远的亚洲运过来的丝绸也经过这里运往北方和西方，用于交换运往南方和东方的埃及亚麻。

约塔布的船运情况，取决于红海的另一端即最南端的咽喉要道是否被封住。因为在那里的亚丁港定居着另一个庞大的阿拉伯犹太社区，控制着通往印度洋的出口和来自非洲角一带的货船的进口。不仅如此，在约塔布和亚丁之间漫长的海岸线上，还分布着大量的犹太定居点和村镇。沿着荒凉而狭窄的驼道绵延北上，穿过也门沙漠边缘那些星星点点的绿洲，就到达了位于阿拉伯半岛西北岸的汉志（Hijaz）①，然后就是黑格拉（Hegra）、乌拉（Ula）和塔巴克（Tabuq）这样的村镇。²

这就是当时的社会地理。这些地方经济和文化一度十分繁荣。从内格夫沙漠和摩押山区的纳巴泰人（Nabatean）身上，他们学会了收集和储存稀有的、突然降下的雨水并通过地下水道汇集起来的技巧。因此，那里的枣椰树才能茁壮成长。他们从两个不同的方向分别与巴勒斯坦的犹太人和美索不达米亚的犹太社区建立了联系，从而很早就形成了的一个庞大的贸易网络。通过当地出土的一些碑文，我们甚至可以知道他们在阿拉伯半岛的各个村镇之间也建立了联系。根据早期的历史记述的许多犹太氏族和部落的名称，我们知道他们当时大都拥有枣椰林和要塞，常年在横穿阿拉伯半岛的骆驼商队中忙碌着（实际上，他们中有些就是游牧的犹太贝都因人），并在公元610年前聚集在像塔玛这样的要塞式集市城镇。当时他们势力非常强大，足以将犹太教强加给整座城市以及任何想要在城里定居下来的异邦人或基督徒。在海拜尔（Khaybar）绿洲有一个建有瞭望塔和城墙的小镇，曾有许多发源于四周山区的小溪流（被收集在储水罐里），用来灌溉椰枣树和葡萄园。那些拥有土地的犹太人都擅长制造和储备武器、铠甲、投石机和各种围攻武器，同时还经营从南方的希米亚（Himyar）王国贩运过来的丝绸和纺织品。海拜尔的许多土地，尤其是法达克（Fadak）的花园绿洲，就属于南面100公里的雅特里布城（Yathrib）②的创建者巴努·纳迪尔（Banu Nadir）氏族。雅特里布后来成为汉志地区人口最多、势力最强大的城市。在这个地方，犹太人至少占到总人口的60%。他们是土地主、市场主和金银匠，但其中也有一些学者式的人物，文献中称他们为"犹太祭司"（cohanim）。而根据《塔木德》的记述，他们中的一部分是圣殿被焚毁后逃到阿拉伯半岛的数千名犹太人的后裔，另外一些

---

① 沙特阿拉伯王国一地区，因其辖区有伊斯兰教圣地麦加和麦地那而闻名于世。
② 麦地那的旧称。

则是太巴列以及拜占庭—罗马帝国统治下的其他巴勒斯坦城镇派过来的犹太传教士（与传统观点不同的是，这样的人为数众多）。那里还有一个利未人的社区。当时还出现了大量的犹太水手、雕刻师、文士、诗人、商人、农耕者和住帐篷的牧民：一个完整而典型的文化圈！

到公元4世纪末期，正当犹太人在基督教帝国中的生活变得越来越艰难时，犹太教却在阿拉伯半岛开始了相关活动。

在公元10世纪中叶的某个时间，在当时已知世界的最西端，一个犹太人拿起了鹅毛笔，蘸了蘸胆汁墨水，给世界最东端的另一个犹太人，当时也是一位国王，写下了一封信。写信的人叫米拿现·伊本·沙鲁克（Menahem ibn Saruq），而这封信正是他的赞助人和主人哈斯代·伊本·沙布鲁（Hasdai ibn Shaprut）刚刚交给他的一项差事。沙布鲁是伊比利亚半岛上安达卢西亚的哈里发阿卜杜拉赫曼三世（Abdalrahman Ⅲ）身边不可缺少的重臣。米拿现有时候会想，他收了钱就要给人家办事，真下贱！米拿现已经习惯于替他的主人写信。因为哈里发很信任哈斯代，经常让他与基督教的重要人物谈判，如君士坦丁堡的"罗马"皇帝，或北面西班牙莱昂的国王。当时，基督徒和穆斯林之间的直接接触是不可想象的。但犹太人哈斯代会说你能想到的任何一种语言。似乎在世界上所有的港口和城镇，都有他的亲戚和代理人。他还以善于通过使人消除戒心的礼貌来掩盖其狡猾而闻名于世。所以当穆斯林使节的行程受到阻碍时，他完全能够代表哈里发出面进行外交斡旋活动。对哈斯代来说，再难解的结也能解开。这个犹太人很清楚，礼物具有政治润滑剂的作用。他的高品位和鉴赏力，使他能够为法兰克人或阿兰人的国王选择恰当的礼物，并且在把礼物交给主人之前就能看出可以得到什么样的回报。或许某个囚犯会被释放，或许与拜占庭的女皇结成一个直接针对阿拔斯王朝哈里发的军事同盟。虽然通过这样或那样的方式，问题最终得以解决，但一直是通过米拿现这支蘸着主人思想的"笔"，才用文字打开了相互谅解的大门。

米拿现刚刚接到的差事是写一封介绍信，向哈扎尔汗国（Khazar）的犹太国王约瑟表示问候并垂询某些事项,所以其中的措辞远远超出了通常的礼节要求。米拿现知道,哈斯代不仅把他强大的商业和战略情报网同时也把激情和期望押在了这件事情上。从一个进献礼物的使节——来自波斯的呼罗珊(Khorazan)——那里,哈斯代了解到,在亚洲西部大草原上的伏尔加河下游,有一个庞大的犹太王国。这个犹太王国东面以里海〔当时称为卓章(Jorjan)〕为界,西面到黑海即"君士坦丁"海,北面则背靠高加索山脉。整个克里米亚半岛甚至基辅城都属于这个犹太王国的势力范围。这些意外的信息,在公元948年得到了哈斯代的手下在君士坦丁堡遇到的一个哈扎尔犹太人的证实。这让一个向来以自己对犹太散居地的地理知识而自豪的哈里发近臣既兴奋不已,又惊诧莫名。犹太人除了在安息日、斋戒日和重要节期以外,永远是忙忙碌碌的。这种对整个地球都充满了来来往往的犹太人的感觉反而使流亡生活给他们带来的痛苦变成了一种慰藉。听说在斯拉夫人、基督徒和伊斯兰世界的东面还有一个犹太国家,就好像犹太人的身体上突然伸出了一只胳膊,竟然难以想象地插入了遥远的亚洲腹地。"我们感到惊奇,我们再次昂起了高贵的头,我们的精神复苏了,而我们的手臂更加孔武有力。"

哈斯代从在君士坦丁堡遇到的那个哈扎尔犹太人那里了解到,这些远方的犹太人最初是一些住帐篷的武士。他们是天神佟古累(Tungri)及其萨满巫师的异邦信徒,几乎常年住在蒙古包里。他们的"皇帝"即可汗本身就是一个神圣的人物。但令人惊奇的是他的权力却受到限制。在他继位时,各部落的领主会问他打算统治多长时间,如果他超出了承诺的限期,他将立即被杀死。此时,他正面临他的一位觊觎着王位的将军(bek)的挑战。在此前的几代人中,这个高原上的汗国已经建造了许多像首都阿提尔(Atil)这样的城市。砖墙瓦顶的宫殿俯瞰着欣欣向荣的牧场和田野。这个失落的犹太王国所创造的奇迹,几乎可以与游牧的但人伊利达(Eldad the Danite)在非洲炙热的高原上创造的奇迹相媲美。哈斯代想要确认这个最新的消息并不是旅行者瞎吹的荒诞故事。于是,他又去问另一位刚刚从君士坦丁堡来到科尔多瓦的呼罗珊使者。这位使者向他保证，的确有这么一个哈扎尔犹太王国。王国距离他们的首都大约有十五天的航程。现在当政的国王叫约瑟。言下之意是说这个王国的鱼类和"一应生活用品"都是从他们那边运过来的。根据这一消息，哈斯代立即派自己的手下赶往君士坦丁堡，命令他们找到一条通往哈扎尔王国的道路。但经过六个月的精心准备之后，他们却被紧急叫停，因为眼下的季节"海上风大浪高"，实在危险，根本无法航行。哈斯代怀疑，所谓的危险都是出于这个基督教帝国的臆想。或许他们虽然与扎哈尔汗国仍旧维持着友好的关系，但由于安达卢西亚的这个国家有可能和一个东方的犹太武士国家之间发生联系，这种关系很可能已经被动摇了。

但是，这个遥远的犹太王国的美好景象一直萦绕在哈斯代的脑海里。所以眼下米拿现的任务就是要用他那支生花的妙笔打开这扇已经被基督徒关闭的大门。这封信当然要用希伯来语来写。虽然这并不是一种常用的外交语言，但还有哪种语言更有助于安达卢西亚与哈扎尔的犹太人之间互相理解呢？又有谁能比米拿现·伊本·沙鲁克这位以编纂第一部希伯来语词典为终生目标的犹太人更适合承担这项任务呢？米拿现还很年经时就从遥远的东北方的托尔托萨来到了科尔多瓦。在这个倭马亚王朝哈里发的伟大城市里，在花园广场的喷泉和鸽笼中间，哈斯代的父亲以撒·伊本·沙布鲁（Isaac ibn Shaprut）一直守护着米拿现。而他则不时以诗歌和庆典铭文作为回报。这其中就包括纪念以撒向科尔多瓦最宏伟的犹太会堂捐资的铭文。以撒去世时，米拿现曾写过一篇深情的悼文，后来又以同样的方式安慰过失去母亲的哈斯代。当时，他唯一的念头就是回到托尔托萨。无论生活如何简朴，他只求能够继续宣泄他对希伯来文法的激情。

后来，同样对《托拉》和《塔木德》一往情深的哈斯代在哈里发的宫廷中爬到了意想不到的高位。在这里，犹太人最想做的两件事或者说两种可能的前途就是医学和金钱。前者是哈斯代的敲门砖，而后者则确保他留在在了权力的中心。说到他的成功，其实与毒蛇胆不无关系，因为据说蛇胆是"万灵丹"（theriacum）不可缺少的成分。在古代，包治百病的万灵丹十分常见，但今天的医生显然丢失了这些古老而神奇的药方。万灵丹其实是一种解毒剂。据说无论是已知的还是从未听说过的毒（在哈里发的宫廷里，这些毒剂常常危及生命）都能化解，并且还似乎无所不能：让不孕的女人生育，让无能的男人雄起；让恶化的病症消失；让有听觉障碍的人变得像森林中的鹿一样灵敏；甚至能通便和明目。作为一个对希腊和罗马医学颇有研究的医生——同时也是一个很有商业头脑、文笔精湛、潜心学术的人——哈斯代·伊本·沙布鲁声称要把万灵丹的秘密献给阿卜杜拉赫曼三世。无论这种药物是否达到了传说中的效果，但居然没有任何人，甚至连那些妒忌的宫廷医师也没有站出来指责哈斯代这种卖假药的欺骗行为。恰恰相反，他这种反常的讨好行为却引起了高层的注意，从而为他的仕途铺平了道路。既然人人都厌恶收税的差事，不如就让犹太人试试吧。于是，哈斯代就得到了在流经科尔多瓦的瓜达尔基维尔河（Guadalquivir）的水运贸易口岸收税的肥差。而随着这个犹太人的腰包一天天鼓起来，王朝的金库自然也就不再空虚了。

米拿现给国王约瑟的信写得非常有机巧。因为哈斯代希望既要把自己装扮成科尔多瓦城甚至整个安达卢西亚地区犹太人中的重要人物，但看起来与约瑟国王的地位又不能是对等的。反过来说，必须要用一种自谦的语气颂扬对方，但却又丝毫不带令人不快的奉承。米拿现对自己的杰作非常满意，他开放而华丽的措辞中不露声色地融入了一丝自信。他把其中每行字的开头字母拼成了一首藏头诗，不仅把哈斯代·伊本·沙布鲁并且把米拿现·伊本·沙鲁克自己的名字也嵌在里面，似乎他们的地位相当——这个有点微妙的无礼举动，最终将让他抱憾终生。这封信的首要目的是在犹太人之间建立起一种礼让和尊重，从而让安达卢西亚的犹太人青史留名。

我，哈斯代，以撒的儿子，愿对他的追思长存，以斯拉的儿子，愿他的灵魂安息。作为在西班牙流亡的耶路撒冷犹太人的代表，我主上帝的仆人，跪在他的脚下面向尊贵陛下的住地叩拜。我在遥远的土地上，为您的安宁和显赫祝福，并向天堂中的上帝举起双手，愿他保佑您对以色列的统治千秋万代。

但我是谁，我又有什么资格，竟敢冒昧地向我主上帝的国王写这样一封信？我凭靠的是我对国王陛下的正直和诚实。对于那些在古老犹太王国的荣光逝去之后，四处流离、长期忍受着痛苦与灾难的人来说，如何才能直接而平和地说出自己内心的想法呢？……我们的确是以色列囚房中的幸存者……在旅居的土地上平静地生活着，因为上帝没有抛弃我们，他的身影也从来没有离开我们。

只用了短短的几行字，米拿现就把哈斯代描绘成了一个流亡者中的显贵，完全配得上与一位国王平等地交流。根据一个古老的传说，西班牙的第一批犹太人是"征服者"提多在他的幕僚的强烈要求下带过来的。因为这些幕僚认为犹太人作为殖民地移民有很大的利用价值。不过，他们在罗马帝国时期经历过苦难的岁月。并且在随后的几个世纪里遭受了更多的痛苦，因为作为基督徒的西哥特（Visigoths）曾长期对零散居住的犹太人进行迫害。米拿现把这段历史也添加到了《圣经》中上帝为了惩罚犹太人一再犯罪而降于他们身上的一系列灾祸之中。但是，当"上帝看到他们的艰难、痛苦和无助时，他仁慈地向我［指哈斯代］伸出了援助之手，把我领到了国王的面前，这不光是因为我自己是正直的，而且也是出于他的仁慈和曾与我们订立的约。正是由于这个约，压迫者的手松开了……而正是由于上帝的仁慈，我们身上的轭也变轻了。"

紧接着，米拿现用最煽情的文字对安达卢西亚王宫作了一番兴奋而夸张的颂扬。如果说锡安山流淌着奶与蜜的传说并非真实的话，那么在犹太人所有可能的流亡地中间，塞法拉德（Sefarad）①"正如用神圣的语言称呼的那样"

---

① 古罗马帝国时期犹太人对伊比利亚半岛的称谓。

显然是最好的。那里是一个自然的家园,一个安闲的所在。

土地肥沃,到处是河流、泉水和水渠。这是一方出产玉米、油和酒,水果和各种美味的土地。这里有美丽的花园和果园,各种各样的果树挂满了果实,养蚕的树叶一片葱绿,漫山遍野。在王国的山地和树林中,聚集着大量的胭脂虫①,山上长满了番红花,分布着金、银、铜、铁、锡、铅、硫、花岗岩、大理石和水晶的矿脉。世界各地的商人们从埃及和周边国家云集于此,为国王和王子们带来了各种香料、宝石和华丽的器皿,以及埃及来的各种稀罕物品。我们的国王收藏了如此多的金银财宝,世上任何一位国王都无法相比。³

这里物产丰富,我们的哈里发仁慈而温厚。但"对于我们这些以色列的流亡者来说,如果能在某个地方建立一个独立的王国,不再臣服于任何外邦统治者……那么我愿意蔑视所有的荣耀,放弃我的高贵地位,毅然离开我的家乡,不惜翻山越岭、跋山涉水,马不停蹄地赶往我的主上帝的居所。这样我就不仅能沐浴他的荣光和辉煌,还能享受到以色列人的安宁。一想到这些,我的眼睛就亮了,我的腰就挺直了,而我的嘴就会滔滔不绝地赞美上帝"。

对于这个东方的犹太王国,哈斯代想知道的事情当然很多。例如,这个王国幅员多大,人口几何,领地之内有多少城镇,又是如何进行统治的,等等。但是,他最希望国王约瑟回答的也许是另一个问题:历书上如何计算罪赎日。要知道,自从罗马人焚毁圣殿之后,已经几乎过了一千年了。也许全能的上帝只是取了个约数?弥赛亚降临的时刻终于要来临了?两个位于世界两端的重要犹太人物之间进行通信是不是一个标志?哈斯代穷尽其对天数的思考,却依然不明就里。或许国王约瑟——可以肯定,他是一位由上帝指定的东方的所罗门王——曾做过占卜。对于那个"我们在一次次囚禁、一次次

---

① 可用于提取红色颜料和制作胭脂。

流亡中苦苦等待了这么多年"的日子，会有某些特别的心得促使其尽快来临吧。⁴

事实证明，国王约瑟根本来不及思索犹太历史上的长期沿用的古老历法，因为他自己的王国很快就要为犹太人的苦难编年史增加新的一笔。在基辅罗斯（Kievan Rus，指斯堪的纳维亚裔斯拉夫人）军队的围困和拜占庭人的不断袭扰下，哈扎尔汗国——作为犹太国家大概只存在了一个世纪——早就已经开始衰败。在接下来的半个世纪里，这个王国被完全占领，王朝的首都阿提尔被洗劫一空。⁵哈扎尔犹太人肯定能算出准确的时间，来纪念一千年前发生的这次灾难。当时，大多数人并没有选择离开，而是归顺了征服者及其宗教信仰。但有些哈扎尔犹太人则恢复了过去的流浪生活。其中有两个人在下一个世纪曾作为学生出现在托莱多。他们在西班牙的出现可能极大地刺激了犹大·哈列维（Yehudah Halevi）。于是这位诗人于1140年前后写下了《哈扎尔人》这部伟大的哲学对话体小说，为他心中的犹太教辩护。

尽管国王约瑟处境艰难，但他当时似乎确实有时间和愿望以某种形式给几千英里外的哈斯代回信。关于这次"回复"，出现了两个版本：一个早在1577年就出版了，另一个更完整的版本则出版于19世纪末期。⁶在这两个版本中，约瑟本人都声称是他的一位祖先布兰（Bulan）王在天使幻象的感召下才皈依了信仰一个上帝的宗教。他虔诚的儿子俄巴底亚（Ovadiah）继位后，曾主持过一场由三方教派的代言人参加的论争。在这场论争中，另外两个一神教都明确表示，以色列人的信仰要比他们身边的竞争对手更受欢迎。于是，俄巴底亚（这次论争似乎是出于他的精心安排，并且他预先就知道结果）随后公开地选择了犹太教。

这一切看上去有点捕风捉影，但至少部分是真实的历史而不是虚构的传说。在公元837和838年当地发行的硬币上（从克里米亚半岛到斯堪的纳维亚半岛海盗的一些藏宝地均有发现），一面铸有"摩西是上帝的使者"字样，而反面则刻着"哈扎尔人的土地"铭文。这表明公元9世纪上半叶曾发生过某种改变信仰的宗教活动。关于这一事件是何时又是如何发生的更多信息，我们从所罗门·谢希特（Solomon Schechter）在开罗秘库里堆积如山的文书中发现的那5封引人注目的信件残片可知端倪。这些信件虽然不是哈扎尔国王亲笔书写，但几乎肯定是出自他的口授。这些信件起码可以证明，哈扎尔汗国和科尔多瓦的犹太人之间存在着书信联系。写信者使用的是希伯来文（这本身就是一件怪事），并称自己是"一个哈扎尔犹太人"。其中并没有说这是"神显现"后的一次突然改宗，而只是说这次"回归"犹太教经历了漫长的时间。当时是公元7世纪中叶，拜占庭人刚刚击败了波斯人。而拜占庭皇帝赫拉克利乌斯强迫犹太人皈依基督教的法令即将实施。一些说希腊语的犹太人从巴尔干半岛和博斯普鲁斯人治下的克里米亚半岛尤其是他们生活了几个世纪的繁华城市潘迪卡佩姆（Pantikapeum）等地出逃，翻过高加索山脉，来到了当时仍属于异邦的哈扎尔城。[7]在那里，他们受到热情的欢迎，并留了下来。经过许多代人之后，他们和当地人通婚，用信件残片上的一句话来说就是"成了一家人"。像通常一样，他们中的大部分人失去了恪守教义的文字和记忆，而仅仅保持着行割礼和守安息日的习俗。但正是因为随着时间推移，这些犹太人完全变成了哈扎尔人。其中有一个犹太人甚至当上了当地军队的将军，并在一次战斗中赢得极其辉煌的胜利之后，被拥戴为国王。这位将军以希伯来文中意为"国王"（melekh）的名字而名噪一时，他很可能就是在"回信"中提到的布兰。尽管他已经疏远了原来的宗教信仰，但在他同样是犹太后裔但却更虔诚的妻子撒拉（Sarakh）的鼓励下，仍然出面主持了那场著名的论争，这的确是历史上发生的一个真实事件。《托拉》羊皮卷是在一个耸立在提尤（Tiyul）平原上的像库姆兰那样作为学习场所的洞穴图书馆里制作的。布兰为自己起了一个带有神味儿的名字，称为撒百列（Sabriel）王，并对自己和身边的贵族行了割礼。然后他从巴格达和波斯引进了"圣哲"，建造了几座犹太会堂和一个宏大的圣所，并举行斋戒和重大节日仪式。最重要的节日是光明节和逾越节。其间这位将军会从大草原上回到阿提尔参加庆祝活动。"开罗秘库"中的信件残片清楚地表明，犹太化运动深入到全国民众（其核心是从亚美尼亚逃过来的一支犹太后裔）之中。先后有6位国王仿效布兰（即撒百列）为自己起了希伯来名字——俄巴底亚、希西家、米拿现、便雅悯、亚伦，一直到约瑟。但是，作为哈扎尔国教的犹太教并没有足够长的时间扎下根基，从而抵御基辅罗斯人的入侵。在科尔多瓦和阿提尔之间相互通信仅仅二十年后，基辅罗斯人的铁骑踏上了这片土地。至于有多少哈扎尔犹太人离开了，又有多少人在新的统治下苟活，我们就无从得知了。

在灾难即将发生时，恰好安达卢西亚的犹太人刚刚知道在哈扎尔汗国有一个犹太社区。而他们之所以能够建立联系，完全是因为有一个犹太人用希伯来文写了一封信。在开始与哈扎尔汗国通信后不久，哈斯代从巴格达又引进了一位年轻的希伯来书法和文法新人，他叫杜纳什·本·拉布拉特（Dunash ben Labrat）。事实证明，米拿现和杜纳什是无法在哈斯戴手下一起共事的。他们就像油和水，并且对米拿现更为不利的是，杜纳什代表着一种全新的希伯来文书写潮流。他的名字本身就表明了他的柏柏尔人血统。而且他生于菲斯，但他成年后一直在巴比伦的苏拉《塔木德》研究院当书写员，并一度师从于伟大的圣哲加翁萨阿底（Saadia the Gaon）。这位圣哲本人终生都在致力于找到一种加强《托拉》和《塔木德》教学的新方法，并自信地将其转向并应用于他所处的哲学和文学生活之中。尤为重要的是，他试图重新发现通过叙利亚阿拉伯文化传播的希腊古典哲学。尽管没有人会轻率地指责虔诚而博学的萨阿底这是在与异邦智慧调情（他们肯定会以此来指责杜纳什），但是萨阿底的巨著《信仰和观念》却是继几乎一千年之前亚历山大的斐洛之后，通过理性探究来证明犹太教的核心原则，进而使推理方法成为上帝特别护佑的前提所作的第一次尝试。意味深长的是，尽管萨阿底本人是一个无可指摘的《塔木德》大师，甚至是其正典的确立者，但他的著述却几乎与《托拉》和《圣经》并没有什么联系，或许仅仅是对于新卡拉派的一种直接回应。卡拉派始于大约公元9世纪，他们对后《圣经》时代的拉比评注和律法一概持排斥态度。尤为重要的是，这本书采用一种古希腊—阿拉伯方式，分专题对《圣经》经文的意义进行阐述，实际上是一部如何过真正的当代犹太生活的指南。各章的内容——这是第一本希伯来纸质书，而不是羊皮卷——讨论的是如何控制性欲、如何获得财富、如何恰当地与邻居打交道，等等。与事无巨细而又常常偏离主题的《塔木德》讨论方式完全不同，《信仰和观念》仅仅指出明确的方向，并且无一例外地要求在明确感受到这类感官上和本能上的欲望时要保持克制。

这种回应的互动性——借助物质世界的力量来强化传统观念——在当时的诗歌和哲学中留下了深刻的印记。而杜纳什正是带着这种理念来到了科尔多瓦。他决心以同样的方式来改造希伯来文。面对有人说他是一个阿拉伯化的犹太人的指责，杜纳什会回答说：恰恰相反，他的目标就是文字换成一种除萨阿底外尚没有人掌握的东西——犹太文风（yahudiyya）。也就是一种不但适于吟唱和祈祷，而且适于哲学、诗歌以及其他所有场合的语言。他要把新生活的气息注入早已枯燥而僵化的《圣经》体希伯来文中，从而最终达到这一目标。杜纳什怀着几分萨阿底式巴比伦智慧的优越感，踌躇满志但又不失时机地对米拿现枯燥的语言学研究方式大加嘲讽。尤其是对米拿现编纂的希伯来语词典《笔记》（*Mahberet*）过分强调《圣经》中每一个三字母词根的单词的做法进行攻击，称其"长着像猫头鹰一样的近视眼"。这其实是毫无意义的，因为米拿现对萨阿底本人的哲学和词汇学研究一无所知，而他的研究成果不过是为杜纳什探索新—旧希伯来语的目标铺平了道路罢了。在希伯来语的命运、可信性、传统演变及其现在和未来这些问题上，一场虽然场面不大但却充满学术丑陋的文化战争在科尔多瓦爆发了。两个人都动员自己的追随者用各种恶毒的语言攻击对方。杜纳什非常尖刻地对米拿现进行羞辱，嘲笑他是一个只知道埋头苦干但却心胸狭隘的学究。当杜纳什撰写并散发了大量祈祷诗歌，并迅速被安达卢西亚各地的犹太会堂采纳之后，米拿现的处境就更糟了。不知是怎么回事，杜纳什竟然轻而易举地就达到了自己高难度的目标：采用阿拉伯语的节拍和韵律模式，从而加强而不是削弱他所声称的地道的传统希伯来语中内在的古老魅力。他用直接从《圣经》中引用的单词和短语对他写的诗歌和祈祷文进行装饰，并且他的妻子竟然也会写诗。因此，他跨越了新旧的界限，既有创新，又很传统：永远立于不败之地。

哈斯代被眼前的场景和这个精明的年轻代言人所折服。面对这位终生浸染于高深文化的人，他似乎只能完全接受这种文化的思想及其表达方式。当然，前提是不会对他的犹太教造成任何伤害。杜纳什所采取的方式，毕竟可以使面临僵化危机的希伯来语重新恢复活力。而为保卫自己的职业生涯，米拿现公开对突然流行起来的杜纳什文学形式进行了批驳，指称其背叛了古老的传统。但是，作为萨阿底的得意弟子——当他的老师看到杜纳什的诗作时，称其为"以色列从未见过的作品"，并且在当时也是非常正统的——面对米拿现的抨击，这位年经的诗人不为所动。

这场文化战争逐渐升级，最后竟然闹出了人命。米拿现并不打算保持缄默。他知道他的敌人肯定像匕首刺中一般，决心拼命一搏，因此他也不想就此罢手。哈斯代冷眼旁观，享受着这场角斗士比赛一般的争斗，并最终向杜纳什竖起了他那赞许的大拇指。当米拿现（以及他忠实的门徒）拒绝继续保持缄默时，哈斯代认为这是在向他本人挑战。这场有关希伯来文的战争已经不再是一场纯粹的学术争论。在一个安息日，这位犯上作乱的"老秘书"在自己家里遭到暴力袭击，他的头发被扯掉，并被投入了监狱。他漫长而忠诚的职业生涯终于用仇恨画上了一个残忍的句号。显然，这样的惩罚并没有让伟大的哈斯代·伊本·沙布鲁改变自己的初衷。

但是，绝望却能够造就天才。米拿现正是用被他的对手嗤之以鼻的那种严谨的韵脚，给他的老主人写了一封信。深情的回忆和沉重的负罪感就像滔滔洪水冲击着哈斯代的良知。良心上感到不安？还是问一问他天堂里的父母吧，愿他们安息！"还记得你高贵的母亲去世的那个夜晚……感谢上帝让你在深夜步履匆匆地找到我/请求我写一篇悼词，一首凄美的挽歌/你发现我已经写好了开头……当你的父亲去世时/我也写过一篇伟大的挽歌/所有的以色列人每天都要吟唱/在那些哀悼的日子里/我曾让赞颂你的诗行四处传扬/让你辉煌的传奇像战车一样驰向远方。"

哈斯代依然不为所动。即使把米拿现从监狱里放出来（何况他绝对不会这样做），他也只不过是一个残疾人，这辈子肯定已经完了。他那些余恨未消的门徒将会继续他的事业，而他们心目中真正圣洁的希伯来文必将在历史上留下新的一页。只要还有人在读希伯来文，那么有关其真实性的激烈争论就会一直持续下去。然而在当时，杜纳什及其倡导的文风——动人的《圣经》体与强烈的时代性融为一体——毕竟获得了成功。他的希伯来文平顺和优雅，并将其植入到一种清新的希伯来文学之中。一个新的"犹太文风"时代到来了。正是由于杜纳什的诗歌形式是自由的和流动的，所以很适于编成歌曲吟唱。他的诗作有些被收入了祈祷书，其些则成为最早的非正式祈祷仪式上的音乐：安息日之夜唱的圣歌。米拿现的幽灵仍然在庄严的学术研究机构里游荡，而杜纳什的诗歌却登堂入室，每一个家庭都会在安息日的烛光下吟唱。

## II 诗歌的力量

有些事情肯定是诗歌无法做到的，比如让一个注定灭亡的王国国祚延长。杜纳什开创的一代文风，虽然在伊比利亚半岛的塞法迪犹太人中间，展现出广阔而激动人心的前景，但在倭马亚王朝统治下的科尔多瓦却几乎没有产生什么影响。在1013年春天，也就是杜纳什·本·拉布拉特去世之后二十三年，阿卜杜拉赫曼三世的这座最宏伟的城市被心怀怨恨的柏柏尔武士洗劫一空，而这些人原本是他雇来守护他的王宫的。除了位于城市中心的一座高大气派的清真寺之外，科尔多瓦几乎全部被夷为平地。如果还有下次，可别忘了给柏柏尔人付工钱呀。

在科尔多瓦即将化为废墟之前匆忙逃离的人群中，有一个名叫撒母耳·伊本·纳赫雷拉（Shmuel ibn Naghrela）的年轻犹太人。⁸据说他的父亲约瑟（Yehosef）是一个博学而虔诚的人，甚至还让他的儿子拜在了传说中的圣哲哈诺·本·摩西（Hanoch ben Moshe）门下。根据一个广为流传的故事（你其实不应该相信），这位圣哲曾经和他的700个门徒一起服侍哈里发，并且每个门徒都有自己的马车。①纳赫雷拉之所以被人们记住，并不是因为他的极度虔诚，而是因为另一件完全不同的事情：诗歌与力量惊人地集于一身。他不仅和哈斯代·伊本·沙布鲁一样有着敏锐的政治嗅觉，并且至少在好几个日常学科中都有所建树——如医学、哲学和文学——但与哈斯代不同的是，他本身就是一个伟大的诗人。根据一位来自格拉纳达的14世纪的编年史学家的描述，他在文学和科学上的成就堪称完美，"对阿拉伯语的语法规则有着深入的研究，对当时语法学家最细微的学术成果都很熟悉"，同时还"精通……数学和天文学"。⁹他是格拉纳达犹太人的守护者（nagid）②，并曾出任日里德（Zirid）王朝两朝国王的首席大臣（wazir）。更为令人惊奇的是，纳赫雷拉即使不是格拉纳达的柏柏尔埃米尔（Amir）军队的总司令（他很有可能当过），也肯定担任过高级指挥官，是一位在军事方面运筹帷幄的人物。

然而，与他的诗歌创作相比，所有这些都显得十分苍白。纳赫雷拉采用杜纳什开创的阿拉伯化诗歌形式，形成了一种清新的希伯来文诗风：感性而通俗，诙谐又充满激情，同时充满了血与火的力量；有时在繁花装点的喷泉旁彻夜笙歌的酒会上纸醉金迷，有时又在臭气熏天的露天市场里闲逛和争吵。在一首破碎的诗歌残片上，最激动人心的情节是对那些自认为高于等待屠宰的不会说话的动物的人大加谴责，纳赫雷拉用这种方式把读者——也可以称为听众，因为这是一首用于朗诵的诗，并且朗诵时常常有长笛（halil）、乌得琴和鼓伴奏——带进了这样一个世界："集市上挤满了牛羊……数不清的家畜……和成群的家禽，都在等待死亡/当屠夫切开它们的喉管/溅出的鲜血不

---

① 表示地位显赫。联想到战国时孟尝君的门客冯谖抱怨"食无鱼，出无车"，正是汲汲于此。

② 音译为"纳吉"，希伯来语本义为"王子"或"领袖"。中世纪塞法迪（特别是埃及）犹太人常用"纳吉"称呼自己的精神领袖。犹太历史上只有包括纳赫雷拉、迈蒙尼德等在内的几位犹太学术精英赢得过这一称号。

断地在血块上凝结"。[10]当仔细品味纳赫雷拉的一首诗时,你所有的感官都会处于一种高度紧张的状态。"我不会为这些年轻人做什么/他们会在深夜响起的熟悉的长笛和琵琶声中警醒/看到我手里拿着杯子站在那里,就对我说'从我的唇间饮下葡萄的血'。哦,月亮变成了一个小小的月牙(yod)〔其中'y'很像希伯来字母中的撇号〕/破晓的晨光在金色的水雾中来临。"[11]

尽管王国和社区事务非常繁忙,但纳赫雷拉却几乎未曾放下过手中的笔。当他率领的军队在"一个很久之前就被战争夷为平地的古老要塞"宿营时,他向广大读者展现了军人在断壁残垣中横七竖八的睡态:"我在想……我面前躺着的这些人究竟经历了什么/建筑工人和士兵,还有有钱人/穷人,奴隶和他们的主人都去了哪里呢?……他们也许在地球的另一面定居/却在大地的中心长眠——他们华丽的宫殿变成了坟墓,/他们行乐的宫廷化作了尘土。"但我们这位诗人将军却又不是一个沉湎于伤感的挽歌诗人。他或许曾痴迷于爱情,有时会渴望有个女孩或男孩把葡萄酒倒进他的杯子,但他随后就会让你知道他早已饱经风雨。"第一次战争就像一个美丽的姑娘,我们都想和她调情并相信她/但她很快就变成了一个令人憎恶的老妓女/那些期待着她的访客只有痛苦和悲伤。"所以,在征战的要塞里,虽然鼾声如雷的马夫们横七竖八地躺地草丛中,但在他的心目中,他好像正在检阅着一支早期定居者的商队,只不过往日的繁华早已褪尽罢了:"如果他们突然伸出头来/生命和快乐也许会被夺去。我的灵魂告诉我,也许很快/我也会像他们这些宿营者一样。"[12]以前从来没有出现过像他这样的人。并且尽管许多伟大的诗人都在仿效他,但直到今天,也没有再次出现一个像他一样的诗人。他的诗作没有丝毫的狭隘主义色彩。你根本不需要对他所处的时代或宗教有任何深入的理解就可以读懂他(甚至不需要具备希伯来语自身的韵律和节奏感)。所以,请你就像读邓恩(Donne)、波德莱尔(Baudelaire)或布罗茨基(Brodsky)的作品那样用心灵去读他吧。

通过撒母耳·伊本·纳赫雷拉的作品,读者们在犹太文学中第一次感受到一个本色的、大写的"自我",一种超越了手抚、拍背、击胸等热情表达方式的强大人格,同时又能表现出内心的自省和情欲的凄美。即使在他耽于沉思默想、不切实际的岁月里,纳赫雷拉也称得上中世纪所有伟大的希伯来文学家中最纯朴的诗人。如果说要想象出一位希伯来诗人同时也是一个战场上的武士和宫廷里的政治家的话,那么他肯定是纳赫雷拉。因为他的大脑每一次活动和肌肉的每一个动作无不展示出他身上所蕴藏着的强大战斗力。

从一开始,他的大胆尝试就受到了世人的关注。当年轻的纳赫雷拉离开只剩下残垣断壁的科尔多瓦时,他甚至没有回头去看那失去的家园一眼。他离开了,带着对他那些怀疑他的狂妄朋友的愤怒离开了——他们怀疑他之所以离开是为了寻找"悠闲或享乐"。他写道,事情的真相并非如此,实际上与他们的想象恰恰相反。"凭着上帝和对上帝的忠诚信仰——我恪守发下的誓言/我要攀上最高的峭壁/跨越最深的深渊/走过沙漠之间的边缘,穿过道道峡谷/在群山中上升/直到我对'永恒'有了新的理解/让我的敌人胆寒/并让我的朋友/找到安慰的家园。"[13]

这样的自夸有些大言不惭,但这也说明,他的确喜欢战斗的音符。据说,年轻的纳赫雷拉曾与阿拉伯作家伊本·哈西姆(Ibn Hazm)毫无禁忌地进行过辩论。后来,伊本·哈西姆因此而对纳赫雷拉产生了强烈的仇恨。然而,大多数情感炽烈的希伯来诗歌的力量恰恰就在于其蕴含的那种斗争意识。人们有时甚至错误地认为,希伯来诗歌的"黄金时代"是在西班牙稳定的统治下那种相互同情的宁静氛围中开始形成的。然而实际上,正是在倭马亚王朝垮台之后的混乱、暴力的环境下,才出现了希伯来诗歌的繁荣。只要各教派及其小型城邦之间还在忙着相互争斗和彼此倾轧,那么已经丧失从政资格的犹太人是不应该有政治野心的。

然而,他们并没有逃过战争、围困以及在旅途中随时发生的骚扰。他们不得不出于自卫而携带武器,宁愿因此而受到严厉的惩罚。对他们来说,首当其冲的嫌疑就是骡马背上挂的鞍袋中藏有武器。尽管正值轻狂的青春期,撒姆耳·伊本·纳赫雷拉也曾一度沦落到在港口城市马拉加（Malaga）经营一间小小的香料店。根据后来的传记作家尤其是易卜拉欣·达乌德（Ibrahim Da'ud）关于12世纪犹太历史的记述，格拉纳达宫廷总管的几名仆人意外地发现了他，他们意识到他正是宫廷事务中迫切需要的阿拉伯语大师。他的文笔为他打开了仕途的大门。于是，纳赫雷拉应召进入要塞中的宫廷，成为宫廷总管的秘书。他在战争和外交事务中证明自己是可靠的，从而在宫廷总管去世后，顺利接任了这一职位。

一旦爬上高位，纳赫雷拉很清楚如何保住自己的职位。1038年，他的赞助人哈布斯（Habbus）去世后，埃米尔的两个儿子都声称是王位继承人并准备为此开战。在纳赫雷拉的社区中，大多数对王位既感到骄傲又多少有些害怕的人都选择支持老埃米尔名声最大的儿子。而纳赫雷拉反而站在了更年轻的王子巴多斯（Baddus）一边。尽管困难重重，但巴多斯最终成功继位。后来，这位犹太学者、武士兼诗人，毫无争议地当上了格拉纳达的总督，成为国库的管理人和军队的高级指挥官——恐怕连哈斯代·伊本·沙布鲁都未曾梦想过赢得这样的荣誉。而所有这些荣誉，是在一个一度在安达卢西亚东部拥有霸权地位的王国里取得的。后世的评论表明，很多人都为日里德王朝的埃米尔把王国的命运托付给这样一个人而感到震惊，但从政治上来看，纳赫雷拉却应该为自己不具备亲自担任埃米尔的资格而感到庆幸。正如一位编年史学家所说，他"完全摆脱了对权力的贪欲"。或者说，至少摆脱了这种贪欲的嫌疑。

在许多方面（除了最重要的一条①），纳赫雷拉与他所尽心服务的人几乎没有什么差别。而他的非凡成就也最终决定了他的儿子和继承人的命运。他的阿拉伯语十分纯正，行为举止非常得体，待人接物礼貌而周到。当有必要冷酷的时候，他的克制能力也得到了认可。如果说有人能够作为一个归化者，把伊斯兰文化和权力与其犹太教背景集于一身的话，那这个人肯定就是纳赫

---

① 指纳赫雷拉是犹太人。

雷拉。这也正是像伊本·哈提布（Ibn al Khatib）这样的阿拉伯评论家们，对他们这些人时刻保持谨慎态度，并对把这样一个国家的政权完全托付给一个犹太人的做法感到多少有些震惊的原因。但他也承认"尽管上帝没有告诉他正确的信仰是什么"，但纳赫雷拉必须被视为"一个非同寻常的人"，因为他"把坚定而智慧的人格与清晰的头脑、礼貌而友好的行为举止……集于一身"。[14]难怪后来有一篇文献忿忿不平地抱怨，当纳赫雷拉和他的主人埃米尔本人一起出现在公众面前时，他那华丽的装束，甚至让人分不清到底谁是主谁是仆。

作为宫廷总管的纳赫雷拉无疑是小池塘中的一条大鱼。但格拉纳达并不是一个纯粹玩弄权术的地方。格拉纳达经历过一次又一次的战争，曾先后与阿尔梅里亚（Almeria）、塞维利亚以及其他柏柏尔小国为敌，但几乎总能获胜。至于这位犹太人是否担任过一支柏柏尔军队的总指挥，恐怕我们永远也无从得知。但是没有学者会认为，他的战争诗篇是在高墙下花园里的躺椅上凭空创作出来的。他的诗行沾满了鲜血和泥土。正如人们所期待的那样，他的大量诗歌都延续了阿拉伯战争史诗的传统。其中还有许多动物和鸟类的意象，如凶猛的狮子用利爪撕开了逃跑的鹿的肚子。纳赫雷拉的确通过引用《圣经》中的一些节奏更快的古体诗，从而形成了自己的传统风格。但他有些诗作却是图形化的，几乎像我们现在的纪录片：

> 白天，战马的骚动和喧嚣声遮天蔽日
> 马群驰过，大地在震动和颤抖……
> 我看到一群人突进来，投掷石块，然后我听见了
> 欢呼声和号角声。
> 我们爬到用弓和飞行的箭
> 堆成的梯子顶端……
> 如果你想迈步，你可能会踩到一具尸体或一个头颅

还能听到士兵垂死的尖叫。¹⁵

日里德王朝的历任柏柏尔埃米尔，发动着无休止的战争来。对于纳赫雷拉来说，他既是战争政治的受益人，也是战争残酷性注定的牺牲品。纳赫雷拉已经人到中年，连骑马也会腰酸背疼。最后的几次战役让他筋疲力尽。于是他开始思索，所谓胜利实际上没有任何价值，而最后的胜利永远属于"死神"。纳赫雷拉的儿子约瑟生于1044年。当他的父亲已经成了须发斑白的老兵时，他还是一个懵懂的少年。在他从战场上写给儿子约瑟的家书中，有些内容是非常感人的。在最后的岁月里，纳赫雷拉的故事——也可以说是日里德王朝统治下的整个格拉纳达的犹太人的故事——就只剩下一个父亲和他的儿子的故事了。

正是通过约瑟，我们才对这位父亲能够有如此多的了解。因为他就是他父亲全部作品的编纂者和校订者，也是两部重要"诗集"（diwan）的出版人。这两部诗集引用的标题都来自《圣经》，分别称为《小箴言》（*The Little Book of Proverbs*）和《小传道书》（*The Little Book of Eccle/siastes*）（深思录），这很可能是撒母耳本人的主意。所以，正是这个儿子为我们提供了这位父亲严厉指导儿子的家庭作业的诗歌，尤其是出征期间创作的诗歌。他曾经从战场上寄给约瑟一本"我在利剑出鞘时抄写的"阿拉伯诗集，以便让他的儿子努力学习，从而继承他的学术事业。"即使墓穴已经对我张开大口，也无法阻止我教育你。"（多好的犹太父亲！）"记住我说的话：有修养的人就像一棵硕果累累的树，就连树叶也能治病/而愚蠢的人就像林中的朽木，只适合当柴烧。"¹⁶父子之间的所有交流中最动人的时刻发生在一个花园的水池旁。约瑟——当时显然已经能随意使唤他的父亲了——把他的父亲叫过来："这里从来也没有这么多的花……我把花栽在一片草坪里，懒洋洋地躺在上面多惬意/我还在周围挖了一条满溢的水道/就像天空映衬托着大地。"他们在石榴和栗子树下伸着懒腰，一个仆人把葡萄酒倒满两只水晶杯，然后放在一片"斑驳的芦苇席上/一直从那边漂过来/仿佛坐在花轿上的两个新娘/而我们就是她们的新郎/我们举杯一饮而尽/然后把空杯子放在席上,送回到酒倌面前/他很快就又倒满了两杯/说一句'干杯,先生们!'/再次把倒灌葡萄酒的杯子送了过来"。[17]

这是一幅父子亲密无间、相互陪伴的甜蜜画面,但也是巨大的不幸来临之前最后的一瞥。撒母耳·伊本·纳赫雷拉晚年积劳成疾,终日忧郁地思索着他的后事。他于1056年去世,留下了他21岁的儿子作为继承人。虽然多年来严厉的父亲一直对他言传身教,但约瑟似乎并没有准备好接过父亲的衣钵。我们知道的有关宫廷总管约瑟实行暴政的唯一记载,来自当时已经完全被边缘化的阿拉伯文献。在这类编年史中,他被描绘成了一个傲慢、专横的年轻人。他肆无忌惮、贪污腐败甚至用心险恶。他用酒把埃米尔灌得精神恍惚。他或许是在酒里添加了某种神秘的犹太药水,使埃米尔变得温顺而依赖。在这样的情况下,有人却突然提起有关一个称职的统治者不得将犹太人提拔到较高权力职位的禁令,并且在这种远古的陈旧观念中加入了新的毒素。于是,对约瑟的仇恨蔓延到他所有的同胞身上。人们对犹太人用所有的古老偏见进行恶意的诽谤,而撒母耳生前的文学竞争对手伊本·哈西姆尤其恶毒。他写道,这些犹太人"喜欢撒谎……[而且]只要碰上点困难,他们就要千方百计地逃避"。他们的《托拉》充满了无知和不道德的说教。"上帝作证,这就是犹太人的行事方式。……上帝赐给任何王子的奖赏……都不应该属于这群家伙。因为上帝对他们非常愤怒,并且诅咒他们。世界上从来没有一个民族像他们那样悲惨和不幸。"[18] 阿布·伊沙克·埃比里(Abu Ishaq al Ebiri)则更狂妄地谴责埃米尔。这些犹太人(当时有好几千人住在山上王宫附近的犹太居住区)竟敢把自己打扮得如此体面和优雅,对他的同胞也该如此:"不要以为杀死他们是一种背叛行为/不,让他们活着嘲笑我们才是真正的背叛。"[19]

这种妖魔化的宣传产生了预期的效果。1066年12月,在担任宫廷总管十年之后,约瑟被暗杀。犹太居住区遭到暴徒的攻击,格拉纳达犹太社区的大部分犹太人被夺去了生命。根据不太可靠的阿拉伯文献的记述,死亡人数大约有4000人。关于约瑟·伊本·纳赫雷拉到底如何专横跋扈和恣意妄为,我们恐怕永远也不得而知了。因为有关他实施暴政的传言都是来自那些民怨沸腾的居住区。这个历史片断的真相很可能是,约瑟其实并没有什么特别出格的恶行,只不过格拉纳达宫廷中重要职位由犹太人子承父业这一事实,引起了人们对纳赫雷拉家族密谋将其变成一个犹太王国的猜疑。

毕竟,约瑟主持的一项面子工程或许能够证实这种猜疑。萨比卡(Sabika)山上有一座建于公元9世纪小型城堡的废墟,人们根据其墙砖的颜色称之为"阿尔罕布拉"(Al-Hambra),即"红色城堡"。凭着一股试图把日里德王朝建立在格拉纳达古代遗迹上的热情,撒母耳对这片废墟的地基部分进行了发掘,并计划在城堡旧址上建造一座新宫殿。虽然附近就是犹太居住区,但这项象征虔诚和权力的建筑工程对他们并不会造成什么伤害。很显然,约瑟后来接手了这个计划,他也许打算扩大建筑规模,将之建成一个完整的花园式宫殿。而正是这个扩建计划——企图建造一个要塞式的庞大居住区,从而使这个犹太人及其族人可以通过这块"封地"控制整个王国——引发了激烈的报复行动。在经历了一轮血腥的抢劫之后,犹太人虽然又返回了格拉纳达,但建造阿尔罕布拉宫的计划却被搁置起来。后来格拉纳达先后两次遭到入侵。第一次是来自摩洛哥的摩拉维部落(Almoravids),他们于1070年占领了这个城市。而到了下个世纪,更好战的摩哈德部落(Almohades)则再次征服了这个城市。也就是说,纳赫雷拉在萨比卡山上建造一座新宫殿的计划,直到两个世纪后的奈斯里德(Nasrid)王朝才得以实现。

## III 随风而逝:流浪诗人犹大·哈列维

安达卢西亚僻静的花园式庭院是最适合犹太人沉思的地方。犹太作家最擅长表现诗情画意,而鲜花盛开、五彩缤纷的大自然,为他们的创作提供了丰富的素材和形式。番石榴挂在小径和水塘边的树上,油亮的树叶缓缓飘落。

蔷薇爬上了红色的砖墙,当阳光在格拉纳达和科尔多瓦的天空中黯淡下来的时候,蔷薇花强烈而浓郁的香气,会在突然间不知不觉地撩拨着人们的情感。乌德琴弦上荡起了丝丝和弦,手掌则在一面沉闷的鼓上敲打出应和的旋律。客人们坐在一排排垫子上,纷纷从"瞪羚"般的陪酒女郎手里接过第一杯葡萄酒。当歌声和美酒在微醺而闲适的人群中扩散开来,人们便开始吟诵那些司空见惯的诗歌意象:美丽的残酷,欲望的折磨,丰满的嘴唇,柔软的腰肢,天鹅绒般的夜色,爱人慵懒的空虚,安抚心灵的美酒。希伯来语的声调是铿锵有力的。诗人开始与他们的朋友和对手互相叫板斗诗,胜出了就笑一笑,败下来就耸耸肩。诗意的犹太人似乎与周围的世界愉快地融合在一起,就像他们"束带"式的双韵诗一样蜿蜒不绝,缠绕着这个世界。

犹大·哈列维(Yehudah Halevi)是利未人的儿子,当时正处于青春期的他刚刚长出黑色的胡茬。他离开自己的家乡纳瓦拉(Navarre)王国的图德拉(Tudela),从遥远的北方来到格拉纳达。他肯定期待着能出席这样一场聚会,能亲自在现场吟诵或聆听一两首这样的新诗。此时,格拉纳达大屠杀已经是20年前的事。恐怖的气氛已经减弱,一度逃离的犹太人也已经返回了萨比卡山。他们仍然像过去那样祈祷、做生意。他们仍然在收税,但在从事这一职业时,往日的老练中却带有几分紧张。他们行事尽量不张扬,甚至开始继续创作诗歌。其中成就最大的当属摩西·伊本·以斯拉。他来自一个古老的格拉纳达朝臣家族,曾幸运地逃过了1066年的那场大屠杀,并重新投入了安静、谨慎而富有活力的创作之中。比哈列维年长20岁的伊本·以斯拉深深为这个"儿童"诗人连续从北方寄来的诗作和近乎狂妄的自荐材料所吸引。这些优美的诗作足以使这个早熟的少年收到一份邀请信,而当哈列维于1088年或1089年应邀来到格拉纳达时,人们发现他有时很调皮,有时却又非常虔诚。他将古老的叠句记得滚瓜烂熟,但哈列维最与众不同之处,是他的手眼协调能力。他观察事物的角度也不一样,并且总能找到恰当的词语来表达内心的感受。在他的眼中,有时一个"瞪羚"女郎会在被她拒绝的情人的眼泪汇成的水池中浣纱，然后再用她自己的胴体发出的光辉把纱衣烘干。哈列维仿佛中暑一般，沉浸在火热的幸福之中。他那赤褐色的头发披散在潮湿的"水晶"样额头上（火与冰永远是一对美妙的组合），夜色褪尽之后会幻化为一轮完美而令人振奋的朝阳，那欲望的尾焰"把朝霞染成了一片红色"。

于是，哈列维进入了伊本·以斯拉的花园诗会，并住在了他的家里。他甚至可能一度担任过这位长者的秘书。对这样一个新人来说这是标准的必修课。但他几乎还没有来得及享受蔷薇花的芬香，这种高墙内的和平便被打碎了。而犹太人的格拉纳达，从此也一去不复返了。11世纪末，世纪初发生于倭马亚王朝的一幕惨剧再次上演。来自摩洛哥的柏柏尔武士，原本是受雇来针对基督教势力扩张的防御力量的。但他们却有点防卫过度，竟然反过来把矛头指向了自己的雇主。最终他们将包括格拉纳达在内的整个安达卢西亚置于自己的控制之下。正如此前王朝的一次次更替一样，这些柏柏尔武士苦行禁欲、穷兵黩武，对散漫和奢侈生活极端仇视。不用说，这样的生活方式对犹太人来说实在是糟透了。在这种统治下，犹太人身居高位是根本不可能的。摩西和他的兄弟们的财产和领地被剥夺，不得不永远地离开了格拉纳达。这位诗人则多待了几年，后来也离开萨比卡山，开始了在边境地区跋涉的流浪生活。但在他的心里却一直怀念着失落的安达卢西亚。后来，人到中年的哈列维曾在写给摩西的信中回忆起这段时光：当时"一路上没有人骑马/只有流浪的一队队马车……但我们的日子是完整的，并未间断/时间让我们在忧伤中分离/但爱情却使我们［像］孪生兄弟/在她芬芳的花园里哺育我们/用甜美的葡萄酒浇灌我们"。[20]

哈列维曾幻想能在格拉纳达与一位慈祥的导师过上宁静的生活，但现在他却只能与这些"流浪的马车"为伍了。虽然很难精确地追寻他当年流浪的路线，但他在离开格拉纳达后，好像向西去了卢塞纳（Lucena），因为那里是安达卢西亚为数不多的以犹太人为主体的城市，并且哈列维认识当地犹太研究院的院长。但是，正是这个城市浓重的犹太教色彩，使得摩拉维王朝的征服者将其确定为首要的打击目标。他们对犹太人强行征收所谓"惩罚税"。于是，哈列维又迁到了塞维利亚。但在安达卢西亚犹太人的生活越来越受到限制情况下，他只能作为一个职业诗人，靠为婚礼、葬礼以及其他重大场合写诗艰难度日。他在这段时间创作的诗篇——时至今日仍然以其强烈的新鲜感和对话的即时性而令人感到惊奇——大多描述的都是这种不安定的状态：分别、隔离、缺席和憧憬。被一头"母鹿""残酷地"囚禁起来，不得不奋力挣脱樊笼，思念中的情人只得"向一只苹果求助/它的芬芳唤回你的呼吸/它的形状像你的乳房/颜色就像你突然害羞时红透的面颊"。[21]在很可能写于同一时期的另一首诗中，他用对话体描述了一个被遗弃的情人抱怨她不捎话、不写信……他在这首诗中，采用了希伯来语中表达呻吟叹息的拟声手法，每一行都以"ach"结尾。"亲爱的，为什么你封锁了所有的消息/让一个关在笼子里独自为你心痛的人不能听见/你应该知道一个情人会怎么想/只为等来你的一句问候？/如果分离是我们最终的命运/至少你会有些许彷徨，直到我凝视的双眼离开你的脸庞。"[22]

或许在12世纪初的某一天，哈列维终于对摩拉维人的统治忍无可忍。他决定前往卡斯提尔王国统治下的托莱多。然而，那里对他来说并不是一个未知的"新世界"，因为他的童年就是在更北方的纳瓦拉王国的图德拉度过的。卡斯提尔国王阿尔方索六世一直对犹太人的非常友好，这完全是因为这些犹太人对（王国对手的语言和文化的深刻了解对他的王国很有帮助。不过他的好客程度已经远远超出了战略利益上的需要。托莱多有一个庞大而繁荣的犹太社区。当时，哈列维原来的导师摩西·伊本·以斯拉以及著名的约瑟·伊本·费鲁齐尔（Yosef ibn Ferruziel）（他是该城最有权势的人物，并且是国王的私人医生）都属于这个社区。或许正是对犹太医术的需求，才促使哈列维成为了一名医生，以便增加自己的收入。尽管哈列维在这座城市里生活了二十年，结婚并有了三个孩子，但他在那里似乎从未有过安全感，也没有真正开心过。行医本身就是个苦差事；摩西·伊本·以斯拉也由于卷入了一场风波而搬走了；而他的朋友，即约瑟的侄子所罗门·伊本·费鲁齐尔（Shlomo ibn Ferruziel）则在一条大路上被杀害。悲痛的情绪激起了哈列维的强烈愤恨。哈列维的三个孩子有两个先后夭折，这样的人间悲剧让这位中年丧子的父亲用三种人称——他自己、他的妻子和死去的女儿——写出了最令人心碎的美丽诗篇："我放声痛哭/为她泪流成河/她静静地躺在那里/在一个爬满蝼蚁的坑里/阴森恐怖/盖着泥土/我的孩子，那里没有温暖/因为死神降到了我们中间。"[23]然而，死神不会允许他在托莱多孤独而平静地老去。1109年，当仁慈的阿尔方索六世驾崩，而他的女婿阿拉贡国王正准备继位的时候，又一场针对犹太人的屠杀开始了。

西班牙还有安全的地方吗？恐怕没有了。在卡斯提尔，犹太人的生活变得越来越艰难。尽管摩拉维王朝的严酷政策有所松动，但正因为如此，他们很快就要被另一个好斗的武士部落——摩哈德王朝所取代。摩哈德人将使犹太人的生活变得几乎无法忍受。犹太人将面临屠杀、会堂和社区被焚毁、在刀剑之下被迫改宗的悲剧性灾难。然而在当时，摩拉维人还在苟延残喘。对于哈列维来说，至少在12世纪20年代末最后的几天里还有足够的时间套上他的马车，在他一生中第二次向南迁移，像燕子一样重新飞回安达卢西亚。不过，这次他在旅途上的一个城市曾略作歇息，而这个城市就是一个半世纪前希伯来新诗兴起的地方：哈斯代的科尔多瓦。

这种穿梭于相互争斗的不同迫害者之间的充满危险的流浪生活已经彻底改变了哈列维。他当时已人到中年，并且完全可以理解的是，他经常咒骂那些迫害犹太人的人。对哈列维来说，犹太人不可能得到庇护和救助，并且几乎没有人能够理解他们。这种苦涩的信念逐渐萌发，将他从有可能与其他教徒肝胆相照、和谐共存的幻想中拉了出来，产生了一种强烈的与自己的犹太教同生共死的意识。通过来自开罗的信件，他了解到十字军曾残酷地屠杀耶路撒冷犹太人并焚毁了他们的会堂。这些信息使他更加绝望，同时也进一步坚定了他的信心。

但是，犹太人的科尔多瓦这个挥之不去的幽灵促使哈列维对他的诗歌和犹太教重新进行思考。犹大·哈列维笔下的希伯来诗歌沿袭了阿拉伯风格，并且就其活力与优雅而言，已经取得了非凡而圆满的成就。而就在当时，一个多世纪前由哈斯代·伊本·沙布鲁裁决的那场两位诗人之间决斗，那场古老而血腥的文学战争，又再次被激起。像所有娴熟的散文诗作者一样，哈列维沿袭了杜纳什·本·拉布拉特对阿拉伯风格的模仿并予以完善。但眼下他却想起了那个显然是失败者的米拿现·伊本·沙鲁克。米拿现由于自负地认为《圣经》中的希伯来文字和新式祈祷诗歌应该沿着各自不同的方向发展，才在一场莫须有的"文字狱"中赔上了自己的性命。但或许米拿现及其追随者是正确的。或许有可能，用一种具有强烈精神意味的希伯来文写诗，但同时又可以保持对犹太教中所有神圣元素的信仰。既然可以把对上帝的爱的赞颂和对人的肉体的渴望用情真意切的语气写成爱情诗，那么为什么不能用《雅歌》的语气来写呢？于是，哈列维开始改变自己的诗风，他的诗歌变得厚重、庄严而充满古风的激情。虽然米拿现·伊本·沙鲁克的头发当年曾被哈斯代的走狗拔掉，甚至头皮也一片片地裸露着，但他现在终于站在了哈列维的肩膀上。这种迟到的无罪证明当可使他含笑九泉。

当年发生的故事中，另一个情节更加引起了哈列维的密切关注：米拿现代表哈斯代给哈扎尔汗国国王写过一封信。正是在托莱多，哈列维决定要写一部重要的著作，坚定地重申犹太教的唯一性以及由此产生的独特的犹太历史。在那个遥远的王国，犹太人和犹太教实际上是在孤军奋战（或许现在依然如此，谁知道呢？）。并且当时他们对外邦毫无防范之心，这样的历史记忆让哈列维更加义愤填膺。他的著作《哈扎尔人》采用的是对话体。对话的双方，一方是一位博学多才的拉比，另一方则是一个匿名的哈扎尔国王。在被说服之后，国王本人连同整个王国皈依了犹太教。科尔多瓦城对近两个世纪之前发生在远方的真实历史故事仍然记忆犹新，正是在这座城市里，哈列维用自己的矛盾哲学对以往形而上学的推测发起了攻击。显而易见，他用阿拉伯语写成的这本书，是为了号召人们摆脱希伯来语依靠阿拉伯语的旧习。因为希腊哲学就是用阿拉伯语传播的。

哈列维这位以复仇与雪耻为己任的文采飞扬的剧作家，当然会为国王突然开窍的场面写下高潮的一幕。他的故事首先讲了一个有关国王梦见天使造访的传说，于是国王就召集一些代表，让他们对各自的信仰表明自己的主张。但当时并没有召集犹太人参加，因为他们处处受人鄙视。这令他们那古怪的教义最终能在论争中说服对方变得难以置信。除了静等国王被说服之外，犹太教的拉比其实什么事也没有做。国王最后赶往一处犹太人存放《托拉》羊皮卷的山洞，正式皈依了犹太教，并随后接受了割礼。国王回到王宫后，便开始大兴土木建造犹太会堂，并把这个新宗教的教义和习俗教给他的臣民。

人们在阅读《哈扎尔人》这本书时，不可能不会感觉到，哈列维在教化他人的同时也是在进行自我净化。其中最慷慨激昂的章节，都是为了证明希伯来语作为"第一语言"（他就是这样想的）不可替代的唯一性。它应该成为日常生活和精神生活中所有表达方式的理想工具。他之所以用阿拉伯语书写，目的是要净化希伯来语。哈列维在他的诗作中越来越强烈地表达出某种渴望，从而把他带入了生命与死亡的边界：

不管我有没有说出来
我所有的企盼都展现在你面前
我希望能得到你哪怕瞬间的赞许，然后死去——
只要你能够满足我的愿望
我愿意把我的灵放在你手中
然后长眠，在甜美的睡梦中长眠。[24]

这位医生（虽然这么说很勉强）煞费苦心地告诉哈扎尔国王，犹太人早在远古时代就是天文学方面的专家，他们在世界上首次提出的划分季节的农历已经被广泛接受，他们规定的每周的休息日也已经进入了日常生活。他坚持认为，《托拉》看起来可能有些古怪。但正如《塔木德》中拉比和圣哲所极力强调的那样，实际上其中充满了实际生活中的经验。例如，其中对如何确定动物身上不适于牺祭和食用的瑕疵或不洁的问题，就作了详细的规定。毫无疑问，哈列维对那些超自然的神圣事物的态度充满了诗意。

在这样一部著作中，虽然哈扎尔国王往往会为拉比对他的启蒙教育感到兴奋而惊叹不已，但当他扮演诗人的角色时，他会不留情面地批评哈列维的说教有犹豫和矛盾之处，有点像道德上的懦夫。

然而在科尔多瓦，正是这样的自责越来越困扰着哈列维。从逻辑上讲，他的最后归宿，就是亲自回到自己的锡安山。当时，耶路撒冷已经被十字军征服，这一事实使他回归圣地的愿望更加迫切。越来越强烈的信念让哈列维更愿意听从发自内心的呼唤：只要有足够多的犹太人站在橄榄山上面朝圣殿山，"舍金纳"就会回到她一度离开的倒塌的圣殿中；而当她在那里显现时，弥赛亚也有可能再次降临。在《哈扎尔人》中，他用那个已经改变的"自我"激励国王皈依犹太教：如果没有行动，再好的想法也是没有意义的。所以，他后来经常责备自己，他将那种在流亡中只剩下半条命的感觉描绘为"一次沉睡"，而他自己似乎正在被这种感觉所吞噬。在《哈扎尔人》中，他曾提到约柜就像一颗心。而如今，在伊比利亚半岛的塞法拉德以东，显然只剩下他自己这颗心了。

我的心在东方
而身却在西方的边缘
我终日食不甘味
又怎会感到快乐？

我宁愿把西班牙所有的快乐

留在身后
只要我能够看到
你那神殿中留下的尘土和废墟。[25]

不过，这样的诗句似乎还不够兴奋，或许是时机未到吧。犹大·哈列维并没有立即登上一条驶向东方的帆船，而是陷入了长达数年的纠结之中。他有时会责备自己胆小懦弱和优柔寡断，有时又为这样一次长途旅行可能遇到的危险感到恐惧。这样的恐惧是可以理解的。即使圣地没有卷入圣战，仅仅是长途旅行的危险也足以让这个五十多岁的老人望而生畏。在这种一路把他从塞维利亚带到埃及或巴勒斯坦的横帆帆船，肯定是非常拥挤、肮脏和不舒服的，并且航程可能长达两个月。在这样的船上，没有人会对他灰白的胡须表示尊敬。他也许只有一块木制的简陋床板睡觉，躺上去就像进了一个活人棺材。在如此狭窄的空间里，可能没有地方能让他舒展一下腿脚。当他在摇晃的甲板上站不住的时候，恐怕只能蹲下来。到了夜里，当帆船在暴风雨中颠簸航行时，陪伴着他的，可能只有煤筐里的老鼠和呕吐物的恶臭。当帆船严重倾斜，似乎马上就要沉下去时，这种不舒服感便会被恐惧所代替。这样的事件几乎每天都在发生。从他不得不时常为犹太人质筹集赎金这一点来看，哈列维很清楚地中海东部是海盗出没最频繁的海域。

哈列维努力用勇敢面对的方式来驱散恐惧。在这种精神状态的感召下，哈列维在最终离开之前写下了大量极为激动人心的诗篇。他在诗中责备自己的犹豫不决，因为他毕竟已经来日无多。"一直企图用你已来日无多安抚你的主……不！还是像一头狮子那样去取悦他吧……你的心不会迷失在海浪中。"这是出征的号角。但随后，诗人却又想象自己来到了一望无垠的大海上，陷入了狂风暴雨之中，在四周笼罩的恐慌和无助中挣扎："船板和客舱发出断裂的声响/人们拥挤在甲板上/痛苦地拽住舷边的缆索/有些人在呕吐……雪松木的桅杆就像稻草/压舱的铁块和砂子也像枯草一样被抛向空中/所有的人都在选择不同的方式祈祷/而你却向我们的主求救。"一切就要结束了，他开始祈祷，他的祈祷当然应验了。排山倒海的巨浪终于驯服地恢复了往日的平静；月亮出来了，像戴着金面具的埃塞俄比亚少女一样端庄而美丽。闪烁的星星倒映在镜子一样的海面上，幻化成无数犹太流亡者和逃犯在海面上沉浮。突然间，梦幻中的诗人在这茫茫的海面上顿悟了。大海和天空在天鹅绒般的黑暗中融为一体："两片大海连在一起/中间就是我的心/在赞美主的海浪中跳动。"[26]

1140年夏天的某个时候，犹大·哈列维终于收拾起行囊，踏上了"寻根"的征途。他唯一幸存的孩子的丈夫伊萨克·伊本·以斯拉（Yitzhak ibn Ezra）陪他一起上路。而他的妻子和他那个以爷爷名字取名的儿子犹大被留了下来。与他同行的还有一位叫所罗门·伊本·加巴伊（Shlomo ibn Gabbai）的犹太人。我们这位诗人上演了一幕斩断对国家、家庭甚至妻子的思念的悲壮戏剧。虽然即将一别多年，甚至一去不返，但家乡似乎再也没有什么东西能够留住他。只有可能再也见不到他的孙子的难舍之情让他的心中出现了片刻的迟疑，但他毅然告诉正在召唤他的上帝："和你的爱相比，这些都微不足道……我很快就会怀着一颗感恩的心踏进你的家门……我要在你的土地上竖起一块墓碑/它就是我的见证人。"[27]与他曾经想象的一样，航程中的分分秒秒就像下地狱一般。这促使他在9月初安全抵达亚历山大港后，立即就写下了另一首狂风骤雨般的海上诗歌。

然而，在他准备履行自己的诺言时却出现了另一个新的障碍，即名人效应。保存在"开罗秘库"中的信件表明，哈列维当时在亚历山大和开罗的富有、虔诚和文化上雄心勃勃的犹太人中间受到了近乎狂热的崇拜。他们之间交流的信件表达了他们对他即将到来的激动心情和对其航程发生延误的担忧。并且诗人的崇拜者之间在由谁接待诗人这个问题上发生了激烈的竞争。当伟大的诗人据说已经选中了一家，却无法解释为什么不选择其他家时，他们嫉妒或羡慕的心情可想而知。这样的声势似乎让哈列维有点措手不及。他的双腿刚刚适应了在陆地上行走，内心却产生了一种更加纠结的情感。他不是一个已经摆脱了财产和世俗的虚荣心的一无所有的朝圣者吗？他只是希望自己能够尽快赶到巴勒斯坦，跪下来亲吻神圣废墟中"像蜜一样甜的泥土"。但是，我的天啊，在经历了漫长的海上颠簸之后，接下来的这段路途，无论从陆地上走商路，还是走水路到达阿克，似乎突然让这把"老骨头"有点胆怯了。由于马上就要过犹太新年，接下来就是赎罪日和住棚节，然后还有诵经节（这是个喜庆的日子，他怎么能不参加呢？）。节日一个接一个，但再往后，恶劣的天气就会接踵而来，这无疑让第二段航程的前景变得非常可怕。亚历山大人非常友好，争先恐后地接待我们的诗人。尤其是当地社区的支柱人物亚哈龙·阿曼尼（Aharon al-Ammani），他打开家门，真诚地坚持让诗人在他华美的庄园里休养一阵子，那里有成片的树林和迎宾的喷泉……

于是，犹大留了下来，与他的女婿和朋友一起逗留了两个多月。他们十分感激阿曼尼所提供的奢华而舒适的招待、美食以及宁静的庭院。当然偶尔也会有崇拜者敲门，热情而虔诚地拽一下他的衣服下摆。在海上的旅途中，冬季渐渐来临。但如果哈列维像他说过的那样足够迫切的话，他仍然可以到达福斯塔特。因为他在那里也有一群崇拜者，其中包括同样年迈的哈尔丰·伊本·纳塔内尔（Halfon ibn Natanael）。他的这位老朋友甚至每天流着泪盼望着他的到来，并为他在前往圣地的驼队里预留了一头骆驼。于是，在光明节来临之前的某个时间，他沿尼罗河而上，并在开罗犹太社区的精神领袖撒母尔·伊本·哈拿尼雅（Shmuel ibn Hananiah）家里小住。为了阻挡一群群像猎犬一样追逐诗人的崇拜者，哈拿尼雅还颇费了一番周折。是年冬季的某一天，由于哈列维担心水路航行会更艰难，于是取陆路继续前行。他坐在颠簸、摇晃的骆驼背上一路向南，似乎比通常的驼队走得更远。无论是因为不适、生病还是焦虑，他最终还是放弃了骑骆驼，又返回了福斯塔特。在那里，他第一次听到各种方言，看到人们总是摇头，还有许多嘴里不停地说着"我早就告诉过你"的人。这对于一位六十多岁须发灰白的老人来说确实难以忍受。他心里在想，埃及究竟出了什么问题？

其实也没有什么。他后来也时常为了逃避而回到这条伟大的河流边思索。难道他不配享有这片土地？当年的约瑟不是很成功吗？埃及不是一直在上帝的计划中吗？于是，他不再自责。尼罗河两岸突然一片葱绿，习惯于在生活的快乐中畅饮的老犹大，在春天这个庆祝季节里，终于迎来了最后的诗情爆发：

时光褪下了战栗的外衣
装扮上最美的礼服和宝石
大地穿上了针脚细密的亚麻长袍
上面还织着金线……[28]

但是，在这个老男孩的眼中，当然不仅仅有大自然的美景：

少女们徜徉在河边，
手上戴着一圈圈手镯
脚上挂着一层层脚链
好重的黄铜！她们怎么走路呀？

何况他还是一个格拉纳达老男孩，当然不会把眼睛从美女身上移开：

那颗忘记了年龄的心陶醉了
竟然想起了埃及的伊甸园
那颗心在这河边花园旁变得年轻
河畔的田野上
葱绿的麦田已经金黄

他又一次采用了阿拉伯"颂诗"(qasida)①的风格。颂诗一般以某种愿望开篇,只要以虔诚结尾就行,这对哈列维来说没有任何问题。微风从西方吹来,促使他再次远航,他回到亚历山大港后,开始向他最后的目的地进发。

由于这首诗表达了犹太人的两个愿望,因此几乎刚刚写完就流传开来。哈列维只得为他在亚历山大的东道主又写了一首诗,其中对欲望的颂扬更为令人惊异:少女们手腕和脚踝上戴满了各种各样的饰品,"苹果和石榴状的银铃压得她们直不起身子",她们的头发"像离别的忧郁一样乌亮",甚至夸张地形容"如果谁看她们一眼,眼睛就会被她们身上的阳光亮瞎……性感、轻盈、修长,我情不自禁,真想亲吻她们充满诱惑的红唇"。[29]在这首诗的下半阕中,哈列维适时地转向虔诚的主题。他把自己描绘成一个锡安山的赤脚的朝圣者,泪水浸湿了脚下的土地。但这个行动迟缓的老男孩的这些诗句或许足以让那位曾经为他安排陆路行程(尽管没有成行)的老朋友感到不快,但阿曼尼对此似乎毫不介意。

这毕竟是世俗生活中欢乐情感的最后爆发。在埃及,逾越节来了,但很快就又去了。犹大·哈列维最后面向东方祈祷,这显然不是一次普通的祈祷,他采用的姿势已经超出了祈祷本身的含义。他说过,他要完成一次孤独的旅行。现在,他终于完成了一生的夙愿。他是一个人来到圣地的。他的女婿伊萨克留在了开罗,而所罗门·伊本·加巴伊也没有陪在他身边。是年5月7日,心潮难平的诗人孤独地登上了一条来自突尼斯凯鲁万的帆船,向阿克进发。随后的一个星期,海面上一直刮着剧烈的东风,但听说后来风向又发生了改变。船帆在狂风巨浪中升了起来,诗人坐的船驶出了港湾,此再也没有听到过犹大·哈列维的消息。

数百年来,犹太人一直想知道他最后去了哪里。[30]来自哈列维家乡图德拉的旅行家便雅悯曾声称,他在加利利海边的太巴列城附近看到过哈列维的坟

---

① 这个阿拉伯词的意思是"意向"。这种诗有单一的主题(符合逻辑地展开并结尾)和格律(有点像汉语的格律诗),每行押韵,标准格式是五十行,有时超过一百行。因为这种诗常常用来赞颂国王和贵族,而这样的主题被称为"madih",意为"颂扬",故译作"颂诗"。

墓，但并没有更多的目击者证明这一消息。考虑到哈列维的名气和犹太人对于朝圣的执著，他们似乎不太可能忽略这样一个值得拜谒的圣地。无论如何，在犹大·哈列维身上，充分体现了犹太人对耶路撒冷发自心底的渴望。但他对耶路撒冷的向往又是空前绝后的，并且比他之前和之后的任何一位希伯来诗人都更激情洋溢，更义无反顾。关于哈列维，我们从另一个不同的故事中可以发现，他的这种强烈的渴望之情或许并非虚构。在1586年，意大利犹太人基大利·伊本·叶海亚（Gedaliah ibn Yahya）在威尼斯出版了一本希伯来文集。文集中曾声称，哈列维的确到达过耶路撒冷的城门，在那里他死在了一个阿拉伯骑兵的马蹄之下。

你能想象他到过那么远的地方吗？[31]假设他在亚历山大港到阿克这段相对较短的航程中得以幸存下来，那么他很可能在1141年的5月末或6月初，即阿布月初九（公历应该是当年的7月18日）斋戒日之前到达耶路撒冷。在阿布月初九这一天，当局对禁止犹太人进入耶路撒冷的法令会有所放松，允许他们举行纪念所罗门圣殿和第二圣殿在同一天被焚毁的悼念活动。尽管绕耶路撒冷城一周并在城门下祈祷的古老习俗为十字军所禁止，但哈列维仍然可能登上橄榄山，看一眼自己心中的圣殿山。或许这才是我们故事主角的最后归宿：在历经漫漫长路之后，热烈而虔诚的诗人终于站在了耶路撒冷的城门下，他甚至会匍匐在地，亲吻脚下的泥土，因为他曾经一遍又一遍地念叨过，那里的泥土像没药一样香，像蜜一样甜。

# 第7篇　阿什肯纳兹女人

The Women of Ashkenaz

## I　献祭的羔羊

如此美丽的名字，如此悲惨的结局。多尔西亚（Doulcea），多么甜美的名字。她是一位尊贵的女人（eshet chayil），对她的丈夫、虔诚派拉比以利亚撒·巴·耶胡达（Eleazar bar Yehudah）来说，她是比红宝石还要尊贵的女人。作为一名著名的香料商，当她的女儿汉娜（Hannah）和贝莱特（Bellette）躺在家里快要咽气而她跑出来呼救时，多尔西亚于1196年在沃尔姆斯（Worms）街头身中数刀。

利科里西亚（Licoricia），多么坚强的名字。她曾两度守寡，但却一直背着自己的钱袋。她曾被三次关入伦敦塔①土牢并侥幸逃生，但却于1277年与其

---

① 伦敦塔位于泰晤士河畔，最初由威廉一世于1078年开始动工修建，历时20年完成，堪称英国中世纪的经典城堡。到13世纪，历代统治者陆续在其外围增建了13座塔楼，形成一圈环拱的卫城，使伦敦塔既是一座坚固的兵营城堡，又是富丽堂皇的宫殿。虽然将其作为宫殿居住的最后一位统治者是詹姆士一世（1566—1625），但如今的官方名称却是"女王陛下的宫殿与城堡"。伦敦塔曾作为堡垒、军械库、国库、铸币厂、宫殿、天文台、避难所和监狱，特别关押贵族阶层的囚犯。最后的这一用途产生一条短语"sent to the Tower"，意思是"入狱"。伊丽莎白一世在她姐姐玛丽一世统治期间曾在此入狱一段时间；伦敦塔最后一次作为监狱使用是在第二次世界大战期间，关押过纳粹党副首领鲁道夫·赫斯。

基督徒女仆一起被杀死在温彻斯特（Winchester）的家中。

沃尔姆斯的西坡拉，她就像一只陷入罗网的小鸟。在1096年春天十字军暴徒一片"血洗杀害基督的凶手"的叫嚣声中，她恳求丈夫先把她杀死，以免亲眼目睹自己的儿子被父亲亲手杀死的悲惨场面。

科隆的萨莱特（Sarit），她本来是一位漂亮的新娘，但却被她未来的公公、利未人犹大从下腹直到喉咙劈成了两半，从而使她的婚礼变成了一场血腥的屠杀。

摩泽尔河（Mosel）的一座桥上站着一群女人，其中两位来自科隆，两位来自特里尔。当她们眼看着自己的同胞姐妹被残忍地拖向洗礼池时，决心用自己的行动对洗礼进行反抗。她们跳进了摩泽尔河黑暗的河水中。

一位无名氏由于嫁给了纳博讷（Narbonne）的拉比大卫·托德罗斯（David Todros）而皈依了犹太教，从而引起她的家人的愤怒并遭到追杀。后来，她只能隐姓埋名地在莫尼约（Monieux）避难。而一伙十字军杀死了拉比大卫之后，抓住了她的两个孩子并强迫他们皈依了基督教，只留下这位改信犹太教的寡妇与她那尚在吃奶的男婴艰难度日。[1]

然后就是鲍瑟琳（Poulceline），大家应该对她有所耳闻。根据来自波恩的以法莲的记述，大美人鲍瑟琳与布卢瓦（Blois）伯爵、法国王室总管、国王的妹夫蒂博（Thibaut）私交甚深。但当包括鲍瑟琳在内的布卢瓦犹太人于1171年被活活地捆在柴堆上烧死时，这样的社交身份对她没有丝毫的帮助。

她到底做了什么？上面提到的这些美丽的名字又做错了什么？像往常一样，不为别的，就因为她们是犹太人。她们所做的事情，据说是杀害儿童，尤其是基督徒儿童。根本不需要任何证据。在布卢瓦，并没有人看到尸体，也没听说有孩子失踪。只不过在5月间有一个马夫恰好在卢瓦河（Loire）边给马洗澡，他隐隐约约看到有一个灰白色的小东西从岸边的一个犹太人手中滑入了水中。实际上，这个犹太人当时手中拿的是一些未经加工的兽皮。当其中有一件溅落到水中时，这个马夫便向他的主人报告说，他的马受惊了，不愿意喝水，这无疑是河水被什么脏东西污染了的确切证据。其实，只不过是一件兽皮而已。蒂博伯爵收到了关于这一事件的报告，他认为这件事非常严重，应该让马夫喝一些河水，以验证他所说的话是真是假。他当然没有出现什么不适，但布卢瓦却有三十多名犹太人因此被逮捕并投入监狱。他们被互相锁在一起拴在地面上，这正是当时关押犯人的方式。

鲍瑟琳则被单独关押起来。这主要是因为她作为情敌，使伯爵夫人阿利克斯（Alix）妒火中烧。然而，正是这样的权力使这位犹太女人在蒂博伯爵面前感到心惊胆战，鲍瑟琳并不敢向他陈明真相。像北欧的阿什肯纳兹世界中的许多女人一样，鲍瑟琳也是一个很物质的女人，是一个靠对穷人和富人、犹太人和基督徒放贷的女人。也正因为如此，她对伯爵还是非常有用的，同时也赢得了他的尊敬，或许还有更多的东西。对于她的宗教同胞所遭受的不公，她也时常对他进行劝说。但这可能会使事情变得更糟。因为无论是用她的钱财还是她的肉体还是两者兼而有之，鲍瑟琳都无异于在向蒂博表明，她已经成为这个城市里最不受欢迎的人。不久之后，她便与其他犹太人关在了一起，并于5月26日与他们一起烧死在集市广场上。或许，下面这个关于丢弃在卢瓦河中的孩子的故事就是专门为败坏鲍瑟琳而编造出来的。

根据奥尔良和洛什（Loches）犹太人发出的信件中的记述，那里的"司法"屠杀过于骇人听闻，以至于巴黎的犹太人向国王路易七世（Louis Ⅶ）派出了一个代表团。在一封信件中提到，王室的回应带来了好消息：国王"以仁慈之心对我们表示同情"。更令人吃惊的是，路易警告说，如果蒂博行为不端，他将会受到惩罚。"听着，你们这些生活在我的土地上的犹太人，你们没有理由对迫害者所做的分内之事大惊小怪。人们也对蓬图瓦兹（Pontoise）和茹安维尔（Joinville）的犹太人提出了同样的指控，如果这些案件呈送到本王面前，而一旦查明控告不实……我的土地上的犹太人大可放心，我对这样的猜疑决不会姑息。即使在城里或乡间发现了一具尸体，我觉得也与犹太人毫无关系。"[2]

这种痛心疾首的表白似乎来得太晚了。由于一项毫无根据的指控，布卢瓦的犹太人几乎在一天之内被全部杀光。尽管由于奇迹使然（很可能与金钱有关），这个犹太社区的经书和羊皮卷竟然保留了下来。只不过据说有一匹马不愿意喝河里的水，就凭空将整个犹太社区指控为杀害基督徒儿童的凶手。这种十分流行的对犹太人虐待孩子，包括自己的孩子的妄想症可以说古已有之。约瑟福斯和亚历山大的斐洛都曾严厉地指责过犹太人绑架儿童的行径，甚至不愿与他们为伍；而安条克的约翰·屈梭多模也曾多次指控犹太人受魔鬼驱使，竟然残忍地用自己的孩子献祭。经文中的叙述也十分纠结，似乎在为这种无来由的妄想症张目。《圣经》中曾经对主张复兴异教的国王玛拿西用儿童向莫洛克神献祭深恶痛绝，但也对这一习俗作了历史性的肯定。亚伯拉罕根据上帝的命令，甘愿用自己的儿子献祭，尽管最后时刻被巡察天使阻止，但却被认为是不祥的征兆。中世纪的基督徒都知道《马加比二书》与约瑟福斯的《犹太古事记》和《犹太战争》，其中都提到在塞硫古王朝灭除犹太教的运动进入高潮时，有一位犹太母亲残忍地宁愿用她的7个儿子献祭，也不向异邦的亵渎行为屈服。最令人难忘的是她的最后一个儿子，当时他的母亲逼着他和他的兄弟们站在一起，但如果他屈服，安条克将满足他的所有愿望——财富和地位。当他进入天堂后，他的母亲告诉他要向亚伯拉罕学习，并教导他说，由于他有了一个祭坛，她便可以为拥有7个祭坛，她对此感到非常自豪。这个故事的结尾是，这位母亲从城墙上跳下来自杀了。

到12世纪末期，那些倾向于相信这类事情的基督徒普遍认为，犹太母亲和父亲的确宁愿杀死自己的孩子，也不愿意看着他们被领到福音真理的光明之下。因此，极度仇恨的恐怖开始强烈地转向那些杀死孩子的犹太母亲，因为她们在基督徒的传说中似乎成了与象征纯洁和母爱的圣母玛利亚对立的魔鬼般的人物。她们都是母亲，都曾用自己的儿子献祭。但基督神学中的父母，上帝是父亲，玛利亚是肉身的凡人，他们用儿子献祭是一种拯救人类的怜悯行为；而犹太母亲或许是由于魔鬼附体，则是以犯罪和难以理解的残忍方式杀死自己的孩子。

关于这些事件——分别发生于马加比起义和第一次十字军东征期间——的犹太版本却与此完全相反。到十字军开始实施大屠杀时，犹太人已经拥有了与约瑟福斯的著作对应的希伯来版本，即写于公元10世纪意大利的《犹太编年史》（Josippon）。在这部书中，这位7个儿子的母亲——在《米德拉什》中被称为米利暗·巴特·坦查姆（Miriam bat Tanchum）——的身份并不是一个狠心的狂热分子，而是一个抢走了暴君胜利成果的人。她曾声称用敬神的行为战胜了渎神的行为。同样地，犹太人采取的独特殉难方式，甚至父母亲手杀死自己的孩子以免死于异教徒之手的行为，则被描述为一次对基督徒殉教理想（当时在他们的文化中非常流行）的胜利。我们也许永远也弄不清楚讲述这些殉难故事的三部希伯来编年史（通常充满了令人不忍卒读的血腥细节）是否真实地记录了1096年发生于莱茵兰地区的恐怖事件。因为除了在基督教叙事中间接提到过某些事件，并没有其他独立的史料予以佐证。但是反过来说，也不能因此认为这些编年史的核心内容甚至其中的细节就不是真实的历史。[3]但有一点是毋庸置疑的：犹太家庭用这种自我毁灭的方式来逃避其他的死亡形式——强制施洗或屠杀——是这些早期的犹历史记述为了让人们记住他们的宗教在灾难的中心曾拥有一席之地而选择的叙事方式。

无论如何，在1096年，也就是布卢瓦事件发生之前75年，这里的犹太母亲和她们的孩子身上肯定发生过难以想象的恐怖事件。某个从此之后萦绕在犹太人的痛苦记忆中的事件。教皇乌尔班二世（Urban II）在1095年11月的克勒芒（Clermont）公会议上号召十字军把圣地从撒拉逊人（Saracens）不洁的手中解放出来。这马上提醒了法国和莱茵兰地区像"隐修者"彼得（Peter the Hermit）这样的著名传教士。他们认为，这件净化工作不必等到基督徒的刀剑伸向巴勒斯坦就可以完成。难道在他们中间，在莱茵兰地区的城镇中——施派尔（Speyer）和美因兹（Mainz）、沃尔姆斯和科隆——就没有基督徒的敌人？当那些扛着十字架的基督教徒准备用鲜血和金钱去完成他们的神圣使命时，"我们为什么要让他们［犹太人］活着，容忍他们生活在我们中间呢？让我们首先用刀剑对付他们，然后我们就可以放心大胆地一路向前。"[4]于是，圣战爆发了，救世主的血要用血来偿还，要举行一场血的洗礼，要为犹太人的不义之财找到正当的用途。这是理所当然的。"卑鄙无耻、冥顽不化、嗜血成性"的犹太人要继续为他们的犯罪付出代价，以便为那些试图把耶路撒冷交还给基督徒的军人提供资助。

不祥的阴云笼罩着欧洲大地。像基督教欧洲的其他地方一样，法国和莱茵兰地区的犹太人生活在圣奥古斯丁的特别法令之下。他们因为破坏圣殿并杀死救世主而受到了惩罚，他们被赶出了耶路撒冷，他们流散到世界各地。据说，这次赎罪的苦修是如此严厉，以至于他们感到"生不如死"。在这样一次悲惨的流散中，他们虽然作为一个民族得以生存下来，但整个民族却留下了该隐的标记①，亲眼目睹了基督徒获得拯救的胜利。所以，根据这种观点，他们需要保护。如果将他们彻底消灭，势必造成这样的不幸后果：对作为第二基督降临的前提条件而发起的伟大的皈依（基督教）运动，将被阻碍。在11世纪末，教皇亚历山大二世曾特别地提醒十字军，杀害犹太人就等于是公然向上帝本身的仁慈进行挑战。因此，在不断地提醒十字军，犹太人生活在基督之外的可悲本性，并防止诋毁或污蔑救世主的行为和记忆的同时，罗马教会及其忠诚而正直的红衣主教的责任就是保护犹太人，而不是迫害甚至伤害他们。因为只有这样才能使他们最终被领到光明之下。

除此之外，他们在经济方面也是非常有用的。由于教会法规禁止基督徒放贷取利，所以犹太人成为维护和扩大基督教王国的荣耀所需要的巨额资金的主要（尽管不是唯一的）来源。尽管教会发布了这样的禁令，但实际上仍然有大量的基督徒放贷人，如卡豪森人（Cahorsins）和伦巴第人

---

① 该隐（Cain）是亚当和夏娃的儿子，据称是第一个谋杀与自己有血缘关系的人的凶手。根据《创世记》记载，该隐种田，亚伯牧羊，上帝接受亚伯的贡物而不选该隐的贡物，该隐因此发怒并杀死了亚伯。于是上帝将该隐从定居地赶走，让他没有落脚之地。该隐害怕在流亡中被人杀害，因此上帝给他身上留下记号以保护他，并说"凡杀该隐的必遭报七倍"。由于犯罪而流亡，这或许是犹太人长期流浪生活中的最初意象，参见作者在本篇末的比喻。

（Lombards），而他们得到的利息要比犹太人高得多。不仅如此，一旦负担过重，由于犹太人对地方领主、王室和高级神职人员的绝对依赖，使他们很容易成为随意的紧急征税、没收财产、为群体死亡事件担责，甚至直接取消债务等官方强制措施的牺牲品。随着中世纪的统治者扩张的野心越来越大，他们往往把权力的标记展示在修道院、大小教堂、宫殿和武器上，所以对现金的需求越来越迫切。尽管一直抱怨饱受盘剥且负担过重，但犹太人似乎总是有足够的现金为这些纠缠不休的建筑工头、领班和忙碌的管家开出工资。

所以，根据最早由法兰克国王"虔诚者"路易（Louis the Pious）为了鼓励犹太人在他的王国中定居而颁布的特别许可法令，犹太人受到了非常友好的对待。他们被允许自由迁徙、建造犹太会堂，被免除了某些赋税和人头税，并赋予他们的社区以自治权。他们被排斥在某些专门职业之外（除了医疗行业，因为基督徒像穆斯林一样，只能靠犹太医生给他们看病），并且许多职业要求取得行会会员的资格。但与南面的拉丁区、东面的希腊区以及越来越不宽容的伊斯兰世界中日益困难的生活相比，这似乎已经足够舒心了。各地的犹太社区从无到有、从小到大地建立起来。拉比和老师纷至沓来，其中最著名的当属拉布所罗门·本·以撒（Solomon ben Issac）。他当时被称为拉什（Rashi）。他在特鲁瓦城（Troyes）的犹太学园里，对《圣经》评注方式进行了革命性的尝试。

但不久之后，乌尔班二世发出十字军东征的号召。这很快将人们的狂热煽动起来，各地的主教和各国的国王显然已经无法控制。拉丁编年史学家、来自亚琛的阿尔伯特对1096年上半年的那些日子作了生动的描述："有许多人被大火和上帝的'慈爱'烧死了……野蛮的屠杀在东征的途中就开始了，并且似乎没有尽头……那些未来的基督徒与骗子、罪人和暴徒几乎没有什么差别。他们不知羞耻地疯狂犯罪，有时还会谈起一只鹅或一只山羊似乎有上帝的灵附体。他们随后就有冷酷的灵附体了。"[5]在像弗隆海姆（Flonheim）的埃米科（Emicho）这样的以残忍著称的传教士的率领下，大量的农民军（人数无法计数）在乡间横行无忌。他们最擅长的就是抢劫，而犹太人就是最显眼的抢劫目标。既然如此，为什么不直接杀了他们呢？他们是否有这样的机会完全取决于世俗和宗教当局是不是下决心为了"他们的"犹太人而阻止这类难以控制的抢劫犯罪活动。尤其是有些犹太居住区及其位于中心地带的犹太会堂，就建在一座教堂或主教府邸附近，他们心中总是惴惴不安，担心不测发生。但是，各个教区对犹太人采取的对策差别很大。在特里尔，善良的主教英吉尔伯特作为一个"令人讨厌"的犹太同情者，他的生命不时受到威胁。于是，他选择赶紧离开，不再过问身后随时可能发生的可怕事件。但在施派尔却是另一番情景，主教约翰和犹太社区领袖耶库迪亚·本·摩西（Yekutial ben Moses）联手预先采取行动，把城里所有的犹太人集中到主教府邸的一个壁垒森严的院子里，后来又把他们转移到了城外一个更安全的要塞中。[6]那些威胁过犹太人的人被砍掉了双手，这肯定是因为他们曾试图阻止主教的行动。

在沃尔姆斯，情况却不大乐观。[7]甚至在埃米科的灭绝大军带着那只"圣鹅"兵临城下之前，沃尔姆斯就已经弥漫着一种仇恨的气氛。因为有传言说，犹太人活活地煮了一个基督徒，然后把他埋掉了，他们把剩下的残肢熬成肉汁，倒进了城里的水井中，要毒死所有的市民。先不管这种邪恶的暗示如何荒诞，并不是所有的犹太人都有机会进入主教的府邸，更何况他们根本就不愿意到那样的地方。他们信赖他们的保护人，但他们也不愿意相信他们的邻居会变成杀人犯。至于他们的相互猜忌（以及由于信仰不同而在宗教问题上相互辱骂），在像沃尔姆斯这样的城市中，在每天打交道的犹太人和基督徒之间似乎还谈不上已经到了不共戴天的地步。他们走在同一条街道上，穿戴方式也基本相同（当时他们的衣服上还没有必须佩戴的外观标志），互相听得懂对方的语言，并且生活习惯也没有什么差别。除了乡下的农民和外地的游民会发脾气、吐脏话，沃尔姆斯城里的男男女女都不会行为失检。然而，他们的乐观想法被证明是错误的。有些城里人（并不是全部）的确变成了仇敌和钓饵，而那些留在城里的犹太人则成了第一批被屠杀者。随着大量的市民、工匠和农民加入埃米科的队伍，甚至那些有机会进入主教府邸避难的人也沦为了他们围困行动的牺牲品。根据沃尔姆斯殉难纪念簿记载，在1096年5月的两次大规模的攻击中就有800人被杀，但被杀的最终人数很可能接近1000人——实际上相当于整个犹太社区的人数。

正是在美因兹这个最古老、最繁荣的犹太教中心，发生了历史上最恐怖的事件。一次骇人听闻的灭绝行动由于以下的事实而更为可信：一群杂牌十字军扩充成了一支真正的军队。当他们到达城门时，已经有1.2万名青壮年。紧张万分的主教拉特哈德（Ruthard）尽其所能把惊恐中的犹太人集中到教堂内和主教府邸的院子里。像其他地方一样，被放弃的犹太居住区在遭到抢劫后被付之一炬。头两天，那些武装暴徒似乎陷入了困境。但随着他们的人数越来越多，大门被攻破了。基督徒士兵涌进主教府邸的院子，在一片尖叫声中开始了一场血腥的屠杀。

你们可以想象，等待犹太人的是什么。他们必须消失，或者在刀剑下皈依基督教（尽管举着十字架并不能保证肉体上不受伤害），或者被杀死，包括儿童在内铲草除根——因为不能允许他们长大成人，否则他们会一代代地养育出更多仇恨基督的人。关于这一事件，有三个希伯来叙事版本。一个是根据不同的报道在事件发生后不久写成的，作者为"佚名的美因兹人"。另一个篇幅最长，由所罗门·巴·萨姆森（Solomon bar Samson）写成于12世纪。第三个是拉比以利亚撒·巴·拿单（Eleazar bar Nathan）所作。这三个版本都提供了有关后来发生的事情的诸多细节。[8]面对皈依基督教或死亡的抉择，许多犹太人（尽管显然不是全部）选择了后者。自杀显然为《托拉》所禁止，但是马加比起义的壮烈行为、约瑟福斯记述的公元1世纪马察达要塞的集体自杀，以及拉比阿基瓦和拉比哈拿尼雅在哈德良迫害期间成为殉难的典范，这些壮举不仅进入了人们的记忆，并且还由此产生了大量的拉比文献。这些文献就选择死亡，尤其是自杀是否比被迫叛教更可取这个问题上争论不休。其中某些观点坚持认为，犹太人私下被迫改宗是可以接受的，只要他没有被强制作出乱伦或杀戮的行为。如果被迫要公开实施犯罪,那么接受死亡才是更神圣的选择。不仅如此,这样的死亡被认为是上帝的胜利。因为他命令我们要战胜邪恶的力量,因而在临死之前说出所谓"圣化吾名"（kiddush hashem）是一种光彩而荣耀的行为。所得到的报偿（正如应许给十字军的报偿）就是被杀者会立刻被迎入天堂。几乎是完全模仿马察达要塞战斗到最后时刻的指挥官以利亚撒·巴·雅伊尔（Eleazar bar Ya'ir）讲话的语气,所罗门·巴·萨姆森记下了美因兹社区领袖临终前发出的声音："让我们足够坚强,肩负起神圣宗教之轭……因为只有在这个世界里,我们的敌人才能杀死我们……但我们在天堂里的灵魂将在神圣荣光的照耀下永远地活着……我们很愿意遵行他的旨意。"[9]

不过,即使处在临死之前的绝望之中,作出这样的行为仍然是骇人听闻的。而在希伯来叙事中,尤其是所罗门·巴·萨姆森对其细节进行了冷酷的描写。他讲述了一个准备接受最后命运的恐怖而近乎狂热的场面。美因兹的"雷切尔夫人"（Mistress Rachel）高贵的女儿们把用来割断自己喉咙的刀子磨得无比锋利,确保刀刃上没有一点缺损和钝厚的地方,就好像她们要宰杀其他献祭的动物。当然,她们自己其实就是将要被宰杀的动物。

在希伯来编年史中,所有这一切当然不会是在平静的气氛中发生的。但也并不是像《马加比二书》中描写的那样,这位7个儿子的母亲自始至终都怀有近乎疯狂的必死信念。根据该书的记述,"这位勇敢的母亲"向那些围攻者投掷石头,他们又把石头扔回来。她的儿子们脸上和身上伤痕累累。雷切尔夫人宛若有神灵附体,所有的舐犊之情都被抛到了九霄云外。当一个同伴递给她一把锋利的刀子时,她再一次变得心神错乱。在这个当口,这位编年史作者说："当她看到那把刀子时,她发出了一声响亮而痛苦的尖叫。她一边击打着自己的脸颊,一边哭喊着：'天啊,我们的主,您的慈爱到底在哪里呀？'"[10]还有一个版本说,由于雷切尔悲痛过度,只能由她的同伴杀死了她的女儿们。然后,这位母亲才硬起心肠,杀死了两个儿子中的小儿子以撒。

当时，这个故事中还发生了一件引人注目的事情，并且这件事情与基督教的殉教文学中凡蒙福升天的人要像基督殉难时那样以听天由命的方式接受自己的命运形成了鲜明的对照。于是出现了一个最令人难以忍受的场面：两个儿子中的大儿子亚伦恐怖地哭喊着"母亲，我的母亲，不要杀我"，并钻到了一个箱子下面。然而，这位疯狂的母亲告诉他，她的意志不会动摇，然后拽着一条腿把他从藏身的地方拽了出来。杀死他之后，雷切尔瘫坐在地上，伸开她长长的衣袖接住她孩子身上不断滴下的鲜血，顷刻间形成了一个血盆。当十字军闯进来看到眼前的场景时，他们竟然要看一看她在袖子下到底藏着什么"财宝"。她就让他们看，于是他们把她杀了。关于这场灾难，故事结尾是：她的丈夫回来了，看到眼前的恐怖场面，于是他拔剑自杀了。他豁开自己的肚子（讲述者就是这样告诉我们的），然后坐在路边，任凭肠子从肚子里流出来，慢慢地咽了气。

不管上述故事中那些令人毛骨悚然的细节是否真实（我们没有任何令人信服的理由不相信其真实性），关于犹太殉难史的显著特征的叙事无疑是可信的。它是对许多现实中的人们，心中的恐怖、反抗、厌恶甚至痛苦的犹豫不决等不同情绪的真实反映。这就为犹太人的故事中这"恐怖"的一章烙上了"真实"的印记——不管是精神上感到真实还是肉体上感到真实。关于美因兹犹太会堂看门人（parnas）以撒·巴·大卫（Issac bar David）的故事，正是这种悲剧性的犹豫不决令人难忘的描绘。当时，十字军已经杀死了他的妻子、大拉比撒母耳（Rabbi Samuel the Great）的女儿斯科拉斯特（Skolaster）（对犹太女孩来说这是一个美好的名字），为了挽救他的孩子们和身受重伤、正躺在床上流血的母亲，他决定皈依基督教。三天后，由于对自己的决定非常懊悔，于是，他把女儿们领到他当看门人的犹太会堂，在约柜前面杀死了她们，并将她们的鲜血洒到廊柱上。然后，他又回到了家里，并且违背他母亲的意愿，把房子连他母亲一起烧掉了。然后，他再次返回会堂，把各个角落都点着了。当一伙十字军让他赶紧跑出来逃命时，他却"不停地从一个角落跑到另一个角落，双手上举伸向天父，用动听的声音在大火中祈祷着"，直至在烈火中平静地死去。对于这场与皈依行为进行痛苦搏斗的胜利，叙事者所罗门·巴·萨姆森并没有丝毫喜乐之情。他中止了讲述，并高声宣布："讲出这样的悲剧，我确实想哭。我的双眼充满了泪水。"

这种在怀疑与恐惧之间反复权衡的巨大痛苦和复杂情感，同样也残忍地发生在利未人犹大的儿子亚伯拉罕的待嫁新娘、美丽的萨莱特身上。当时，科隆的犹太人已经转移到附近的乡村，但仍然无法逃过暴徒们的杀戮。透过一扇窗户，这位对未来充满期待的新娘惊恐地看着眼前的杀戮场面，她在绝望之下想要逃跑，但却被她未来的公公发现了。他把她拖进"新房"里。于是，一场像模像样但却令人毛骨悚然的"婚礼"开始了。犹大（而不是那位仍然活着的新郎）亲吻了萨莱特的嘴唇，然后宣布："大家看啊……这就是我儿媳结婚的盖头（huppah）。"在场的人都哭了，有的啜泣，有的恸哭，有的哀号，有的悲叹。[11]然后，萨莱特倒进了亚伯拉罕的怀里，而就在这个当口，她的公公把她"劈成了两半"，正如编年史中委婉地表达的那样"从头到脚分开了"。然后犹大又杀死了他的儿子。于是，一场血腥的婚礼宣告终结。

我们恐怕永远也不会知道到底有多少犹太人，他们大多数本来都是坚定而虔诚的信徒，却最终无法享受"圣化吾名"的荣耀，为了他们自己或他们所爱的人，尤其是为了他们的孩子而主动皈依了基督教。当然，其中有些人之所以这样做，只是因为他们受不了严酷的折磨和拷打；而另外一些人则很快就恢复了犹太人的身份，有的甚至在十字军还没有离开就宣布恢复自己的犹太信仰，他们当然要为此付出代价。最引人注目的是，德国皇帝亨利四世于一年后的1097年颁布了一项法令，允许那些强迫皈依的犹太人恢复他们的信仰。这一法令完全违背了罗马教会严禁受洗的皈依者恢复原来的信仰的教规。但亨利四世[他本人以坚决抵制教皇格力高利七世的教谕著称]后来更是被各地屠杀犹太人的报道所激怒，曾下令对凶手施以严厉的惩罚。

1096年春天对犹太人施加的暴行反而使基督教欧洲的某些王室变得清醒起来。亨利四世的儿子和继承人亨利五世保持了他父亲制定的"小心提防"的仁慈政策。他甚至放松了某些对犹太人的限制，鼓励他们在那些被集体屠杀毁坏的城镇中重新定居下来。在法国，正如我们所看到的，路易七世对于仇恨犹太教的偏执传统似乎一直持刻薄的批评态度。因此，那里的犹太人确实返回了沃尔姆斯、科隆和鲁昂，恢复了他们原来的商业和祈祷生活，并使当地的《托拉》《塔木德》研究和慈善事业得到复兴。那些记录中世纪犹太生活的历史学家（甚至包括那些专门记述十字军悲剧故事的历史学家）曾一度煞费苦心地坚持认为，1096年那场恐怖灾难是独特的、例外的情况。[12]事实上，十字军东征时穿过了欧洲大部，而沿途的犹太人却未受伤害。而后来的多次东征也并没有引发像第一次东征时，发生那种大规模的灭绝性屠杀。甚至在1099年十字军占领耶路撒冷并焚毁了他们的会堂时，也不能完全肯定犹太人真的在里面同时被烧死了。许多犹太人被勒索交付赎金，更多的人则成了俘虏，但他们毕竟活了下来。对于犹太人来说，生活并非一直是动荡和驱逐的经历。

还是让我们言归正传。学术上的探讨往往有些夸张。对每一个清醒的基督教统治者来说，有时他们的继任者却可能变成偏执狂。当路易七世的儿子腓力·奥古斯都（Philip Augustus）听说，在布雷镇（Bray）[也有可能是布里镇（Brie）]有一个基督徒因为杀死了一个犹太人而被处死，并且举行的庆祝活动非常不得体地与犹太人普珥节故事中的恶棍和罪人哈曼联系在一起时，他的反应是下令对整个犹太社区实施灭绝性屠杀。所以，从编年史的意义上说，在阿什肯纳兹世界中，所谓犹太人的不安全感并不是他们的想象和虚构，这是因为你根本不知道教会和权力当局容忍那些害怕犹太教的暴徒为所欲为的心理底线。甚至像克莱尔沃（Clairvaux）的伯纳德（Bernard）和被奉为圣徒的克吕尼（Cluny）修道院院长彼得这样的教会人士，当他们不怕招惹麻烦地阻止对犹太人实施暴力攻击行为并对犹太人的命运表示同情的同时，他们也不得不公开承认，犹太是所有种族中最卑下的种族。对这些犹太人来说，尽管他们知道并不是每天都在进行杀戮，但1096年在布雷镇发生的如此频繁的暴行，以及后来一旦基督徒受到煽动便自然发生的种种暴行，已经进入了犹太人的自我意识之中，并且从此之后很难抹去。新的祈祷词和礼仪诗歌被珍藏在对殉难者的记忆之中。其中最著名的一首当属《慈悲的天父》（Av Harachamim），此后犹太人每逢重要的节日都会唱这首诗歌。"纪念簿"（Memorbuchen）为未来的希望染上了悲剧性的记忆。犹太人在绝望中疯狂地互相杀害，以免（他们就是这样想的）落入他们的迫害者之手而遭受更悲惨的命运。这样的噩梦将继续萦绕在犹太人的节期、集市上的争吵、割礼的欢乐和婚礼的喜庆中间。从此之后，只要有可能，他们仍然会用石头垒起自己的房屋和会堂。这就说明了一切。

历史学家萨罗·巴伦（Salo Baron）坚持认为，犹太历史肯定不全是"眼泪"。然而，正是这些明显而无情的证据而不是所谓的情感倾向或悲剧的宿命论（啊，那些终日哀叹和哭泣的犹太人！）告诉我们，犹太历史也不全是美味的蛋糕和葡萄酒。恐怖的事件不断在中世纪的犹太人身上发生着，因为高尚的怀疑论和低俗的疑心病在任何一个"开明"的王国里是不会分离的。对于上面提到的报复心很强的法国国王来说，所谓高尚并不能医治报复者的疑心病；而在其他的事件中，即使王子或主教面对大众低俗的仇恨也不敢插手，只能站到一边任其发泄。据称，英格兰的十字军国王"狮心"理查就对发生在他的王国中的犹太人身上的不幸命运感到非常愤怒，并且从他于1189年11月3日加冕开始一直如此。但是，该发生的终究还是发生了。

这一事件发生的原因的确让人感到匪夷所思。纽堡（Newburgh）的历史学家威廉是这样描述的：一群善意的犹太人，都是像约克和伦敦这样的郡县犹太社区选出的领袖，他们带着礼物，要到首都向这位刚刚即位的国王表示祝贺。这些犹太人都是由"征服者"威廉（William the Conqueror）从诺曼底带回来的。他本想让他们提供日常的现金货物交易方面的服务，所以他们的存在与诺曼—安茹王朝①的财富密切相关。除了希伯来语,他们通常使用的语言是犹太法语,而他们存在的理由就是为士兵、马匹、教堂和宫廷提供税收和资金。

按说,这些对理查的加冕并没有什么妨碍,但威廉却闷闷不乐地说这一天在老皇历上被认为是"邪恶的"或"属于埃及人的"。这些不会看日子却急于讨好的犹太人实在是太过分了!尽管王室公开发布了一项公告,在这位十字军国王加冕时禁止他们进入西敏寺,但根据历史学家威廉的记述,他们还是聚集在王宫的大门前。因为王宫内正在举行庆祝加冕的宴会,而这位新国王正戴着那顶"光荣的王冠"。那个爱管闲事的看门人对犹太人的放肆行为非常愤怒,他使劲地往后推搡他们。在门外聚集的人群像多米诺骨牌一样倒下了一大片,这样的场面再加上看门人的叫喊声,终于引发了一场针对犹太人的暴力事件。一次斗殴事件演变为一场残酷的屠杀。大街上到处是棍棒、石头和骨折的人。在这次冲突中,至少有30名犹太人死亡,有些是被活活踩死,有的被打成了肉酱。其中有一个侥幸活下来的人叫本尼迪克特(Benedict),他住在约克郡,但却是英格兰生意最大的放债人。当然,他也是参与这次骚乱的某些头目的债主,同时还是林肯郡的亚伦的代理人。与他在一起的则是约克犹太社区的领袖约西(Josce)。两个人都遭到了残酷的殴打,但约西却侥幸逃走了,而本尼迪克特则被鲜血淋漓地拖进了附近的一座教堂里并被强迫施洗。后来,在挣扎着回家的路上,他由于伤势过重而离开了人世。

"与此同时,"威廉兴奋地写道,"一则令人振奋的谣言以难以置信的速度传遍了整个伦敦:国王已经发布命令,要消灭所有的犹太人。"另一个修道士历史学家、迪韦齐斯(Devizes)的理查德同样难掩兴奋之情:"在加冕日当天,几乎在圣子向圣父献身的同一时刻,他们(指基督徒)开始在伦敦城用犹太

---

① 即由亨利二世于1154年开创的"金雀花王朝"。据说亨利二世的父亲安茹伯爵当年经常在帽子上饰以金雀花枝,故有此名。

人向他们的父亲——魔鬼献祭。"¹³伦敦的大街上和西敏寺里挤满了人。顷刻间，一群武装暴徒聚集起来，"随时准备抢劫，并按照上帝的判决让一个仇视全人类的民族偿还血债"。经过上午的骚乱之后，得以幸存的犹太人纷纷躲进了家里不再出门，他们用石头盖房子真是有先见之明！暴徒们无法推倒房子，于是便把房顶点着了。房子里的人或者在试图冲出来时被当场杀死，或者被活活烤死在里面。威廉继续写道："令人恐惧的大火对被困在里面的犹太人来说是致命的，同时也为那些在夜间发泄愤怒的基督徒提供了光亮。"其余的大部分市区都连同犹太人一起被烧毁了，而从犹太人那里抢劫的大量财物使杀害他们的凶手"对他们实施的这场屠杀感到非常满足"。这场浩劫后的滚滚浓烟终于钻进了正在宴会上穿行于贵族间的这位新国王灵敏的鼻孔。于是，他派出其中一位客人，即以"行事谨慎、手段强硬"著称的司法大臣兰诺夫·德·克莱因维尔（Ranulph de Clainville）以善后的方式约束那些暴徒。但他和他的部下同样也受到了威胁，于是他们在惊恐之下放弃了努力。迪韦齐斯的理查德用他优美的拉丁文体得意地写道，这就使犹太人的毁灭者有充足的时间去完成他们的杰作，"这场大屠杀［多好的燔祭！］几乎在第二天天亮之前就结束了。"¹⁴

然而，加冕日的灾难只不过是一系列痛苦和屠杀的一个序幕。恰恰在理查登船去诺曼底会见法国国王并签订十字军东征的盟约之前，天空中出现了一个乳白色的异象，其形状看起来很像"主的旗帜"和钉在十字架的基督。于是，十字军惯有的疯狂顷刻间化作仇恨的火焰。正如在莱茵兰地区一样，犹太人当然是直接的牺牲品。借口虽然各有不同，但结果却始终是一样的。在诺福克郡的林恩（当时已经是国王统治下的林恩），传言有一个皈依基督教的犹太人在愤怒的宗教同胞追捕下钻进了一座教堂，这足以成为发起一场屠杀的借口。而另一个当地居民非常熟悉的、受人尊敬的犹太医生，他既为犹太人也为非犹太人治病，但这并没有使他逃过死亡的命运。在斯坦福每年一度的商品交易会期间，那些想要加入圣战的人举着十字架四处游荡。

一个年轻人到犹太人那里存钱，不幸被强盗杀害，但在当地人狂热的意识中凶手很快就变成了犹太人。针对犹太人的更恐怖的袭击还发生在邓斯特布尔（Dunstable）、科尔切斯特（Colchester）、塞特福德（Thetford）甚至肯特郡的小村庄奥斯普林格（Ospringe）。[15]

1190年3月17日［逾越节前最后一个安息日（Shabbat Hagadol）］，约克郡发生了历史上最臭名昭著的恐怖事件。对他们最讨厌的本尼迪克特的离奇死亡，人们仍然感到不满足，于是，一伙暴徒冲进了他的家里，杀死了他的妻子和孩子们，并把能拿的东西全部洗劫一空。一群犹太人受到惊吓，在上面提到的在加冕日的骚乱中幸免于难的约西的带领下，得到一座城堡看门人的允许后进入城堡寻求庇护。尽管看门人已经同意，但当他返回城堡时又改变了主意，不愿犹太人躲入城堡。但此时他却发现已经根本无法穿过围堵在城堡周围的愤怒的人群。领头闹事的是一个普雷蒙特雷修会（Premonstratensian）①的修士。这个看门人抱怨说，犹太人已经占领了城堡。他不仅没有努力平息事态，反而火上浇油地乱说一气。像通常一样，那些留在塔楼外面的犹太人不得不在皈依和死亡之间作出选择。许多人为了活命被迫接受了十字架。被困在塔楼里的犹太人中间，有一位著名的《圣经》和《塔木德》学者，他就是20年前曾为布卢瓦被屠杀的犹太人创作了一首哀歌的来自茹瓦尼（Joigny）的约姆·托夫（Yom Tov）。对约姆·托夫来说，只存在一种可能，那就是追随一个世纪前美因兹和沃尔姆斯犹太人的做法。他再一次模仿约瑟福斯记述中马察达要塞的指挥官以利亚撒·巴·雅伊尔讲话的语气，向受到惊吓的犹太人发表了一番演讲。"你们不应该质问上帝，"纽堡的威廉借约西的口说（因为他最理解约姆·托夫凄凉的意境），"到底是谁做了这些，因为他也曾经命令我们放弃我们的生命。"又一场自相残杀开始了。约姆·托夫杀死了自己的所有家人，并恳求大家也这样做。他自己甚至来不及自杀，因为他们已经全都陷入了一片火海之中。

---

① 12世纪初法国修士圣诺贝特（St. Norbert）于法国普雷蒙特雷（Prémontré）创立的一个天主教修会。

像在莱茵兰地区的城镇中一样，并不是所有的犹太人都愿意领受这种天定的命运。第二天早晨，那些侥幸活下来的犹太人站在城垛上哀悼死者，并表示他们愿意"与基督的血肉融为一体"。最大的借债人、暴徒的首领理查·马勒比塞（Richard Malebisse）鼓励他们走下来，然后像真正的基督徒那样走出城堡。但当他们刚走出大门，就被当场杀死在大街上。于是，最后的焚烧开始了，生命和债务顷刻间一起灭失在大火之中。在约克大教堂的地板上，刻在木头上和写在纸上的所有借据以如此隆重的方式化为灰烬。灭绝行动终于结束了。国王听到这个消息后，据说他非常愤怒，尤其是认为这样的骚乱冒犯了王室的尊严。盛怒之下，国王立即命令伊利（Ely）主教带领武装人员赶到约克，逮捕和惩处犯罪分子。制造这场灾难的头目，包括马勒比塞在内，早已经逃到了苏格兰。当然约克更没有人会承认知道谁该为这次犯罪负责。真是枉费了国王的大发脾气，他只能用征收更沉重的罚金来发泄自己的不满。

在英格兰屠杀犹太人的事件中，约克的悲剧无疑是最戏剧性的。但是，棕枝主日①发生在伯里·圣埃德蒙（Bury St. Edmunds）的萨福克镇（Suffolk）的，57位犹太人被杀的事件则更令人匪夷所思。因为这个事件完全是由一个在基督教的英格兰流传多年且令人深信不疑的传说造成的：犹太人惯于在复活节和逾越节期间绑架基督徒儿童，并把他们钉上十字架进行残酷的折磨——拙劣地模仿耶稣在十字架上受难的情景。[16]1144年，人们在诺威奇（Norwich）郊外一个叫"野鼠坡"的地方发现了一个名叫威廉的12岁的熟皮学徒工（兽皮和人皮在这次凭空编造的闹剧中扮演着重要的角色）的尸体。那些仅仅在几年前才来到这个城镇的犹太人立即被怀疑为杀人凶手。一个名叫西奥巴德（Theobald）的皈依者发誓说，威廉是受到一个犹太人的诱拐后才死亡。并且这场谋杀是在来自全国各地的犹太人举行的一次秘密会议上被策划出的。他们聚在一起要在逾越节的第二天用这个不幸的孩子模仿耶稣

---

① 复活节前最后一个星期日，纪念耶稣当年进入圣城。

在十字架上受难的情景。于是，声势浩大的哭喊声传遍了全镇，孩子的尸体被抬到了诺威奇大教堂，准备在高高的祭坛旁举行隆重的葬礼。当地的治安官对这次迷信活动感到震惊，于是把犹太人带到他的城堡里保护起来，并且反对任何试图对他们进行审判的做法。但墓地毕竟是一个庄重的场所，并且据说由此引发了一系列的奇迹。[17]

逾越节的庄严仪式竟然成了模仿耶稣在十字架上受难的闹剧！人们不知道这样的凭空编造到底源自何处。基督徒们尤其是那些不了解犹太宗教节日仪式的人（对于那些此前不久才到英格兰定居的人来说尤其如此）把犹太人的节日记错了，把逾越节当成了前面的普珥节。普珥节的设立，是为了纪念历史上波斯犹太人死里逃生的传奇经历（承蒙王后以斯帖和国王亚哈随鲁/亚达薛西相救）。事实上的确需要举行一个吊死恶棍哈曼（雕像）的象征性仪式，因为他曾经密谋灭绝犹太人。所以，那其实是普珥节期间的一项庆祝胜利的狂欢活动。当十字军的狂热波及北欧时，那里也发生了类似的事件。认为犹太人污辱了基督徒的言论，变得愈加尖刻和口无阻拦。任何恶意皈依的犹太人，若是想通过说自己原来的同胞的坏话来说服他的新基督徒同胞，那么他完全可以引用这些更激烈的侮辱和诅咒言论而不会引起任何麻烦。在当时，基督徒们心里也非常清楚，犹太人阻止其某个同胞皈依基督教，或试图让他们重新犹太化，这样的图谋已经起不了什么作用。在1190年，林恩有传言说犹太人为追捕一个刚刚皈依基督教的同胞而进入了教堂，因而在当地引发了一场大屠杀。1096年发生在莱茵兰地区的犹太人杀死自己孩子的消息经过丰富的联想而"三人成虎"：如果犹太父亲怀疑自己的儿子曾经与他的基督徒朋友共进圣餐，就会把他扔进炉子里烧死。[18]在马姆斯伯里（Malmesbury）的威廉于12世纪中叶编写的赞颂圣母玛丽亚为犹太人求情的故事集里，他甚至把下面这个故事收入其中。由于无法阻止丈夫把自己的儿子扔进炉子，这位绝望的母亲只能向基督徒求救。当他们赶到现场时，奇迹发生了：孩子竟然在炉子里火不近身地玩耍，多亏了玛丽亚求情。而在另一个版本中，据说玛丽亚把炉火变成了"带露水的微风"。[19]在这个故事的许多版本中——和在英格兰一样，这个故事在法国、西班牙和德国也十分流行——圣母玛丽亚和圣子耶稣的幻象曾显现在炉火中的孩子的头顶上，象征基督徒家庭的母爱。这与犹太人残酷的杀婴行径形成了鲜明的对照。在林肯大教堂早已褪色的彩色玻璃窗上，就绘有圣母玛丽亚温柔地俯身于炉子中的圣子的画面。正如米利·鲁宾（Miri Rubin）所说，无论里面有没有烤面包，炉子都是孩子"向往"的地方，是存放和制作食物的处所，或者像在这个案例中，是一个遭受魔鬼折磨的地方。犹太人和非犹太人当然都知道《但以理书》中描述的米煞（Meshach）、沙得拉（Shadrach）和亚伯尼歌（Abed-nego）从尼布甲尼撒熊熊的炉火中奇迹般生还的故事。在仇恨犹太教的版本中，虽然借用的是《圣经》中犹太人作为神圣英雄的故事，但却使他们变成了像异邦人那样杀害忠诚信徒的凶手。在这个版本中，嗜杀的犹太父亲是一个魔鬼般的人物，他通过圣母玛丽亚让位于孩子真正的父亲——仁慈的上帝本人。

在诺威奇的托马斯的记述中，对犹太人用逾越节对抗基督教的复活节的恶意编造作了详细的描述。他为这种侮辱儿童肉体的行为提供了一幅"新耶稣受难图"的生动画面：先是鞭打、戴棘冠，然后用长矛从左边刺入孩子的身体，以便真实地模仿耶稣当年受伤的情景，最后是用孩子作为救世主的替身，以大家熟知的方式钉上木制的十字架。"在复活节前，诺威奇的犹太人抓住一个基督徒儿童，对他实施我们的圣主曾经受过的所有酷刑后，在耶稣受难日（Long Friday）怀着对圣主的仇恨把他钉上十字架，然后将他埋掉。"只是钉上十字架孩子不一定会马上死去。据说孩子身上的伤口尤其是身体左侧的伤口会冒出大量的鲜血，犹太人会把这些血接到一个祭祀用的杯子里。他们收集基督徒儿童的血是为了烤制逾越节无酵饼，这就是历史上所称的"血祭诽谤"。这个多余的细节当然是后来的附会，但这场闹剧的基本内容已经十分齐全。

紧随着诺威奇的威廉的宗教狂热，大量的有关犹太人杀害基督徒儿童的谣言广泛传播开来。1168年，格洛斯特（Gloucester）的一个犹太社区举行了一场割礼。它被演绎为一次绑架事件。据说有一个名叫哈罗德的男孩在受尽折磨后被扔进了塞文河（Severn）。凡是有点自尊的修道院或有点名气的教堂，都会编造出一个儿童受难的故事。伯里（Bury）的罗伯特的宗教狂热以1190年屠杀和驱逐犹太人而告结束。但早在此前的1181年，他就对当地修道院院长赞赏有加。因为这位院长注意到他在诺威奇的同僚在吸引朝圣者方面获得了巨大的成功。[20]两年之后，布里斯托尔突然出现了一个叫亚当的人。据说他被诱拐到犹太人撒母耳（有人说他把自己的妻子也杀了）的家里后被秘密杀害，但已经接纳他的耶稣的幻象却是在他被杀之后才显现的。结果，撒母耳家的厕所成为这一神秘事件和奇迹的发生现场。尤其是厕所的主人，从此之后在没有一位吵闹的暴躁天使光临，或更不安分的圣母玛丽亚怀抱圣洁的儿子的幻象显现的情况下便不能如厕了。在1190年，温切斯特的犹太人市民曾莫名其妙地背负着迪韦齐斯的理查德称其为"寄生虫"或"害虫"的恶名。后来这座城市又以1192年、1225年和1232年三次谋杀基督徒儿童的指控而闻名于世。在伦敦，1244年的另一项指控则声称，在圣贝内（St Benet）教堂的内院里发现了一具儿童的尸体，上面深深地刻着一个神秘的希伯来字符。这就足以证明这个孩子是被残忍而嗜杀的犹太人为举行邪恶的仪式而绑架的。根据圣徒保罗制定的教规，孩子的尸体被抬进了教堂，并举行庄严的仪式把他埋在了圣坛旁边。像通常一样，据说当时也发生了许多怪事和奇迹。

最严重且最离奇的事件发生于七年后的林肯郡，当时在一个粪坑里发现了一个名叫休（Hugh）的9岁男孩的尸体。这个男孩已经失踪了三个星期，但由于根深蒂固的偏见，犹太人举行的一场传统婚礼突然具有了邪恶的含义。这是贝拉塞特（Belaset）家族举行的一场婚礼。他的女儿要嫁给林肯郡最富有的一个犹太人，而全英格兰的重要客人都应邀出席。但当时国王亨利三世恰好就在附近，他需要一场"有罪"的聚会，于是这场婚礼正好撞在了枪口上。一番残酷的折磨之后，林肯郡一个叫科宾（Copin）或约宾（Jopin）的犹太人"招供"了。他被拴在马尾巴上在鹅卵石的街道上一路拖行，然后把他血肉模糊的身体吊在了绞刑架上。但是这还不够，这个事件被认定为是一次集体犯罪。于是，林肯郡几乎所有的犹太人都被集中起来，被带到伦敦接受审判。其中有18个人坚持认为，他们应该由一个由犹太人和基督徒组成的混合陪审团来定罪。但这个合理的要求却被认为是认罪的表现，所以不仅没有经过合法的审判程序，反而立即对他们全部施以绞刑。剩下的人一度被投入监狱，最后在康沃尔（Cornwall）公爵理查的干预下才被释放。理查与其他国王相同的是，他们都和犹太人做大宗的买卖。但不同的是他还有基本的正义感（遑论他还很希望保护自己的犹太奶牛场）。在林肯郡，"小圣徒休"被安葬在教堂的一处豪华的圣墓中。而建造这座大教堂所用的资金大部分来源于犹太人，即靠向商业巨子、林肯郡的亚伦借贷才得以完工的。被封为圣徒后，休在很长的时间内一直受到尊崇，并成为当地教堂彩色玻璃窗上永恒的画面。而在《坎特伯雷故事集》中，杰弗雷·乔叟（Geoffrey Chaucer）把所有最令人不齿的丑行和诽谤收集在了"女尼的故事"中。[21]直到700年之后，英格兰教会才正式否定了这个神话。一纸道歉声明就张贴在休的墓碑上，更难能可贵的是其中还有一句不同信仰间兄弟般的问候：平安！①

## II　经商有道

另一方面，这些美丽的名字也并非都是被遗忘在坟墓中的牺牲品和殉难者。多尔西亚，多么甜美而尊贵的名字，她作为拉比以利亚撒的妻子和著名

---

① 希伯来文为"Shalom"意为"平安"，用于犹太人之间平日的问候（或打招呼），如"Shabbat Shalom!"（安息日快乐！）。

的香料商，并没有无助地惨死在沃尔姆斯的街头。如果我们相信传奇故事和离合诗①中对这位香料商的赞美之词，那么多尔西亚后来一直在为救助她幸存的家人而战斗。她的女儿贝莱特和汉娜已经死了，但她的儿子和丈夫虽然伤势沉重，却依然活着。多尔西亚从那些吃惊的抢劫者面前冲了出去，跑到门前的大街上大声求救，对身边的恶棍毫不在意。这是最重要的一点。他们刚一走出房子，她就猛地把门摔上（我想她可能还重重地踢了一脚）。以利亚撒锁上门，以保护他自己和他儿子的生命。由于抢劫者一无所获，于是把满腔怒火发泄到多尔西亚身上。有时，以利亚撒会收起自己的悲伤，幽默地赞美这位屠刀下的女人为"尊贵的女人"。

对于这位从不对他发脾气的妻子，以利亚撒实在想不出更恰当的赞美之词。但是，他所描绘的夫人肖像并不只是他那虔诚的豪华门廊的一块门垫，而是完全相反。多尔西亚可以说做了一个宗教同胞和本分的伴侣应该做的一切：给丈夫的一大帮学生做饭，制作安息日用的蜡烛，等等，还有很多。她很可能是特鲁瓦的拉什所崇拜的那种多才多艺的人。根据拉什的描述，一个女人可以同时"教无聊的夫人们唱歌挣点小钱，照看炉子上炒着的菜，纺着亚麻布，怀里还暖着蚕宝宝"[22]。尽管多尔西亚不能做这么多的事情，至少不能同时做这么多的事情，但以利亚撒回忆说，她不仅每天去会堂，早晚各一次（这远远超出了对一个女人的要求和期望），而且还领着会众中的女人祈祷和吟唱。由于没有多少女孩子学过希伯来语（出生于著名的知识分子家庭的多尔西亚是一个例外），她完全有可能在附近的一个独立建筑物里或在某个为女性保留的隐蔽处所，为女性们教授希伯来语。在以利亚撒的赞美诗中，明确地把她描述为"吟唱圣歌和祈祷，宣读诉状"，并"教其他所有城镇的女人唱圣歌"。[23]在阿什肯纳兹世界里，女人在宗教仪式上扮演积极的角色是非常普遍的。直到14世纪开始掀起一股反对的浪潮才使得这一犹太传统未能维

---

① 离合诗由古希腊女预言家埃利色雷发明，历经中世纪拉丁作家、僧侣与文艺复兴时期后演绎为多种样式，如今仍流行于欧美的"字谜"就是离合诗的一种。欧美离合诗的主要原则为每行诗首、诗中或诗尾的字母依次排列而组成诗词，如以字首、字母来排序的离合诗就是一种相当常见的离合诗。

持下来。在沃尔姆斯，也有一个活跃于13世纪的名叫乌兰尼雅（Urania）的犹太女人。她的墓碑告诉我们，作为一个领唱人的女儿，她继承了父亲从事的亚伯拉罕的职业，成为一名领祷人。正因为如此，拉比以利亚撒和其他一些人才认为，没有理由反对她们像男人那样祈祷、诵读《托拉》和背诵祝福词。《论虔诚》（*Sefer Hasidim*）一书收集了以利亚撒及其家人在生活中应遵循的各种教义和法规。其中明确规定，父亲要把上帝的诫命教授给他的妻子和女儿。[24]尽管《托拉》中并没有明确规定女人必须这样做，但某些证据表明，这一时期的女人甚至穿带边穗的衣服（tzitzit），并且祈祷时在额头和前臂上戴着经匣。这对于后来的宗教权威来说完全可以列为例外情况。主要是为了让她的父亲高兴，两姐妹中年少的汉娜能够背诵日用祷词"示玛"，甚至大声唱圣歌。而多尔西亚就是用这种令人振奋的声音在仪式上领唱。在像罗腾堡（Rothenburg）的拉比迈尔（Meir）和萨姆森·本·撒多克（Samson ben Tzadok）这些更苛刻的人物在13世纪将其边缘化之前，女人通常是仪式上的核心人物。尽管大多数的拉比教义对此持反对态度，并且时至近代也错误地认为，女人尤其是母亲应该被排斥在她们的男婴的割礼仪式之外，但留存下来的大量证据表明，至少在13世纪末叶之前，在阿什肯纳兹世界中情形并非如此。[25]在男婴出生后第八天要行割礼。在当天早上举行的一个小型家庭庆祝仪式上，女人们一直是核心人物。母亲还要喝红酒，表示她已经从分娩的痛苦中康复（或许马上要举行的割包皮仪式是为了与上帝立约）。说到底，摩西的妻子西坡拉才是第一个为儿子割包皮的人。到中世纪后期，一场使"割礼盟约"（brit milah）仪式全部男性化的运动，最终将女人的角色边缘化：她只能抱着自己包裹得非常漂亮的男婴穿过街道，走向举行割礼的会堂。在会堂门前，她要把男婴递给"抱婴人"（sandek）。而在割礼进行过程中，抱婴人要把男婴一直放在他的膝盖上。但是，萨姆森·本·撒多克和拉比雅各·莫伊林（Jacob Moellin）都曾明确表示，他们是在为形成一种广泛接受的习俗而斗争，以确保母亲在会堂外和会堂内举行的割礼仪式上都能扮演一个核心的角色。正如人们所期望的那样，母亲可以抱着自己的男婴穿过街道［尽管拉比耶库迪亚·巴·摩西（Yekutiel bar Moses）劝告说"走路时宁愿跟着一头狮子也不要跟着一个女人"］，然后自己充当抱婴人。在割礼进行的过程中，她把男婴放在自己的膝盖上，坐在男人们中间。正是这种男女混坐的方式惹得像被称为"九宫格披巾"（Tashbetz）的拉比西门·本·撒玛哈·杜兰（Shimon ben Zamakh Duran）］这些德高望重的拉比非常恼怒。他们生怕女人和男人一起行走。他们害怕割礼执行人（mohel）在割包皮过程中向坐着的女人俯下身时，男人的心中会产生某种淫邪的念头。更糟糕的是，作为"抱婴人"的母亲往往会穿得"很鲜艳"，这必然会产生更大的诱惑力。所以，"九宫格披巾"西门对这件事深感忧虑。他甚至说，即使在其他人都不知道的情况下，由孩子的父亲亲自执行割礼也不行。如果虔诚的犹太人看见一个女人把男婴放在她的膝盖上，他们应该马上离开会堂。[26]

多尔西亚或许没有担当"抱婴人"的福气，但是该做的她都做了：她把一卷卷宗教典籍捆好，为至少40片写有律法的羊皮纸甚至捆绳都一件件地缝上边穗、绣上花，为死去的女儿们洗净身体，然后把她们安放在干净的裹尸布上。女人在阿什肯纳兹的基督徒社会里还是很扎眼的。她们不戴面纱，可以自由出行，而不是被限制在任何形式的"隔都"（ghetto）中。她们甚至还可以到法庭上为自己辩护——尽管发生了很多家庭纠纷，尤其是对丈夫死后她们是否要求归还嫁妆这个问题争议颇多，但总体来说，她们的社会地位还是比较正常的。她们可以拥有自己的动产和不动产，并且虽然通常在律法上和实践中禁止雇工，但许多富有的犹太女人还是雇用非犹太女仆，为自己的孩子请基督徒奶妈，有时是全日制的，有时是小时工。某些犹太女人本身就是接生婆和医师，她们被称为"聪明的女人"（nashim khakhamim）。还有一些犹太女人当上了媒婆，因为在女人比男人寿命长并且离婚率居高不下的背景下，这是一个非常热门的职业。虽然她们大多在童年时期就已经订婚，但拉比们尤其是虔敬派犹太人（Hasidim）却坚持认为，尽管孩子在这类事件上应该尊重她们父母的决定，但她们也不应被迫与不般配的人结婚，或在已经证明双方不合适的情况下维持一桩婚姻。

对于美因兹的拉比革顺·本·犹大（Gershom ben Judah）在《流亡之光》（*The Light of Exile*）一书中制定的新规则（他的观点得到了许多同时代人的认可），多尔西亚这一代人及其以后的几代人可以说是第一批受益者。他最激进的观点是禁止一夫多妻。时至今日，这一规定在塞法迪—穆斯林世界中仍然有效。出于同样的原因，《密释纳》和《塔木德》中记述的有关夫妻之间肉体和精神都要结合在一起的严格规定得到了认真执行。例如，禁止丈夫鞭打或伤害妻子，或违背其意愿强迫她过性生活。拉比们认为，这样的家庭暴力行为无异于把她看成是妓女。正如要求女人在性生活中要取悦自己的丈夫一样，反过来讲男人取悦自己的女人同样也是一种神圣的义务。除了丈夫不得把精液溅射在妻子的身体外面之外，对于夫妻双方的性交习惯和体位并没有任何禁忌。但同时要求丈夫要尽可能地取悦和满足妻子，因为他沐浴"神的光辉"的唯一途径就是让她快乐。那么，对于一个丈夫来说，与妻子在她精心为两个人铺好的床上共享床笫之欢是义不容辞的。正如一部犹太生活典籍中提到的，即使她把一个贵重的亚麻镶边的金床换成一块仅仅盖着稻草的石头，丈夫也不应该抱怨。对他来说，躺在她的身边是一种义务，更是一种幸福。关于性生活的次数和时间也有明确的规定，一星期两次是最理想的，尤其星期五晚上是最佳时间。（对于生活在伊斯兰世界里的犹太人来说，有些人不得不执行骑骆驼长途旅行的特定任务，尽管这些驼背上的男人希望回家的次数多一些，但他们毕竟经常远离夫妻生活。）如果丈夫和妻子在性生活方面互相感到不满意，他们就有充分的理由选择离婚，但要首先取得妻子的同意。与伊斯兰世界里不得违背其意志休妻的传统不同的是，如果一个丈夫如此令人厌恶（无论出于何种理由）以至于妻子不愿意再和他继续过下去，他就应该与她离婚。[27]所以，尽管对女人行经期间和分娩之后的洁净仪式（mikvah）作了形形色色严格的规定，犹太妻子应该用各种各样的理由吸引丈夫的注意力。

当然，还有其他因素使多尔西亚成为她的社区的支柱式人物：为社区管理钱财。她是一个值得邻居和宗教同胞信任的人。她尽心尽力地管理好他们的钱财，把一部分资金借出去，当然主要是在当地的犹太社区范围内放贷。她以香料商妻子的身份成为了一位以利亚撒领导的虔敬派犹太人的银行家。这一事实无疑会为她带来灾难。虽然抢劫犯身上都戴着十字架（在第三次十字军东征期间），但当他们于1196年11月间闯进这位香料商的家时，他们要搜寻的正是她家的钱财。

多尔西亚并不是唯一一个面临这次灾难的女人。当时，有为数众多的犹太女人已经成为基督教社会权力高层（主教、修道院院长、伯爵、王后和国王）的银行家和债主。布卢瓦的鲍瑟琳就是为此付出生命代价的债主之一。在英格兰，我们知道几乎所有的犹太女族长、妻子和寡妇都在从事大额放贷的业务，像温彻斯特的切拉（Chera）和她的儿媳贝利亚（Belia），以及切拉最大的竞争对手利科里西亚、牛津的贝拉塞特，等等。她们的名字和她们的买卖之所以能够保留下来，是因为发生于1189—1190年的加冕日骚乱中的受害者都是一些欠犹太人钱的人。由于国王理查把"他的"犹太人看成是自己的私有财产，已经习惯于在时局需要时依靠他们，所以正是理查的依赖性毁灭了这些犹太人。当时，犹太人的一个财政大臣负责记录他们的所有交易，包括他们欠的钱、放的债以及他们到期的"应税额"和罚金。由于这类罚金已经扩展到诸如改变财物现状的许可这类日常琐事，王室的"派普名册"（Pipe Rolls）①实际上记录了盎格鲁—犹太社区五万多犹太人直至1290年大驱逐前的社会历史。

并不是所有的犹太人都是放债人，也并不是所有的放债人都是犹太人。尽管基督教会规定禁止靠借贷取利，但仍然有大量的基督徒尤其是伦巴第人

---

① 又称"大名册"（Great Rolls），是由财政大臣掌管的财政和记录，始于12世纪，至1833年结束。主要内容是财政大臣的账目和地方与其他王室成员上缴国库的明细以及王室的债务情况等。这样的"账本"按时序装订成册，紧紧卷起后形如"管子"，便于保存，故称"Pipe Rolls"。

提供此类服务。他们显然对这种灭除其灵魂的威胁置若罔闻，因为他们不仅收取极高的利息，并且在约定的借债期内一直收取利息，甚至在提前还清债务的情况下依然如此。而另一方面，犹太人作为归顺的臣民，他们收取的利息和借贷的条款却受到严格的限制。他们在整个欧洲的跨国联系网络使他们进入了硬资本市场。而出于安全考虑，他们各种形式的债权——土地、庄园、修道院不动产、城里的房产等——本身都是可以转让的。当一个犹太债权人死后，某个第三方（至少）将把财产归还王室。所以犹太人经营的硬资本，随之成为贪得无厌的王室国库的直接收入。犹太人天生应该做苦工、受诅咒，而王室可以坐收渔利甚至无本获利。除了以上无理的规定，他们还时常对这些无助的犹太市民突然提出紧急的财产要求，以违约的名义根据王室的需要把所有财物据为国有。在大多数年份里，用这样的花招从犹太人身上"偷来"的钱竟然占到王室全部岁入的七分之一。

1186年，随着商业巨子、林肯郡的亚伦去世，王室轻易占有了最大的一笔钱财。伴随着教会和王国不断增长的需求，亚伦积累起了巨大的财富。他曾经资助过贝克特（Becket）主教和国王亨利二世；还曾借钱给林肯的主教（钱数就清楚地记在主教办公室的门牌上），从而使这位主教能够为自己建造豪华的府邸。并且正如他的钱建成了离此不远的彼得伯勒大教堂一样，林肯大教堂本身事实上也是用他的钱建成的。在他去世时，如果将他的资产折算成现金，亚伦无疑是全英格兰最富有的人。所以，他的财产对于王室财政捉襟见肘的亨利二世来说是不可抗拒的。他去世后，他的全部财产，包括登记债务人的那个厚厚的账本，随之被国王没收。其中的金银钱币被立即送往法国，因为当时亨利正在那里与腓力·奥古斯都开战。但凑巧的是仿佛上天有眼，这艘装运金银的船在驶往迪耶普（Dieppe）的途中沉没，船上的金银不知所踪。剩下的财产则是一大堆债契，债务人从苏格兰国王到坎特伯雷大主教共有450人。而他的不动产数量更是如此惊人和复杂，以至于不得不设立一个独立的政府部门——"亚伦"财政部（Saccarium Aaronis）来处理善后事宜。

在开发这座"金矿"之前,"亚伦"财政部长光理清其详细的账目就花了五年时间。[28]

亚伦其实并非特例。在犹太人被限制在几个特定的城镇中之前,他们已经遍及整个王国,其中许多人都是放贷人。他们往往把钱借给一些比亚伦的大客户相对小一些的"小鱼":当地的骑士和乡绅,规模不大的修道院和教堂,以及集市上和城镇中的中产阶级。他们进入了一些辅助性服务行业,如金银器制作、珠宝加工和宝石买卖。也有一些干起了红酒销售商(这是一个从与法国有联系的家庭赚钱的行业),贩运羊毛、食盐和香料的商人,以及普通的医生和药剂师。我们还听说,有一些专门制作"犹太特色食物"的犹太厨师和送餐人为非犹太人供应三餐,甚至还出现了许多更令人吃惊的职业。1139年,在第二次拉特兰公会议上,曾乐观地试图禁止基督徒对自己的同胞使用石弩。但任何一个货真价实的军阀,若没有石弩是难有作为的。所以制作石弩的犹太人接受训练后成为国王的一支特种部队,并且在整个王国里以这种兵器的专家而著称。在亨利三世统治期间,至少有一个这方面的案例:一个叫西曼(Seman)或西门的专业石弩匠人曾向当局索要维修费。据说他已经皈依了基督教,但却一直受雇于牛津的大卫专门制作军人制服和兵器。我们还知道有一个以绘制圣像,尤其是圣母玛利亚形象著称的犹太画家,但我们却不知道他冒犯的人到底是谁:拉比们认为他违犯了上帝的第二条诫命(指"不得制作偶像"),而基督徒则认为他借用犹太人的故事来亵渎圣母玛利亚的形象。或许我们这位画家完全能够摆平这件公案,因为他完全可以这样来安慰自己:我画另一个宗教中的偶像应该不算犯罪吧?[29]

然而,正是这些长期向势力强大的客户放贷然后又为他们背黑锅的伟大的放贷人才是英格兰犹太人的绝对统治者:林肯的亚伦、伦敦的本尼迪克特·克雷斯平(Benedict Crespin)(他用绿色的砂岩雕成的美轮美奂的净身池于2002年被发现,如今就躺在一个犹太博物馆里)、布里斯托尔的摩西,还有上面提到的牛津的大卫。像许多犹太居住区一样,他们的房子都是用石头建造的（既不失庄严又具有防御功能），连同他们的家族小型会堂都建在离市里的城堡和监狱不远的地方，以便在发生骚乱时（这样的事时有发生）能够及时进入这些坚固的建筑中躲避暴徒的袭击。他们中的许多人都在包括伦敦在内的许多城市里拥有多种产业。有些人（像另一位本尼迪克特，他是利科里西亚的儿子）甚至在乡间拥有庄园。以这位本尼迪克特为例，他在北安普敦郡有一处面积达39英亩的庄园，里面有农场、绿地和供打猎的森林，另外还饲养着大量的家畜。某些犹太显贵显然喜欢上等的良种马。

牛津的大卫就是饲养良种马的著名爱好者之一。像这个城市中的其他犹太人一样，大卫有幸逃过了理查（他率领十字军劳师东征，然后再向犹太人勒索金钱用作回乡的盘缠）和他那位以贪婪著称的兄弟约翰的掠夺。正是这位约翰，他先是在1217年征收了大量的税金，然后又让那些制定《大宪章》的王公贵族从那些被无辜指控为欠债者的犹太人身上抢走了他们需要的所有财产。大卫从这片破败的废墟上东山再起，重新建立起他的财富王国。他把钱借给那些出手阔绰的大客户，从北安普敦郡和沃里克郡（Warwickshire）到伯克郡（Berkshire）和白金汉郡（Buckinghamshire），几乎遍及整个英格兰。在当地，他出资建成了奥森尼（Oseney）修道院和牛津城堡。这个城堡实际上是一个要塞，犹太人不仅怀着极大的兴趣到那里参观，甚至还时常不由自主地希望能到里面住一阵子。根据一份文件的记载，有一张收据就出自大卫"冰冷的手"。但他完全有充分的理由在借钱时做一笔"冰冷的买卖"，因为他永远也不能确定是否还能再见到这笔钱。理查已经习惯于随意地把债务转嫁给像大卫这样的犹太人，以讨好那些跟随他东征的贵族：有时只是降低或免除利息，有时则直接把债务一笔勾销。这样的手段屡试不爽，在每次十字军东征失利后都要来上一次。约翰和他的兄长一样好战，而年幼的继承人亨利三世由一帮贵族监管，他们的职责就是为王室提供各种各样的军事化服务。在不到十五年里，大卫经历了不下30次这样的"免债"灾难。所以，避免全部由自己承担这类灾难所造成的沉重负担的最保险的办法就是和其他值得信赖的有钱人合伙。虽然他们平常可能会分享一些红利，但也可以在"免债"时为他分担一部分损失。[30]

不管大卫的手是否"冰冷"，他总归获得了巨大的成功。他在被牛津和剑桥两校师生一直称作圣阿尔达特（St Aldate）的卡尔法克斯街（Carfax）南面的牛津犹太居住区建造了一座石头房子，而另一座就建在圣爱德华巷（St Edward's Lane）的拐角处。大卫的财富王国显然已经足够庞大，他不得不为自己与穆丽尔（Muriel）的婚姻没有为家族生下一个继承人感到担忧。不久之后，大约在1242年，他遇到了生命中的最爱：温彻斯特的利科里西亚。

利科里西亚是一个寡妇，她与她的第一任丈夫、肯特郡的亚伯拉罕生下了三个儿子。七年前，亚伯拉罕曾卷入了另一个杀婴案，但并未被处死。像许多妻子甚至寡妇（例如，温彻斯特那位名气更大、富可敌国的富孀切拉精明的儿媳贝利亚）一样，她们在丈夫活着的时候就已经是他们家族买卖上的合伙人，用希伯来文为他们签合同、写收据（所以她们应该既识数也认字）。利科里西亚在切拉及其家族控制下的温彻斯特长大，她肯定从上一辈那里学到了许多经商的经验，因为她在很短的时间内就能独立地经营自己的买卖，或许她的姓氏决定了她只能如此。当她遇到大卫时，她已经相当富有。但即使大卫已经拥有巨大的财富，但要以合伙的方式积累更多的财富几乎是不可能的，但这一点却恰恰成了后面发生的"艳遇"的动机。更有可能的是，他真的爱上了她。要知道，旅途中的寡妇肯定具有不可抗拒的魅力。他们非常时髦地一起进行商务旅行，经常穿着华丽的时装四处招摇——我们只知道当时很时兴"蓝丝绸"和"兔毛镶边的血红色礼服"。

如果教皇英诺森三世（Innocent Ⅲ）的一意孤行得以推广的话，他们的礼服肯定就不会那么光鲜了。因为他们就必须佩戴一个类似刻着"十诫"的两片石板那样的胸牌——"四根宽叠成两层"。在1215年举行的第四拉特兰公会议上，这位教皇之所以要求佩戴这种识别牌，完全是因为仅仅根据着装和语言已经不可能认出谁是谁了。因而在教皇的眼里社会面临着通婚的危险。教皇采取这样的行动很可能是由一系列的事件引起的。例如，在牛津发生的一个臭名昭著的事件中，根据编年史学家马修·帕利斯（Matthew Paris）的记述，某教堂执事竟疯狂地迷恋上了一个犹太姑娘，"他如此强烈地渴望投入她的怀抱……竟然同意了她让他皈依犹太教的要求，并且用自行割礼的方式向她表明他是认真的。当他满足了她的所有要求之后，他终于赢得了她的不正当的爱情。但这件事不可能长时间地隐瞒下来，并且很快就报告了坎特伯雷[大主教]斯蒂芬（Stephen）。"³¹1222年，大主教兰顿（Langton）召集主教们在牛津举行了一次会议，撤销了这个不知改悔的执事的职务。因为他严重违反了大主教所谓的"新制定的法律"，并责成其就如何看待圣母玛丽亚这个重大问题表明自己的立场。但这样的惩罚似乎并没有平息这位大主教的愤怒。以残忍著称的郡督福克斯·德·布洛泰（Fawkes de Bréauté）更是怒不可遏，他竟然把这个可怜的执事活活烧死了。关于那位犹太姑娘，除了听说她逃过了诽谤和死刑[幸亏她的外衣上没有佩戴"识别牌"（tabula）]，并没有更多的消息。

尽管牛津的那个教堂执事作出了叛教行为，但强制佩戴"十诫"石板样式的识别牌的法令在亨利三世统治期间的大部分时间里似乎并没有真正实行。所以，并没有给利科里西亚和她那些四处奔波从事放债业务的姐妹带来多大的麻烦。她们已经完全习惯了在基督教世界里做生意。她们具有独立意识，都会读书写字，敢于与那些最粗俗、最难缠的王公贵族和主教打交道并且显得很有主见。所以他们在同贝拉塞特和利科里西亚这样的犹太女人见面时，自然会拜倒在她们的石榴裙下。同样地，因为她们在生意上需要与境内的其他犹太人合作，她们显然已经摆脱了人们对沃尔姆斯的多尔西亚的那种家庭和宗教偏见。尽管这不一定会使她们世俗到以自己的信仰为代价的程度。利科里西亚似乎一直是一个恪守"可食"规则的女人。但除此之外这些女人似乎什么都不怕。她们在出行时有武装人员护送，她们会高高地跨着腿骑在马鞍上或坐在传统的马车上。旅途中会下马在沿途的犹太社区过夜，第二天继续上路。而她们的目的地往往是使那些胆小的人望而生畏的地方。利科里西亚通常在温彻斯特城堡的大厅里接见那些位高权重的大客户，而亨利三世就时常光顾这个大厅。

不管是什么东西吸引着大卫——或许仅仅是利科里西亚已经得到验证的生育能力——反正这种吸引力足够强大，以至于使他出人意料地突然采取行动，宣布与穆丽尔离婚。这有点像男方主动提出休妻，但他可能并没有事先告诉她。由于来自美因兹的革顺·本·犹大及其同时代的拉比们发起的改革运动不仅严格禁止一夫多妻，而且在妻子不同意的情况下提出离婚是非法的，除非她犯下通奸罪而声名狼藉。穆丽尔显然不属于这种情况，并且她也不想安安静静地离开。像穆丽尔这样的家族当然知道自己的权利，并且不会羞于提出自己的主张。在这个时期，其他的犹太女人在陷入婚姻纠纷时，由于她们对律法非常熟悉，所以一旦守寡，往往会在嫁妆问题上毫不退让。例如，有一个叫米拉（Milla）的犹太女人在离婚时就通过律法捍卫了自己的权利。她原来的丈夫撒母耳十分贪财，为了占有她的嫁妆，他声称他们是"按照双方订立的财产合同"结婚的，也就是说是一桩纯粹的买卖婚姻。米拉对此嗤之以鼻，她诉诸律法并打赢了官司。还有一个名叫甘提拉（Gentilla）的犹太女人，她很有主见，竟然使用假名向王室官员们付了一笔钱，从而使自己避免陷入一桩被胁迫的婚姻。虽然当时这样的女性并不多，但穆丽尔显然就是这样的人。穆丽尔的林肯家族立即行动起来，而她的哥哥佩特温（Peytevin）接手了这桩离婚案。他是一个非常实际的人，曾建立了自己的家族会堂，并且显然对犹太律法和世俗律法非常精通。他首先将这个案子提交给了一帮法国拉比，使大卫无法插手。而法国拉比作为特鲁瓦伟大的学者拉什的门徒，全英格兰的拉比同仁一向对他们言听计从。法国拉比作出了有利于穆丽尔的判决，并且在舆论的支持下，穆丽尔和佩特温在牛津组织了一个拉比法庭（beth din），法庭根据法国拉比的裁判宣布离婚无效。

大卫和利科里西亚对轻敌后悔不已，他们想当然地认为穆丽尔不会抗争。

但他们现在只能继续走下去，即使诉诸犹太社区领袖甚至基督教当局乃至约克大主教也在所不惜。其实，在这些人中间，大卫能够依赖的只有国王本人，因为大卫曾在某个关键时刻给过他100英镑的好处。从此之后，在亨利的眼中，大卫就再也没做过什么错事。正是出于这个原因，大主教驳回了拉比法庭所有关于有罪的推定，并且在传唤穆丽尔一方到庭后，撤销了牛津拉比法庭的判决，宣布离婚有效。更严重的是，在"密封敕令"中有一封国王亲手写给裁决这次离婚纠纷的"法官们"的信，禁止他们"以扣押的方式胁迫"大卫"保留这位妻子［穆丽尔］或其他任何妻子"。这封信还警告说，如不照此办理，将会"遭到严厉的惩罚"。[32]

所以，此时的穆丽尔和她哥哥可以说是投诉无门。在当时，根据"哈拉哈"（Halakha）[①]中的律法条文，她只得到了大卫位于圣爱德华巷和"犹太胡同"拐角处的那所不大的房子。或许，她从下面的事实得到了的一点凄凉的安慰：利科里西亚和大卫尽情地享受他们的婚姻生活还不到两年，大卫就于1244年去世了。然而这段时间已经足够长，因为利科里西亚为他生下了他急切盼望的家族继承人。他取了大卫父亲的名字，叫亚瑟尔（Asser）或亚舍尔（Asher）。但他一生中却以他作为糖果商的母亲的名字斯威特曼（Sweetman or Sweteman）闻名于世。

然而，利科里西亚不仅没有能够享受她第二任丈夫留下的财产，反而由于在大卫的财产遭到国王的查封后挪用其财产，与刚生下的斯威特曼一起被关进了伦敦塔。通常情况下，国王有权拥有这类被查封的全部财产的三分之一，但如果是大笔的遗产则另当别论。林肯的亚伦就是一个让所有人都感到不平的例子。由于被关进了伦敦塔（尽管花钱疏通关系后可以自由活动，也能吃上"可食"的食品，等等），利科里西亚俨然成了王室的人质。而国王亨

---

[①] 希伯来文的意思是"规范"，是有关《塔木德》的各种阐释与评注的总称，与"哈嘎嗒"相对应。《塔木德》成书后，随着时间的推移，社会和经济生活发生了很大的变化，有关其解释不断出现新问题和案例，实践中的律法条文需要重新阐释，于是大量的犹太学者开始从事"哈拉哈"的汇编工作。"哈拉哈"大多文体庄重而严谨，往往具有较高的权威性和约束力。

利正好利用这个机会搜查大卫那座巨大的图书馆。表面上是为了弄清楚里面有没有对基督教或犹太教有害的书籍，实际上却是把搜到的祈祷诗集一类的书籍拿走。对国王来说，最令人满意的莫过于没收大卫那所位于圣阿尔达特街上的装饰精美的豪宅，并将其改作"皈依者收容所"（domus conversum）。凡投向基督怀抱的人，都可以在那里享受大卫家的厨房供应的美味佳肴，使用他的豪华家具与他和利科里西亚高大的衣柜。为了使王室的代表满意，光处理大卫的不动产就花了好几个月，而最后国王占有的钱数竟达5000马克，相当于3000多英镑。由于当时100英镑就可以建造和装备一艘豪华的大船，所以这是一个惊人的数目。而这笔钱正好用于亨利三世念念不忘的重建西敏寺的庞大工程，并为葬在那里的"忏悔者"爱德华国王修葺陵墓。建造这座用来举行国王加冕仪式的大教堂的大部分资金就是来自犹太女人利科里西亚和她的丈夫大卫的财产，但这个细节在现代的导游手册上却被莫名其妙地被故意省略了。如果你想知道犹太人的财富到底有多少，看一看那里用大卫和利科里西亚的钱买来的华丽的卡斯莫迪（Cosmati）瓷砖铺成的路面就足够了（当然教堂内还有许多其他豪华的设施）。爱德华墓地也不只是一个附带的工程，它后来成为西敏寺最神圣的地方，成为包括亨利三世的儿子爱德华一世在内的金雀花王朝历代国王和王后的陵寝。而在半个世纪后，正是这位爱德华一世，在经历了一次次痛苦和磨难之后，随意地把犹太人从他的王国里彻底驱逐了出去。

## III  毁灭

1277年春天的一个早晨，人们在利科里西亚在温彻斯特的家里的地板上发现了她和她的女仆艾丽丝的尸体，两个人都是死于刺伤。犹太人不可能有基督徒女仆，但这个家里却有一个。许多本来以为犹太人不可能做的事，利科里西亚大部分都做了。把大卫埋葬在牛津（那里的犹太人当时已经进入了上层社会）大学植物园的犹太公墓之后，利科里西亚带着斯威特曼回到了她在温彻斯特的茅草屋，并很快就在那里东山再起，再次成为金钱王国的"女王"。并且，有时其富有程度甚至超过了从前那个温彻斯特富孀。当她的一个债务人托马斯·加勒科特（Thomas Charlecote）的尸体被发现脸朝下漂浮在沃里克郡的一个池塘里时，利科里西亚正好到那里收回他的不动产。加勒科特所借的债的确是用他的土地抵押的，但债契上写明她必须要等到他的儿子和继承人托马斯从中划出相应的一份之后。利科里西亚并不是一个愿意等待的人，更不是一个愿意放弃的人。她似乎曾强迫穆丽尔搬出她在牛津的大房子，而此时她又要占有加勒科特的土地，并且所用的手段近乎敲骨吸髓——把他家的家畜、林地和房产变卖一空。

所以，像布洛瓦的鲍瑟琳一样，利科里西亚树敌太多。尽管她从12世纪70年代就已经退出了生意场。难道是这些敌人杀害了她？人们心中的疑问指向了一个名叫拉尔夫（Ralph）的马具商。这样一来，这场谋杀就变成了一个随机的抢劫案，而这样的抢劫经常发生在犹太人身上。但是，拉尔夫很可能是一个替罪羊。而他身后有某个更重要的人物急于杀害债权人以摆脱自己身上的债务。可以说，是旧的时代和新的仇恨杀害了利科里西亚，并且后来有更多犹太人被杀害。因为他们的命运与亨利三世紧密地联系在一起，而他却不失时机同时又不择手段地随意对他们的财产突然采取征税和没收措施。这些措施至少标志着他的"保护"使命即将终结。西门·德·蒙特福特（Simon de Montfort）既是犹太人的债务人而又对犹太人充满仇恨，在以他为首领的贵族混战中，这种"恩惠"成为人们对国王发泄不满的主要原因。尽管德·蒙特福特最终被击败，但亨利的继位者爱德华一世（他于1272年登上王位）不仅继承了他的许多偏见，而且他作为一个十字军首领进一步强化了这些偏见。

长达200年的约定——犹太人提供借贷服务以换取王国的保护和出行自由——顷刻间被打碎了。而第一个信号，就是突然强制犹太人佩戴"识别牌"。当时，他们成了"有记号"的民族。随后，他们曾经被允许居住的城镇受到限制，有时整个社区的人都不得不迁往其他地方。爱德华率领十字军东征回乡后，局势更加恶化。他于1275年颁布了一项法令，禁止犹太人借贷。不管这样的职业如何被人憎恨和如何危险，这种根本的生存方式毕竟支撑着那些本来会陷入贫困的社区。官方的猜忌使得那些学习和从事新工艺和新生意的犹太人无事可做，完全失去了谋生的手段，尤其是行会的大门一直紧紧地关闭着。但当时也发生了一个小小的奇迹：利科里西亚在第一次婚姻期间生下的儿子本尼迪克特一直与温彻斯特市长西门·德雷珀（Simon Draper）私交匪浅。于是这位市长介绍他进入了本市的商业行会。这次令人吃惊的破冰式尝试几乎很快就使得针对这位惹上麻烦的市长的指责和谩骂烟消云散。于是他连忙改正了以往的做法，大方地给予犹太人以某种受人尊敬的地位。

他的母亲被杀害一年之后，本尼迪克特作为行会的准会员也在伦敦死在了刽子手的绞架上。1278—1279年，令人发指的恐怖和暴力活动一直在持续着。大量的英格兰犹太人被指控从事"剪硬币"（把剪碎的金币和银币熔铸成块状，然后制成假币）活动。这毫无疑问是一种犯罪。有许多基督徒罪犯也参与其中。很可能有些犹太人在收集"轻"币，然后用"剪硬币"的方式制成假币。[33]实际上，全国所有的犹太人都被关了起来，他们被集中到伦敦，导致那里的监狱是如此拥挤，因而不得不开辟一些闲置场所作为临时监狱，其中就包括亨利三世在伦敦塔里的象厩（这些热带的庞然大物运进来后很快就死光了，所以象厩一直空着）。既然称为象厩，那么至少比大象要大，因此相对宽敞一些。根据记载，有一位孤苦伶仃的犹太老妇曾可怜地请求把自己关到象厩里。

然而，她很可能由于这种特殊的"待遇"躲过了一劫。当时，这座城市里到处都是绞刑架，据说有269名犹太人被吊死。这就是爱德华一世登基后第一年的伦敦，大街上犹太人的尸体横七竖八，而利科里西的儿子本尼迪克特就挂在街头的绞刑架上。在英格兰历史上，这场令人发指和不可原谅的暴行从此之后就再也没有人记忆、没有人哀痛，也没有人知晓了。

集体绞刑彻底破坏了这里的犹太社区。他们的男女领导人,他们的保护人、追随者以及安全设施一下子(这个词用在这里绝非夸张)被彻底摧毁了。那些侥幸活下来的人几乎一文不名。他们心如死灰,终日战战兢兢。实际上,他们对于国王自己标榜的所谓社会改革根本不抱有任何希望。当时,爱德华表面上的社会改革热情已经演变为对犹太人实施最后的抢劫活动。当他把犹太人从加斯科涅(Gascony)驱逐出去之后,爱德华又发现佛兰德人(Flemish)和热那亚人(Genoese)在当时的形势下也需要钱,于是犹太人同样遭到驱逐。对于犹太人来说,剩下的工作只有清理垃圾。到1290年7月,爱德华颁布的驱逐法令,即他发出的"最后一击"——在很大程度上是为了取悦他的母亲、来自普罗旺斯的埃莉诺(Eleanor)(她是一个定期借债的客户,所以有点仇恨犹太人)和他的王后、来自卡斯提尔的埃莉诺(与爱德华母亲同名,她对犹太人怀有更大的仇恨)——在当时已经算不上是一个意外。另外,还有一个非常实用的理由,那就是可以在犹太人迁移的过程中赚上一笔钱。当爱德华于1289年结束了在法国的战事回乡之后,王室的钱柜已经空空如也,只有靠向包括贵族和教会在内的所有英格兰臣民进行惩罚性征税才能填补国库的亏空。这剂难以下咽的苦药的"甜药引子"就是驱逐犹太人,或者更直白地说就是取消所欠他们的所有债券和债务。不消说,这是一个大受贵族阶层欢迎的解决方案。11月5日,国王颁布的法令称:"由于他们的罪行,同时也为了维护钉在十字架上的耶稣的荣耀,国王特将犹太人作为背信弃义的人驱逐出境。"[34]

对于两个世纪后西班牙发生的更具破坏性的驱逐(因为被驱逐的人数要多得多)来说,这项驱逐令无疑具有示范的意义。英格兰的犹太人被限定在四个月内离境。他们只有权收回大笔债务的本金而不能加收任何利息,并且只允许他们带走能够随身携带的财产。根据这些严格的限制条款,英格兰的犹太居住区被腾空之后,他们的房产就被那些掠夺成性的买主以十分荒唐的低价买走。破旧的马车和跛脚的行人排成一线,犹太人艰难地跋涉在去港口的路上。他们要去多佛尔和南安普敦，等待泰晤士河码头上的海船离岸。有这样一个故事：在昆伯勒（Queenborough）停靠着一只船，船长建议旅客下船到退潮后裸露的海滩上活动一下腿脚。然后，他却把乘船费装进腰包，然后把船开走了。他将他们扔在海滩上，这时突然涨潮了，他们都被卷进了巨浪中。让当地的王室官员特别生气的是，他们一直怀疑财政大臣参与分赃，无论多么少的赃物都不放过。在诺福克郡，1281年曾发生过一场现场争论。有一个郡督的兄弟从犹太人那里抢夺了大量的财物，然后跑上一条船离开了巴勒姆（Burnham）。他企图将这些财物据为己有，根本不管这些财物是否缴过特别税。在这场争论中，完全出人意料的是，这条船上的犹太人都被杀死了，并且财物也被抢走了。因为正如那位郡督所说，他们毕竟是"王国和平的邪恶破坏者和混乱制造者"。[35]在这个令人悲伤的年代，一个更难抹掉的形象就是英格兰的基督徒团体。他们组建的各种俱乐部的成员在犹太人面前耀武扬威，并幸灾乐祸地把他们赶出了英格兰。

大约正是在这个时候，关于"流浪犹太人"的传奇开始在基督教世界中传播开来。这并不是一个天涯亡命者的普通经历，而是关于一个犹太人的独特故事。在某些版本中（如对犹太人的不幸命运一直幸灾乐祸的马修·帕利斯的记述），鞋匠卡塔费鲁斯（Cartaphilus）在去十字架刑场的路上曾经用矛刺过耶稣，并斥责他"连去死也慢腾腾的"。耶稣回答说，他需要休息，而行刑者却根本找不到一个休息的地方。因此，犹太人命中注定要像该隐一样不停地在大地上行走，不断地见证他自己和他的民族犯下的罪，从而拒绝用"休息"的方式作为一种对死亡的延缓，直到救世主再次降临。或许，眼看着那些筋疲力尽的犹太人挣扎着爬上船，基督教的英格兰获得了某种满足，因为这或许实现了关于救世主的另一个预言。

# 第8篇　审判

Trials

## I　选择生命

做一个犹太人,即使不是其他一些犹太人把这种愿望变成了几乎不可能的事,本身是不是已经很艰难?在读过一位拉比写给一些贫穷的犹太同胞的"答复"之后,这个问题就一直萦绕在摩西·迈蒙尼德(Moses Maimonides)的心头。这些同胞提出了这样的问题:当一个犹太人在刀剑的胁迫下必须在死亡和皈依(基督教)之间作出选择时,他选择后者是否可以被原谅?你们知道,其实只有很少一部分犹太人在不停地迁徙,并且也没有改变自己的希伯来口音,他们中的大多数也活了下来。但因此就能说他们心中一直怀着《托拉》的真理吗?如果他被杀了,那么他留下的孤儿就会被作为囚犯抓走,或许成为穆斯林,那就永远失去了犹太教。

现在再回到上面提到的"答复"。在这样的情况下,上帝保佑,但愿你永远不会面临这样的选择,但在真正面对这样的情况时,正义的犹太人必定会选择死亡而不会选择叛教。马加比起义时期那些壮烈殉难的犹太人,哈德良

（应该把他千刀万剐、挫骨扬灰）残酷迫害时期的拉比阿基瓦，十字军进军莱茵河地区后那些被屠杀的圣男圣女们，他们都曾做出过"圣化吾名"的壮举。用自己的手自杀，主动引颈就戮，这样你就进入了天堂。在天堂里你会被重塑为人，你流淌的鲜血会被上天的膏油止住。我们可以想象受到其他各种诱惑的结局。那就念诵萨哈达（shahada）吧。上帝会把脸背过去，把你永远打入万劫不复的黑暗之中。

不，不，不！摩西·迈蒙尼德认为，要选择生命。这并不等于他对殉难的历代犹太人不敬，而是因为他对《托拉》中明确规定不得为了保住生命而放弃犹太教这种把绝对理想简单化的做法（所有的宗教均是如此）持有一种排斥和不敬的态度。正如他在其伟大的《密释纳》重写工作即《〈托拉〉重述》一书开篇就明确表示的那样，使他感触最深的是《利未记》（18:5）中要求犹太人"按照诫命生活而不是为诫命而死"的段落。[1]神授《律法书》的内在价值就是自由意志，即自由选择的可能性。对那些坚持认为必然会出现不可能选择的情况的人，他引用了《申命记》（30:15）作为他的哲学大厦的基石，来进一步阐述信仰与理性的关系。"我今日呼天唤地向你作见证，我将生死、祸福陈明在你面前，所以你要拣选生命，使你和你的后裔都得存活。"[2]"圣化吾名"还有另一种方式，就是按照神授的珍贵《律法书》过一种体面的生活。"如果一个人行事谨慎，言谈得体，对他的同胞生灵十分友善，和蔼地接待他们，即使受到侮辱也不回嘴，对所有鄙视自己的人以礼相待，做生意讲究诚信……忠诚于《托拉》，头顶上披着祈祷披巾，额头上戴着经匣，不做出格和过分之事，那么这样一个人就是圣化了上帝。"[3]

另外，坐在扶手椅上的《塔木德》学者们又如何能够知道那些大胆提出他们是否叛教以便保存生命这个问题的人所遭受的痛苦煎熬呢？但他和他的父亲、"塞法迪人"拉比迈蒙·本·约瑟（Maimon ben Joseph）却知道并且一直深有体会。迫害的阴影一直像一条咬人的猎犬一样尾随着他们。他们来到以优雅著称的科尔多瓦，摩西于1035年前后在那里降生，此后这个家族许多代人一直在那里生活。阿拉伯人来了，但对他来说他们和希伯来人一样是顺理成章的事。柏柏尔人中的摩拉维德部落开始为他们的"大先知"①举起了刀剑。但安达卢西亚（Al-Andalus）地区的主流生活潮水很快就浇灭了他们的怒火。于是人们又开始安定下来，相互之间平安相处，那些留下来的人们开始诵读祷文、研习《托拉》，并且在统治者生病时去问候他们，因为一直以来哪有生了病不请犹太医生的道理？像以往经常出现的情况一样，对教义的狂热演变为世俗的喧嚣。然而，这样的生活方式却大大激怒了另一群柏柏尔人即摩哈德部落。他们纵马冲下阿特拉斯山（Atlas）的陡坡。在首领阿卜杜·穆米（Abd Al-Mu'min）的带领下，用更纯洁的方式追随大先知一路穿过平静的军事缓冲区。在摩洛哥的深山老林里，到底是什么培育出了这样一群剽悍好斗的人们？这恐怕连阿卜杜·穆米的追随者自己都弄不明白，也不敢争辩。他们所知道的只是瞪大眼睛，不停地奔跑和喊叫。在他们的心目中，他们受到召唤的使命是净化被亵渎的乌玛（umma）②。因为无论是在西班牙还是在巴勒斯坦，只有洁净而强势的人才敢于面对基督徒法兰克人的冲击。

摩拉维人在更疯狂的摩哈德人面前认输了，安达卢西亚的世俗生活似乎有些起色。摩哈德人下令关闭了许多犹太会堂，其余的则被全部拆毁。对于那些公开诵读他的祷文的犹太人，甚至在遥远的乡间每天在日落时偷偷躲在高墙的阴影下诵读他的祷文的犹太人，上帝都会伸出他温暖的手。从此之后，不可能再出现穆斯林和"非伊斯兰信徒"共用一室（甚至连主人和仆人都要分开）和相互交往的现象，因为当时村镇（kafr）的布局使得这样的情况不可能发生。犹太人被要求穿着黑色的、样式难看的拖地长袍，以便使他们衣服的底边沾上耻辱的污泥。为了提醒他们作为奴仆身份，对他们要征收一种用金币形式支付的"人头税"。并且在他们支付金币时，要用打耳光和扮苦相的方式进行侮辱。叮当、噼啪！以提醒他们，他们不过是一群笨猩猩、蠢驴

---

① 即穆罕默德。
② 阿拉伯语原意是"母亲"，多用来指代社区尤其是伊斯兰社区。在阿拉伯人心目中，这个词是整个伊斯兰世界的代称，近代演变为指政治意义上的"国家"。

和狗。噢,他们的女人,他们的妻子和母亲,则都成了妓女,也要受同样的侮辱。

在这样的处境下,连安达卢西亚的橄榄吃起来也是苦味的。拉比迈蒙·本·约瑟在目睹了这一切后,准备带着全家离开塞法拉德。马车缓缓地驶过瓜达基维尔河上的罗马拱桥,从此进入了一种暗无天日的生活。他们除了在逗留的地方看到有犹太人在赎罪日斋戒,在律法授予日欢庆,诵读《托拉》,额头或前臂上戴着经匣之外,其他的都一无所知。令人感到奇怪的是,本来迈蒙带着全家一路向南,越过地中海到了摩洛哥,并像人们想象的那样,应该把家人安顿在离摩哈德人尽可能远的地方,但他们却停在了犹太教义最丰富的大本营:菲斯(Fez)。就好像他已经预料到,自己能够通过一种拉比研究学问的方式在最险恶的环境下振作起来,因为如果不经受苦难的折磨,似乎就不配得到祝福。菲斯是一个著名的伊斯兰律法和教义的中心,但实际上却远远不止于此:这是一座巨大的城市,城里的人口可能有20万人;同时也是一个著名的商业中心,商业通道像辐条一样向外辐射到沙漠、海岸和山区。凡是有生意的地方,必然会有犹太人。他们人数众多,拥挤的人群造成的喧闹声不绝于耳。他们常年都在匆匆忙忙地做生意,但同时并没有忘记研习他们的《塔木德》。那里有许多古老的犹太会堂,那低矮而布满饰钉的大门一直开着。从拱形窗户里透出的烛光映照着下面的胡同,骡子踩过前一天留下的骡粪,传来"得、得"的蹄声。在巨大的露天剧场里,人们由于吸入了的过量的香料,不停地打着喷嚏,吐出黄色和红色的粉尘,而那些弯腰躬背的老人在走出拥挤的大门时不得不紧紧地拽着他们衣袖。实际情况甚至可能更糟一些。

但情况也可能更好一些。所以,当摩西(他当时已经是一位著名的《托拉》和《塔木德》学者和评注家)了解到对那些由于陷入死亡和皈依的两难困境而无法自拔的犹太人的"答复"(responsum)时,他感到非常愤怒。他很久之后回忆说,在那些日子里,他常常很容易发火。实际情况是,他那时还远没有真正成熟。犹太人强烈而急迫的愿望一直在随着他的脉搏跳动。他为什么不能对这种严重的非人道行为进行驳斥，从而把他们从怀疑的阴影下轻松地解放出来呢？他这样做是不是要比那些常年如影随形的迫害者更好一些呢？他的父亲曾经写过一个安抚犹太人的小册子，并坚持认为，当面对灾难和迫害时，最好的选择是想尽一切办法坚守《托拉》，而不是像他用诗意的语言所说的那样，钻进天国伸下来的绳套，从而跌入自我毁灭的深渊。[4]秘密祈祷需要对上帝怀有一颗纯洁的心灵。摩西的《关于强迫皈依的信》(*Iggeret hashemad*)就是针对那些已经被迫皈依了伊斯兰教但却试图秘密地保留心中的犹太教的犹太人而写的。当时，其他拉比的答复已经广泛传播开来，所以摩西感到，尽管自己非常年轻，但他有义务提供一种相对温和的方式，从而使那些"被迫改宗者"(anusim)知道，在安全允许的情况下还有一条回归开放的犹太教信仰的道路。《关于强迫皈依的信》最初是用犹太—阿拉伯语写成的，后来被翻译成希伯来文。其中作出的保证也可以直接应用于北欧地区的阿什肯纳兹犹太人，因为他们在十字军基督徒的威逼下也曾面临着这种残酷的选择。年轻的迈蒙尼德写道，除非被迫改宗的手段是谋杀、偶像崇拜或强迫发生性行为，保住生命是最高的义务。还有什么办法能让犹太人为了那位希望他们为《托拉》而生的上帝而活下来呢？亲手结束自己的生命而不是在胁迫下改宗使一个人成为杀害自己的凶手，这是一种渎神的行为，并不能"圣化吾名"。表面上说什么并不重要，因为这并不代表心中真正的信仰。上帝能够看到灵魂最深处的信念。所以，采取非犹太宗教的表面形式而无论何时何地在心中都保持对《托拉》的忠诚是完全可以允许的，没有必要担心会发生偶像崇拜的行为。[5]最具有戏剧性的是，这位年轻的教师向那些忧心忡忡的犹太人保证，凡是在心中坚持真正信仰的人，必将像其他所有的犹太人一样在来世获得拯救。

难道迈蒙尼德是在自说自话并试图说服自己吗？许多为他作传的学者认为，他很可能的确按照自己提出的方式暂时地皈依过伊斯兰教。[6]从1163年开始的两年时间里，第二摩哈德王朝哈里发阿布·雅库布·尤素福（Abu Ya'qub Yusuf）曾对"非伊斯兰信徒"实施过越来越残酷的统治，并且很可能对拉比迈蒙家族动用了更为残酷的手段。但是，也许还有一种既能躲过死亡又能避免皈依的方式，那就是逃跑。迈蒙尼德在给他的读者的信中，并且在给一位感到痛苦的"科学和学术大师"（他曾于1172年从也门写信诉说自己陷入了同样困境）的回信中都曾谈到过这件事。他说，根本不必依恋家乡或家庭。你当然会心有戚戚，但还是应该去你有可能去的地方自由地遵守《托拉》。当然最好是去"以色列地"，因为那里是你祖先的土地。

在他的这番说教中，当然也有一些不诚实的成分，或者说健忘的成分。之所以这么说，是因为在1165年，迈蒙尼德本人以及他的父亲和兄弟就曾去过圣地，但最终似乎并没有继续住下去。而在《〈托拉〉重述》中，他却又庄严地倡议，宁愿生活在巴勒斯坦生活在未开化的异教徒中间，也不要生活在以色列之外有许多犹太人的城市之中。并且居住在巴勒斯坦本身就是一种赎罪和"收复圣地"（这也是十字军的口号）的方式。对犹太人来说，基督徒和穆斯林之间无休止的相互摩擦正好是一个机会，这是因为在这个特殊的时段，正在交战的双方互相仇恨，其中任何一方都无暇顾及犹太人。尽管在那里生存并不容易，但他们任何一方都不会从整个巴勒斯坦土地上驱逐犹太人。有一小股犹太人（大多集中在加利利一带）曾拜谒过祖先的墓地，并一路散播、诵读和供奉《塔木德》。当时的十字军王国已经恢复了以往"除了经商与法定的祈祷和斋戒日犹太人不得进入耶路撒冷"的禁令。那里的基督徒看着犹太人在圣殿原址那段倒塌的西墙边表达他们的悲痛，有一种冷酷的满足感。他们之所以这样做，是在时刻提醒自己，这些人仍然是犹太人，应该永远成为他们轻率犯下的错误的见证人。

到迈蒙尼德和他的家人踏上旅程时，在散居各地的犹太人中间已经开始回荡着回归圣地的声浪（就像现在的情形一样）。尤其是在犹大·哈列维作品中那些令人心醉神迷的诗歌饱含的思乡情感的激荡下，在塞法迪犹太人世界中掀起了一场巨大的灵魂净化风暴。一个星期后，迈蒙尼德便适时地随着这场风暴踏上了旅程，并且一路上把他所经历的恐怖（他乘坐的船差一点被滔天的巨浪打翻，而他只能在剧烈摇晃的甲板上祈祷）和坚定的信念（上帝最终及时地平息了这场风暴）记录了下来。他曾发誓，他要在每年他们获救的这一天进行斋戒和感恩祈祷。（像这个时期的许多犹太人一样，迈蒙尼德也已经习惯于编制一种私人日志，记录下与自己生活中的重大事件相联系的虔敬和欢乐。）

按照当时的交通状况，从北非的某个港口［很可能是休达（Ceuta）］开始的这次旅行路途并不算太长——可能一个月多一点——但当时还没有地中海班船，并且每个人都知道，一旦遇上坏天气，长时间地滞留在海上往往意味着有去无回的惨剧。他的父亲和兄弟与另外400个人一起拥挤在一个货舱里，而摩西则带着家畜和各种用具——如他们一上岸就需要的沉重的马鞍，他们肯定不愿意也没有能力从阿克露天剧场上那些皮货海盗的手里再买一副——坐在甲板上。出于明显的原因，犹太人必须带足旅途中的食物（从船员那里买水）。这就意味着甲板下面不仅在不停地做饭，而且同样也在不停地呕吐。对人的身体来说，另一个不便之处是没有地方栖身。然而，踏上这样的旅程后，真正的问题并不是身体上的不舒服，而是在回归圣地的旅程中，他们往往对上岸后第一眼看到的东西充满了不切实际的期待。虽然没有人会把那里想象成通往天堂的"客厅"，但正如迈蒙尼德所述，只要在那里的土地上"走上四肘尺"就能保证在来世成为圣地的主人。犹大·哈列维没有来得及发出任何觉醒的暗示就去世了，只留下了他那一篇篇令人心醉神迷的思乡欢乐颂。正如迈蒙尼德向其他犹太人提议的那样，他一上岸就匍匐在地，亲吻着圣地"门槛"上的石头。然而，在一年多之后，他还是亲吻着这块石头告别了圣地。

或许，十字军的统治方式比摩西原来想象的更令人感到厌恶和沮丧。当时，巴勒斯坦已经被基督徒占领了七十多年。并且在萨拉丁（Saradin）于

1187年征服这片土地之前，这种状况不会有所改变——更重要的是，尽管这片土地转移到了伊斯兰教手中，并且犹太人很可能被允许在耶路撒冷居住，但这些并不足以说服迈蒙尼德留在圣地。与他最后逗留的地方——埃及相比，他可能觉得巴勒斯坦就像一潭文化上的"死水"。他们于1165年5月在阿克港登陆。这是他对一个基督教城市的第一次感受，尽管这是一次完全不同的感受：一个巨大的海港要塞，比菲斯甚至科尔多瓦宽阔而豪华得多的街道，为各级圣殿骑士和善堂骑士①建造的宏伟官邸，并且到处是基督教堂。在这些宏伟建筑之间，有一个几百人的犹太社区（城市总人口达4万人），其领导人是三位拉比，其中撒多克（Tzadok）主持着当地的《塔木德》研究院。拉比迈蒙和他的儿子们似乎受到了热情的接待，因为当地的犹太人很可能已经听说过摩西早期的逻辑学著作以及他著名的《关于强迫皈依的信》。对于这个家庭来说，那里已经有一条无数犹太人走过的虔敬的朝圣之路：穿过加利利到太巴列、塞弗利斯和萨费德（Safed），即喀巴拉（Kabbalah）犹太神秘主义的发源地。当时，凭吊祖先墓地的旅行方式风行一时，并且第一个拜谒的通常是《密释纳》的第一位作者犹大·哈拿西的陵墓。迈蒙尼德称他为"圣人和王子"，据说就埋葬在塞弗利斯的城边上。当地的"向导们"两眼放光，千万不要把他们对廉价纪念品的承诺当真，只能像对嗡嗡叫的苍蝇一样把他们赶跑。

---

① 均为中世纪天主教的军事组织。十字军东征期间，罗马教廷建立或利用了著名的三大骑士团：圣殿骑士团、善堂骑士团和条顿骑士团。条顿骑士团是三大骑士团中建立时间最晚但影响最大的一个，于1198年成立于巴勒斯坦，主要由德意志骑士组成，身着白色外衣，佩戴黑色十字章，白色长袍上绘有红色宝剑和十字。甚至在16世纪初建立了普鲁士公国，其影响为19世纪初。善堂骑士团的雏形出现于第一次十字军东征尚未开始的1070年前后，其任务是从事一些"慈善"工作，如保护到圣地朝圣的西方基督徒，供给朝圣者食宿，医治生病的基督徒等，故得此名。其成员是以耶路撒冷的"圣约翰圣殿"为中心而聚集起来的，故又称"约翰骑士团"。其影响到18世纪末。圣殿骑士团正式名称为"基督和所罗门圣殿的贫苦骑士团"，其名称的由来是因为当时的耶路撒冷国王耶路波安二世将圣殿山上的阿克萨清真寺的一角给这些骑士驻扎，这个清真寺正是建在传说中的所罗门圣殿的遗址上。圣殿骑士是圣殿骑士团的主体，圣殿骑士团在全盛时据说有2万多名成员，主要分为骑士（Knights）、士官（Sergeants）、农人（Farmers）和牧师（Chaplains）。骑士是重装骑兵，也是圣殿骑士团的核心力量，只有他们才有权穿着绣着红十字的白色长袍。圣殿骑士是战技高超、英勇无畏的战士，在保卫基督教王国的战斗中充当了主要角色，他们是十字军最具战斗力的一群人。圣殿骑士最初起源于9个西方骑士的自发行为。第一次十字军对耶路撒冷的占领引发了西方基督教徒到东方朝圣的狂潮。腓力计划的实施日便是史学上争议未决的最初的"13日星期五"——1307年10月13日星期五（这是"黑色星期五"迷信的由来之一）。从那时起，"13日星期五"在西方文化中被当成不祥之日。腓力向他在法国各地的总督发布"密封敕令"，并要求在同一时刻开封。于是，所有的圣殿骑士均遭逮捕，会所被占领，财产被没收。经过关押、刑讯与折磨，他们被烧死在火刑柱上。

拉结（Rachel）和阿米塔伊（Amitai）的儿子先知约拿的坟墓，大卫那个叛逆的儿子押沙龙在汲沦谷的安息地，以及希布伦的"历代族长的墓穴"，这些都是必须拜谒的地方，甚至直到今天依然如此。

当然，耶路撒冷是最后的目的地，但不知出于什么原因，迈蒙尼德竟然在路上花了六个月才最终到达圣城。或许，实际预期的路程与圣诗中的描绘相差太远（对他聪明的脑袋来说是难免的），这本身的确有可能造成旅程的延误。对犹太朝圣者来说，对耶路撒冷的痛苦想象要先于并制约着实际的经历，当然他也不可能例外。毫无疑问，迈蒙尼德也采纳了自己的建议，即在第一眼看到圣殿的废墟时，犹太人应该在断壁残垣中背诵《以赛亚书》中的几段经文。他可能记起了哈列维的诗句，犹太人因为把大卫和所罗门的城市变成了"猫头鹰和豺狼的栖息地"，从而犯下大罪并受到了惩罚。像那些刚刚进入圣城的犹太人一样，他站在橄榄山上望去，首先映入眼帘的就是在圣殿遗址上建造的大圆顶清真寺和一座座基督教堂。他完全陷入了痛苦的沉思之中。在如此落魄的状态下，犹太人是否还能以不洁之身进入破败凄凉的圣殿区。但最终他似乎还是进入了圣殿的废墟，或许他也像一个真正的哀悼者那样撕裂了衣服，正如他自己所述——不只是象征性地剪破或抓破，而是猛烈地撕成碎片，一层一层，"直到剩下贴身的内衣"。迈蒙尼德还十分明确地加上了一句：身上剩下的衣服只能用老粗布一块一块地缝起来，轻轻一拽就会散落开来。

在这样一种破败的环境下生活是很艰难的，或者说是根本不可能的。有一小股犹太人在西墙外住了下来，但他们只是一些叫卖者、乞丐、食客和搬运石头建造墓地的苦工，或利用《托拉》行骗的人。对迈蒙尼德来说，最好还是把那种神圣的感觉留在心里。当然，或许还有其他的因素促使他离开。当时，他的父亲已经去世，并且像他希望的那样埋葬在了以色列的土地上，但祷词并没有告诉他兄弟们该去什么地方。难道他们要永远守在父亲的墓旁？因此，在他进入圣地一年之后，摩西选择了离开。他一路向南，去了他后来在给一个也门人回信时所称的"家乡",也就是犹太人一次次地被告诫要远远躲开,但却又一次次返回的地方:埃及。他还能去哪呢?在摩哈德人以及后来不断变换的柏柏尔人部落的残酷统治下,菲斯已经没有他的容身之地。安达卢西亚已经永远地消失了。在被摩哈德人征服之后,犹太人掀起了一股从马格里布核心地区——凯鲁万(Kairouan)、马拉喀什(Marrakech)和菲斯——向东面的福斯塔特(Fustat)①移民的浪潮。当时,埃及仍然掌握在什叶派法蒂玛(Fatimid)王朝哈里发的手中,但并没有持续多长时间。福斯塔特不仅是一个繁荣的商业和文化中心,而且在那里虔敬和哲学是不分离的,这很可能是吸引迈蒙尼德的原因之一。

虽然在他之前来到这里的犹太人很多,但作为一个学识渊博、医术精湛的医生的声望还是为迈蒙尼德打开了哈里发王室的大门。他几乎立即就成了哈里发驻埃及的总督沙瓦尔(Shawar)和势力最大的大臣阿卡迪·阿法迪尔(al-Qadi al-Fadil)的私人医生。他们认为这个年轻的犹太人是一个学者同人和哲学家。迈蒙尼德虽然写过一些文体优雅的律诗,但这并没有妨害他的前程。同时,他又是一个医术全面的全科医生,并且像他的前任哈斯代·伊本·沙布鲁②一样,是一位擅长解毒的专家。因此,迈蒙尼德在纷争不断的穆斯林政权圈子里一直只是一个受人尊敬的才子。迈蒙尼德写下了许多治病救人的实用医学常识手册,从诊治阳痿(他的秘方就是将患有这种疑难杂症的病人的下体浸在用蚂蚁调制的一种藏红花油膏中,保证"举而坚且久")到痔疮和哮喘,可以说一应俱全。

显而易见,迈蒙尼德实在是太优秀了。他很可能赢得了他的十字军盟友阿马立克一世(Amalric Ⅰ)的欢心,因此,总督沙瓦尔请求迈蒙尼德为当时驻扎在亚实基伦的这位耶路撒冷基督教国王治病。迈蒙尼德当时已经是一个不可或缺的人物,他不可能会因为担心发生不利的后果而拒绝前往。他的另

---

① 穆斯林于641年征服埃及后建立的第一个都城,12世纪达到鼎盛,人口约2万。1168年被焚毁,其遗迹后来并入开罗。
② 参见本书第6篇故事Ⅲ。

一位朋友和崇拜者、诗人伊本·阿穆尔克（ibn al-Mulk）曾经写道，别忘了，"即使月亮请他治病……他也能把它治好，他甚至可以在满月之夜治好月面上的雀斑"。[7]

甚至推翻法蒂玛王朝的下一个政权——库尔德人的阿尤布（Ayyubids）王朝也未能打破他的职业前程。这是因为这些刚刚掌权的武士属于逊尼派，而迈蒙尼德的赞助人和朋友阿卡迪·阿法迪尔本人恰好是一个逊尼派教徒，并且在他为什叶派法蒂玛王朝效忠时就已经是一个逊尼派教徒。当这位大臣见风使舵投靠他的新主人时，他并没有忘记这位最机敏、最忠心的受保护者。迈蒙尼德就定居在罗马人留下来的要塞附近的马苏萨街区，并在三十多岁时（对一位犹太人来说的确太晚）娶了一个老福斯塔特家族的女儿。他的犹太身份属于"伊拉克"会堂，而不是属于"巴勒斯坦"会堂。不用说，当时的各个会堂都有自己的崇拜仪式和风格，但相互之间并不缺少爱心和帮助，而迈蒙尼德则更喜欢在小书斋里祈祷。不管怎样，他毕竟成了犹太社区中的权威人物，被称为"拉弗"（rav），负责对提交给宗教法庭的律法问题进行裁判。而更令人吃惊的是，他还曾一度成为埃及整个犹太社区的领袖（ra'is al yahudiya），经常在犹太社区与当地政府之间就税收问题进行斡旋。迈蒙尼德或许曾为这种信任而得意，但他也非常清楚这是一个出力不讨好的差事，一个让双方怨恨的中间人。一年之后的1172年，他主动从这个角色中解脱出来，因为他的事情太多，实在无法分身。他是一个医生，又是一个宗教裁判和权威，而同时还要为他宏大的《密释纳》研究工程以及相关的文字工作熬到深夜。所有这些耗尽了他的时间和（作为一个医生最清楚的）健康。但是，作为社区的领袖，迈蒙尼德显然受到他的穆斯林同人的敬佩和信任。而反过来说，他也深深地为他们的希腊哲学，尤其是亚里士多德哲学译本所吸引。

然而，历史总是这样上演，某个偶然发生的事件使迈蒙尼德从这种与穆斯林无拘无束进行文化交流的满足感中剥离出来。1172年，他收到了一封来自也门的信——那里一度出现过一个犹太王国——从信中，他得知由于一场救世主运动而引发了强迫犹太人改宗的骇人听闻的事件,其方式的残酷与摩哈德王朝的宽容形成了鲜明的对照。针对这股邪恶的浪潮,他引用了《撒母耳记》中的经文:"'凡听说这件事的人无不感到两耳刺痛。'的确,我们的内心非常沉重,我们的大脑一片混乱,我们的身体衰弱无力,因为世界的两端,即东方和西方对我们的迫害带来了可怕的灾难。"[8]在也门,犹太人被强迫集体改宗,而对信仰"异端邪说"——遑论在规定的时间祈祷、饮食或其他类似的"邪恶"罪行——的惩罚就是死刑,一律由残酷而狂热的马赫迪(即救世主运动)叛军执行。显然,这封信所描绘的痛苦画面是如此令人忧心,迈蒙尼德不得不放下手头所有的事情,写了一封回信。在信中,他首先对陷入困境的也门犹太人进行安慰和鼓励,然后以近乎挑衅的口气重申:犹太教要远远高于"拿撒勒人耶稣"。在这封长信的字里行间,他对"犹太恐惧症"引发的这种陈词滥调发出了尖锐而正义的追问。正如迈蒙尼德所说,这种恐惧症深深地根植于其他宗教的所谓不安全意识中,在面对毋庸置疑、崇高无比的犹太信仰和摩西律法时总会流露出来。我们这位医生开出了医治心灵痛苦的第一个良方:心灵的痛苦不仅是因为自己犯罪而受到惩罚引起的,而主要是由于对新兴的一神教要求所谓的"异端邪说"崇拜某个实体而不是上帝本身,或对虚假预言的迟钝造成的。平时,这位阿尤布王朝精英阶层的宠儿(到1172年,迈蒙尼德曾多次用优美的阿拉伯语给他们上科学和哲学课)以心思缜密、勤奋好学、举止得体、彬彬有礼著称。他从不愿意对别人说三道四,行事温和而节制。但此时,他却突然变得激烈而狂暴,一反常态地对主流文化发出了痛苦而愤怒的呐喊声。迈蒙尼德在他的《〈托拉〉重述》中写道:"愤怒只是缘于悲痛,而悲痛只能引起愤怒。"言下之意,也门发生的事件正是使他愤怒并使他反思的原因。他进而想到,西方摩哈德王朝的迫害和东方的压迫,很可能在伊斯兰世界中的任何地方重演;在习惯性屈从的大环境下,给予像他这样的人的所谓礼敬甚至信任只是一种权宜之计,不过是从主人紧握的拳头里漏出来的一点文化碎屑而已。"永远不要忘记,"他对读者写道（后来这封信被各地的犹太人传阅）：

> 由于我们犯下了数不清的罪，上帝把我们抛弃在这个民族即阿拉伯人中间……我们已经忍受了羞辱和谎言，他们的荒谬行为已经超出了人类的忍受力……我们磨炼我们的男女老少去忍受这样的羞辱，因为以赛亚曾告诫我们"人打我的背，我任他打；人拔我腮颊的胡须，我由他拔；人辱我吐我，我并不掩面"①，但我们仍然不能平息他们发泄不尽的怒气。我们愿意与他们和平共处，而他们却更喜欢冲突和战争。⁹

一年后的1173年，迈蒙尼德被一场并非阿拉伯人造成的自然灾难彻底击垮：他的弟弟大卫在一次商务旅行中死于印度洋上的风暴。由于比摩西小11岁，所以大卫一直受到这位伟大人物的特殊关爱。摩西在8年之后仍然难以抚平丧弟带来的创伤，在给阿克一位犹太人回信时，他甚至亲切地称大卫为"儿子、兄弟和学生"。尽管他自己是一个勤奋而早熟的《塔木德》学者，但正是大卫通过经营珠宝特别是珍珠生意资助摩西实施其宏大的《密释纳》研究工程以及其他的研究工作。这一点尤其重要，因为迈蒙尼德一直作为宗教裁判和学者为犹太社区工作，但却拒绝接受任何费用，并且事实上他非常鄙视那些宣称"我是一个伟大的圣哲"，并要求"拿钱资助我吧"的人。迈蒙尼德认为，古代的犹太圣哲都要干一份维持生计的力气活儿——汲水工、伐木工等——但仍然利用晚上的时间进行研究。而让他感到骄傲的是，他自己作为医生的日常工作恰恰体现了"劳动最高贵"的光荣传统。所以，大卫的生意可以为两个家庭的餐桌提供食物，尤其是为摩西提供在安息日享用一个传统的犹太家庭所能做到的最丰盛的三餐。

因此可以想象，大卫不得不经常到遥远的东方去购买珠宝，然后在埃及的市场上出售或转手其他国外的珠宝商。而每当他踏上旅程，摩西就会对他

---

① 参见《以赛亚书》50:6。

出门在外可能遭遇的种种危险充满了忧虑。在商路经过的沙漠地带，一群群嗜杀成性的强盗正等待着缓缓移动的商队。在海上，海盗会突然出现在甲板上，抢走财物，并劫持人质勒索赎金（在那片海面上，海盗现在仍然十分猖獗）。众所周知，那时的航船并不结实，且很容易进水，弄不好就会在风暴中沉没。显然，大卫自己就恰巧登上了这样一条船，但同时上船的也有一些经常走这条线路的长途商人，所以他对面临的危险并不在意。

大卫第一次旅行是走水路沿尼罗河从福塔斯特到库斯（Cus），然后溯流而上直达卢克索，一路上平安无事。后来他开始改走陆路，通常要在沙漠里陪着骆驼艰难地跋涉三个星期。绿洲之间的距离大都非常遥远，旅人要想尽一切办法保护自己，以免在强烈阳光的烤晒下变成干尸。他们终于到达了红海边上的阿伊扎布（Aydhab）港，大卫在那里给他的哥哥写了一封信，这封信竟然奇迹般地被保留了下来。信中描述了他一路上如何疲惫，看着受到残暴的强盗袭击后幸存下来的骆驼商队艰难进入港口时如何焦虑，发现除了剩下的一点点靛蓝染料外一无所有时如何失望，以及他最后改为乘船下红海过印度洋的决定。因为在马拉巴尔（Marabar）海岸有一个繁荣的犹太社区，他有信心在那里买到需要的珠宝和货物带回家乡。由于大卫非常了解他的哥哥，做事情往往急于求成（尽管他是一位以性格温和著称的斗士），所以他尽可能地缓解摩西的忧虑心情，即使在他忍不住述说自己所遭受的苦难时依然如此。"那个把我从沙漠中救出来的人自然会把我从海上救出来。"但是写到最后，一丝有点令人不寒而栗的宿命论情绪爬上了心头，就好像弟弟有一种再也见不到哥哥的不祥预感。他最后用一个古老的阿拉伯谚语写道："做了也就做了。"（Wa-ma fat fat.）

没有人准确地知道大卫在旅途中是在什么时候或什么地方失踪的，只是根据迈蒙尼德那封令人心碎的信中的说法，他被淹死了。迈蒙尼德接着写道，家里购买珠宝的钱都是靠他挣来的。如今，这个大家庭的经济支柱倒下了，摩西不得不自己挣钱供养弟弟留下的寡妇和孩子们。但是，这个他在世界上最爱的人的去世使他患上了一种外伤性麻痹。由于严重的炎症、发烧和精神紊乱，迈蒙尼德不得不"躺着并卧床"整整一年。当时，这是一种连这位埃及最伟大的医生都无法医治的疾病。只要他看到大卫写下的一封信或一片生意上用过的便笺，他的心就碎了。

在他慢慢地、痛苦地从黑暗中站起来后，他的性格由于前后降临的两场灾难而发生了不可逆转的改变：集体性的灾难是他在也门的同胞被迫改宗，而个人的灾难就是他永远地失去了弟弟。当时，他还不到40岁，但他却有一种强烈的迫切感，要以现身说法的方式解除犹太人在保住生命和忍辱负重问题上的困惑，直指犹太生活的要害，不要再为一时的满足或日常仪式受到的表面保护所蒙骗。他的观点的本质就是：要在逆境中生存下来，需要的是思想，而不仅仅是对习俗或未经检验的传统的忠诚。上帝给予人类尤其是他的犹太子民的最宝贵的礼物是智力，这是人类与动物的主要区别，并且智力本来就是给人使用的。"因此，我们是由物质构成的。"在《迷途指津》①一书中，他对亚里士多德哲学的评注家、来自阿弗洛狄西亚（Aphrodisias）的亚历山大的观点表示认可，他认为争论的欲望源于三个主要原因：第一，支配他人的冲动；第二，所争论的问题具有非常复杂的细微差别；第三，争论者不知道彼此是在为一个无法回答的问题而争论。针对上述三条，迈蒙尼德认为还要加上一条，即习惯的原因，并据此对"那些可怜的传教士和评注家"进行了激烈的抨击，"因为他们认为，词语的知识和词语的解释就是科学，所以按照他们的观点，用得词语多……就是完美的。"[10]

迈蒙尼德并不是因此而否定《塔木德》的风格，以及其中表现出的毫无节制的反复争论的欲望，不断出现的各种矛盾，突然却又无来由地离开话题和改变话题；其中津津有味的偶然事件；其中为了求证细节而呲嘴巴、抡拳头的认真态度；其中漫无目的的争论过程；其中不停地和不舍弃地追问，某位圣哲对《圣经》中某个含义模糊的段落所作的评论是不是与一种同样讲得

---

① 已出中文版。

通的反面解释相一致或相对立。迈蒙尼德指出，这种字句上的啰唆其实是一种享受，对初学者来说是一种深奥的游戏，孜孜以求的是一种最后的"啊哈"（顿悟后的兴奋）。而且这正是另一种语言——阿拉米语（这不是真正属于"以色列人"的语言，所以能够理解这种语言的犹太人越来越少，并且在他们日常生活中的作用也越来越小）——追求的目标。尤为重要的是，这种语言直指犹太生活的内核。尽管迈蒙尼德在面对着内部的同时也面对着外部，需要应付使用这种语言的各方政治势力，并尽其所能地为他们服务，但却从没有放弃自己对犹太教的忠诚。站在这种外部的立场看，他一方面意识到保卫犹太教的迫切性，一方面努力汲取智力的营养，都是为了化解犹太民族的危机，因为在后《圣经》时代，这样的危机似乎一直在持续着。他认为，犹太人被两股一神教势力挤压在一条狭窄的夹缝中生存，并且这条夹缝变得越来越窄，这还要感谢萨拉丁政府及其开明文人的谦和的幽默感。在日渐黑暗的地平线下，仅仅继续后退到他们常人难以理解的神秘困境中躲起来是远远不够的。他们必须要学会在这场审判中用某些更有力的证据为自己辩护，而不是"任人打他们的背和拔他们的胡须"，也就是说，要用上帝赋予的智力进行反击。如果认为研习哲学不会加强而只会削弱《托拉》《圣经》和《密释纳》的力量，那就是低估了这些犹太经典的力量。事实上，只有糟蹋神授的智力天赋才会削弱这些犹太经典的力量。可以肯定，正如他曾说过并且还会重申的那样，有大量的律法条文经不起理性的分析，但却不得不接受，上帝授予摩西并通过他传播的律法，其中绝大部分内容都具有伦理和社会合理性，是应当遵守的，但并不是盲目地遵守。

在这个成型期（不仅指他个人的学术生涯，而且指他的民族的漫长历史），迈蒙尼德已经站上了犹太人共同经历的顶峰，就像站在西奈山俯视着历史的长河缓缓流去。他正在做的工作的重要意义就在于其中有一种强烈的自觉意识，就好比穿上了神赐的斗篷。"本人，摩西，塞法迪人迈蒙的儿子"此时，他既是旷野中的立法者摩西，也是拥有希腊名字的哲学家迈蒙尼德。他是摩西，这位以色列人当年曾带领犹太人走向幸福；他是迈蒙尼德，这位著名的科学家和哲学家将引入普世原理，从而使犹太教为全世界所理解和接受。他既是犹太人，也是普遍人性的化身，历史的长河随着他雄辩的呼喊声缓缓流过。从此，信仰建立在理性的基石之上，以这种方式建立起来的智慧圣殿将永远矗立在人们心中，直到解放人类的弥赛亚在耶路撒冷建起另一座真正的圣殿。

他最重要的革命性贡献几乎占用了他的余生（他于1204年去世，当时还不到60岁）。首先，他澄清并强化了《托拉》中所体现的犹太生活的本质，并使其内化于犹太人的日常行为之中。其次，他组织了一系列的论据，从而把犹太人武装起来，使其敢于面对各种各样的攻击（几乎可以肯定来自暴力），保护自己的信仰，或许还要保护自己的生存权利。他还在菲斯时，就已经开始做第一项工作，即《〈密释纳〉评注》。这块巨大的基石被不断滋生的"《塔木德》解释"苔藓覆盖得如此严密，以至于根本看不清原貌。于是，迈蒙尼德转向用中古后期希伯来文写成的原文（既不是《圣经》用的希伯来文，也不是犹太会堂使用的那种夸张的诗歌和祈祷文字）。他要创造——或者说再创造——一种纯洁的经典语言，一种强大却又透明的传播根本真理的工具。要达到这个目标，就必须要清除大量的拉比观点和反面观点，放弃长篇对话形式而直指问题的核心。也就是说，他在其延伸版本中使用了一种更经济的方式，从而最大限度地表达了他的意图，这就是《〈托拉〉重述》。这部著作既充满了哲学论证，同时就忠于《密释纳》原作的精神而言，也是一本指导犹太生活的实用手册。

迈蒙尼德肯定非常清楚，《论知识》（*Sefer HaMada*）作为一本哲学入门书会引起争议，应该重写，因为这本书的确重复了几代圣哲的话，尽管其核心部分对犹太律法起源于摩西时代上帝在西奈山上的显现这个问题作了无可指责的陈述。所以，迈蒙尼德后来用阿拉伯语写成的《迷途指津》采用的是带有柏拉图味儿的风格，因为这本书是专门为那些思想成熟的人而写的（一味地追根溯源对无知的人是非常危险的）。在这本书中，他主要探讨了上帝的创世行为方面的问题，而这本身是与亚里士多德关于宇宙是自存的永恒这一观点相对立的。（迈蒙尼德还旁敲侧击地对那些在希腊哲学权威面前卑躬屈膝，并认为不赞成希腊人的观点就是犯上的人进行了抨击。）对迈蒙尼德来说，如果不预先假定有一个第一原因和第一推动力，即使世界上的物质已经存在，所谓世界的存在在逻辑上也是站不住脚的。他认为《圣经》中的许多情节应该像在历史上的其他地方（最典型的就是出埃及的故事）经常发生的那样，理解为一种比喻。但是，无论是从《〈托拉〉重述》的引言还是从《迷途指津》来看，迈蒙尼德都不愧为犹太释经学的第一位大师。他认为，对理解和知识的本质进行探究与信仰并不冲突，而是恰恰相反，前者是后者必不可少的条件。

《〈托拉〉重述》简化并澄清了最初规定的那些复杂的诫命和习俗，尽管其中也督促人们遵守祝福仪式、犹太节期、祈祷时间、洁净规定、民事侵权赔偿原则，但迈蒙尼德几乎在每一个重要问题上都增加了为什么这些描述性文字应该寻求理性支持的案例。还有一些文字——例如用大量的篇幅充满激情地从反面论证"节制"和"中庸之道"的重要性——在《密释纳》原本中根本就没有提到过，但迈蒙尼德认为，自己应该既是祖先智慧宝库的开发者，又是犹太人新的时代生活的创造者。针对"无节制"展开的争论直接指向禁欲主义，因为当时这种由法蒂玛王朝统治下盛行一时的苏菲派（Sufism）[①]引领的时尚正在对犹太教造成破坏性的影响。迈蒙尼德认为，在这种貌似超凡脱俗的极端的苦修习俗中，难免有自我放纵的成分，而像卡拉派（Karaite）[②]奉行的冷酷的文本主义或极端《塔木德》派倡导的空泛的传统主义一样，他

---

[①] 苏菲派是伊斯兰教内部的一个非主流派别。一般认为，"苏菲"一词源于阿拉伯语"Suf"（羊毛），因为最早的苏菲派教徒曾穿着粗糙的羊毛长袍抗议当时的奢靡风气，故被称为苏菲派。

[②] 该词的含义为"恪守经文主义"。卡拉派运动最早兴起于约9世纪的巴比伦，其黄金时期在10世纪—11世纪的巴勒斯坦。只承认《圣经》的权威性，而拒绝《塔木德》的合法性，主张犹太教的所有教义和习俗都应以《圣经》为准则。

雕刻在托莱多被称为"圣母升天"的犹太会堂中的题词铭文(制作于14世纪中期,西班牙)。

"圣母升天"犹太会堂西墙上的混合风格装饰(制作于14世纪中期)。

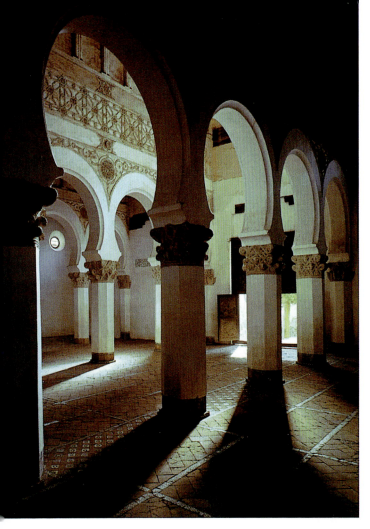

托莱多被称为"白色圣母"的"新式犹太会堂"内部的摩尔式马蹄形拱券。

约瑟·伊本·哈伊姆为以撒·德·布拉加制作的肯尼考特《圣经》所作的护封装饰（制作于1476年，西班牙拉科鲁尼亚）。

巴塞罗那"哈嘎嗒"中描绘的逾越节家宴场景,制作于14世纪中后期。家族中的长者正把盛满无酵饼的盘子放在孩子们的头顶上,这是塞法迪犹太人的习俗,但在西班牙大驱逐后似乎没有流传下来。花哨而古怪的各种动物的华丽装饰在这一时期的"哈嘎嗒"故事读本装帧中是非常流行的。

"法国人约瑟"装饰的塞尔维亚《圣经》(制作于1299—1300年,西班牙)。

拉科鲁尼亚肯尼考特《圣经》末页。页面上的文字是:"本书由约瑟·伊本·哈伊姆本人装帧并制作完成。"

微写术是犹太文化的独特形式。图中可见,用阿什肯纳兹希伯来文手写体勾画的希伯来微写字符组成的人物边饰围绕着《创世记》第32章的经文。这种用微写技术写成的微小字符大多与其装饰的经文内容没有什么联系。

יותהם ה׳ ופיסיעהון וישכם לבן בבקר וינשק לבניו ולבנתך ויברך אתהם ומוהרת יתהבם יעה תחקים וישע יעקב את קולו ויתן ערין
כיום היותני ויתעו בעורי מימעה דברי חימל ב׳ גרתי ב׳ בתרי ל״ש ופיעותי עם לבן גרתי יעות לך כי גרתי תתיי עשך שכונתי ק׳

| אלהי דאברהם ואלהי | יעקב לכפר חזנין משה | בעינך ויהוה ליהו |
|---|---|---|
| דאחור דינון בינא | משירתא מן קדם ה׳ | תירין וחמרין עאן |
| אהא דאבוהון וקיים | רא ויקרא שמא די | ועבדין ואפיה לעו |
| יעקב ברדחיל ליה | דאתרא ההוא מחנים | ושלחית לחואה |
| לאבוהי יצחק ויפם | פ׳ שני פ׳ ני פ׳ | לפני לאשכחא |
| יעקב ובח בטור ויב | פלה חלץ פלון נכה׳ | רחמין בעינך |
| ויקרא לאחוהי לאכל | **וישלח** יעקב | וישיבי המלאכים |
| לחם ויאכלו לחם | ני׳ | אל יעקב לאמר |
| ובתו בטורא וישכם | מלאכים לפניו אל | באנא אל אחיך אל |
| לבן בצפרא ונשיק לבנוהי | עשו אחיו ארצה | עשו וגם הלך לק |
| ולבנתיה ויברך אז | שעיר שרה אדום | ראתך וארבע |
| אתהם ויל ויש ז | וישלח יעקב אגרין | מאה איש עמו |
| לבן למקומו ויעקב | קדמוהי לות עשו | ותלא אזדרעל לות |
| הלך לצפרא ונשיק | אחוהי לארעא דני | יעקב למימר אז |
| לבנוי ולבנתיה ובו | רשעיר חקל ארז | אתונא לות אחוך |
| בריך יתהון ואזל | דאדום ויצו אתם את | לות עשו ואף אח |
| ותב לבן לאתריה | לאמר כה תאמרון | לקדמיתך וארבע |
| ויעקב הלך לארחי | לאדני לעשו כה | מאה גברין עמיה |
| ויפגעו בו מלאכיא | אמר עבדך יעקב | ודחיל יעקב לחדא |
| אלהים ויאמר יעקב | עם לבן גרתי ואחר | ועק ליה ופליג ית |
| כאשרי כאשרי רא | עד עתה ויהי לי שור | עמא אשר אתו ואת |
| מחנה אלהים דה | וחמור צאן ועבד | הצאן ואת הבקר |
| ויקרא שם המקום | ושפחה ואשלחה לה | והגמלים לש |
| ההוא מחנים ואמר | לאדני למצא חן | לשני מחנות ושק |
| | | יעקב לחודיה ושתק |
| | | ליה ופליג ית עמא |
| | | דעמיה ותורי וענא |
| | | ויתגמליא |
| | | לתרין משרין וז |
| | | ואמר אם יעא עשו |

תידמרון כדי ופסיעתון וישכן לון בבקר ניותם וירמות לשלושים הגברים וכי תכברים על תלומם ויאמר לה תה יש עלך
וזמר וישק יעקב אלויה ופסיע ישעהון זה חזקיהון חסד כה חזקיהון לא תדמרון נה ת״ל
ישען עד עתה ה׳ ופסיעהין יתית עד עתה כי ביתה ועד עתה של הנמצא ועתה עא היום ורבי ולא השלמנו ק׳

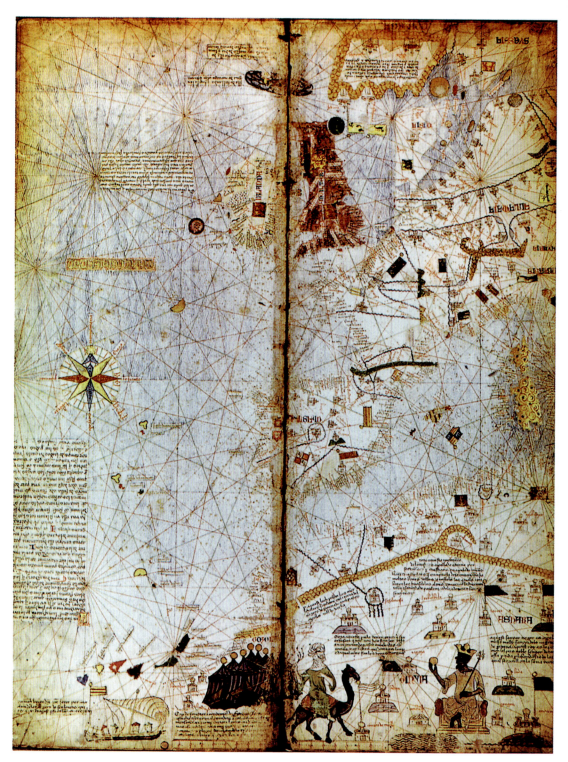

14世纪由克莱斯卡斯·亚伯拉罕及其儿子雅弗达·克莱斯卡斯制作的"加泰罗尼亚海图"（mappa mundi）（局部）。在画面的左下角，可以看到贾米·费雷尔正坐在他的帆船上，右下角则是马里国王的形象。

最讨厌这类极端的修行方式。上帝和他的摩西律法在这个世界里无处不在，如何在些律法中生活以及其中无所不包的一切事物都要经过智力的检验。这就是迈蒙尼德的高论，对他来说，心灵的健康是信仰和习俗这个躯体上的内在要素。

因此，迈蒙尼德医生的《〈托拉〉重述》无异于一部"行为疗法"百科全书：不要在明知某个人会拒绝的情况下请他吃饭；不要记恨阿谀奉承；你若不赞成某个人的观点，千万不要以让他在公共场合难看和蒙羞的方式纠正他的观点；吃喝时要得体（尤其是在安息日），不要狼吞虎咽，时刻牢记《玛拉基书》中有关暴饮暴食的禁令："……我要把粪抹在你们的脸上。"① 可千万不要出错！另外，你只能住在具备下列生活条件的城镇或乡村中：有内科医生、外科医生，有浴室、厕所和流动的可靠水源，有学校、教师、文士以及掌管捐赠物品的诚实司库，另外还要有公正的法庭。祈祷是最重要的事情，所以不得懒散或草草应付，例如，不得在喝醉或被笑话逗得哈哈大笑时祈祷，也不得嘴里念着祈祷词而脑子里还想着自己的生意。要亲自抄写属于自己的《托拉》经卷，以便做成经匣戴在额头上或前臂上，如果你做不到，可以请一位文士替你做。要隆重地用盛餐过安息日，其丰盛程度要超过一个星期中的普通食物，一日三餐，一餐两块面饼，还要有足够的葡萄酒，当然，你可以根据你的生活状况尽量做好。丈夫要一起参与准备安息日的食物：购买原料，清洗餐具，总而言之要打好下手。我们都知道，安息日是在提醒我们上帝创世后需要在第七天休息，但按照迈蒙尼德的典型思路，他先从哲学上分析七天创世的焦虑概念，然后联想到历史上的出埃及事件，进而认为，之所以规定守安息日，是为了提醒犹太人，他们曾经是奴隶，根本不能决定自己到底该干多长时间或者什么时候该停下手里的活儿休息一会儿。按照这种思路，雇主按照劳动时间为雇工支付工资并且不得拖欠是理所当然的。在商业活动中，迈蒙尼德规定了最高的伦理准则。他不赞成商人买空卖空或短斤少两，

---

① 参见《玛拉基书》2:3。但此处指的是禁止祭司用污物献祭。

他最讨厌对客户隐瞒货物瑕疵的行为。他认为，无本获利就等于亵渎了上帝的名声。他指出，有些人拒绝被称为彼勒①并不是没有道理，因为在希伯来语中，这是一个特别冷酷的恶魔的名字。他也很讨厌赤裸裸地炫耀自己的钱财，并列出了许多慈善行为，而其中最神圣或最能取悦上帝的行为莫过于把钱财慷慨地施舍给穷人。但是，千万不要用傲慢的态度或者通过唐突或沮丧的举止，而是要用真诚而愉快的心情来表达你的乐善好施（作为社会行为主义者，迈蒙尼德的这番教导尤其令人感佩）。为穷人找到合适的工作就是履行了伟大的"诫命"。或许《托拉》中的伦理智慧的最高体现就是对待死者的态度，无论死者和他的家庭多么富有，死者在下葬时都不应穿华贵的寿衣。上帝希望并且的确发布过命令，要求死者要穿得尽量简陋一些，从而使那些已经捉襟见肘而忧心如焚的穷人不会继续受到羞辱。富人只有像穷人一样用简朴的仪式下葬，才会受到尊重。

选择生命！尽管安息日是神圣的，但为了抢救一个生命可以违背有关安息日的规定，正如有些人建议的那样，不要等到过完安息日后才开始治疗病人。要立即开始，并且不要有任何犹豫和保留。选择生命！永远不要仅仅根据一个人自己的证词就判他死刑，只有在至少两位证人作证的情况下才能作出判决。

就犹太思想和著述而言，迈蒙尼德既是一个例外又具有代表性，这是因为他几乎每天都在现实世界与政治势力之间遭受折磨。由于迈尼德与萨拉丁宫廷中的权贵甚至与他护理的国王本人关系密切，他是从一种现实的甚至哲学的角度来看待政治的。（他曾告诫国王不要沉湎于酗酒和性欲，以免毁掉他在自己臣民心目中的威望，况且这样做也会妨碍他处理公共事务。）他认为，摩西律法以独有的方式在显然已经自我分裂的以色列人中间建立了一个"政

---

① "彼勒"（Bilial）一词最早见于希伯来《圣经》，意为"无价值"或"无益"，引申为"邪恶"，曾用来形容未施割礼的异邦人。彼勒的另一个名字是"世界的君主"，是一个拥有凶恶势力的恶魔，传说所多玛和蛾摩拉城就是在他计谋下堕落并最后遭到毁灭的。在《死海古卷》中，他是黑暗天使的首领；而在基督教《新约》中，他代表与基督对立的"恶"。

体"。但是，他又不希望他在《〈托拉〉重述》中所作的大量注解仅仅是一种他所称的"准则"（nomos），即类似于希腊的公民自治手册，而希望是一个实用的伦理纲要。最后，迈蒙尼德决定要做一件更大的事，它的确可以称得上是人生中最大的事：追求完美。

这个逐步完成的计划是在他的《迷途指津》中实现的。这部巨著不仅构思奇妙，展现出强大的智力，而且致力于解答各种各样的困惑和矛盾。然而，这正是迈蒙尼德思维的敏锐及偶尔闪现的完美和诗意所在，使读者不由自主地沿着他的思路进行思考。他的读者大多是犹太人，尤其是在迈蒙尼德同意由他的一位年轻的朋友撒母耳·伊本·蒂本（Samuel ibn Tibbon）把他的著作翻译为希伯来文后，犹太读者越来越多。他认为，对三种自我完善的途径要有正确的认识。第一种当然是徒劳的，也是最庸俗和最自欺欺人的，即财产和物质方面的完善，因为这些不过是生命中的渣滓。第二种是肉体的完善，最终的结果无非是体格上的健壮和活力，但是由于不可能在一个人遭受病魔袭击时将其心灵提升到更高的境界，故这还是人所需要的（他应该对此深有体会，尤其是当他作为自己的病人时）。然而，对自我完善而言，这也不过是一种软弱无力的狭隘追求方式，因为随着时间的推移并按照上帝的命令，所有的肉身终究要化为尘土。根据他在其著作中最为关注的《托拉》经卷的教诲，第三种追求自我完善的方式则具有更重要的意义，由此将进入一种由个体和社区共同分享的"善的生活"。但即使如此，也并不意味着最后的完善。这是再正确贴切不过了，的确在世界上是无与伦比的，因为《托拉》中的诫命和禁令的表面文字下面隐藏着更深刻的含义，其目的就是要引导严守教规的人达到最终的和唯一的完善：接近上帝的本性。如果说这听起来有点老亚里士多德学派（但他们所持的观点却与这位犹太希腊哲学大师格格不入）的形而上学嫌疑的话，那只是因为的确如此。迈蒙尼德不遗余力地坚持认为，上帝的本性对我们来说一直隐藏在智力范围之外，就像他的名字曾经隐藏在我们的祖先关于上帝知识的范围之外一样，因为他当年拒绝显现他的面孔，而只是向摩西显现了一下他的背影。摩西和他率领的读过《托拉》真本的以色列人只不过接近过他的属性，通过践行他所称的"理性美德"而变得神圣。但对于迈蒙尼德来说，这本身就是一次超自然的启示，是为了把人引向一种享受福佑的接近状态。尽管迈蒙尼德是一个风格优雅且雄辩有力的作者，但他毕竟不是一个诗人，无论如何也比不上那些创作希伯来诗歌的伟大的族长——撒母耳·伊本·纳赫雷拉、所罗门·伊本·加百列、摩西·伊本·以斯拉和犹大·哈列维。然而，他诗意的心弦却无时不在随着对《雅歌》的深入理解而跳动着，作者对以色列人与上帝融为一体的渴望化作了一首首生动的爱情诗。他觉得就应该这样，于是他劝告那些追求接近上帝的人，要一心一意地、至情至性地用自己的身体去爱上帝，就像情人日日夜夜、每时每刻都在迷恋中思念着爱人的面容那样，从而凝固为一幅色彩强烈的特写画面。然而，尽管迈蒙尼德把这种专一的思想看成是一种对上帝赋予人类思考能力的感恩行为，但这种思想毕竟是受限制的。即使知道也许永远无法超越这种限制，但他还是劝告人们要尽量缩小这种限制，抓住来自天国的那种曾使摩西的脸闪耀着舍金纳（shekhina）①光芒的哪怕是一缕神的辉光。整部《〈托拉〉重述》讲述的都是犹太人日常的祈祷和虔诚准则，因此被称为"爱之书"（Sefer Ahavah）。

尽管他认为在写作时注入了强烈的感情，然而反过来说，这部书就能力而言尚未达到他自己要求的那种"完美"。这并不是因为他缺乏激情，而是因为时间仓促。虽然他每天有大量的时间，但这些时间似乎都被那些需要他的人占用了，并且不断地有人找他寻求帮助。因此，他有时多少有点为自己作为一位闻名遐迩的伟大的医生而骄傲，甚至认为这个职业是一门高尚的艺术，可以一视同仁地免费侍候富人和穷人。但他同时也是一个爱发牢骚的人，一个喜欢吹毛求疵的人（kvetch）。且看他写给撒母耳·伊本·蒂本的一封信（这

---

① 希伯来文原意为"居留"，表示上帝的临在。在《圣经》中指上帝居留在以色列人中间，可指上帝亲临在，但多指上帝现世的存在，描绘为光明或荣光，故称"上帝荣耀存留大地"。犹太人有时用以代称"雅赫维"，或称神的显现，或指神显现时光芒四射的祥云。

件在"开罗秘库"中发现的手稿得以保留了下来)中的片断:

> 我住在福斯塔特,而国王[萨拉丁]就住在开罗,相距约4000肘尺,两种不同的安息日传统把两个城区分开[一英里多一点]。我给国王干着一份非常累人的差事。我必须每天一大早就去看他。每当他生病或者他的某个儿子或妃子生病时,我就不能离开开罗,几乎所有的时间都要待在王宫里。然后,我每天还要侍候国王的那些官员。他们中有一两个人经常生病,我必须负责对他们进行治疗。
>
> 总而言之,我每天早晨要赶到开罗,如果没有人需要看病,我通常中午就能回到福斯塔特……我一到家门前,肚子饿得咕咕直叫,就发现我家的大厅里挤满了外邦人,有大人物,也有平头百姓,还有法官和县令,乱哄哄地等在那里,因为他们都准确地知道我什么时候回家。我下马后先洗洗手,然后告诉他们稍等片刻,我要吃点东西先垫一垫……然后,我开始给他们看病,给他们开出对症的药方。有时,就这样不断地人来人往,一直要忙活到晚饭后两个小时……有时,我实在是太疲劳了,不得不对他们说我要休息了……每当夜幕降临,我总是累得筋疲力尽,甚至不愿意多说一句话。
>
> 我几乎天天如此,以至于没有工夫和以色列人说话,只有到安息日,他们在做完晨祷后才会来我这里集合,我就告诉他们下一个星期该做什么。他们一般研习一些浅显的问题,到中午就会离开,但有些人下午会回来,继续研习直到晚祷时间才会离开。
>
> 所以,这就是我每天的工作安排,并且我只能告诉你,你所实际看到的不过是其中的一部分。但愿上帝保佑,荣耀归于他![11]

他并没有夸张。这封信中没有提到的工作还包括他每天要对提交给社区议会(majlis)的各种问题、投诉和争讼进行裁判。某些在"开罗秘库"中保存下来的判决文书都非常简短,有的甚至只有一个字,但上面都签着他那高贵的名字。在当时，似乎并不时兴授权他人代行裁判权。他曾经有点自豪地说过，凡是在这类问题上无法作出裁判的人会使神的"辉光"从房间里消失。除此之外，当然还要不间断地编写他自己对《托拉》和《密释纳》所作的评注，以及治疗各种疑难杂症的一篇篇医嘱。例如，萨拉丁的侄子患了阳痿，他就开出了这样的医嘱：如果手头没有藏红色的蚂蚁，可以用黑胡椒、蜂蜜和红酒加速血液的流动。迈蒙尼德认为，红酒对大多数疾病来说都是最好的药引。

这种摩西式全知全能的代价无疑是在以攀登尼波山（Mount Nebo）的方式消耗生命，随着迈蒙尼德年龄的增长，他的体质越来越衰弱。在他剩下的时间里，面对如此众多的来访者，他经常拒绝与他们见面，而他们之所以来见他，只不过是为了能在他的身边站一会儿，或许偶尔向他诉说一下自己心中的困惑。在饮食方面——以鸡肉和鸡蛋为主，鸡蛋是按埃及人的做法加一点桂皮在油里煎一下——他的食量越来越少。他患上了失眠症，只有红酒能暂时缓解各种各样的疼痛所带来的痛苦。在1200年前后撰写《病因辨析》这本书时，由于他自己也成了"辨析"的对象，他已经无法拿笔，而只能躺在床上口授，更不能去侍候他的苏丹了。11世纪末，埃及曾经疾病流行，甚至发生了饥荒，这场灾难似乎也耗尽了迈蒙尼德的生命。有时，他会为没有多少时间继续研究、思考和写作而发狂，往往为了一点小事就责骂自己是个没用的人。他的两个儿子亚伯拉罕和大卫可以分担一些压力。大卫挣钱持家，而亚伯拉罕则是一个学者和评注家，并在他的父亲去世之后成为犹太社区的"拉弗"和他父亲的教义的忠实（尽管存在争议）守护人。亚伯拉罕传承迈蒙尼德并提出的某些改革措施，例如祈祷时五体投地和手举棕榈枝。这些习俗必然会受到抵制，并进一步引发了那些曾经对迈蒙尼德对其他文化采取开放态度表示怀疑的人的敌意。

尽管迈蒙尼德在《迷途指津》中曾自信地声称，《托拉》和《塔木德》中那些明显的相互矛盾以及诸多难以解决的问题都将服从于他的推理，但他越来越陷入了由于临时采用这种方法而造成的困境。最棘手的问题并没有解开，并且在逻辑学家和宗教信徒之间永远存在着难以克服的障碍。他经常发现他的学生已经偏离他的原意甚远，他甚至还听说他们竟然宣称，自己不相信人在复活时灵魂会回归肉体。他对这样的谣传并没有多想，因为他心里非常清楚，利用他的名声是毫无意义的。然而，他对经常被人误解不再感到吃惊和沮丧，因为他已经指明了一条作为一个犹太人生存于世的新的道路，而亚历山大的斐洛和巴比伦的萨阿底虽然曾经预见过这条道路，但他们却没有能像迈蒙尼德那样完整而理直气壮地表达出来。这条道路不仅意味着同时保持宗教虔诚和理性警觉是完全可能的，而且除非敢于质疑的智力一直正常运行，要做到真正的虔诚是根本不可能的。从这样一种理性的乐观主义观点来看，一种恢复活力的犹太教将获得巨大的力量。正如迈蒙尼德所殷切期望的那样，无论结果如何，这样一种复兴将使犹太教能够抵御任何对犹太人心灵和肉体的攻击（似乎这个受人妒忌和被人鄙视的民族一直在遭到攻击），直到盼望已久的弥赛亚降临。他还提醒人们，即使到那时，来自大卫家族的真正的弥赛亚也只是一个凡人，而不是半人半神，更不是一个完全的神，而当他重建起一座洁净的耶路撒冷时，整个世界将恢复正常的秩序。狮子和恶狼不可能与羔羊睡在一起。但或许，它们至少会变得温顺些，不再永远也喂不饱，不再那样血腥和贪婪？也未可知。

## II 邪恶的烟柱

要把质地坚韧的羊皮纸、牛皮纸和附着在上面的墨水烧成灰还是要花点时间的。不同于易燃的纤维纸，动物的皮是很难烧毁的，一开始只能焖烧，随着皮革慢慢地卷曲、皱缩，只有把残留在内部的油脂一滴滴地耗尽之后，才能化为灰烬。所以，直到两天之后，现场的公共行刑官才敢向巴黎的上级报告，所有被巴黎大学的一个陪审团在一年前指控为亵渎神明的《塔木德》已经彻底焚毁。1242年6月的某一天，从早到晚，整整24车《塔木德》在鹅卵石街道上慢慢地、摇摇晃晃地被运往格雷夫广场（Place de Grève）①，它们的命运将由等在那里的公共行刑官来决定。一万多件手稿就用这样的方式焚毁了，用小牛犊的子宫制成的最珍贵的牛皮纸封皮，带肉的一面仍然保持着原来的牛奶色，在缓缓地燃烧着。厚一些的手稿由于书页过多粘在一起，烧到深夜后便泛出一种琥珀色的亮光，使巴黎的夜空散发着一种带有奇异甜味的动物身上的那种恶臭。当这些厚重的典籍被扔向噼啪作响的柴堆时，围观的人群先是瞪大了眼睛，然后爆发出一阵阵尖叫。微风不时地从塞纳河上吹过来，带着希伯来"字符"的火焰，书页边上盘旋的火苗，随着烟柱升上夜空，在人群的头顶上飞舞，然后化作烟灰，缓缓地飘落在那些向火里扔书的行乞修士的头上。

在喧嚣的人群中的某个地方，有一个人正在哀悼，他很想发泄一下自己的悲伤，或许他受过要像尊重自己的身体一样尊重神圣的典籍这种传统观念的熏陶吧。因年代久远而受到损坏的典籍一般会收藏在一个"秘库"里，或任其慢慢地、平静地腐烂，有些甚至还要举行正规的"葬礼"后埋掉。犹太教从来不主张故意弄坏、撕碎或烧毁上帝的文字。烧一本书就等于在柴堆上活活地烧死一个人。或许，这样的思想一直根植于来自罗腾堡（Rothenburg）的年轻而虔诚的学生梅尔·本·巴鲁克（Meir ben Baruch）痛苦的心灵之中。他来到巴黎本来是为了研习《塔木德》的，但却亲眼目睹了他心爱的典籍被烈火吞没的场景。¹²先是教皇格里高利九世命令没收，然后是以狂热著称的基督徒国王路易九世下令焚毁。梅尔之所以来法国，是因为那些来自特鲁瓦拉什犹太学园的学有所成的学生——由于对口传律法进行阐释和裁定而广受尊敬，被称为"托萨福学者"（Tosafist）②——都聚集在那里，准备继续他们老师未能完成的工作。但是，面对许多新的挑战，托萨福学者同时也在编写一些

---

① 位于塞纳河右岸河滩上，1802年之前称"格雷夫广场"，现为市政厅广场（City Hall Plaza）。
② 《托萨福》（Tosafot）是12世纪—14世纪犹太学者对《塔木德》三十多个段落所作的系列评注。"托萨福"一词在希伯来文中的含义为"增补"，但究竟是指对《塔木德》本身内容的增补，还是对著名评注家拉什对《塔木德》评注的补充，犹太学者持有不同看法。自15世纪20年代巴比伦《塔木德》在威尼斯首次刊印以来，历次再版正文的内缘都印有拉什的评注，外缘则印有《托萨福》的相应"增补"，这种印刷方式已成为固定出版格式，因而《托萨福》被称为"书中书"。

祈祷诗集，因为公元7世纪以来，在犹太会堂的祈祷仪式上，祷词都是以诗歌的形式吟唱或诵读，其中大部分是哀歌。梅尔·本·巴鲁克立即提议在祈祷诗集中加入一首新诗。这首由几个世纪前的著名诗人犹大·哈列维创作的诗歌把早年西奈山上可怕的雷电引起的大火与巴黎焚书的火焰联系起来：

你们要被神火烧光

还能怎样？

难道你们被夺命的大火烧死

而你们外邦的敌人却没有被这些炽热的木炭烤焦？

摩西砸碎了石板，有的人也和他一样疯狂

烧掉律法书……

难道这就是苦修赎罪的报偿？

他们在公共广场上烧毁了天国上帝的战利品

就像烧毁从一个叛教之城抢来的赃物一样。[13]

更糟糕也更令人悲哀的是，不管是有意还是无意，这场灾难的始作俑者竟然是犹太人。其直接参与者的确是一个叛教的犹太人，他叫尼古拉·多尼（Nicholas Donin）。他对《塔木德》提出了多达35项亵渎神明的指控，并提交给了国王和教皇。多尼曾经是一个卡拉派成员，这个教派拒绝任何"口传律法"的权威性，而只服从手写《托拉》的规定。卡拉派（大多集中在伊斯兰世界）认为，《塔木德》实际上故意对遵守真正的《托拉》犹太教设置了重重障碍，并且宣称摩西在西奈山上被同时授予了口传律法和手写律法的传统说法是假的，而这样的指控正好与那些试图把当时并存的犹太习俗（按照拉比派的观点，这些习俗是不合教义的，所以是坏的）从他们共同拥有的《圣经》经文（主要是关于耶稣的预言，所以是好的）中剔除出去的基督教神学家的想法不谋而合。但是，卡拉派无论如何还不会如此恶毒，以至于建议烧毁那些有争议的典籍，更不会像教皇格里高利九世那样，宣称那些传播这些骗人玩意儿的人犯下"如此大罪，任何惩罚都不算过分，可以说罪有应得"。[14]

然而，基督教应当禁止这些存有争议的犹太典籍继续传播（即使不是在物质上彻底销毁）的想法却是来自拉比派（最突出的是法国南部），而不是反拉比派，其目标所指当然也不是《塔木德》，而是具有巨大破坏力的迈蒙尼德的著作。至于蒙彼利埃（Montpellier）的拉比所罗门·巴·亚伯拉罕（Solomon bar Abraham）及其门徒，前者曾厚颜无耻地认为自己是摩西最初原型的继承人，他们写的所有文字尤其是写作方式都略去了上帝在西奈山上显现的情节。他擅自把《密释纳》从《塔木德》中所作的评注和补充这件意义重大而内容丰富的外衣保护下分离出来，并将其以最简单的"裸体"形式传播，似乎这就是口传律法的全部，于是在非犹太人看来，《塔木德》难道不是成了多余的吗？不仅如此，他将希腊异邦的古怪推理方式用于神圣的犹太经文，难道不是损害了经文的纯洁性，同时也在为那些敌对的诡辩家提供素材吗？拉比派认为，这就好像他把《塔木德》随意地放进了异邦的神庙，使它成了那些本来就不希望它有善果的人手中的玩物。当时的情形是如此糟糕，甚至连刚会跑跳的犹太学堂儿童也会油嘴滑舌地引用半生不熟的"拉比"亚里士多德的格言，就好像他是能与拉比迦玛列和拉什（愿他们安息！）比肩的人物。怀有健康信仰的犹太人用他们自己的方式互相争论，对圣哲们积累的智慧充满了敬意，但迈蒙尼德却把《塔木德》展示给外人，让他们随便提出恶意的质疑。他自认为是在为口传律法吸取营养，但是，如果读者不介意的话，是不是可以这样问一句：（如果没有这些质疑）谁又会请你来守护《塔木德》呢？

由于巴黎发生的焚书事件，迈蒙尼德的忠实信徒开始指责那些心胸狭窄并对他的著作吹毛求疵的人。维罗纳（Verona）的希勒尔（尽管写于六十年后）宣称，从烧毁迈蒙尼德的著作到焚毁《塔木德》，间隔甚至还不到40天。[15]

他们对这种长年不断的可怕事件（对世界各地的犹太人来说都是如此）——现在又轮到他们的大师的伟大著作，尤其是《论知识》[①]和《迷途指津》（当时伊本·蒂本的希伯来译本已经风靡法国）——感到震惊。于是他们针对所罗门·巴·亚伯拉罕以及和他持有一样的想法和说法的人发布了一个反禁令（kherem）。当时的情形变得越来越糟，积极地在法国北部寻求支持的反迈蒙尼德派宣称，他们在奥尔良受到了人身攻击。

正是在这个时候，随着文化战争的不断升级，反迈蒙尼德派开始采取极端的措施，他们请求游荡在法国南方［那里的卡特里派（Cathar）[②]异端势力最为强大］的那些追逐异端邪说猎物的行乞修士对迈蒙尼德进行调查和攻击。根据迈蒙尼德派成员伊本·希斯代（ibn Hisdai）兄弟对他们的追逐方法的颇有争议的记述，那些追逐异端邪说猎物的犹太人竟然质问：为什么那些行乞修士费心劳力地在世界的各个角落对异端发动圣战，而犹太人内部那些危险的哲学家反而自由自在地引导人们走上邪路呢？由于他们认为亚里士多德对基督徒也产生了危险的影响，所以行乞修士很愿意响应这样的号召。如果犹太人发生分裂，他们就有机会让其中的某个分离的教派皈依基督教。不管迈蒙尼德的著作是否真的被烧毁了，如何销毁他的书这件事肯定一直挂在那些愤愤不平的拉比心上。

这个悲惨的结局只会使迈蒙尼德陷入深深的痛苦（或许还掺杂着更多的愤怒），他的儿子亚伯拉罕作为他父亲学术遗产的守护人和继承者也是如此。因为这样一来，非但没有能用希腊哲学把犹太教武装起来以应对基督徒的攻击，反而被顽固而教条的传统派认为是对上帝律法的一种亵渎。为了煽动对亚里士多德哲学思想的敌意，他们竟然宁愿让基督徒介入犹太人的争端，并且还送给他们一根"棍子"，好让他们从整体上痛打拉比犹太教。迈

---

[①] 即《〈托拉〉重述》第一部也是最重要的一部，已出中文版。
[②] 又称清洁派，主要指中世纪流行于欧洲地中海沿岸各国下层民众中的基督教异端，泛指受摩尼教影响而相信善恶二元论和坚持禁欲苦修的一些小教派。在东欧以7世纪亚美尼亚的保罗派和10世纪保加利亚的鲍格米勒派为代表；在西欧则以阿尔比派为代表。该教派强调持守"清洁"（Katharos），反对奢侈和腐化，因而得名。11世纪传至法国，受到镇压，但其影响仍持续至14世纪。

蒙尼德认为，这种误入歧途的机会主义所造成的后果只能使所有的犹太人感到后悔，尤其是行乞修士阶层、多明我修会（Dominicans）和方济各修会（Franciscans）这些新兴的教派很快就会掌握希伯来文，这样一来，他们就能很方便地以"新闻审查"的方式对口传律法的原文进行深入的研究。更可怕的是，他们将成为行家里手，并且可以寻求那些皈依基督教的犹太人的帮助，这些人可都是在传统的犹太教环境中长大的。像尼古拉·多尼和那位刚刚皈依的阿拉贡人（Aragonese），他原来的名字叫扫罗，而现在他已开始自称为帕巴罗·克利斯蒂亚尼（Pablo Cristiani），即"基督徒保罗"。这些人后来成了《塔木德》大战中的急先锋，并且到13世纪，他们因为认为有教会在后面给他们撑腰而更加有恃无恐。在1215年举行的第四次拉特兰公会议上，教皇英诺森三世作为统一的十字军基督教王国的军事首领，不仅提议强制犹太人穿不同的衣服，否则将因"顽固不化"而受到残酷的惩罚，并且为日益迫近的强制改宗运动发出祝福，以促使最后的审判和渴望已久的"基督再临"早日到来。

这种针对希伯来文本实施的新的敌对审查制度预示着犹太人在基督教社会中的地位将发生不祥的改变。几个世纪以来，由圣奥古斯丁确立的对待犹太人的传统方式——必须保护犹太人，让他们保持自己的习俗和传统，从而使他们成为自己所犯错误所造成的后果的活的见证——为教会提供了一个指导性原则。他们理所当然地承认，没有《旧约》就不可能有《新约》，希伯来《圣经》中充满了预言，其中关于基督降生与死亡的预言已经实现。所以，历代教皇和大主教一直在尽力保护甚至救济犹太人，可以这样一直等到他们皈依，同时还明确表示憎恨那些由于受到误导而对他们施加暴力和进行骚扰的人。

尽管那些教皇、国王和大主教在口头上仍然承诺继续坚持这一保护原则，但在进入13世纪后，这种古老的保护制度日渐淡化并最终退出了历史舞台。一旦基督徒在叛教的犹太人的指导下最终明白了拉比犹太教依赖于《塔木德》的权威性,他们就会提出质疑,犹太人把《圣经》犹太教抛在一边而接受一种全新的宗教——《塔木德》犹太教,是不是也就失去了受保护的资格。在12世纪,西多修会(Cistercian)克吕尼(Cluny)修道院院长、"尊者"彼得(Peter the Venerable)甚至指责《塔木德》是犹太人的真正敌人,并威胁说"要把这个大怪物从它的窝里拖出来,放在世界的舞台上让每一个人都看一看它是什么东西"。[16]渐渐地,军事化的基督教"神学家突击队"把《塔木德》与《托拉》分离开来,并把前者作为后者的"复仇女神"。尽管犹太人据理力争,说《塔木德》的目的是阐释《圣经》,但显而易见,对于那些刚刚入门的读者来说,前者实际上使得后者更加难以理解。如果真的相信上帝在西奈山上将亲手写下的律法启示给了摩西,那么同样也不应认为拉比们关于摩西同时也接受了一部神授的"口传律法"(后来的历代犹太人为了子孙后代的幸福一直在对其进行解释和补充)的说法是骗人虚构的,进而怀疑他们是以捏造的方式将那些自称为"圣哲"的篡改和增补行为合法化。与《托拉》不同,《塔木德》仅仅而且纯粹出于凡人之手,是以欺骗的手段"假装"与上帝对话。不仅如此,那些假造出这部著作的人竟然冒失地把《塔木德》编得比《圣经》本身还要长很多!《塔木德》学者们还故意回避《圣经》先知关于基督降临的预言,十分无礼地把他们的圣哲的权威抬得比以赛亚、以西结、但以理这样的《圣经》先知还要高。

毫无疑问,他们对《塔木德》的异端假设折断了犹太人和基督徒由于共同尊敬希伯来《圣经》、摩西律法、大卫家族和先知预言而紧密联系在一起的历史链条。犹太人冥顽不化的原因终于昭然若揭。他们已经变成了《塔木德》的奴隶,这就是他们对基督的降生就是先知们对以色列人所作预言的实现这个明确信息视而不见的原因。他们由于被《塔木德》中的谎言、侮辱和晦涩蒙住了双眼而远离了福音的真理。正如格里高利的继任者教皇英诺森四世所说,犹太儿童实际上受到劝阻,让他们多小就不要再研习《圣经》,而是要投身于《塔木德》那些诡辩而迂回的圈套之中。拉比们宣称,他们的宗教是最古老的一神宗教，而基督教只是一种骗人的新玩意儿，但他们的宗教实际上是一个自命不凡的宗教。那么，对于基督徒来说，为了挽救犹太人而打破这种伪造的《塔木德》的权威性难道不是义不容辞的吗？

所以巴黎才出现了燃烧的柴堆，但焚书事件只不过是一场大规模审判的判决结果罢了。这场审判是由路易九世发起，在巴黎大学校长、来自沙托鲁（Chateauroux）的奥多（Odo）的主持下，根据教皇格里高利关于查抄和没收亵渎神明的《塔木德》的命令进行的。除了（按照路易九世的说法）有一位不知名的拉比曾应邀到克吕尼与一个叛教的犹太人辩论，并由于胆敢否认基督的神性而被一个老年基督徒骑士用拐杖痛打之外，这应该是第一次正规的审判：法国犹太人的代表受到正式的传唤，对叛教者多尼针对《塔木德》提出的种种指控进行辩护。其中最严厉的指控包括明目张胆地亵渎基督、圣母玛利亚和神圣的教会。这次审判要解决的问题就是，基督教会众是否能够容忍这些冥顽不化的福音书敌人所犯下的亵渎神明的罪行。他们认为，教皇英诺森三世的确曾经重申保护犹太教，但条件是犹太教不会伤害基督教。但就目前而言，要遵守《塔木德》规定的犹太教，实际上要求犹太人必须亵渎和伤害基督教，并且多尼甚至宣称，这实际上是在积极地鼓动他们杀害基督徒。可以认为，《塔木德》亵渎圣母玛利亚和救世主的内容与越来越多的有关犹太人玷污圣像尤其是圣餐——圣餐仪式上真实体现基督临在的一块小薄饼——的报道之间有着直接的联系。既然消息灵通的基督徒已经知道目前最迫切的事情是什么——显然是一场不共戴天的战争——那么在目前的情况下，那些被拉比教义蛊惑的犹太人就不仅是反常的怪物，而且是一种实际的威胁，难道不应该剥夺他们的被保护权吗？有人甚至认为，与阿拉伯人相比，犹太人是一种更直接的危险，因为他们的恶劣行为和习俗已经渗透到基督教王国的核心领地。

所以在1240年的巴黎和1263年的巴塞罗那，《塔木德》被推上了对犹太教进行公开审判的被告席，并当场提取了犯罪的物证。与在巴黎彻底灭除

《塔木德》不同的是，在巴塞罗那审判中对《塔木德》既没有没收，更没有焚毁。然而，这完全是一场信念的格斗。在这个赛场上，犹太人热切地期望他们的斗士拉比摩西·本·纳曼（Moshe ben Nahman）（时人称为"纳曼尼德"）千万不要被击败，因为他这个精神支柱一旦倒塌，将会引起大量的犹太人皈依基督教。且看当时公开"审判"的隆重场面：到场的有罗马教廷各地的红衣主教、多明我修会和方济各修会的重要神学家（其中有些人精通希伯来语）以及主要的王室成员。在巴黎，路易九世的母亲、卡斯提尔的布兰奇（Blanche）王后亲临审判现场，这位王后在仇恨犹太人这个问题上对他的儿子从不让步；而在巴塞罗那，阿拉贡国王詹姆士一世则亲自主持了审判。不消说的是，无论争论的内容如何离题和离奇，都由犹太人和基督徒用希伯来文和拉丁文记录了下来。基督教一方的发言人有两位，他们和另一位拉比（共三人）一起已经在巴黎"坦白"了《塔木德》犯下的罪行。而犹太教一方的希伯来文记述中则描绘了一位百折不挠、足智多谋的拉比耶希尔·本·约瑟（Yehiel ben Joseph），似乎一直在竭力扭转论争中的被动局面。根据基督教一方关于"巴塞罗那论争"①的记述，皈依基督教的"狂热者"帕巴罗·克利斯蒂亚尼牵着拉比纳曼尼德的鼻子团团转，而按照这位拉比本人所作的关于这场论争的《记述》（Vikuah），他在所有针对他本人和《塔木德》进行的辩论中都取得了决定性的胜利。[17]

然而，在某些细节上，相关的记述反而比较一致。在巴黎和巴塞罗那论争中，拉比们都否认了《塔木德》是某种新近的创作（对这样的古老经典来说真有点过分）这一说法。既然在基督教统治的几百年里，有这么多从无过失的教皇和主教都知道有这本《塔木德》并且从来也没有提出过异议，于是他们质问道，为什么直到现在这本书才对基督教形成了威胁呢？由于拉比们

---

① "论争"不是一般的争论或争吵，而是一种深层次的教义论辩。在中世纪后期，犹太教与基督教之间经常公开地进行论争，但这种争论像审判一样，犹太人是被告，只能被迫辩护；而基督徒则是原告，相当于审讯者。历史上两教之间曾发生过三次大规模的论争，详情可参见《犹太教审判——中世纪犹太—基督两教大论争》（海姆·马克比著，黄福武译，山东大学出版社2015年最新版）一书。

知道所谓有罪的证据大多摘自《塔木德》中那些过于夸张的段落，所以他们就尽可能地让基督徒们相信，"阿嘎嗒"部分的确有一些不雅的内容，但那不过是给犹太读者看的。耶希尔和纳曼尼德都耐心而尖锐地解释说，《塔木德》分为两部分，一部分是"哈拉哈"，的确对犹太人有约束力；但另一部分"哈嘎嗒"则只是罗列了一些评论和观点，只要犹太人认为合适，他可以遵守，也可以不遵守。你们所提到的那些侮辱耶稣或圣母玛利亚的内容当然属于后一类。纳曼尼德说：请看，我就不相信这些东西，并且我也不需要相信，因为这些不过是逗乐儿的猫穗草罢了。在巴黎，耶希尔·本·约瑟采取的另一个策略就是主动让步，说多尼挑出来的那些带有侮辱成分的段落的确能在"阿嘎嗒"里找到，但他完全弄错了侮辱的对象。那位据说在地狱里站在粪便中的"耶稣"并不是拿撒勒的耶稣，也可能根本就分不清是哪个耶稣，因为在这个谁都会布道的时代（的确如此），世界上还不知道有多少叫耶稣的呢。当多尼对这种不诚实的回答表示不屑时，耶希尔近乎无礼地反问道，不管怎样，你知道除了国王，在法国有多少个叫路易的吗？为了进一步证明这种弄错名字的现象，他一派天真地瞪着眼睛反问道，你是不是在无边无际地胡思乱想，"美发师米利暗"这种叫法是不是也是在侮辱她，甚至其中还提到她是一个妓女，她怎么会是耶稣的母亲呢？因为从来也没有犹太人说玛利亚曾做过"美发生意"。还有经常受到诅咒和辱骂的"外邦人"，这种叫法也不能简单地理解为基督徒，而是指所有的异教徒，《圣经》中不是请求全能的上帝在赎罪日"把他的怒火"施加在"异教徒"身上吗？

在犹太教和基督教双方关于这些唇枪舌剑的论争情节的记述中，这种斗嘴式的夸张风格很容易使人们误以为当时论争双方的地位是对等的。但显而易见，双方的地位根本谈不上对等。拉比们是在为自己民族宗教的生存而战斗，在巴塞罗那，面对神学家、传教士、王公贵族甚至国王本人的威胁恫吓，这群满怀期望的人之所以勇敢地站出来，是因为他们要亲眼见证那些不幸但却"愚钝、自大、固执"的犹太人所遭受的羞辱和痛苦，并且更令人心安理得的是，他们的命运竟然掌握在一个原来同样也怀有他们这种愚昧信仰的人手中。然而，当巴黎的三位拉比可以互相依靠、互相支持时，远在巴塞罗那的纳曼尼德却是孤独的、无助的，但他英勇不屈、义正词严地孤身作战，是世界上最勇敢的斗士。

像迈蒙尼德一样，纳曼尼德也是一位医生兼拉比。在整个加泰罗尼亚地区和法国南部，几乎人人都知道他是一个乐意安抚别人的人，而不是一个好斗的人。1232年，他曾试图调解迈蒙尼德派和反迈蒙尼德派之间的纷争，因为他知道，长此以往最终受伤害的仍然是各地的犹太人，但他的调解并不算成功。他认为，迈蒙尼德派开除所罗门·巴·亚伯拉罕以及后来焚烧迈蒙尼德书籍的犹太人的教籍的做法是错的。但是他又认为，把这种敌意转移到这位医生兼哲学家身上更是大错特错，他们竟然用漫画的形式讽刺迈蒙尼德反复无常地玩弄律法甚至鼓励改宗。纳曼尼德指出，《迷途指津》并不是在诱惑犹太人陷入异邦的理性主义，而是恰恰相反，是要召唤那些已经理智地信奉古典哲学的犹太人浪子回头，并通过他的方法深入犹太教信仰的本质。他们走上"迷途"是由于运用上帝赋予的理性造成的，所以如今才陷入了信仰和理性之间的伪两难推理。迈蒙尼德所做的一切就是为了告诉他们如何在犹太教的怀抱里把两者融合在一起。

尽管纳曼尼德的调解努力并没有获得成功，但他却在阿拉贡和加泰罗尼亚的犹太社区（juderias）中赢得了人们的拥戴。像萨拉戈萨（Zaragoza）、韦斯卡（Huesca）和他居住的赫罗纳（Girona）这些高墙深巷的城镇，由于那里的犹太社区紧靠着大主教的府邸和教堂，所以得到了及时的保护；在像阿尔瓦拉辛（Albarracin）、弗拉加（Fraga）和蒙泰尔班（Montalbon）这些山区村庄里，由于犹太人拥挤在高大的山墙后面和狭窄的胡同里，所以也没有受到过多的骚扰。尽管人们认为纳曼尼德并没有迈蒙尼德那样高的悟性，但他用自己的行为证明，他完全知道如何在一排排坐在法庭里的那些令人恐惧的骑士和行乞修士面前展示自己的男性气概。纳曼尼德在自己导演的戏剧里扮演英雄的角色，他所展示的那种冷静的雄辩能力丝毫也不输于迈蒙尼德，因为他非常清楚，如果他还想坚持下去的话，赢得国王的同情是至关重要的。他可以确切地感觉到，西班牙所有生活在穆斯林和基督徒土地上的犹太人的眼睛和耳朵都集中在他的身上。因此，接近而不是疏远詹姆士是非常重要的。于是他以毫无敌意的温和态度与詹姆士接触，巧妙地与王室的旁听席周旋。他就像一个唱独角戏的犹太演员，虽然内心无比坚定，但表情却诙谐而搞笑，在历史上最重要的时刻，与世界上最难对付的王室进行斗争，在1240年7月底巴塞罗那最炎热的季节坚持了整整四天。

当时，纳曼尼德被赋予了自由发言的特权，但前提是他不得继续亵渎基督教。但当他假装无辜地对《新约》中的一段话的解释进行取笑时，他差一点就犯了教会和王室的大忌。他以幽默的口气试探道："这的确有点古怪，上天和大地的创造者竟然又回到了某个犹太女人的子宫里，他在里面待了九个月后按时生了出来，长大后被出卖给了他的敌人并被处死，后来又复活了，回到了原来的地方……对一个犹太人，或者其他任何人，恐怕都很难忍受这样的说法。"按说，迈蒙尼德这种近乎放肆的玩笑应该适可而止，但就像一个伟大的演员一样，他根本无法停下来。然后，他竟然明目张胆地再次直接转向国王（不管怎么说，国王已经对他的发言作了限制），告诉他"你詹姆士一生都很听牧师们的话，他们给你的脑子灌满了……这样的教义，所以现在已经成了你的第二天性，你接受他们的说法纯粹是习惯使然。但如果你是第一次听到，你作为一个成年人是不可能相信的。"[18]

当帕巴罗·克利斯蒂亚尼单独挑出《以赛亚》第53章中有关预言"上帝有一个'受难的仆人'，一个'陷入悲伤的人'，上帝将为了人类犯下的罪行而'痛打'、'鞭打'和'折磨'他"的段落时，纳曼尼德假装吃惊地说，任何人都会认为这些段落指的是耶稣，但任何人也都知道这个"受伤的人"指的就是以色列本身，因为上帝知道以色列受难了，但是是否可以因此而想象成上帝派一个救世主式的人物来赦免集体犯下的罪行就完全是另一个问题了。

当他们就这个问题展开争论时，纳曼尼德庄严地指出，犹太教并不相信集体犯罪，更不相信我们从亚当那里继承的原罪甚至"比从法老那里继承的罪还要多一些"。所以，根本不存在什么普遍的堕落状态，还要请这样一位弥赛亚来拯救人类。不管犹太人的弥赛亚——顺便提一句，他"对我们的宗教来说并不是必需的"——会以何种更低调的方式降临，但可以肯定对犹太人来说意义重大。他只会救赎耶路撒冷，使圣殿得到重建。这样一位弥赛亚不可能总是梦想着宣称自己具有部分神性，因为这违背了犹太教最初确立的基本原则，我们每天背诵三次"示玛"祷文，就是要记住上帝是一个不可分的整体并且具有独一性。然后，纳曼尼德就开始口无遮拦地卖弄辞藻，他再次直接面对着詹姆士解释说，犹太人的弥赛亚应该是一位国王，是地地道道的尘世间的凡人，像你们这些国王一样，是一个正常的男人和女人交欢之后生下来的，并且在母亲的肚子里靠胎盘连着子宫，而不是像有的弥赛亚那样是靠父亲由于某个神灵附体孕育而成的。我们的弥赛亚是一位像他（詹姆士）本人一样的万民拥戴的君主。"你是一个国王，他也是一个国王"，他言下之意就是，在这个特定的时刻，国王詹姆士对他来说远比国王弥赛亚更重要。[19]可以想象，国王詹姆士听着这句话肯定心花怒放，至于他的嘴咧得有多大，历史上并无文字可考。

纳曼尼德继续说道：但是，虽然对于基督徒来说，接受耶稣作为救世的基督是一件（的确不是全部）天大的事，那么他是否可以这样认为，世界的和平统治（以基督在十字架受难作为起始点），不管是在他刚刚受难之后还是在后来基督教长达十二个世纪的统治期内，却都没有按照原来的计划得到实现。事实上恰恰相反，"从耶稣时代直到现在，整个世界依然充满了暴力和掠夺。"他似乎用"旁白"的方式继续说道，战争在无情地继续着，他甚至怀疑，如果没有了战争，这一群群的骑士还有什么事情可做。帕巴罗·克利斯蒂亚尼被这种拉比式的傲慢态度和嘲弄口气（纳曼尼德一直用讥讽的口吻称他为"我们这位聪明的犹太人"）所激怒，他高声反驳说，用粗鲁的、肤浅的或如基督徒所说的"俗气"的语言来描述事物是犹太人的一贯做法，但基督的确下过被耙平的地狱，正义的死者得到了拯救并重新站立了起来，并且高歌猛进的基督教会也充分表明，基督的降临并不是徒劳的。纳曼尼德反击道，真的吗？就他自己的所见所闻，基督教王国并没有真正建立起来，并没有像帕巴罗引用的段落中所预言的那样"从这海到那海"从未受到挑战。罗马教廷统治的领地不是还像老罗马帝国那么大——甚至还更小一些吗？那么，这说到底就是一个无效的指控！

尽管论战游戏的进展对他是有利的，但如果他自己关于这场论争的记述是可信的，那么最多也就是打了个平手。在这个时期发生的一系列论争中，审判的结果是完全不同的。在法国，《塔木德》遭到没收、查禁和焚毁。但是到1247年，一开始曾像格利高里九世一样对《塔木德》怀有强烈仇恨的新教皇英诺森四世终于作了一些让步。英诺森了解到，如果没有《塔木德》，犹太人就不能正确地理解《圣经》，并且认识到这种正确的理解是他们皈依基督教的前提条件，于是他命令把《塔木德》还给犹太人，但必须进行仔细审查，删去其中带有亵渎和侮辱基督教嫌疑的段落。但巴塞罗那的演出却完全是一场不见血的"斗牛表演"，获胜的一方只是赢得了道德上的信誉和善辩的桂冠，而负责舞台设计的多明我修会则声称这场论争并没有结束。纳曼尼德回忆说，当他听说国王要在安息日亲自到犹太会堂布道时，他决定推迟返回赫罗纳的时间，以便在国王布道时对他进行驳斥。虽然这样一来纳曼尼德会把自己置于更危险的境地，但他并没有食言。

雷蒙·皮纳福德（Raymond Penaforte）是教皇格利高里手下的教会法规编纂大家，也是多明我修会的布道大师。对他来说，国王的布道行为不过是一次热身而已。皮纳福德是一个煽动犹太人等皈依基督教的狂热分子，正是他信心十足地鼓动国王让纳曼尼德自由发言，然后又惊慌失措地说他巧妙地利用了这次自由发言的机会。对皮纳福德来说，巴塞罗那犹太会堂的安息日布道现场和被软禁的听众，无疑是他证明自己比帕巴罗·克利斯蒂亚尼在辩论方面更专业的一次回归表演。当有一位拉比质问他"三位一体"在本质上是相互矛盾的,并且其实只是"一位"时,皮纳福德犯了一个战术性错误,他竟然把"三位一体"比作红酒具有味道、气味和颜色,但仍然是红酒。纳曼尼德反驳说,恰恰相反,这些特征完全是单独的、"偶然"联系在一起的属性,其中每一种属性在某些条件下都可以去掉,从而从根本上改变这种液体的性质。显而易见,每一种属性都会使人联想到(甚至还可能品尝一下)对人更有益处的红酒。当时,帕巴罗·克利斯蒂亚尼——他一直在生闷气,或许这时他终于看到了一个向国王证明自己论辩能力的机会——愤怒地站了起来,高声说,"三位一体"不仅是真理,而且这个真理是如此神秘,甚至连王子和天使都无法理解。"我也站了起来,"纳曼尼德甚至有点自鸣得意地写道,"我说:'好吧,一个人显然不会相信他根本不知道的东西,所以天使们肯定不会相信"三位一体"。'这时,弗雷·保罗[即帕巴罗]的同伴让他不要再乱说话。"[20]

巴黎和巴塞罗那审判都没有达到基督教一方的"导演"所期望的效果。论争结束后,并没有出现集体皈依基督教的现象。事实上,这种表演让犹太人清楚地意识到,他们完全能够在敌人的法庭上动员起来,并且他们的辩护也不是毫无意义的。这并不是什么坏事,因为13世纪中叶以来,按照教皇的命令,犹太人被强迫(有时甚至没有人身自由)在安放《托拉》经卷的约柜前面听基督徒布道,他们从来也没有看到过像纳曼尼德这样仗义执言、开朗乐观的辩护人。那些行乞修士不仅选择安息日(因为他们知道这一天会堂里的犹太会众最多),而且利用一年中最神圣的那些日子——赎罪日、逾越节、住棚节——只要他们愿意,就会冲进犹太会堂的大门,用暴力强迫里面的犹太人听他们喋喋不休地"控诉"犹太人无知的丑行。当时,对他们圣所器物的暴力活动完全是破坏性的。他们不得不忍受这种持续不断的辱骂和谎言(长久以来,他们对此深有体会)的暴风雨,由此而造成的深深的屈辱感即使已经不再令人感到恐惧,但精神上的创伤却是难以抚平的。更可怕的是,行乞修士残酷的狂风暴雨中，还夹杂着对那些找到福音光明的犹太人进行拯救的恩泽。对于那些行乞修士实施的强迫皈依活动来说，恐吓和利诱都是不可或缺的，因为他们的使命就是与日益临近的最后审判抢时间。（犹太人也相信他们自己的弥赛亚将在犹太历的5000年降临。）对那些基督徒狂热分子来说，由于耶路撒冷仍然在阿拉伯人手中，并且在短期内重新征服的可能性微乎其微，所以眼前在犹太会堂里取得圣战的胜利是最现实的。显然，他们并不是自欺欺人，因为随着他们的手段越来越残酷，皈依基督教的人数在急剧上升，而这种情形在西班牙尤其显著。

纳曼尼德和巴黎审判中犹太教一方的发言人当然很清楚这种威胁的严重性。这是因为，学会希伯来文的行乞修士越多，他们对《塔木德》越熟悉，如果有更多的犹太皈依者指导他们挑选有争议的亵渎性原文，那么危险就会更大。因此，像纳曼尼德关于巴塞罗那论争的《记述》一样，大卫和歌利亚角斗的故事是犹太人的唯一武器。虽然在他们热切的心灵里这就像用一把弹弓去抗击罗马教廷这个庞然大物，但却是犹太读者的精神支柱。虽然基督徒以及犹太教的叛教者都在对这些故事进行攻击，但在上帝的帮助下，这种最难熬的日子终究会过去。纳曼尼德所有冷嘲热讽的"旁白"及其对现场的生动描述既是一种辩护，也是一种消遣，尤其是在这轮审判接近尾声时，他和国王互致敬意，惺惺相惜，场面非常感人。在犹太会堂里布道后的第二天，早已为纳曼尼德的论辩能力所折服的国王再次接见了他，给了他300个第纳尔，并请求他返回赫罗纳，在那里"平静地颐养天年。我离开时，也对他表达了深深的敬意"。

这个结局似乎太好了，很难让人相信，但这是真的。这位拉比和国王之间发生的任何难以觉察的情感变化肯定会引起多明我修会的反感。多明我修会并没有让他回到赫罗纳并在那里不受打扰地"平静生活"，而是针对这位拉比关于这次论争的《记述》，尤其是其中取笑圣母玛利亚生产方式的内容提出了新一轮指控。在独立审判之前，国王特意私下告诉他们，纳曼尼德并没有坚持在争论时所作的一致认可的《记述》中添加任何新的内容。然而，这篇《记述》还是被立即烧毁了。而为了让多明我修会尤其是皮纳福德（他显然是一个可怜的失败者）满意，记述者本人（纳曼尼德）被判流放两年。没过多久，这一判决又改为终身流放。纳曼尼德穿过边境进入了普罗旺斯，但当时他已经年届古稀，只能用孱弱的身躯艰难地跋涉在通向巴勒斯坦的漫漫长路上。他在那里遇到了两位犹太人，他认为他们是犹太教最后剩下的人，然后他们就在耶路撒冷定居下来。后来他又去了阿克，在剩下的时间里收徒讲经。他于1270年去世并被埋葬在那里。像迈蒙尼德一样，他的墓地无从知晓，至今已成千古谜案。犹太社区里一座不起眼但却真正属于中世纪的犹太会堂里刻着他的名字，有点像他死后对他的昵称——"拉班"（The Ramban），这应该是他的拉比头衔和希伯来名字的缩写（令人不解的是，迈蒙尼德也被称为"拉班"）。每天，都有一群群的正统派犹太人在"拉班"的会堂里进进出出、低吟高唱、打躬作揖。或许纳曼尼德喜欢这样，但鉴于他一生以勤奋好学、克己自制而著称，他也可能不喜欢这样。

## III 犹太人画像

这种心智的较量就是在王公贵族、高级教士、牧师面前的舞台上为信仰而搏杀。这样的搏杀都是由基督教神学家挑起的，因为他们坚信，他们必然能够通过劝说而不是武力，通过犹太人自己心中珍爱的典籍，在这场改造犹太人的"冥顽不化"和"盲目无知"的战斗中大获全胜。当然，他们已经看到，对《圣经》的忠诚就是要求必须放弃《塔木德》，而不是一味地盲目服从于这本书。

但是，中世纪后期犹太人和基督徒之间发生的事情大多并不是如此温文尔雅。低俗的敌对戏剧往往更多地发生在感官层面上，其舞台是肉体而不是心智，而其媒介则是依靠想象而不是语言。搏杀的力量来自内心而不是哲学，从而使对经典文本的仔细审查演变为一场残酷、恐怖和受难的戏剧。一套刑具就可以使犹太人得到光明的解脱，据说这也是犹太人在节日仪式上模仿他们把基督钉上十字架的情景时经常对基督徒采取的方式，但这纯粹出于想象。而另一套刑具，据说是基督徒对付犹太人时通常采取的方式，却完全是实实在在的，那就是集体屠杀。

无论是在天真的想象中还是在残酷的现实中，到处都充满着血腥。在每年的受难节①，基督教世界普遍地认为，从犹太人下体里流出来的血可以为钉在十字架上的耶稣的血赎罪。马太不是说过，彼拉多在行刑前洗手时，基督和犹太人的"血要淋在我们和我们的孩子身上"吗？[21]第一个以这种赎罪方式流血的犹太人是犹大·伊斯加略（Judah Iscariot）②，他的肠子血淋淋地从肚子里流了出来。因为对他的背叛行为感到后悔，他吊死在了一棵无花果树上（有人认为，无花果可能象征着内脏中的瘘管）。由于他的灵魂无法升天，所以就从犹大下体的一个小洞里钻了出来。犹大的肠子因此而成为耶稣受难剧的流行主题，尤其是在中世纪后期几乎没有犹太人生活的英格兰更是如此。约克郡的香肠制作商会出售一种长长的小香肠串，并在所谓的"香肠剧"（Play of the Saucemakers）情节达到高潮时模仿从那位假门徒爆裂的身体里一节一节地拽出来。[22]

显然，这种中世纪的传统渐渐流行起来。例如，在托马斯·德·康丁皮雷（Thomas de Cantimprè）的作品中，就描写犹太人有一种迷恋带血的痔疮的癖好，他们会在复活节前后举行的仪式上把痔疮弄破。（大家知道，迈蒙尼德医生曾对治疗痔疮作过全面的论述，这恐怕是证明犹太人有这种癖好的唯一证据。）几个世纪后，这种无端的想象演变为一种更古老的传说：犹太男人也会按时来月经。到中世纪后期，这样的流血现象进一步丰富了犹太人不健康生活习惯的怪诞形象。在海斯特巴赫（Heisterbach）的编年史学家恺撒留

---

① 受难节（Good Friday）是基督教纪念耶稣受难的节日。《新约》记载，耶稣被罗马统治者钉死在耶路撒冷的十字架上。基督教会称这一天在犹太教安息日的前一天，故规定复活节前的星期五为受难节。

② 即《圣经》中提到的出卖耶稣的加略人犹大。

斯（Caesarius）讲述的一个故事里，有一个基督徒招待狂热地爱上了一个犹太姑娘（这是中世纪故事中经常出现的套路），并且期待着能在复活节前一个星期内完婚，这是他们唯一的机会，但姑娘却说，她的父亲一直在忙着清洗，根本没有时间关心她的婚事。十分下流的拉丁词"verpus"曾被像尤文纳尔这样的罗马讽刺漫画家用来指称割过包皮的下体，现在却被用来形容弯曲的中指。如今在美国和欧洲拉丁区十分流行的竖中指这一带有侮辱性的动作很可能起源于中世纪这种非常恶劣的想象。

在中世纪晚期那个"猜忌病"越来越重的年代，犹太人被想象为变态的、吸血鬼般的怪物，命中注定难以逃过他们自己发出的血咒。与流血相联系的故事完全被演绎为一个伤口血流不止的神话，即所谓"犹太人血咒"。他们有意地将"羔羊"干净的血（用于洗清人类的罪恶）与犹太人流出来的血（用于证明人类的不洁永远受到诅咒）进行对比。他们甚至认为，标志着基督肉身完美（被过分想象和夸大）的割礼对十字架上受难来说是多余的，但由于犹太人强制实行这种习俗，这样只会使他们气血不足。这正是他们平日里显得有气无力、脸色苍白、气味难闻的原因。尽管直到几个世纪后"血祭诽谤"才被列入犹太教的妖魔行为范畴，但在中世纪晚期，基督徒几乎普遍地认为，犹太人经常需要临时补充营养，最有可能就是从刚刚杀死的基督徒儿童的鲜嫩身体上吸血。

幸运的是，他们可以用其他的血来替代从而阻止犹太人犯罪。在13世纪，效法耶稣基督遭受肉体上的折磨是福音派传教士的必修课。在狂热的行乞修士们鼓动下，模仿基督的生命历程就意味着要经历文字描述的他所受的磨难的所有细节：遭鞭打、戴棘冠，被朗吉弩斯（Longinus）的矛刺穿身体。耶稣受难时使用过的工具——枷锁、钳子、钉子、梯子、锤子——都可以代表十字架，其中的每一件都具有特定的赎罪和救赎意义。他们绘制耶稣受难像是一种发自内心的情感表达，正如他们描画犹太人的形象一样，只不过他们把这些曾经对救世主的肉身实施过残酷折磨的人画得更邪恶、更丑陋罢了。

在许多意境模糊不清的故事里，犹太人主动放弃自己的残忍行为成为一种新的范式。一个流行的例子是，据说犹太人先把一件衣服浸在醋（rotyn wyn）里，然后像耶稣那样背上沉重的十字架，扮出他的表情和被鞭打的肉体；另一个例子是，据说有一个当老师的利未人，他在犹太会堂的学堂里曾打过耶稣的脸。[23]唾弃犹太人，呵斥犹太人，戏弄犹太人，殴打犹太人，已经成为基督徒最为热衷的行为方式。有时为了一时高兴甚至有意惩罚犹太人。例如，如果犹太人被怀疑像当年那样在圣母的葬礼上碰到了她的身体，或他的手和胳膊奇怪地贴上了她的棺木，那么他就要受到惩罚，甚至要砍去双臂或皈依基督教才算完。[24]

然而，仅仅是这样一些仇恨犹太人的过火行为，是不可能让那些身戴十字架的嗜血成性的基督徒感到满足的。每当复活节来临时，通常会传出谣言，犹太人会忍不住要像基督徒的圣餐仪式那样，再现出当初基督的肉身受难的一幕。整个欧洲似乎陷入了疯狂之中，其疯狂程度甚至超出了基督徒的想象。他们认为，从13世纪开始，每到这个节日，犹太人就千方百计地密谋找到一块圣饼，用刺伤或其他残害方式对圣饼进行折磨，然后把圣饼埋掉、煮烂或放在一个石臼里捣碎，或者这三种方式并用。[25]行乞修士们曾经要求基督徒不得与犹太人有任何身体上的接触，无论是奶妈还是仆人，均不得在一个房间里工作。当时这一要求变得更为严格，他们偏执地认为，应该劝说甚至胁迫那些在犹太家庭里提供服务的基督徒，为自己的亵渎行为找到一块圣饼作为证据。对暴利放贷的指控也与这种亵渎行为联系起来，因为据说犹太人会故意地引诱女基督徒陷入欠债的圈套，然后再大方地免除她的债务，以换取一块圣饼。

其他方面的凭空想象也同样丰富多彩，几乎随处可见。如乌尔比诺的乌切洛（Uccello）教堂和加泰罗尼亚地区锡耶纳修道院的詹姆士·塞拉（Jaime Serra）教堂的祭坛以及各地教堂的彩色玻璃窗上都有侮辱犹太人的装饰画面，其内容大多是犹太人正在刺穿一块圣饼，在他们惊恐的眼神中，喷出的鲜血带着谴责的力量飞溅到他们的身上。有的画面则是从他们刺破的圣饼中站起一个白璧无瑕的婴孩，瞠目结舌的犹太人或许意识到这就是基督出生时的样子。还有形形色色的类似画面，如犹太人把毁坏的圣饼藏在地下或其他地方，但最终总是奇妙地被发现。

然而，今天看来，虽然与1000年前屈梭多模那番著名的布道词所引发的犹太妖魔化浪潮相比，上面提到的这些侮辱和丑化犹太人的行为也许不算什么，但却同样在13和14世纪却造成了灾难性的后果。那些关于亵渎圣饼，尤其是在动乱的年代亵渎圣饼的故事，足以引发新一轮屠杀的浪潮。在14世纪初，佛罗伦萨一带影响最大的多明我修会传教士、来自比萨的乔达诺·达·雷瓦尔多（Giordano da Rivalto）就曾公开逼迫犹太人表演如何用一个石臼捣毁圣饼的情景，然后杀死了数千名犹太人，而他却兴奋地喊叫着："所有犹太人都被杀光了，在这个省里不可能再找到一个犹太人。能杀死他们是一件无上光荣的事情。"1298年，一支由被称为"国王的骑士伦特弗里希（Rintfleisch）"率领的军队横扫了德国南部弗兰肯（Franconia）地区的146个犹太社区，在这种谣言的蛊惑下把那里的犹太人全部杀死。在下弗兰肯的加姆堡（Gamburg），有130名犹太人被杀；在纽伦堡，尽管犹太人逃到当地的城堡中寻求保护，仍有728人被杀，其中包括像耶希尔·本·米拿现·哈科恩（Yehiel ben Menahem Hakohen）这样的著名拉比学者；在维尔茨堡（Würzburg），也有840人被杀。在这样一种文化中，犹太人的形象虽然也出现在教堂雕塑中，但却毫无人性可言，甚至被完全妖魔化。所以，人们在40年后听说莱茵兰地区掀起了第二轮屠杀浪潮即"臂带党"（Armleder）暴乱（杀人者主要是制革工人，因手臂上缠着皮带而得名）时，已经不再感到吃惊。对犹太人来说，更不幸的是这些杀人犯并不是德国人，当地的农民、市民和骑士并没有参与这场仇恨犹太人的大屠杀。

在这样一个屠杀已经司空见惯的年代里，完全有可能把正在母亲怀里吃奶的孩子拽出来撕裂他的喉咙，他们要折磨、破坏甚至灭绝全部的犹太文化基因，因为这些毫无防范能力的犹太人已经成了道德堕落的中介、传染病菌的携带者和惯于杀婴的罪犯。这就是当时的基督教文化对待犹太人的普遍方式，甚至（或特别是）在犹太人已经遭到驱逐的情况下也不放过他们。正是在这段时间里，犹太人的丑恶形象开始出现在神圣的艺术和雕塑中：一群天生鹰钩鼻、黑头发、鼓嘴唇的迫害耶稣基督的刽子手和绑架儿童的杀人犯。他们丑陋的面孔就是他们道德堕落的直接标志。在基督徒的心目中，他们成了兽类，有凶残的性格，所以威腾堡（Wittenburg）、雷根斯堡（Regensburg）、班贝格（Bamberg）、马格德堡（Magdeburg）、科尔马（Colmar）、斯特拉斯堡（Strasbourg）等许许多多德国大小教堂里的雕塑中，他们的形象都被进行了丑化。

就在这个当口，一件真正具有历史意义的事件发生了。这是一次自发的反抗用图像丑化犹太人的行动，一场在犹太教的核心文化中树立起高大的犹太形象的运动。这就好像是把纳曼尼德口头上对基督教的蔑视化作了犹太人的"心灵之眼"，进而变成了文士的坚定信念，并最终凝固为"启明者"手中的艺术作品。自从中古后期出现镶嵌艺术以来，用犹太宗教习俗及规定这些习俗的经文来开启并照亮犹太人的"心灵之眼"，在历史上还是第一次。那些希伯来手稿的"启明者"丰富的创造力并不是仅仅停留在精心装饰《圣经》各章起始的第一个大写字母这个层面上。他们创作完成了一部几乎无所不包的动物形象图集——乌鸦和鸽子、鹰和鸭子、骆驼和鸵鸟、猫和老鼠、狮子和大象、蛇和乌龟，以及其他许多动物。[26]但是，这并不是那种随意拼凑的小百科。如果说，当时那些德国人只是把他们当成世俗同伴（行尸走肉）的话，那些犹太文士就是要唤醒这种动物化情结。利用《圣经》中丰富的动物形象，西班牙犹太诗歌把以色列人比喻为鹿或兔子，基督徒迫害者就是一群吠叫着追逐他们这些雄鹿和雌鹿的猎狗，或者是一群追不上拼命逃跑的兔子的狐狸。[27]根据行文需要，同样一种动物形象可能出现在不同的页面上。鹰是离开挪亚方舟时第一个被杀死的动物，但它既可以被描绘为袭击人类的猛禽，也可能以以色列人的保护使者的形象出现在画面中。狮子是一种野性十足的动物，但也可以被上帝驯化成温顺的猫，并且狮子本来就是雅各的儿子犹大的武器，所以可以后腿站立起来保护以色列人。杂交动物和神话动物可能会以反传统的形象出现在插图中，但大多已经摆脱了基督教习惯采用的模式。通常出现在圣母玛利亚膝盖上的那个大脑袋怪物回归为《旧约》中独角兽（re-em）的本真形象。赤龙的形象在希伯来手稿中随处可见，几乎都是一条蛇形动物身被鳞甲，长着蝙蝠或飞鸟那样的翅膀，嘴里喷射出邪恶的火焰。

他们还在装帧古老的手稿时采用一些幻想出来的动物代表犹太人，如把鹰头狮的形象绘制在所谓"鸟首'哈嘎嗒'"文本中，这是13世纪晚期德国的阿什肯纳兹犹太人（很可能是美因兹）制作的一件早期装饰手稿。之所以说它是鸟，只是因为它的头上长着长长的喙。有时它会穿上衣服打扮成犹太人，最典型的是戴上一顶德国阿什肯纳兹犹太人戴的那种倒烟囱形的犹太帽（Judenhut），再现出当年逾越节故事中的情景。[28]但是，埃及人并没有任何自己的动物形象。更糟糕的是，他们往往面容呆滞，没有任何特点。德国犹太人（与西班牙和意大利明显不同）往往狭义地理解"第二诫命"，他们不仅禁止制作"雕像"（偶像雕塑），而且禁止"模仿天上和地下所有活物的形象"。罗腾堡那位曾为巴黎焚烧《塔木德》事件作过哀歌的梅尔不愧是沃尔姆斯的以利亚撒最忠实的传人，他坚决反对在圣典中添加任何形式的插图，认为这是对庄严的祈祷文的一种恶意消遣。

然而，他却在这场"形象之争"尤其是在逾越节宣讲"哈嘎嗒"故事的争论中全面失利。这类书籍并不是用于犹太会堂的祈祷仪式，而是用于犹太家庭中供家人以及朋友和邻居分享的，有时某位富有的赞助人甚至指定要把插图最丰富的版本分发到整个社区。在阿拉贡和加泰罗尼亚尤其是在法国和意大利（也包括德国的某些地区），由于这种做法在13世纪晚期和14世纪越来越受到犹太人的欢迎，所以赞助人和文士们对反对的声音毫不理会，他们把《圣经》人物描绘成凡人形象，甚至在纪念逾越节的家宴上亲自扮演其中的角色。同时，这种描绘人物的时尚已经不限于"哈嘎塔"故事，它们不仅进入了《祈祷手册》(*mahzorim*)（收录了犹太人所有节期和斋戒日的仪式规则和祷文）、《西都尔祷文》(*siddurim*)（用于日常和安息日祈祷），而且还进入了《摩西五经》，并将其划分成许多方便阅读的部分（每部分的开头都作了各具特色的豪华装饰），以便在社区的安息日仪式上每个星期逐篇诵读。最终，它们甚至进入了全部希伯来《圣经》乃至各种犹太哲学经典之中。为了表达对迈蒙尼德的敬意，对他的《〈托拉〉重述》的装饰尤其精美而豪华。[29]

然而，正是逾节家宴讲述的"哈嘎塔"故事使犹太人找回了那种"他们到底是谁"的感觉，使他们从基督徒迫害的非人道环境下解放出来。所以，正是在这段时间里，他们由于遭受着强迫皈依、集体屠杀和无端猜忌这些最严酷的压迫手段，从而迫使他们通过展示自己的形象进行反击。这并不是巧合。当然，在这段时间里，犹太人有时会感到难以发挥出自己的想象力，并且觉得仅仅靠文字是远远不够的。最明显、最具有戏剧性和最令人鼓舞的是，他们回击了与复活节联系在一起的所谓"血祭诽谤"以及血腥殉道与妖魔化的指控。14世纪初，一篇西班牙"哈嘎塔"戏剧性地揭示了犹太人在逾越节家宴上是根据"最后的晚餐"的传统方式安排座位这种荒谬的对位法的真相！这看起来似乎是犹太文士和赞助人无意间对基督徒"装饰画家"作出的回应，但实际上这是一次有意识的、具有历史意义的反击。

随着这类地位突出、光彩照人且通常非常美好的形象越来越多，他们开始用摩西的生活来回击基督的生活和受难的所谓献身精神。有时，这些图画故事可以一直追溯到古老年代，甚至追溯到"创世"之初，如萨拉热窝"哈嘎塔"描述神创世时光辉四射，在深渊的上空突然出现了一道闪光；追溯到亚伯拉罕用儿子献祭向上帝呼唤，雅各与天使角力（完整地作了描述），以及约瑟在埃及的故事，从而预示着将出现摩西式的人物。对犹太会堂里那些被迫参加基督徒布道宣传的犹太人来说，通过受难获得拯救的观念是难以接受的，于是他们就用西奈山上上帝的显现、授予他们律法并把他们改造成犹太人的事实进行回击。对于他们从无从记忆的远古时代以来便开始遭受的无数次迫害和驱逐，他们就用大瘟疫之前关于法老宽容大度的编年史作为鼓舞人心的生动证据。（犹太插图画家尤其是在阿拉贡的"金制""哈嘎嗒"中，曾经描述了一个与青蛙、蝗虫和野兽以及以一种愉快的卡通方式与虱子一起生活的故事。）

奠基性的解放史诗是永恒的证据，因为迫害和奴役者的军队被淹没在了红海里，这正是逾越节家宴的内在含义。在逾越节之夜，他们会穿上中世纪欧洲的标准制服，滑稽地模仿法老和他的士兵的形象。法老头戴法国国王或德国皇帝的王冠，士兵们则穿着盔甲沉没到海浪之中。更为真实的是，在14世纪创作的许多"哈嘎嗒"故事中，犹太人和非犹太人具有完全一样的体形、脑袋和面容；西班牙犹太人有时戴披巾（houce），有时则不戴。米利暗和其他以色列女人在欢庆埃及军队被消灭时的形象完全是犹太女人，宛若举止优雅、四肢修长的歌唱和舞蹈演员（其中还有一位敲着手鼓）。亚伦和约书亚也成了英雄人物，完全摆脱了原来那种奇形怪状的基督教讽刺画形象。甚至连在埃及为法老卖苦力的犹太奴隶也像其他人一样，展示出正常的人类形象。但是，偶尔也会出现某些犹太劳工（shtarke）的粗糙面孔。

可以肯定，许多这样的面孔都是借用了基督教作品的插图，但这恰恰是问题所在。由于犹太人一直受到敌视和围攻，当他们从恐惧中爬起来后，他们只能从主流文化中吸取自己需要的养分，并雇用最好的主流艺术家，因为他们自己的艺术家还没有培养出来或人数很少。

是的，他们起码要表达一下自己。不是作为飞鸟或野兽（尽管兔子和鹿的精神一直在鼓励着以色列人），而是作为男人、女人和孩子，作为父亲和母亲以及他们的子孙后代，围坐在逾越节家宴的餐桌旁，或者（尽管不太常见）聚集在没有行乞修士恐吓和呵斥声的犹太会堂里。有不止一处犹太会堂内部的壁画显示，男人和女人竟然站在一起，虽然女人站在后排，这就从另一方面否定了有关中世纪传统祈祷方式的猜测。这些描绘逾越节家宴的画面是对把犹太人的逾越节想象为密谋杀害儿童的秘密聚会的无端指责的最强有力的回击。如果一个人想要知道犹太人毁坏圣饼的真相，他不需要到处寻找证据，只要看一看逾越节家宴的场面就足够了。每逢逾越节来临，盛有无酵饼（当然不是基督徒用的那种圣饼）的盘子，连同苦草和苦菜（maror）（通常为蓟草）依次端上餐桌，然后由家里的长者抚摩在座的每个人的头顶（这是塞法迪犹太人的一种仪式，似已失传），意思是把一切都封存在他们的记忆中枢中。

在另一篇由最有艺术造诣的插图画家、阿什肯纳兹犹太人约耳·本·西门·费比希（Joel ben Simon Feibush）装帧的15世纪"哈嘎嗒"中，与同时代的外邦人穿着完全相同服装的两位犹太女人一起用当时规定的姿势托着一篮子无酵饼，这时在场的犹太人要说"请看，这就是我们的祖先出埃及时所吃的痛苦的食粮"（ho lachmah di'anya）。

逾越节的准备工作和家宴本身的许多感人场面，都包括下面这个不可或缺的场面，它彻底推翻了基督徒有关犹太人对基督徒儿童进行无情的非人道残害的指控。在逾越节家宴上，有一个环节是不可或缺的：一位富有的、地位最高的犹太人给那些不太富有的孩子和他们的母亲分发无酵饼和小甜饼（haroset）（一种由水果、干果仁和红酒制成的小饼，象征犹太人在为埃及人建造房屋时所用的砂浆——意味着用甜味压倒苦味），因此而履行了慈善的义务。在这些画面中，孩子的形象和表现家庭情感的元素几乎无处不在。

对于犹太人同时从被基督徒固化的残暴形象和拉比简单粗暴的陈规旧制中自我解放来说，那些最激动人心的时刻其实也不过是最简单的小事，例如，当一个犹太人想要在一篇祝福祷文或一个节日仪式上加入某项有益的内容时，他根本无须顾忌这些内容是否不同于甚至有悖于严肃的诫命。甚至摩西也不是一直在忙碌，他有时也会自娱自乐。也就是说，在这个战乱的年代，只要犹太人能够通过绘画（无论是画别人还是画自己）提振全体会众的士气，就说明他具有表演喜剧的能力。例如，在一本德国《祈祷手册》里，用红酒祝福被认为是不尊敬的，因为一个人必须要仰着头倚在一张桌子上，才能把酒杯里最后一滴酒喝光。更有趣的是，在一本关于准备过逾越节的插图中，在边角处有一个高大完美的形象，一个衣着怪诞的年轻犹太人正在大吃大喝，他弯着指头，这个动作显然是查看他的指甲里是否有残留的食物。当然，如果非要逼问画插图的文士这到底怎么回事，他们会辩解说这是某部圣典里的原文，这个年轻人不过是在查看是否有残留的酵母渣和面包屑，因为只有这样的东西才可能留在指甲盖里。但是，如果你真相信这件事，你就等于相信独角兽是"可食的"。①

所有这些并不意味着犹太教这个世界性宗教突然之间变成了一种偶像文化。真理越过一步就是谬误。犹太人非常清楚基督教的偶像投下了浓厚的阴影，毕竟这些偶像不仅竖在祭坛上，并且还被扛着在基督教王国里招摇过市，而一旦需要，它们受到的崇拜就会被作为证明这种宗教偶像神通广大的新证据。对犹太人来说，绘画不过是文字的侍女，仅仅运用于书籍装帧中，尽管其中书页包金裹银，闪耀着或蓝或红，或深紫或翠绿的光辉，但仍然不过是传授诫命或阐释《塔木德》的"书"罢了。在不撼动神圣"字符"的崇高地位的原则下，他们决定用绘画的方式来表达自己的乐趣。这在历史上不是第一次，当然也不是最后一次。

但是，只有在文字和绘画是相互补充、相辅相成的情况下，或者说只有在其中的文字和字符本身就具有一种神秘的魅力，类似于（而不是亵渎）认为上帝是通过字符创造了宇宙和世界的《论创世》（*Sefer Yetzirot*）②所表征的

---

① 意为不可能是真的。

② 或译为《创世之书》，中世纪犹太神秘主义重要文献，用希伯来语写成，作者不详，一般认为是公元2世纪—4世纪生活在巴勒斯坦的犹太学者所作。该书认为希伯来字母和数字具有特殊的含义，是神的语言符号，据此来解释《圣经》，并断言上帝是通过32条神秘的智慧途径（即10个基本数字和希伯来语的22个字母）创造世界的。10个数字分别代表上帝永恒的精神、空气、水、火以及东、西、南、北、上、下；22个字母则构成人类、时间和世界一切存在物的源头。

喀巴拉神秘主义传统体系时，这样做才是有意义的。他们所用的字符是希伯来文的原始形式。因此，如果发现他们除了借鉴哥特式艺术形式（主要是建筑），一种独特的犹太教绘画艺术就是用字符和文字组成人物时，我们不应该感到惊讶。据说，他们的微写艺术——这是一种书写微型字符的奇异方式，有时所写的字符是如此之小，以至于用肉眼很难辨认（起码像我这样有点花眼的中年人难以辨认），似乎远远超出了想象中精密机械的灵巧技艺——可以一直追溯到9世纪。[30] 一个讲得通的解释就是，对于一种为了生活不停地装卸马车和匆匆赶路的文化来说，把他们本来已经便于携带的《托拉》经卷进一步压缩是非常有意义的，例如把《以斯帖记》的全文写在一页对开的纸上，或者根据需要记在一个碟子上或一块布上。不仅如此，大量的《托拉》和《圣经》文本需要发音指导，即在原文的空白处加注读音，这正是最早的一批微写专家所做的工作，他们的作品即后来形成的所谓《马所拉文本》①。但是到14世纪，当他们用希伯来"字符"来描画狮子和赤龙、鹰头狮和鹰、狗和国王时，显然有某些其他的事情正在悄然发生着。在这些扭曲、盘旋、舞动的形象中，在这些所谓的"字符图像"中间，正孕育着某些古老犹太传统的细胞。这些细胞在不断地变异、适应和自我更新它们一旦在世界上释放出来，也就意味着他们将为了躲避一只只企图灭绝他们的魔爪而不停地逃亡和流浪。

---

① 《马所拉文本》(the Masorah) 是犹太教根据《圣经》原文以传统读音方式注音的希伯来《圣经》的权威文本。"马所拉"一词的希伯来文含义是"传统"。希伯来文有22个字母但没有元音，因此不仅诵读困难，而且相同的辅音加上不同的元音可以变成多个不同的词语。为了防止《圣经》被篡改或删节，从公元前6世纪开始，犹太人逐渐形成了对《圣经》进行译注的传统，他们甚至对原文的句数和字数都作了计算。到公元6世纪—7世纪，巴比伦和巴勒斯坦两地的《塔木德》研究院中精通希伯来语的拉比即所谓的"马所拉学者"，创造了一套希伯来元音注音符号，他们把这些注音符号标注在词语辅音字母的上下或字母之间，辅音和元音符号拼读出来就是该词语的正确读法。这种标注了元音符号的希伯来《圣经》被称为"马所拉文本"，是一种"可读"的文本，并作为标准的希伯来《圣经》文本流传至今。

## 第9篇  流浪、流浪……

### Exile from Exile

## I  世界好大!

当"智者"查理(Charles the Wise)左胳膊上的疥疮不再流脓并且开始结痂时,这位法国国王知道他的末日或许已经不远了。许多年前,一位医术精湛的医生被从遥远的布拉格请了过来,为国王治疗神秘的疥疮。这位医生宣布,即使疥疮不再流脓,他也只有两个星期的时间安排后事。日子就这样一天天地过去了。在医护人员的精心照料下,多年之后,虽然国王一直在为夺回被英格兰金雀花王朝占领的领土而顽强作战,他上臂护甲下面那种难熬的疼痛竟然奇迹般地慢慢消失了。然而,正当这位国王觉得自己一生的使命即将完成时,命运的阴霾却不公正地降临了,这很可能是他不得不长期服用砒霜所造成的恶果。这位"智者"并不是没有敌人。

在这位国王于1380年9月30日去世并把王国留给他11岁的儿子[像"疯子"查理(Charles the Mad)一样,他几乎失去了他的父亲夺回来的所有领土]之前,他的确做了一件还算聪明的事。大约在1375年,查理向阿拉贡国王"尚礼者"皮雷（Pere the Ceremonious）的宫廷派出了一位使者，指令他向马略卡岛帕尔马（Palma de Mallorca）的犹太人索要一件"世界衣"（mappae mundi），那里的犹太人以擅长这种工艺而名噪一时。这种伟大的制作工艺当时已经十分成熟，因为这张"加泰罗尼亚海图"①曾于1380年11月与其他917件工艺品一起被宫廷图书馆记载于收藏目录中，所以，很可能这位病入膏肓的国王从未见到过这种用6片对开的牛皮制作的工艺品。这张牛皮上绘制了当时全部已知世界的版图——从西面的加纳利群岛［海图上标注为"野狗"（canes），听起来似乎火山群之间回响着野狗的吠叫声］，到最东面远至契丹②的深海列岛［据说马可·波罗曾经数过，有多达7000个岛屿］以及特拉帕尼（Trapani）附近的水面（那里的土著仍然吃生鱼、喝海水）。然而，就是这样一张可以折叠的绘有图案的牛皮——上面标有加泰罗尼亚文字和海上季风的方向，泛着或金色或银色、或朱红或暗绿的辉光，并将黄道十二宫③人格化，形象生动，美轮美奂——反而受到这位年少的国王即查理六世那些叔叔、伯伯的追捧。他们想把这件"宝物"献给他，或许这个少不更事的少年也很想将它据为己有。[1]

这种出自马略卡岛的海图本来是放在船长舵舱的桌子上，以便使船长根据第一手海情资料精确地确定危险的暗礁和海岸、适合抛锚的避风港和千变万化的海峡的细节。[2]尽管这张"加泰罗尼亚海图"（在法国国家图书馆仍然可以看到这件"宝物"）是用传统工艺制作的，并且是作为献给王室的礼物绘制的，但它就像我们平日看到的东西一样平常，然而，这位年少的国王以及他上一辈的监护人和宫廷图书馆馆长可以围着它转整整一圈，似乎有一种指点江山的感觉。一年后的1381年，阿拉贡亲王胡安命令"一位被称为'世界地图'和罗盘制作大师的犹太人（jueu）"专门制作了另一张这样的海图，作为

---

① 一般认为，这种加泰罗尼亚海图是在更早的"波托兰诺海图"（制成于1300年）的基础上完成的。
② 当时欧洲人对远东中国一带的泛称。
③ 占星家用来表示星座位置的图表，分为12个区，各有其名称和符号，多用于海图或推算行星对人生命运的影响。

礼物献给查理六世，以期在阿拉贡和法国之间建立起同盟关系。

这位犹太人名叫克莱斯卡斯·亚伯拉罕（Cresques Abraham）。要制作一张比以前的作品更壮观、信息量更大的海图，他和他的儿子雅弗达（Jafuda）要花几年的时间。从技术上讲，相对于这种工艺的发明者，克莱斯卡斯不能算是海图制作者，他实际上只是加泰罗尼亚的一个罗盘装配工（brujulero），即制造罗盘并装饰外壳，以便内部固定在软木上的磁针可以自由摆动从而指示方向。[3]在当时，这种制作工种之间的界限远比最近某些学者所作的划分更模糊，所以这位亲王所安排的任务毫无疑问是由克莱斯卡斯和他的儿子（他甚至被国王皮雷授予"宫廷近臣"的特殊荣誉）完成的，即他们是整个工艺品的制作者。

在他们构思、绘制和装饰的过程中，克莱斯卡斯和雅弗达宛如在天上与天使们站在一起。他们占据了整个苍穹——正如托勒密所说，方圆达18万斯塔底（stadium）①即24000英里——他们瞪大了双眼，举起灵巧的双手，俯瞰着波光粼粼的蔚蓝色的大海，曲折蜿蜒的海岸，荒凉而陡峭的旷野，高高耸立的山峰，甚至能看清爱尔兰的沼泽，一丛丛小草从泥土中绽出新芽。然而，他们却毫不犹豫地停止了这项全能的上帝才能做的工作，因为上帝禁止冒犯他无限的独创性。

虽然被从自己的领地上无情地驱逐出去，谁又能像那些不停地流浪并逃到世界上每一个角落的犹太人那样占领了整个地球呢？在可汗保护下的契丹，在赤日炎炎的努比亚，在德里国王炫耀自己有几百头大象的印度王国，在马拉巴尔海岸和马格里布地区，凡是有人的地方就有犹太人。正是在离菲斯城不远的地方，克莱斯卡斯设计出了六角星形的大卫盾，这在过去的世界地图上从未见过。在"加泰罗尼亚海图"上，那个在一个世纪前的埃布斯多夫（Ebsdorf）和赫里福德（Hereford）地图上，高高地站在地球顶上的耶稣基督彻底消失了。这种替代的确令人震惊，因为在远东地区、在歌革（Gog）和

---

① 古希腊和古罗马的长度单位，1斯塔底约为607英尺。

玛各（Magog）邻近地区，有人把这位高高在上的人物想象为天堂中的基督，有人甚至不切实际地认为其是反基督的形象，但他的王冠和大胡子表明，他更像是大卫——手里握着植物枝叶从他即救世主的"茎秆"上伸出，非常巧妙地形成了一个犹太—基督的混合形象。在西奈山上的修道院的原址上，虽然恭敬地雕刻着"圣凯瑟琳"的门匾，但同时也标明这是"摩西授予律法"的地方。尤其能够说明问题的是，红海的西北海面被一条窄窄的白线一分为二，当地传说这就是"以色列的子孙"（这是非犹太人不常用的一个词语）走过的道路。

克莱斯卡斯和雅弗达的海图是为了那些地位显赫的人准备的，所以他们还要尽量让这些人能看得懂。这张海图没有过多地标注地中海和欧洲各国海岸的地形和海面细节，而是加上了许多沿岸管辖着各自领地的国王和王后的形象。其中最令人惊异的是非洲几内亚国王"穆萨·马里"（Mussa Melli），而真正的穆萨的确曾在14世纪早期统治过马里王国，即非洲西部的塞内加尔和尼日利亚之间的狭长领土。由于他的王国位于黄金运输线的要冲，其地位是如此重要，他甚至诱使伊比利亚半岛各个王国的船队沿西海岸面下以获取更大的利益。这位"穆萨·马里"身穿精美的绿色细布长袍，留着大胡子，赤着双脚，头戴金冠，稳稳地坐在他的宝座上，手里举着用这种宝贵的金属制成的一个大盘子，就好像他手中掌握着金灿灿的太阳。在西北方稍远一些的地方，有一个面色苍白的图阿雷格人（Tuareg）①正在一片绿洲上的黑色帐篷前把连枷装上骆驼。即使在当时，马略卡那些说阿拉伯语的犹太人就已经知道，白人和黑人、捕奴者和贩奴者之间在撒哈拉南面的赤道附近自古以来就常年处于敌对状态，因为许多犹太人本身就是从马格里布地区和阿特拉斯山区迁移过来的。

因为这样的"世界衣"记载的是最新的历史和地理信息，克莱斯卡斯和雅弗达就为贾米·费雷尔（Jaume Ferrer）船长制作了一件，于是他于1346年

---

① 西撒哈拉一带的柏柏尔部落。

驾驶一条单桅、横帆的单层帆船（通常用于运送马匹）沿非洲西岸南下，直达传说中的奥尔金河（Rio d'Oro）河口。这个地方被发现后，后来欧洲人纷纷深入"黄金王国"腹地寻找金矿。[4]按照克莱斯卡斯的海图，费雷尔后面的航线应该折向西南，这样可能使他能够满载财富连同或许是真正的塞内加尔河或冈比亚河的信息成功返航。据说，刚刚征服马略卡岛的阿拉贡国王曾企图对加纳利群岛发动圣战，因为这样他才有可能完成对穆斯林控制下的本土进行传教和掠夺的双重使命。但是，费雷尔恐怕永远也听不到这个消息了。插在他驾驶的小帆船的圆形船尾上的阿拉贡信号旗最终飘落在深海之中。当时的阿拉贡国王正沉迷于海上扩张，试图建立一个从瓦伦西亚和加泰罗尼亚直到巴利阿里群岛、撒丁岛、科西嘉岛和西西里岛的跨地中海王国。对法国人来说这不过是在吹牛，一个小小的帝国竟如此贪婪，据说就连海里的鱼也在戏弄阿拉贡人插在船尾的金红色旗杆。

对于克莱斯卡斯和雅弗达的精神世界来说，永远不会是固定不变的。海图本身需要变化，大地充满了生机，而人是活的，他们可以不受边界的约束，即使是骑着一头慢腾腾的骆驼，或驾驶一条小船穿过波斯湾，他们是自由的。在他们去忽必烈大汗的契丹首都"汗八里"（Chanbaleth）——方圆24英里，四周有坚固的城墙——的路上，马可·波罗的商队穿越高加索高原进入了亚细亚的腹地，他们绕过崇山峻岭，走的应该就是"丝绸之路"。前面是驼队，然后是步兵组成的卫队，最后才是随行的团队，而满脸胡须的波罗就走在他们前面，不时地和一个面无表情的鞑靼人说笑着。一个同伴由于坐在马鞍上打盹儿不小心摔了下来，正如克莱斯卡斯所提醒的那样，他应该是被深夜出来活动的恶灵附体了。

犹太人的身影以不同的方式在路上移动着，他们转向东南进入下多瑙河地区的保加利亚和罗马尼亚，向北进入了波洛尼亚、俄罗斯，以及荒凉而多山的"阿察尼亚"（即奥克尼群岛）——那里一年里有半年黑夜，另半年也只能靠灯照明过夜。在"启明者"灵巧的双手引领下，犹太人继续向南迁移，溯尼罗河（正如几个世纪以来人们认为的那样，尼罗河在苏丹西部急剧抬升）而上，进入基督徒和"撒拉森人"（海图上标注穆斯林时所用的名称）一直在争战的埃塞俄比亚，然后乘船跨过波斯湾（那里的当地人习惯于光着身子潜水寻找珍珠），继续向东深入内地的荒漠之中。他们发现那里寻找钻石的方式十分奇特，人们把鲜肉撒在山顶上，等着嘴里含着钻石的野禽把鲜肉叼起来，当这些食物从嘴里往下咽时，它们就会大方地把钻石吐出来。

传说和事实、痛苦的传闻和难以抑制的幻想、新的发现和古老的传统，所有这一切在不断移动的拥挤的人流中相互碰撞，激发出精神的火花。从这种意义上说，"加泰罗尼亚海图"无疑是《塔木德》中"哈嘎嗒"内容一个投影：一种奇特的传播知识、获得智慧的闲聊式对话，只不过没有权威主持人的裁判，而相互打断的声音换成了突然改变的风向和不断晃动的罗盘罢了。

这个罗盘历史上第一次被描画在"世界衣"上：表示风向的玫瑰形图案在西面充满诱惑的海洋边缘绽放开来，32条季风线沿着8个主要方向投射，不需要任何磁力作用，仅仅借助好奇和热情这两种精神力量就可以改变世界。耶路撒冷仍然居于世界的中心，各处圣墓的所在地被犹太绘图员小心翼翼地为他们的基督徒赞助人标注出来，因为这里本来应该是另一处教堂所在地，但当时在"撒拉森人"的监管下显然已经无法补救。重新占领耶路撒冷和圣地的事实充分体现了骑士身负圣战使命的力量，这种力量仍然没有从基督徒的想象中消失，尤其是在西班牙，因为那里除了格拉纳达（Granada）这块飞地，已经再也找不到伊斯兰教的痕迹。然而在其他的海图上，整个黎凡特地区（Levant）都标示着一个个十字架，但在"加泰罗尼亚海图"上，在右端却标示着一个风格特别的图案，有些人或许想象力过于丰富，他们认为这个图案很像是一个七枝烛台。

这种想象力是全方位的，总会伴随着突然出现的机会向某个方向宣泄出来。对于克莱斯卡斯一家来说，无论他们是否仅仅靠"心灵之眼"和阅读马可·波罗充满想象力的游记而周游过世界，他们的海图都代表着一种摆脱了束缚的自由精神，因为恰恰在那段时间时，帕尔马的大多数犹太人都不得不居住在专门为他们划出的街区——"暂住区"（Call）。这个词并不是西班牙语中"大街"（calle）一词的缩略，而是希伯来语中"社区"（kahal）一词的变体。更重要的是，这张海图是绘制者对不同人种的好奇心的一次真实记录，其读者对象并不限于犹太人（这一点已经为波罗的旅行生涯和游记所证明）。它出人意料地消除了主张圣战者头脑中对于基督教统一王国的幻想，使他们卸下了渴望在"基督再临"时全世界皈依基督教的沉重负担。无论是这里还是那里，每一个地方都有犹太人。尽管许多犹太人是13世纪随着他们的基督徒征服者一起来到马略卡岛的，但严格说来，他们对于主人的最大价值是能够在基督徒与穆斯林之间起着一种中介作用。他们说的和读的都是阿拉伯语，把具有阿拉伯文化色彩的天文学、医学和哲学带给了基督教世界，最重要的是他们能够与北非的马格里布国家和埃及各种不同的势力与港口通商做生意。犹太人是不允许拥有自己的运输工具的，但是独立的马略卡国王以及后来的阿拉贡统治者命令那些基督徒船主接受从穆斯林土地上发来的货物，并由犹太人用船运送的货物。在马略卡岛的居民中，只有犹太人能够跨越地中海地区不同语言、宗教和习俗的边界自由旅行（尽管不一定是安全的）。港口分布最密、海上信息最多的地中海海岸线上留下了犹太人来来去去的足迹，他们甚至穿过爱琴海，或者更冒险地进入了大西洋中的那些小岛。在几内亚长长的海岸线以西，星罗棋布的岛屿向他们伸出了欢迎的双臂（虽然不知道其确切位置）——马德拉群岛、加纳利群岛，还有一些岛屿的名字不仅标在了海图上，而且其怪异的名字恐怕让人永远无法忘记：卡普拉拉（Caprara），意为"山羊岛"；布拉吉尔（Brazil），意为"火焰岛"；科尔沃（Corvo），意为"乌鸦岛"。

马略卡岛本身或许并不是一个"流着奶与蜜"的地方。在14世纪的大部分时间里，这里其实是许多犹太家庭的一个流放地，他们被流放的原因可能千差万别。他们有些人或许在13世纪随着基督徒重新征服的大军从北非地区和西班牙的其他地方来到这里，不光在帕尔马，而且在岛中央的印加（Inca）和锡内乌（Sineu）、东北角的阿尔库迪亚（Alcudia）、西北角的索列尔（Soller）定居下来。[5]在所有这些地方，像在基督教欧洲的其他地方一样，犹太人通常居住在城堡和教堂附近，其中有些等级较高的教堂可以管辖群山之间的多个马略卡城镇。这在某种程度上意味着这些管理机构和犹太生活之间完全有可能和睦相处。基督教会和王朝当局（这里曾一度是一个独立的公国，1343年之后才成为阿拉贡王朝的一个行省）都承诺保证犹太人的安全，但同时也劝告他们不要再盲目地追随他们的宗教，因为如果他们皈依基督教，就会享受到王朝当局平日提供的种种福利。因为地中海地区一直处于战争状态，教会和王室常常会突然需要大笔的金钱，而犹太人正好可以满足这方面的需求。但是，这里也经常发生（尤其是在马略卡国王统治时期）可怕的暴乱，其后果往往是犹太人的财产甚至当地的会堂被当局没收。但过后不久，时局又会恢复到一种社会互惠的平衡状态。

在阿拉贡国王皮雷（佩德罗）四世的统治下，马略卡岛的犹太人有理由认为自己已经远离了仇恨和盲信的风暴，他们只是有时会听到其他地方远远传来排犹的"滚雷声"。当地的王室明确禁止传教的行乞修士进入犹太会堂，不得强迫犹太人听他们布道。通过穿衣戴帽区分人种的屈辱似乎已经与他们无缘。犹太人在安息日和重要节期举行集会不会遭到逮捕，并且在基督教的法庭上作证时，犹太人可以手抚"十诫"发誓。犹太人的大部分事务均由他们的自治机构进行管理和裁判。在马略卡岛，没有人会指控他们传染黑死病。但与此同时，在斯特拉斯堡，有900名犹太人在一场疯狂的暴乱中被屠杀；在托莱多（Toledo），1349年也曾发生过一场血腥的暴乱。[6]在马略卡岛上，从没有出现过侮蔑他们通过向井水里投毒或传播麻风病的方式毁灭基督徒的传言。恰恰相反，像作为"宫廷近臣"地位显赫的克莱斯卡斯·亚伯拉罕这样的犹太人还被赋予了到帕尔马最高处的水井中取水的权利。他们甚至被允许修建了一条水道，把高处的井水引下来用于举行犹太洁净仪式。

像在格拉纳达和科尔多瓦哈里发的领地内一样，犹太文化以前所未有的活力和精湛技艺繁荣起来。迈蒙尼德派和反迈蒙尼德派之间的争论仍然在持续着，只不过后者开始用喀巴拉神秘主义而不再用希腊逻辑学的思辨工具来解释上帝的启示。持有不同观点的拉比纷纷赶到马略卡岛，他们并非被迫过来，而是因为他们很愿意来这个地方。像开罗和科尔多瓦一样，他们中间不乏博学多才之人，可以对发源于阿拉伯地区的科学尤其是数学和天文学进行阐释。那些精于测星术的拉比，如列昂·莫斯科尼（Leon Mosconi）、以法莲·格隆迪（Ephraim Gerondi）和以撒·尼弗西（Isaac Nifoci），为宫廷制造钟表和星盘（以及四分仪和六分仪），他们像国王身边的随侍御医一样赢得了特殊的崇高地位。除了其他各种特权，他们甚至被允许身带长剑或短刀——这在14世纪可不是一件小事。因为在当时，无论犹太医生去哪里，都被认为是具有特殊知识和治疗能力的人。的确，不仅在马略卡而且在整个基督教王国里，犹太人生活其间的基督徒人群可以分为两种人：一种是欢迎犹太人为他们提供贴身服务的人，另一种则对这种服务感到厌恶和害怕，他们认为让犹太人摸一下就等于是把身体交给了凶手，而犹太医生开出的药就是撒旦的尿液。

犹太社区的这种繁荣起码是相对稳定的，一个标志就是犹太人生活方式和居住方式的多样性。局势稳定下来之后，犹太人可以自己选择谋生的方式。在帕尔马东南的圣菲（Santa Fe）和卡拉特拉瓦（Calatrava）附近，从一个小广场往下走，可以从三个不同的大门进入圣殿，这说明犹太人可以随意出入圣殿。当时，"暂住区"还不能算是"隔都"。在马略卡岛上的卡拉特拉瓦镇上——以及他们定居的印加和索列尔这样的小镇上——正如人们期望的那样，不仅有大量的犹太银匠和金匠，而且还有一些种植和出售藏红花的药商以及红酒经销商（像"可食"肉类一样，非犹太人的"可食"红酒生意十分兴隆）。那里有染房和出售丝绸和亚麻的布店，制造肥皂的作坊。并且由于马略卡岛与生意具有浓厚犹太色彩的巴塞罗那联系紧密，一条以造纸、图书装订和销售（尼弗西的另一种生意）为主的特殊产业链越来越红火，销售的产品从账簿到希伯来文和阿拉伯文经典著作和译本一应俱全，尤其是各种装饰精美的手稿日益受到当地人的青睐。马略卡岛虽然算不上是一种理想的生活，但在当时谁又能找到比这里更好的地方？这是一种可能实现的生存状态，其中周而复始的犹太生活——逾越节家宴、婚礼和葬礼、纷乱的集市开放日和庄严的斋戒日——完全能够在没有恐惧的环境下正常进行。如果像过去那样，帕尔马出现了由某些附近城镇和乡村引发的仇恨和暴力活动（如离此不远的印加在1373年就曾发生过一次大规模的屠杀性暴乱），在皮雷四世统治下生活的犹太人完全可以期望受到官方的保护而不受暴徒的伤害，而这些暴徒通常会受到当局严厉的惩罚。

然而，在克莱斯卡斯和雅弗达把那张伟大的海图呈交给法国国王仅仅过了十年之后，作为海图制作地的马略卡岛上的犹太社会却突然崩塌了。到1435年，岛上的犹太人似乎完全消失了，因为他们只能作为强制皈依的人（chuetas）而偷偷地活着。他们只能在星期五晚上的安息日之夜偷偷地点上蜡烛，在炉子上通宵炖好"过夜饭"（adafina）①，以便在安息日能品味一下残留在记忆中的食物，而这也是这个犹太社会的后人唯一能够找回他们的祖先的线索。那么，这里到底发生了什么呢？

像塞法拉德（伊比利亚半岛）的每一个重要犹太社区一样，1391年夏天降临在马略卡岛犹太人头上的连绵不断的灾难是以一声不祥"喊叫"开始的。历史学家往往不愿意把事情的原因归结为个人的吸引力。但不容否认的是，西班牙发生的事情不过是整个欧洲乡村和城镇掀起的针对已经确立的政教合一的统治权威的起义浪潮的一个缩影，或许是对其没有能力在死亡率达三分

---

① 根据不同的考证来源，这个希伯来语词的基本含义为"热的""热饭""保温""慢炖"等。按照《托拉》的规定，犹太人在安息日不得举火，所以这种食物要在前一天（星期五）太阳落山前（甚至星期四）开始准备，一般要炖一个通宵（12个小时以上），并保温至第二天安息日中午食用。其基本成分为肉类、豆类、土豆、大麦、水果、完整的蛋以及草药（如藏红花）等，各地略有不同。这种习俗主要流行于中世纪的伊比利亚半岛及其周边地区，现在北非的某些犹太社区仍然沿袭着这一传统。

之一的鼠疫大流行期间保护其臣民的一种迟到的反应。然而，正是那种敢于说出或喊出令人震惊的暴力事件的真相的声音，才使得强大的权力当局在野兽般的哀嚎中轰然倒地，直至这种哀嚎声把他们从城堡和王座上掀了下来，并进一步将怨恨演变为深重的灾难，而"喊叫"则变成了集体屠杀。

在西班牙，这声"喊叫"是由塞尔维亚西面大约50英里的埃西雅（Ecija）的副主教费伦·马丁内斯（Ferran Martinez）发出的。也许是由于马丁内斯缺乏神学方面的经验和学识，所以只能用冷酷而简单的语言暴力来补偿。但或许正是马丁内斯这种缺乏经验的力量和怒气难平的狂热，才使他敢于以一种更高权威的名义向王权提出挑战，从而使他在城镇和乡村的普通基督徒民众中间赢得了声誉。[7]当时，有三分之一的人口被瘟疫夺去了生命，并且当时人们普遍认为这如果不是上天的惩罚，就是由犹太人、异端分子和麻风病人共同密谋犯下的罪行，在这样一个人心惶惶的世界里，人们既没有时间考虑保留犹太人作为基督救苦救难的见证的传统奥古斯丁哲学，也没有耐心一个个地去劝说他们。既然在圣地已经被挫败，基督徒的恐惧和愤怒迫切需要一场圣战来发泄，如果目标不是阿拉伯人（他们在伊比利亚半岛几乎已经被彻底击败），为什么不是魔鬼般的犹太人呢？

所以，马丁内斯从1378年开始在卡斯提尔南部的城镇中进行传教活动，发出了号令式的冷酷而简单的"喊叫"：无论何时何地，你的使命就是攻击犹太人。因为按照教会内部的法令，设立犹太会堂——被称为"撒旦的居所"，并且据称信徒们每天在里面诅咒基督和基督徒三次——是非法的，所以解决的办法非常简单：一律摧毁这些会堂，并且要立即付诸行动。至于那些经常到这些地方干坏事的犹太人，他们只能有两种选择：立即皈依基督教或被处死。

马丁内斯在传教的道路上与各地的王朝政权发生了冲突，当地的国王被他拒绝给予犹太人受其保护的自治和公共正义权利的做法大大地激怒了，并且对他宣称犹太人要由他本人来审判的狂言尤其感到震惊和反感。至少有两个国王和一个摄政王曾命令他收回自己的声明，并停止针对犹太人进行传教活动。凡是在他的煽动下已经被破坏或摧毁的犹太会堂均由他负责恢复原状，但这种声势浩大的命令对他来说不过是一纸空文。各地教堂的许多高级神职人员同样也感到恐惧，塞尔维亚的大主教巴洛索（Barroso）甚至把他视为一个异端和反叛者，但其他一些人则在担心行乞修士的势力会因此而变成地下犯罪团伙。所以，当时的犹太人事实上在官方保守势力与基督徒形成的狂热势力之间饱受折磨，因为王室既想追究那些暴徒头目的责任，又对日益严重的破坏稳定的骚乱局面感到不安。因为伦敦有一个加泰罗尼亚犹太商会，所以在瓦特·泰勒（Wat Tyler）和牧师约翰·鲍尔（John Ball）的鼓动下，理查二世差一点就在1381年采取行动也就不足为奇了。在西班牙，犹太人也几乎面临着同样的命运：由于不能按时领到工资，基督徒士兵和船员老想寻衅滋事；由于雄性激素过剩，那些怀着新仇旧恨的新兵不停地挥舞着画有十字架的旗帜；狂热的行乞修士一直盘算着让犹太人皈依或直接杀死他们，以便让基督尽快地再次降临；而普通的市民和农民则大都认为，犹太人都是放高利贷者和吸血鬼。虽然市政当局发布的命令都是要坚决消除民众的敌对情绪或严厉惩罚犯罪分子，但如果真的实施示范性的惩罚，又往往起不到恢复秩序和稳定的作用。马丁内斯团伙的两个小头目由于煽动市民违反塞尔维亚当局的命令而受到公开鞭打，而贵族古兹曼（Guzman）却侥幸从市民的怒火中逃脱了性命。国王胡安一世于1390年从马上掉下来摔死后，卡斯提尔王国落入了他的儿子亨利三世——也是一个尚未成年的孩子——的手中，于是形成了一段权力的真空期。迫于自治的犹太社区（aljama）领袖们的压力（他们甚至直接到罗马教廷进行上访，要求教皇本人对马丁内斯进行谴责），摄政会议发表了一个象征性的声明，而这位副主教根本就没有理会。马丁内斯俨然从一个地痞无赖变成了一个革命者，他一次次蔑视王权的态度和行为并没有受到惩罚，因而他便更加自信地认为，只有他——而不是国王或主教们——在贯彻基督的真正意志。到1391年初，他的疯狂已经无法遏制，竟然以他自己的名义向卡斯提尔地区各地的教堂发布命令，要求立即摧毁所有的犹太会堂。

仅仅靠这些不安定的暴力活动的气浪鼓吹起来的肥皂泡是很容易破灭的。1391年3月，对塞尔维亚犹太人的攻击被镇压，犯罪分子受到了惩罚。但是在6月的第一个星期里，一场针对当地犹太社区（即现在的圣克鲁兹区）的大屠杀开始了。在马丁内斯及其率领的行乞修士的煽动下，一伙年轻人冲进了社区的大门，骚乱迅速演变为一场只有一方带着武器的所谓圣战。短短几天之内，就有数千犹太人被杀（有的资料说是4000人，但实际人数肯定只多不少），他们的尸体就堆在大街上。那些曾被马丁内斯指定必须摧毁的塞尔维亚犹太会堂，虽然大多数规模不大，但不管里面有没有人，一律被夷为平地。在三个最大的会堂中，有两个——包括现在被称为"圣巴特洛梅"（San Bartolomé）教堂的犹太会堂——当时就被改成了基督教堂。女人和孩子在一片哭喊声中被拽着头发拖到洗礼池边，而那些继续反抗的人则被割断了喉咙。有大量失魂落魄的无辜者主动接受甚至乞求皈依基督教，而他们古老而美丽的名字立即就换成了他们的新教父和教母的名字。

在其他地方，也有一些"大鱼"落入了圣彼得的网中。受人尊敬的犹太拉比、来自布尔格斯（Burgos）的税务大亨所罗门·哈列维突然变成了狂热的基督徒帕巴罗·德·圣玛利亚（Pablo de Santa Maria），他回顾说自己深深地为托马斯·阿奎那的哲学所折服，而不是在刀剑和暴徒的逼迫下才皈依基督教的，仅凭这一条就足以使他爬上了他所在城市的主教宝座，并最终成为卡斯提尔王国的内阁大臣。他最喜欢的《塔木德》研究院的学生和门人约书亚·哈罗基（Joshua Halorki）虽然一开始对他的老师的叛教行为十分震惊，但最终也克服了自己强烈的反感，变成了狂热的福音派牧师杰罗尼默·德·圣菲（Geronimo de Santa Fe），并成为教皇的私人医生。就他们对犹太人过去的信仰所造成的伤害来说，叛教只不过是开始，因为他们本身称得上是最冷酷的叛教者。哈罗基（圣菲）在1413—1314年托尔托萨（Tortosa）举行的一场论争中面对他过去的同胞拉比为基督教一方辩护（不止一次地用他在喀巴拉神秘主义方面的知识证明，耶稣的名字内在于犹太人神秘的字符中），并且还声称，没费多大的劲儿，他就使论争对手中的两个人皈依了基督教。哈列维（圣玛利亚）说服他的两个兄弟与他一起受洗，并且还让他的女儿和4个儿子接受洗礼，因为他们在这件事情上根本没有选择权。但他26岁的妻子乔安娜（Joanna）却没有受洗，她离开了他并继续恪守着对犹太教的忠诚，直到1410年去世。然而，这并没有能阻止他的主教丈夫把她埋在他任职的教堂墓地里，并且她直到现在仍然静静地躺在那里。

在随后的几个月里，大屠杀几乎吞没了扩张后的卡斯提尔王国里几乎所有的主要犹太生活社区，其中许多是古老的犹太学术和文化中心：科尔多瓦、卢塞纳、托莱多。对犹太人痛下杀手的信号变成了一种肆无忌惮的表演，有时是教堂钟声敲响（如托尔托萨），有时是艺人敲一阵鼓并做出洒圣水的动作，都可能意味着死亡降临在犹太人的头上。[8]到7月间，恐怖的浪潮从卡斯提尔涌向当时已经属于阿拉贡王国的瓦伦西亚，有250名犹太人被杀。然后这股浪潮又进入了加泰罗尼亚和纳曼尼德的家乡赫罗纳，并于8月初最终进入了巴塞罗那，通过集体屠杀或集体皈依的残酷方式，使这个古老的犹太社区整体灭绝。拉比哈斯代·本·亚伯拉罕·克莱斯卡斯（Hasdai ben Abraham Crescas）是一位反迈蒙尼德派《塔木德》学者，他曾作为瓦伦西亚非官方的大拉比受到过国王胡安的隆重接待并一直随侍左右。在最恐怖的屠杀发生时他恰好在巴塞罗那，他在痛苦中留下了一段当时对手无寸铁的犹太人实施屠杀场面的生动描述："在我们饱经灾难的桌子上，放着毒草和苦艾……他们用弓箭和石弩向聚集在城堡中的犹太人发动攻击，在塔楼里用棍子打他们、用鞭子抽他们。许多犹太人'圣化了上帝之名'（意为'被打死'），其中就包括我自己［唯一］的儿子，他刚刚做了新郎；有的人自杀了，有的人从高高的塔楼上跳了下来……在他们跳楼之前，显然四肢已经断了……许多人跑了出来，毅然在大街上'圣化吾名'［意为'自杀'］，剩下的人都皈依了基督教，也许只有几个人躲了起来……由于我们犯了罪，今天在巴塞罗那恐怕再也找不到一个叫以色列人的人了。"⁹根据克莱斯卡斯的记述,我们就可以想象出整个瓦伦西亚和加泰罗尼亚的悲惨场景。剩下的只有一座"犹太山",那是一个供游人休憩的美丽的公园,过去曾经是犹太人的墓地,并因此而得名。后来,那里的石头遍布巴塞罗那,因为从"犹太山"上拆下来的石头已经被人们装点在这个优雅城市的许多建筑物上。

恐怕马略卡岛上的每一个犹太人都不会相信自己面前的海浪能够把卡斯提尔和阿拉贡的恐怖阴云挡在他们这个海岛之外。在瓦伦西亚大屠杀和集体皈依的消息传到岛上后,像整个西班牙的犹太同胞曾经做过的那样,犹太社区的领袖们立即去拜访王室的驻岛总督并请求提供保护。像他们一样,总督也作了最大的努力,他把城里的犹太人集中到帕尔马的"暂住区",锁上大门,禁止非犹太人进入这个临时辟成的犹太院落。在整个岛上,住在边远乡村的恐慌不安的犹太人纷纷骑着骡子和毛驴、坐着马车紧赶慢赶地就近逃进了当地的小城镇,许多人甚至一路逃到了帕尔马,因为他们认为,这里的城堡是他们能够活下来的唯一希望。¹⁰这个在犹太流浪者心目中最大的犹太人口中心,这个星盘和海图制作者、测星家和罗盘制作者的犹太社区,当时成了一个收容被吓坏的受难者、既是避难又是监禁的集中营。克莱斯卡斯·亚伯拉罕和他的赞助人"尚礼者"皮雷早在1387年就都已经去世,但他的儿子雅弗达却仍然在与尼弗西以及其他地理学家合伙做生意。¹¹当城堡的大门紧紧关闭,突然出现了一支由挥舞着画有十字架的7000名暴怒的"省民"(provenciales)①组成的军队,他们被关在了外面,而犹太人就被关在了里面。驻岛总督试图与暴徒妥协以缓和局势,但由于安东尼奥·西恰尔(Antonio Sitjar)匪帮的加入,暴徒人数众多,他的斡旋毫无效果,然而像其他地方一样,他自己有幸躲过了这次劫难。当时,由于"暂住区"三个大门的守卫力量薄弱,反而成了暴徒的突破口,其中的一个大门很快就被撞破,于是,真正的屠杀开始了。两天之内,就有至少300具尸体躺在犹太人

---

① 即普罗旺斯人。在罗马帝国看来,整个高卢南部即普罗旺斯语区属于外省,其中的居民被称为"省民"。

门前的大街上或院子里,其中许多是女人和儿童。像通常一样,紧接着就是一系列的亵渎性行动:犹太会堂被摧毁或改作基督教堂,《托拉》经卷被用巧妙的手法污损或撕碎,暴徒的圣杯不再是空的——里面盛满了债务和合同文书的灰烬。

本来想方设法挤进城堡的雅弗达·克莱斯卡斯和以撒·尼弗西,当时却选择了受洗才保住了性命。这支受洗的队伍有一百多人(整个社区共有两千多名犹太人),这位海图制作者按照他新教父的名字改称若姆·里布斯(Jaume Ribes)。对于若姆或雅弗达来说,洗礼仪式兑现了对他今生以及来世的承诺。他可以与他原来的徒弟撒母耳·考克斯〔当时已经改名为梅西亚·德·维拉德斯特尔斯(Mecia de Viladesters)〕一起,继续制作和绘制海图,并且在1399年接受了制作一件更大的具有王室气派的"世界衣"的任务。他有时会从马略卡岛搬到巴塞罗那或萨拉哥萨的宫廷中住一段时间。事实上,这些"新基督徒"可以很方便地满足老基督徒们对于用希伯来文装饰的《圣经》、各种圣诗集和祈祷书的需求,因为他们可以用装饰海图的技艺对这些宗教经典进行修饰和包装。文士、装订工和书商都成了这个行业中的行家里手,而这些"皈依者"(conversos)对自己新的身份充满了信心,甚至为本岛上首屈一指的建筑大师吉列尔莫·萨格里拉(Guillermo Sagrera)为他们建造了属于自己的"格拉西亚圣母教堂"(Nostra Senyora de Gracia)而感到自豪。"圣多明我教堂"(Santo Domingo)的另一伙"皈依者"竟然直截了当但却十分荒唐地宣称自己属于"以色列民族"。这种信心似乎是可以传染的。在痉挛式的暴乱平息下来之后,王朝当局开始对马略卡岛和阿拉贡其他地方的暴徒首领采取强硬手段。据说,瓦兰特(Violant)女王对他们胆敢挑战王室权威的行为特别愤慨。匪帮首领西恰尔和暴徒头目路易·德·贝尔维勒(Luis de Bellvivre)被逮捕并被处以绞刑。犹太人开始要求归还被抢走的财物,王朝当局甚至还颁布法令,允许那些被迫皈依基督教的犹太人回归自己的信仰。

然而，尽管那些精心制作海图和装帧典籍的人工作非常出色，并且为了新的信仰而安居下来，仍然有许多犹太人一直未能从他们破碎的社区中恢复过来。印加、索列尔、锡内乌和阿尔库迪亚的犹太人一直没能回到他们在山里和海边的乡村。尽管王朝当局试图阻止他们离开马略卡岛，并剥夺了犹太社区的财产，但他们绝大多数都已经改变了原来权衡这两种一神教中到底哪一种让他们受到的迫害更少的想法。于是，他们毅然跨过地中海，去了北非的伊斯兰世界，在阿尔及尔和菲斯那些与众不同的犹太社区中定居下来。正是在那里，克莱斯卡斯绘制出了著名的六角星大卫盾。

虽然王室当局以及当地城镇的市长和镇长（alcaldes）都对犹太人的离开感到遗憾（据说如此），但许多激进的教会成员却认为是一种解脱——他们总算走了，这也算是一种清除顽固的犹太人的方式吧。言外之意，另一种清除犹太人的方式就是杀死他们。当然还有第三种方式即皈依——这是长期以来许多基督徒坚持并期望的目标［其中就包括马略卡岛的神学家雷蒙·卢尔（Ramon Llull）[12]］——但强迫犹太人皈依真的行得通吗？这些"新基督徒"真的成了基督徒吗？他们聚集在他们自己的教堂里，甚至毫无顾忌地称他们自己"以色列人"，这难道不是一个信号吗？1391年的创伤性动乱刚刚鲜血干涸、尘埃落地之后，这样的疑问很快在整个西班牙扩散开来。那些"皈依者"之所以接受洗礼，或许只不过是为了逃避死亡，但在他们的内心、头脑和家里却一直忠诚于他们原来的盲目信仰及其特殊的生活习俗。更糟糕的是，难道这样的秘密犹太人不会腐化那些真心的皈依者，从而使他们"像狗寻找骨头一样"（这是基督徒妄想狂当时经常使用的一个"固定"的短语）回归原来的宗教吗？

正是在这样的恐惧和猜疑的驱使下，最著名的好斗分子维森特·费雷尔（Vicente Ferrer）于1414—1415年登上了马略卡岛。在这段时间，托尔托萨举行了另一场针对犹太教的论争加审判的表演，在近千名观众面前，根据所罗门·伊本·弗迦（Solomon ibn Verga）的《论争纪实》中的记述，为朝臣、主教和红衣主教安排了70个座位，并且由制造教廷分裂的"教皇"本笃十三世①亲自主持。¹³对教皇来说，这无疑是使他的好斗信仰得以合法化的一个大好时机，所以他一开场就宣布："我今天来到这里，并不是为了证明两种宗教哪一种是真的，因为众所周知，我的宗教和信仰是真的，而你们的《托拉》曾经是真的，但现在已经被废除了。"然后，格罗尼默·德·圣菲开始咬牙切齿地引用《以赛亚书》的经文，大意是如果拉比们不能作出"解释"，"你们将被刀剑所吞没"。但他的论证思路与那些研究过巴塞罗那论争的人并没有什么不同，无非是说人为制造的《塔木德》以欺骗的手段侵犯了《圣经》经文神圣的权威性，以掩盖《圣经》精确地预言到耶稣基督就是救世主的事实，等等。

作为一种策略，这种对信仰的审判早就已经过时了。尽管费雷尔也宣称自己采用的方法是一种通过推理进行劝说而不是暴力的活动，但实际上完全是一种威胁恐吓和矫揉造作的表演。为了显得比费伦·马丁内斯更有说服力且更具魅力，费雷尔特意穿上了一件最粗糙的长袍，破烂的背部画着一个"雷神"的形象，似乎代表着他迟到的罪恶。他的身边总是陪着几个"自虐修士"，他们摆出一副忏悔的神情，排成一队，手里举着火把，并不停地用那种一股股编起来的皮鞭抽打自己，直到鲜血浸湿了长袍，才猛地撞进犹太会堂的大门。费雷尔本人就走在他们的前面，一只手举着十字架，另一只手则拿着一卷《托拉》书卷。犹太人被迫站在他们的约柜前，听着修士们歇斯底里地又喊又唱。凡是12岁以上的犹太人，无论男女，都必须参加这样的布道活动。虽然消息不多但有时也会听人们说起，"自虐修士"人数实在太多，足以

---

① 其实，本笃十三世（1394—1423年在位）当时只是与罗马教廷"分庭抗礼"的阿维尼翁教廷的教皇，即由自己的枢机主教团选出的所谓"对立教皇"（Antipope）。进入14世纪后，罗马教廷的影响进一步削弱，尤其是在1378—1417年间，由于法国、德国、意大利诸侯国争夺对教廷的控制权，结果造成天主教会同时有两个教皇甚至三个教皇鼎立的局面，这就是历史上著名的天主教大分裂时期。1409年3月在法国国王查理六世的倡议下，法国阿维尼翁和意大利罗马的枢机主教团决定在比萨举行会议，希望罗马教皇格里高利十二世（1406—1409年在位）和阿维尼翁教皇本笃十三世同时退位，然后共同选出一位新教皇。但经过近半年的争吵，两位教皇都拒绝了这一建议。于是比萨会议史无前例地宣布罢免两位教皇，另选亚历山大五世（1409—1410年在位）为教皇。这样一来，当时的天主教世界竟然同时出现了三位教皇。本笃十三世直至去世一直作为非正统的"对立教皇"主持着自己的教廷，一般不将其列入正统的"历代教皇年表"。

把会堂里的犹太人驱赶到城外的山里或树林里。

然而，与费雷尔发起的残害犹太人生命的动乱相比，这样的恶行也许根本就不算什么。1391年的灭绝行动把整个塞法拉德撕成了三部分，每一个部分大约有10万犹太人：一部分被杀，一部分皈依，还有一部分无论面临什么样的迫害都决心继续当犹太人。面对这样的局面，费雷尔要求把剩下的犹太人赶得足够远，使他们既没有任何可能接近新基督徒，以防止他们陷入再次"被犹太化"的迷途，也没有任何机会玷污真正的基督徒社会。1413年，马略卡岛颁布了一项对犹太人实行种族隔离的法令。这是一种通过制造贫困强迫犹太人皈依基督教的策略，其目的显然是为了使他们的日常生活难以忍受，然后就不得不归顺十字架下的宗教，有无数的案例证明这一策略是成功的。尽管犹太人赖以谋生的大多数职业并不在禁止之列（尤其是向基督徒出售日用品的职业，包括肉类和酒类或其他食品，以及皮革制品、珠宝和纺织品），但他们必须从基督徒的居住区搬走。从此之后，任何犹太人都不得放债、出租房屋或土地，不得担任诉讼代理或收税人，更不得担任公共事务官员，以防止基督徒受犹太人的辖制。让他们的许多老病号感到吃惊的是，犹太人不得以任何形式行医或做手术，不得出售或以任何形式开药剂、补品或糖浆。这种种族隔离是极其严格、非常彻底的。任何基督徒女性，从最纯洁的少女到最下贱的妓女，均不得在白天或夜间进入"犹太区"，甚至不得与任何犹太人交谈，即使是一般的闲聊也不行。但事实上，在这一系列的禁令下，不仅在马略卡岛而且在整个阿拉贡和卡斯提尔地区仍然能够看到他们过去曾经享受过的那种十分随便而亲切的生活场景。无论何时何地，犹太人和基督徒都不能一起吃饭或喝酒。犹太人不得为基督徒病人看病，从此之后也不得送给他们任何礼物，既不能送蛋糕和面包，也不能送美味的菜肴、水果和酒类。

当然，他们还要忍受更多的屈辱。任何人都不得把犹太人重新打扮成"先生"（Don）或"夫人"（Dona）。犹太人不得穿着鲜红或其他颜色鲜亮的衣服，也不得穿丝绸之类的精纺布料，更不得戴面纱或用金银珠宝打扮自己。

犹太人只能穿手织的粗布衣服,尤其是犹太女人,她们穿的衣服要拖在地上。所有的犹太人一律要戴轮形的识别牌,并禁止男人修剪胡须,这样你一眼就能认出哪个是犹太人,哪个不是犹太人。在当时,犹太人尤其不得阅读含有被认为属于亵渎基督教的内容的《塔木德》之类的任何书籍。

尽管维森特·费雷尔的种族隔离政策于1412年在瓦拉多利德(Valladolid)被正式立法,但大部分最严厉的限制措施是不可能实行的。实际上许多条款过了几年就被废除了,因为世俗统治者迫切希望对行乞修士以及马丁内斯和费雷尔之流构想出来的这个疯狂的世界重新行使自己的权力。然而事实证明,那些王室的政客和朝臣甚至国王本人显然是上当受骗了。由费雷尔发起的在马略卡岛以及整个阿拉贡和卡斯提尔地区实施的种族隔离政策在15世纪80年代带着复仇的火焰卷土重来,犹太人被严格限定在八天内搬到为他们划定的唯一的居住区。这些新划定的居住区大多是城镇中精神和物质污染最严重的街区,那里的屠户把动物内脏扔在大街上,制革厂散发着阵阵恶臭,妓女挤满了大街小巷。虽然历史的书写拒绝年代错误,但当时除了焚尸炉和行刑队,在纳粹犯下的罪行目录上还缺了哪一条?

1435年发生的血祭诽谤案无疑是"致命的一击",从而使被困在"暂住区"中的犹太人从意志颓丧变成了惊惶失措。[14]这次诽谤唯一的新奇之处就是犹太人模仿的十字架(像过去一样,其实谁也没有见过)上的受难者变成了一个非犹太人。他们成立了特别法庭,在城里和乡间的暴徒的一片叫骂声中,一位拉比遭到毒打,4位已经认罪的犹太人被判处绞刑(捆着脚反吊起来,以延长临死前痛苦挣扎的时间),并且尸体被焚烧。由于害怕1391年的惨剧重演,"暂住区"剩下的犹太人大部分都逃到了吕什(Lluch)附近的山洞里,他们在那里饱受土匪的蹂躏,然后作为俘虏被押回了帕尔马。几天后,他们被要求集体受洗。宣判死刑的声音终于停止了,犹太人默默地排成一队,缓缓走进基督教堂去聆听那美好的"感恩赞美诗"(Te Deum)。第二天,他们神圣的典籍和器物变成了祭品,《律法书》的羊皮卷被付之一炬。在剩下的唯一一座犹太会堂的大门被锁起来之前，一个可以插三百枝蜡烛的巨大而美丽的烛台（据说这是挂在马略卡圣殿中的一个最让人喜爱的器物）被搬了出来，然后送进了附近的基督教堂。如果你有幸到此一游，仍然可以看到它的"雄姿"。

当然，马略卡岛上剩下的东西并不止这一件。科学家对岛上2万名"皈依的基督徒"携带的Y染色体的研究表明，他们正是15世纪犹太皈依者的后裔。犹太人的故事就流淌在他们的血脉里，并且越来越体现在他们再生的文化中。

## II 托莱多

这里是"西班牙的耶路撒冷"？是的，几个世纪以来，有许多西班牙城市曾被犹太人称作耶路撒冷，因为他们希望并且相信那就是他们流亡中的家园：科尔多瓦、格拉纳达，甚至还有塞维利亚。几乎与希伯来语中意为"后代"的"托莱多"（toledot）①一词同音的托莱多这个城市的名字应该并不是一个巧合。[15]犹大·哈列维和摩西·伊本·以斯拉都曾在这个地方生活，并写下了他们美好的诗篇（也许他们的生活并不太美好）。每个托莱多人都可以坚持说，只要看一眼这个坐落在山顶上的城市，你就会发现它多么像大卫头上的王冠。

现在，你如果真想去看一看这个托莱多，紧靠着那座雄伟而坚固的教堂的旅游局的官员会迫不及待地指引你去城里的两座重建的犹太会堂和塞法迪犹太博物馆。所以，你穿过狭窄的街道，两边是一间挨一间的杏仁糖果店，经过一个个窗口，里面的店主不停地招呼游人买一把光闪闪的托莱多钢刀，然后是一个雕刻铺面，一个出售弯刀的店铺，不过这样的弯刀对于机场的安检来说或许有点太锋利了，然后经过一家犹太咖啡店，里面供应一种伊比利

---

① 在《托拉》中，"托莱多"意为"后代"或"后裔"，是犹太人按顺序在第六个星期诵读的《托拉》经文的篇名，其内容为《创世记》25:19—28:9。该篇有5426个希伯来字符，1432个词，共106句，在《托拉》经卷中占173行。作者在此处提及该词，意在表明托莱多才是"西班牙的耶路撒冷"。

亚酱火腿三明治，但都不是"可食"食物，你最后就可以看到一些陡峭的胡同，那就是中世纪的犹太人居住区。现在那里已经是一个没有犹太人的镇子，一座座建筑物大多相距几百英尺，都是根据被现代人忽视的多重功能重建起来的：教堂、医院和卡拉特拉瓦（Calatrava）骑士团①庇护所、兵营、狂犬病诊疗所。

有些建筑的名称听起来有点名不副实，但可以肯定当初是根据施洗者的名字命名的，所以才会出现"白色圣母犹太会堂"（Sinagoga de Santa Maria la Blanca）这种矛盾而怪异的名字，甚至为了纪念圣母玛利亚升天而将一座雄伟的建筑直接命名为"圣母升天"（El Transito）。无论起什么样的名字，目的都是为了体现各种一神教和谐共处的可能性——与神学和政治垄断作斗争。"白色圣母犹太会堂"——最初被称为"查达沙犹太议会"（Beit haKnesset Chadashah），现在是一所"新会堂"——建于13世纪初，很可能出自约瑟·本·梅尔·书珊（Joseph ben Meir Shushan）之手，因为他曾经是众多效忠于卡斯提尔国王的伟大的托莱多犹太"宫廷社团"的首领之一。[16]在所能想到的犹太会堂中，这座建筑的清真寺风格最为明显，内部以马蹄形的拱顶构成的柱廊结构为主，顶部雕刻着用雪松和双叶植物装饰的字符，这种庄严的风格不由得使人想起摩哈德王朝的一贯格调（摩哈德人在其全盛年代曾经摧毁了大部分犹太会堂）。一格格连续的拱顶通过一圈小窗户采光，并且上面挂着摩尔风格的吊灯。尽管这座会堂的建筑风格似乎与同时代的其他犹太会堂不同，但几乎可以肯定它在当时并不是唯一的。至少在塞哥维亚（Segovia）曾经有一座犹太会堂（1900年毁于火灾），其建筑风格几乎完全相同，具有同样的马蹄形拱顶，这种犹太教—伊斯兰文化交汇的形式实际上是当时最流行的风格，因为基督教西班牙中的犹太文化已经深深地浸染于阿拉伯语言、科学和文学之中。在13世纪末14世纪初，像以色列·本·以色列（来自一个文

---

① 卡拉特拉瓦骑士团（1158—1873），西班牙十字军的核心力量，主要由卡斯提尔骑士组成。纹章为金黄色盾牌，上面缀有唇形小花十字架和两具黑色镣铐。在中世纪，形形色色的骑士团（或称骑士修会）有一百多个，几乎任何一个王国和修会都有自己的骑士团。

士世家）这样的托莱多文士创造出一种伊斯兰风格的"毯式护封"，他们把棕榈叶平铺并粘在硬纸上，装订在《圣经》的前面和背面，即能起到保护作用，同时也是一种装饰，从而将建筑风格应用于文牍的美化。[17]

"圣母升天犹太会堂"无疑是文化融合的巨大力量的另一个更令人惊叹的例证，因为以精湛的灰泥工艺为特色的雕刻艺术不仅包括用美丽的塞法迪体方块字刻写《诗篇》中的段落，而且还用阿拉伯文描画《古兰经》中的文字，如祷告词"平安、幸福和繁荣"。穆迪哈尔[①]艺人和工匠可能参与了高达九米半的祈祷大厅的装饰工作，但令人难以想象的是，他们竟然加上了一些圣典中的句子。这座宫殿的伟大的赞助人、卡斯提尔国王"冷酷的"佩德罗的财政大臣撒母耳·哈列维·阿布拉法（Samuel Halevi Abulafia）肯定专门叮嘱过他们，因为起码颂扬他的名字和功绩的文字被刻在了内墙上。在科尔多瓦有一座犹太会堂，堪称雄伟的托莱多会堂的微缩版，灰泥墙上同样布满了穆迪哈尔风格的带状波纹，画着大量的星形图案、植物叶子和缠绕的枝蔓，并且同样也刻着从《诗篇》和《先知书》中摘录的段落。不过，科尔多瓦会堂建成的时间可能更早一些，当时对行乞修士们提出的强烈抗议还比较敏感，因为他们叫嚣，犹太人建造"新会堂"是明目张胆地违犯教皇的禁令。

如果你建造一个有形的东西，肯定是为了让每个人都知道。撒母耳·哈列维·阿布拉法就是如此，他像现代的慈善家一样，希望在建筑物的墙上留下一块感恩的牌匾。阿布拉法喜欢吹嘘他追求完美的志趣：雄伟壮丽的外观，装饰豪华的吊灯，美轮美奂的诵经台（bima）。尽管经历了漫长的岁月，那庄严的楼厢、宽敞的大厅——其宽敞程度超出了人们的想象——得到了完美的重建，连位于高处的女性专用坐席区，也同样装饰着穆迪哈尔风格的图案和铭文。要进入这样的会堂，你得盛装打扮才行。正如建筑史学家杰里林·多兹（Jerrilynn Dodds）尖锐指出的那样，它的危险程度已经接近一座宫殿

---

[①] 在基督教建筑中融入阿拉伯风格，这种现象被称为穆迪哈尔（Mudejar）式建筑风格。塞尔维亚的国王城堡（Real Alcazar）是其代表作。

式教堂,其实不过是一处满足阿布拉法这样的朝臣欲望的豪华设施罢了。[18]所以,在这座建筑竣工之前他就已经失宠或许并不令人感到奇怪,甚至这很可能就是他失宠的原因。由于佩德罗当时卷入了与他同父异母兄弟恩里克(Enrique)的一场内战,所以对担上"犹太人的国王"这样的骂名和由于人们对其财政大臣阿布拉法的指责(广大民众仍然在贫困中呻吟,而他却一味近乎无耻地追求奢华)而受到怀疑甚为不快。这样一来,正是因为主持建造的这座令人惊艳的新会堂,阿布拉法成了第一个牺牲品,他立即被逮捕并被处死。犹太人在会堂内墙上刻下的铭文把国王吹捧为"伸展开巨大翅膀的雄鹰",但他们无论如何也想不到他也会成为一个牺牲品。

尽管托莱多的一座座犹太会堂仍然矗立在那里,但随着基督教的"收复失地运动"正在向格拉纳达这个最后的顽固堡垒发动攻击,这些建筑中隐含和体现的犹太教和伊斯兰教之间的亲密关系就逐渐变成了一种麻烦和累赘。的确,凡是看到过格拉纳达的阿尔罕布拉宫(Alhambra)①的人都不难认出,"圣母升天犹太会堂"的灰泥装饰可以说完全复制了这个宫殿的风格。那些充满敌意的基督徒作家和传教士开始越来越多地引用这样的古老传说:在8世纪,正是犹太人把西哥特人的城市出卖给了阿拉伯军队。的确,如果不是因为西哥特—基督徒的残酷迫害,犹太人当时也不会疯狂地主动为自己寻找新的主人。

但是,正是因为犹太人对于阿拉贡王朝的马略卡统治者来说是商业和制图业方面的有用中介,所以卡斯提尔人需要利用他们与阿拉伯人的亲密关系作为引进伊斯兰世界的数学和天文学知识(以及哲学知识,但相对不太重要)的渠道。这样的兴趣既是为了提高智力,也是出于长远的考虑。13世纪下半叶,在相对仁慈的"智者"阿尔方索十世(Alfonso X)的统治下,犹太人的托莱多变成了一个繁荣的学术中心,他们把阿拉伯和希伯来文献(包括科学、哲学和诗歌)翻译为拉丁文,而更重要的是将它们翻译为声称代表"西班牙

---

① 格拉纳达的摩尔人王宫,以豪华的伊斯兰风格著称。关于其建造历史,可参见前文故事中的相关介绍。

文"的卡斯提尔方言。平日喜欢写诗和创作卡斯提尔民歌的阿尔方索迫切希望掌握各种各样的智慧，并且像他的许多前任和后继者一样，非常推崇据说已经进入了秘传知识（主要指占星术、炼丹术和天文学）最深层次的犹太人。其中有一位犹太翻译者名叫犹大·伊本·摩西（Yehudah ibn Moshe），他不仅帮助阿尔方索完成了一部体现多元文化的著作《天文学知识》，而且还曾被利诱用巫术翻译希伯来著作，特别是用魔法石变戏法，这显然是为了取悦国王。到13世纪，塞法迪犹太社区已经不大用阿拉伯语，而是开始用一种被称为"拉迪诺语"（Ladino）的犹太—卡斯提尔语书写和交流。诗歌作为一种共同文化的种子，深深地种进了当地的土壤中，这对犹太人来说并不是第一次。歌颂埃尔·熙德（El Cid）①以及法国、普罗旺斯、加泰罗尼亚和卡斯提尔国王、公主和骑士传奇的拉迪诺诗歌——其中许多诗歌的欢快节奏直接来源于阿拉伯音乐——像前面提到的混合风格建筑艺术一样，体现出一种共同拥有的敏感性。然而，尽管西班牙最早的传奇文学种子在犹太文化的土壤中不断生长并繁荣起来是一个令人瞩目的事件，但这种繁荣注定要在不远的将来被彻底毁灭。

除了用于装饰《圣经》的"毯式护封"，这种文化和谐的局面随着阿尔方索十世于1284年去世并未能维持多久。在精英阶层优雅的品位后面，丑陋的偏见（并且行乞修士开始发起新的一轮基督教统一运动）使得这种多元文化的生存非常困难，并最终烟消云散。1349年，有关犹太人试图利用瘟疫灭绝基督徒的谣言在托莱多引发了一场大规模的血腥屠杀。1367年，另一次暴力行动几乎把"犹太区"的近千所房屋全部烧毁。谈到适应能力，当时似乎成了犹太人的第二天性，他们已经学会了如何重建、修复和恢复生活。在这些突发的噩梦般的灾难的间隙，他们又开始做生意，开始学习和工作，慢慢安定下来，甚至又繁荣起来。从其他城镇流浪过来的犹太人开始分享并进一步压缩了他们的生存空间，只能开辟另一个定居点收容不断涌入的犹太人。在

---

① 埃尔·熙德（1043—1099年），卡斯提尔富有传奇色彩的军事领袖和民族英雄。他的本名叫罗德里格·迪亚兹（Rodrigo Díaz），El Cid 出自西班牙阿拉伯语，Cid意为"领袖"，是对他一生史诗般经历的概括。1961年意大利和美国曾拍摄过一部描写其生平的著名的同名电影，中文译为《万世英雄》。

1391年的恐怖事件发生之前，城内的这两个犹太社区声称他们已经有9个繁荣的犹太会堂和5个《圣经》和《塔木德》研习所。

正是因为所有这些都发生在托莱多大教堂的鼻子底下，所以犹太人便成了行乞修士攻击的目标。在搭摸斯月十七这个斋戒日（是为了纪念摩西毁掉写有"十诫"的第一对石板），托莱多的犹太人遭到了一伙暴徒的袭击。这伙暴徒已经摧毁了塞尔维亚的犹太社区，在摧毁托莱多的犹太社区之后，他们还要赶往帕尔马和巴塞罗那以及犹太人定居多年的其他西班牙城市继续他们的恶行。我们从雅各·伊本·阿尔班尼（Jacob ibn Albeneh）以希伯来哀歌风格用托莱多特有的方言写下的一首令人心碎的哀歌中知道，他们亵渎犹太会堂和里面安放的《托拉》羊皮书卷，把举行重要仪式用的金银器，如《托拉》的冠形盖顶和门把手上的石榴状饰品（rimmonim）抢劫一空，然后烧毁房屋，并且随意杀人。被摧毁的地方和死难者的详细名单令人忧伤：会堂领诵人扫罗、拉比以撒·本·犹大、以撒·本·书珊（他的尸体被长矛刺穿），最令人心疼的是亚伯拉罕·本·奥弗莱特（Abraham ben Ophrit），他的尸体被认定为是一个"少年"（bachur），也就是说，他的岁数在12到16岁之间，出于不明的原因被残忍地用石头活活砸死后，他的尸体被拖过鹅卵石街道，然后他身上的肉被一片一片地割下来烧掉，最后在他"年迈"的父母曾经钓鱼的地方，他血肉模糊的尸体被扔进了河里。他们把神圣的《托拉》羊皮书卷从拱形的新会堂里搜了出来，在插在两个约柜之间的一个十字架前用最恶毒的方式进行亵渎。（在有些塞法迪犹太会堂里，如果建造了一个新约柜，旧的约柜还留在原地不动。）当整个王国从混乱中恢复秩序后，还曾对一些小的损失进行了赔偿。然而在1411年，维森特·费雷尔带着他的"自答修士"队伍回来了，于是约瑟·本·梅尔·书珊建造的新会堂最终变成了"白色圣母玛利亚教堂"。这似乎正是那些真正的基督徒士兵一直等待的胜利：三分之二的犹太人消失了，不是做了托莱多弯刀的刀下鬼，就是进了教堂的洗礼池；只有剩下的三分之一还在"顽固不化地"坚守着他们破碎的信仰。

然而，人们很快就对这样的胜利产生了疑问。托莱多的"皈依者"投入了救世主的怀抱，他们举行新的仪式，祷告、赎罪、吃圣餐、尽可能地在胸前画着十字，确实全身心地投入了自己的新信仰之中。对某些人来说，有点奇怪的是，这就好像昨天留须今天剃发，没有什么分别。那些老基督徒在想，他们会如何炫耀自己的皈依行为呢？难道只是从原来的犹太居住区里走出来，然后走进国王城堡附近的靠街石头墙、里面有花园的优美的马格达莱纳（Magdalena）富人居住区？他们现在终于"获得了救赎"，"皈依者"眼前的天地是广阔的：可以与王公贵族（这些贵族可一直盯着他们的钱包）通婚，重新拾起他们原来的职业，并且他们只要为国王服务，无论干什么都能够获得地位和财富。老基督徒被要求毫无保留地欢迎他们进入"获救者"的社会，但这一事实只会使本来就难以预料的形势更加恶化。

形势大好不一定就是真的好，难道不是吗？既然接受十字架对他们有如此大的新开发出来的好处，难道他们不会成为新的贵族暴发户，对老基督徒耀武扬威，以更残酷的横征暴敛手段欺压老百姓吗？所以那些老（"老"的意思是"真的"）基督徒开始以警惕眼光注视着新基督徒们，看他们是否在狂热的信仰面纱后面，仍然在偷偷摸摸地当犹太人。正是在这个问题上，犹太史学家产生了分歧，因为他们并不需要证据，只是要看一看在这个外伤未愈、形势剧变、困难重重的悲剧时刻到底会发生什么。塞法拉德大驱逐时期伟大的以色列历史学家伊扎克·贝尔（Yitzhak Baer）就迫切希望看到"皈依者"和犹太人在内心深处仍然属于一个民族，他的这一想法基本上反映了"异端裁判所"的观点，即他们这些人加入基督教只不过是一种权宜之计。但是，不管如何令人困惑和难以解释——尤其对那些恪守犹太教的犹太人来说——最好还是思考一下当时那些知识渊博、立场坚定的拉比为什么突然转向了以残暴著称的基督教福音派，这样的拉比的确不在少数。很遗憾，帕巴罗·德·圣玛利亚和杰罗尼默·德·圣菲显然不是这样的机会主义者。那些"皈依者"中到底有多少人真正地信仰他们的新宗教，这个比例恐怕我们永远也搞不清楚。但是关于那些的确一直在追寻他们失落的犹太教的人,这方面的资料却相当丰富,并且还有"异端裁判所"于15世纪80年代和90年代披露的证据,以及那些为回归犹太教而出走其他国家的犹太人提供的记述。

另一方面,除了犹太人对精诚团结的忠诚期望和"异端裁判所"对真实历史的信口开河,还有很多的迹象表明,托莱多和其他地方的许多"皈依者"的确在寻找与他们在犹太居住区里的宗教同胞维持最起码的联系的渠道。从马格达莱纳富人区到犹太居住区并没有多远,徒步走过去就行,根本不用骑马,并且肯定会有一些无法掩盖的迹象会引起他们的注意,如做饭的香味、音乐、平日的生活习惯、从敞开的窗户里传到大街上的拉迪诺语聊天声。牧师兼编年史学家安德烈斯·伯纳迪兹(Andres Bernaldez)根本算不上犹太人的朋友,他的大鼻子整天在抽动着,以搜寻"用植物油而不是其他油炒洋葱和大蒜"的特殊香味。他一直在想,用植物油炒任何东西闻起来都是邪恶的,而犹太人就是这样来做饭的。仅仅从一个"皈依者"身上散发的炒大蒜的味儿你就可以知道他曾经吃过什么。还有安息日吃的"过夜饭"(adafina or hamim),盖着的炖锅里装满了豌豆、鹰嘴豆、蔬菜和牛肉,伯纳迪兹也觉得恶心,不管是凉的还是热的,在安息日吃这种东西是让人无法忍受的。犹太人要在星期五把准备好的炖锅送到某个犹太厨子那里,慢慢地炖一个通宵,以免违犯安息日的禁忌,一个"皈依者"如果对这种"过夜饭"馋得流口水,可千万要小心行事,不要让家里的基督徒仆人去送炖锅。[19]"异端裁判所"派出了许多"包打听",如果他们发现(通常是仆人干的)某个"皈依者"家庭的主妇把肥肉和筋腱从鲜肉上剔下来扔掉(实际上犹太人的"可食"律法并没有这样的要求),或者更出格地用盐水清洗鲜肉上的污血,那么她的行为就成为全家重新回归犹太教的重要证据。

根据相关资料的记述,"皈依者"与犹太教保持联系的方式远远超出了厨房和饭菜,它们表现在一些更重要的事情上:向犹太社区的会堂缴维护费,向犹太"自治会"(kahal)缴公共事业费——雇人看守公墓,甚至资助希伯来学校。当然，这种联系是双向的。作为他们慈善行为的回报，他们可以获得有关节期（如普珥节被重新命名为"圣以斯帖节"）和斋戒日的最重要的信息。在"异端裁判所"在15世纪80年代实行最严格的管制措施（建立了令人恐惧的"线人"情报网络，对家仆和家庭成员进行恐吓和拷问）之前，他们仍然可以在家里偷偷地遵守某些犹太习俗而不会引起人们的猜疑。他们星期五晚间可以点上蜡烛。说到底，在15世纪，谁没有在家里点过蜡烛？事情还没有发生之前，谁知道会发生什么，特别是家里的仆人也是"皈依者"。男主人和女主人在犹太节日为什么穿上了精致而庄重的服装？因为只有这样他们才能去教堂做弥撒呀。有些更大胆的人甚至把宗教典籍带到"皈依者"的家里——尤其是日常祈祷用书或一些"逾越节'哈嘎嗒'故事集"——并且有证据表明，在"异端裁判所"对儿童甚至某些成人进行强制灌输新教义之前，他们一直在背诵"示玛"这类具有肯定内容的重要祈祷文。

渐渐地，这些猜疑在恐怖和酷刑——水凳、老虎凳和皮鞭——之下变成了"供词"，从而把成千上万的"皈依者"送上了所谓"异端公审仪式"（autos-dafé），把那些"不屈服"于十字架的人堆起来当众活活烧死。然而在1480年西班牙官方引进独特的"异端裁判制度"之前的几十年里，由于新老基督徒之间的仇恨而被烧死的疑似回归犹太教的"皈依者"，甚至并不比在社会和政治地位上比他们更优越的人更多。一代代卡斯提尔国王的性无能暗疾（并非夸张，如恩里克四世就是如此）进一步加重了他们的猜疑之心，他们认为犹太人已经成了最受欢迎的生物，像阿尔瓦洛·德·卢纳（Alvaro de Luna），他只是靠那些犹太人和"皈依者"的直接帮助才能够维持自己作为"卡斯提尔治安官"的地位。卡斯提尔犹太人的社区领袖亚伯拉罕·德·本温尼斯特（Abraham de Benveniste）与卢纳关系亲密，"皈依者"中已经形成了一个新的宫廷和官僚精英阶层。对于那些老基督徒贵族的地位来说，这无疑是一种冒犯。

当卢纳带着强征某种特别税的使命对托莱多进行访问时，原来曾经是"新会堂"而此时已经改为"白色圣母玛利亚教堂"的钟声敲响了。这是为了拿起武器对付卢纳、本温尼斯特及其城内的"皈依者"同盟而发出的信号。于是，一场自发的抗议活动开始了，而国王城堡的总督皮尔洛·德·萨缅托（Pero de Sarmiento）就走在叛乱队伍的前面，后面聚集了一大群临时从市民和托莱多周边的农民中招集的支持者。[20]他们直接对那些最知名的"皈依者"的住宅发动攻击，其中就包括著名商人和公证员科塔（Cota）家族的豪宅。有上百所住宅被摧毁，同时犹太居住区也受到攻击。他们甚至对国王本人进行谩骂侮辱，顷刻间使托莱多陷入了全面暴乱之中。7月间，由于这座城市仍然控制在叛军手中，萨缅托竟然擅自颁布了一项"驱逐令"，要把"皈依者"从所有的公共部门赶出去，因为他们的皮肤下曾经流着（并且一直流着）犹太人不洁的血。"我们宣布，所谓的'皈依者'仍然是顽固不化的犹太祖先的后代，兹依法认定为不受欢迎和不知羞耻的人，他们已经不适于在托莱多的城市公共部门工作，也没有任何权力凌驾于真正的基督徒之上。"[21]

由于萨缅托关于血统纯洁的说辞严重违犯了基督教会有关"凡受洗者必须一体对待"的教义，教皇尼古拉五世立即宣布取缔"驱逐令"。但造成的伤害已经无可挽回，并且根深蒂固的种族歧视原则由此形诸文字——正如后来证明的那样，永远也擦不掉了。1467年，有人曾试图再次对托莱多"皈依者"的人身和家族财产发动攻击。但他们非常明智地接受了上一次暴乱的深刻教训，从托莱多的武器库找出了石弩和锁链等威力强大的重武器把自己武装起来，并任命费迪南·德·托雷斯（Ferdinand de Torres）上尉为他们自卫部队的首领。[22]这种备战状态和不得不常年面对"marrano"①（当时针对地下犹太人而发明的一个贬义词）这样的侮辱性称呼所造成的痛苦引发了反应过度的行为，当时有一伙武装人员闯入了托莱多大教堂，先是在教堂大院里引发了一场械斗，致使4名神职人员在群殴中丧生，后来则演变为一场全面的

---

① 指为逃避迫害而被迫改信基督教但私下却仍然信奉犹太教的犹太人，即所谓"新基督徒"或"地下犹太人"。"marrano"一词在当时的西班牙语中是一种侮辱性称呼。"marrano"不仅是犹太人内部在漫长历史上一直争论的核心问题——"如何当一个犹太人"（这是贯穿本书的主线）或"选择生命还是死亡"（如前文所述迈蒙尼德的理性生存和约瑟福斯的亲身经历）——鲜活的例证，而且是西班牙引入"异端裁判制度"（主要是为了甄别真假犹太人或真假基督徒）并最终对犹太人实施大驱逐（见下文）的直接原因。

市区内战。

其实，武装入侵者喊出的口号——"这不是一个教堂！"——目的并不纯粹是为了对付托莱多市民中的犹太"皈依者"，更不是教堂里的牧师。这个口号本身的含义就是，他们的教堂无论从制度上还是从物质上都已经被敌对势力的政治理念所控制。不过听起来就像是这个神圣的地方已经被彻底抛弃，因为他们令人惊异地用木雕来装饰唱诗台，要知道，这是整个基督教王国中集中体现基督徒虔诚的地方。如果需要为对"皈依者"忠诚的怀疑提供证据，那么这种判断错误的战争叫嚣是再恰当不过了。

这并不是小胡同里发生的一次荒唐的吵闹。恰恰相反，这次"吵闹"发生在一个大都市里，那里有卡斯提尔历代国王的陵墓；发生在这样一个危急的时刻，犹太"皈依者"精英阶层与他们的敌人正处于内战的边缘，而他们的敌人卡斯提尔后来被认为是西班牙的历史象征。

患有性无能这种"难言之隐"的恩里克四世当然不会怀有这种基督徒的使命感，但尽管如此，在君士坦丁堡落入奥托曼土耳其人之手一年之后，他还是迫不及待地登上了王位。此时，净化西班牙是王国进行最后一次十字军东征、真正实现基督教王国的前提条件。如果说基督的旗帜将在君士坦丁堡的废墟上树立起来，那么这面旗帜必然要飘扬在一个清除了犹太人、伪装成"皈依者"的准犹太人以及其他非基督教徒的西班牙的上空。正是在这样的形势下，犹太人提出的问题①在至高无上的基督教王国刚刚形成的时期进入了他们为之痛苦挣扎的自我界定的核心，他们将成为迎接世界末日来临的又一个工具。

"纯洁地统一"是那些最具影响力的人物对这个沉重的历史时刻的总结和苛责，其中的代表人物就是阿隆索·德·埃斯皮纳（Alonso de Espina）。[23]作为方济各修会的修士、萨拉曼卡大学的校长、能言善辩的传教士和宫廷的忏悔牧师，埃斯皮纳认为他的《悲惨的西班牙》就像这个书名一样，与其担负

---

① 指"如何当一个犹太人"。

的使命极不相称：要打一场迎接世界末日和基督再临的战争。这是一条充满魔鬼的道路，并且众所周知，犹太人就是魔鬼的化身。正是他们买通了阿尔瓦洛·德·卢纳，并使他最终垮台。埃斯皮纳觉得，花上一些时间修复破碎的卢纳人格是他的使命，并坚持认为正是他的行为失检才最终把他推向了灾难的深渊。的确，他不会丢下这位倒台的治安官，他要在最后陪着他走向刽子手的断头台。

在他于1461年写成的《冥顽不化的信仰》一书（后来在欧洲各地有多种版本）中，埃斯皮纳收集了所有妖魔化犹太人的词汇：天生的下毒犯、亵渎圣饼者、绑架儿童者和杀人凶手。事实上，他对于用指控杀害儿童这种平常采用的一般方式来消灭瓦拉多利德的犹太人感到非常失望。埃斯皮纳为什么对方济各修会如此忠诚呢？因为与多明我修会相比，这个修会变得越来越好战，越来越具有进攻性，埃斯皮纳可以带着他的福音书畅通无阻地在卡斯提尔尤其是他的信徒最活跃的北部地区进行传教活动。他的观点很简单：只要整个王国还没有彻底净化——不仅要清除格拉纳达的穆斯林，而且必须把犹太人从西班牙彻底驱逐出去——由教皇加理多三世（Calixtus Ⅲ）发起的新一轮十字军东征就永远不会结束。如果他们不走，就不可能有可靠的皈依者，因为他们说不定哪一天就会沦为无处不在的"犹太教顽固分子"的猎物。尽管如此，他还是极力督促恩里克四世设立一个"异端裁判所"，目的显然是为了把假基督徒从"皈依者"中间彻底清除出去。一开始，国王接受了他的提议，但几番犹豫之后，教皇庇护二世于1461年正式批准了埃斯皮纳的提议（但对于要求罗马教廷让出大部分权力的内容却有所保留），但国王却又改变了主意。

所有这一切似乎意味着西班牙的犹太人已经听到了死亡的丧钟。然而——正如500年后德国发生的情况一样——这些从古老年代就定居在这里的犹太人已经对各种各样的艰难困苦和恶毒叫嚣习以为常，所以他们根本不为所动。对所有的托莱多人来说，在西班牙还有许多的地方——阿拉贡，还有卡斯提尔——尤其是远离犹太人聚集区的地方，他们任何一个人都不会相信埃斯皮纳可怕的驱逐方案的魔爪会伸到这样的边远地区。或许，位于西北边陲的加利西亚省的拉科鲁尼亚（La Coruña）就是这样一方历史的净土。

## III　火烧还是水淹？

1476年，当以撒·德·布拉加（Isaac de Braga）第一眼看到他的任命结果时，他肯定感到自己太年轻了。当然，现在我们已经无从体会他当时的兴奋心情。你可以去牛津大学的博德利图书馆，驻足于希伯来《圣经》那些闪闪发光的书页前，如果你足够幸运，你甚至还可以翻一翻这些书页，但你恐怕永远也体会不到布拉加当年第一次看到它们时从心里涌起的那种狂喜和惊异。拉科鲁尼亚是一个边远的地方，虽然是一个海港，但在规模上显然无法与加的斯或里斯本相比。然而，从这个海湾向里一些的某个地方，在15世纪却最早发现了一个奇迹，即所谓"塞尔维亚《圣经》"。这部《圣经》是由文士撒母耳·本·亚伯拉罕·伊本·拿单（Samuel ben Abraham ibn Nathan）（他破碎的胫骨就压在书页上）于1300年前后写成的，由法国"插图画家"约瑟·哈撒尔法迪（Joseph Hazarfati）作了豪华的装饰，并由一个叫亚伯拉罕·伊本·加昂（Abraham ibn Gaon）的"手工艺人"进行了极为考究的微写。可以肯定的是，正是因为对这部塞尔维亚《圣经》看了一眼，才促使布拉加欣然接受了这次任命，或许因为他像文士们称赞的那样，是一个"受人尊敬的年轻人"，或许因为"他已故的父亲是深受爱戴的所罗门·德·布拉加（Solomon de Braga），愿他的灵魂在伊甸园中安息"。[24]

塞尔维亚《圣经》这部"天书"可以说命运多舛，先是在14世纪末期有一段时间流落到科尔多瓦，后来才出现在拉科鲁尼亚，而布拉加家族显然从所罗门一代开始就非常迷恋这一类的独特文本。塞尔维亚《圣经》是如此重要，甚至伟大的文士摩西·伊本·撒巴拉（Moses ibn Zabara）在写新书时也首先要确定将其中所包含的著名学者大卫·基姆奇（David Kimchi）有关《圣经》希伯来语法的论著［题为《希伯来语法》（*Sefer Mikhlol*）］进行抄录，而这本语法论著本身却又如此乏味，以至于哈撒尔法迪放弃了将他画的图饰与其语法结构规则关联起来的所有努力，整个页面只是用最能体现他的想象力的鸟兽图案进行装饰，而约瑟·伊本·哈伊姆（Joseph ibn Hayyim）在装饰布拉加《圣经》时就沿用了这种装饰格式上的变化。从许多方面来看，如果说布拉加《圣经》采用的古色古香的设计风格令人喜爱的话，那只是因为出资的赞助人和负责抄录的文士本来就希望其设计风格要在某种程度上体现古老传统的重要性。尽管你完全可以认为布拉加《圣经》在成书时不可能预感到后来的灾难，但当时那种在希望和担忧之间摇摆的不确定性或许让布拉加家族及其文士和饰工们迫切希望能够站出来重申：犹太教的美是不朽的。

不管怎么说，约瑟·伊本·哈伊姆既没有为任何不祥的预感所禁锢，也没有拘泥于庄重得体的传统经典装饰风格。他的作品散发出一种强烈的色彩感，看起来五颜六色，或金色或银色，或天青或淡红，洋溢着活泼、欢腾的叙事气息。约拿掉进了一条大鱼的肚子里（出自希伯来人的文学想象）；满脸胡须的大卫光芒四射地安坐在他的王座上；赤龙在翻江倒海，而花猫正在列阵与老鼠交战。[25]在书末最后一页上，插图作者名字中的字符被有意地描成了几个正在眨眼睛的马戏小丑模样，有些借用了纸牌上的图案，有些则更像教堂里的流浪汉雕饰。但是，与教堂走廊上那些忏悔的罪人不同，约瑟·伊本·哈伊姆画的男女裸体是顽皮和快乐的，因为他们在书页上打躬作揖、又蹦又跳。每一个出现在这部《圣经》中的人物都是心情愉快、心胸开阔的。

布拉加《圣经》以无比惊人的想象力将这种开阔的胸怀融入了犹太教的传统之中。烛台的图案放射着庄严的金色光芒，与一千年前西弗利斯犹太会堂地面上的镶嵌画没有什么两样，只不过在这部《圣经》里，有一头狮子（既表示忠诚于卡斯提尔国王，也是为了纪念犹大）盘踞在烛台下面，而不是站立在约柜旁边。但是，圣殿的外观有时更多地借用了《古兰经》的装饰风格,并且有些刻在两块石板上的《托拉》段落,甚至用伊斯兰建筑中习惯采用的马蹄形拱顶图案框了起来,这无异于一种近乎完美的合成艺术。"毯式护封"这种紧密成型的抽象风格同样也属于早已形成的犹太—阿拉伯融合的艺术传统。哥特式风格的图案也被大量用于表现动物、鸟类和植物的形态,而在插图艺术的风尚刚刚兴起时,这本来是基督徒艺术家的专长,但到15世纪时,他们的犹太学生已经完全掌握了这种绘画技巧。

这样的大好形势恐怕是不会持久的,因为在西班牙,基督徒艺术家与犹太文士之间的这种相互合作的局面即将成为过去。早在1474年,阿拉贡的费迪南和卡斯提尔的伊莎贝拉(Isabella)就通过联姻而成为新的西班牙的国王和王后。到1483年,他们开始推行由多明我修士维森特·费雷尔和方济各修士阿伦索·德·埃斯皮纳发起的大规模清洗犹太人的运动,以便为基督教的全面胜利创造条件。他们相信,只要这些新基督徒身边有犹太人存在,他们总会被引诱而回归犹太教,而正是他们中间这些信仰动摇不定的所谓基督徒对教会造成了致命的威胁,所以犹太人应该被全部从安达卢西亚驱逐出去,因为这个行省已经受到"犹太化"这种瘟疫的严重污染。很快,他们就从已经定居了上千年的城市(如科尔多瓦和塞尔维亚)里被赶了出去,完全陷入了贫困和无家可归的境地。但在这样的形势下,仍然产生了大量"共存区"(convivencia),那里的伊斯兰教与犹太教文化,阿拉伯与希伯来哲学、科学和文学一直和谐地融合在一起,并出现了大量的文化交汇作品。

但在当时,基督徒之所以迫害犹太人,并不是为了简单地与他们分开,或者说远离他们,而是因为他们怀有一种危险的开放心态,过着一种文化流浪的生活,两种文化之间过于亲密的行为实在令人讨厌。在基督徒采取强制分离措施之前,两种文化从来也没有发生过分离。

基督徒下一步还会怎么做呢?在安达卢西亚之外,费雷尔在1412—1413年间预先制定的严厉法规以及托莱多"驱逐令"已经在所有的犹太城市里(当然也包括拉科鲁尼亚)得到执行。犹太人不得不从他们长期居住的街区连夜——最大的宽限也不过八天——搬走，在这个骚乱的岁月里，有些犹太社区的大门和高墙可以起到一定的防护作用。王朝当局专门为他们划定了新的居住区，通常位于城区边缘最贫穷、最肮脏的地带，实际上是有意地让他们远离他们的店铺和工厂。由于这项计划的目的就是为了让他们破产而皈依基督教，他们只能被迫以可怜的价格（通常是其实际价值的十分之一）变卖他们的财产——当然也包括社区的公共建筑物。所以，他们实际上遭到了双重盘剥，首先以低价变卖原来的财产，然后再用高价支付新居住区的安家费。通过这种方式，这个计划的设计者达到了以下两个目标：尽可能地造成犹太人破产，使他们由于生活无着而皈依基督教，同时也为其余的人设立一道"保洁"警戒线，从而使他们与新基督徒和老基督徒都彻底隔离开来。这实际上是一种内部驱逐，当然也是一种对人格的贬低。

这些似乎并不是拉科鲁尼亚的以撒·德·布拉加或托莱多、科尔多瓦、萨拉戈萨和赫罗纳的犹太人期望从新王国身上得到的东西。正是在那些软弱的国王统治时期，作为王朝大臣、金融家和政府官员的新基督徒最容易遭到敌视，因为在老基督徒的眼里，他们已经接管了整个王朝。阿拉贡和卡斯提尔统一之后，费迪南和伊莎贝拉显然对路易·德·桑坦格尔（Luis de Santangel）这样的"皈依者"，以及普通的犹太医生和金融家［如被委任为收税官的大拉比（rab de corte）亚伯拉罕·塞内尔（Abraham Seneor）］十分友好，所以人们对前景更加乐观。驱逐只是狂热分子的梦魇。在即将对顽固不化、不可战胜的格拉纳达国王城堡发动新一轮圣战的重要时刻，如果没有犹太人的金钱支持，这个新王国该如何是好？所以，尽管伊莎贝拉的忏悔牧师托马斯·德·托尔克马达（Tomas de Torquemada）毫不隐瞒自己的观点，并且与埃斯皮纳的犹太问题解决方案如出一辙，但是在15世纪70年代，这个新王国并没有出现向境外涌动的恐慌的人流。

当教皇在1478年授权西班牙统治者设立异端裁判所时，并没有在未皈依的犹太人中间引起巨大的恐慌，因为这种司法制度只涉及疑似的基督徒——

当然首当其冲的是"marrano"——而与本色的犹太人无关。的确,当异端裁判所于两年之后在塞尔维亚开始采取行动时,立即引发了大批的"marrano"向不在王国管辖范围内的遥远城镇和乡村逃亡的浪潮。但是在一开始,犹太人本身就出现了分化。对于那些与已经放弃信仰的家人、朋友和邻居关系仍然比较密切的犹太人,其中有许多人(尽管不是全部)认为他们的改宗行为是不可原谅的,在面对异端裁判所提起的指控时,甚至想遵从法庭的命令去告发他们。当时,似乎谁也没有想到(包括费迪南和伊莎贝拉在内)异端裁判所这架毁灭性的机器会邪恶到何种程度和持续多长时间,于是他们请求教皇西斯笃四世(Sixtus Ⅳ)对其进行授权。

异端裁判所拥有自己独立的审判权,它俨然是一个国中之国,只对教皇、王室和自己按照等级制度设立的陪审团负责。[26]除了主审法官和所谓的审判委员会,还有一支庞大的"教友"队伍,专门负责处理法庭的事务性工作,以便使这架恐怖的机器能够正常运转。所以,围绕着用刑方式制定了许多详细的规则,例如,负责监督的人属于这个组织严密的序列中的第一等级。异端裁判所甚至还有一支负责保卫法庭和对当事人进行恐吓的小型军队。在没有骑兵护卫的情况下,尤其是在一个法官被一群陷入绝望的"marrano"在萨拉戈萨大教堂里杀害之后,大法官托马斯·德·托尔克马达再也不敢随意外出。更可恨的是,法庭实际上拥有不受限制的刑罚权力,为了获得"完整而详尽的"口供,法庭可以对那些疑似回归犹太教的人,或直接对那些死不悔改、十分活跃的本色犹太人随意用刑。因此,历史上第一次兴起了一股窥探私人秘密的邪恶风气,仆人、家人和邻居在威逼利诱下纷纷干起了告密和间谍的勾当。甚至在男女修道院里,修士和修女也会告发他们的兄弟姐妹,有时只是因为他们怀疑自己的兄弟姐妹在圣饼被举起时眼向下看,或在开始念诵"我们的主"或"万福玛利亚"时结结巴巴,并嘟哝着"谁知道他们的葫芦里卖的什么药"。伊利米亚胡·约维尔(Yilimiyahu Yovel)无疑是对的,他认为这是一种恶毒的现代制度的萌芽,而不是黑暗的中世纪传统的残余。[27]这的确是在反人类罪行方面玩出的一个新花样儿。

异端裁判所还离奇地发明了"公开审判"这种所谓的公众娱乐形式，这从罗马时代以来是闻所未闻的。凡"异端公开审判"日均被宣布为节日和公共假日，以确保有尽可能多的市民能够参加和观看犯罪分子的游街活动。这些所谓的犯罪分子光着双脚，头戴尖顶的高帽子，身穿破烂的"火刑服"（sanbenito），即在那些死不改悔的顽固分子的囚服上画上翻卷的火舌，因为道貌岸然的法官就是要用这种方式提醒那些不幸的人，他们在今生被烧死总要强于来世在地狱里永远受火刑的煎熬。包括国王和王后在内的王公贵族也会出席这种精心安排的"庆祝活动"，他们不慌不忙地享用着"节日的美味"，只是在刑场的气味实在难以忍受时才把香囊放在鼻子上挡一挡。当仪式进行到从灰烬中扒出死刑犯的残骸（通常数以百计）并连同活人一起再烧一遍时，这些"祭品"在城市上空形成的空气中就会散发出令人作呕的恶臭。

当这些异端裁判所的死难者有时被简单地定性为"异端"时，人们似乎忘记了这种残酷的审判方式——从审问和刑罚直到最后集体处决，使异端分子在世俗政权的罪恶之手中死于非命，并被委婉地称为"解脱"——最直接地指向了那些曾经并且仍然被怀疑是犹太人的人。从来也没有听说曾经有西班牙罗拉德派（Lollards）或卡特里派（Cathars）①教徒被绑上火刑柱。对于西班牙在犹太史上上演的这场戏剧来说，这无疑是最重要、最强烈也是最悲惨的一幕。这个不断旋转的悲剧舞台在上演一幕幕残酷和背叛的同时，也会展现出一种令人震惊的勇气和无私的自我牺牲精神。尽管有大量的告密者，但也有像迭戈·马尔迦纳（Diego Marchana）这样的人，他们虽然成了新基督徒，但却仍然冒着巨大的危险去帮助那些迟到的"洗罪者"（他们已经永远地失去了自己的生活和家人），提醒男人和女人躲开异端裁判所的陷阱，当然他们最终的命运也只能是被活活烧死。

清洗运动的"生产线"是由可怕的敌人控制的，当然他们的领军人物就

---

① 当时的两个基督教异端派别。

是托尔克马达。尽管他们采用的手段相当原始，但在连绵不断的恐吓、酷刑、慌言和司法谋杀浪潮中，死难者的人数足以使任何20世纪的独裁者[①]的破坏和杀戮行径相形见绌：仅塞尔维亚一地，到当年底就有700人被烧死；每个月举行一次"异端公审仪式"，并且在这架死亡机器向北开进雷阿尔城（Ciudad Real）并继续推进到托莱多（那里的死亡人数打破了历史纪录）之前，在1488年曾经一天就烧死过40人，同时还焚烧了100具从灰烬中扒出来的尸骨以及许多已经逃脱的罪犯的模拟画像。

然而，可以理解的是，那里的犹太人反而在袖手旁观，并且有些人甚至认为这些事情与自己无关，因为他们一旦被隔离在城郊的居住区内，只有一个大门可以出入，他们显然就再也没有对他们的亲戚朋友施加犹太化影响的机会，他们可以关起门来过日子。这样的错觉甚至在那些最伟大的人物身上也有所体现，他们仍然在为攻克格拉纳达而努力工作，如亚伯拉罕·塞内尔，国王和王后至少对他这样的人还是以礼相待，有时甚至在某种程度上表现出虚伪的敬意。他曾经满怀信心地进见国王，请求他禁止以暴力方式对犹太人进行布道活动，并撤销有关犹太人在逾越节期间烤制无酵饼的禁令。塞内尔甚至与托尔克马达也维持着良好的私人关系，并且在他的请求下，他出生的村庄还一度享受过免税的待遇！作为一个拉比和金融大亨，同时也作为一个有号召力的犹太领袖，他对于最高统治者似乎是不可或缺的，他甚至不相信他们会干出像驱逐犹太人这样自甘毁灭行为。于是，人们对这种亲密关系产生了错觉。

1485年，塞内尔得到了另一个更著名人物拉比以撒·阿布拉瓦内尔（Isaac Abravanel）的支持，在被牵连进一次试图取代他的宫廷阴谋中之前，他一直在葡萄牙国王面前享有与塞内尔同样的地位和职位。阿布拉瓦内尔被迫出逃，他跨过了边境，寻求并获准会见西班牙国王和王后。[28]在这次会见中，王室似乎提出要他积极地提供金钱资助对格拉纳达的讨伐战争，并以放弃把安达卢西亚的激烈驱逐运动扩展到整个王国作为回报，他当时很可能没有答应。但

---

[①] 指希特勒之流。

实际情况很可能是，费迪南和伊莎贝拉当时还没有拿定主意。

但是，这位王后的忏悔牧师早已经下定了决心。对托尔克马达来说，如果没有第二只手即用暴力彻底清洗犹太人作保证，仅靠埃斯皮纳的学说这一只手——对皈依的犹太人进行彻底净化，使他们不可逆转地归顺到基督教会的旗帜下——是毫无意义的。他所采用的变态方式实际上从反面证明了犹太教的坚韧性和说服力，因为这个宗教完全有能力从政权和教会、暴徒和传教士强加给它的任何制裁——强迫迁移、焚毁典籍和肉体毁灭——下生存下来。你可以毁灭所有这一切，但总会有某种东西会逃过你的灭绝行动，如它的"字符"总会像致命雾霾中的微小颗粒一样从尸体和羊皮纸的灰烬中飘散到遥远的天空中。[29]

当时，就连托尔克马达自己也失去了耐心，因为他知道这第二个步骤必须要等到攻陷格拉纳达之后才能实施。尽管西班牙王国正在为这次战事寻找其他的资金来源——特别是热那亚人的金钱——但王国军队是如此庞大，花费是如此昂贵，如果没有犹太人提前缴纳现金这种税收方式的便利，做任何事情恐怕都是不明智的。然而，到1491年冬，围困格拉纳达的军队〔其中包括亨利七世的妹夫里弗斯伯爵（Earl Rivers）指挥的英国士兵和一个泛基督教圣战营中的法国部队〕已经增加到1.2万人，这种压倒性的优势足以使国王布阿卜杜勒（Boabdil）①在深深的屈辱中意识到，投降并结束穆斯林在西班牙的统治已经成为必然。当然，在格拉纳达城内，仍然有数千名犹太人和"皈依者"。他们都是为了躲避异端裁判所的追捕而逃过来的，并且已经在穆斯林政权的安全保护下恢复了他们祖先的信仰。布阿卜杜勒为他的穆斯林臣民的安全作了安排，但毋庸讳言，他对当时已经陷入恐惧的犹太人却没有提供任何防范措施。

开展驱逐运动的动机并不只是一句简单的口号，而是为了实际完成创建一个统一的、纯洁的基督教西班牙的圣战使命。作为最高统治者作战工具的贵族阶层，当然对取消他们欠下贪婪的犹太人的债务这样的作战争成果感到

---

① 格拉纳达最后一位摩尔人国王（1482—1483年和1486—1492年在位）。

高兴，因为他们效法英格兰金雀花王朝实施驱逐运动的目的正在于此。但作为最高统治者却打着另一个算盘，他们抢劫、没收和变卖的所有财产尤其是房产的价值，大大超出可以计算出来的犹太人上缴税费。或许有一些胆小怕事、地位低下的人会担心突然失去医生、店主和一个难得的借钱靠山，但这种担心毕竟是不光彩的。所以必须提醒他们，犹太人在他们中间的存在这一事实本身不仅是一种人身的冒犯，更是一种致命的威胁。

所以，一个绑架和杀害儿童的案件自然而然地被编造出来，像往常一样，一具并不存在的尸体并不能对定案有任何妨碍。[30]一个在乡间游动的"marrano"，他是一个洗刷羊毛的匠人，名叫本尼托·加西亚（Benito Garcia）——依然是在一次朝圣返乡的途中——被异端裁判所的探子在托莱多附近的拉瓜迪亚城（La Guardia）发现，在他的背袋里找到了一块吃了一半的圣饼，这无疑是一个亵渎基督的阴谋。剩下的事情不过是根据这个装着其他10个"皈依者"和犹太人的食品杂物的背袋，通过平常那种简单有效的程序获取"完整而详尽的"供词罢了。其中有一个叫优素福·弗兰科（Yucef Franco）的犹太人被关在加西亚上面的一间牢房里，地板上正好有一个小洞，通过这个小洞里可以听到下面牢房里的谈话声。有一个修士打扮成拉比的模样来到弗兰科的牢房，以获取并非犯罪本身而是被指控的罪名的所谓"供词"。于是，一个耸人听闻的故事被拼凑出来：一个儿童在托莱多一条大街上被绑架，然后模仿耶稣在十字架上受难对他进行折磨，然后把他拖拽到城外的一个山洞里，然后挖出他的心举行巫术仪式。这个故事说得头头是道，无非是为了煽动公众的怒火，从而把"皈依者"和犹太人不加区分地定为共谋的杀人犯。这个一直没有找到的儿童很快被奉为圣徒，称为"拉瓜迪亚的圣婴"（El Niño）①——并且在西班牙的这个地区现在仍然这样称呼。骚乱是如此普遍而激烈，从而使国王和王后终于放下心来，因为驱逐令事实上把公众的

---

① 音译为"厄尔尼诺"，现指赤道中、东太平洋海面温度升高的现象。El Nino的西班牙语含义为"圣婴"，所以也译作"圣婴现象"。

怒火导入了一条有条理和高效率的渠道，而不是简单地通过破坏性的骚乱发泄出来。

所以，1492年3月31日，在四百年前由约瑟·伊本·纳赫雷拉首次提出构想并开始建造的那座王宫①里，在伊莎贝拉和费迪南用霸占宫廷长达数月的方式宣示对布阿卜杜勒的胜利的王宫里，一件历史上的"杰作"终告完成。这纸冗长的驱逐令首先解释说，由于已经不可能阻止犹太人扰乱新基督徒正常信仰的活动，而尽管异端裁判所作出了最大的努力，这些新基督徒仍然继续纷纷恢复原来的信仰，所以无论从教会的统一还是基督徒的纯洁来看，都不能容忍他们继续存在下去。不仅如此，他们还一直在玷污和滥用基督教的教义，正如最近发生在拉瓜迪亚那个毫无自我保护能力的儿童身上的暴行所显示的那样，他们也许会实施更加恶劣的暴行。在7月1日前，犹太人必须在4个月内离开王国的领地，而王朝的忠实臣民已经被周到地预先告知，不得以任何方式扰乱或阻挠他们离开。任何人在离开时都不得携带金、银或其他硬币（当时根本没有其他的货币），也不得携带任何贵重物品，如钻石、珠宝，以及宗教仪式用的珍贵圣物。所以，安放《托拉》的约柜的顶盖和护罩，羊皮卷轴两端的石榴状饰品以及手状指经标，当然还包括已经成为他们生活的一部分的会堂建筑，全部被王室没收。当时要熔化这些物件，恐怕要费不少力气吧。犹太人不得牵走马匹甚至骡子，以免这些高贵的负重家畜从王国中流失。他们可以用毛驴拉车或驮着他们的老弱病残。他们可以带走他们的希伯来文书籍，让人感到庆幸的是还可以带走他们那部《塔木德》以及其他所有的典籍。凡不能带走的书籍一律与羊皮书卷一起烧掉。

出于某种神秘的原因，公众直到一个月后才知道有这么一道法令，塞内尔（他早年对伊莎贝拉的忠诚为他换得了一些知情权和一系列的高级职位）和阿布拉瓦内尔正好利用这个喘息的机会劝说王室特别是费迪南收回成命。在用恻隐之心和王朝利益无法说动他之后，阿布拉瓦内尔决定使用金钱，他

---

① 参见本书第6篇V。

开出了3万达克特（ducat）①的价码，这在当时可不是一个小数目。有一个传言说，国王当时有点犹豫不决，但在这个时候托尔克马达怒气冲冲地撞了进来，他把一个十字架扔在地板上，并指责费迪南想要重复犹大为了30个银角子而出卖耶稣基督的背叛行为。另一个传言则称，狂热不羁的伊莎贝拉当时为了故意激怒国王，说他的犹豫不定完全是因为他的血管里流着犹太人的血（他的母亲一脉的确有人具有"marrano"的血统）。

然而，在驱逐犹太人这个问题上，费迪南实际上与王后和大法官一样立场坚定。到4月底，负责传令的官兵按照王室的命令，用号角声把附近的居民召集到西班牙的中心城镇中，去聆听他们宣读最高统治者的法令。由于文字描述在细节上受到限制，还没有一位历史学家（当然也包括笔者本人）能够再现当年犹太人听到这张强加给曾经是他们的"西班牙的耶路撒冷"的犹太社区的死亡判决书时所表现出来的恐惧、沮丧、忧虑和痛苦之情。正是在这个"西班牙的耶路撒冷"，他们的语言变成了拉迪诺语，并一度繁荣起来；他们的拉比曾在那里专心致志地进行研究和创作；那里曾经诞生了许多清新的祈祷诗歌和爱情歌曲，一直被人们传唱着；他们曾经在那里揉面团、烤甜点；他们曾经在普珥节和《托拉》节（Simchat Torah）②上跳起欢乐的舞蹈；他们曾经在割礼上痛饮红酒，新娘和新郎曾经站在彩棚（huppal）下，在用鲜花装饰的阿拉米语婚书（ketubah）上签下自己的名字；他们的医生曾经把草药和安慰送给不同信仰的病人；他们的文士和装饰师曾经创造出各种各样的形象，从而证明了人类的无限创造力……但他们恋恋不舍地离开了，去了索里亚、塞哥维亚、布尔戈斯、托莱多、萨拉曼卡、萨拉戈萨、人们钟爱的赫罗

---

① 中世纪后期直到20世纪欧洲许多国家通用的金币。
② 亦称"诵经节""转经节"，犹太教庆祝《托拉》的节日。时间为住棚节的最后一天，也是为期一年的诵经活动的起讫日。犹太人诵读整部《托拉》通常需要一年，按犹太历上的星期数分成相应的若干季节依次诵读，而节日当天正好是诵读《托拉》的最后一部分，并且下一个诵读周期立即开始。也就是说，上一轮诵读结束，下一轮诵读开始，首尾相连，象征犹太人学习《托拉》从不间断。《托拉》节是欢乐喜庆的日子，男女老少都要到犹太会堂参加庆祝仪式。仪式的高潮是所有的人排成一队，把《托拉》经卷从约柜中请出来，扛在肩头上边走唱边舞，围着约柜转七圈。

纳、哈列维的出生地图德拉……但每当他们赶到一个城市，这个城市早已经被清空了，在流亡中刚刚安定下来的犹太人从此不得不继续流浪。他们在令人恐惧的哀恸中还注意到，为他们最后离开确定的不可更改的日期（因为国王大度地把最后期限延到了7月底）是犹太历的阿布月初七，即为纪念第一和第二圣殿被焚毁举行斋戒前两天①。如今，他们的文化圣殿正在被摧毁，对他们来说就像罗马人当年推倒耶路撒冷圣殿的石墙一样真实。

恐慌的情绪伴随着一种深深的绝望蔓延开来。疯狂的行动由此开始，没收后剩下的所有财产全部被变卖：房屋、店铺、酒窖、花园、樱桃园、葡萄树、橄榄林。安达卢西亚大驱逐作为一个先例，无异于提前警告塞法迪犹太人不要再心存侥幸，摆在他们面前的只有无情的盘剥和变节屈服的机会。他们被允许带走十分之一的财产算是他们的幸运，随之而来的问题就是通过什么样的渠道把身上的财产带出边境，然后去纳瓦拉（Navarre）和葡萄牙，或渡海去那些愿意收留他们的海外国家。这项驱逐令当然也适用于西班牙领地上的其他犹太社区，如西西里岛和撒丁岛这些如今已经被割让的避难地。面对这种一无所有、无家可归的艰难局面，至少有4万名犹太人不得不皈依了基督教，加入了自1391年的暴乱和大屠杀以来形成的10万新基督徒大军。他们中间有许多最显赫的宫廷犹太人，这在历史上当然不是第一次。1492年7月，大拉比亚伯拉罕·塞内尔本人与他的儿子梅拉米德·梅尔（Melamed Meir）②一起在瓜达卢佩修道院接受了洗礼。当时，国王和王后作为他的教父和教母就站在这位80岁高龄的犹太人面前，而他的名字从此也变成了费伦·佩雷斯·科洛内尔（Ferran Perez Colonel）。

阿布拉瓦内尔则走上了一条完全不同的道路，根据克里特岛上的干尼亚城（Khania）的大拉比以利亚·卡普萨利（Elijah Capsali）——他经常与许多流亡的犹太人直接对话——的记述，他曾给伊莎贝拉写过一封谴责信，并当

---

① 先后两次焚毁圣殿的日期均为阿布月初九。
② "梅拉米德"在希伯来语中意为"教师"，在《圣经》时代指一般的老师，到《塔木德》时代则专指儿童启蒙老师（相当于中国的家族私塾先生）。该职位由社区任命，但后《塔木德》时代则有所变化。

面对她进行申斥，他"像一头狮子一样坚持自己的立场"，认为通过这种残忍的方式就可以消灭犹太教的设想完全是自欺欺人。但她却回答说，这次大驱逐并不是出于她的意愿，而是出于上帝的命令。对这种带有侮辱性的回答，阿布拉瓦内尔质问道，她是否知道，早在远古时代就有许多帝王认为，通过颁布驱逐令就可以结束犹太人的历史，从而打破这个民族与其上帝之间的盟约？难道她不知道这些帝王都已经消亡，而犹太教却坚持了下来，并亲眼看到了弥赛亚带来的救赎？难道犹太人遭受的苦难不是更加坚定了他们忍耐的信念，从而把律法的"字符"永远地刻进了他们的大脑里和内心深处？

随着盛夏季节的到来，离境的期限日益临近，这些塞法迪犹太人不得不尽可能地在截止日期前赶往附近的港口和边境。[31]驱逐令特别规定，如果7月31日以后在国王和王后的领地上发现有尚未皈依基督教的犹太人，将一律处死。所以，一次新的"出埃及"似乎迫在眉睫。因为在去加的斯港或东北方向的纳瓦拉边境和西面的葡萄牙的路途中充满了危险，所以许多犹太人尽量地与他们在犹太会堂里熟悉的邻居和朋友结伴而行。几把扶手椅、一箱衣物、一些简单的厨房用具——尤其是如果他们要出海的话——还有几只塞满宝贵的神圣典籍的麻袋，横七竖八地装在笨重的马车上，麻袋的空隙里坐着家里的老人和最小的孩子。毛驴的行进速度之慢可想而知，但绝大多数的西班牙犹太人只能靠双脚离开这个国家。这样的迁移方式使他们很容易成为毫无防范能力的猎物，沿途的盗匪不断对他们进行抢劫，而那些拥有特别权力的官吏则对他们进行最后的盘剥：尽管他们随身携带的财产本来就少得可怜，几乎拿不出什么现钱，但他们仍然不得不对边防官兵（包括边界两侧的官兵）进行贿赂才能顺利通过。当他们到达出境的港口时，他们往往不得不与那些贪得无厌的船长进行艰苦的讨价还价，而在等待起航的间隙，他们只能在海边的荒滩上过夜，从而成为当地的强盗团伙的抢劫对象。

直到这种"壮观的场面"渐渐平息下来，他们原来的"邻居"便从家里和田间纷纷赶过来，一排排地站在路边，目送一支支绵延不断的犹太移民队伍，在西班牙盛夏的酷热阳光下缓缓向海边和葡萄牙边境移动。令人惊奇的是，与骚乱的日子里他们以死亡和诅咒的喊叫声恐吓、追逐犹太人不同，他们改成了用不声张的方式实施同样的恶行。甚至连对犹太教仇恨之深如牧师安德雷斯·伯纳迪兹（Andres Bernaldez）这样的人都出乎意料地受到感染，他对许多犹太人在这种严酷的考验面前所展示的高贵情操和强大力量感到震撼。

他们穿过小路，越过田野……他们背负着巨大的痛苦和不幸，有些人倒下了，其他人又站起来；有些人死去了，其他人又出生了，还有一些人一直在生病。没有一个基督徒不在为他们感到悲伤，凡他们所到之处，[基督徒们]都在恳求他们受洗，有些人在痛苦中皈依了基督教并留了下来，但只有少数或者说极少数的人这样做。拉比们不停地鼓励他们要坚强，并号召女人和小姑娘高唱圣歌、敲打手鼓，以提振旅人的士气。[32]

所以，塞法迪犹太人是在美妙的歌声不绝于耳的气氛中离开了西班牙。但特别值得一提的是，拉比们为什么要号召女人们高声歌唱呢？当然是因为这是又一次"出埃及"，这次离开必然是出于上帝的命令，正如他们当年摆脱埃及人的奴役而出走是出于他的命令一样。沿着这条思路，每一个男人、女人和孩子只要坐在逾越节家宴的桌边，听到一篇"哈嘎嗒"启蒙故事，他们就会想起，摩西的姐姐米利暗，在以色列人安全地跨过红海并且海水淹没了法老的军队之后唱歌、起舞的情景。伯纳迪兹听到了歌声，而拉比们则说，这一次上帝将再次创造奇迹，把他们从奴役状态下领到他的"应许之地"。

后来，这样的歌声曾在萨洛尼卡和突尼斯、在士麦那和君士坦丁堡、在威尼斯和干尼亚多次响起。但令人遗憾的是它们却几乎没有引起人们的注意。

## Ⅳ 走向天涯海角

从加纳利群岛一直向南，经过克莱斯卡斯·亚伯拉罕和贾米·费雷尔的小船曾经乐观地驶过的"金河"河口，再绕过博哈多尔角（Cape Bojador）①（根据传说，过了这条分界线以后，变化莫测的海流能够使任何船只失去生还的希望），然后经过几内亚湾，在大海深处有一个巨大的火山岛。这个海岛是由葡萄牙航海家于1470前后年发现的，并将其命名为圣多美（São Tomé）。就这个海岛所处的纬度而言，当时的船长在向皇家骑士岛（Alvara da Caminha）航行的途中，恐怕只有参照拉比亚伯拉罕·撒库托（Abraham Zacuto）制作的星表才能准确地标定出来。这个星表曾一度流传至萨拉曼卡，但当时已经转移到里斯本，因为它对于葡萄牙王国实现海上霸权是非常有用的。这个火山岛当时进入了漫长的休眠期，因为岛上的熔岩已经被浓密的热带植物所覆盖，但在葡萄牙人发现它之前，圣多美岛上一直无人居住。从岛上的热带雨林和山丘平缓地向大西洋海岸延伸，海面上飞翔着侏橄榄绿鹦和各种热带海鸟，但到1494年，在岛上的岩石和丛林之间却出现了数百个（有人说是上千个）原来曾经是犹太人的孩童。他们中的许多人一出生就在格拉纳达生活，分属于几百个犹太家庭，但当格拉纳达在基督教的重新征服运动中陷落之后，他们立即随父母一起遭到驱逐。有些人加入了来自卡斯提尔王国的无家可归者的流亡人群，由于相信了国王若昂二世（João Ⅱ）提供庇护的承诺而进入了葡萄牙。但这一承诺后来被证明是有条件的，完全是一个利用犹太人的大骗局。除了被葡萄牙国王选中的在经济上对王国有用的630个家庭之外，其余的西班牙犹太人（总人数可能有8万）则必须在逗留8个月并为其短期避难和顺利离开的特权支付一大笔费用之后继续他们的流浪生活。[33]

由于这些犹太人在他们短暂逗留的几个月里遭到各种形式的掠夺（合法

---

① 非洲西岸伸入大西洋的一个小海角，现为西撒哈拉一个小城镇的名字。因海角沿岸礁石林立，暗流涌动，在大航海时代之前被认为是"世界的尽头"，西方人称之为"死亡之角"，以至于在中世纪的地图上海角附近海域画着一只魔鬼的手。

的和非法的）而身无分文，他们中的大多数人根本无力支付这笔费用，于是若昂二世当时宣布，他们已经成为他的个人财产，并把他们作为奴隶分送给他的贵族，而正是由于这些犹太人有国王担保，贵族之间长年不断的纷争才得以缓和，因为尽管他们身上穿着破旧的衣服，也仍然可以用杰出的智慧把贵族们玩得团团转。国王自己也留用了许多犹太人，其中包括大量的儿童，因为一旦作为奴隶与父母分开，就可以直接把他们遣送到海外去开垦圣多美岛。在轻松地使他们皈依基督教之后，他们就会使这个海岛彻底基督教化，并与同时遣送到岛上的非洲奴隶婚配，从而制造出一个忠心的、虔诚的、富有进取精神的黑白混血人种，经过二十多年之后就可以给予他们自由。

这听起来似乎很美，但条件是他们能够活下来！他们是否能够安全抵达，是否能够熬过各种疾病、饥饿和各种艰难困苦［如最让他们恐惧的贪婪而凶残的鳄鱼（lagarto）］，剩下的人数实在难以确定。一位16世纪的历史学家认为一开始遣送时有2000人，其中有600人后来长大成人，但这个数字似乎太大，因为当时装载他们的船只不可能太大，根本容纳不了这么多人，更何况他们当时年龄都还很小。但安全到达的肯定有几百人，并且他们的确建立了一个以种植和收获干蔗为生存手段的微型的殖民社会，并且最后以生产可可而制造出世界上最好的巧克力而闻名于世。像马略卡岛上皈依基督教的犹太人一样，在他们的基因中同样也携带着他们祖先身上那种永远也抹不掉的染色体。

若昂死于1495年，他并没有直系的继承人，但在他咽气之前，他决心像他的邻国西班牙一样全面彻底地在他的王国里灭绝犹太教。但从另一方面来说，犹太人一旦被改造为真正的基督徒，他们至少在两件事情上对野心勃勃的葡萄牙王国是非常有用的，即航海科学和全球贸易。那么，需要做的事情就是灭除他们的宗教。因此，像西班牙一样，所有的犹太会堂和《塔木德》研究院全部被关闭，并发布了一项不烧人只烧书的命令，尽管事实上他们只是把一种新的绘画艺术带进了葡萄牙但却从未应用于实践活动。1493年，仍然留在这个国家里的犹太人被迫把他们所有的《圣经》、《塔木德》、祈祷书、评注和哲学经典图书，以及身上戴的经匣和门柱上的经卷这类包含希伯来字符的礼仪用品，全部送到里斯本大会堂，以便在那里集中销毁。对于大量的犹太人来说，他们被允许从西班牙带出来的那些装满希伯来经典的麻袋和箱子是他们的唯一安慰，因为他们几乎已经失去了一切：房屋、花园、店铺、金钱，还有故土。他们在漫长的流亡路途上一直与这些经典同甘共苦，一起跋山涉水。然而，眼下有人却要让他们与他们的"字符"世界分离开来。拉比亚伯拉罕·沙巴（Abraham Saba）亲眼目睹了一位犹太同胞由于"太爱他的书"并紧抱着他的书不放而遭到皮鞭的残酷殴打。这位拉比感到十分惊恐，于是他把自己最珍贵的书挑出来偷偷带出城外，并把这些书藏在了一棵老橄榄树的树洞里。在这些想方设法保护自己的文字财宝的爱书人中，还有一位就是以撒·德·布拉加。他当年曾把许多山羊皮制成的盒装重要典籍从拉科鲁尼亚辛辛苦苦地带到了里斯本。如果他留下来——或者更糟糕一些，如果他像其他数千名犹太人那样返回西班牙并接受洗礼——那么他随身携带的所有书籍就会被没收并在边境上被焚毁，世界也就会因此而失去装饰精美的希伯来典籍中最美的图书。

当然，在葡萄牙国王对这些新来的但却不受欢迎的犹太人所做的诸多坏事中，这还算不上是最坏的。若昂二世的继任者曼努埃尔（Manuel）像他的前任一样，也是在驱逐还是扣留犹太人让王国受益更多这个问题上摇摆不定，当然不管采取何种方式，必须首先灭除他们的宗教。他最后的选择似乎是由王室的婚姻政治决定的，因为费迪南和伊莎贝拉以他们守寡的女儿（也叫伊莎贝拉）下嫁为代价换取了曼努埃尔将驱逐犹太人的运动扩展到整个伊比利亚半岛的决定。他们断定，不然的话，两个国家的边境将成为秘密回归犹太教的犹太人返回西班牙的通道。情况正是如此，成千上万的犹太人由于在葡萄牙已经难以生存，他们决定接受洗礼并返回西班牙，这自然是受到了西班牙王国于1492年11月发布的一项附加法令的诱惑——这或许是一件令人高兴的事,但其中也为检验"皈依者"是否真正忠诚附加了许多敏感的条件。

尽管在1497年就已经确定了从葡萄牙驱逐犹太人的最后期限,但曼努埃尔仍然在为由此造成的财产损失而苦恼。难道就没有一种至今未曾尝试过的方式,能够引诱犹太人集体皈依到十字架下,从而避免驱逐他们?或许,圣多美岛上那些犹太儿童的命运给他带来了灵感。在逾越节之夜,当各个犹太家庭正在清除发酵物,准备第二天过逾越节时,士兵们突然袭击了聚集在埃武拉(Evora)的犹太人,骚乱随之蔓延到葡萄牙的所有城镇,但他们只是从那些绝望哀求的父母怀中夺走年龄在两岁以上的孩子。刹那间,用烛光寻找发酵物的欢乐变成了对搜索儿童行动的恐惧。以利亚·卡普萨利就曾经从逃到克里特岛上的"marrano"口中听说过当时发生的故事,他写道:士兵们"甚至在房子的墙角和壁凹处"搜寻蹒跚学步的孩子和尚未成年的儿童。在逾越节家宴上,他们又回来"抢劫犹太人的财宝。孩子们被夺走,恐怕今生永远也见不到了"。

另有数千位陷入疯狂的父母被押往里斯本,并被告知他们必须在规定的日期前离开葡萄牙。其中有些人试图利用这个机会,恳求当局甚至国王本人释放他们的孩子。所罗门·伊本·弗迦是托尔托萨《论争纪实》的作者,也是一个受过洗礼的秘密犹太人,他就提到过有一位母亲失去了6个孩子,她感到十分绝望,在曼努埃尔做完星期日大弥撒离开教堂的路上堵住了他。"她上前恳求他的怜悯,并匍匐在他的马蹄下,请求他只把她最小的孩子还给她,但国王根本不为所动……国王命令他的仆从'把她带走,不要让我再看见她',但这位母亲继续用更大的哭喊声申诉自己的冤情,他们开始呵斥她,于是国王愤怒地吼道:'不要管她,因为她就像一条母狗,她的狗崽子已经被抱走了。'"我们还知道其他一些人的名字以及他们讲不完的伤心故事:以撒·德·禄亚(Isaac de Rua)和他的妻子维里达(Velida),他们失去了8岁的雅各,新起的名字叫豪尔赫·洛佩斯(Jorge Lopes);施托布·菲达尔戈(Shemtob Fidalgo)和他的妻子奥拉波(Oraboe)失去了两岁半的雷纳

（Reina），新名字叫格拉西亚，和8岁的亚伯拉罕，新名字叫乔治；雅各·曼哈齐纳（Jacob Mankhazina）的寡妻埃斯特雷拉（Estrela），她失去了4岁的辛法纳（Cinfana），某一段时间曾被一位基督徒鞋匠邻居收养。

在等待他们认为将遭到驱逐——这至少是某种解脱的方式——的日子里，数千名犹太人［历史学家达米奥·德·高伊斯（Damiao de Gois）认为不大可能超过2万人］被塞进一处古老的宫殿里，由于作为一种惩罚塞得太满，里面空气稀薄，并且没有厕所。然后，曼努埃尔的想法就是通过这种残酷监禁和制造家庭分裂的手段强迫犹太人皈依基督教，从而保证他遣送到海外的犹太人能够顺理成章地保持其基督徒身份。他时常命令停止供应食品和饮水，有时竟长达三天。犹太人实际上被圈在一个原始形式的集中营中，他们根本没有逃跑的可能，除非选择皈依，否则没有获释的希望。在这样一种气氛中，看守他们的卫兵只要高兴，可以随意鞭打那些饿晕或病倒的犹太人，直到他们厌倦了这种取乐方式。大量的犹太人在这种残酷的虐待下死去，而那些侥幸活下来的人则被拽着头发拖到洗礼池边，在以这种粗暴的方式举行皈依基督教仪式时有的人手里还一直紧紧地抓着他们的祈祷披巾。

在从西班牙逃出来的犹太人中，最终逃过这种厄运的只有天文学家、《塔木德》学者、拉比亚伯拉罕·撒库托。[34]当时，他与成千上万的犹太人一起来到葡萄牙，只不过希望能在当地的"仁政"下得到暂时的喘息，并不奢望能够定居下来。他当时已经名声卓著，不仅是因为他设计了一个铜制的星盘，比当时用于航海的木制星盘的刻度更为精确和稳定，更重要的是因为他在萨拉曼卡大学当教师时完成了一本用于测量太阳、月亮和行星位置的《天体运行万年历》（Ha hibbur ha-gadol），不仅精确程度史无前例，而且全部是用希伯来文写成的。这就是犹太知识的魅力，这样的专业知识可以一直追溯到库姆兰时期的"星空探测装置"，而且尽管当时各个国家都不愿意接纳其作者，但整个世界无疑都需要这样的知识。这本历书于1481年被翻译成了卡斯提尔西班牙文，并且由于若昂二世的私人医生何塞·韦齐诺（Jose Vizinho）（他也是一位天文学家）正准备将其翻译为拉丁文，所以撒库托受到了一种特殊规格的欢迎。他被请进了位于里斯本以北雄伟的托马尔（Tomar）圣殿骑士大修道院的宫殿中，并专门辟出一个房间让他开展研究工作。撒库托这位著名人物的存在正是唯独托马尔犹太会堂在中世纪晚期的葡萄牙得以保留下来的原因。那是一处精致而小巧的祈祷和研习场所，只不过是一个用细细的木柱搭建起来的小房间。在撒库托在此地居留期间，他的研究工作发生了重要的转折。一个新的西班牙文版本开始印行，而这次采用的便携式开本使其成为伊比利亚半岛第一批印制的科学手册之一。

然而，撒库托的《天体运行万年历》在正式印刷之前就改变了整个世界。这本书其实早就已经被哥伦布带到了圣玛利亚港，当时他正在焦急地等待着前面的加的斯港清除所有搭载犹太人的船只。在撒库托的心目中，当年发生的两个事件不可能没有联系。他出版的著作不仅进一步加强了以撒·阿布拉瓦内尔为犹太人进行辩护的力度，并且也坚定了"皈依者"路易·桑坦格尔支持哥伦布向西找到一条去印度的新航线的决心。由于当时一般认为印度洋上通用的"混合语"（lingua franca）就是阿拉伯语，所以哥伦布决定带上犹太人路易·托雷斯（Luis Torres）作为随行翻译一起出海，因为他能说一口流利的阿拉伯语，而他的皈依适逢其时，可以避免在航行中有失礼仪。后来，托雷斯被哥伦布留在了加勒比海一带，让他处理相互理解方面遇到的各种问题，并且他的确能够与加勒比和泰诺（Taino）"印第安人"进行沟通。哥伦布的航海日志开篇就表达了一直萦绕在他的脑海中的某种神秘但却颇为深刻的联系："既然已经把犹太人从您的领地上驱逐了出去，但陛下却又命令我全副武装地向传说中的印度地区进发。"

每个人心里都清楚，他这里提到的"印度"指的是耶路撒冷。绕行西线去印度是最后的十字军东征的下一个步骤，这是不可改变的，这是一场真正的重新征服运动，是最后审判日的新起点。但是，为什么不尝试走东线呢？在托马尔，在葡萄牙探险家瓦斯科·达·伽马（Vasco da Gama）开始他绕过博哈多尔角，然后经过犹太孤儿岛，一直绕过好望角并突然转向北沿着非洲东海岸的环球航行之前，拉比撒库托很有可能见过他。当达·伽马完成这次探险并满载香料、动物以及一位在印度定居的波兰犹太人胜利归来时，撒库托早已经离开，但毫无疑问，达·伽马环球航行的成功肯定得益于这位拉比的帮助，因为只有他的《天体运行万年历》才能使达·伽马知道自己所处的准确纬度。多亏了拉比撒库托，这位伟大的船长和葡萄牙亚洲帝国的发现者才知道自己站在地球上什么地方。

但是，亚伯拉罕·撒库托去了哪里？他的同胞又去了哪里？他们后来到底怎么样了？既然与基督徒和谐相处的尝试已经夭折，他们又能去哪里呢？在海盗面前，不管是铜制的星盘还是标明天体运行轨迹的万年历都是没有用的，像成千上万的宗教同胞一样，撒库托乘坐的帆船一路向南，又回到了北非地区的伊斯兰世界，并再一次成为海盗的俘虏，遭到抢劫和勒索。大约在1504年，撒库托最终进入了突尼斯，并在那里踏上了一条完全不同的道路，一条穿越时间而不是空间的道路。但《血统研究》（*Sefer Yohassin*）一书无论如何也无法与他的科学论著相比。[35]尽管撒库托痴迷于追寻非犹太人与犹太人之间发生融合的事件，但毕竟不是真正的历史。19世纪那些具有科学精神的德国犹太历史学家就将其斥责为更像一种荒谬的幻想，根本没有对神话和真相进行区分——但他们同样也没有切中要害，因为他们对希罗多德也说过同样的话。

但的确如此。拉比撒库托的血统学并不是历史，也并非像这本书的读者所认可的那样。然而，这却是与一代代犹太人的一次对话，与从远古的族长到拉比和圣哲直到撒库托可能认识的犹太人的一次相遇。说他的血统学并不是历史，是因为尽管其内容明显地侧重于年代传承的考察，但所有构成犹太人的过去和存在于当下的犹太人似乎都同时生活在一起，在彼此吵闹的一片不和谐声音中相聚。在他的书中，我们再一次听到了沙马伊的慷慨陈词；听到拉比以实玛利（Ishmael）说"去告诉拉比阿奇巴，他犯了一个错误"；听到本·哈哈（Ben Ha-Ha）说"我听这个人说话和本·贝贝格（Ben Bag-Bag）的口气差不多，因为他们算数的方式是一样的，2（bet）加3（gimel）等于5"；听到还没有被尊称为"王子"（Hanagid）的撒母尔（Shmuel）端坐在马拉加的小铺里叫卖香料，丝毫也看不出以后会成为柏柏尔国王御前大臣的迹象。在这本书中，他还用阿拉伯语草草地记下了迈蒙尼德的后事，说他的遗体被送到巴勒斯坦，一伙强盗袭击了他的棺木，并把30个人才能从地上抬起来的棺木扔进了大海里，从而使这位伟大的哲学家最终能够埋葬在太巴列湖畔他的祖先的身边。在这本书的结尾处，还记载着那批犹太孤儿被遣送到了"大海中的小岛上"。

至于是否像神乎其神的传言那样，撒库托本人死后也被埋葬在以色列的圣地上，至今无从查考，但可以肯定的是，他在生命即将结束时的某个时间曾经去过那里，并以更亲近的方式与他曾在书本上生动描述过的犹太人群亲切交谈。那里没有他的坟墓，但人们对此仍然半信半疑，据说他不愿意看到更不愿意在下列人物面前低头：修女；埋在亭拿（Timnath）的约书亚的父亲；犹大·哈纳西，他是一位王子和《密释纳》大师，在塞弗利斯与10位"加翁"埋在一起，5位埋在右边，5位埋在左边；埋在雅谷村（Kafr Yakuk）的先知哈巴谷；埋在加利利地区的梅伦山（Meron）的希勒尔和沙马伊。

后来，根据他自己的记述，撒库托去了大马士革，然后又走了两天到了阿勒颇（Aleppo），在那里他拜谒了文士以斯拉的陵墓，这位《圣经》书卷的作者曾经为那些流亡归来后在耶路撒冷的断壁残垣中间宿营的犹太人找回了早年失落的希伯来"字符"。在那里的某个破败的小房间里，亚伯拉罕·撒库托似乎看到了一直萦绕在他的脑海中的顽强的生命奇迹：一滴滴的蜡烛油滴在烛台上，以斯拉就坐在那里靠这点亮光在羊皮纸上写下了他伟大的《以斯拉记》。

人们在撒库托那本指示太阳、月亮和行星运行轨迹的《天体运行万年历》的指引下航行到了上帝创造的世界的边缘。犹太人再一次漂泊到世界的各个角落。然而，哪里是地球的尽头呢？在这个尽头之外又是什么？难道是一片真正的虚无，像哈斯代·克莱斯卡斯（愿他安息！）所坚持的那样"空无一物"，而宇宙正是由此而生成？或者像亚里士多德的信徒阿布拉瓦内尔所主张的那样，那里是一个被无限划分和扩展的空间，船只和马车从一段行程向下一段行程不停地向前行驶？[36]像许多犹太人一样，撒库托的思绪在祖先的传统和幻想的前景之间，在遥远的过去和开放的未来之间，在幽深的天穹和浩瀚的海洋之间驰骋。或许，地球的尽头就是希伯来字符能够传播到最远的地方？尽管不同时代和不同地方的压迫者用尽了所有的手段，对希伯来文字进行焚烧、涂抹和覆盖，对希伯来读物进行删除和定罪，对犹太人身上的希伯来书籍进行搜查和没收，但这些"字符"却一直在时间和空间中不断传播。有时，当犹太人被押到奴隶市场上拍卖时，他们甚至被那些好心的捕快释放，因为这些捕快幼稚地只关心他们抓了多少人。撒库托记得曾经看到过这样一批图书，由基督徒从葡萄牙带出来在摩洛哥的市场上公开叫卖。在地球的另一端，也可以找到这样的市场。弗朗西斯科·德·皮涅洛（Francisco de Pinheiro）是一个葡萄牙贵族，他曾跟随海军上将、首任印度总督弗朗西斯科·德·阿尔梅达（Francisco de Almeida）的舰队远赴印度，他就随身带着被他的父亲（自然是一个地方治安官）从一个葡萄牙犹太会堂里抢劫来的一大箱子希伯来图书，而他估计可以卖一两个达克特。在马拉巴尔海岸的科钦（Cochin）定居着一个古老的犹太社区，皮涅洛就在那里把他家的战利品——一个小型图书馆卖掉了。于是，这批被赎回的图书获得了新的生命，终于走出黑暗重见光明。

或许，一首赞美诗已经在撒库托的心底缓缓升起。每逢犹太人的安息日和重大节日，这首19世纪赞美大卫王的诗歌作为一首"保留圣歌"（zemirot）就会在塞法迪犹太会堂里响起（现在依然如此）。《创世之书》——撒库托既然痴迷于喀巴拉神秘主义，对这本书应该非常熟悉——坚持认为，全能的上帝是按照神奇的希伯来"字符"创造出了世界上的各种元素。所以，地球的尽头必然是这些"字符"栖息的地方，在那里，通过今世一次次的祈求和哀悼，就会听到来自天国的声音。是的，我们坚信这一点。请听：

> 天国宣告上帝的荣耀
> 
> 苍穹展示他的神奇
> 
> 白天发出话语
> 
> 夜晚降下知识
> 
> 这些话语和知识
> 
> 在任何地方都能听到
> 
> 它们的形状已经在世界上消失
> 
> 但心中的"字符"却传向地球的尽头

# 注释

## 第1篇

1. 参见比撒列·波滕（Bezalel Porten）等《象岛莎草纸（英语译文）：跨文化延续与演变三千年》（莱顿/纽约/科隆，1996年），B8，第107—109页。波滕对象岛档案文书的研究是最全面而缜密的，笔者本人的记述完全得益于他的研究成果。另可参见他的另一部专著《象岛档案：一个古老犹太军事群落的生活》（伯克利，1996年）。

2. 所有这些均来源于一封寄往耶路撒冷的信，信中对发生于公元前407年的一场骚乱所造成的破坏作了详细的描述。参见波滕等《象岛莎草纸（英语译文）：跨文化延续与演变三千年》，B19，第241页。

3. 这是赫尔伯特·尼耶尔（Herbert Niehr）在《追寻第一圣殿中的耶和华雕像》一文提出的观点（笔者认为他有点过分拘泥文字）。参见卡莱尔·范·德·图恩（Karel van der Toorn）编《形象与书卷：偶像崇拜、无偶像崇拜以及书卷宗教在以色列和古代近东地区的兴起》（鲁汶，2006年）。尼耶尔坚持认为，在第一圣殿中很可能树立过某种形式的雕像（第二圣殿中则是不可能的），献祭的对象是耶和华的子民，而不是像近东的西闪米特地区那样向被赋予人形的神祇献祭。

4. 参见斯蒂芬·罗森伯格（Stephen J. Rosenberg）《象岛犹太圣殿》，载《美国东方研究杂志》第67卷（2004年3月）。

5. 从旧王朝时代（公元前2500年）以后的陵墓以及其他雕像上很容易找到埃及人行割礼的证据。

6. 参见波滕等《象岛莎草纸（英语译文）：跨文化延续与演变三千年》，B13，第125—126页。

7. 关于塔梅与阿拿尼亚婚姻的年代，笔者赞同波滕等学者的观点（第208—251页）。鲍罗斯·阿雅德·阿雅德（Boulos Ayad Ayad）《亚撒尼亚的儿子阿拿尼亚档案：一位来自象岛的犹太人》[载《近东研究杂志》（JNES）第56卷第1期（1997年）] 则给出了一种完全矛盾的解读：塔梅与阿拿尼亚离婚，然后再婚，而他们的女儿约雅示玛与她的丈夫，即另一个阿拿尼亚同样也是离婚后又再婚。在与笔者的一次通信中，波滕教授把这种矛盾归结为阿雅德在解读阿拉米语的文书日期标注时犯了一个错误。另参见埃米尔·克拉林（Emil G. Kraeling）《布鲁克林博物馆阿拉米语莎草纸》（纽黑文，1953年）；爱德华·布莱伯格（Edward Bleiberg）《古埃及的犹太生活：来自尼罗河谷的一个家庭档案》（布鲁克林，2002年）。我对布莱伯格允许笔者在本项目的前期阶段对布鲁克林博物馆莎草纸进行研究表示衷心感谢，对我来说那是一次愉快的经历。

8. 参见波滕等《象岛莎草纸（英语译文）：跨文化延续与演变三千年》，第242页。

9. 关于"米塔希雅"档案，参见波滕等《象岛莎草纸（英语译文）：跨文化延续与演变三千年》，第152—201页。

# 第2篇

1. 笔者与像莱斯特·格拉贝（Lester Grabbe）这样的一些最权威的学者都认为，尼希米与以斯拉在历史上是真实存在的，并且以他们的名义写成的书卷与书卷中相关事件基本上发生于同一时代。然而，这并不意味着这种观点没有受到挑战，有些学者就曾对此提出过质疑，他们坚持认为，希伯来《圣经》的任何部分都不可能成书于波斯和希腊化时期之前，尽管在这一时期的所谓"后期希伯来语"（甚至在犹太人中间也只是一个小语种）和犹地亚独立王国晚期的"古典希伯来语"之间存在着显著的差别。参见威廉·施耐德温德（William M. Schniedewind）《〈圣经〉如何成书》（剑桥，2004年）。关于以斯拉的历史真实性和作者身份问题，可参见阿维德·卡佩鲁德（Arvid S. Kapelrud）《以斯拉叙事中的作者身份问题：词汇学研究》（奥斯陆，1944年）；最新资料可参见犹哈·帕卡拉（Juha Pakkala）《文士以斯拉：〈以斯拉记〉第7—10章和〈尼希米记〉第8章的形成》（柏林/纽约，2004年）；具具批判性的论述主要参见撒拉·雅费特（Sara Japhet）《从巴比伦河谷到犹地亚高地：复辟时期研究文集》（微诺纳湖，印第安纳，2006年），第1—38页、第367—398页。

2. 奇怪的是，那些坚持认为《圣经》写作始于后流亡时期的学者将其精确地定位于这一时期，而考古学的结论表明这一时期的犹太人口最为稀少和贫困，有些人甚至断言犹地亚犹太独立王国后期人口减少了85%……

3. 现藏于大英博物馆的公元前6世纪刻有楔形文字的"居鲁士圆柱"证实了波斯人复兴当地宗教崇拜和人口的政策，尽管其中并没有特指圣殿崇拜和犹地亚犹太人。

4. 参见《以斯拉记》3:11（应为3:10—13——译者注）。

5. 参见《以斯拉记》6:1—12。

6. 参见约翰·柯蒂斯（John Curtis）为艾米利·库尔特（Amilie Kuhrt）2卷本《波斯帝国：阿契美尼德王朝史料集》（伦敦/纽约，2007年）所写的书评，载《巴勒斯坦探索季刊》第144卷（2012年3月）。

7. 根据20世纪30年代发现的公元前6世纪初的新巴比伦楔形文字石板的记载，当时曾把油料财产分发给约雅斤和明确被称作"犹大国王"的"诸王子"。参见奥尔布莱特（W. F. Albright）《流亡中的国王约雅斤》，载《〈圣经〉考古学杂志》（BA）（1942年），第49—55页。另参见皮德森（O. Pedersen）《公元前1500—前300年古代近东地区的档案与书卷》（贝塞斯达，1998年），第183—184页。

8. 闵京俊（Kyung-Jin Min）在《以斯拉-尼希米的〈利未记〉作者身份》（伦敦/纽约，2004年）一书中对单一或集体作者身份问题作了详细论述。另参见詹姆斯·范·德·卡姆（James C. van der Kam）《"以斯拉-尼希米"还是"以斯拉和尼希米"？》，载乌尔利希（E. Ulrich）编《祭司、先知和文士：纪念约瑟·布伦金索普第二圣殿犹太教形成与遗产文集》（谢菲尔德，1992年），第55—76页。

9. 关于文字与口语化的关系以及听众聚集的假定，可参见但以理·鲍亚林（Daniel

Boyarin)《固定场所诵读：古代以色列与中世纪欧洲》，载约拿单·鲍亚林（Jonathan Boyarin)《诵读人种学》(伯克利/洛杉矶/牛津，1993年)，第11页以下。

10. 参见《申命记》31:11。

11. 参见《米德拉什·创世记》1:1。

12. 参见巴鲁赫·斯宾诺莎（Baruch Spinoza）《神学政治论》(阿姆斯特丹，1670年)。另参见理查德·波普金（Richard Popkin)《斯宾诺莎与〈圣经〉研究》，载《剑桥版斯宾诺莎导读》(剑桥，1996年)；南希·列文（Nancy Levene)《斯宾诺莎的启示：宗教、民主与理性》(剑桥，2004年)第77—79页。

13. 参见卡莱尔·范·德·图恩《形象与书卷》。

14. 具有讽刺意味的是，自从《圣经》正本完成和公元3世纪拉比们开始把口传律法汇编为《密释纳》的近两千年里，并且现在仍然认为在所有的犹太会堂、《塔木德》研究院和儿童学堂里一直沿用的书写《圣经》使用的正宗希伯来字符的书写形式，实际上是古老的方形阿拉米文。

15. 这些文字见于詹姆斯·林登伯格（James M. Lindenberger）《古阿拉米与希伯来字符》(亚特兰大，2003年)，第125—130页。

16. 参见弗兰克·克洛斯（Flank Moore Cross Jr.)《迦南神话与希伯来史诗》(剑桥，1973年)，第123页。

17. 参见弗兰克·克洛斯和大卫·弗雷曼（David Noel Freeman)《古代耶和华诗歌研究》(大急流城，密歇根，1975年)，散见各章节。

18. 参见塞特·桑德斯（Seth L. Sanders)《希伯来字符的发明》(厄巴纳，伊利诺斯，2009年)，第113页。桑德斯认为，内陆地区的希伯来字符是家庭手工艺的产物，而不是来自所罗门的启蒙。他在该书第113页上写道："希伯来字符出现后虽然得到广泛的传播，但并不是在地理上分布广泛的一群娴熟的工匠专用的字符。"桑德斯强调了古代近东地区这种传播方式的独特性。克利斯托夫·罗尔斯顿（Christopher A. Rollston）在其《古代以色列世界的文字与文学性：铁器时代的墓志铭证据》(亚特兰大，2010年)一书中则坚持一种更保守的观点。关于口传与书面文字年代史相互之间关系的深入讨论，可参见罗伯特·川岛（Robert S. Kawashima）《〈圣经〉叙事与希腊史诗吟诵者的消亡》（布卢明顿，印第安纳，2004年）。川岛的著述是专门对巴鲁赫·哈尔彭（Baruch Halpern）的经典著作《最早的历史学家：希伯来〈圣经〉与历史》（尤尼弗西蒂帕克，宾夕法尼亚，1996年）所作的回应。

19. 参见詹姆斯·林登伯格《古阿拉米语与希伯来字符》，第62页、第125—126页。

20. 参见罗恩·塔皮（Ron E. Tappy）和凯利·麦克卡特（P. Kyle McCarter）《识字文化与公元10世纪的迦南人：特拉扎伊"字母表"背景研究》（微诺纳湖，印第安纳，2008年）。

21. 参见詹姆斯·林登伯格《古阿拉米语与希伯来字符》，第55—60页、第121—124页。

22. 参见詹姆斯·林登伯格《古阿拉米语与希伯来字符》，第50页、第109—110页。

# 第3篇

1. 参见贝莎·斯帕福德·韦斯特（Bertha Spafford Vester）《我们的耶路撒冷：一个美国家庭在圣城（1881—1949年）》（纽约，1950年），第92—93页。这是由作者被收养的同父异母兄弟雅各在1883年改名"斯帕福德"并在美国福音派"利胜者"聚落中生活之后直接对她说的话。

2. 参见爱德华·罗宾逊（Edward Robinson）《1838年和1852年圣地的〈圣经〉研究》（波士顿，1852年）第340—341页。

3. 参见耶沙亚胡·尼尔（Yeshayahu Nir）《〈圣经〉与形象：圣地摄影史（1839—1899年）》（费城，1985年）；尼桑·佩雷斯（Nissan Perez）《聚焦东方：近东地区的早期摄影》（纽约，1988年）；凯思琳·霍维（Kathleen Stuart Howe）等《圣地揭秘：巴勒斯坦摄影探险》（圣巴巴拉，1997年）。

4. 参见《神圣文学与〈圣经〉记事杂志》1864年4—7月，第133—157页。凡想要了解这种被狂热的基督徒重新构思为科学探究的特殊联姻形式的人都必须要读一下这本杂志。这个特殊问题包括有关论述恺撒利亚的尤西比尼斯（Eusebious）的一些文章，以及对

"出埃及统计数字"（指据说有2000人跟随摩西离开了埃及！）持怀疑态度的某些评论。

5. 后来的事实的确如此，并且在1868年，数学家沃尔特·贝赞特（Walter Besant）由于健康原因从毛里求斯返回故土，这位志向高远的小说家和历史学家变成了一位忙碌的秘书，并一直任职至1885年。

6. 参见约翰·莫斯若普（John James Moscrop）《勘测耶路撒冷：巴勒斯坦地区探险基金会与大不列颠在圣地的权益》（莱彻斯特，2000年）。克劳德·康德尔（Claude Reignier Conder）在《住帐篷的日子：发现与探险实录》（伦敦，1887年）一书中对这次勘测作了极其迷人的描述。

7. 参见爱德华·帕尔默（Edward Henry Palmer）《〈出埃及记〉中的沙漠：旷野中靠双脚流浪四十年》（伦敦，1872年）。

8. 参见亚瑟·斯坦利（Arthur Stanley）《西奈与巴勒斯坦的历史联系》（伦敦，1857年），第60页以及第XIX页。"对于《旧约》和《新约》中记录的历史与自然地理之间始终存在的一致性，不感到吃惊是不可能的。"

9. 参见爱德华·帕尔默《〈出埃及记〉中的沙漠：旷野中靠双脚流浪四十年》，第54页。

10. 关于这段考古修正的历史，以色列·芬克尔斯坦（Israel Finkelstein）和埃米哈伊·马撒尔（Amihai Mazar）在布莱恩·施米特（Brian B. Schmidt）主编的《追寻历史上的以色列：早期以色列的考古学与历史之间的争论》（亚特兰大，2007年）一书中作了详细的论述。芬克尔斯坦在修正历史地点的假定方面一直是一位重要人物，例如他对本来被认为属于所罗门时期的米吉多·亚丁（Megiddo Yadin）进行考订，重新认定其属于以色列王国的暗利时期。参见芬克尔斯坦和尼尔·西尔伯曼（Neil Asher Silberman）《大卫与所罗门》（纽约，2006年）和《发掘〈圣经〉：古代以色列的考古学新视野及其神圣文本》（纽约，2000年）。这次争论中的另一位重要人物威廉·德弗尔（William G. Dever）更进一步摆脱了怀疑论的立场，例如可参见其《谁是早期的以色列人？他们来自何处？》（大急流城，密歇根，2006年）。而在戴维斯（P. R. Davies）的《寻找"古以色列"》（谢菲尔德，1992年）和汤普森（T. L. Thompson）的《文字和考古资料中以色列人的早期历史》（莱顿，1992年）中，则以最肯定的方式表达了一种"考古极简主义"的立场。参见巴鲁赫·哈尔彭的回应：《抹掉历史："考古极简派"对古以色列的攻讦》，载《〈圣经〉评论》1995年，第26—35页。

11. 参见沙耶·柯恩（Shaye Cohen）编《耶和华崇拜》，默顿·史密斯（Morton Smith）著第1卷，尤其应仔细阅读"古代近东地区的通俗神学"部分，第15—27页。另参见约翰·戴伊（John Day）《迦南人的耶和华、男神和女神》（谢菲尔德，2000/2002年）；马克·史密斯（Mark S. Smith）《上帝的早期历史：古代以色列的耶和华与其他神祇》（大急流城，密歇根，2002年）；奥斯马尔·基尔（Othmar Keel）和克利斯托夫·乌伊林格（Christoph Uehlinger）《古代以色列的男神、女神以及上帝的形象》（明尼阿波利斯，1998年）。关于最近对当时犹大国民宗教中日渐兴起的"无偶像崇拜"的学术争论，最全面的介绍可参见卡莱尔·范·德·图恩编《形象与书卷》，尤其是其中特利格夫·梅廷格尔（Tryggve N. D. Mettinger）的文章《以色列人的无偶像崇拜：起源及其发展》，第173—204页；罗纳德·亨德尔（Ronald S. Hendel）的文章《古代以色列的无偶像崇拜与拟人化崇拜》，第205—228页；尤其建议参见卡莱尔·范·德·图恩的文章《形象与书卷：巴比伦偶像崇拜与〈托拉〉崇拜比较研究》，第229—248页。

12. 参见埃米哈伊·马撒尔《〈圣经〉本土考古学》第1卷《公元前10000—前586年》（纽黑文/伦敦，1990年），第501—502页。

13. 参见克莱特尔（R. Kletter）《犹地亚柱像与亚设拉（闪族女神）考古学研究》（牛津，1996年）。

14. 参见威廉·德弗尔《上帝有妻子吗？：考古学与古代以色列民间宗教》（大急流城，密歇根，2005年）。

15. 参见威廉·德弗尔《上帝有妻子吗？》，第497—498页。

16. 参见尼利·福克斯（Nili Sacher Fox）《服侍国王：古代以色列和犹大国的官场政治》（纽约，2000年），散见全书各处；罗伯特·多伊奇（Robert Deutsch）《来自远古的信息（Masrim min Ha'Avar）：从以赛亚时代到第一圣殿时期结束的希伯来文印鉴》（雅法/特拉维夫，1997年）；《〈圣经〉时代的希伯来文印鉴：约瑟·哈伊姆·考夫曼藏品录》。

17. 关于最近的出土文物及其历史，可参见约瑟·加芬克尔（Yosef Garfinkel）、撒尔·加诺尔（Saar Ganor）和米切尔·哈塞尔（Micheal Hasel）《追随大卫王的足迹》（特拉维夫，2012年）。另参见加芬克尔和加诺尔《以拉要塞遗迹发掘报告》第1卷（耶路撒冷，2008年）。

18. 参见比尔曼（G. Bearman）和克利斯丁-巴里（W. A. Christens-Barry）《陶片上的流放者形象》，载加芬克尔和加诺尔《以拉要塞发掘报告》，第261—270页。

# 第4篇

1. 参见马修·阿诺德（Matthew Arnold）《文化与无政府状态》（伦敦，1869年），散见第4章各处。阿诺德一开篇就承认，"希伯来精神"和"希腊精神"都是"令人敬畏的和值得尊敬的"，并引用海涅作为把希望保留下来的一个例证——但对他来说，文化表现形式的这两个极端归根结底不仅是独特的，而且是不可调和的。

2. 参见约瑟福斯《犹太古事记》11:5，第256页。

3. 柯维（J. M. Cowey）和马利希（K. Maresch）《赫拉里奥波利斯城邦犹太人的公民身份文书》（威斯巴登，2001年）；卡希尔（A. Kasher）《希腊化埃及的犹太人》（布里尔，1985年）；罗伯特·库格勒（Robert Kugler）《早期犹地亚阐释文字和希腊文〈托拉〉的新视野：用托勒密的修辞学阐释托勒密律法》，载哈纳·冯·韦森伯（Hanna von Weissenber）、犹哈·帕卡拉（Juha Pakkala）和马科·马蒂拉（Marko Mattila）编《第二圣殿时期权威性传统教义的重述与阐释》（柏林/纽约，2011年），第165页以下。关于城邦公民团体的地位与治理方式，可参见卢德兹（G. Ludertz）《什么是公民团体？》，载亨顿（J. W. Henten）和范·德·豪斯特（P. W. van der Horst）《早期犹太碑文研究》（莱顿，1994年），第204—208页。

4. 参见李·列文（Lee I. Levine）《古代犹太会堂：第一个千年》（纽黑文，2005年），第81页以下。

5. 参见阿纳多·莫米里亚诺（Arnaldo Momigliano）《陌生的智慧：希腊化的局限性》（剑桥，1971年）；维克多·切里科夫（Victor Tcherikover）的经典著作《希腊化文明与犹太人》（大急流城，密歇根，1959年）；艾里克·格伦（Erich Gruen）《散居：希腊人与罗马人中间的犹太人》（剑桥，2002年）；约翰·科林斯（John J. Collins）《在雅典与耶路撒冷之间：希腊化散居中的犹太人身份》（纽约，1983年）；莱斯特·格拉贝《第二圣殿时期的犹太人与犹太教历史》第2卷《希腊人来了》（伦敦，2008年）；约瑟·莫采耶夫斯基（Joseph Meleze Modrzejewski）《从拉美西斯二世到皇帝哈德良治下的埃及犹太人》，罗伯特·科尔曼（Robert Cornman）译（普林斯顿，1995年），第49页。

6. 关于这一点以及其他"传奇"，可参见萨拉·约翰逊（Sara Raup Johnson）《历史虚构与希腊化的犹太身份：文化背景下的〈马加比二书〉》（伯克利/洛杉矶，2004年），第113—120页。

7. 参见约瑟福斯《犹太古事记》11:8，第329—340页。

8. 参见《亚里斯狄亚书信》，第158—159页。

9. 但并不是出自更严格的《申命记》，因为其中把蝗虫归为成群爬行的动物，因而也是一种令人憎恶的事物。

10. 参见《亚里斯狄亚书信》，第152页。

11. 参见克利斯托夫·哈斯（Christopher Haas）《中古后期的亚历山大：地形地貌与社会冲突》（巴尔的摩/伦敦，1997年）；关于罗马人治下的埃及，可参见约翰·巴克利（John M. G. Barclay）《犹太人在地中海地区的流散：从亚历山大到特洛伊（公元前323年至公元117年）》（伯克利/洛杉矶，1996年）。

12. 参见罗布·库格勒（Rob Kugler）《多罗西斯为归还腓力帕回归请愿：托勒密治下的埃及犹太律法研究案例》，载《莎草纸研究所第25次研讨会论文集》（安阿伯，密歇根，2007年），第387—396页。

13. 关于献祭的规则和习俗，可参见（主要讨论波斯时期的情况）梅洛迪·诺尔斯（Melody D. Knowles）《习俗的趋同：耶路撒冷在波斯时期散居犹太人的宗教习俗中的作用》（莱顿，2006年），重点参见第19—23页、第77—103页。犹太人某些改革后的祈祷形式（如美国的犹太保守派会堂）偏离了日常祈祷的秩序，这想必是为了避免过于拘谨，而只是借用圣殿中常年献祭的形式。

14. 在这个问题上，我赞同大卫·比亚尔（David Biale）的论点，可参见其《血与信仰：一个在犹太人和基督徒之间传播的象征物》（伯克利/洛杉矶，2007年）。作者在该书第26—27页重点讨论了这样一种可能性：在献祭仪式上强调小心处置溅血问题和祭司们担心洁净问题实际上都是为了把犹太人的习俗与希腊人的动物牲祭（尤其是活山羊）区别开来。

15. 关于对这个问题更详细的论述，可参见列奥纳德·格利克（Leonard B. Glick）《在你的身上做记号：从古代犹地亚到现代美国的割礼制度》（牛津，2005年）。更权威的资料可参见弗雷德里克·霍吉斯（Frederick M. Hodges）《古希腊和古罗马的理想包皮：男性生殖器美学及其与包皮、割礼、包皮复原和"拴狗绳"的关系》，载《医学历史学刊》第75期，第375—405页。

16. 参见《密释纳·末道门》60B；《密释纳·转房（兄终弟及）》45A—B。

17. 参见李·列文《耶路撒冷：第二圣殿时期（公元前586年至公元70年）圣城画像》（费城，2002年），第72页以下。其中强调关于阿克拉（Akra）的准确位置一直缺乏考古学方面的证据，但其建设工程显然牵扯到老建筑物及其周围密集的居民区的拆除问题。

18. 阿纳西亚·波特尔-杨（Anathea E. Portier-Young）在她的杰作《用毁灭论应对帝国的统治：早期犹太教的反抗理论》（大急流城，密歇根，2011年）中令人信服地证明，安条克四世后来在耶路撒冷犯下的一系列屠杀和迫害的暴行并不是因为他在埃及遭到了羞辱，而是因为伊阿宋的背信弃义、武装叛乱和占领耶路撒冷，而他因此才作出了撕毁安条克三世曾经承诺的"协议"的决定，反而对犹地亚实施"用刀剑对付囚房"的统治制度，从而使犹地亚居民的生活和人身自由直接地置于这位重新征服的国王的绝对统治之下。

19. 参见《马加比一书》1:26。

20. 参见《马加比二书》5:10。

21. 参见《马加比二书》1:20—2。

22. 参见沙耶·柯恩《犹太性的开端：局限性、多样性和不确定性》（伯克利/洛杉矶/伦敦，1999年），主要参见第69—135页。其中把"犹太性"的自我发现明确地定位于哈斯蒙尼王朝统治时期（他称之为"重新界定"），并归因于《马加比书》（我认为尤其是《马加比一书》）中所描述的差异化习俗（如割礼）与集体认同之间的平衡。然而，这番精彩的说辞并没有能够证明（至少对我来说是如此）极端希腊化时期是不是这种自我意识第一次出现并开始发展的时期。似乎早在三个世纪前，以斯拉和尼希米就已经在作类似的开创性差异化研究。关于马加比史诗在犹太独立王国形成时期的地位，可参见塞特·史瓦兹（Seth Schwartz）《帝国主义与犹太社会（公元前220年至公元640年）》（普林斯顿，2001年），主要参见第32—70页。

23. 对于这种苦恼，应该说非利士人和沿海文化的后裔感受最深，因为他们大多数人没有行过割礼，而中部山区和跨约旦河山地、河谷一带的以土伦人和以土买人却大部分行过割礼。

24. 参见《马加比二书》9:10。

25. 参见《马加比一书》2:26。

26. 参见《马加比一书》4:55。

27. 参见《马加比一书》14:8—15。

28. 参见《马加比一书》16:13。

29. 参见斯蒂文·法恩（Steven Fine）《希腊—罗马世界中的艺术与犹太教》（剑桥/纽约，2005年）。

30. 参见约瑟福斯《犹太古事记》14:3。

31. 参见雅各·纽斯内尔（Jacob Neusner）《公元70年之前法利赛人的拉比传统》（莱顿，1971年）。

32. 关于这个问题，可参见沙耶·柯恩《希律是犹太人吗？》，载柯恩《犹太性的起源》，第13—24页。

33. 参见约瑟福斯《犹太古事记》1:33。

34. 参见科尼布（M. A. Knibb）《库姆兰社团》（剑桥，1987年）；利尼（A. R. C.

Leaney)《库姆兰社团生活守则及其意义：简介、译文和评注》(伦敦，1966年)；梅佐（S. Metzo)《生活守则原文》（伦敦，2007年）。

35. 参见《〈死海古卷〉英文全本》，盖撒·弗尔梅斯（Geza Vermes）编译（修订本，伦敦/纽约，2004年），第234页。（以下称"弗氏本古卷"）

36. 参见斐洛《出使盖乌斯》。

37. 参见彼得·沙弗尔（Peter Schäfer）《犹太恐惧症：古代世界对犹太人的态度》（剑桥，1997年）。

38. 参见约瑟福斯《犹太战争》2:12。

39. 参见约瑟福斯《犹太战争》5:13，第541页。

40. 参见约瑟福斯《犹太战争》，第545页。

41. 关于约瑟福斯的生平，最具批判性的著述当属塞特·施瓦兹的《约瑟福斯与犹地亚政治》（莱顿，1990年）。

42. 参见约瑟福斯《个人简历》11。

43. 参见约瑟福斯《犹太战争》3:8，第357页。

44. 参见约瑟福斯《犹太战争》4:21，第586页。

45. 参见约瑟福斯《犹太战争》4:9，第560—563页。

46. 自从艾里克·霍布斯鲍姆（Eric Hobsbawm）出版《原始的叛乱者：社会抗争的古老形式研究》（曼彻斯特，1959年）以来，历史学家开始分析"强盗"和"匪患"问题，尤其关注他们头领的*名头*，认为他们表现出来的社会对抗和造反行为在有产和有权阶层眼中就等于纯粹的犯罪活动。乔治·鲁迪（George Rodé）在分析法国大革命时也采取了类似的方法，而如果更为仔细地考察，我的老朋友和导师理查德·科布（Richard Cobb）也是如此（因为他认为这种犯罪是真实的）。

47. 关于更详尽的讨论，主要参见马丁·古德曼（Martin Goodman）《犹地亚的统治阶级：犹太起义的起源》（剑桥，1987年）和《罗马与耶路撒冷：古代文明的碰撞》（伦敦/纽约，2007年）；苏珊·索里克（Susan Sorek）《犹太人对罗马统治的反抗》（汉布雷顿，2008年）；内尔·福克纳（Neil Faulkner）《世界末日：反抗罗马统治的犹太大起义》（安伯利，哥拉斯哥，2002年）。

48. 阿耶赫·卡西尔（Aryeh Kasher）《犹太人、以土买人和古代阿拉伯人》（图宾根，1988年）。

49. 参见约瑟福斯《犹太战争》4，第305—313页。

50. 参见约瑟福斯《犹太战争》4，第327页。

51. 参见雅各·纽斯内尔《约哈南·本·撒该生平》（莱顿，1970年）。

52. 参见约瑟·哈伊姆·耶鲁沙尔米（Yosef Hayim Yerushalmi）《记住！：犹太历史与犹太记忆》（西雅图/华盛顿，1982年）。

53. 参见约瑟福斯《犹太战争》6:2，第208页。

54. 参见约瑟福斯《犹太战争》6:3，第209—211页。

55. 参见约瑟福斯《犹太战争》6:6，第306—309页。

56. 参见约瑟福斯《犹太战争》6:4，第270—271页。

57. 关于约瑟福斯在罗马的情况，可参见埃德蒙森（J. C. Edmundson）、斯蒂文·梅森（Steven Mason）和里弗斯（J. B. Rives）编《弗拉维斯·约瑟福斯与弗拉维王朝治下的罗马》（牛津，2005年）一书中的重要文章。

58. 参见约瑟福斯《犹太战争》7:5，第350页。

59. 参见弗格斯·米勒（Fergus Millar）《耶路撒冷的最后一年：罗马犹太战争纪念碑》，载埃德蒙森等编《弗拉维斯·约瑟福斯与弗拉维王朝治下的罗马》，第101—128页。

60. 然而，关于《犹太战争》中许多章节的写作时间，学术界一直存在争议。参见巴恩斯（T. D. Barnes）和里弗斯在埃德蒙森等编《弗拉维斯·约瑟福斯与弗拉维王朝治下的罗马》一书中的文章。

61. 参见约瑟福斯《犹太战争》7:3，第323—335页。

62. 参见约翰·巴克利《犹太人在地中海地区的流散》；西尔维亚·卡普莱蒂（Silvia Cappelletti）《公元2—3世纪罗马的犹太社区》（莱顿，2006年）。

63. 西尔维亚·卡普莱蒂在《公元2—3世纪罗马的犹太社区》一书中提出了一种具有说服力但也更微妙的观点。

64. 我们是通过奥古斯丁才知道塞内卡《论迷信》这本书的。

65. 参见塔西陀《历史》，克利福德·摩尔译（剑桥，1929年），V：v，第183页。

66. 参见约瑟福斯《反击阿皮翁》2，第86页。

67. 参见约瑟福斯《反击阿皮翁》2，第100页。

68. 参见塔西陀《历史》V：v。

69. 参见约瑟福斯《反击阿皮翁》1，第60页。

70. 参见约瑟福斯《反击阿皮翁》2，第280页。另参见哈罗（W. W. Hallo）《起源：某些现代制度在近东地区的起源》（莱顿，1996年）。

71. 参见约瑟福斯《反击阿皮翁》2，第291页。

72. 关于《死海古卷》，可参见菲力普·戴维斯（Philip R. Davies）、乔治·布鲁克（George J. Brooke）和菲力普·加洛威（Philip Gallaway）《〈死海古卷〉的完整世界》一书中的精彩介绍；关于最新的学术成果，可参见劳伦斯·希夫曼（Lawrence H. Schiffman）、伊曼努尔·托夫（Emmanuel Tov）和詹姆斯·范德卡姆（James Vanderkam）编《发现五十年后的〈死海古卷〉》（耶路撒冷，2000年）。我仍然是一个"弗氏本古卷"（及其"引言"）迷，但后来迈克尔·怀斯（Michael Wise）、马丁·阿贝格（Martin Abegg Jr.）出版了一个新的译本《〈死海古卷〉：一个新译本》（纽约，2005年）。反艾赛尼派的文章《耶路撒冷图书馆》受到诺曼·科布（Norman Colb）的质疑，可参见其《谁写下了〈死海古卷〉？：库姆兰探秘》（纽约，1985年）。

73. 参见"弗氏本古卷"第180页。

74. 参见"弗氏本古卷"第166页。

75. 参见"弗氏本古卷"第170页。

76. 参见卡西乌斯·迪奥（Cassius Dio）《罗马史》第8卷，卡里（E. Cary）译（剑桥，1925年），第451页。

77. 关于巴巴塔和巴·科赫巴的信件文书，可参见理查德·弗伦德（Richard Freund）《藏信洞的秘密：破解死海之谜》（纽约，2004年）。

78. 关于早期的手掌形十字架，可参见笔者《风景与记忆》（伦敦，1995年），第214—215页。

# 第5篇

1. 参见克拉克·霍普金斯（Clark Hopkins）和伯纳德·古德曼（Bernard Goldman）《欧罗普斯要塞的发现》（纽黑文/伦敦，1979年），第131页。另参见安-路易斯·帕金斯（Ann-Louise Perkins）《欧罗普斯要塞（Dura-Europos）艺术》（牛津，1973年）；约瑟·古特曼（Joseph Gutmann）编《欧罗普斯要塞犹太会堂：重新评价（1932—1992年）》（南佛罗里达大学，1992年），主要参见其中理德·布雷里安特（Richard Brilliant）的文章《欧罗普斯要塞绘画与罗马艺术》和雅各·纽斯内尔的文章《欧罗普斯要塞的犹太教》；阿纳贝尔·沃顿（Annabel Wharton）《重新构造后古典时期城市：欧罗普斯、耶拉什、耶路撒冷和拉文纳》（剑桥，1995年）。最新的资料可参见盖尔·布洛迪（Gail R. Brody）和盖尔·霍夫曼（Gail Hoffman）编《欧罗普斯要塞：中古时期的十字路口》（费城，2011年）。

2. 参见《密释纳·异教》3，4。

3. 参见李·列文《古代犹太会堂》，第260—267页。

4. 参见《密释纳·前门》1。

5. 参见《密释纳·先贤篇》4—5。

6. 参见《密释纳·安息日》6，1—3。

7. 参见《密释纳·先贤篇》5。

8. 参见《密释纳·异教》3，4，5。

9. 参见雷切尔·哈奇利利（Rachel Hachlili）《古代镶嵌画地面，主题、特点与潮流：选择性研究》（莱顿，2009年）；采夫·魏斯（Ze'ev Weiss）和埃胡德·尼采尔（Ehud Netzer）《应许与救赎：塞弗利斯犹太会堂镶嵌画》（耶路撒冷，1997年）。

10. 令人颇为奇怪的是，伟大的艺术历史学家梅耶尔·沙皮罗（Meyer Schapiro）早就对这些镶嵌画作过全面的考察，在梅耶尔·沙皮罗和迈克尔·阿维-约拿（Michael Avi-Yonah）《以色列：古代镶嵌画》（格林尼治，康涅狄格，1960年）-书中，他很可能受到了其合作者（阿维-约拿是一位著名的中古后期历史学家）的引导，尽管沙皮罗对这些镶嵌画的解读是非常正规的，并且也没有过多地考虑其与当时的碑文或拉比犹太教的关系。

11. 参见雷切尔·哈奇利利《古代镶嵌画地面，主题、特点与潮流：选择性研究》，第408页。

12. 关于这方面的最新的资料，可参见艾里克·梅耶尔斯（Eric M. Meyers）和马克·乔叟（Mark Chauncey）《从亚历山大到康斯坦丁:〈圣经〉本土考古学》第3卷（纽黑文，2012年），第269—280页。

13. 参见艾里克·梅耶尔斯和马克·乔叟《从亚历山大到康斯坦丁:〈圣经〉本土考古学》第3卷，第277页。

14. 参见特利格夫·梅廷格尔《以色列人的无偶像崇拜：起源及其发展》，载卡莱尔·范·德·图恩《形象与书卷》，第188页。

15. 参见约瑟·但（Joseph Dan）《古代犹太神秘主义》（特拉维夫，1993年），第9—24页。

16. 关于这两种同时创制的宗教之间的对话和"回声效应"，可参见以色列·犹瓦尔（Israel Yuval）《一个子宫，两个民族：中古后期和中世纪的犹太人与基督徒的感觉》（伯克利/洛杉矶，2006年）；沙耶·柯恩（Shaye D. Cohen）和爱德华·凯斯勒（Edward Kessler）《犹太—基督两教关系简介》（剑桥，2010年）。

17. 参见杰拉德·鲁沃尔斯特（Gerard Rouwhorst）《基督教传统中对马加比家族七圣徒的崇拜》，载约书亚·施瓦兹（Joshua Schwartz）和马塞尔·普尔修斯（Marcel Poorthuis）编《犹太教与基督教中的圣徒与榜样》（莱顿，2004年），第183—204页。

18. 参见阿迪亚·卡尼科夫（Adia Karnikoff）《古罗马时期犹太陵墓中的石棺：分类目录》（斯图加特，1986年）；列奥纳德·罗格斯（Leonard Victor Rutgers）《古罗马晚期的犹太人：罗马大流散中文化互动的证据》（莱顿，2000年）和《地下的罗马》（鲁汶，2000年），第146—153页。

19. 参见约翰·屈梭多模（John Chrysostom）《驳犹太人（Adversus Iudaeos）：八条论纲》Ⅰ:vi。

20. 参见约翰·屈梭多模《驳犹太人：八条论纲》Ⅳ:4，7。

21. 参见约翰·屈梭多模《驳犹太人：八条论纲》Ⅱ:iii，5。

22. 参见《使徒行传》13:8。

23. 参见约翰·屈梭多模《驳犹太人：八条论纲》Ⅷ:7，6。

24. 关于犹太人的护身符，可参见基甸·波哈克（Gideon Bohak）《古代犹太巫术史》（剑桥/纽约，2008年），第370—376页。

25. 参见约翰·屈梭多模《驳犹太人：八条论纲》Ⅷ:8。

26. 关于安条克的犹太人与基督徒，可参见克里斯丁·孔多雷恩（Christine

Kondoleon)《安条克：失落的古城》（普林斯顿，2000年），主要参见其中伯纳德特·布鲁顿（Bernadtte J. Brooten）的文章《古安条克的犹太人》，第29—39页；格兰维勒·唐尼（Glanville Downey）《叙利亚安条克的历史：从塞硫古王朝到阿拉伯冲突》（普林斯顿，1961年）。

27. 参见伯纳德特·布鲁顿《古安条克的犹太人》。

28. 参见海姆·马克比（Hyam Maccoby）《保罗与基督教的起源》（纽约，1986年）。

29. 参见《加拉太书》6:15。另参见但以理·波雅林（Daniel Boyarin）《一个激进的犹太人：保罗与身份政治》（伯克利，1997年）。关于犹太教与基督教之间不可调和的激烈观点，可参见雅各·纽斯内尔《犹太人与基督徒：共同传统之谜》（费城，1991年）。另参见詹姆斯·帕克斯（James Parkes）《基督教堂与犹太会堂之间的冲突：古代反犹主义研究》（伦敦，1932年）；撒母耳·克劳斯（Samuel Krauss）《从古代到1789年的犹太—基督两教论战》（图宾根，1995年）。

30. 参见《加拉太书》2:16—21。

31. 参见雷诺兹（J. Reynolds）和坦尼鲍姆（R. F. Tannenbaum）《阿芙洛狄西亚的犹太人与敬畏上帝者：希腊铭文及评注》（剑桥文献学会会议论文集），附录12（剑桥，1987年）。

32. 参见巴鲁赫·伯克塞尔（Baruch M. Bokser）《逾越节家宴的起源：逾越节仪式与早期拉比犹太教》（伯克利，1984年）；豪尔·陶西格（Hal Taussig）《起初只是一餐：社会实验与早期基督徒身份》（奥格斯堡，2009年）；以色列·犹瓦尔《一个子宫，两个民族》，第56—75页。

33. 参见约翰·屈梭多模《驳犹太人：八条论纲》III:4, 6。

34. 参见约翰·屈梭多模《驳犹太人：八条论纲》附录：第二次演讲。

35. 参见约翰·屈梭多模《驳犹太人：八条论纲》IV:1。

36. 参见约翰·屈梭多模《驳犹太人：八条论纲》I:vii。

37. 参见约翰·屈梭多模《驳犹太人：八条论纲》Ⅰ:3，vi。

38. 参见约翰·屈梭多模《驳犹太人：八条论纲》Ⅰ:6，vii。

39. 参见约翰·屈梭多模《驳犹太人：八条论纲》Ⅵ:2，x。

40. 参见《圣殿山见闻录》，载格耶尔（P. Geyer）《圣地足迹世界游记》Ⅲ—Ⅷ（维也纳，1898年）；迈克尔·阿维-约拿《巴勒斯坦的犹太人》（纽约，1976年），第164页。

41. 参见阿米亚努斯·马切利努斯（Ammianus Marcellinus）《晚期的罗马帝国》，沃尔特·汉米尔顿（Walter Hamilton）译（伦敦，2004年），第255页。

42. 参见阿米亚努斯·马切利努斯《晚期的罗马帝国》，第255页。

43. 参见保拉·弗雷德里克森（Paula Frederiksen）《奥古斯丁与犹太人：基督徒为犹太人和犹太教所作的辩护》（纽约，2008年），第243—244页。

44. 参见加文·朗缪尔（Gavin L. Langmuir）《反犹主义解读》（伯克利，1990年），第71页。

45. 参见威廉·霍尔伯里（William Horbury）《犹太人与基督徒的弥赛亚信仰》（伦敦，2003年），第289—308页。

46. 参见尼古拉·德·朗日（Nicholas de Lange）《查士丁尼时代的犹太人》，载迈克尔·马斯（Michael Maas）编《剑桥版查士丁尼时代指南》（剑桥，2005年），第419—420页。

47. 参见威廉·霍尔伯里《犹太人与基督徒的弥赛亚信仰》，第151页。

48. 参见雅可夫·艾尔曼（Yaakov Elman）《波斯中部地区文化与巴比伦圣哲：拉比律法传统形成时期对当地异邦习俗的接受与抵制》，载夏洛特·冯拉伯特（Charlotte Elisheva Fonrabert）和马丁·雅费（Martin S. Jaffee）《剑桥版〈塔木德〉与拉比文献指南》（剑桥，2007年），第181页。

49. 参见《逾越节》3（《革马拉》），诺曼·所罗门（Norman Solomon）《〈塔木德〉选读》（伦敦，2009年），第151页。

50. 参见《逾越节》3（《革马拉》），诺曼·所罗门《〈塔木德〉选读》，第148—149页。

51. 参见雅可夫·艾尔曼《中东地区文化》，载夏洛特·冯拉伯特和马丁·雅费《剑桥版〈塔木德〉与拉比文献指南》，第188—189页。

52. 参见《安息日》2:31（诺曼·所罗门《〈塔木德〉选读》，第104—105页）。

53. 参见《休书》9:90（诺曼·所罗门《〈塔木德〉选读》，第399页）。

54. 参见《转房》4:47（诺曼·所罗门《〈塔木德〉选读》，第306—307页）。

55. 参见安德鲁·沙夫（Andrew Sharf）《从查士丁尼到第四次十字军东征时期的拜占庭犹太人》（伦敦，1971年），第53页。

56. 关于欧麦尔与基督教牧师之间达成的谅解（根据这一谅解，犹太人将继续被排斥在神圣处所之外！），基督教方面的资料却作出了一种完全不同的记述。参见耶霍书亚·弗伦克尔（Yehoshua Frenkel）《非伊斯兰作者对伊斯兰资料的利用》，载迈克尔·拉斯基尔（Michael M. Laskier）和雅可夫·列夫（Yaacov Lev）《犹太教与伊斯兰教的趋同性：宗教、科学和文化领域》（盖恩斯维尔，佛罗里达，2011年），第97页。

# 第6篇

1. 参见安德鲁·沙夫《从查士丁尼到第四次十字军东征时期的拜占庭犹太人》，第33页。

2. 参见尼格尔·格鲁姆（Nigel Groom）《乳香与没药：阿拉伯香料贸易研究》（纽约，1981年）。

3. 哈斯代书信的原件副本见于《剑桥版"开罗秘库"文书大全》。该译文引自弗朗茨·科布勒（Franz Kobler）《历代犹太人书信集》第1卷《〈圣经〉时代至文艺复兴时期》（纽约，1952年），第98—101页。

4. 参见弗朗茨·科布勒《历代犹太人书信集》第1卷，第105页。

5. 参见戈尔登（P. B. Golden）《哈扎尔汗国》，载辛诺尔（D. Sinor）《剑桥版早期亚洲内陆史》（剑桥，1990年）。

6. 参见康斯坦丁·朱克曼（Constantine Zuckerman）《关于哈扎尔汗国皈依犹太教的日期以及国王鲁斯、奥列格和伊格尔统治时期问题：开罗秘库中的哈扎尔佚名书信研究》，载《拜占庭研究评论》（1995年）第53卷，第237—270页。

7. 参见凯文·布鲁克（Kevin Alan Brook）《哈扎尔犹太人》（纽约/多伦多/普利茅斯，2006年），第80页。

8. 科尔多瓦大洗劫发生于1013年4月，而撒母耳（Shmuel）的诗《逃离科尔多瓦》[据他的儿子即他的《诗集》（diwan）的编者所说，这首诗是在他离开的同时写成的]似乎写于冬季，也就是说，他很可能是在这场灾难发生之前而不是之后离开的。

9. 参见伊本·阿哈迪布（Ibn Al-Khatib）《格拉纳达编年史》，引自罗斯·布兰（Ross Brann）《绘画的力量：11世纪和12世纪伊斯兰西班牙的犹太人和穆斯林形象》（普林斯顿，2002年），第36—37页。

10. 参见雷蒙德·施恩德林（Raymond P. Scheindlin）译《红酒、女人与死亡：歌颂美好生活的中世纪希伯来诗歌》（费城，1986年），第159页。目前已经有许多不同风格的中世纪西班牙希伯来文诗歌的经典原作的译本。彼得·科尔（Peter Cole）的《诗之梦：穆斯林与基督教西班牙（950—1492年）的希伯来文诗歌》（普林斯顿，2007年）在最新的各种译本中是最不拘一格的，而学者施恩德林的译本可以说是最保守的，甚至有点晦涩，但却非常忠实于原作。读者尤其是希伯来文读者（或者像笔者这类生疏的回炉者）可能喜欢将其与希勒尔·豪尔金（Hillel Halkin）《记述宏大事件的诗行："犹太王子"撒母耳（Shmuel Hanagid）诗体自传》（耶路撒冷，1999年）中更大胆的口语风格相比较。所有这些译本虽然风格不一，但均属上乘之作，尤其是施恩德林最大限度地保留了某些纳赫雷拉（Naghrela）采用的阿拉伯语韵律。另外还有列昂·温伯格（Leon J. Weinberger）的一个更侧重直译因而更为通俗的译本《穆斯林西班牙的犹太王子：撒母耳·伊本·纳赫雷拉诗选》（塔斯卡卢萨，1973年），其译文尽可能地保留或至少表达为押韵的形式。温伯格、施恩德林和豪尔金都给出了在比较不同的形象选择时有所帮助的希伯来原文，例如，在一首著名的色情诗的结尾处，一个坐在杯子里的"幼儿"唤醒了正在打盹的作者，要他"从我的唇间饮下葡萄的血"，此时一轮逐渐暗淡的月亮在破晓的晨光中恰好挂在幼儿身后的天空中，而被轻轻唤醒的诗人就倚躺在面前。但是，这轮像弯弯的镰刀一样的月亮（或许是一轮新月）的确切形状到底是什么样子呢？纳赫雷拉的希伯来原文只用了"yod"，其中的字母"y"就像右上角的一个单撇号，或一个悬着的逗号。科尔选择的是"逗号"，而施恩德林则选择了"C"，而最令人困惑的是，科尔选择的是"D"（即希伯来文中第四个字母的形状，也就是上面提到的"逗号"），这根本不可能是最具想象力的诗人纳赫雷拉向我们传达的本意。

11. 这是豪尔金真正出色的译本，参见《犹大·哈列维》（纽约，2010年），第29页。

12. 参见彼得·科尔《诗之梦：穆斯林与基督教西班牙（950—1492年）的希伯来文诗歌》，第58—59页、第66页。

13. 参见彼得·科尔《诗之梦：穆斯林与基督教西班牙（950—1492年）的希伯来文诗歌》，第39页。

14. 参见罗斯·布兰《绘画的力量：11世纪和12世纪伊斯兰西班牙的犹太人和穆斯林的象征》，第36页。

15. 温伯格译本（略有改动），第55页。

16. 参见希勒尔·豪尔金《记述宏大事件的诗行："犹太王子"撒母耳诗体自传》（略有改动），第55页。

17. 参见希勒尔·豪尔金《记述宏大事件的诗行："犹太王子"撒母耳·诗体自传》（略有改动），第97页。

18. 参见摩西·皮尔曼（Moshe Pearlmann）《11世纪作家眼中的格拉纳达犹太人》，载《美国犹太研究学会论文集》第18期（安阿伯，1948年），第283页。

19. 参见摩西·皮尔曼《11世纪作家眼中的格拉纳达犹太人》，第286页。

20. 参见豪尔金《犹大·哈列维》，第85页。

21. 参见彼得·科尔《诗之梦：穆斯林与基督教西班牙（950—1492年）的希伯来文诗歌》，第147页。

22. 参见豪尔金《犹大·哈列维》，第60页。

23. 参见豪尔金《犹大·哈列维》，第79页。

24. 参见彼得·科尔《诗之梦：穆斯林与基督教西班牙（950—1492年）的希伯来文诗歌》，第159页。

25. 参见彼得·科尔《诗之梦：穆斯林与基督教西班牙（950—1492年）的希伯来文诗歌》，第164页。

26. 参见彼得·科尔《诗之梦：穆斯林与基督教西班牙（950—1492年）的希伯来文诗歌》，第166页、第67页，笔者略有改动。在约瑟·雅哈龙（Joseph Yahalom）的精美著作《犹大·哈列维：诗情与朝圣》（耶路撒冷，2009年）中，也有一些对哈列维海上诗篇的出色的平行译作，而这些海上诗篇本身除了涉及《约拿书》的一篇之外，在希伯来诗歌中都属于一种全新的体裁（第107页以下）。希伯来读者完全能够理解诗人采用拟声法的灵巧，仿佛能听到海浪和着诗人惊恐的心跳节律连续不断的拍击声："海面上巨浪翻滚、泡沫激荡、乌云飞驰"（khmu galim, barutz galgalim, ve'avim vekalim, al penei ha yam）。

27. 参见约瑟·雅哈龙《犹大·哈列维：诗情与朝圣》，第108页。

28. 参见彼得·科尔《诗之梦：穆斯林与基督教西班牙（950—1492年）的希伯来文诗歌》，第169页。

29. 参见豪尔金《犹大·哈列维》，第211—212页。

30. 犹大·阿哈里兹（Judah Alharizi）奇妙的《智慧书》写成于12世纪晚期，也就是说是哈列维去世后只经过了几代人的时间。其中曾提到有许多人试图寻找他的去世地点，但都没有找到。参见犹大·阿哈里兹《智慧书：中世纪西班牙的犹太传说》，大卫·西格尔（David Simhn Segal）译注（牛津/波特兰，2001年），第43页、第240—241页、第533页。

31. 与许多早期的秘库历史学家认为所谓哈列维到过巴勒斯坦只是他的一种美好愿望不同的是，格伊泰因坚持认为，"开罗秘库"中出土的一些临近他去世期间的信件证明，他事实上就是在巴勒斯坦去世的。

## 第7篇

1. 这位寡妇的一封求助信在"开罗秘库"中得以保留了下来。参见犹滴·巴斯金（Judith R. Baskin）《中世纪犹太女人》，载琳达·米切尔（Linda E. Mitchell）编《中世纪西欧文化中的女人》（纽约，1999年），第79页。另参见亚伯拉罕·格罗斯曼（Avraham Grossman）《虔诚与反叛：中世纪欧洲的犹太女人》（沃尔瑟姆，麻省，2004年）；伊利施瓦·鲍姆加顿（Elisheva Baumgarten）《母亲与孩子：中世纪欧洲的犹太家庭生活》（普林斯顿，2004年）。

2. 参见罗伯特·查赞（Robert Chazan）《中世纪法国北部的犹太社区：政治与社会史》（巴尔的摩，1973年），第37—38页。

3. 关于希伯来叙事的真实性问题的深入剖析且大多十分生动的讨论，可参见耶利米·柯恩（Jeremy Cohen）《圣化上帝之名：第一次十字军东征中的犹太殉难者与犹太记忆》（费城，2004年）。

4. 参见耶利米·柯恩《充满生命力的律法字符：中世纪基督教世界中犹太人的理念》（伯克利/洛杉矶/伦敦，1999年），第155页。

5. 关于亚琛的阿尔伯特（Albert of Aachen），参见肯尼斯·斯托（Kenneth R. Stow）《被疏远的少数民族：中世纪拉丁欧洲中的犹太人》（剑桥，1992年），第109页。

6. 关于每一种希伯来叙事对这些危机事件的叙事方式，可参见罗伯特·查赞《上帝、人性与历史：关于第一次十字军东征的希伯来叙事》（伯克利，2000年），散见全书各处，重点参见第32—33页。

7. 参见尼尔斯·勒默（Nils Roehmer）《德国城市的犹太记忆：沃尔姆斯的故事》（沃尔瑟姆，麻省，2010年），第13页。

8. 其全文可参见施洛姆·艾德伯格（Shlomo Eideberg）编译《犹太人与十字军东征：关于第一次十字军东征的希伯来记事》（霍博肯，新泽西，1996年）。另参见大卫·罗斯基斯（David G. Roskies）编《灾难文学：犹太人对灾难的回答》（费城/耶路撒冷，1989年），第75—82页。

9. 参见雅各·马库斯（Jacob Marcus）《中世纪世界的犹太人：资料手册（315—1791年）》（耶路撒冷，1938年），第129页。关于马察达隐喻及其在叙事（并非作为历史事实）中的自觉引用问题，可参见苏珊·艾宾德尔（Susan Einbinder）《美丽的死亡：中世纪法国的犹太诗歌与殉难》（普林斯顿，2002年）。

10. 参见雅各·马库斯《中世纪世界的犹太人：资料手册（315—1791年）》，第167页。

11. 参见耶利米·柯恩《圣化上帝之名：第一次十字军东征中的犹太殉难者与犹太记忆》，第142页以下。

12. 可参见罗伯特·查赞《中世纪欧洲犹太生活的重新评价》（剑桥，2010年），该书无端地改变了作者以往在有关十字军的叙事中一贯措辞强烈、剖析犀利的风格。另可参见雅各·马库斯《中世纪世界的犹太人：资料手册（315—1791年）》，以及就笔者看来最缺乏说服力的约拿单·伊鲁金（Jonathan Elukin）的《一起生存，分开生活：关于中世纪犹太人—基督徒关系的重新思考》（普林斯顿，2007年）。

13. 参见迪韦齐斯的理查德（Richard of Devizes）《编年史》，阿普尔比（J. T. Appleby）编（牛津，1963年），第3—4页。另参见安东尼·贝尔（Anthony Bale）《中世纪文献中的犹太人：英国反犹主义（1350—1500年）》（牛津，2006年），第27页。

14. 参见迪韦齐斯的理查德《编年史》，第4页。

15. 关于这次袭击犹太人的事件，可参见安东尼·儒略（Anthony Julius）《大流散的磨难：英格兰反犹主义史》（牛津，2010年），第118页以下。

16. 关于后来兴起的异教，可参见安东尼·贝尔《中世纪文献中的犹太人：英格兰反犹主义（1350—1500年）》，第105—143页。

17. 参见塞西尔·罗斯（Cecil Roth）《英国犹太人的历史》（牛津，1941年），第9页。

18. 关于"炉子里的犹太儿童"的传说，可参见米利·鲁宾（Miri Rubin）《外邦人的传说：叙事中对中世纪晚期犹太人的攻击》（费城，1999年），第10页以下。

19. 参见米利·鲁宾《外邦人的传说：叙事中对中世纪晚期犹太人的攻击》，第11页。

20. 参见乔·希拉比（Joe Hillaby）《仪式杀婴指控：其传播方式与格洛斯特的哈罗德》，载《英格兰犹太社会的历史变迁》第34期（1996年），第69—109页。另参见约书亚·特拉奇滕伯格（Joshua Trachtenberg）《魔鬼与犹太人：中世纪的犹太人概念及其与现代反犹主义的关系》（费城，1983年），第124页以下。

21. 参见希拉·德兰尼（Sheila Delaney）编《乔叟与犹太人：来源、背景与意义》（伦敦，2002年）。

22. 参见艾米莉·泰伊茨（Emily Taitz）《女人的声音，女人的祈祷：中世纪的欧洲犹太会堂》，载苏珊·格罗斯曼和利弗卡·豪特《国王的女儿：女人与会堂》（耶路撒冷/费城，1992年），第65页。

23. 参见伊万·马库斯（Ivan Marcus）《母亲、殉难者与精于赚钱者：中世纪欧洲的几位犹太女性》，载《保守派犹太教》第38期（1986年春季号），第42页。

24. 参见犹滴·巴斯金《女人与中世纪阿什肯纳兹犹太人的洁净仪式：性忠诚的政治》，载劳伦斯·法恩（Lawrence Fine）编《中世纪到现代的犹太教习俗》（普林斯顿，2001年），第138页。

25. 参见劳伦斯·霍夫曼（Lawrence Hoffmann）《孩子割礼仪式上的母亲》，载劳伦斯·法恩编《中世纪到现代的犹太教习俗》，第99—114页。

26. 参见劳伦斯·霍夫曼《孩子割礼仪式上的母亲》，第113页。

27. 参见劳伦斯·霍夫曼《孩子割礼仪式上的母亲》，第142页。

28. 参见塞西尔·罗斯《英国犹太人的历史》，第15—16页。

29. 参见塞西尔·罗斯《英国犹太人的历史》，第15—16页。

30. 参见塞西尔·罗斯《中世纪牛津的犹太人》（牛津，1950年），第41页以下。

31. 参见《会堂执事与犹太女人：一种违反成文律法的行为？》，载《弗利德里克·梅特兰（Frederick W. Maitland）文选》（在线）第1卷（1911年）。

32. 参见《会堂执事与犹太女人：一种违反成文律法的行为？》，第52页；苏珊妮·巴莱特（Suzanne Bartlet）《温彻斯特的利科里西亚》（埃奇威尔，2009年），第56—57页。

33. 参见泽菲拉·洛奇（Zefira Entin Rokeah）《13世纪晚期英格兰的金钱与绞刑吏：犹太人、基督徒与伪造货币罪，妄断还是真实？》，载《犹太历史研究》第31期（1988—1990年），第83—109页；第32期，第159—218页。

34. 参见泽菲拉·洛奇编《中世纪英格兰犹太人与王室官员：英格兰备忘录中的犹太人意愿登记（1266—1293年）》（耶路撒冷，2000年），第380页。

35. 参见泽菲拉·洛奇编《中世纪英格兰犹太人与王室官员：英格兰备忘录中的犹太人意愿登记（1266—1293年）》，第393—394页。另参见泽菲拉·洛奇《13世纪晚期英格兰的犯罪与犹太人》，载《希伯来联合学院年鉴》第55期（1984年），第131—132页。

# 第8篇

1. 参见伊萨多·特韦尔斯基（Isadore Twersky）《迈蒙尼德读本》（斯普林菲尔德，新泽西，1972年），第47页。

2. 参见《申命记》30:15（应为30:19——译者注）。

3. 参见伊萨多·特韦尔斯基《迈蒙尼德读本》，第50页。

4. 参见乔尔·克雷默《摩西·迈蒙尼德》（纽约/伦敦，2008年），第103页。

5. 参见乔尔·克雷默《摩西·迈蒙尼德》，第104—111页。

6. 参见乔尔·克雷默《摩西·迈蒙尼德》，第106页以下。

7. 参见乔尔·克雷默《摩西·迈蒙尼德》，第207页。

8. 参见伊萨多·特韦尔斯基《迈蒙尼德读本》，第438页。

9. 参见伊萨多·特韦尔斯基《迈蒙尼德读本》，第457页。

10. 参见伊萨多·特韦尔斯基《迈蒙尼德读本》，第290页。

11. 参见乔尔·克雷默《摩西·迈蒙尼德》，第440—441页。

12. 参见苏珊·艾宾德尔《火刑审判：焚烧犹太书籍》，载《三一学院"中世纪宗教"讲演录》（卡拉马祖，2000年），散见全书各处。

13. 参见《来自罗腾堡的拉比梅尔的挽歌》，约翰·弗里德曼（John Friedman）译，载约翰·弗里德曼、简·霍夫（Jean Connell Hoff）和罗伯特·查赞《〈塔木德〉审判：巴黎1240》（多伦多，2012年），第169—270页。

14. 参见教皇格里高利九世1239年6月20日写给法国国王的信，引自罗伯特·查赞编《中世纪的教会、政府与犹太人》（纽约，1980年）。

15. 维罗纳的希勒尔（Hillel）还错误地断言，迈蒙尼德的著作和《塔木德》在巴黎的同一个地方被焚毁。如果前者确实曾被焚毁的话，也只能发生在蒙彼利埃。

16. 参见雅维尔·罗伊斯（Javier Rois）和塞尔玛·玛格雷顿（Selma L. Margaretten）译《一个警觉的社会：犹太思想与中世纪西班牙政权》（阿尔班尼，2013年）第271页。正是"尊者"彼得在《声讨犹太人天生的愚钝习惯》一文中率先提出了犹太人具有野蛮性的主张："我不敢认定你是一个人……因为你身上已经彻底丧失、完全葬送的东西，恰恰是把人类与动物和野兽区分开来并使人类高于它们的东西，即理性。"参见罗伯特·查赞等《〈塔木德〉审判：巴黎1240》，第13页；多米尼克·英迦—普拉特（Dominique Ionga-Plat）《秩序与排外：克吕尼与基督教王国面对异端——犹太教与伊斯兰教（1000—1150年）》，格拉汉·爱德华兹（Graham Robert Edwards）译（伊萨卡，2002年），第275页以下。

17. 海姆·马克比（Hyam Maccoby）所著《犹太教审判：中世纪犹太—基督两教大论争》（波特兰/伊萨卡，1982年）提供了丰富的原始资料，其中包括纳曼尼德本人关于这次论争的《记述》，以及1413—1414年间发生于西班牙托尔托萨的第三次论争的一篇希伯来文记述。（该书已出中文版——译者注）

18. 参见海姆·马克比《犹太教审判：中世纪犹太—基督两教大论争》。

19. 参见海姆·马克比《犹太教审判：中世纪犹太—基督两教大论争》，第119页。

20. 参见海姆·马克比《犹太教审判：中世纪犹太—基督两教大论争》，第146页。

21. 参见威利斯·约翰逊（Willis Johnson）《犹太男人月经之谜》，载《中世纪史杂志》第24卷第3期（1988年），第273—295页。

22. 参见《香肠剧》，载《瑟蒂斯学会（Surtees Society）出版物》（1911年），第115页以下。

23. 参见安东尼·贝尔《逃离迫害：基督徒、犹太人与中世纪暴力对象》（伦敦，2012年），第46页。

24. 参见安东尼·贝尔《逃离迫害：基督徒、犹太人与中世纪暴力对象》，第90—92页。

25. 参见米利·鲁宾《外邦人的传说：叙事中对中世纪晚期犹太人的攻击》，第45页。

26. 最完备的希伯来动物绘图目录可参见特蕾西和门德尔·梅茨格（Thérèse and Mendel Metzger）《中世纪的犹太生活：13世纪至16世纪的希伯来绘图手稿》（纽约/弗里堡，1982年），重点参见第19—37页。

27. 参见马克·爱泼斯坦（Marc Michael Epstein）《中世纪犹太艺术和文学中的颠覆之梦》（尤尼弗西蒂帕克，弗吉尼亚，1997年），第16—38页、第70—95页。

28. 参见马克·爱泼斯坦《中世纪"哈嘎嗒"：艺术、叙事与宗教想象》（纽黑文/伦敦，2013年），第19—28页。

29. 关于基督徒绘图师为犹太投资人创作的作品，可参见伊娃·弗洛伊莫维奇（Eva Froimovic）《早期阿什肯纳兹犹太人祈祷书及其基督徒绘图师》，载皮埃特·范·博克塞尔（Piet van Boxell）和萨宾·阿尔恩特（Sabine Arndt）编《跨越疆界：作为文化碰撞发生地的希伯来文手稿》（牛津，2009年），第45—46页。

30. 参见斯坦利·费伯（Stanley Ferber）《微写技术：一种犹太艺术形式》，载《犹太艺术杂志》（1977年），第12—24页。

# 第9篇

1. 为纪念其制作600周年，当年曾出版过几种印刷精致的影印本。参见汉斯-克里斯蒂安·弗雷斯里本（Hans-Christian Freiesleben）《1375年的加泰罗尼亚环球海图》（斯图加特，1977年）；乔治·格罗斯让（Georges Grosjean）编《海图集：1375年加泰罗尼亚环球海图》（苏黎世，1977年）。另参见简·米切尔·马辛（Jean-Michel Massing）《观测与信仰：加泰罗尼亚海图中的世界》，载《1492年：探险时代的艺术》（华盛顿，1992年），第27—33页；布莱恩·哈利（J. Brian Harley）《地图与制图学的发展》，载布莱恩·哈利等《制图史》第1卷（芝加哥，1987年）；伊夫林·埃德森（Evelyn Edson）《世界地图（1300—1492年）：坚守传统与不断改变》（巴尔的摩，2007年）。

2. 关于"波托兰诺海图"（Portolan Chart），可参见托尼·坎贝尔（Tony Campbell）《13世纪晚期到1500年的波托兰诺海图》，载布莱恩·哈利和大卫·伍德沃德（David Woodward）编《制图史：史前、古代、中世纪欧洲与地中海地区的制图艺术》第1卷（芝加哥，1987年）。关于海图制作与马略卡岛的联系，可参见菲利普·费尔南德斯-阿梅斯托（Felipe Fernandez-Armesto）《哥伦布之前：从地中海到大西洋的探险与殖民活动（1229—1492年）》（费城，1987年），第13—17页。

3. 关于克莱斯卡斯·亚伯拉罕及其儿子雅弗达的生平与成就，可参见专业历史档案网站（www.cresquesproject.net）的相关文章：雅米·桑斯（Jaume Riera i Sans）《克莱斯卡斯·亚伯拉罕：海图与罗盘制作大师》；加百列·莫拉格斯（Gabriel Llompart i Moragues）《马略卡岛犹太人与中世纪制图学》。另参见大卫·阿布拉菲亚（David Abulafia）《地中海上的帝国：加泰罗尼亚马略卡王国》（剑桥，1994年），第204—208页。

4. 参见加百列·莫拉格斯《"航海家"雅米·费雷尔的身份考证问题》，胡安·切瓦译（www.cresquesproject.net）。

5. 参见大卫·阿布拉菲亚《地中海上的帝国：加泰罗尼亚马略卡王国》，第75—99页；莱昂内尔·伊萨克斯（Lionel Isaacs）《马略卡犹太人》（伦敦，1936年）。

6. 参见大卫·尼伦伯格（David Nirenberg）《充满暴力的社区：中世纪对少数民族的迫害》（普林斯顿，1996年），第231页以下。该书作者辩称，出于攻击犹太人（以及其他非基督教徒）的目的而提出"向水井中投毒"的指控的情况并不多，而是因为基督徒认为瘟疫是由于他们罪孽深重引起的，其中就包括他们在基督教王国中的存在这一事实。1351年，瓦伦西亚主教向市政当局写信称："由于他们（犹太人和其他非基督教徒）罪孽深重，上帝希望降下瘟疫。"不过，巴塞罗那、塞尔维亚和塔雷加等地肯定发生过攻击和屠杀事件，根据编年史家约瑟·哈柯恩（Joseph Ha-Cohen）的记述，有300人被杀。

7. 关于马丁内斯的所作所为，可参见本兹恩·内塔尼亚胡（Benzion Netanyahu）《15世纪西班牙宗教裁判制度的起源》（纽约，1995年）第2卷，第128—148页；伊扎克·贝尔（Yitzhak Baer）《基督教西班牙犹太人的历史》（费城，1982年）。

8. 参见列昂·波里亚科夫（Leon Poliakov）《反犹主义史：从穆罕默德到"marrano"》第2卷，纳塔利·格拉迪（Natalie Gerardi）译（费城，2003年），第158—159页。

9. 关于"拉比哈斯代·克莱斯卡斯对1391年的西班牙大屠杀作过记述"，可参见弗朗茨·科布勒编《历代犹太人书信集：〈圣经〉时代至18世纪中期》第1卷（纽约，1952年），第272—275页；伊扎克·贝尔《基督教西班牙犹太人的历史》第2页、第104—105页。

10. 参见莱昂内尔·伊萨克斯《马略卡犹太人》，第79—90页。

11. 关于雅弗达以及1391年后的其他犹太手工艺人，可参见希尔加思（J. N. Hillgarth）《作为书籍主人与装帧手工艺人的马略卡犹太人与"皈依者"》，载亚伦·米尔基（Aharon Mirky）、亚伯拉罕·格罗斯曼（Avraham Grossman）、约瑟·开普兰（Yosef Kaplan）《流放与流散：犹太民族史研究——献给哈伊姆·贝纳特（Haim Beinart）教授》（耶路撒冷，1991年），第125—130页。

12. 关于卢尔与犹太人，可参见耶利米·柯恩《行乞修士与犹太人：中世纪反犹主义的演变》（伊萨卡，1992年），第199—225页。

13. 关于托尔托萨论争，犹太人一方的记述（所罗门·伊本·弗迦的《论争纪实》）和基督徒一方的记述都可以证明，本尼迪克特十三世对哈罗基即杰罗尼默显然没有能力说服犹太拉比变得越来越不耐烦。参见海姆·马克比《犹太教审判：中世纪犹太—基督两教大论争》，第168—216页。

14. 参见莱昂内尔·伊萨克斯《马略卡犹太人》，第110—117页。

15. 参见约瑟·耶鲁沙米（Yosef Hayim Yerushalmi）《犹太人历史上的流放与驱逐》，载便雅悯·甘佩尔（Benjamin R. Gampel）编《塞法迪世界的危机与创造性（1391—1648年）》（纽约，1997年），第14页。耶鲁沙米认为，"托莱多"（Toledo）有时也借用希伯来词"tiltul"（意为"流浪"）而被称作"托莱图拉"（Toletula）。

16. 参见杰里林·多兹（Jerrilynn D. Dodds）《中世纪西班牙的混合风格传统与犹太会堂：文化认同与文化霸权》，载维维安·曼（Vivian B. Mann）、托马斯·格里克（Thomas F. Glick）和杰里林·多兹《和谐共存：中世纪西班牙的犹太人、穆斯林与基督徒》（纽约，1992年），第113—131页；弗朗西斯科·伯格斯（Francisco Cantera Burgos）《西班牙犹太会堂》（马德里，1985年）；克林斯基（C. H. Krinsky）《欧洲犹太会堂：建筑、历史及其意义》（纽约/剑桥，1985年）；安娜·阿尔瓦雷斯（Ana Maria Lopez Alvarez）《塞法迪犹太会堂一览》（马德里，1987年）；安娜·阿尔瓦雷斯和圣地亚哥·帕洛米罗（Santiago Plaza Palomero）编《中世纪犹太会堂》（雷阿尔城，2003年）。

17. 例如，由以色列·本·以色列（Israel ben Israel）制作的四卷"托莱多《圣经》"（现在各卷已分开）。本·以色列家族的成员把文士技艺一代代地流传了下来。参见加布里埃尔·拉伊纳（Gabrielle Sed Rajna）《伊比利亚半岛的希伯来文绘图手稿》，载维维安·曼等《和谐共存：中世纪西班牙的犹太人、穆斯林与基督徒》，第134—136页。关于本·以色列文士家族的谱系，可参见凯特林·考格曼—阿佩尔（Katrin Kogman-Appel）《伊斯兰教与基督教之间的犹太书籍装帧艺术：中世纪西班牙的希伯来〈圣经〉装饰》（莱顿/波士顿，2004年），第61—64页。

18. 杰里林·多兹《中世纪西班牙的混合风格传统与犹太会堂：文化认同与文化霸权》，载维维安·曼等《和谐共存：中世纪西班牙的犹太人、穆斯林与基督徒》，第128页。

19. 参见伊尔米亚胡·约维尔（Yirmiyahu Yovel）《另类的"marrano"：分裂的身份与初始的现代性》（普林斯顿/牛津，2009年），第111页、第130页。约维尔用这部杰作改变了以往关于15世纪的"皈依者"与仍然保持原有身份的犹太人之间关系的主要争论点，尽管讨论的范围并没有扩大，但却使这个问题上的争论变得相对温和。我之所以信赖他，是因为他对"皈依者"和犹太人之间依然互相接触和联系的各种实用方式作了详细的论述，但他或许对许多保持原有宗教身份的犹太人看待"叛教者"的憎恶情绪［这是毫无疑问的，即使这些"叛教者"被认为是"被迫的"（anusim）］有点过于轻描淡写。

20. 参见诺曼·罗斯（Norman Roth）《15世纪的反皈依运动：普尔加尔与宗教裁判制度》（在线www.academia.edu），第368页以下；麦凯（A. Mackay）《15世纪卡斯提尔的民众运动与集体屠杀》，载《过去与现在》第55期（1972年），第34页。

21. 关于驱逐法令的种族主义倾向，可参见约翰·爱德华兹（John Edwards）《种族科学理论的开端？：1450—1600年的西班牙》，载耶迪达·斯蒂尔曼（Yedida K. Stillman）和诺曼·斯蒂尔曼（Norman A. Stillman）编《从伊比利亚到大流散：塞法迪犹太历史与文化研究》（莱顿/波士顿/科隆，1999年），第180—183页。

22. 参见伊尔米亚胡·约维尔《另类的"marrano"：分裂的身份与初始的现代性》，第145—147页。

23. 参见伊尔米亚胡·约维尔《另类的"marrano"：分裂的身份与初始的现代性》，第149—151页。

24. 参见加布里埃尔·拉伊纳《伊比利亚半岛的希伯来文绘图手稿》，载维维安·曼等《和谐共存：中世纪西班牙的犹太人、穆斯林与基督徒》，第152—153页；比撒列·纳基斯（Bezalel Narkiss）和阿利撒·柯恩-穆什林（Aliza Cohen-Mushlin）为《肯尼考特（Kennicott）〈圣经〉》影印本写的"序言"。另参见比撒列·纳基斯和柴里科夫（A. Tcherikover）《英属岛屿上的希伯来绘图手稿：西班牙文与葡萄牙文手稿》第1卷（耶路撒冷/牛津，1982年），第153—159页。

25. 关于这动物寓言插图中某些动物的有争议的原型，可参见马克·爱泼斯坦《中世纪犹太艺术和文学中的颠覆之梦》，散见全书各处。凯特琳·考格曼-阿佩尔在《伊斯兰教与基督教之间的犹太书籍装帧艺术：中世纪西班牙的希伯来〈圣经〉装饰》一书中则认为，猫和老鼠的主题可能来源于德国南部的传统插图形象（第214页）。

26. 有关宗教裁判制度的经典史学著作当属亨利·李（Henry Charles Lea）的《西班牙宗教裁判制度史》（纽约，1906—1907年）。另参见塞西尔·罗斯《"marrano"、宗教裁判所与西班牙对犹太人的驱逐》（伦敦/麦迪逊，1995年）；亨利·卡门（Henry Kamen）《宗教裁判所与西班牙社会》（伦敦，1985年）。堪称现代历史文学的伟大经典并且在学术上独树一帜、在文学描写上感人至深的作品乃是哈伊姆·贝纳特（Haim Beinart）的《西班牙驱逐犹太人》，杰弗里·格林（Jeffrey M. Green）译（牛津/波特兰，2002年）。

27. 参见伊尔米亚胡·约维尔《另类的"marrano": 分裂的身份与初始的现代性》, 第162页。

28. 参见本兹恩·内塔尼亚胡《以撒·阿布拉瓦内尔"先生": 政治家与哲学家》第5版(伊萨卡/伦敦, 1998年), 第26—41页。

29. 关于驱逐令的演变过程, 可参见莫里斯·克里格尔(Maurice Kriegel)《法令的制定》, 载《历史评论》第260期(1978年), 第49—90页; 哈伊姆·贝纳特《西班牙驱逐犹太人》, 第5—54页; 《西班牙驱逐令: 先例、动机与文本解读》, 载便雅悯·冈佩尔编《塞法迪世界的危机与创造性(1391—1648年)》, 第79—95页。

30. 参见伊尔米亚胡·约维尔《另类的"marrano": 分裂的身份与初始的现代性》, 第179—180页。

31. 关于犹太人离境的路线以及有关被赶出原居住城镇和限期离开西班牙的过程中所受的诸多折磨, 可参见哈伊姆·贝纳特《西班牙驱逐犹太人》, 散见全书各处。

32. 参见哈伊姆·贝纳特《西班牙驱逐犹太人》, 第523—524页。

33. 参见弗朗索瓦·索耶尔(François Soyer)《葡萄牙对犹太人和穆斯林的迫害: 曼努埃尔一世与宗教宽容的终结(1496—1497年)》(莱顿/波士顿, 2007年): 关于圣多美岛上的犹太儿童, 参见130—131页; 关于抓捕犹太儿童以及强迫他们的父母和其他成年人皈依基督教, 参见第210—226页。

34. 参见何塞·查瓦斯(José Chabás)和伯纳德·戈德施泰因(Bernard R. Goldstein)《亚伯拉罕·撒库托(Abraham Zacuto): 关于传记的补充说明》, 载《伊比利亚半岛天文学》(达比, 宾夕法尼亚, 2000年), 第6—11页。

35. 参见亚伯拉罕·撒库托《论血统》(Sefer Yohassin), 以色列·沙米尔(Israel Shamir)编译(2005年)。

36. 参见以色列·埃弗罗斯(Israel Efros)《中世纪犹太哲学中的空间问题》(纽约, 1917年)。

# 参考文献

## 综述

作为学术性犹太史的丰碑式作品,萨罗·巴伦(Salo Baron)的18卷本《犹太人的社会与宗教史》第2版(纽约,1952—1983年)无疑是无与伦比的。体量略小但学术分量颇重的霍华德·萨查尔(Howard Sachar)的17卷本《犹太史教程》(纽约,1958年)虽然采用的是考古学分期方式,但仍然值得一读。保罗·约翰逊(Paul Johnson)的《犹太史》(伦敦/纽约,1987年)则是一本杰出的单卷本入门读物。梅尔文·康纳(Melvin Konner)的《居无定所:犹太人类学》是一个风格独特、最具刺激性的综述性文本,而研究中世纪希伯来诗歌的伟大学者雷蒙德·施恩德林(Raymond P. Scheindlin)的《简明犹太民族史:从传奇时代到现代国家》(纽约,2000年)一书就简练而言达到了难以企及的高度。摩西·罗斯曼(Moshe Rosman)的《犹太史的犹太性》(波特兰,2007年)是一部记述犹太史学发展过程的杰作。关于犹太史的最新的、更具文化包容特色的著作(拙著从中受益良多)当属大卫·比亚尔(David Biale)主编的《犹太人的文化:最新历史读本》(伯克利/洛杉矶,2002年),这是一本特殊的学术性与解读性文选,其中的所有文章均为上乘之作。关于这一时期更珍贵的原始资料,可参见弗朗斯·科布勒(Frans Kobler)主编的《历代犹太人书信集:从〈圣经〉时代到18世纪中期》第1卷(纽约,1952年)。

## 象岛"犹太军人"世界

主要参见比撒列·波滕(Bezalel Porten)《象岛档案:一个古老犹太军事群落的生活》(伯克利,1996年)和《象岛莎草纸(英语译文):跨文化延续与演变三千年》(莱顿/纽约/科隆,1996年);约瑟·莫德采耶夫斯基(Joseph Meleze Modrzejewski)《埃及犹太人:从拉美西斯二世到皇帝哈德良》(费城,1995年);詹姆斯·林登伯格(James M. Lindenberger)《古阿拉米和希伯来文字》(亚特兰大,2003年)。另可参见(尽管与波滕的学术版本观点不尽一致)鲍罗斯·阿雅德·阿雅德(Boulos Ayad Ayad)《古埃及的犹太—阿拉米社区》(开罗,1976年)。

## 《圣经》的起源与以色列宗教的演变

目前已有大量的最新学术文献出版，在碑铭学领域和铭文方面尤其丰富。但对一般读者而言，卡伦·阿姆斯特朗（Karen Armstrong）的《〈圣经〉：人物传记》仍然是一本有关"记述文字猜想"（即19世纪兴起的《圣经》语文学历史化研究）的杰出而简明的入门书。关于"历史书卷"的深入解读，可参见萨拉·雅普特（Sara Japhet）《从巴比伦河谷到犹地亚高原》（维诺纳湖，印第安纳，2000年）和《〈历代志〉中的理念》（维诺纳湖，印第安纳，2002年）。关于以色列宗教在迦南异教文化中的起源，可参见弗兰克·克罗斯（Frank Moore Cross）的经典著作《迦南神话与以色列史诗：以色列宗教史文集》（剑桥，1973年）和《从史诗到经文：古以色列的历史与文学》（巴尔的摩，1998年）。另参见米切尔·库根（Michael Coogan）《〈旧约〉：〈圣经〉历史与文学引论》（纽约/伦敦，2011年）。关于《圣经》最古老的形式，可参见斯蒂文·魏茨曼（Steven Weitzman）《诗歌与故事：古以色列文学传统的历史》（布卢明顿，印第安纳，1997年）。关于一神教从多神教和多级神教（信奉按级别排列的多个神）中缓慢、不断变化和不稳定的形成过程，可参见约翰·代伊（John Day）《耶和华与迦南的男神和女神》（谢菲尔德，2000年）；巴鲁赫·哈尔彭（Baruch Halpern）《最早的历史学家》（旧金山，1998年）；克利斯托夫·德·哈梅尔（Christopher de Hamel）《书卷：〈圣经〉的历史》（伦敦，2001年）；理查德·赫斯（Richard S. Hess）《以色列人的宗教：考古学与〈圣经〉综述》（大激流城，密歇根，2007年）；罗伯特·川岛（Robert S. Kawashima）《狂想诗的死灭》（布卢明顿，印第安纳，2004年）；克利斯托夫·罗尔斯顿（Christopher Rollston）《古以色列世界的作品及其文学性：来自铁器时代的碑铭证据》（亚特兰大，2010年）；罗恩·泰比（Ron E. Tappy）和凯尔·麦卡特（P. Kyle McCarter）编《识字文化运动与10世纪的迦南人：特拉扎伊字母表》（维诺纳湖，印第安纳，2008年）；塞特·桑德斯（Seth Sanders）《希伯来"字符"的发明》（乌尔班纳，伊利诺伊，2009年）；施尼德温德（W. M. Schniedwind）《〈圣经〉如何变为一本书：古以色列的文本化风尚》（剑桥，2004年）；马克·史密斯（Mark S. Smith）《〈圣经〉一神教的起源：以色列的多神崇拜背景和乌加里特文本》（牛津，2001年）和《上帝的早期历史》（大激流城，密歇根，2002年）；弗朗西斯卡·斯塔夫罗克鲍鲁（Francesca Stavrokpoulou）和约翰·巴顿（John Barton）编《古以色列国和犹大国的宗教多样性》（伦敦，2010年）；卡莱尔·范·德·图恩（Karel van der Toorn）《文士文化与希伯来〈圣经〉的形成》（剑桥，2007年）和《形象与书卷：偶像崇拜、无偶像崇拜以及书卷宗教在以色列和古代近东地区的兴起》（鲁汶，2006年）；苏珊·尼迪奇（Susan Niditch）《口传与书写：古以色列文学》（路易斯维尔，肯塔基，1996年）。

## 《圣经》时期考古学

关于最早的历史年代，阿米哈伊·马扎尔（Amihai Mazar）的《〈圣经〉本土考古学：引论（公元前10000—前586年）》（纽约，1990年）是一本相当不错、相对均衡但又具有批评性的介绍性指南，其中对出土文物和铭文解读的最新进展也作了概括性综述。另参见他与"考古极简派"泰斗以色列·芬克尔斯坦（Israel Fenkelstein）合著的《历史上的以色列探源》（莱顿/波士顿，2007年）和芬克尔斯坦本人的《大卫和所罗门：追寻〈圣经〉中的神圣国王与西方传统的根源》（纽约，2006年）等大量著述，以及他与尼尔·西尔伯曼（Neil Asher Silberman）合著的《〈圣经〉揭秘：古以色列及其神圣文本起源的考古学新视野》（伦敦/纽约，2001年）。威廉·德弗尔（William G. Dever）原来也是"考古极简派"成员之一，后来在一系列激进的重新阐述中转向了一种更为灵活的立场，关于其立场的激烈转变，可参见其《历史上的〈圣经〉考古学与未来：一种新实用主义范式》（伦敦，2010年）；关于其早期的立场，参见其《神圣的时间，神圣的地点：考古学与以色列宗教》（维诺纳湖，印第安纳，2002年），《谁是早期的以色列人？他们来自何处？》（大激流城，密歇根，2003年）以及《上帝有妻子吗？》（大激流城，密歇根，2005年）。关于重要的最新研究进展，可参见阿萨夫·亚苏尔-朗道（Assaf Yasur-Landau）、詹尼·埃贝林（Jennie R. Ebeling）和劳拉·马佐夫（Laura B. Mazow）《古以色列及其周边的家居考古》（莱顿/波士顿，2011年）。关于以拉要塞重要发掘成果的全面记述，可参见约瑟·加芬克尔（Yosef Garfinkel）、萨尔·加诺尔（Saar Ganor）和米切尔·哈塞尔（Michael Hassel）《追寻大卫王的足迹》（特拉维夫，2012年）。

## 希腊化与罗马时期犹太教的发展及其与古典文化的关系

在犹太教发展史方面，伟大的现代权威学者当属沙耶·柯恩（Shaye Cohen），可参见他的重要文集《从〈马加比书〉到〈密释纳〉》（费城，1987年），以及《犹太性的开端：局限性、多样性和不确定性》（伯克利/洛杉矶/伦敦，1999年）。另参见雅各·纽斯内尔（Jacob Neusner）《从政治到虔诚：法利赛犹太教的兴起》（英格伍德，新泽西，1973年），《约哈南·本·撒该生平》（莱顿，1970年）和《危机中的公元1世纪犹太教：约哈南·本·撒该与〈托拉〉的复兴》（重印本，2006年）。关于《圣经》收录律法条文的截止时间，可参见詹姆斯·库格尔（James Kugel）的权威著作《传统与〈圣经〉：公元纪年开始时的〈圣经〉导读》（剑桥，1998年）。另参见米切尔·斯通（Michael E. Stone）《经文、教派与想象力：从以斯拉到犹太起义时期的犹太教概述》（费城，1980年）。考古学方面的最佳入门读本当属艾里克·梅耶斯（Eric M. Meyers）和马克·乔叟（Mark A. Chauncey）《从亚历山大到康斯坦丁：〈圣经〉本土考古学》（纽黑文，2012年）和《考古学：拉比与早期基督教》（纳什维尔/阿宾顿，1981年）。另参见以利亚斯·比克曼（Elias Bickerman）《希腊时代的犹太人》（剑桥，1988年），《马加比家族的上帝：马加比起义的意义与重要性》（伦敦，1979年）和《从以斯拉到最后的马加比家族成员》（纽约，1962年）；克里斯汀·海耶斯（Christine Hayes）《犹太教的发端：当代视角下的古典传统》（韦斯波特，康涅狄格，2007年）；艾里克·格伦（Erich S. Gruen）的大量著述，尤其是《文化遗产与希腊化运动：犹太传统的重新发现》（伯克利，1998年），《大流散：希腊人与罗马人中间的犹太人》（剑桥，2002年）和《对古代"另类"的重新思考》（普林斯顿，2011年）；李·列文（Lee I. Levine）《古代的犹太教与希腊化：冲突还是融合》（西雅图，1998年）；克利斯托夫·哈斯（Christopher Haas）《中古后期的亚历山大：地形与社会冲突》（巴尔的摩，1997年）；彼得·谢弗（Peter Schäfer）《犹太恐惧症：古代世界对犹太人的态度》（剑桥，2007年）和《希腊—罗马时期犹太人的历史》（伦敦，2003年）；萨拉·约翰逊（Sara Raup Johnson）《历史虚构与希腊化的犹太身份》（伯克利，2005年）；莫米格利亚诺（A. Momigliano）《论异教徒、犹太人与基督徒》（米德尔顿，康涅狄格，1987年）；维克多·柴利考尔（Victor Tcherikoer）《希腊化文明与犹太人》（费城，1959年）；约瑟·西弗斯（Joseph Sievers）《哈斯蒙尼王朝及其支持者：从玛塔西雅到约翰·胡肯奴之死》（亚特兰大，1990年）；斯蒂文·魏茨曼（Steven Weitzman）《在亵渎中生存：古代犹太人的文化坚守》（剑桥，2005年）；威廉·比勒（William Buehler）《前哈德良内战与社会争论：公元前76—公元40年的犹太社会》（巴塞尔，1974年）；但以理·哈灵顿（Daniel Harrington）《马加比起义：一场〈圣经〉革命的剖析》（维尔明顿，

1988年）；马丁·古德曼（Martin Goodman）《罗马与耶路撒冷：古代文明的碰撞》（伦敦，2007年）；苏珊·索里克（Susan Sorek）《犹太人抗击罗马统治》（伦敦/纽约，2008年）；沙耶·柯恩《约瑟福斯在加利利和罗马：人生简历与作为一个历史学家的发迹史》（莱顿，1979 年）；约拿单·埃德蒙森（Jonathan Edmundson）编《弗拉维斯·约瑟福斯与罗马弗拉维王朝》（牛津，2005年）；弗雷德里克·拉斐尔（Frederick Raphael）《弗拉维斯·约瑟福斯生平与遗产》（伦敦，2013年）。

## 《死海古卷》研究

这方面的经典学术成果包括戈萨·韦尔梅斯（Geza Vermes）的《〈死海古卷〉全本引论》（明尼阿波利斯，2000年）和《〈死海古卷〉：库姆兰透视》（费城，1981年）。关于与其完全不同的观点，可参见诺曼·戈尔布（Norman Golb）《谁写下了〈死海古卷〉：库姆兰探秘》（纽约，1995年）。另参见弗朗克·克罗斯《库姆兰的古代图书馆》（明尼阿波利斯，1995年）；米切尔·斯通《古代犹太教：新视野与新观点》（大激流城，密歇根，2011年）；米切尔·怀斯（Michael Wise）、马丁·阿贝格（Martin Abegg）和爱德华·库克（Edward Cook）的力作《〈死海古卷〉新译》（旧金山，1996年）；彼得·弗林特（Peter W. Flint）和詹姆斯·范德卡姆（James VanderKam）《〈死海古卷〉发现五十年：全面评价》（莱顿，1997年）。关于耶路撒冷城本身，最新的优秀研究成果有：李·列文《耶路撒冷：第二圣殿时期城市画像》（费城，2002年）；西门·戈德希尔（Simon Goldhill）《耶路撒冷：怀旧之城》（剑桥，2010年）和《耶路撒冷圣殿》（伦敦，2004年）；重点参见西门·塞贝格－蒙特菲奥罗（Simon Sebag-Montefiore）《耶路撒冷纪事》（伦敦，2012年）。关于重新下葬的"遗骨匣"形制，可参见保罗·菲格拉斯（Pau Figueras）《装饰精美的犹太遗骨匣》（莱顿，1983年）；艾里克·梅耶斯《犹太遗骨匣：重葬与再生，古代近东地区形制的重葬仪式》（罗马，1971年）；雷切尔·哈奇利利（Rachel Hachlili）《第二圣殿时期的犹太丧葬传统、习俗与礼仪》（莱顿，2005年）。

## 犹太人与早期基督教

这方面的优秀力作和解读当属但以理·鲍亚林（Daniel Boyarin）的《分界线：犹太教与基督教的差异》（费城，2007年）及其《一个激进的犹太人：保罗与身份政治》（伯克利，1994年）。关于两者生活方式的差别，可参见伟大的传统权威雅各·纽斯内尔的著作，特别是《犹太人与基督徒：共同传统之谜》（宾汉普顿，纽约，2001年）一书。关于其对立的观点，可参见海姆·马克比（Hyam Maccoby）《神话创造者：保罗与基督教的起源》（伦敦/纽约，1987年）。另参见彼得·谢弗尔《犹太人的耶稣：犹太教与基督教如何相互塑造》（普林斯顿，2012年）。关于"以便尼派"与犹太基督徒，可参见奥斯卡·斯卡索尼（Oskar Skarsaune）和雷达尔·哈瓦尔维克（Reidar Hvalvik）主编《早期信仰耶稣的犹太人》（皮博迪，麻省，2007年）；戈萨·韦尔梅斯《犹太人耶稣的宗教》（伦敦，1993年）。关于《密释纳》的形成与发展，可参见雅各·纽斯内尔为其杰作《〈密释纳〉新译》（纽黑文，1988年）所写的"导言"。关于拉比文化及其多重评注的根源与流变的有益阐释，可参见海姆·马克比《早期拉比著述》（剑桥，1988年）。关于《塔木德》的演变，可参见泰勒亚·菲什曼（Talya Fishman）《〈塔木德〉民族的形成：口传〈托拉〉与手写传统》（费城，2011年），以及夏洛特·冯拉伯特（Charlotte

Elisheva Fonrabert）和马丁·雅菲（Martin S. Jaffee）主编的珍贵文献《剑桥版〈塔木德〉与拉比文献指南》（剑桥，2007年）。关于"奥古斯丁体制"，可参见保拉·弗雷德里克森的力作（Paula Fredericksen）《奥古斯丁与犹太人：一个为犹太人和犹太教辩护的基督徒》（纽约，2008年）。关于犹太宗教制度与仪式的演变，可参见李·列文丰碑式的必备读物《古代犹太会堂》（纽黑文，2005年）；菲利普·哈兰德（Philip A. Harland）《协会、会堂与会众》（奥格斯堡，2003年）；强烈建议参见巴鲁赫·伯克塞尔（Baruch Bokser）《逾越节家宴的起源：逾越节仪式与早期拉比犹太教》（伯克利，1984年）；列奥纳德·格里克（Leonard Glick）《在你的肉体上做记号：从古代犹地亚到现代美国的割礼仪式》（牛津，2005年）。关于牲祭的深刻含义，强烈建议参见大卫·比亚尔《血与信仰：在犹太人与基督徒之间传播的一个符号》（洛杉矶/伯克利，2007年）。

## 中世纪基督教欧洲与犹太人

关于这一时期犹太教的演变，可参见以法莲·康纳弗格尔（Ephraim Kanarfogel）《中世纪阿什肯纳兹的知识界与拉比文化》（底特律，2013年）；劳伦斯·法恩（Lawrence Fine）编《实践中的犹太教：从中世纪到现代早期》（普林斯顿，2001年）。在犹太—基督两教关系研究领域最多产的学者当属罗伯特·查赞（Robert Chazan），他在最近出版的著作《中世纪欧洲的犹太生活的重新评价》中倡议对拉丁基督教欧洲的犹太生活的地点和经历重新作出相对均衡的、不要过分强调悲剧色彩的记述，他或许是想起了约书亚·特拉奇滕伯格（Joshua Trachtenberg）所著的尚值得一读的"恐犹症"史论《魔鬼与犹太人：中世纪犹太人的概念及其与现代反犹主义的关系》（纽黑文，1944年）。关于这种现象的相对明确的漫长发展历史，可参见罗伯特·韦斯特里奇（Robert Wistrich）《由来已久的仇恨：反犹主义与犹太身份》（伦敦，1991年）。另参见列奥纳德·格里克（Leonard Glick）《亚伯拉罕的后裔：中世纪犹太人与基督徒》（锡拉丘兹，1999年）。关于最新的丰富研究成果，可参见安娜·阿布拉菲亚（Anna Sapir Abulafia）《基督徒与犹太人的关系（1000—1300年）》（伦敦/纽约，2011年）和《论争中的基督徒与犹太人：论争文献与西方反犹主义的兴起（1000—1150年）》（阿尔德肖特，1998年）。作为对比阅读，可参见大卫·尼伦伯格（David Nirenberg）《充满暴力的社区：中世纪对少数民族的迫害》（普林斯顿，1996年）。另参见肯尼斯·斯托（Kenneth Stow）《中世纪的罗马教廷与犹太人：冲突与回应》（阿尔德肖特/伯尔林顿，佛蒙特，2007年）中引用的原本。关于不可避免的悲剧时代，可参见罗伯特·查赞《1096年：第一次十字军东征与犹太人》（伯克利，1996年），《上帝、人性与历史：关于第一次十字军东征的希伯来文叙事》（伯克利，2000年），以及《第一次十字军东征期间的欧洲犹太社区》（伯克利，1987年）。关于这类叙事的原本，可参见什洛莫·艾德尔伯格（Shlomo Eidelberg）选编的《犹太人与十字军：第一次和第二次十字军东征中的希伯来文记事》（麦迪逊，威斯康星，1977年）。关于文献与经历中最悲惨的描述，可参见耶利米·柯恩（Jeremy Cohen）《圣化上帝之名：第一次十字军东征中的犹太殉难者与犹太记忆》（费城，2004年）；另参见他的《充满生命力的律法文字：中世纪基督教世界中犹太人的理念》（伯克利，1999年）。关于沃尔姆斯的情况，可参见尼尔斯·罗伊默（Nils Roehmer）震撼人心的历史读本《德国城市，犹太记忆：沃尔姆斯的故事》（沃尔瑟姆，麻省，2010年）。关于以利亚撒和祭司们，可参见伊万·马库斯（Ivan Marcus）《虔诚与社会：中世纪德国的犹太虔诚派》（莱顿，1997年）；关于法国的情况，可参见苏珊·艾因宾德（Susan Einbinder）的著述，尤其是《美丽的死亡：中世纪法国的犹太诗歌与殉教传统》（普林斯顿，2002年）。关于中世纪英格兰的情况，塞西尔·罗斯（Cecil Roth）所著《英格兰犹太人的历史》（伦敦，1964年）值得一读，但伟大的综述性著作当属安东尼·儒略（Anthony Julius）的《大流散的磨难：英格兰反犹主义史》（牛津，2010年）。关于历史上延续下来的令人沮丧的"恐犹症"之谜的精彩论述，可参见米利·鲁宾（Miri Rubin）《外邦人的传说：叙事中对中世纪晚期犹太人的攻击》（费城，1999年）；安东尼·贝尔（Anthony Bale）《逃离迫害：基督徒、犹太人与中世纪暴力对象》（伦敦，2012年）。关于文学原型，可参见玛丽安·克鲁梅尔（Marianne Ara Krummel）《中世纪英格兰手工艺术中的犹太性》（纽约，2011年）。关于社会和经济史，可参见苏珊尼·巴特莱特（Suzanne Bartlet）《温彻斯特的利科里西亚》（伦敦，2009年）；罗宾·蒙迪尔（Robin Mundill）《英格兰的犹太人解决方案：试验与驱逐（1262—1290年）》（剑桥，1998年）和《国王的犹太人：金钱、屠杀与中世纪英格兰的"出埃及"》（伦敦，2010年）。关于犹太女人与家庭的历史，可参见伊利舍瓦·鲍姆加顿（Elisheva Baumgarten）《母亲与孩子：中世纪欧洲的犹太家庭生活》（普林斯顿，2004年）；西姆哈·格尔丁（Simha Goldin）《中世纪欧洲的犹太女人：一场悄悄的革命》（曼彻斯特，2011年）；亚伯拉罕·格罗斯曼（Avraham Grossman）《虔诚与反叛：中世纪欧洲的犹太女人》（沃尔瑟姆，麻省，2004年）；苏珊·格罗斯曼（Susan Grossman）和利弗卡·豪特（Rivka Haut）编著《国王的女儿：女人与会堂——历史、"哈拉哈"与当代现实》（耶路撒冷/费城，1992年）；伊万·马库斯《童年礼仪》（纽黑文，1996年）。

## 犹太艺术、建筑与手稿装帧

在大量有关这一领域的非凡研究成果中，最激动人心的阐释者当属马克·爱泼斯坦（Marc Michael Epstein），其成就主要见于《中世纪犹太艺术和文学中的颠覆之梦》（尤尼弗西蒂帕克，宾夕法尼亚，1997年）和《中世纪"哈嘎哒"：艺术、叙事与宗教想象》（纽黑文/伦敦，2013年）。另参见凯特琳·考格曼-阿佩尔（Katrin Kogman-Appel）《伊斯兰教与基督教之间的犹太书籍装帧艺术：中世纪西班牙的希伯来〈圣经〉装饰》（莱顿/波士顿，2004年），以及她具有深刻启发意义的著述《沃尔姆斯的祈祷书：一个中世纪犹太社区的艺术与宗教》（剑桥，2012年）。关于按主题分类所作的全面论述，可参见特蕾西和门德尔·梅茨格（Thérèse and Mendel Metzger）《中世纪的犹太生活：13世纪至16世纪的希伯来绘图手稿》（纽约/弗里堡，1982年）。另外还有一些颇有意趣的文章，可参见皮埃特·范·博克塞尔（Piet van Boxell）和萨宾·阿尔恩特（Sabine Arndt）编《跨越疆界：作为文化碰撞发生地的希伯来文手稿》（牛津，2009年）；维维安·曼（Vivian B. Mann）、托马斯·格里克（Thomas F. Glick）和杰里林·多兹（Jerillyn Dodds）编《和谐共存：中世纪西班牙的犹太人、穆斯林与基督徒》（纽约，1992年）。关于大不列颠博物馆藏品的目录顺序，可参见比撒列·纳基斯（Bezalel Narkiss）和柴里科夫（A. Tcherikover）《英属岛屿上的希伯来绘图手稿：西班牙文与葡萄牙文手稿》（耶路撒冷/牛津，1982年）。关于建筑风格，可参见克林斯基（C. H. Krinsky）《欧洲犹太会堂：建筑、历史及其意义》（纽约/剑桥，1985年）。

## 发生于西班牙的论争、迫害与驱逐

关于基督教神学与布道词中最邪恶的指责，可参见耶利米·柯恩《行乞修士与犹太人：中世纪反犹主义的演变》（伊萨卡，1992年）；海姆·马克比（Hyam Maccoby）《犹太教审判：中世纪犹太—

基督两教大论争》(波特兰/伊萨卡，1982年)；罗伯特·查赞《〈塔木德〉审判：巴黎1240》(多伦多，2012年)。另参见本兹恩·内塔尼亚胡(Benzion Netanyahu)至今仍然占有重要地位的优秀力作《15世纪西班牙宗教裁判制度的起源》(纽约，1995年)。关于西班牙犹太人最后命运的经典记述，可参见伊扎克·贝尔(Yitzhak Baer)《基督教西班牙犹太人的历史》(费城，1982年)，但塞西尔·罗斯《"皈依者"、宗教裁判所与西班牙对犹太人的驱逐》(伦敦/麦迪逊，1995年)依然具有一定的分量，可参见亨利·卡门(Henry Kamen)《西班牙宗教裁判制度：一种历史修正》(纽黑文，1997年)。伊尔米亚胡·约维尔(Yirmiyahu Yovel)在《另类的"marrano"：分裂的身份与初始的现代性》(普林斯顿/牛津，2009年)一书中以不断挑战的精神对大驱逐的背景与后果作了大量的研究和丰富的记述；另参见伊扎克·贝尔最具影响力的学生哈伊姆·贝纳特(Haim Beinart)所著的《西班牙驱逐犹太人》，杰弗里·格林(Jeffrey M. Green)译(牛津/波特兰，2002年)。关于葡萄牙恐怖事件的不断升级，目前有一本动人心弦的力作，就是弗朗索瓦·索耶尔(François Soyer)的《葡萄牙对犹太人和穆斯林的迫害：曼努埃尔一世与宗教宽容的终结(1496—1497年)》(莱顿/波士顿，2007年)。

# 插图说明

## 彩页1

象岛上的街道和房屋，建于公元前5世纪，用泥土、黏土掺杂少量花岗岩建成。这里是犹地亚军人及其家庭拥挤而喧闹的世界。

## 彩页2

（上）俯瞰着以拉山谷的基尔贝特·奎亚法（以拉）要塞。

（左下）刻有古体希伯来字符的银质祝福护身符，出土于欣嫩谷山肩，制作于公元前7世纪晚期。

（右下）以拉要塞出土的典型犹太墓穴神龛，制作于公元前11或前10世纪。顶部有残破的鸽子造像，而纤维样的印痕表明前面曾挂有"幔子"。

## 彩页3

（上）国王希西家统治时期的西罗亚水道铭文，雕刻于公元前8世纪。其内容是水道建造者讲述的他们完成这项工程的故事，这是普通的犹太工匠第一次自发举行庆祝工程竣工仪式。

（下）亚设拉柱顶胸像，巴勒斯坦和犹地亚各地均有出土，制作于公元前9世纪至前7世纪。亚设拉手捧乳房的姿势象征着丰饶与生殖能力。

## 彩页4

（上）1868年巴勒斯坦探险基金会招募的西奈探险队全体成员合影，由詹姆斯·麦克唐纳上尉拍摄。照片后排最右边是查尔斯·威尔逊，坐在他身边的是爱德华·帕尔默。

（下）从西奈山脉的拉斯·苏福萨费山口俯瞰厄尔拉哈平原，由詹姆斯·麦克唐纳上尉拍摄。据推测，这片旷野就是当年摩西接受《律法书》的地点。

## 彩页5

（上）具有建筑装饰风格的石灰石遗骨匣，用希腊化房屋的风格装饰，制作于公元前2或前1世纪。

（下）用连续玫瑰图案装饰的大祭司该亚法的遗骨匣，制作于公元前1世纪与1世纪之间。

## 彩页6

（上）位于约旦的多比雅宫殿式要塞伊拉克阿米尔（王子洞穴），建于公元前2或前1世纪。大量的石灰石廊柱和黑豹造像以及喷泉和宽阔的廊道表明，这位权贵的豪奢气派与大祭司的身份存在联系。

（中）陶制多枝烛台，制作于公元前2或前1世纪。

（下）哈斯蒙尼犹太独立王国时期铸有石榴状和羊角号图案的"普拉塔"硬币。

## 彩页7

（上）伊拉克阿米尔（王子洞穴）殿脊上的狮子和吃奶的幼狮造像。

（下）位于耶路撒冷城边汲沦河谷中的希腊化"撒迦利亚陵墓"。其豪华的气派和典雅的建筑风格表明，哈斯蒙尼王朝统治时期的犹太人曾追随异邦主流文化的潮流。

**彩页8**

（上）罗马提多拱门挑檐下的饰带（局部），建于公元1世纪。其中的造像表明，罗马人从耶路撒冷圣殿掠夺了大量的物器。

（下）耶路撒冷第二圣殿西墙上塌落的巨大石块，系由罗马士兵在破城后推下。

**彩页9**

杜拉—欧罗普斯犹太会堂壁画，制作于3世纪。这些壁画打破了犹太教憎恨绘画形象的传统，在最早的犹太会堂里，情形则截然相反。

（上）法老的女儿发现摩西；（下）国王亚哈随鲁和王后以斯帖（局部画面）。

**彩页10**

以色列塞弗利斯犹太会堂的地面镶嵌画，制作于公元5世纪。（左上）犹太历提别月代表冬季；（右上）尼散月代表春季。（下）圣殿的象征物：金烛台、住棚节期间盛有"四样植物"枝叶的物器和羊角号。

**彩页11**

（上）位于罗马附近的维格纳·兰达尼尼犹太墓穴出土的椰枣树彩绘，作于公元4世纪。

（下）突尼斯哈马姆—利夫的一个犹太会堂的地面镶嵌画海豚造像。

**彩页12**

（上）犹太学童希伯来文练习本上的骆驼涂鸦，出土于"开罗秘库"（整个中世纪犹太世界的资料库）。大部分是所谓的"犹太—阿拉伯字符"（即用希伯来字符书写阿拉伯文），这本身就是当时文化交流的证据。

（下）用"犹太—阿拉伯字符"制成的"支票"，即商业支付票据，出土于"开罗秘库"。

## 彩页13

林肯大教堂的彩色玻璃窗画面，作于13世纪。在画面右侧，"布尔日儿童"被他的父亲（戴尖顶红帽者）投进了火炉里；画面左侧，由于那位头顶光环的圣母玛利亚代为求情，他的儿子安然地蹲在火炉里，而圣母则以保护的姿势向孩子俯过身去。

## 彩页14

（上）来源于13世纪英格兰国库账本上的讽刺犹太人的漫画，标题是"魔鬼之子亚伦"（Aaron fils diaboli）。

（下）记录在14世纪牛皮纸上"犯罪录"：把犹太人赶出英格兰。

## 彩页15

（上）迈蒙尼德的《〈托拉〉重述》样张，画面底部的小图描绘的是摩西接过写着《律法书》的两块石板，顶部画的是一只奔跑的鹿，通常象征着以色列（制作于13世纪，法国）。

（下）"鸟首'哈嘎嗒'"样张（制作于约1300年，德国）。

## 彩页16

迈蒙尼德的《迷途指津》（Moreh Nevuchim）（制作于1356年，西班牙韦斯卡）。这位伟大的哲学家兼医生在这部书中阐述了如何调和信仰与理性并不断追求完美的问题。

## 彩页17

（上）雕刻在托莱多被称为"圣母升天"的犹太会堂中的题词铭文（制作于14世纪中期，西班牙）。

（下）"圣母升天"犹太会堂西墙上的混合风格装饰（制作于14世纪中期）。

## 彩页18

（上）托莱多被称为"白色圣母"的"新式犹太会堂"内部的摩尔式马蹄形拱券。

（下）约瑟·伊本·哈伊姆为以撒·德·布拉加制作的肯尼考特《圣经》所作的护封装饰（制作于1476年，西班牙拉科鲁尼亚）。

## 彩页19

（上）巴塞罗那"哈嘎嗒"中描绘的逾越节家宴场景，制作于14世纪中后期。家族中的长者正把盛满无酵饼的盘子放在孩子们的头顶上，这是塞法迪犹太人的习俗，但在西班牙大驱逐后似乎没有流传下来。花哨而古怪的各种动物的华丽装饰在这一时期的"哈嘎嗒"故事读本装帧中是非常流行的。

（下）"法国人约瑟"装饰的塞尔维亚《圣经》（制作于1299—1300年，西班牙）。

## 彩页20

乔尔·本·西缅·费布什装饰的"哈嘎嗒"故事读本（制作于1469年，意大利北部）。（上）插图"我们曾在埃及为奴"（Avodim Hayinu）；（下）插

图 "这就是我们痛苦的无酵饼"（Ha lachmah di'anya）描绘的是两个犹太女人托起分发无酵饼的篮子的场景，这一习俗在现代逾越节家宴上依然非常流行。

## 彩页21

约瑟·伊本·哈伊姆装饰的拉科鲁尼亚肯尼考特《圣经》。（上）插图"约拿与'大鱼'"；（右下）插图"七枝烛台"，下面盘踞着一头守护的狮子。

## 彩页22

拉科鲁尼亚肯尼考特《圣经》末页。页面上的文字是："本书由约瑟·伊本·哈伊姆本人装帧并制作完成。"

## 彩页23

微写术是犹太文化的独特形式。图中可见，用阿什肯纳兹希伯来文手写体勾画的希伯来微写字符组成的人物边饰围绕着《创世记》第32章的经文。这种用微写技术写成的微小字符大多与其装饰的经文内容没有什么联系。

## 彩页24

14世纪由克莱斯卡斯·亚伯拉罕及其儿子雅弗达·克莱斯卡斯制作的"加泰罗尼亚海图"（mappa mundi）（局部）。在画面的左下角，可以看到贾米·费雷尔正坐在他的帆船上，右下角则是马里国王的形象。

## 致谢

同时利用两种媒体实施一项学术工程，似乎使我欠下了双倍的人情，并且在眼下这项工程上似乎比以往亏欠更多，所以我对英国广播公司电视台各位同事在各个方面对《犹太人的故事》所提供的友好、睿智和无私的支持表示深深的谢意。亚当·坎普首先提出了这个想法，然后由BBC-2台的马丁·戴维森（Martin Davidson）和总监詹尼斯·哈德罗（Janice Hadlow）负责实施这个电视系列片项目，并且他们一直忠实地担负着建设性批评顾问的角色。阿兰·耶托布（Alan Yentob）虽然始终委婉地保持着一定的距离，但却是该项目的一个宅心仁厚的参与者。BBC万维网的梅利莎·格林（Melissa Green）、苏珊娜·麦凯纳（Suzanna McKenna）和马克·雷诺兹（Mark Reynolds）一直以各种可能的方式对该项目提供坚定的支持。我的电视制作经纪人罗斯玛丽·斯库勒（Rosemary Scoular）在温迪·米亚德（Wendy Millyard）的不懈帮助下，以超出工作范畴的职业精神，常年担负着我的护卫天使的角色。

电视系列片是由我在"牛津影视"的同事为BBC制作的，这个世界一流的团队赋予"高洁之人"（mensch）（不论性别）这个充满深情的词汇以全新的意义，尤其是我的挚友和富有创造精神的合作者尼克·肯特（Nick Kent），如果没有他，这个电视系列片是难以想象的，也是不可能完成的，并且他不得不一起分享着其间的甘苦；夏洛特·撒切尔（Charlotte Sacher）则犹太知识弘富，他睿智而深入的研究、优雅的编辑态度和持续的工作热情为这一项目注入了生命的血流。蒂姆·柯比（Tim Kirby）为该电视系列片的制作人（以及三个节目组的导演）项目的完成输入了一种鉴别的智慧、博大的怜悯和超人的毅力，尤其在项目过程中面对出人意料的变化时更是如此。我还要感谢我们团队中的其他许多成员，特别要感谢朱丽亚·梅尔（Julia Mair）严肃的研究态度、高昂的片场士气和睿智的学术建议；感谢凯特·爱德华兹（Kate Edwards）在全部五集电视片中每当我面对挑战时所给予的鼓励，并且做了大量超出职责范围以外的工作，尤其是在乌克兰浓雾弥漫、沟壑纵横的道路上行驶的越野车的后座上深情动人地朗读佩雷斯①的故事。此外，我还要感谢项目组的重要成员耶利米·波拉德（Jeremy Pollard）、阿里尔·格兰多利（Ariel Grandoli）和安东尼·伯克（Anthony Burke），以及杰尼·汤普森（Jenny Thompson）、安妮·李（Annie Lee）和阿利安文·杰克逊（Arianwen Flores Jackson）时刻尽职地履行警卫职责。在后期制作阶段，汉娜·卡萨维蒂（Hannah Cassavetti）的工作热情尤其令人惊叹。萨姆·鲍姆（Sam Baum）和约什·鲍姆（Josh Baum）把他们的艺术天分充分运用到了文士作品和动画设计之中，而我们与作曲亚伯沙龙·卡斯皮（Avshalom Caspi）和演唱克拉拉·萨纳布拉斯（Clara Sanabras）不仅是重要的合伙人，并且成了好朋友。

像往常一样，我的文学出版经纪人米切尔·西森斯（Michael Sissens）和卡罗琳·米切尔（Caroline Michel）俨然是智慧和热情的化身，他们从一开始就坚信，这部著作一定会引起广大受众的关注和欢迎。尤其在这部书由于胀版而远远超过了原稿作为单卷本的部头，而我的出版人、鲍利海出版公司的斯图尔特·威廉姆斯（Stuart Williams）认为内容"过于犹太"时（这是

---

① I. L. 佩雷斯（I. L. Peretz, 1852—1915年），波兰犹太意第绪语作家、剧作家。他反对普世主义，主张各民族有自己的特点，在犹太人问题上坚持自我解放和反抗精神的观点，强调宗教虔诚的重要性，并宣称"犹太理想……建立在犹太传统和犹太历史之上"。代表作有《魔术师》等，此处指的是他所写的关于以利亚匿名造访一对贫穷的夫妇并使其富裕的故事。

# 致谢 ✡

可以理解的），他们勇敢地顶住了压力。但我还是要感谢斯图尔特和企鹅—兰登书屋的盖尔·瑞巴克（Gail Rebuck），他们后来找到了一种应对这一未曾预料到的出版计划变更的恰当方式。在鲍德利出版公司，如果没有许多编辑和校对人员的辛勤劳作，这部书将不可能呈现在读者面前。他们是：文字编辑大卫·米尔纳（David Milner），参与多项任务的技术编辑凯瑟琳·弗莱（Katherine Fry）、凯瑟琳·艾尔斯（Katherine Ailes），负责图片搜集的卡罗琳·伍德（Caroline Wood），负责友好和快捷出版的安娜·考林（Anna Cowling），文字校对萨利·萨金特（Sally Sargeant）和伊尔莎·亚德利（Ilsa Yardley），以及索引编辑道格拉斯·马修斯（Douglas Matthews）。另外，罗文纳·斯凯尔顿—华莱士（Rowena Skelton-Wallace）、纳塔利·瓦尔（Natalie Wall）和凯伊·佩德尔（Kay Peddle）也为完成这项曾被认为无法完成的使命花费了许多的心力。

在《圣经》时期和犹太古代时期研究方面，我要感谢埃斯特·穆达卡耶瓦（Ester Murdacayeva），以及我在图书馆内外诸多资料收集事务上不可或缺的助手詹尼弗·桑塔格（Jennifer Sonntag）。普鲁弗斯特·科茨沃斯（Provost John Coatsworth）很宽容地允许我暂时离开哥伦比亚大学的岗位，从而使我的电视片和著作得以顺利完成。我还要感谢已故的、令我一直深切怀念的同事约瑟·耶鲁沙米，是他使得犹太史的火炬在我身上以不同的方式不断燃烧着——他深刻而美丽的沉思录《记住：犹太历史与犹太记忆》一直是我研讨史学尤其是犹太史学所关注的核心。在电视片和这部著作形成过程中，其他许多学者、馆员、作家和老朋友曾慷慨地提出过建议，尤其是巴勒斯坦探险基金会的拉比朱利亚·纽伯格（Julia Neuberger）和费利西蒂·科宾（Felicity Cobbing），以色列博物馆《死海古卷》部的弥迦·巴阿姆（Micha Bar-Am）和普尼纳·肖尔（Pnina Shor），柏林犹太历史博物馆的迈克尔·弗雷兰德尔（Michal Friedlander）。还有比撒列·波滕教授，他以批评的态度通读了其中有关象岛犹太历史的章节；卡佳·克劳索娃（Katya Krausova），她非常友好地分享了她深奥而丰富的历史知识和东欧地区重要发掘现场的珍贵图片；哈伊姆·亚德穆尔（Haim Admor），由于她关于犹太人从埃塞俄比亚回归以色列的独特"新出埃及"叙事，使我对"贝塔以色列人"以及以色列奇迹般的"人道主义救援行动"有了初步但却鲜明的认识。

如果没有如此多挚友的慷慨支持，所有这一切都是不可能实现的，多年来，他们似乎已经习惯了我催促和抱怨的声音，并且后来对我时常提到的那些对常人来说难以理解（对他们来说的确如此）的犹太史概念也不再那么陌生。我要特别感谢艾丽丝·舍伍德（Alice Sherwood），感谢她不懈的热情、批评的智慧以及对这项工程重要性的坚定信念。另外，我还要感谢克罗伊·阿里吉斯（Chloe Aridjis）、克莱门西·希尔（Clemency Burton Hill）、简·达利（Jan Dalley）、利萨·德万（Lisa Dwan）、塞林纳·福克斯（Celina Fox）、海伦·哈伊曼（Halene Hayman）、朱利亚·霍布斯鲍姆（Julia Hobsbawm）、埃伦纳·纳罗赞斯基（Elena Narozanski）、卡特林纳·皮兹戈尼（Caterina Pizzigoni）、丹尼·鲁宾斯坦（Danny Rubinstein）、罗伯特和吉尔·斯罗托夫（Robert and Jill Slotover）、斯特拉·蒂尔亚德（Stella Tillyard）、列昂·弗塞蒂尔（Leon Wieseltier）和罗伯特·韦斯特里奇（Robert Wistrich）的善意和帮助。

克罗伊、马克和加百列出生后已经习惯了笔者生活中经历的起起落落，但最应该感谢的是我的妻子金妮，她需要面对甚至比平日更戏剧化的剧烈心情起落，忍受系列电视片拍摄和后期制作期间漫长的分离，而她正是以她一贯的、无尽的、全部的忍耐、无私和爱情这样做的。我的这部犹太史的两位真正的作者，即我的父亲和母亲已经不在人世，但似乎有某个声音一直在提醒我，我以后在这个课题上仍然要继续聆听他们的教诲。